Hayek Selected

哈耶克文选

[英]弗里德里希·冯·哈耶克◎著

冯克利◎译

民主与建设出版社

·北京·

图书在版编目（CIP）数据

哈耶克文选 /（英）弗里德里希·冯·哈耶克著；冯克利译. -- 北京：民主与建设出版社，2023.4

ISBN 978-7-5139-4212-6

Ⅰ. ①哈… Ⅱ. ①弗… ②冯… Ⅲ. ①哈耶克（Hayek, Friedrick August von 1899-1992）—文集 Ⅳ. ① C52

中国国家版本馆 CIP 数据核字（2023）第 090947 号

哈 耶 克 文 选

HAYEKE WENXUAN

著　　者	［英］弗里德里希·冯·哈耶克
译　　者	冯克利
责任编辑	刘树民
封面设计	邓琳娟
出版发行	民主与建设出版社有限责任公司
电　　话	（010） 59417747　59419778
社　　址	北京市海淀区西三环中路 10 号望海楼 E 座 7 层
邮　　编	100142
印　　刷	大厂回族自治县彩虹印刷有限公司
版　　次	2023 年 4 月第 1 版
印　　次	2023 年 10 月第 1 次印刷
开　　本	880 毫米×1230 毫米　1/32
印　　张	19.25
字　　数	497 千字
书　　号	ISBN 978-7-5139-4212-6
定　　价	88.00 元

注：如有印、装质量问题，请与出版社联系。

目　录

下篇 哲学与政治学

译者前言

弗里德里希·冯·哈耶克(Friedrich von Hayek, 1899—1992)在中国知识界已不是个陌生的名字。随着中国在20世纪90年代进入迅速的市场化过程,作为20世纪捍卫市场经济制度最著名的思想家之一,他日益引起国人的广泛注意,当然也是情理之中的事,因此在最近十年来,他的著作也被相继译成中文出版,先有《个人主义与经济秩序》(北京经济学院出版社, 1991),然后是《通往奴役之路》(中国社会科学出版社, 1997;此书在20世纪60年代便有个"内部发行"的译本),此后又有他最重要的政治学著作《自由秩序原理》(北京三联书店, 1997)和《法律、立法与自由》(北京三联书店, 1999)中译本的相继问世。此外,他去世前最后一本思想总结性著作《致命的自负》也有了新的中译本(冯克利等译,中国社会科学出版社, 2000;东方出版社在1991年就出过一个内容不太完整的译本,也是"内部发行"),他的重要的知识论著作《科学的反革命》(冯克利译,译林出版社, 2003)中译本也已出版。因此,就哈耶克的主要作品而言,除了那本晦涩难懂的认知心理学专著《感觉的秩序》(*The Sensory Order: An Inquiry into the Foundations of Theoretical Psychology*, University of Chicago Press, 1952)和他早期一些纯经济学的论著之外,大体上说都有中译本可以利用了。

读者现在看到的这本文集，收入了哈耶克写于20世纪50年代至70年代以上著作之外的论文和他在各地的演说，共计40余篇，一些著名的篇什，像《作为一个发现过程的竞争》《知识的僭妄》《曼德维尔大夫》《复杂现象论》和《建构主义的错误》等，都已被收入其中。这些文章的好处我以为有两个：一是从时间跨度上说，它们写于哈耶克思想最活跃的一段时期，因此我们可以从中清晰地看到他从专业经济学家变为一个贯通多学科思想家的发展脉络；二是与那些大部头的专著相比，其中不少文章都更为通俗易懂，对于没有耐心咀嚼《自由秩序原理》或《法律、立法与自由》的读者，它们不失为一个了解哈耶克思想更为方便的途径。

哈耶克为20世纪人类思想所做出的贡献，我们大体上可以归纳为两点。首先，他继承了以门格尔(Carl Menger)和米塞斯(Ludwig von Mises)等人为代表的奥地利学派的传统，在经济学中提出的价格理论打破了自亚当·斯密以来长期居于主导地位的"均衡"神话，从而为西方主流经济学引入了一种动态的经济观。这种经济观的一个最大特征在于，它延续这个学派的边际主义思想，把理解经济知识建立在一种深厚的哲学认识论基础上，使我们得以更深入地了解市场运行的心理学根源。尤其是哈耶克在这种认知基础上对人类"合理计划"能力在经济生活中的作用所作的分析和批判，对20世纪的人类终于摆脱"计划经济"的神话，可谓意义重大。当然，这也是他于1973年荣获诺贝尔经济学奖的主要原因。

其次，在这种经济哲学的基础上，哈耶克又把自己的思想扩展到涉及整个人类社会秩序的领域，从哲学、政治学、法律、心理学等不同角度论证现代市场社会的组织和运行原理，由此形成了一个内容极为庞杂而又严谨的社会哲学体系。从本书所收入的文章涉及领域之广，我们对此当会有很深的体会。

但是，自哈耶克在"二战"期间撰写《通往奴役之路》(1944)开始,他的著作中便始终贯穿着一条思想主线,这就是论证市场经济与个人自由的互动关系。在"二"战结束以前他的论证重心主要放在前者,主要考虑的是市场有效利用经济知识——如价格信息和个人技能等——的作用。这段时期的总结性成果,便是他发表于1945年的名篇《知识在社会中的作用》,一篇纪念他100周年诞辰的文章说,此文自发表以来以各种形式被翻印了有数百次之多(见1999年5月8日《华盛顿邮报》),不过它主要讨论的仍然是"我们要想建立一种合理的经济秩序,需要解决什么问题?"(这是此文的开篇语)但是以《通往奴役之路》为起点,他开始把注意力更多地转向了包括市场经济在内保护个人自由的制度安排上,因为他越来越清楚地认识到,市场经济及其形成的各种社会和法律关系与个人自由就像一枚硬币的两面,有着无法分割的联系,而20世纪的社会主义者虽然也把社会繁荣和人类的自由发展视为十分可取的目标,却没有意识到计划经济与这个目标的内在矛盾。在他看来,计划经济反对市场制度,并不在于它在何谓人类幸福的目标上有着与市场制度截然相反的抱负,而是它在达到同样的目标上采用了不同手段。这种因为对人类理性和知识能力的误解而迷信理性的态度(参见《理性主义的类型》和《知识的僭妄》),不仅与个人自由不相容,而且与合理的生活秩序、社会繁荣甚至文明的发展逻辑都是背道而驰的——假如取消了市场,也就不存在价格;假如没有了价格,就没有协调社会分工合作的有效手段,从而也不存在采取合理行为的途径,是故自由增进人类进步和繁荣的价值也都无从谈起。从他对英国战后土地政策深入的个案分析(参见《开发费的经济学》)中,我们可看到这种思想的出色运用。基于这种认识,他对所有干涉市场价格机制的措施一概予以反对,其中不但包括政府为扩大需求采取的赤字财政,而且有工会对劳动机会的垄断和各种群众压力团体的作用(参见《反凯恩斯主义通货膨胀运动》及《工会、通货膨胀和利润》等篇)。

哈耶克所论在资源配置上通过外力影响市场选择会造成的害处，在今天已经成了我们的常识：它最大的问题不但会把大量可能的获得机会都变成权力寻租，减少经济活动中以创新精神进行试验的机会，而且会导致对市场之外的一切创造性活动的窒息。因为正如哈耶克所言，一切创造性的竞争（其对象既可能是利润，也可能是一种艺术风格），从其本来的意义上说，都是无法预知结果的活动，一些人愿意把时间和精力花在某件事上，其理由往往不为外人所知，或即使他们知道，对其成功的可能和价值也会有十分不同的评价，因此没有一个激励竞争的机制为人们提供据以采取合理行动的信号，必然会使人类的创新精神受到极大的限制。这也就是他在《作为一个发现过程的竞争》中反复强调的，"竞争理论对未来事实的无知"恰恰是这种理论的价值所在。

虽然在一个建立在分工基础上的生产过程高度复杂的现代社会里，为获取不同形式的满足而展开的竞争有助于知识的有效利用，即个人自由的落实，但是在民主社会中却存在着另一种威胁着这种自由的竞争，这就是各种利益集团为了达到其内部的集体目标，都希望运用自己的势力影响干预经济生活的政治过程。因此，哈耶克在捍卫市场制度时所反对的，并不限于极权主义政府的干预，这一点是常常被人们忽略的。当然，在干预市场机制方面，独裁政府的潜在可能性尤为突出，首先对它保持警惕也是势所必然。但是在以多数原则的基础上运行的民主社会，利益集团通过其政府（尤其是议会）代表而干涉市场过程，存在着同样大的危险。这就是包括本书中多篇文章在内，哈耶克持之以恒攻击"社会公正"的原因，这也是他让许多人产生误解的一个重要原因。在这一点上，可以说他是当代重要社会理论家中仅见的一位。

哈耶克为何如此执着于对"社会公正"的驳斥？我曾在一篇短文（参见《读书》2000年第2期）中谈到，其中有一些在我们这里不太可能发生的语言学问题。中文里的“社会公正”,换成英语(法语、德语的情况也类似)是“social justice”,而这里的“social”(社会)这个形容词,自从20世纪下半叶以后,在西方世界便包含着“社会主义的”和“社会党(人)”这类强烈的语义学暗示。哈耶克认为,在“社会公正”这个称呼中,“社会”一词很容易被“主体化”,即它会让人错误地联想到社会可以成为一个“公正分配的主体”。但是在哈耶克看来,作为一个形容词的“社会”(social),只能用来表现一种“状态。(status),因此它不可能成为一个“公正的分配者”,由此得出的逻辑结论是:“在不存在分配者的地方,也不可能有分配的公正。”(参见《社会公正的返祖现象》)

然而哈耶克注意到,“社会公正”却是许多知识分子和诉诸民意的政党非常愿意使用的一个字眼。由此就带来一个问题:既然“社会”不可能成为分配的主体,那么“社会公正”由谁说了算?也就是说,公正或不公正的标准由谁来制定?在民主制度下,以“社会公正”的名义实行“公正分配”,往往不过是一些一时把持了权力的利益集团,由于他们代表多数(既不是“社会”,更不是“人民”),因此他们倾向于越过公正行为的法律准则,制定一些非常专断的分配政策。哈耶克认为,一般所谓基于社会公正的分配政策,仔细分析起来,本质上都是一部分人对另一部分人的剥夺,基于政治或社会原因,这种剥夺也许有其必要,但绝对不能称为“社会公正”。因为奠基于公正规则之上的秩序,只会造成个人努力被市场承认后得到的千差万别的回报,却绝对不会产生“社会公正”。凡是以“社会公正”为名进行的分配,其直接可见的后果不但是对市场过程的扭曲,而且有福利国家政策下培养出来的一大批丧失了个人责任感的公民,这样的后果,即使仅仅从道德上说,对一个自由社会也是非常不利的(参见《自由企业制度的道德因素》)。因为正如哈耶克所言,符合道德的收入,只能是我们在公平的规则下个人努力和机会的结果，“我们在比较幸运时赚到钱……只能是因为我们同意参与这种游戏。一旦我们同意加入这场游戏，并从其结果中获益，我们就有道德上的义务接受其结果，即使它们转而对我们不利”。在哈耶克看来，唯一能够担当“公正”一词的，只有法律面前的平等。

哈耶克思想中易让人产生误解的另一点是，由于他极力主张自由市场经济，反对政府干预，因此他似乎是个18世纪意义上的“自由放任主义者”甚至无政府主义者。不过正如本书中的多篇文章（例如《关于行为规则体系演化过程的笔记》一文）所示，在他看来，文明的进步大大取决于每个人都遵守一定的规则，而这些规则的实施，至少有相当一部分是必须由国家来保证的。他赋予了国家机器以十分重要和明确的任务，而且我认为这是他的思想中最具理想主义的成分。例如在《民主向何处去？》一文中，他便不避自己极力反对的“建构理性主义”之嫌，设计了一个“理想议会模式”——为了保障立法机构的公正和超然，他竟然希望一个人一生只参与一次立法选举。姑不论它是否真能做到公正，人们对这个一次投票之后再也无力左右的机构是否放心，也是大有问题的。但是从这些言论中，我们也可以更清楚地了解他为何不承认自己是“保守主义者”的原因：他在认识社会运行原理上的科学态度（我们不妨细细品味他非常喜欢使用的“原理”和“原则”这类概念），使他无法完全认同于伯克等人为社会成规披上的神秘主义外衣。

但是，从哈耶克的宪政思想中，我们也可以逻辑地推导出另一个极有价值的结论。对一切以强制力为后盾或有垄断倾向的权力都必须加以限制，这本是西方世界一个古老的政治智慧，亚里士多德在《政治学》中早就说过：“把权威赋予人，等于引狼入室，因为欲望具有兽性，纵然最优秀者，一旦大权在握，总倾向于被欲望的激情所腐蚀。”此后自霍布斯（Thomas Hobbes）以降，凡是涉及限制权力的必要性，宪政主义思想家无不以诉诸人类“性恶论”为立论的基础。但是站在哈耶克知识理论的基础上，我们却不必再单纯以“性恶论”或“权力导致腐败”之类的传统判断来解释限制权力的必要。我们不妨假设“人性本善”，由此使限制权力的必要失去理据。然而根据哈耶克的理论，即使行使权力的人动机十分高尚，由于他无法掌握许多个人根据变动不居的信息分别做出的决定，因而他也难以为目标的重要性等级制定出公认的统一尺度。所以，即使是一心为民造福的权力，其范围也是应当受到严格限制的。我们可以把这种从知识利用的角度来理解限制权力的思想，视为哈耶克对传统政治理论做出的一项重要贡献——它使我们可以避开“性恶论”的形而上学观点，把限制权力的必要性建立在有充分经验基础的知识传播原理之上（更详细的介绍请参见我为《致命的自负》所写的译序）。

回想起来，当世界上大多数人在赞扬国家干预和计划经济时，哈耶克却始终坚持认为，一个自由社会要想保持进步的活力，就必须向着不可预见、无法计划的未知事物开放。正如他在《自由秩序原理》中所言，“只有当事先知道自由能够带来的好处时才得到批准的自由，是不能称为自由的”。个人所享有的打破旧模式、创造新事物、建立新规范的自由，才是一个进步社会的标志，“如果我们仅仅认为只有多数人实践的自由才是重要的，我们就会创造出一个停滞不前的社会，它将有着一切不自由的特征”（同上）。因此，他也是20世纪为捍卫宽容做出最大贡献的思想家。在他看来，建立在限权原则上的民主宪政制度，有着凝聚共同体和保障个人主义的双重价值，它的最大作用在于确立一些“公正的行为规则”，无论是个人还是包括政府在内的所有经济和政治“法人”，都必须平等地处在这些规则的支配之下。只有如此，才能保证各种不同价值观念的和平共存（参见《自由社会的秩序原理》和《自由国家的宪政》）。因此我们也可以说，哈耶克所倡导的自由主义，其实是自洛克以来西方人思考如何回应一个多元化世俗社会的继续。正如韦伯所说，在这个“除魅的世界”里，不但单一的终极价值已不复存在，各种传统的权威制度也失去了理据，唯一还具有普适性的只有工具主义意义上的理性化。在这样一个世界里,如果仍然希望过上和谐、自由与繁荣的生活,那么除了遵守哈耶克所说的“无目标的抽象规则”之外,已经别无选择。

冯克利

2001年6月谨识

上篇　经济学

在不存在的分配者的地方，也不可能有分配的公正。

分配的公正不但要求取消个人自由，而且要求贯彻一套不容争议的价值，换言之，实行一种严密的极权统治。

——F.A. 哈耶克

经济自由主义观念的传播①

在第一次世界大战结束时，自由主义的精神传统已近死亡。的确，在公共和商业生活领域的许多领袖人物的思想中，这一传统仍极有地位，他们中间有许多人，属于将自由主义思想视为理所当然的一代。他们的公开言论常常使一般大众相信，恢复自由主义经济是大多数领袖人物希望达到的最终目标。然而，当时有影响的知识界的力量，已经开始转向一个十分不同的方向。30年前，凡是熟悉正在到来的一代人的思想，特别是那些在他们的大学里向学生讲述观点的人，都能预见到与当时的某些公众人物和传媒界的希望大不相同的发展。在那个时代，能够点燃年轻人想象力的生机勃勃的自由主义思想界，已不复存在。

但是，在自由主义思想史所经历的自第一次世界大战后持续了15年至20年的衰退过程中，自由主义思想的主体却一直受到捍卫；当然，为新的发展奠定了基础的也正是这个时期。这几乎完全应当归功于我这里要谈到的一小部分人的活动。毋庸置疑，他们并不是唯一一群竭力坚守自由主义传统的人，但是在我看来，这些各自工

① 哈耶克为米塞斯70岁生日（人们知道，他并不希望此事引起注意）而作，最初以德文发表在*Schweizer Monatshefte*, Vol. 31, No. 6, 1951，英译文发表于*The Owl*, London, 1951。如果不是因为有着许多瑕疵和错误的译文已被作为一份史料使用，使得有必要提供一个准确的文本，我本不打算重印这篇仓促写就的应时之作。

作、相互隔绝的人，是唯一通过教学活动成功地创造了新传统的人，最近他们再次团结在一个共同的潮流之中。过去一代人所处的生活环境，使人很难感到奇怪，由一个英国人、一个奥地利人和一个美国人所做的想法一致的努力，竟要花上如此长的时间才能得到承认，才能变成下一代人共同的工作基础。但是，现在确已存在的这个新的自由主义学派——关于它还有许多话要说——是自觉地以这些人的工作为基础的。

最年长、大概在其国家之外也最鲜为人知的是英国人艾德文·坎南(Edwin Cannan)，他去世已快20年了。他所起的作用，除了一个小圈子之外，几乎不为人知。这是因为他的主要兴趣确实无所不包，他只是在偶尔写出的文章中谈及经济政策问题。大概也是因为他更感兴趣的是实际细节而非基本的哲学问题。他发表的许多经济学论文收录在两本书里：《经济观》(*The Economic Outlook*, 1912)和《一位经济学家的抗议》(*An Economist's Protest*, 1927)，即使在今天，它们仍应重新受到更广泛的关注，应当翻译成其他语言。这些文章简洁明快，讲述常识，堪称讨论经济问题的楷模，甚至有些写于1914年以前的文章，也令人吃惊地切中要害。不过坎南最了不起的功绩，是他多年来在伦敦经济学院培养了一大批学生：正是他们形成了这种新自由主义的或许是最重要的核心——虽然这一发展事实上也已悄然出现在我们马上就要谈到的奥地利经济学家的工作之中，不过还是先让我来谈一下坎南的学生吧。最年长者是著名的财政专家西奥多·格雷戈里(Theodore Gregory)爵士，他在伦敦经济学院担任教职的许多年间，也对学术界的年轻人产生了很大影响；不过多年前他就放弃了教学。目前担任坎南教席已有20年之久的莱昂内尔·罗宾斯(Lionel Robbins)，成了一个年龄十分相近的青年经济学家团体中真正的核心人物，这些人都是20世纪30年代从伦敦经济学院脱颖而出的。罗宾斯具有把文学才华与组织材料结合在一起的非凡才能，这使他的文章广为流传。罗宾斯的同事阿诺德·普兰特(Arnold Plant)爵士在该学院任教时间几乎一样长,他最重要的贡献在少数鲜为人知的出版物中隐而不彰,其情形尤甚于坎南。几乎他的所有朋友,都长时间地热情期盼着他的一本论述私有制基础的意义的著作。如果他真把这本书公之于世,它肯定会成为对现代自由主义理论做出的最重要的贡献之一。我们在这里无法一一列举坎南那些对我们的论题有所贡献的所有学生。为了对他的影响范围有个印象,我们可以再加上本汉姆(F.C.Benham)、赫特(W.H.Hutt)和佩什(F.W.Paish)的名字,最后这位虽不是坎南的学生,却是属于同一个圈子的人。

有一定的理由可以这样说:坎南在英国确实为接受一位十分年轻的奥地利人的思想奠定了基础,从20世纪20年代初开始,这位奥地利人就一直以一种比任何人都更为扎实、系统和成功的方式,为重建自由主义的牢固大厦而工作。他就是路德维希·冯·米塞斯,他先是在维也纳工作,后来去了日内瓦,目前仍在纽约积极地工作着。甚至在第一次世界大战之前,米塞斯就以其关于货币理论的著作而知名。战争刚一结束,他的颇富预见性的著作《民族、国家和经济》(*Nation, Staat und Wirtschaft*, 1919)便开启了一项发展,并在1922年的《集体经济》[①]中达到第一个高峰,这是对社会主义的一次全面审视,当时这意味着对经济政策文献中导致所有严重后果的全部意识形态的批判。

本文的篇幅不允许把米塞斯在此后直到1941年在日内瓦完成第二部主要著作这段时间里的重要著述列一份长长的目录。这第二部著作是用德语写成,最初取名为《国民经济学》(*Nationaloekonomiie*),修订后的美国版是《人类行为》(*Human Action*),就一部这种篇幅的理论专著而言,它取得了几乎是无与伦比的成功。米塞斯的著作作为一个整体,涉及的范围远远超出了狭

① 由Jacques Kahane译成英文,书名是*Socialism*, London, Jonathan Cape, 1936。

义的经济学。他对社会科学的哲学基础的深入研究,以及他的杰出的史学知识,使他的著作更像18世纪那些伟大道德哲学家的作品。米塞斯的不妥协态度,使他从一开始就受到猛烈攻击。他树敌甚多,因此迟迟得不到学术上的承认。但是,他所发挥的影响尽管姗姗来迟,却更具有持久性和广泛性。甚至米塞斯本人的一些学生也倾向于认为,他在推导结论时那种走极端的态度未免"过火",但是他在判断当时的经济政策时习惯于表现出来的明显的悲观主义,却一再被证明是正确的,并终于得到了一个不断扩大的圈子的逐渐承认。他那些几乎在每个方面都同当代思想主流对立的著作,具有根本性的重要意义。甚至还在维也纳的时候,米塞斯也不缺少亲密的信徒,就像米塞斯本人一样,他们如今大都在美国,其中包括哈伯勒(Gottfried Haberler)(哈佛大学)、麦克鲁普(Fritz Machlup)(霍普金斯大学)和笔者本人。但是米塞斯的影响现在已超出了这些人的范围,其影响所及比我下面要谈到的两个主要人物还大。在他们中间,只有他为我们提供了一种对全部经济和社会领域的广泛研究。在细节上我们可以赞同或反对他,但是在这些领域几乎没有什么重要问题,他的读者不会从他那儿获得真正的教益和启发。

米塞斯不但对伦敦的团体有重要影响,他对第三个团体,即芝加哥团体也同样如此。这个团体将其源起归功于芝加哥大学的奈特(Frank H.Knight)教授,他比米塞斯小几岁。就像米塞斯一样,奈特最初的声望也来自一本理论专著,他的《风险、不确定性和利润》(*Risk, Uncertainty and Profit*, 1921)一书尽管最初未得到承认,后来却成了最有影响的经济理论教科书之一,并且在许多年里一直如此,虽然当初它并不是按这种书设计的。奈特此后又有许多讨论经济政策和社会哲学的著述,其中以论文居多,大部分后来以文集的形式再版。最著名、大概也是最典型的一本是《竞争的伦理学及其他论文》(*The Ethics of Competition and Other Essays*, 1935)。奈特通过自己的教学活动,个人影响甚至超过了他的著作。几乎可以不夸张地说，凡是真正理解并倡导竞争性经济制度的年轻美国经济学家，几乎一度全是奈特的学生。从我们这里所关心的角度看，他们中间最重要者是西蒙斯(Henry Simons)，我们对他的不幸早逝感到惋惜。他的小册子《自由放任主义的实证纲领》(*A Positive Program for Laissez Faire*)，在20世纪30年代为激发美国年轻的自由主义者提供了新的共同基础。人们希望西蒙斯写一本系统而全面的著作的愿望落空了，他仅仅留下了一本论文集，即1948年出版的《自由社会的经济政策》(*Economic Policy for a Free Society*)。这本书思想丰富，又因西蒙斯在讨论工会等棘手问题上表现出的勇气，使它变得很有影响。如今，一个勤于思考的经济学家团体——已不再局限于芝加哥——的核心，围绕着西蒙斯最亲密的朋友迪雷克特(Aaren Director)以及另外两位最知名的美国年轻理论家斯蒂格勒(George Stigler)和弗里德曼(Milton Friedman)形成了。迪雷克特编辑了西蒙斯的文集，并继续从事自己的工作。

为了言论得体，我不可能说一个伟大民族的国家首脑赞成某个具体的经济学派[①]，不然的话我还应提到第四位科学家，他在自己的国家里有着相当重要的影响。那么还是让我立刻转到我们这里感

---

① 哈耶克这里是指埃诺蒂(Luigi Einaudi)，写此文时他任意大利共和国总统。——译注

兴趣的最后一个团体，以此结束我们的叙述吧。[①]这是一个德国人的团体，它和其他团体的不同之处是，它的来源不能直接追溯到上一代任何一个伟大人物。它是由一些年轻人组合在一起形成的，他们对自由主义经济制度有着共同的关切，使他们在希特勒(A.Hilter)攫取政权后的岁月里走到了一起。无可怀疑，这个团体也受到了米塞斯著作的决定性影响。直到1933年，这个团体还没有在经济学文献中留下自己的痕迹，那时它的一部分成员不得不离开德国。但是在这个团体的最年长者中，仍有一位留了下来，他就是奥伊肯(Walter Eucken)，他当时很少为人所知。今天我们已经知道，他在一年多前突然去世，使自由主义的复兴失去了一位真正伟大的人物。他的成熟是缓慢的，有很长一段时间限制自己发表东西，主要致力于教学和实际问题。他在国家社会主义时期默默从事的工作是多么富有成就和教益，直到德国崩溃之后才变得显而易见，因为直到那时，他在德国的朋友和学生的小圈子，才作为合理的经济思想最重要的堡垒显示出来。也是在这时，奥伊肯的第一部重要著作开始扩大影响，同时他也开始在另外几部著作中阐述自己的全部经济思想。未来将会证明，他去世时留下的论文有多少内容有待后人发现。由他创办的《奥多》(*Ordo*)年报，仍会是这一运动最重要的出版物。

---

① 在这篇短文的初稿中，我不可原谅地删去了有关这次自由主义复兴运动大有希望的一次开端的讲述。这个开端虽然因为1939年战争爆发而中断，却使许多个人建立了联系，为战后国际范围内重新出现的努力奠定了基础。1937年，李普曼出版了他的《美好社会》(*The Good Society*)一书，对古典自由主义的基本理想作了出色的阐述，使一切自由主义者既高兴又大受鼓舞。巴黎大学的鲁杰(Louis Rougier)教授认识到了这本书的重要性，因此把它的出现作为一个将分散的努力联合起来的时刻。他于1938年8月底召集了一次专题会议，来自一些欧洲国家和美国的大约25位公共事务研究者齐聚巴黎，讨论李普曼所阐述的原则。他们包括鲍丁、李普曼、米塞斯、博兰尼、罗宾斯、罗普克、鲁斯托夫、齐兰和笔者本人。会议同意成立一个“复兴自由主义国际研究中心”的建议，但是当它的报告(*Colloque Walter Lippmann*, Paris, 1939)付梓之时，距第二次世界大战的爆发已只剩下几周的时间，结果所有这方面的努力便都被搁置起来。

这个德国团体中另一位领袖人物是罗普克(Wilhelm Ropke),他最初就与奥伊肯过从甚密。1933年罗普克在公共生活中留下的记录,使他一刻也不能在希特勒德国再待下去了。他先去了伊斯坦布尔,现已在瑞士居住多年。他是这个团体中最活跃和最多产的作家,为广大公众所熟知。

如果说在狭小的专家圈子之外也有人知道存在着一个新的自由主义运动,这主要应归功于罗普克,至少就德语公众而言是这样。

前面我已说过,在过去25年里出现的所有这些团体,直到第二次世界大战之后才相互认识,此后我们看到了活跃的思想交流。今天,再谈论相互分离的各国团体已成历史。正是由于这个原因,现在是讲述这一发展概况的一个适当时机。少数幸存的自由主义者孤立无援、遭人嘲笑的日子已成过去,他们在年轻人中找不到知音的日子也已过去。相反,他们现在承担着重大责任,因为新的一代人要求听到自由主义对我们这个时代重要问题的解答。自由主义思想有必要建立起严密的结构,它对不同国家的问题,也要制定出相应的方案。只有让各种头脑相聚在一个大团体中,才有可能做到这一点。在许多国家,现有文献的传播仍存在着严重困难,某些最重要的著作缺少译本,仍然阻碍着这些思想比较迅速地传播。不过现在大多数支持者有了个人接触。瑞士作为东道主,已为一个非正式但合作无间的团体举办了两届会议,他们在那里研究共同的问题,并且它的名称便是取自瑞士的一个地名。第三次会议于1950年在荷兰召开,第四次会议将于1951年在法国召开。

我们在本文所讨论的这个时期,可以说已经结束了。30年前,自由主义在公众中虽然还有一定影响,但是作为一种思想运动已几近消失。今天它的实际影响或许尚有不足,但它的问题已再次成为一个活跃的思想体系。我们有理由预期对自由主义未来的信念将会复兴。

经济、科学与政治①

一

对于一名学术教师而言，担负起一项新的工作，进入一个新的活动范围，是对自己的工作目标作点说明的恰当时机。当一个人多年游学于世界各地，研究多于教学，而他又是在他打算以自己的余生享受其阅历的地方第一次发表讲话，这种想法尤其正确。

如果我有绝对的选择自由，我仍会加以选择的职位，贵校在我一生中第三次把它给了我，这使我感到荣幸，对此我真不知该感谢哪颗福星。在新大陆度过了12年之后，来到这个位居欧洲中心、正好处在维也纳和伦敦——养育了我的思想的两座城市——中间的地方，并且它还属于前奥地利②，这使我有一种归家之感，尽管我对弗赖堡的了解不过只有几天的时间。我还特别看重再次有机会在一个法律系里讲课，我本人的教育就是在这样的环境中度过的。当一个人向不具备法学或法制史知识的学生讲授了30年经济学之后，

---

① 1962年6月18日获任弗赖堡大学教授的就职演说(原文为德文)；1963年以 *Wirtschaft, Wissenschaft und Politik* 为题在弗赖堡出版。脚注是为英译本而加。

② 前奥地利：弗赖堡坐落于其中的Breisgau和一些相邻地区，在它们归哈布斯堡王朝管辖的几个世纪里，习惯上称为“前奥地利”(Vorder österreich)。

他很可能会产生这样的疑问:把法学和经济学研究分开究竟算不算一个错误。就我本人而言,虽然我没有多少成文法方面的知识,但我总是很感谢在我开始研究经济学时,只能把它作为法学研究的一部分。

我要特别指出,由于同行之间的一些个人关系,几十年里我一直和这所大学保持着联系,这些因共同的信念而吸引着我的同代人不幸过早地去世,才使这种联系中断。我与兰普(Adolf Lampe)以及我这个职位的前任施密特(Alfous Schmitt) ——遗憾的是我从未和他见过面——共同的兴趣,把我们长期联系在一起,这种兴趣导致我们不时利用通信交换观点。我还同米科什(Leonhard Miksch)在精心构筑自由社会的经济哲学方面做过共同的努力。不过对于我来说,最重要的是我与令人难以忘怀的奥伊肯保持了多年的友谊,因为我们在科学和政治问题上有着非常一致的看法。在他生命的最后4年,这种友谊导致了密切的合作;我希望借此机会告诉各位在这段时间奥伊肯在这个世界上获得的不同寻常的名望。

15年前,也就是战争结束后不到两年,我负责召集西方世界一些热心关切维护个人自由的经济学家、法学家和历史学家参加一次国际会议。会议在瑞士举行,当时不但德国人进入瑞士存在着令人难以置信的困难,并且还有不久前仍分属敌对阵营的学者会面的问题。15年后这听起来有些不可思议,但那时确实让人有些顾虑和迟疑。我的朋友和我最初想让历史学家施纳贝尔(Franz Schnabel)和奥伊肯来瑞士,但最后却只为奥伊肯克服了所有技术上的困难,结果他成了朝圣山会议上唯一来自德国的与会者。这使他在会议上取得的个人成功以及他的道德风范给所有与会者留下的深刻印象变得更有意义。他在会上做出了极大的贡献,使人们重新相信德国存在着自由主义思想家,在后来的一次朝圣山学社的会议上,以及1950年他对伦敦的最后一次访问中,他又进一步加强了这种印象。

各位比我更清楚奥伊肯在德国取得的成就。因此,如果我今天在这里说,我认为我的主要任务之一,就是恢复和继续奥伊肯及其友人在弗赖堡和德国所开创的传统,我大概不必对它的含义做进一步的解释。这是最伟大的科学统一性的传统,同时是就公共生活的重大问题表达信念的传统。把这两个目标结合在一个经济学家的学术工作之中,这就是我今后主要研究任务的范围和条件。

二

尽管事实上我作为一名经济学家的生涯,至少在前一半时间全是从事纯理论研究,后来又把很多时间花在了完全属于经济学领域之外的课题上,不过我还是欢迎这样的前景:我未来的教学将主要涉及经济政策问题。不过在开始正规课程之前,我对明确而公开地表明我对科学在经济政策领域中所致力的目标和局限性以及学术教育的看法,仍然有很大的顾虑。

在此,我只想就这里首先涉及的、已经有很多讨论的一个问题,做点必要的说明,我不能对它略而不谈,尽管我并没有什么新看法,即价值判断在一般社会科学以及具体的经济和社会政策讨论中的作用。自从马克斯·韦伯(Max Weber)阐述了这一问题的实质以来,50年已经过去了,如果今天有人重读他那些谨慎的表述,几乎找不到多少需要补充的东西。韦伯的劝告有时大概产生了过大的作用。不过,当经济学在德国面临着堕落成一种社会改革教条的危险(有个经济学派竟自称"伦理学派")时,他将自己的论证推向会让人产生误解的地步,我们实在不必大惊小怪。不幸的是,这常常使人们怯于表达任何价值判断,甚至回避某些经济学家在教学中应当坦然面对的最重要的问题。

在这方面,我们应当遵循的一般原则其实很简单——无论把它们应用于具体情况时常常有多么大的困难。要想做到知识上诚实,基本的任务当然是把科学所能揭示的因果关系和特定结果之可取或不可取加以明确的区分。对于终极目标的相对价值,科学本身当然无可奉告。同样显而易见的是,选出供我们进行科学考察的问题,这本身就包含着价值判断,因此要想对科学知识和价值判断做出明确的划分,并不能用回避价值判断的办法,而只能通过明确无误地说出指导性的价值来做到这一点。同样无可争辩的一点似乎是,学术教师不应冒充中立或不偏不倚,而应当通过公开表明他的个人理想,使受众更容易辨别他的实际结论所依靠的价值判断。

今天在我看来,就像我还是一名学生并持续了一段时间的情形一样,在马克斯·韦伯的有力论证的影响之下,我们在这方面已受到了过多的束缚。30多年以前,即我担任伦敦大学教授一年多之后,我做了一次就职演说,利用那次机会,我对自己的经济哲学做了一般性的说明。[①] 当我发现学生们因为我并不持有在他们中间占上风的社会主义观点而表现出吃惊和失望时,我感到很高兴。的确,直到那时为止,我的讲课一直限于纯理论问题,因此我没有机会明确地讨论政治问题。今天我问自己,我虽然不应对自己的片面性感到自豪,但是当我发现至少在选择我认为重要的问题上十分成功地隐瞒了支配着我的前提时,我是不是会因不该那样而感到良心不安?

部分地由于这种经历,使我希望在这个场合,让我这次首讲成为真正的第一讲,把我讨论具体问题时作为前提的观点在这里公之于众。

关于价值判断的作用,以及就政治上有争议的问题在学术教育中采取一定立场的问题,我想补充两点看法。第一点是,我相信如果马克斯·韦伯多活20年,他大概会对他的强调稍作改动。在他那个年代,他将知识上的诚实视为学术教育必须维护的唯一美德,但是看起来这种要求似乎没有对政治产生作用。后来我们知道,有些

① "Trend of Economic Thinking", *Economica*, May, 1933.

政治制度，使这种作为一切真正科学基本条件的知识上的诚实确实难以做到。当然，即使在最困难的条件下，也有可能维持知识上的诚实。可是我们并非都是英雄，如果我们重视科学，我们也必须倡导一种使知识上的诚实不至于太难做到的社会秩序。我认为，科学的理想和个人自由的理想之间有着密切的关系。

第二点是，我认为社会科学家的明确任务是要回答一些问题，而仅仅提出这些问题，似乎已经意味着采取了某种立场。一个例子足以说明我的意思：如果一位学者仅仅问，工会的工资政策同没有这种政策相比，是否真像几乎普遍相信的那样，使作为一个整体的工人的真实工资提到了更高的水平，那么在许多场合这都足以表明他是工人阶级的敌人。事实上，不但有很好的理由让人对此表示怀疑，甚至发生的情况极有可能是，工会的工资政策必然导致整个工人阶级的真实工资——或至少是真实收入——比没有这种政策更低的后果。

得出这种表面上令人困惑且普遍不被理解的结论，其认识相当简单，它所根据的是几乎无可争议的公理。任何特定的工会提高其会员工资——即把他们的工资提到比没有工会活动更高的水平——的能力，完全取决于它阻止那些愿意以较低工资工作的工人进入工会的能力。由此造成的结果是，后者或是必须仍然以较低的工资工作，或是继续失业。普遍存在的事实当然是，在一片兴旺的迅速发展的行业，工会便强大，而在停滞衰落的行业，工会则不那么强大。这意味着任何工会提高其会员工资的能力，靠的是它阻止工人从边际生产率低的地方向他们的劳动力的边际生产率高的地方转移，从而使他们的真实工资低于应有的水平。

我们仅把这看作一种可能的而非确定的结果，这是因为我们不能排除这样的可能：那些工资被提到高于自由市场所确定的水平的工人团体的所得，有可能大于因不能进入繁荣行业而工资较低的工人团体的所失。由此可见，一个团体增加工资，是因为付出了更大的不平等为代价，甚至可能是以作为一个整体的工人阶级的真实收入更低为代价而取得的。

我几乎无须强调，所有这些考虑只适用于真实工资而不是货币工资——事实上，工会的工资政策可以导致货币工资的普遍提高，导致通货膨胀，这也正是打消一种幻觉的理由：多亏了工会，才使得工资普遍比没有它的情况更高。

各位当可理解，对这个问题的回答，尽管有可能引起激烈的政治情绪，却丝毫不取决于价值判断。我大略谈到的这种回答，可能对，也可能不对——它肯定不像这种大略的说明看上去那样简单，但是它的对或错取决于理论的正确，大概还取决于某些具体条件下的特殊事实，却不取决于我们对自己所追求的目标是否可取的意见。幸运的是，就许多经济政策问题而言，情况都是如此——我相信范围还要更大。但是，甚至在乍一看存在着势不两立的道德判断的地方，一般都可以证明，假如争论的双方就他们必须从中做出选择的替代方案达成一致，他们的分歧便会趋于消失。

三

让我结合社会主义者和自由经济的支持者仍然存在着分歧的一个中心问题，对此做些稍微细致的说明。我说他们仍然存在分歧，是因为有个一度被认真提出以支持社会主义的论点，已经由于对这个问题的科学讨论而被普遍放弃了。这个论点是，中央指令性经济会比受市场支配的经济有更高的生产率。我下面还会回到这个问题上来，我在这里提到它，只是想指出一点，即使揭示出这种信念的虚妄，仍不能消除支持社会主义的论点。因为对于大多数社会主义者来说，与增加普通的货物供应相比，对我们得到的东西进行分配即使不是更重要，也是同样重要的。如果只受道德考虑引导的社会主义者坚持认为，为了更公平地分配真实的社会总收入，使这种收入大为降低也算不上是多么高的代价，这也完全合乎逻辑，尽管从政治上说这可能不是十分有利。

即使是自由经济的倡导者也肯定同意：只有在中央指令性经济中，才能实现激励着社会主义的那种公正观。然而问题是，社会主义者是否真打算接受他的公正理想的实现所造成的全部后果，其中物质生产的减少可能还不是它最严重的后果。如果是这样，我们当然只能承认，这是理性讨论派不上用场的有关终极价值的分歧。不过在我看来情况并非如此。争论的双方对他们所谓的“社会公正”有着不同且一般都很含糊的理解，我马上就会对此做些更深入的分析。我们采用自亚里士多德(Aristotle)以来流行的术语，可以把这种分歧表述为：自由经济总是只能做到交换的公正，而社会主义——在很大程度上也是大众的社会公正理想——则要求分配的公正。这里的交换公正，是指按人们实际给予其同胞的服务的价值而得到的回报，它表现在后者愿意支付的价格上。我们必须承认，这种价值同道德表现并无必然的联系。它也同以下情况无关：获得某种成就，在某个人那里是因为付出了巨大努力和痛苦的牺牲，而在另一个人那里则易如反掌，甚至是自我享乐的结果；或某人能够在恰当的时机满足某种需要，是因为他有精明的远见卓识，还是纯粹来自运气。交换的公正不考虑个人或主观条件、需要和良好的动机，它只考虑一个人行为的结果，以及那些利用这种结果的人对它如何评价。

从分配公正的观点看，这种按照产品的价值得到报酬所造成的结果，看起来肯定是非常不公正的。它很难同我们就一项成就所认为的主观品德相一致。一些碰巧猜准了时机的投机家，可能在几小时内就大发横财，而一个被别人领先了几天的发明家，他一生的努力可能会一无所获。或那些守在土地上辛勤劳作，所得仅够温饱的农民，和悠然自得地靠写侦探小说便可过上奢侈生活的人，在大多数人眼里会是不公正的现象。我理解因为每天看到这种情况而产生的不满,也尊重那些呼吁分配公正的感情。如果问题在于命运或某种全知全能的力量在奖赏人们时应当根据交换公正原则还是根据分配公正的原则,大概我们都会选择后者。

然而这并不是现实世界中的情况。首先,我们不能假设,如果换一种完全不同的报酬制度,个人仍然会做他们现在所做的事情。我们现在可以让他们自己去决定他们要做什么,因为他们要为自己的选择承担风险,还因为我们给他们报酬,不是根据他们的努力和他们动机的真诚,而是仅仅根据他们的行为结果的价值。让每个人自由地选择职业,自由地决定他打算生产什么或提供什么服务,这与分配公正是不能并存的。这种公正给每个人的报酬,是根据他遵照别人的意见应当承担的责任。在军事或官僚组织中,对每个人的判断是根据在上司眼里他对安排给自己的任务执行得如何,这样的组织可以、大概也必须实行这种分配的公正。它能推广的范围,不能超出在某个权威之下为共同目标采取行动的团体。这是一种指令性社会或指令性经济中的公正,同每个人决定自己要做什么的自由是格格不入的。

进一步说,它不但与行动的自由,而且与意见的自由不相容,因为它要求所有的人为一套统一的价值服务。事实上,我们对于功绩大小既无一致的意见,也无法客观地确定这种判断所依据的事实。某种行动的功绩,从性质上说就是件很主观的事情,它在很大程度上取决于只有行动的人才能了解的某些条件,对于它们的重要性,不同的人会有十分不同的评价。克服个人的憎恶感或痛苦,生理弱点或疾病,算不算一种较大的功绩呢?拿生命冒险或损害名声,算不算一种较大的功德呢?就个人而言,对于这些问题,我们每个人都会有非常明确的回答,但我们几乎不可能全都看法一致,也不可能向别人证明我们的意见是正确的。这意味着若想根据人们的主观业绩给予他们报酬,必定会把少数人的看法强加给别人。因此,分配的公正不但要求取消个人自由，而且要求贯彻一套不容争议的价值，换言之，即实行一种严密的极权统治。

这一结论是否不可避免，当然是个可以进行冗长讨论的话题。不过就我现在的目的而言，关键的一点是，它仅仅取决于科学的分析，而不是任何价值判断。只有当我们在贯彻某种公正会导致什么结果上取得一致之后，对它们的选择才依靠价值判断。在我个人看来，无论什么人，只要他理解并且同意，只有在没有个人自由和个人决定的制度中，分配的公正才有可能普遍得到实现，那么他几乎不可能赞成分配的公正。当然会有不少人认为我的论证不太令人信服，同他们进行讨论是富有教益和价值的。但是如果有人承认这一结论，并宣称他仍然宁肯选择一个以个人失去自由和少数人有无限权力为代价而实现了分配公正理想的制度，也不要那种个人自由仅仅和交换公正——在他看来这可能是一种极端的不公正——结合在一起的制度，那么科学就实在无话可说了。

事实上，在许多情况下，当我们对另一种选择的后果已经做出说明之后，再补充说现在可以让听众或读者自己做出选择，那不但很像卖弄学问，而且近乎一种嘲讽。在我们这门学科第一部伟大的学术著作，即200多年前里夏尔·坎特龙(Richard Cantillon)所写的《论商业的一般性质》(*Essai sur la nature du commerce en général*)中，就已经做出了明确的区分，有时我们不难感到，作者丝毫也不怀疑以上问题的答案，例如他在结束对人口问题的讨论时说道，确定人口既多又穷好，还是既少且富好，这并非科学所能胜任。不过我们大概不必担心这种卖弄学问的表现，因为它常常作为一种荒谬的推理(reductio ad absurdum)而受到憎恶，因此不太可能使做这种事的人出名。

四

现在有必要谈谈,对那些人们不熟悉但或许更重要的具体政治措施进行科学论证的可能性所受到的另一种限制。造成这种限制的,是对高度复杂现象做全面解释有着根本的困难,而不仅仅是因为经济学理论发展得不够充分。毫无疑问,这一理论还有许多悬而未决的问题,不过在我看来,从整体上说它的状态还是相当令人满意的。我的看法是,我们的困难是来自别处,而不是因为理论发展尚不充分,我有时甚至感到,它的精致化已经达到了这样一种地步,事实上我们已经无法将它应用于现实世界了。

我想我没有必要在这里捍卫唯有理论才能被视为严格意义上的科学这种观点。对事实本身的了解并不是科学,它不能帮助我们控制或影响事物的进程。然而,即便是理论上的见解,即使是在它能够使我们从很大程度上理解事情为何那样发生的地方,它也并非总是能够预见具体的事件,或按照我们的愿望塑造事物——假如我们不能同时知道那些我们必须将其作为要素纳入我们的理论公式之中的具体事实。在对现实中的复杂现象做充分解释或有效控制时所遇到的巨大障碍,正是表现在这件事上。我认为,在这方面经济学家似乎经常忘了自己能力有限,从而给人一种错误的印象,认为他们先进的理论见解,使他们能够对既定事件或措施的特定后果做出具体的预测。

我正在讨论的困难,不但出现在经济学中,也出现在所有那些涉及结构高度复杂的过程的题目之中。它们大量存在于理论生物学和心理学之中,也大量存在于社会科学之中,因此应当给予特别认真的考虑,这尤其是因为物理学的范例经常在那些领域引起一种错误的态度。

一切理论都是由一些抽象的、公式化的秩序或模式的表述组成的。反映不同现象之特点的秩序类型，可能比较简单，也可能比较复杂，我的意思是说，反映着某类现象特点的典型原理，可以用包含相对较少要素的模式来表示，也可能必须用包含相当多要素的模式才能表示。从这个意义上说，机械现象比较简单，或者说，我们把可以用比较简单的模式说明其原理的过程称为机械过程。这并不意味着那些简单的关系在具体情况下不能结合成极为复杂的结构。但是，仅仅是要素的增多，并不产生新的事物，即使把简单的模式应用于那些复杂的结构有多么困难。

由于在那些领域里，理论公式（对秩序或模式的表述）比较简单，通常有可能将预测具体事件所必需的一切具体要素纳入其中。因此，对物理学家或化学家来说，理论，即对秩序的一般描述，通常仅仅在以下范围内才有意义：通过纳入具体的要素，他可以对个别事件作具体的预测。他在应用他的理论时也有自己的困难，但是他一般会假定，已被他纳入自己的数学公式的那些具体要素，能够从做出准确预测所必需的任何精确度上加以确定。因此，在他看来似乎不可理解的是，尽管经济学家承认自己无法确定所有那些他在解题之前必须纳入公式的要素，他还是极力想建立看上去和物理学理论非常相似的理论，并用联立方程式的形式来表述它们。

但是，这显然并不意味着，对某种抽象秩序或模式做出的预测（或对其出现的描述），只有当我们也能解释它的具体表现时，才是有用或有意义的。在简单的秩序中，它们的一般特点和具体表现之间的差别并不十分重要，而秩序越是复杂，特别是当形成秩序的原理交织在一起时，这种差别就越是重要。使我们能够发现某种要素组合的、仅仅针对事实的预测，常常是有意义的预测，尤其因为它是可以被否定的，因而也是经验的预测，即使我们对那些要素的特性、它们的量或距离等所知甚少。甚至在物理学中也会出现许多这样的情况，我们的知识只能对一般状态的预测做出证明。譬如矿物学家知道哪种物质会形成六边形结晶,但他往往不能预测这种结晶的尺寸。但是,物理学中的例外,在研究有机程度更高的科学中却会成为司空见惯的事情。我们常常有足够的知识确定我们所发现的秩序的一般特征,假如我们设想可以获知某些特定条件,我们的理论甚至可以从中推导出特定事件必然出现。困难仅仅在于,这些特定条件是如此之多,我们根本不可能把它们搞得一清二楚!

我相信,就理论生物学,尤其是生物进化论,以及理论社会科学而言,情况大都如此。一个最好的例子是数理价格理论中的公式系统。它们以给人印象深刻,并且大体上说相当可靠的方式,说明了商品和服务的整个价格体系,如何受到全体个人以及企业的需求、资源和知识的支配。但是,这种理论的创立者完全清楚,那些联立方程式的目的不是要对价格逐一加以确定,因为正如帕累托(Vilfredo Pareto)所言,认为我们可以搞清楚所有具体数据是“荒谬的”。它们的目的仅仅是描述自发形成的秩序的一般特点。这种秩序意味着在各要素之间存在着某种联系,对这种联系是否实际存在能够加以确定,对这种秩序的预测是对是错也可以进行证明,因此对该理论可以从经验上进行检验。但是我们所能够预测的,永远只是这种秩序的一般特征,而不是它的细节。就我所知,至今还没有哪位经济学家成功地运用他的理论知识,通过预测未来的价格而发财。[这甚至也适用于人们经常认为能够做到这一点的凯恩斯(J.M.Keynes)爵士。在他从事投机的领域,即人们以为他的理论知识对他可能有所帮助的外汇领域,他的损失却大于收益。只是到了后来,当他转向自己的理论知识没有多大用处的商品时,他才在获得物质财富上取得了成功。]

我们的理论不能使我们预测具体的价格,这样说并不等于否定它的作用。这仅仅意味着,我们绝不可能知道根据该理论所言决定着某些价格的全部条件。这些条件,首先是指参与经济过程的全体人员的需求和知识。

对于其行为决定着价格及生产方式和方向的全部人员，我们根本不可能完全搞清楚他们知道些什么，这一点当然不仅对理论有着决定性的重要意义，对政治行为也极为重要。促成了市场经济的知识，其数量之大，是任何一个大脑所拥有或任何一个组织所利用的知识都无法相比的，这也就是市场经济为何比任何其他已知经济秩序更为有效的决定性原因。

不过在讨论这个题目之前我想指出，在我看来，所谓宏观经济学在现代的全部发展，乃是一种错误信念的结果，这个信念就是，只有当理论使我们能够预测具体事件时，它才是有用的。显而易见，对这种宏观理论所必需的那些数据根本就搞不确实，于是人们又试图对理论加以改造以克服这些困难，但由此而被纳入其公式中的数据，已不再能传递有关个人的信息，而是一些统计学的量、总数和平均数。在我看来，大多数这样的努力是错误的，其结果仅仅是使我们失去了我们本来可以获得的，对人们之间的关系结构的认识。由于那些统计学中的量只能为我们透露有关过去的信息，并不能证明它们还会保持不变的假定的合理性，因此我们仍然无法对具体事件做出成功的预测。在我看来，大概除了货币理论中的某些问题之外，那些努力毫无前途。它们肯定无法克服我刚才谈到的那些困难，因为具体产品的价格和数量，不是取决于任何平均数，而是由各种具体的条件和分散在千千万万个人中间的知识决定的。

五

市场经济理论的主要结论之一是，在某些我无法在此详述的条件下，竞争形成了对无数种环境的适应能力，对于全部这些环境，任何人或任何权威都不知道，也不可能知道。因此，这样的适应能力，也不可能通过对全部经济活动进行集中领导而获得。这首先意味着，同广泛持有的看法相反，在说明不同经济制度的效率方面，即因为与相反的政治观点密切相关而使学者们害怕讨论的问题方面，经济理论是非常重要的。但是相比而言，对于既定条件下具体措施的效果，它却不能提供多少说明。我们了解经济中自我调节力量的一般特点，以及使这些力量发挥作用或不发挥作用的一般条件，但是我们并不了解使它们产生适应能力的所有具体环境。不可能做到这一点，是因为经济过程中的全部要素存在着普遍的相互依赖，要想对某个方面进行成功的干涉，我们必须掌握全部——不但是我们自己国家的，而且是全世界的——经济中的所有细节。

我们想使市场力量为我们所用，如果我们想大体上保持我们的生活水平，我们毫无疑问也必须这样做，那么我们就应当把合理的经济政策限制在创造一些尽可能让市场发挥作用的环境，而不应当把故意影响或指导个人行为作为它的任务。因此，经济政策的主要任务看来就是建立一种架构，在这个架构之下，个人不但能够自由决定他想做什么，并且能够使这种以他的特殊知识为基础的决定为总产出做尽可能多的贡献。我们对任何具体政策措施的评价，不应过多地根据它的具体结果，因为在大多数情况下我们对它一无所知，而应根据它同整个制度是否和谐一致［即我相信由奥伊肯最早描述为“制度公正”(systemgerecht)的现象］。这也意味着，在任何情况下，我们都应当经常以某些假设为根据，它们事实上不是在所有情况下都正确，但在大多数情况下是正确的。有个事实可以作为这方面一个很好的例子：坚持提倡自由贸易的人发现，在国际间的自由贸易中，一切偏离常规的例外都会给交易双方带来好处，但这个事实并未阻止他们继续提倡全面的自由贸易，因为他们还知道，对于那些使例外情况合理化的非正常条件，几乎永远无法确定其是否真正存在。更有说服力的大概是晚期的A.C.庇古(A.C.Pigou)教授——福利经济学理论的奠基人——的例子，他在其漫长一生的最后时刻，几乎全身心致力于一项任务，即规定使政府干预有助于改进市场结果的条件,但是他也不得不承认,这些理论思考的价值有点令人怀疑,因为我们很少处在一种位置上,使我们可以确定理论所选出的具体条件是否真正存在于任何既定的环境之中。[1]这并不是因为他知道很多,而是因为他知道,要想进行成功的干预他必须知道多少事情,因为他知道,自己绝对不可能搞清楚所有的相关条件。因此,在经济学家看来,应当约束自己不去推荐孤立的干预措施,即使当理论告诉他这种行动有时会带来好处时,也不应如此。

如果我们不想为弊多利少的措施承担责任,承认我们知识的局限性是很重要的。在我看来,我们应当从这个见解中得出的一般结论是,在对经济政策的措施进行评价时,我们应当只允许自己以它们的普遍性,而不是以它们对某些人或团体的具体效果,作为评价的依据。如果我们一般不打算推荐那种帮助某些人得到好处的措施,这样的措施本身并不足以证明自己的合理性。

人们很可能会批评说,这是一种死抱着教条主义原理不放的态度。然而这样的责难非但不应阻止我们,我们还应当自豪地予以接受,因为这种原理正是我们能为政策问题做出的最大贡献。在我们这个领域,"原理"一词经常被用在一般性论文的题目中,这并不是偶然的。尤其是涉及经济政策时,原理实际上是我们必须提供的东西。

当我们把个人自由视为理所当然的政治目标时,原理尤其显得特殊重要。我在最近一部著作中试图说明个人自由为何如此重要,它的终极理由就是,对于决定着所有其他人的行动——我们也不断从中获益——的大多数环境,我们有着无可避免的无知。我曾利用上次访问弗莱堡时得到的机会,在一次讲座[2]中做过解释,如果我们在政治决策中仅仅考虑它的可预见后果,必然会使这种自由不断受

① 参见他的"Some Aspects of the Welfare State", *Diogenes*, No. 7, 1954, p. 6。

② "Die Ursachen der ständigen Gefährdung der Freiheit", 发表在*Ordo*, Vol. 12, 1960-I。

到十分严重的威胁，因为支配着一项措施的直接后果必然是可预见的，而因为限制自由而受到阻碍的各种发展，由其性质所决定，当然是不可预见的。因此，我无须在这个问题上再费口舌。

六

我希望利用余下的时间，来谈一谈我以上所言有可能引起的两种误解。我认为学术教师应当根据某个重要原则表明立场，这是一种既恰当又可取的做法。但这并不意味着他应当卷入当前具体的政治分歧，他更不应当把自己同某个政党联系在一起。后面这种做法在我看来最不可取，也同一名社会科学的学术教员的责任不相容。我十分理解参与解决当前迫切的公共政策问题的热情，如果没有特殊的环境阻止我这样做，我本人很有可能也会经不住诱惑，把我的许多精力投入这种任务。

当我年轻时代在奥地利时，我们便好开玩笑说，我们是比德国同行更出色的理论家，因为我们对实际事务几乎没有影响。后来我看到英国和美国的经济学家也有这种差别，至少在20世纪30年代，英国的经济学家毫无疑问是更出色的理论家，同时他们也很少参与当时的决策。后来这种情况发生了一些变化，我不能确信这种变化对英国的科学经济学完全起着有利的作用。

回顾过去的30年，我越来越明白，我该多么感谢这样一个事实：在这段时期的大多数时间里，我在我从事工作的国家里是个外国人，由于这个原因，我认为不适合对当前的政治问题发表意见。如果说，在这个时期我成功地建立了一套有关经济政策的比较系统的看法，那至少应归功于这种环境。在这段时间里，我只能满足于旁观者的角色，我根本不必过问政治上能够做点什么，或能够为和我有关的团体出点什么力。未来的情况也不会有所不同。

我希望防止有可能出现误解的第二个问题,是我对我们的理论知识之局限性的强调。我希望各位都不要把它理解成这样的意思:我感到既然理论的作用这样有限,我们还是把注意力集中到事实上吧。这肯定不是我想表达的意思。尽管学术教师的任务之一,就是说明如何确定和解释事实,但关于事实的知识并不能构成科学,有一天你为了应用自己的科学知识,会需要这些有关事实的知识,但你必须在工作中对它们不断地进行更新。各位在大学中学习的主要收获,必须是对理论的理解,这是你们无法在别处得到的唯一收获。各位要把自己的科学知识用于其中的那些具体事实,你们很快就会有足够的了解。基于前面提到的理由,我对自己教学的国家的具体情况,比自己的学生知道得还少,我希望自己绝对不要因此而非常严重地偏离作为一名教师的职责。我还希望,不久之后当各位发现这种情况仍然时有发生时,你们不会感到过于失望。

今天,经济学研究——这里我不是指那些我知之甚少的具体课程表或考试要求,而是指研究的理想目标——中出现的真正冲突,并不存在于事实知识和理论理解之间。如果这就是问题的全部,我会毫不犹豫地建议各位把最初几年的研究完全用在理论上,直到你们在专业工作中遇到具体事实时再去了解它们。尽管我想做出某些限定,不过我还是认为,至少在大学的一部分学年中,这样做是可取的。只有真正掌握了一门科学——虽然我对历史充满尊重,我还是倾向于说理论科学——的人,才知道科学是什么。然而,今天的情况却是,只有在对学科问题进行狭隘的专业化训练时期,才要求这种对一门理论学科的掌握。

困难来自别处。它们是由这样一个事实造成的:为了对原理问题做出回答,一方面我们必须就这些原理说点什么,另一方面经济学却是个必要但不充分的工具。我在别处说过,并且我认为这个问题的重要性使我必须在这里再说一遍:仅仅是一名经济学家的人,不可能成为杰出的经济学家。比自然科学中的情形更为真实的一点是，在社会科学中，几乎没有哪个具体问题能够仅仅依靠一门学科做出恰当的回答。不但在政治科学和法学中，而且在人类学、心理学，当然还有历史学中，我们应当了解的全部问题，超出了任何一个人有能力了解的范围。当我们的所有问题触及哲学问题时，情况更是如此。在英国这个经济学长期领先的国家，几乎所有伟大的经济学家同时是哲学家，而且至少是在过去，所有伟大的哲学家也是经济学家，这肯定不是一种偶然现象。当然，经济学家中有两个突出的例外，即最伟大人物中的两位：大卫・李嘉图(David Racardo)和阿尔弗雷德・马歇尔(Alfred Marshall)。不过我不相信这和他们工作中的某些缺陷毫无关系。如果我们把他们放在一边，只提到那些最重要的名字：约翰・洛克(John Locke)、乔治・贝克莱(George Berkeley)和大卫・休谟(David Hume)、亚当・斯密(Adam Smith)和杰罗米・边沁(Jeremy Bentham)、萨缪尔・贝利(Samuel Bailey)和穆勒父子(James and John Stuart Mill)、威廉・斯坦利・热旺斯(William Stanley Jevons)和亨利・西奇威克(Henry Sidgwich)，最后还有约翰・内维尔(John Neville)和约翰・梅纳德・凯恩斯(John Maynard Keynes)，这份名单在哲学家看来会是一张重要哲学家和逻辑学家的名单，而经济学家也会把它看作一份主要经济学家的名单。

虽然我作为一名研究者，在德语文献[①]中遇到的这种哲学和经济学相结合的例子十分有限，不过我的结论是，这种结合可以是一片非常肥沃的土地——我并不认为自己有这样的信念，仅仅是因为上了年纪的人经常有着明显的嗜好，喜欢从他们的专业领域转向哲学。今天我所接触到的大多数问题，既表现为经济学问题，也表现为哲学问题。是否有可能存在着独门独户的社会科学理论这种东西，是大可怀疑的，所有的社会科学肯定都会提出哲学问题，其中许

① 尤其是Othmar Spann, F. von Gottl-Ottlilienfeld, R. Stolzmann或Werner Sombart这些人物。

多问题在更为专业化的学科进行思考之前，已经由哲学家研究了两千多年。我们的文明和各种制度的形成问题，同我们的大脑及其工具的发展问题有着密切的关系。例如，如果经济学家不时看看理论语言学的问题，他是不会一无所获的，他所发现的共同问题，说到底是一些哲学问题。

我谈到这些，并非只是为了给经常到哲学那里串门寻找理由，我当然有这样的嗜好。我说这些话，还因为我希望恢复这种对知识的普遍好奇心的精神，以及我记得在维也纳的学生时代所经历过的精神历险，而在美国的大学里，这种精神即使不是闻所未闻，也是非常罕见的。必须掌握一门学科这个学习目标不管多么重要，在社会科学中对一个题目的技能也不应成为唯一的目标。对于那些意识到我们领域的问题确实重要的人来说，专业研究应当成为为建立一种全面的社会哲学而奋斗的起点，一个人要想使这种奋斗有所收获，他就必须让自己的研究为自己打开视野，不应把目光仅仅局限在他的专业学科中的问题上。

我希望在开始正常授课之前先谈谈这些一般性的问题。不过我也十分清楚，一个人在对当地的特殊氛围尚不熟悉之前，就公开作这样的信仰表白，是要冒一定风险的。我从游历各国得到的教训之一是，人们必须予以反对的知识边界是因地而异的。我到英国时，从当时我本人的专业领域，即产业波动理论中，第一次注意到这一点。在德国人的讨论中，我被当作对商业周期进行货币解释的一个突出代表，我的努力方向当然也是强调货币在这些过程中所起的作用。然而在英国，我遇到了一种纯货币解释的非常极端的形式，它认为一般价格水平的波动是商业周期的本质。于是我的论证不久便转而反对占主导地位的商业周期的货币理论，目的在于强调现实因素的重要性，那些把我当作货币解释的典型代表的人，对此也许会感到有些迷惑不解。

我在哲学领域也发现了类似的情况。在维也纳，我至少一直同维也纳小组的逻辑实证主义关系密切,尽管我并不赞成把他们的某些观点用于社会科学。但是在英国——后来在美国更是如此——我不久便发现,必须反对在那里得势的一些更为极端的经验主义形式。如果我对德国思想现状的更多了解,似乎又向我显示出这种边界线的变化,我是不会感到奇怪的。譬如我有可能发现,像我今天认为应当做的这种事情,即强调理论的重要,实际上并不恰当。不过我的一般印象是,美国的方式正在迅速地传播,因此我想要说的话未必全无道理。但是,如果我的强调真是无的放矢,我至少应当谈谈任何一个在离开很久之后又回到他一度很熟悉的环境中的人,都会遇到的那些特殊困难。

充分就业、计划和通货膨胀 ①

一

在战后这几年里，中央计划、“充分就业”以及通货膨胀的压力，一直是支配着世界大多数地区经济政策的三个主要特征。其中，只有充分就业本身能被认为是一种可取的现象。中央计划、指令或政府管制，无论我们多么小心地称呼它们，充其量也只能意味着是好是坏要由结果来定。通货膨胀——即使是“受抑制的通货膨胀”——毫无疑问是件坏事，尽管有人会说，为了达到其他可取的目标，这是件必要的坏事。这是我们为贯彻充分就业和中央计划政策而付出的部分代价。

导致这种情况发生的新事实，并不是存在着比战前更为强烈的避免失业的愿望，而是一种新的信念，认为通过货币压力，可以长久地维持较高的就业水平，但实际上这是不可能的。推行建立在这一信念上的政策，有点出人预料地显示出，其必然的伴生物就是通货膨胀和政府管制——不过并非出乎所有人的预料，大概只是出乎大多数提倡这些政策的人的预料。

---

① 原载澳大利亚*Institute of Public Affairs Review*, Melbourne, Vol. Ⅳ, 1950。

按现在的理解，充分就业政策是主导因素，当前经济政策的其他特征，只是由它造成的主要后果。在我们能够对中央计划、充分就业和通货膨胀相互发生作用的方式做进一步评价之前，我们必须明白，现在实行的充分就业政策到底意味着什么。

二

充分就业的含义逐渐变成了能够利用货币压力在短期内实现的就业最大化。这大概不是这个理论概念原有的含义，然而在实践中它难免会产生这样的含义。一旦人们同意，一时的就业状况应归因于货币政策的主导作用，那么可以利用货币压力加以消除的任何程度的失业，难免会成为施加这种压力的充分理由。很久以来人们就知道，货币扩张在大多数情况下可以一时增加就业。如果说这种可能性并没有总是被人利用，那是因为人们认为这种措施不但会引起另一些危险，而且会威胁到就业本身的长期稳定。目前的信念中的新因素是，现在人们普遍认为，只要货币扩张还在创造更多的就业机会，那么它就是无害的，或至少是利多弊少的。

充分就业政策实际上仅仅意味着在短期内维持比正常情况下更高的就业水平，然而至少值得怀疑的是，从更长远看，它是否会引起就业水平的实质性下降，甚至降至不采取连续性货币扩张也能长期维持的水平以下。然而，这些政策却总是把自己装扮得让人觉得，实际问题不在于此，仿佛人们只能在如此定义的充分就业和20世纪30年代持续的大规模失业之间做出选择。

从在“充分就业”和各种失业因素统统存在的局面之间做出选择这个角度进行思维的习惯，大概是一种最危险的遗产，我们应当将它归因于晚期凯恩斯爵士巨大影响。只要存在着普遍失业的状况，从存在着一切类型的闲置资源这个意义上说，货币扩张就只有好处,对此几乎谁也不会否认。但是,这种普遍失业状态本是一种反常现象,它并不能证明在这种情况下有利的政策,在经济系统大多数时间所处的中间状态下,即严重失业仅仅局限于某些产业、职业或地区的状态下,也一定总是有利的。

在处于普遍失业状态下的经济系统中,就业会随着货币收入而有相应的波动,因此只要成功地增加了货币收入,我们也会使就业有相应的增加,大体上说确实如此。但是,如果因此就说所有的失业都要归咎于总需求的不足,因此可以通过增加需求得到长期医治,则根本不符合事实。收入和就业之间的因果关系,并不是一种单一的关系,只要按一定比例增加收入,我们总是可以使就业有同比例的增加。全体工人如果以现行工资水平就业,总收入就会达到一定的量。既然如此,只要我们把收入增加到那个量,我们也必然会实现充分就业——只有十分幼稚的思维方式才会生出这种想法。当失业分布不均时,增加的支出会在哪儿创造新增的就业并不确定。在对失业者所提供的那类服务的需求尚未出现之前便出现的额外支出的量,至少在它尚未实际增加就业之前,肯定会成为一个产生严重通货膨胀作用的量。

如果支出在产业和行业间的分布比例,不同于劳动力的分布比例,则单纯增加支出未必会增加就业。失业显然是这样一个事实的结果:劳动力的分布不同于需求的分布。在这种情况下,较低的货币收入总量必定被认为是由失业引起,而不是引起失业的原因。在增加收入的过程中,即使有足够的支出可以被“注入”不景气的部门,使失业一时得到医治,然而一俟扩张结束,需求分布和供应分布之间就会再次出现不一致。在失业和收入总量偏低是由这种不一致引起的地方,只有通过劳动力的重新配置,才有可能使自由经济中的问题得到持久的解决。

三

由此提出了这整个领域中一个最棘手、最重要的问题:劳动力不适当的分布状况,是在大体稳定的货币环境中,还是在货币扩张的环境中,才更有可能得到改正?事实上,这涉及两个单独的问题:第一个问题是,在扩张的过程中,需求状况是否处于这样的情况——如果劳动力的分布根据当时存在的需求分布进行了自我调整,那么它会创造一些扩张停止之后仍会继续存在的就业;第二个问题是,劳动力的分布是在稳定的货币环境下还是在扩张的货币环境下,才更有可能迅速适应任何既定的需求分布,或者换句话说,是在扩张的货币环境下,还是在稳定的货币环境下,劳动力才更具流动性。

第一个问题的答案十分明确。扩张过程中的需求方向,必然在一定程度上不同于扩张停止后的方向。劳动力将被吸引到那些首先产生额外支出的具体行业中去。只要扩张没有停止,那儿的需求相比其他地方随后才会出现的需求增长,便总是会领先一步。对某些特定部门的需求而言,这种一时的刺激会导致劳动力的流动,就此而言,一俟扩张结束,它必然也会成为引起失业的原因。

有些人可能会对这种现象的重要性表示怀疑。但是在笔者看来,这是出现一波又一波失业的主要原因。在每次繁荣期,都有更多的生产要素被投进资本货物的产业,其数量超出了能够得到长期利用的程度,于是我们通常都会发现,我们是把资源中与收入份额不相符的更大的比例,专门用在了资本货物的生产上,如果是在充分就业的情况下,这些资源是可以被节省下来用于投资的。在笔者看来,这就是繁荣之后总会出现崩溃的原因。试图把劳动力吸引到这样一些行业中去,他们能否继续受雇于这些行业,完全取决于信用扩张是否仍在继续——任何这样的做法都会造成一种困境:或者是让信用扩张无限期地继续下去(这意味着通货膨胀),或者是扩张停止后出现更严重的失业,若是根本没有出现过一时的就业增长,情况本不该这样糟糕。

如果失业的真正原因是劳动力分布与需求分布的不一致,那么要想创造一种稳定的、不依赖通货膨胀(或物质管制)的高就业状态,唯一的办法就是让劳动力的分布同稳定的货币收入的支出方式相配合。当然,这不但取决于在调整过程中需求分布是否大体保持不变,而且取决于一般状况是否有利于劳动力方便而迅速地流动。

四

这导致了我们问题中第二个更为困难的方面,对此大概无法提供任何确切的答案,不过或然性似乎向我们明确指出了一个方向。这个问题就是,当普遍需求上升时,从整体上说工人是否更愿意转向新的行业或新的地区,或者当总需求大体保持不变时,流动性是否会更大。这两种情况的主要差别是,在前一种情况下,引起流动的是一些地方高工资的吸引力,而在后一种情况下,造成流动的原因是无法挣到正常水平的工资,或无法在过去的行业中找到任何职业。当然,第一种方法更令人愉快,通常也被说成是更有效率的方法。我想加以质疑的,正是这后一种信念。

从长远看,会吸引更多必要的新从业人员进入这个产业而不是另一个产业的工资差距,并不足以诱使已在后一类产业中立足的工人流动,这一点是不足为奇的。通常,改变职业涉及一些支出和牺牲,仅有工资的增加不是足够的理由。工人只要能在现有职业上挣到他习惯于接受的货币工资,他不愿意流动就是可以理解的。通过提高某些工资而不让另一些工资下降,从而达到进行全面调整目的的扩张政策,难免会使不变的货币工资意味着真实工资的下降,但即使如此，真实工资下降的大部分效应，仍会因货币工资形成的思维习惯而失效。令人不解的是，凯恩斯爵士的弟子们在其他问题上不断利用这种观点，而在这一背景下却无一例外地没有理解它的重要意义。

从社会利益角度来看，某些人应当向其他部门流动，如果极力保证他们能够继续得到以前的工资，这只会拖延终将发生的流动。此外也不应忘记，如果让此前已经就业的人继续在一个相对没落的产业中就业，这同让一部分工人离开这个产业必然造成的情况相比，只会使普遍工资水平下降得更多。

这里一般人很难理解的是，保护个人使他不丢掉自己的工作，可能并不是一种减少失业的办法，从长远看，这反而会减少按既定工资就业的人数。如果长期贯彻推迟和拖延流动的政策，让那些应当流向其他地方的人继续待在旧行业里，其结果肯定是，本应是一个平缓的变化过程，最终会变成一个短期内必然出现大量转移的问题。持续不断的货币压力，使那些本应离开其职业的人继续在这个职业上挣到不变的工资，这会使必要的变化累积在一起，一旦货币压力消失，它肯定会在极短的时间内爆发，由此造成一个本来可以避免的严重大规模失业的时期。

所有这些分析不仅适用于正常的产业波动过程中出现的劳动力分布不当，甚至更适用于大规模的劳动力再配置的任务，譬如第一次世界大战之后的情况，或由于国际贸易渠道发生重要变化而导致的局势。战后大多数国家采取的货币扩张主义政策，对于适应必然出现的迅速变化的世界贸易形势，是有所帮助还是有所阻碍，是大可令人怀疑。尤其是在英国，近几年的低失业数字，与其说是真正均衡的标志，不如说是必然的变化受到拖延的象征。

在所有这些情况下重要的问题在于，假如这种政策已被实行了若干年，能否在不引起严重的社会和政治动乱的情况下改变这种政策。这种政策的后果之一是，当大量的就业有赖于继续实行这些政策时，不久以前只能算是稍高的失业率，如今却会成为政治上不堪承受的事情。

五

目前实行的这种充分就业政策,是企图用一种方便快捷的方式让人们在任何地方实现就业。然而真正的问题是如何形成一种劳动力分布,使得无须人为的刺激便可获得可持续的高就业。这是一种我们根本无法预知的分布状态,唯一的发现途径,就是让市场在有可能导致稳定的供需平衡条件下不受阻碍地运行。然而正是充分就业政策,使我们几乎无可避免地不断干预市场力量的自由运行,使得在这种扩张政策时期供应量会据以自我调整的价格尺度,无法表现为一种有持续性的条件。正如我们所知,这些困难是由这样一个事实造成的:失业从来不会平均分布于整个经济系统,而是在某些部门仍然存在着实质性失业的同时,另一些部门却存在着严重的短缺。然而,目前的充分就业政策所依靠的纯粹的财政和货币手段本身,对经济系统不同部门的实际作用却是“一刀切”式的。

同样的货币压力,在系统的某些部门可能只会减少失业,而在另一些部门却会产生明显的通货膨胀效果。如果不用另一些措施加以制约,这种货币压力有可能在失业远没有消失之前,造成价格和工资螺旋式上升的通货膨胀,而——由于目前在全国范围内进行的工资交涉——工资的上升甚至会在充分就业政策的结果尚未实现之前,就对它构成威胁。

就像这种条件下经常出现的情况一样,政府会发现自己不得不采取措施应付其政策带来的后果。针对通货膨胀的作用,必须用直接控制价格和产销量的手段进行围剿或“压制”:必须规定最高限价以阻止价格的上升,而对于由此引起的匮乏,又不得不用一种限量、优先配给和分配的制度加以对付。

通货膨胀使政府走向全面管制和中央计划的方式,如今已为人们所熟知,因此无须再作详细的说明。一般而言这是一种特别有害的计划,因为它并不是事前想好的,而是面对通货膨胀表现出的不受欢迎的结果,零打碎敲地加以实施的。政府若是把通货膨胀作为一种政策加以利用,却又希望它只产生有利的结果,则它不久便会发现,甚至对经济中正在增长的部门而言,它也不得不加以管制。

六

但是,在通货膨胀和各种管制及中央计划之间,并不存在单向的联系。通货膨胀导致管制,这一点已广为人知。不过,一旦经济系统充斥着各种各样的管制和限制,就需要用持续的通货膨胀压力使它保持运行,这个同样重要的问题迄今仍未得到普遍理解。对于理解现代经济政策趋势中表现出的那种不甘自我消亡和拥权自重的特点,这当然是个至关重要的事实。

制定那些打算用来对抗通货膨胀的措施,既然是要让通货膨胀的刺激所引起的过热现象降温,因此它们对于通货膨胀压力减缓后出现的自发性的恢复力量,难免也会起到抑制作用。如果战后大多数经济没有表现出更大的恢复能力和自发力量,这要大大归咎于这样的事实:它们被管制得失去了生机,只要一出现改善的信号,所有那些障碍非但不会被取消,反而要求更大的通货膨胀,而这迟早会导致进一步的管制。

考虑到一种广泛持有的看法,现存的管制引起对通货膨胀压力的进一步要求的趋势有着特别的重要性。这种看法是,如果受到控制的只是通货膨胀趋势,那么各种限制性措施最后会被证明没有必要,因此可以被随时取消。如果像这里所证明的那样,通货膨胀和管制之间有着相互影响的关系,则可以说以上看法是错误的,据此采取行动肯定会导致失败。除非在停止扩张的同时取消管制,不然的话，一旦管制者感到自己的作用在下降，恢复管制的压力很可能是无法抗拒的。

因为管制而变得麻木不仁的经济，需要近乎全速前进的通货膨胀的超常刺激以维持自身运转。在管制使企业家失去了一切首创精神、选择的自由以及他应承担责任的地方，在实际上是由政府决定他该生产什么和生产多少的地方，想让他能获得一些酬劳以便继续干下去，至少要保证他有一定的销量。广泛的政府管制几乎总会或多或少地伴随有通货膨胀状态，因此它才没有彻底窒息经济活动，而一个局外的观察者——如果他了解那个由各种承诺和特许构成的迷魂阵，任何想生产点什么东西的制造商都必须从这种迷魂阵中寻找出路——会认为这种窒息是不可避免的。

在这个观察者看来，一个企业家，如果他控制自己产品的成本、品质和数量的权力几乎被剥夺殆尽，则他几乎不可能还愿意承担任何风险。对此的回答是，由于创造了一种无论生产什么几乎都能卖出去的形势，事实上他已摆脱了主要风险。这种“计划经济”的无效率，被通货膨胀的效果掩盖起来了。

但是，通货膨胀的压力一旦消失，人们便会感受到所有这些阻碍着成功生产的全部力量。最初用来控制通货膨胀作用的管制措施，此时却更难以让通货膨胀停下来。在仍然存在着管制措施的情况下，如果稳定的货币环境得以恢复，失业也会立刻再次出现。因此，人们会得出这样的印象：继续扩张是维持高水平就业不可缺少的条件，然而实际需要的是取消各种阻碍着贸易的管制，即使由此会使过去被掩盖起来的通货膨胀效果变得显而易见。

七

如果以上意见是正确的，它难免使人们对未来会采用合理的经济政策这一前景产生十分悲观的看法。就目前公众舆论的状况而言，这是一些人们最不喜欢听到的意见。通货膨胀的习惯时常被人比作吸食兴奋剂成瘾的情况。但是，吸食通货膨胀药物成瘾的社会，它的处境甚至比吸毒成瘾的个人还糟。人们必须设想这样一种状况，在对病人使用的——譬如说——吗啡进行管制时，要在大众心理的影响下做出决定，而每一个与民众相比略知一二的煽动家，都能够提供某种解除目前痛苦的有效手段，但是对于他的处方所引起的更为长久的伤害，只有极少数人明白。

充分就业的意识形态控制公众想象力的速度之快，以及在这个过程中一种巧妙但很可能错误的理论推论被变成僵硬教条的方式，更何况还有某些本来应当更有见识却盲从这种新教条的人，把问题说成只能在长期存在广泛失业和全面采用他的处方之间做出选择——所有这一切，有时使人们对我们这个时代一个最严重的问题，即民主制度是否有能力运用经济政策的新措施所交给它们的既可行善又可作恶的巨大权力，感到绝望。

要想使经济政策的后果与所希望的情况没有太大不同，我们不必被迫一再采用权宜之计，经济政策就必须是长期政策，不应为眼前的迫切需要所左右，而是应当以对其长期效果的理解为依据。在对货币政策的范围和目标施以更多限制的同时，将为其制定方向的权力交给一个不直接服从政治控制的机构，肯定是一种明智之举。可以理解，并且大概也不可避免，一旦发现这种权力被更多地运用，它就会变成一个严重的政治问题。不过，鉴于这些民主机构的性质，民主政府能否学会实行那样的限制，是大可令人怀疑的。而这种限制，正是不采用只能一时缓解眼前罪恶的处方这一经济智慧的本质，因为它不但会造成更严重的问题，而且会不断限制着进一步行动的自由。

工会、通货膨胀和利润[①]

在过去的25年间，尤其是在我们最近刚刚经历过的长期大繁荣这段时间，只有少数几个警世者视为十分严重的新障碍，美国总能轻松自如地越过。但是有充分的理由认为，这种情况很快就会结束。下面我将较为详尽地加以评价的劳工一方的新要求，会被证明是关键所在。瓦尔特·卢特(Walter Reuther)也许会断定，这还不是检验实力的有利时机，生死之战还会再往后拖一拖。不过我无论如何都不怀疑，我们不久就会面对一些长期以来我们一直设法避免的基本问题，由于一直允许造成这些问题的做法和体制继续存在，因此并没有使它们的解决变得更为容易一些。

在讨论工会的新要求造成的较为具体的问题之前，我必须先说明一下我如何看待现代工会势力所造成的更为一般性的政策问题，还要描述一下商业波动特殊阶段的特点，因为正是在这个阶段，上述问题似乎必须予以解决。

其中第一个任务，又分为两个独立但又相互紧密联系的问题：劳工组织逐渐表现出的特点，以及它们获得的新权力，这种权力并不是因为它们能够做什么事情而引起的结果，而是对信用和财政政策的任务有了新的理解而造成的结果。就前一项任务而言，虽然是

---

① 原载*The Public Stake in Union Power*, ed. by Philip D. Bradley, New York, 1959。

工会问题的关键所在,我用寥寥数语即可交代清楚。这里的基本事实十分明显,因此我只需提一下要点。工会取得它们目前的规模和权力,不仅仅因为它们得到了结社的权利。它们达到现在这个样子,在很大程度上是因为立法和司法机构授予它们一些其他团体或个人不能享有的特权。它们是这样一种机构,政府在这里无法履行其首要任务,即阻止人们对别人施以强制。我这里所说的强制,主要不是指工人对雇主的强制,而是指工人兄弟对工人的强制。完全是因为允许工会向那些愿意按照工会所不同意的条件工作的工人施以强制,才使得它也能够对雇主施加有害的强制。这种情况之所以成为可能,是因为在劳工关系领域人们接受了一种目的可以为手段辩护的信念,还因为公众赞同工会所致力的目标,它们就应当成为不受正常法律约束的例外。工会运动在现代的整个发展之所以可能,主要就是因为支配着公共政策的是这样一种信念:为了公共利益,劳工应当被尽可能广泛而全面地组织起来,为了追求这一目标,工会应当尽可能少地受到限制。这肯定不符合公共利益。但是纽约大学的西尔韦斯特·佩特罗(Syvester Petro)教授在他的新著作《自由社会的劳工政策》①中,对此却大加赞赏。

我必须对使工会的工资权力变得十分危险的特殊环境多做点说明。人们常说,工会为提高工资而施加的普遍压力若是获得成功,必然会造成通货膨胀。作为一个普遍的论点这是不正确的。不过,在我们现在所处的特定条件下,它却是十分正确。货币当局的责任就是不管工资水平如何,提供充足的信用以保障充分就业——自从这成了普遍接受的信条,并且以法律的形式要求货币当局承担这种责任以来,工会抬高货币工资的权力便只能导致持续的、日益严重的通货膨胀。在这方面我们从凯恩斯那里真是获益匪浅。

我们在这里不想谈论他的理论细节。我们所关心的,是他的全

① S. Petro, *The Labor Policy of the Free Society*, New York, 1957.

部论证所依据的那个假设的事实:降低工资的价值,与降低货币工资相比,更易于减少工人真实工资的所得。他主张,只要真实工资变得过高,以至于妨碍了“充分就业”,就应当采用这种办法。凯恩斯爵士的错误在于,他天真地以为,工人会长期为这种伎俩所蒙骗,降低工资的购买力不会立刻引起对更高工资的新要求——当人们认为这些新要求不会对就业产生任何影响时,它们会变成更加难以抗拒的要求。

我们已经取得的成就,是将责任一分为二,根据这种划分,一个团体能够推行一种工资水平而不考虑它对就业的影响,而另一个机构则负责提供在这一工资水平上保证充分就业所必需的任何数量的货币。如果人们接受了这一原则,货币当局实际上便别无选择,只能执行会造成连续性通货膨胀的政策,无论它多么不喜欢这种政策。但是,在目前的舆论状态下它不能做任何其他事情这一事实,并没有改变另一个事实,即通常引起通货膨胀的,只能是货币政策。

我们已经经历了这种——正如人们所说——成本推动型通货膨胀的第一个漫长时期。这是有史以来持续时间最长的高度繁荣期之一。但是,工资的上升趋势虽然尚未停止,造成繁荣的力量亮出警示却已经有一段时间了。我们很可能已经到了这样一个时刻,必须开镰收割通货膨胀时代的硕果了。对此谁也没有把握。另一次广泛的通货膨胀很可能会使我们迅速摆脱衰退。不过在我看来,这只会拖延罪恶之日——并且使结局更糟。通货膨胀引起的繁荣过去不是,今后也不可能是持久的繁荣。它所依赖的因素,不但是靠简单的通货膨胀,而且是靠加速度通货膨胀培育的。我们可以承受持久的通货膨胀,但我们显然不能承受长期的加速度通货膨胀。

这种由通货膨胀养育的繁荣,既不会因为最终需求不足以接受市场上的全部产品而终止,也不能简单地把最终需求维持在一个高水平上而使其永久化。衰退总是先出现在投资领域,而且现在确实已经出现了。最终需求后来才受到影响,不过是投资物品的产业收入下降的结果。这种最终需求的二次缩减有可能变成递进式的，并且倾向于成为一种支配因素；它有可能使一个仅仅是衰退和重新调整的时期，变成一场大萧条。因此，有充分的理由对抗这种趋势，防止它造成通货收缩的螺旋运动。但是这并不意味着，仅靠把最终需求维持在足够高的水平上，我们就能保证充分就业的继续，避免调整性的、暂时的失业，要想使通货膨胀转向稳定的货币环境，这种失业是必要的。其原因是，投资并不像人们经常天真地认为的那样，会以任何简单的方式与最终需求相一致。一定量的最终需求未必会引起投资在同一个方向上出现比例相同，甚至比例更大的变化。在整个价格—成本结构中，还有另一些因素决定着既定的需求水平会造成什么样的投资比例。正是这些因素的变化，先是导致了投资和收入的下降，然后又造成了最终需求的下降。

这里我无法对这种高度复杂且存在很大争议的机制作详细的评价。我只想提出两种看法，在我看来它们可以证明，用“缺乏购买力”解释萧条的主流理论是错误的。第一个看法是，不但投资下降经常是始于最终需求和价格迅速上升的时期，而且通过刺激最终需求而激活投资的企图，几乎全都以失败告终。20世纪30年代的大萧条当然是一个最早的事例，当时在这种“购买力理论”的影响下，人们从一开始就极力想维持工资和购买力，结果是我们把它变成了有史以来持续时间最长、最严重的萧条。第二个看法是，购买力观点所依赖的论证有着内在矛盾。它似乎是在主张，即使在充分就业或接近充分就业的条件下，对最终产品的需求增加也会导致资源从生产最终产品向生产投资物品转移。它认为，只要是消费品需求十分旺盛的时候，其直接效果都会是消费品生产减少，投资物品的生产增加。我猜想，在极端情况下这会意味着，由于人们对消费品的需求极其旺盛，会使得没有人生产消费品而只去生产投资物品。显然，肯定存在着某种使所发生的事情恰恰相反的机制。但是，除非我们理解这种机制，否则，我们就不能有把握地说，在不存在充分就业的条件下,它有可能不发挥作用。我们显然不能同意目前流行的观点,因为它不但不能解答这个关键性问题,而且如果始终如一地贯彻,还会导致荒唐可笑的看法。

现在我来谈谈我的主要话题。我用这么多的时间对出现了劳工新要求的经济环境进行分析,部分原因是这些要求既表现为非通货膨胀因素,也表现为对抗萧条的措施(或处方),不过主要原因则是在目前的情况下,雇主会受到避免劳动纠纷的最大压力,而正是在这一点上,有可能引起十分严重的后果。但是,面对这些新要求的企业所必须做出的决定,是有可能产生重大的长期效果,并因此对我们未来社会的形成发挥重大作用的原则性决定。在做出这些决定时,应当充分考虑到它们的长期意义,而不应受摆脱我们一时的困境这类考虑的影响。可是面对工会已经获得的权力,企业是否有能力抵制有害的要求,取决于它们从公众舆论中得到什么样的支持。因此,清楚地理解这些要求的真实含义和满足这些要求并普遍接受其原则对我们未来的经济特点意味着什么,是极为重要的。

应当记住,卢特先生把汽车工人联合会于1958年提出的要求称为一个“两揽子”计划,其中包括一组“对所有雇主的最低限度的基本要求”和一些补充要求,它们“是对处在更为有利的经济地位上的企业或公司最低限度的要求的补充”。换言之,它们是一组对汽车工业普遍适用的要求,以及针对汽车工业三巨头提出的进一步要求。第一组要求一般只包括“较之过去多一些”的要求——尽管我们已经听说,那是汽车工业史上最大的提高工资的要求。我只想简单谈谈这一要求,以此对我所说过的它们具有的通货膨胀性质,尤其是其在当前阶段经济条件下的意义做一说明。第二组要求则提出了一些有意思的新问题,并且我相信,它们对我们未来的经济构成了真正的威胁。

对于第一组要求,我只想评估一下这种说法,即工资与雇员的人均产出同比例增加与通货膨胀无关,以及通过提高工资“增加大众购买力”是对抗萧条的有效手段。对此不难加以说明。人均产出的变化当然不同于劳动生产率的变化。只要我们看一下一个极端但并非不可能的事例,即可很好地理解这一点,譬如用高度自动化的原子能电站代替目前的电站。一旦建立起一个这样的现代化电站,只需几个人便可成为巨大电量的生产者,他们的人均产出也会增加数百倍。但是这并不意味着,就与我们的问题相关的任何意义上说,该产业的劳动生产率有了很大程度的提高,或该产业中既定数量的工人之边际产量有任何程度的提高。产业中平均劳动生产率的提高,是投资造成的结果,它并不反映人的劳动赋予其产品的价值。按照该产业中平均生产率提高的比例增加工资,会使其高出它们在经济中其他产业的边际产量许多倍。除非我们假定,受雇于该产业的具体的人对那项投资的产品之一定份额享有特权,因此有资格比其他地方类似的劳动力挣到更多的钱,不然的话,这只能意味着货币工资的普遍上升,其幅度超出了不存在货币收入普遍增加,即不存在通货膨胀的情况下的支付能力。

这当然不意味着劳动者不可能使货币工资达到那一水平,而是意味着一种高度通货膨胀的状态,因此从整体上说,这些工人的真实工资不可能有大幅度的提高。这些说明大大触及了现代劳工垄断权的要害之一,因此我想就此多说几句。今天,在存在着十分巨大而持久的投资的地方,投资的所有者几乎完全受制于这种劳动力供应的有效垄断。一旦这些工厂建成,只要它们不进行重要的更新或再投资也能维持运转,劳工一方所处的地位使他们几乎可以将投资产生的所有回报据为己有。要求在投资引起的劳动生产率增加中占有一个确定的份额,事实上无异于图谋侵夺资本。从投资总要有一定的目标而言,没有任何理由说,真正强大的工会垄断权不会在很大程度上成功地做到这一点。

然而,这只会收一时之效,如果我们考虑到人们逐渐预测到了这种政策对吸引新投资必然起到的作用,那么作为一个整体的劳工从这种政策中得到的好处，就会大为不同。我本人坚信，工会的这种垄断权与当代的税收方式一起，是阻碍着我们希望其增长的生产设备之私人投资的主要因素。如果我们造成一种环境，使大规模的、有风险的成功投资的收益大半落入工会和政府的手里，而损失却要完全由投资者承担，在这种情况下，一旦未来的不确定性增加，私人投资便会立刻消失，对此我们无须奇怪。人有一种本性，在大繁荣时期他会忘掉这些危险。不过我们也不必奇怪，只要前景稍有不妙，这种合理的担心便会被充分唤醒，于是我们又会面对明显的“投资机会的衰竭”，其实这完全是我们的愚蠢造成的。

这使我想到了汽车工人联合会一般要求的另一个方面，即它们在可怕的萧条时期的意义。有人主张，这时的工资增长会造成购买力的全面增长，因此也会扭转收入减少的趋势。我不打算否认，当存在着我们有可能陷入通货紧缩的螺旋运动的危险时，应当阻止总支出能力的进一步下降。但我对提高工资是达到这一目标的合理或有效手段表示怀疑。我们首先需要的并不是让某些人挣到更多的钱，而是需要让更多的人得到收入，尤其是应当恢复资本物品产业中的就业。在目前这个经济阶段，工资的增长极有可能立刻导致相关产业中就业的减少——即使这不是劳资纠纷或罢工（目前这会对就业起到更为迅速的反作用）造成的结果。这十有八九会给投资产业中的就业造成一些更为有害的间接后果。我认为，在大体上存在充分就业的情况下，最终产品生产者的真实工资的增加，有可能起到刺激投资的作用——概略地说，这是因为它诱导生产者用机器代替劳力。但是，在存在着大量闲置设备的情况下则肯定不是这样。在这种情况下，投资完全取决于有多少最终产品能够在一定利润水平上售出，而货币成本的首先上升，只会恶化这一前景。

我不必更多地谈论卢特先生的“两揽子”计划中的第一组要求，因为它所造成的问题，毕竟是我们长期以来便十分熟悉的问题。我刚才提到的那些观点，虽然经常得不到充分的阐明或足够的强调，但其中并无新鲜内容。

建议中令人感兴趣的是第二组要求,即针对汽车工业中更为成功的企业的那些特别歧视性条款。它们的目的何在,或卢特先生希望用它们达到什么目标,并不是很容易说清楚的。不过值得问一下,这些要求一旦得逞会造成什么后果。

人们无疑记得,在汽车工人联合会提出这些要求之前,他们曾请求三巨头将汽车降价1000美元,并且同意,一旦它们这样做了,汽车工人联合会在制定自己的新要求时会对此给予考虑。这一建议未被采纳的事实,现在已被用来说明新要求的合理性。我不认为应当严肃看待降价的要求,不如将它视为一种公关技巧更合适——目的是为以后提出的要求做好舆论准备。实际上,该工会12年前就运用过这种策略。但是,如果我们对这些要求的意义稍作考察,会十分有助于对目前问题的理解。

为了方便讨论起见,我们假定,通用汽车,甚至另外两家大汽车制造商,事实上都有能力在降价销售汽车时仍然有利可图,而且在一定期限内这甚至会变得对它们有利。但几乎无可怀疑的是,这意味着现有的那些独立制造商的末日,使这个领域只剩下三巨头独霸天下。如果真是这样的话,我们首先要问,它们为什么不率先降价?当然,一个明显的答案是,这样做很可能不久就会使它们与反托拉斯当局发生冲突。我们处在了这样一种很滑稽的位置上,试图展开有竞争力的活动,会导致一个专门负责对抗垄断的实权组织的设立。我不知道卢特先生认为他的工人能够从这种结果中得到什么好处。我提到这件事,不过是想指出,它几乎肯定会造成与公共政策的公认目标之一截然相反的结果。

事实上,三巨头是否认为消灭独立的生产者真正符合它们的利益,是大可怀疑的。如果它们之中的任何一家认为这样做是可取的,它可以迅速迫使另外两家采取导致这种结果的行动。不过在我看来更为可能的是,就竭力要在自己的各分部之间保持竞争活力的通用汽车公司而言，它出于同样的理由也会认为，保留小制造商的独立实验符合自己的长远利益。毕竟，身处大公司内部的人大概比许多局外的观察家更清楚，一个特定组织的超常效率与其说是规模的必然结果，不如说这一规模是一个特定组织超常效率的结果。他们无疑也知道，这种超常效率不会从规模中，或从任何能够一下子建立起来的机构或设计中自动产生，而是只能来自持久而不断创新的努力，这要比任何已知的方法做得更好。我强烈地感到，在这个领域，经济理论家合理地当作首选方法采用的简单化图式，将成本视为规模的函数，从规模经济学的角度看待问题，已经成了现实主义地理解那些重要因素的障碍。在一家具体的公司中，使它获得成功的许多个人以及它的许多特点，其性质就像某个个人的特点一样；它们主要是作为一种难以捉摸的处理问题的传统方式而存在，建立在一种代代相传而又不断变化的传统之上，这家公司虽然可以长期保持优势地位，但也随时会受到新的更有效率的企业法人的挑战。我必须说，假如我负责这样一家公司的命运，我为了维护使该组织长期保持警惕的刺激因素，牺牲了从控制更大的市场份额中得到的暂时收益，我不但会认为自己的行动最符合公司的利益，而且会认为，为了尽可能长地保持这种领导地位而努力，以及为此目的而利用这一更高的效率使我的公司能够赚到差额利润，我的这种行为也符合整个社会的利益。无法复制的某个人或某家公司，即使谁也无法复制，它所处的优势仍然有益于社会；只要不会阻止人们利用不同的甚至更大的优势使结果变得更好，就应当让这种优势得到充分的利用。如果从只适合于看待以阻止进入某个产业的障碍为基础的垄断组织的角度去看待这种地位，则会导致对政策问题完全歪曲的看法。

当我们开始讨论汽车工人专门针对三家主要公司的要求时，记住这些话是有好处的。我一点都不糊涂，卢特先生想利用这些要求达到什么真正的目的，他想从这些要求的哪些内容中为雇员争取到真正的利益,以及哪些内容不过是为了增加视觉效果,即为了获得大众舆论的支持。接受这些要求的结果取决于公司管理层的某些决定,而这些决定的性质并不是十分明显的。因此,我将根据另一些相关公司对这种新情况会如何反应的假设,谈谈这些要求一旦被接受将会产生的后果。

针对三巨头的“附加经济要求”是,超过所谓“净资本”10%以上的全部利润,应当在雇员和消费者之间平均分配,据此,任何一年里这些“超额利润”的四分之一应当以折扣的形式给予汽车消费者,另外四分之一应当交由工会任意处置。正是后面这一条,使这一建议不同于所有其他利润分享方案,尤其不同于一些汽车制造商向工人提出但被他们置之不理的利润分享方案。这并不是一个将企业所有权,从而也将利润的一定份额给予每个工人的方案,而是一个给予工会或在一定时间内受雇于公司的职工代表以控制权,使其可以支配净资本10%以上利润中的四分之一的方案。

一家公司中的工人应当将其节余投资于该公司,这种想法之所以有吸引力有着若干不同的原因,不过,一些人对这种方案所抱的巨大希望很难得到落实,其原因也十分充分。工人若是为一家他也能分享利润的公司工作,无论这份额多么小,他都会获得更大的满足,他也会更加关心公司的繁荣。但同样合乎情理的是,如果他有任何可用于投资的节余,通常他不会将其押在他的全部其他收入完全依靠的那家企业的繁荣上。

不过,在某段时间内受雇于一家公司的员工的组织,在它并没有对公司的投资有所贡献的情况下,若是要求公司分给它一部分利润,则完全是另一回事。这样做会造成什么影响,部分地取决于这部分利润如何在工人中间进行分配或用于他们的福利。而在这一点上,公开发表的建议基本上使我们处在一片黑暗之中。它仅仅告诉我们,任何公司的工人“对于通过这些补充要求而从公司获得的钱,会以民主方式决定如何进行分配”,然后开列了一份可以使用这些资金的用途清单,最后又说,“他们所想到的任何其他用途都是可以考虑的”。我有时怀疑,这是不是整个文件中最预兆不祥的一句话,因为它很可能使每个工人都一无所获,这些钱将主要被用于工会的集体目标,即进一步加强工会的权力。

就相关公司的处境受到的影响而言,我们必须对长期影响和短期影响加以区分。在相对较短的时间内,公司既可以选择将净利润的损失消化掉,继续实行基本上与过去相同的价格政策,也可以通过一次性地调整价格来弥补自己的损失。前一种做法意味着,在劳动力市场上它们与较弱的竞争对手相比,处于更强大的位置,并向消费者提供了更低的价格——尽管对年终时不知数量几何,但充其量只会是很小的折扣的期待,对购物者的选择会起到多大影响,似乎是值得怀疑的。不过无论如何,只要它们实行这一政策,就必然会形成一种趋势:它们相对于不十分成功的公司所处的优势地位会得到加强,而后者消失的可能性则会增大。另外,如果相关公司决定,它们不能承受利润的减少,因此只能把价格提高到足以恢复原有利润的水平(在可行的范围之内),那么购买汽车的人非但得不到任何好处,反而必须花更多的钱,因为他们必须提供为满足劳动者要求而保留的那部分额外利润。

不过从长期看,对公司的管理层来说并不存在这样的选择。卢特先生把“净资本”10%以上的税前利润(即完税后只有4.8%)全都称为“超额利润”,从而模糊了主要问题。这里我不想探讨“净资本”这个含糊的概念在这方面引起的困难,为论证方便起见,我假定可以赋予它一个足够明确的含义。这种计算方式无论有何根据,都难以让人明白,从什么意义上说,成功的产业所获得的实际利润可以被称为“超额利润”。不错,这些利润相对于该产业中那些为生存而苦苦挣扎的公司是高的,但它的含义也仅此而已。公认的获利尺度很难说表明了在这样一个高风险领域,三家公司获得的利润已超出了吸引新投资所必需的限度:哪年年底,福特和克莱斯勒的股票价值都低于这两家公司资产的账面价值,只有通用汽车的股票价格高于道琼斯工业股票指数所包含的所有公司的平均值,超过了其资产的账面价值。[①]但是,即使能够严肃地坚持认为,这些公司的利润从一定意义上说就是“超额利润”,那也只能说这形成了一种会有更多的资本投入这些相关公司的情况,而不是一种应当使其中的投资获利更少的情况。或者,假如人们有任何根据断定,汽车工业中的大公司是在获取“垄断利润”,那么在我看来,这恰恰是一个最强有力的事例,说明不能给予工人特殊利益以保护这种垄断利润。

这终于向我提出了这些要求所涉及的一般原则问题,即假如支配这些要求的原则得到普遍采用,会给整个经济系统的特点造成什么影响的问题。在评价这一问题时,对卢特先生的“两组要求”中所包含的具体数字不必给予任何考虑。如果一家具体公司的雇员应当得到其10%以上利润中的四分之一有任何道理可言,那么下一次他们要求二分之一,甚至要得到全部利润中更高的比例,同样也是有道理的。先提出一个单纯从数字上看不那么重要的要求,当原则得到确定后再得寸进尺,这种建立一条新原则的伎俩经常能够得手,并且早已为人们所熟知。卢特先生一开始就要求得到他所说的超额利润的四分之一,或许有些不太明智。如果他最初只是温和地要求得到10%,等原则确立之后再提高分享数额,他有可能得手的概率就要大得多。大概是因为他一开始就要价太高,才使得公众更易于看清确定那样的原则意味着什么。

承认一家公司的工人有权以工人身份分享一部分利润,而不管他是否对其资本有所贡献,这等于承认他是这家公司部分的拥有者。从这个意义上说,这种要求纯粹是一种社会主义要求,而且它并不是建立在较为精致、较为合理的社会主义理论上,而是建立在

---

① 福特汽车公司财务副总裁Theodore O. Yntema向美国参议院司法委员会反托拉斯和垄断专题委员会所做的说明,华盛顿,1958年2月4—5日。

一种最粗俗的社会主义,即工团主义理论上的要求。社会主义的要求在最初出现时一般都采取这种形式,但是由于其荒谬的结果,遭到了所有社会主义理论家的摒弃。为全部工业资本的国有化提出一种合理的论证,至少并非不可能之事(虽然我认为能够证明——所有的经验也已经证明——这种政策会导致灾难性后果)。但是,永远不可能想出一种合理的论证去支持这样的主张:在一定时间内受雇于某个公司或产业的工人,应当对这一产业的设备享有集体所有权。对这种安排的任何深入的思考,很快就会证明,它与任何合理利用社会资源的方式都是水火不容的,而且很快就会导致经济系统的全面解体。最后的结局无疑只能是,一些封闭的工人团体作为新的财主,把自己保护起来,为了他们自己的利益,极力从侵夺来的财产中攫取尽可能多的份额。对资本家团体实行没收是可以做到的,但这只会给予另一个团体同样的(而且很可能也是暂时的)对特定财产的独占权。

这里不是证明工团主义制度行不通的地方,也没有必要再做这样的尝试。需要说明的仅仅是,卢特先生的要求得到实现,将会成为走向工团主义的第一步,而一旦迈出这一步,便很难看到沿着这一方向提出的要求还会遇到什么抵抗。如果汽车工人联合会现在有权侵夺该国一些最大的企业资本的一部分,那就没有任何理由认为,这种权力下次不会被用来侵夺更多的资本以致最后侵夺全部资本,以及其他产业不会发生同样的事情。

工资刚性增加引起的通货膨胀[①]

与普遍相信的情况相反，"凯恩斯主义革命"的关键后果是，人们普遍接受了一个虚拟的事实假设，更糟的是，接受了一个正是由于被普遍接受才成为事实的假设。在过去20年里发展起来的凯恩斯主义学说，已经变成了一件标准工具，较之古典货币学说更为方便地或更不方便地被用来对付各种事实。不过这不是我们这里的话题。凯恩斯的最初论证所依赖的，并且后来一直支配着政策的决定性假设是，减少一个重要的工人群体的货币工资而又不引起广泛失业是不可能的。凯恩斯爵士由此得出并且他的整个理论体系试图为之辩护的结论是，既然降低货币工资行不通，当工资变得太高以致使"充分就业"成为不可能时，就只能通过降低货币价值这种迂回方式做出必要的调整。接受这种意见的社会注定会出现持续的通货膨胀过程。

在凯恩斯主义体系内，这种后果并不是一眼就能看出来的，因为凯恩斯和他的大多数追随者是从普遍工资水平的角度进行论证，而只有当我们从不同（部门或地区的）工人群体的相对工资水平这个角度进行思考时，才会揭示出主要问题所在。在经济发展过程中，

---

① 此文原载*Problems of United States Economic Development*, ed. by the Committee for Economic Development, New York, 1958, Vol. I, p. 147–152。

不同群体的相对工资注定会发生重大变化。但是,如果任何一个主要群体的货币工资都不下降,相对地位的调整就只能用提高所有其他货币工资来完成。结果必然是货币工资水平的持久上升高于真实工资的上升,即通货膨胀。人们只需想一下不同群体的工资变化之正常的年复一年的传播,就可以认识到这一因素是多么重要。

自"二战"结束后的12年间,整个西方世界事实上一直处在一个或多或少持续不断的通货膨胀时期。这完全是特意制定的政策的后果,还是政府财政危机的产物,并不是个很重要的问题。由于它同大概有史以来时间最长的大繁荣结合在一起,因此它一直是一种十分受欢迎的政策。重要的问题在于,用这种方式能否让繁荣无限期地维持下去,或这种做法是否迟早定会造成最终难以承受的后果。

目前的讨论倾向于忽视的问题是,通货膨胀起到刺激工商业的作用,只能就其不可预测性或超出了预期而言。价格上升本身并不是繁荣的必要保证。为了得到超常利润,必须让价格变得比人们所预料的更高。一旦人们对价格的上升有了明确的期待,对生产要素的竞争便会提前驱使成本上涨。如果价格的上升低于人们的预期,便不会有超额利润;如果价格上升很少,则它会与人们预期价格稳定而它反而下降的作用一样。

大体上说,战后的通货膨胀一直出乎人们的预期,或拖延的时间之长超出了人们的预期。但是,通货膨胀持续的时间越久,人们就越会普遍预期它将继续存在;人们越是估计到价格的持续上涨,为了不仅使那些没有通货膨胀也能赚到适当利润的人,而且使那些做不到这一点的人都能得到这种利润,价格就越会上涨。比预期还要严重的通货膨胀保证着普遍繁荣,仅仅是因为离开了通货膨胀便得不到任何利润,从而不得不另谋出路的人,仍然能够继续从事他们目前的活动。具有一定加速度的累进式通货膨胀,很可能会在相当长一段时间里保证繁荣景象,而固定速率的通货膨胀就做不到这一点。我们几乎无须深究,为什么加速度的通货膨胀不可能无限期地继续下去:不必等到它的上涨速度之快使任何人都无法根据膨胀的货币进行合理的核算,不必等到这种货币被其他交换媒介取代,所有固定支出迅速下跌的价值所导致的不方便和不公正,就会引起中止这种现象的难以抗拒的要求——至少,当人们搞清楚了正在发生的事情,并且认识到政府总是能够终止通货膨胀时,这种要求将是不可抗拒的。(第一次世界大战后过度的通货膨胀之所以为人们所容忍,乃是因为人们受到了欺骗,以为货币数量的增加不是价格上涨的原因,而是它的必然结果。)

因此,我们不能期望通货膨胀引起的繁荣会无限期地持续下去。我们肯定会到达这样一个时刻,届时由通货膨胀形成的繁荣资源将不复可用。谁也无法预测这个时刻什么时候到来,但它肯定会到来。我们应当给予最大关注的,就是在通货膨胀的刺激作用消失时,要确保我们的生产资源得到这样的安排,它使我们有望将其维持在一个合理的活力和就业水平上。

但是,如果我们继续依赖通货膨胀式的扩张以保证繁荣,这一任务就会变得更加困难。我们不仅会面对日积月累的拖延造成的一大堆调整任务——只有依靠不断的通货膨胀,才能让所有那些工商业继续浮在水面上。通货膨胀还会成为一再“误导”生产的活跃因素,即它会诱发一些新的、只有当通货膨胀继续下去才有利可图的活动。尤其是当增量货币首先被投资活动得到时,它会达到这样一个量,一旦它们只能得到现有的节余时,那个量便会难以维持下去。

通过使最终需求的增长总是领先于成本一步,我们就可以维持繁荣——这种想法迟早会被证明是一种幻觉,因为成本并不是一个独立的量,从长远看,它是由对最终需求状况的期待决定的。甚至“总需求”超过“总成本”也不见得足以持续保障“充分就业”,因为就业数量大大取决于投资数量,而一旦超过了一定限度,过多的最终需求非但不会刺激投资,反而有可能阻碍投资。

我担心那些相信我们已经永远解决了充分就业问题的人会大失所望。这并不是说我们需要有一次大萧条。通过逐渐放慢通货膨胀速度,是极有可能做到向更稳定的货币环境转变的。但是,如果某些就业的持续时间没有重大缩减,这种转变就是不可能的。困难在于,在目前的舆论条件下,显著的失业增加会立刻引起新一轮的通货膨胀。这种试图用进一步通货膨胀的处方治疗失业的做法,很可能一时奏效,如果通货膨胀压力相当广泛的话,甚至有可能连连奏效。但这只会拖延问题的解决,从而加剧状况的内在不稳定性。

在一篇讨论20世纪20年代观点的短文中,没有时间考虑如何消除螺旋式通货膨胀而又不引起一次大萧条这个带有短期性质的严肃问题。长期的问题是,我们如何才能阻止一再引起这种问题的长时间的、周期性的加速度通货膨胀趋势。关键在于必须再次认识到,就业问题是个工资问题,当工资变得过高不利于充分就业时,通过贬值货币降低真实工资,这种凯恩斯主义的办法只有在工人仍然受其蒙骗时才会奏效。这是一种试图绕过所谓工资“刚性”的做法,它可以生效于一时,但从长远看只会给达到稳定的货币体系设置比过去更严重的障碍。使工资水平同高度稳定的就业水平相适应,这一责任应当公平地重新交给其责任人:工会。目前这种分割责任的状况,即每个工会只关心获取最大的货币工资比例,不考虑它对就业的影响,而货币当局则被期待着提供为保证充分就业所必需的无论多大数量的增量货币收入,必然会导致不断的累进式通货膨胀。我们现在发现,因拒绝面对工资问题而利用货币欺诈逃避后果,不过是使整个问题变得更为困难而已。长期问题仍然是,恢复那个能够形成与稳定的货币相配合的工资的劳动力市场。这意味着必须承认货币当局对通货膨胀要负起全责。不错,只要继续认为它们的责任就是在任何工资水平上供应足够的货币以维持充分就业,它们便不可能有别的选择，只能承担起纯粹消极的角色，但正是这种想法注定会引起持续性通货膨胀。稳定的货币环境要求货币支出的流量是一个固定指标，价格和工资必须适应这个指标，不能绕开它乱来。

为阻止累进式通货膨胀及其必然引起的不稳定和反复出现的危机，需要进行政策上的变革，但其前提是，依然占上风的舆论状态也要有所变化。虽然在作为凯恩斯主义原理的发源地并顽固地实践这些原理的国家，7%的银行利率已经明确宣告了这种原理的破产，不过仍没有多少迹象表明，在这些原理的全盛期成长起来的一代人中间，它们已经失去了影响。但是，不管它们在知识界仍然发挥着多大的威力，它们确实对加强这个国家政治上最强大的成分之一的地位起到了很大的作用。因此，放弃这些原理而又不引起严重的政治斗争是不太可能的。避免这种情况发生的愿望，一次次让政客们避重就轻，求助于通货膨胀所提供的那种不会遇到太多抵抗的权宜之计。大概，只有当这种办法的危险性变得比现在更为明显时，人们才会不得不面对工会权力这个决定性的问题。

自由企业制度的道德因素①

经济活动为我们的所有目标提供着物质手段。同时,我们大多数的个人努力,也是为了给别人的目标提供手段,以便让别人也为我们的目标提供手段。仅仅是因为我们能够自由地选择自己的手段,我们才能够自由地选择自己的目标。

由此可见,经济自由是一切其他自由不可缺少的条件,而自由企业制度既是个人自由的必要条件,也是这种自由的结果。所以,在讨论自由企业制度的道德因素时,我不想只谈论经济生活的问题,也想考虑一下自由与道德的一般关系。

就这里所说的自由而言,根据伟大的盎格鲁-撒克逊传统,它是指不受他人任意干涉的状态。这是受法律保护的自由的经典概念。在这种状态下,人们受到的强制,仅仅是普遍有效的、平等适用于一切人的法律所规定的强制,而绝不是专横的行政当局的决定所规定的强制。

这种自由同道德价值的关系是相互而复杂的,因此我只能像草拟电报稿那样,谈谈其中的一些要点。

---

① 1961年12月6日在纽约第66届美国产业大会上的讲话,会议组织者为全国制造商协会,最初和Felix Morley、Herrell De Graff及John Davenport的类似讲话一起,于1962年以小册子形式在纽约出版,标题是*The Spiritual and Moral Signification of Free Enterprise*。

一个古老的观点是,道德和道德价值,只有在自由的环境里才会成长。一般而言,人民和各阶层只有在长期享有自由的情况下,才会有高尚的道德标准——这和他们所拥有的自由程度成正比。另一个古老的观点是,只有在自由的行动受到强有力的道德信念引导时,自由社会才会良好地运行。因此,只有当自由已得到确立时,我们才能享受到自由的好处。对此我还要补充说,要想让自由有良好的表现,不但需要强有力的道德标准,而且要有一种特定类型的道德标准;在这些道德标准成长壮大的自由社会里,一旦它们变得无所不适,就会毁了自由,同时会毁了一切道德价值的基础。

在谈论这个并非人人明白的问题之前,我要就两个古老的真理说几句话。这本是大家都熟悉的事情,却时常将它们忘记。自由是道德价值——当然不仅仅是众多价值中的一种价值,而是指所有价值的根源——成长所必需的摇篮,这几乎是不证自明的事情。只有在个人既做出选择,又为此承担起基本责任的地方,他才有机会肯定现存的价值并促进它们的进一步发展,才能赢得道德上的称誉。服从具有道德价值,只能因为它是出自选择而非强制。正是在我们从中安排自己不同目标的秩序中,我们的道德意识才得以展现。每个人在把普遍的道德准则用于具体情况时,都不断被要求做出解释和采用一些一般原则,并由此创造出具体的价值。

此时此刻我没有时间说明,为什么一般来说,自由社会事实上不但是守法的社会,并且在现代也一直是以救助病弱和受压迫者为目标的一切伟大的人道主义运动的发祥地。另外,不自由的社会无一例外地产生对法律的不敬、对苦难的冷漠,甚至是对恶人的同情。

我还要谈谈问题的另一面。显然,自由的成果取决于自由的个人所追求的价值。不可能断言,自由社会总是必然地发展出我们所赞成的价值,或者如我们将会看到的那样,它会坚持那些与维护自由相契合的价值。我们只能说,我们所持的价值是自由的产物,特别是基督教的价值，必须依靠那些成功地抵抗政府强制的人士，才能得到肯定；个人自由在近现代所受到的保障，要归功于人们有着能够遵照个人道德信念行事的欲望。对此我们大概还可以补充说，只有那些所持道德价值本质上同我们相似的社会，才能作为自由社会生存下来，而在另一些社会，自由已经枯竭了。

这一切都充分证明了为何最重要的事情就是自由社会要以强大的道德信念为基础，为何我们若想维护自由和道德，就应竭尽全力传播正确的道德信念。不过我主要担心的是一种错误看法，即在给予人们自由之前，他们必须先有美德。

不错，缺乏道德基础的社会，会是个让人们的生活十分不愉快的社会。但即便如此，它也要优于既无自由又无道德的社会。它至少有望逐渐产生出受到非自由社会阻止的道德信念。恐怕我在这一点上和约翰·穆勒有着强烈的分歧，他主张，人们在尚未获得遵循信念或信仰的指导进行自我完善的能力之前，“他们别无选择，只能默默地服从某个阿克巴(Akbar)或查理曼大帝，假如他们有幸找到这样一位君主的话”。在这个问题上，我相信麦考利(T.Macaulay)说出了一个古老传统中更伟大的智慧。他写道：“如今许多政治家都有一种习惯，以为在人们没有学会使用自由之前，就不该让他们自由，此乃一个不证自明的前提。这种教条堪与古老的故事中那个蠢人相比：他决定在没有学会游泳之前绝不下水。如果让人们一直等到他们全都变得聪明善良时才获得自由，他们也就只好永远等下去了。”

刚才我仅仅重申了古老的智慧，现在我必须转而探讨更为严峻的问题。我已说过，要想让自由有良好的表现，不仅需要人们有强烈的道德信念，还需要他们接受某些特定的道德观念。我这里的意思并不是说，在某些限制之内，功利主义的考虑可以对改变具体问题上的道德观念有所贡献。我也不像坎南所说，认为“在平等和经济这两条原则中，平等终究略逊一筹……对于在什么事上可以平等，人类的判断变幻无常，而……引起这种变化的原因之一，是人类一再发现,本以为十分公正和可以平等对待的事情,在某些具体场合会变得不经济,或有可能总是不经济”。

这当然不错,也很重要,尽管不一定人人听着顺耳。不过我所关心的是一些更一般的观念,在我看来它们是自由社会的基本条件,没有这些条件,它就无法生存。我以为有两个这样的关键性观念:一是有关个人责任的信念;二是同意这样一种制度的公正性,在这种制度下,物质报酬与一个人为其同胞所提供的具体服务的价值相一致,而不是与作为一个整体的因自己的道德操守而受到的尊重相一致。

对于第一点我只能说上三言两语,虽然我感到这十分困难。现代社会的各种发展是科学谬误毁灭道德价值这个故事的一部分,近来这一直是我思考的主要问题——一位学者恰好正在研究的题目,在他看来也会是这个世界上最重要的题目。不过我只想用几句话来谈谈与此相关的问题。

自由社会总是对个人责任有着强烈信念的社会。它允许个人根据自己的知识和信念做事,并将产生的后果归因于他们。目的在于,当人们理性而合理地采取行动时,要使他们的行动具有价值,并且要让他们相信,他们的成就主要取决于他们自己。这后一种信念无疑并非无懈可击,但它在促进首创精神和谨慎小心这两个方面,的确有着神奇的效果。

由于出现了令人奇怪的思想混乱,有人逐渐认为,这种有关个人责任的信念已经被驳倒了,因为人们越来越多地认识了各种事件普遍——尤其是人类行为——受一定类型的因果关系决定的方式。对于影响人类行为的各种环境,我们的理解在不断增加,这大概是不错的,但也仅此而已。不管什么人,不考虑到他的全部经历所塑造的个性,我们就不能断言,他的某个特定的自觉行为,是我们可以具体指明的具体环境的必然结果。我们有些人类行为如何能够受到影响的一般知识,我们利用这些知识对人做出褒贬——我们这样做,目的在于让人们以可取的方式做事。对责任的信念正是建立在这一有限的决定论上——事实上,我们的知识所能证明的也只有这么多。只有相信存在着一个处在因果关系之外的形而上的自我的人,才能够为这样的主张辩解:认为个人要对自己的行为负责是毫无用处的。

在这个对立的、自以为科学的观点背后,隐藏着一个拙劣的谬论——舆论压力使大家服从游戏规则。正是这种谬论,在破坏社会发展出来以保证正确行为的主要设置方面起着最深刻的作用。它所造成的结果是“精神疾病的神话”,杰出的精神病学家T.S.萨什博士(T.S. Szasz)最近在一部以此为标题的著作中,对这一神话提出了正确而严厉的批评。到目前为止,我们大概还没有发现教育人们遵照某些使他们以及他们同胞的社会生活不至于太不愉快的规则生活的最佳方式。但是就我们现有的知识而言,我相信,如果不利用褒贬的压力让个人对自己的行为负责,让他承担自己哪怕是无辜的过失所造成的后果,我们便绝对不可能建立一个成功的自由社会。

但是,如果对于自由社会来说有一点十分重要,即一个人从其同胞那里得到的声望,取决于他在多大程度上遵照道德律令的要求生活,那么同样重要的是,决定着他的物质报酬的,不应是他的同胞对他的道德操守的看法,而应是他们赋予他为他们提供的具体服务的价值。这使我提出了第二个问题:要想维护自由社会,就必须让社会公正的观念占主导地位。正是在这个问题上,自由社会的捍卫者和集体主义制度的倡导者存在着严重分歧。并且正是在这个问题上,鼓吹社会主义公正分配观的人,一般都是直言不讳,而自由的支持者却毫无必要地羞于坦言他们的理想的内涵。

简单的事实是,我们希望个人拥有自由,是因为只有当他能够自己决定做什么时,他才有可能对自己特有的知识、技巧和能力加以充分的利用,对此谁也无法做出全面的评价。要想让人充分发挥他的潜力,我们必须允许他根据自己对各种机会和可能性的估计采取行动。既然我们并不了解他知道什么,我们也无从断定他的决定是否合理。我们也无从知道,他的成功是因为他的努力和远见,还是因为他交了好运。换言之,我们只能看结果,不能看意图或动机,只有当我们允许他让其同胞自愿为他的服务付钱时,才能够使他利用自己的知识做事,这同我们是否认为他的报酬符合他所赢得的道德美名或大家给予他的声望无关。

一个人因其服务而得到的报酬,与我们对他的道德操守的看法常常大不相同,这是不可避免的。我相信,人们对自由企业制度有所不满,并大声疾呼"公正的分配",这是一个主要原因。一个人因为自己的行为而赢得道德美名和声望,同我们为他的服务所支付的价值不相符,否认这样的事情既不诚实也无用处。如果我们想粉饰或掩盖这一事实,我们就大错而特错了。我们也没有任何必要这样做。

在我看来,自由社会的一大优点就是,物质报酬不取决于我们同胞中的多数是否喜欢或尊敬我们个人。这意味着只要我们遵守公认的规则,我们所受到的道德压力就只会来自我们自己所尊重的人,而不是来自由某个社会权威所决定的物质奖励。自由社会的本质是,我们应当得到物质报酬,不是因为我们做了别人命令我们做的事,而是因为我们为别人提供了他们所需要的东西。我们希望受到别人的尊重,我们当然要以此指引我们的行动。不过我们之所以是自由的,是因为我们每日的劳作是否成功并不取决于哪个人是否喜欢我们、我们的原则、我们的信仰或我们的举止,还因为当我们提供服务时,对于别人打算为我们的服务所支付的物质报酬,我们可以决定它是否值这种服务。

我们很难搞清楚,某人突然想出一个有可能使其同胞受益匪浅的好主意,是数年的努力和长期投资的结果呢,还是由于他的知识和环境偶然巧合而突然引发的灵感?但是我们确实知道,如果情况属于前者,那么假如不让这个发明家从中获益,他是不值得去冒险的。既然我们不知道如何区分这两种情况,我们只能允许人们也因为交了好运而获益。

我不但不想否认,而且打算强调一下,在我们的社会里,个人的声望同物质上的成功有着过分密切的关系。我们应当更多地认识到,假如我们认为某人有资格获得物质上的高报酬,这本身并不必然意味着他也有资格得到声望。虽然我们时常在这一点上认识混乱,但这并不说明这种混乱是自由企业制度的必然结果,或一般而言自由企业制度比其他社会制度更加物欲至上。由此我想到了我要指出的最后一点:在我看来它在许多方面是相当不物欲至上的。

事实上,唯有自由企业制度发展出了这样的社会,它在为我们提供丰富的物质手段的同时,即使这些手段是我们主要的需要,它仍然允许个人自由地在物质报酬和非物质报酬之间做出取舍。我刚才所说的混乱——一个人为其同胞提供的服务的价值与他因道德操守而获得的声望之间出现的混乱——可以使自由企业社会变得物欲至上,但阻止这种现象的方法,绝对不是让一切物质手段处在单一的支配之下,让物质财富的分配变成一切共同努力的主要工作,从而使政治和经济变得难分难解。

就此而言,自由企业的社会至少有可能成为一个多元主义的社会,在这样的社会里,建立声望的基础不是整齐划一的,而是有着许多不同的原则,现世的成功既不是个人品德的唯一证据,也不被人们认为是它的确切证据。不错,在财富迅速增长的时代,许多人都是第一次尝到了富足的好处,这容易让人把主要关注点放在物质的改善上。在欧洲最近的蓬勃发展时期之前,生活较为舒适的阶层中,有不少人惯于斥责经济较为活跃的时代物欲至上,但他们物质上的舒适,以及他们能够更容易地追求其他爱好,也正是因为这个时代。

文化和艺术上伟大的创造性时代,一般而言总是在财富增长最迅速的时代之后接踵而至,而不是与它同时出现。我以为,这并不说明自由社会必定要受物欲的支配,而是说明了在自由的条件下,最广义的道德气氛,以及人们所持的价值观念,决定着他的行为的主要方向。无论是个人还是团体,当他们感到有些事情比物质进步更重要时,他们就能够转向这些事情。我们要想使自己不至于变得太物欲至上，不能通过让物质报酬和一切品德相符，而是只能直率地承认，有些事情比物质上的成功更重要。

如果因为一种制度让人们自己去决定，而不是由别人替他决定，他是否应当选择物质成就而不是其他类型的杰出表现，便谴责这种制度物欲至上，这未免有失公道。如果理想主义者把达到目标所必需的物质手段拱手让给别人，那么做一名理想主义者便无功德可言。只有当一个人能够自己选择为了非物质的目的而做出物质上的牺牲时，他才应当得到赞赏。情愿让人剥夺自己的选择权，情愿放弃一切做出个人牺牲的要求，在我看来并不是什么特别理想主义的表现。

我必须指出，在那些发达的福利国家，我发现从任何方面看都比自由企业社会更为物欲至上。虽然后一种社会给了个人更大的空间，让他通过为其同胞提供服务追求单纯的物质目标，但是它也为他们提供了机会去追求他们认为更重要的任何其他目标。不过切莫忘记，无论何时，为达到纯洁的理想主义目标所必需的物质手段如果是由别人创造出来的，那么这个目标就很成问题。

最后我要就一开始谈到的问题再说几句。我们在捍卫自由企业制度时必须始终记住，这种捍卫只同手段有关。我们如何塑造自由，全靠我们自己。我们切不可把提供手段的效率与这些手段所服务的目标混为一谈。如果一个社会除了效率之外没有任何标准，那它当然是在糟蹋这种效率。如果人们可以自由地发挥自己的才干，为我们提供大家所需要的手段，我们一定要根据这些手段对于我们的价值来回报他们。但说到尊敬他们，则只能视他们利用自己可以支配的手段的情况而定。

我们应当鼓励人们用一切手段为其同胞服务，但我们不要把这件事同人们所献身的最高目标的重要性混为一谈。自由企业制度至少有可能使每个人在服务于同胞的同时，也能追求自己的目标，这是它的荣耀。但是，这种制度本身只是一种手段，它的无限可能性必须被用来服务于另一些不同的目标。

民主社会中的公司：它应为谁的利益而运行?[1]

一

对于我这里打算专门讨论的问题来说，“应该如何”与“想要如何”是不可分的。25年的时间足以说明，发展的结果如何，取决于我们想造成什么样的结果。我相信我们有能力避免目前的趋势有可能引起的某些令人不快的现象。我们能否成功，取决于我们是否看清了问题所在，并采取适当的行动。这里我所能够做的，不过是指出一些方向，我们应当努力把发展朝这些方向引导。

我的论点是，如果我们打算把公司势力有效地限制在有益的范围内，我们必须较之过去更严格地使它局限在一个特定目标上，这个目标就是，让股票持有人委托给管理者的资本得到有利可图的使用。我认为，允许甚至强迫公司，让它们把资源用于它们所支配的资本的长期回报最大化之外的目标这种趋势，会赋予它们一些不应有的、对社会有害的权力，认为它的政策应当受“社会考虑”的指导，

---

① 原载M. Anshen and G. L. Bach(edts.), *Management and Corporations*, 1985, New York, McGraw-Hill Company, 1960。

这种时髦理论有可能造成一些最不可取的后果。

不过我要马上强调，我虽然认为公司唯一的具体目标，就是保证其资本得到最大的长期回报，但这并不意味着在追求这一目标时，它们不应受到普遍的法律和道德原则的约束。在特定目标与追求这一目标所要遵循的规则架构之间，应当做出重要的区别。在这方面，得到普遍赞同的某些正派的行为准则，甚至仁爱的品德，大概应当被认为像严格的法律规则一样，对公司有着约束力。但是，在公司追求各自的具体目标时，这些规则虽然限制着它们的活动范围，却并不意味着它们可以将自己的资源用于同它们的适当目标无关的具体目的。

权力——从这个词令人反感的含义上说——就是支配别人的精力和资源，致力于别人无法分享的价值的能力。公司的唯一任务就是将其资产用在最有利可图的事情上，因此它无权做出这样的价值选择：让它的资源服务于别人的价值。管理者应当具备能够追求自己认为重要的价值的愿望，他们在沉溺于这些“理想主义”目标时，几乎无须得到公众舆论的鼓励，这大概是十分自然的事情。但恰恰在这一点上，存在着他们得到真实而无法控制的权力的危险。即使是受到单一控制的最巨大的潜在权力、最巨大的资源积累，只要掌权者只将它用于一个特定的目的，而无权将它用于别的目标——不管这些目标本身多么可取——那么它就是相对无害的。因此，我坚持认为，一个过时的观点，认为管理者只是股东的受托人，公司的任何活动是否被用来服务于更高的价值，要留给每个股东去决定，乃是一项最重要的保证，它可以防止公司得到专断的和政治上有害的权力。

我几乎无须专门指出，近来的政策（尤其是税收政策）、舆论以及在公司内部成长起来的传统，大大地倾向于朝着相反的方向发展，大多数改革建议实际上都在让公司更加专断地根据“公共利益”采取行动。在我看来，这种要求是极端错误的，满足这样的要求，更有可能加剧而不是减少它们所反对的危险。然而几乎无可怀疑，公司既应追求自己的目标，也应追求公共目标，这种想法在管理者中间已被十分普遍地接受。这使我担心亚当·斯密的看法是否仍然有效：让公共利益影响到生意，“在商人中间并不十分普遍，因此几乎没有必要说些劝告他们不要这样做的话”。

二

可以说，公司中应当为其利益而运行的群体有四个：管理层、劳工、股东和一般“公众”。就管理者而言，我们只需说，虽然存在着有必要加以预防的危险，但是大概谁也不会严肃地主张，公司的运行首先要符合他们的利益是可取的。

对“劳工”的利益也无须说得太多。这并不是一个一般工人的利益问题，而是某家具体公司雇员的具体利益问题。只要这一点是清楚的，那就可以说，公司若是主要为受雇于它的特定封闭团体的利益而运行，显然不符合“社会”的利益，甚至不符合一般劳工的利益。公司同雇员建立起尽可能密切的关系，虽然有可能符合它自身的利益，不过对这种趋势有理由表示严重的关切。受雇于一家具体公司的人对该公司的依赖日趋严重，使得公司对雇员拥有越来越大的权力，而要想对抗这种权力，最好的方式莫过于个人能够另寻高就。

公司倾向于从一批积聚起来的物质资源——由一些为此目的而雇来的人组成的机构进行支配和运营——发展成一个因为共同的经历和传统而聚集在一起的团体，甚至发展出一种类似于独特人格的东西，这是个重要的、很可能也是难以避免的事实。也不能否认，使一家具体的公司特别有效率的某些特点虽然不完全取决于管理，但是如果它的全部管理人员一下子全由新人取代，反而会毁了它。一家公司的表现和它的存在，往往与保持其人事上的连续性联系在一起，至少要保留一批内部的核心人员，他们熟悉公司的特定传统和具体任务。“持续地关切”与运营停止后仍会继续存在的物质结构的不同之处，主要是那些管理者有着相互调整的知识和习惯。

然而，在自由制度下（即在自由的劳动力制度下），为了有效地利用资源，必须把公司首先视为一种物质资产的组合。管理者能够随意用于不同目标的，是这些资产，而不是那些人。它们是唯一的手段，公司的任务是最好地将它们利用起来。至于个人，说到底他必须为自己保留就他的能力在这家或那家公司是否能得到最好的利用做出决定的自由。

事实上，一家企业在为消费者利益服务的同时，不可能又为某个常设的特殊工人团体利益而进行经营。只有当管理者首先关心的是正确利用完全供他们支配的资源，而他们的决策风险总是取决于那些资源，即自有资本利用的好坏时，并且只有当他们把所有另外那些买来或租来的资源都当作必须比别人更好地加以利用的物资时，他们才会做出为了社会的利益而应当做出的决策。只要个人可以自由地决定他是否供职于这家或那家公司，公司本身就必须首先关心如何使永久同它结合在一起的那些资源得到最好的利用。

公司应当根据它内部的工作人员所组成的特殊团体的利益进行管理，正是这种观点，引起了有关工团主义式的社会主义的讨论所涉及的所有问题。这里我没有时间对这些问题做充分的说明，我只想指出，只有当这个团体不但变成公司物质资源的所有人，而且能够在现行工资水平上雇来另一些工人时，那些问题才能得到令人满意的解决。由此产生的结果实际上不过是企业所有人的变化，而不是消灭了工薪阶层。如果工人也成了投资者，他们的投资就应当同样关心那些雇员，这是否真正符合工人投资者的利益，至少是很值得怀疑的。

三

不过,可能还有些人会要求这样的地位,认为他们是每家公司的管理层所应服务的主要利益,这就是股权所有人和一般大众。(我略去另一些可能的要求者,如债权人,或有关劳动力的论证中所针对的那些地方社区。)这两种利益传统的协调方式以这样一个设想为基础:可以使一般法律规则具有的形式能够让一家企业在追求长期回报最大化的同时,也最好地服务了大众。还存在着另一些人们所熟悉的困难,它们的产生是因为在无法对产权随时进行界定时,一宗具体财产的使用所引起的有利或不利的后果完全要由所有人来承担。对于这些特殊的困难,我们必须通过逐渐改进法律尽可能地予以消除,但它们与具体的公司问题无关,因此我不想在这里讨论。

除了这些特殊情况外,对自由企业和劳动分工有利的一般状况,取决于承认一个事实:只要每项资源是由愿意支付最高价格的企业来控制,那么从整体上说,它也就是在能够为社会总产量做出最大贡献的地方得到了利用。

这一主张是以一个假设为根据的,即每家公司在做出自己的决策时,只考虑那些会直接或间接影响到其资产价值的结果,它不会直接关心某种具体的用途是否"有益于社会"的问题。我认为,在建立在劳动分工基础上的体制中,这既是必要的,也是正确的,为了生产力更高的用途这一特定目标而聚集在一起的资产,不适合成为被认为普遍有益于社会的开支的来源。提供这种支出的,应当是来自个人的收入或资本的自愿开支,或来自税收资金的开支。

我不想进一步讨论这种情况,而只想简单谈一下,如果人们赞成公司的管理者应根据他们认为有益于社会的目的去花费公司的资金，会引起什么后果。这些可被视为公司正当对象的目标范围十分广大：政治的、慈善的、教育的目标，实际上包括一切可以被塞进“社会的……”这个含糊而几乎毫无意义的概念的事情。我想主要参照利用公司资金支持高等教育和研究的做法来谈谈这个问题，因为在这件事上，我本人最有可能偏向于赞成这种做法。就这个问题所谈到的一切，同样适用于前面提到的其他领域。

当然，对于这件事的普遍观点，同公司“很阔气”，因此应承担特殊责任这种想法有关。这里应当强调的是，从某个人很阔气这种意义上，即从他有大量可供支配的收入或资本自由地用于他认为重要的事情上这个意义上说，公司不可能很阔气。从严格的意义上说，公司就像一个受托人一样，他除了以受托人的资格而得到的收入，并无更多的收入。它的管理者受托管理用于特定目标的大量资源，并不意味着他们可以将其用于其他目的。当然，这还涉及许多超出了我的关心范围的事情，尤其是涉及税政。

事实上，我能够发现的允许公司将其资金用于高等教育和研究之类目标——不是指那种可能使股东获利的投资，而是因为它被视为一般的可取目标——的唯一理由是，在现有条件下，为使被许多有影响的人物视为重要的目标获得足够的资金，这似乎是一种最容易的办法。但是只要我们考虑一下如果人们普遍承认管理者有这样的权力，这会带来什么后果，那么在我看来这似乎算不上一个适当的理由。如果公司的大量资本能够由其管理者随意决定用于任何从道德或社会角度得到赞同的美好目标，如果管理者有关某个目标在知识、美学、科学或艺术上值得追求的意见，就可以证明公司为这些目标花钱有道理，那么公司就会从一个服务于个人所表达的需求的机构，变成一个决定着个人应当致力于哪些目标的机构。在管理者使用为了生产最大物质财富这个目的而交给他们的资金时，允许他们为自己的社会责任的考虑所左右，就会造成一些投资者根本没打算要的难以控制的权力中心。因此我认为，对高等教育和研究的广泛支出应当视为公司的正当支出,显然不是一种可取的观点,因为这不但会使那些根据完全不同领域中的能力而被选出来的人,得到支配文化决策的权力,并且会确立一条如果得到普遍接受会使公司的实际权力得到惊人增强的原则。

至少直接的效果会是这样。然而,这一发展的一个同样严重的后果是,这种权力很快就会变得不受控制。只要管理者还在服务于股东的利益,那就有理由把控制他们行动的事情留给股东们去做。但是,假如让管理者去服务于更广泛的公共利益,这种观点合乎逻辑的结果只能是,公共利益的当选代表应当控制管理者。为反对政府对工商业公司的行为进行具体干预而提出的论证,是建立在这样一个假设上,即公司只限于将自己支配的资源用于特定目标。如果这个假设失效,则主张公共利益的代表不应进行具体领导的论证也会不攻自破。

四

从理想的角度说,公司应当首先根据股东的利益进行管理,但是这并不意味着现行法律会完全达到这一目标,或者,即使在它们不受法律约束时,市场也必然会出现使股东的利益占主导地位的发展。我讨论这些问题时所遵循的一般政治哲学,大概为我提供了一种方便,在提出需要做出什么样的具体法律安排这个问题之前,我可以先用一点篇幅谈谈这样一个问题:为什么对公司需要制定某些特别的规定,为什么我们不应当满足于让市场在契约自由这个一般原则下发展出适当的制度?

历史地看,在这个领域专门建立一些特殊法律制度的要求,是由有限责任问题和保护债权人的愿望引起的。设置一个能够签订契约的法人,它只对公司的特定财产负责,而不是对所有者的全部财产负责，这需要特别的立法行为。从这个意义上说，有限责任是一项特权，而正确的论证则是，由法律来决定根据什么条件能够授予这种特权。

我在其他地方详细讨论过这个问题[1]，因此这里只想简要地谈谈，所谓“契约自由”，就像其他类似的自由一样，并不意味着任何契约都必须给予认可或必须得到执行，而是仅仅意味着契约是否得到认可和执行，要由普遍适用的法律来决定，任何权力部门都无权根据自己特殊的功过评价对它做出批准或否定。我丝毫也不相信在公司的领域任何类型的契约都应普遍受到禁止或全都宣布为无效，不过我确信，这种合作组织形式的现代作用，需要有某种适用于所有那些冠以专门为这种公司保留的名称的标准规则，因此，任何在自己的名称中加上了“Inc.”（有限公司）这个词的公司，都应当让自己遵守已知的标准规则。我看不出有什么理由把这些规则制定成严格的命令，或不允许另一些被明确称为“特殊”类型的公司的存在。如果公众由此而受到警告，在具体情况下这些标准规则并不适用，他们大概会十分仔细地看看任何不同于标准类型的公司章程中的条款。

因此，我打算讨论的问题是，为标准类型的公司所制定的规则，是否应当在相比目前更大的程度上受到保证股东利益至上的规定的支配。我相信事情应当如此，并且打算在这里放纵一下自己，在给予股东更大权力的办法上，做点勇敢的智力试验。我认为，几乎没有人考虑过在这个领域做些不同于我们已经习惯了的安排的可能性，股东的“冷淡”和缺乏影响，主要是因为制度上的设计造成的，而我们却错误地认为，这些设计是顺理成章的，或者是唯一可能的。如果公司法律专家首先认为我的建议野蛮而不可行，甚至打算认为在目前的税制和货币政策下，我所设想的两种可能性中，至少

① *The Constitution of Liberty*, 1960, p. 230–231.

第一种会弊多利少，我是不会感到惊奇的。但是，这并不是不对这些可能性加以严肃评估的理由，即使仅仅为了使我们摆脱那种认为已经出现的发展不可避免的看法，也不该如此。就我打算讨论的两个重要问题而言，现存的安排之所以得到采用，很可能并不是出于认真的选择并了解其后果，而是因为从来没有人严肃地考虑过其他选择。

五

如果说，今天股东对公司行为的实际影响很小，甚至经常微不足道，这大概首先应当归咎于一个事实：他对自己在整个公司的利润中所享有的份额，没有法律上可执行的要求权。我们一直认为，由多数全体股东决定哪些利润用来分配，哪些用来再投资于公司，并且在这个问题上股东通常是根据管理者的建议行事，这都是些理所当然的事情。我认为，若想让每个股东的利益对公司的行为发挥积极的作用，并使他拥有实际权力，莫过于每年让每个人去决定他愿意将自己所享有的净利润份额中的多少用来再投资于公司。[①]管理者仍然可以说，他们认为利润中的多大部分能够以获利方式用作新增资本，并建议那些愿意把自己的一部分或全部利润再投资于公司的股东们提供这块新增份额。但是通常应当让个人股东自己决定是否利用这一机会。

显然，只有在账面利润能够与实际利润一致的货币稳定的条件下，以及在不同于目前税制的情况下，这才是一种可取的做法。不过现在先不考虑目前采取这种原则的这些障碍，在我看来，这项改

---

① 参见Louis O. Kelso and Mortimer Adler, *The Capitalist Manifesto*, New York, Random House, 1958, p. 210。

革将大大有助于让股东来控制公司变为现实，同时它也会把每家公司的发展（甚至是它的存在）限制在经济上可欲的范围之内。这里我不必问公司通过利润的再投资进行超常扩张的主张事实上有多大的合理性。在现有的安排之下这至少是一种明确的可能，并且管理者有着愿意这样做的天然倾向，也是很难否认的。

首先人们会认为，总资产的增长为管理者提供了获取权力的动力，也会使他们以利润的最大化为目标。但是，只有从另一种不同于我们已经习惯了的意义上，以及不同于使我们坚持认为利润最大化符合社会利益的意义上说，以上观点才是正确的。想控制更多资源的管理者的利益所在，是把公司的总利润最大化，而不是把单位资本的利润最大化。但是，如果想保证资源的最佳使用，最大化的应当是后者。

六

就个人股东而言，人们普遍假定，他的利益仅仅是从他在特定公司的持股中得到最大的直接回报，不管以分红还是增值的形式，也不管是长期还是短期。可以设想，即使是个人股东，也可以利用有一定控制力的影响支配一家公司的活动，把收益主要不是增投那家公司，而是增投于另一家使他获利更大的公司或企业。尽管这并非不可能，在个人股东一方却不太可能出现这种情况，不只是因为这需要很大的资源，更是因为这种做法很可能过于直露，会被视为不忠诚。

但是，当一家公司的股份是由另一家拥有，因此对于另一家公司对前一家实行的控制能够合法地用来增加它的利润谁也不会提出质疑时，情况就有所不同了。在这种情况下，显然可以——这并非不可能发生——把对前一家公司的政策的控制权用来将它的经营所得转移给另一家公司,这时前一家公司的经营将不是为了它的所有股东的利益,而是仅仅为了有控制权的多数的利益。当另一些股东发现这种情况时,他们再采取任何补救措施可能为时已晚。他们唯一能够做的就是卖掉股票——这有可能正是公司持股人所希望的事情。

我必须承认,我从来就不太理解,允许一些公司对它们持有股份的另一些公司享有投票权,这种做法道理何在?我所能发现的不过是,这种投票权绝不是在充分了解采用它的后果的情况下决定的,它仅仅是由这样一种观点造成的结果:既然公司被授予了法人资格,那么自然也应授予它自然人所拥有的所有权利。但是在我看来,这并不是一个自然的或显而易见的结论。相反,它把产权制度变成了一种与人们通常的想法十分不同的东西。这样一来,公司不再是有共同利益的合伙人的结合,而变成了一些有可能存在着强烈利益冲突的团体的结合;由此出现的可能性是,一个所拥有资产只占该公司资产一小部分的团体,可以通过累积持股,对数倍于它自己拥有的资产的资产获得控制权。通过对一家公司进行控股,而这家公司又对另一家公司拥有控股权,由某个个人或团体拥有的相对较少的份额,就能够控制非常巨大的资本。

我认为,一家公司即使纯粹出于投资的目的,也不应当允许它拥有另一家公司的股份,这样做是没有道理的。不过我也认为,这种股份,只要它是由另一家公司拥有,就应当不再授予它投票权。从技术上说,大概只能通过长期把股份中的某一部分列为无投票权的股票,并只允许另一些公司持有这些股票,才能有效地实施这种办法。不过这里我所关心的不是实施的细节。我想指出的不过是这样一个要点,一家公司受另一家公司控制的可能性,也使得某些只拥有其中一点份额的人,有可能对巨大的资源进行彻底的、完全合法的控制,并且只为了该团体的利益运用这种控制权。

对公司股份的这种间接的、连环套式的占有,很可能是加快所有权和控制权分离并给予管理者——即少数几个人——一种权力的第二个因素，这种权力已大大超出了他们个人拥有的财产所能给予他们的范围。这种发展与公司制度自身的本质没有任何关系，也同授予他们的有限责任的特权没有任何关系。事实上，在我看来，它不但不是私有财产制度赖以建立的观念之必然结果，甚至是与它相悖的——把所有权和控制权人为地分开，从而使个人所有者处在这样一个位置上：他的资本被用于一些同他自己的目标有冲突的目标，并且他甚至搞不清楚谁事实上拥有投票的多数。同意把投票权授予公司持股人，使得一个普遍的假设也不再能够成立了：公司应当由那些和个人股东有相同利益的人来管理。

我不打算进一步探讨这种可能性，因此也不想提出这样的问题：这些讨论是不是在建议，是只应当剥夺产业公司对另一些它们拥有股权的产业公司的投票权呢，还是也应把这一原则扩大到金融公司中去？眼前我还看不到有做这种区分的理由。无论什么可取的金融活动需要一家企业履行其对某家公司的投票权，很可能都能够在没有有限责任特权的情况下履行。大概我还应当补充说，我认为近几年来经济学家在考察公司法时，一直是过多地只从它是否有利于造成垄断地位的角度考虑问题。这无疑是一种我们应当牢记在心的重要考虑，然而这当然不是唯一的考虑，甚至不是最重要的考虑。公司存在的理由是基于这样的认识：它的管理者肯定会以能够让它所筹集的资本得到最有利可图的利用这种方式去管理公司，并且一般公众肯定有一种法律是设定来保证了这一点的印象。公司只要是由真正的所有人的代表进行管理，那么至少情况很可能就是如此。但是一些仅仅代表一个多数中的多数的人，并且假如他不必同那些提供了较大资本的人分享从他控制公司中产生的利润，他的利益才能更好地得到满足，这种人很可能会追求不同的目标。法律的状况从理论上说使这种事成为可能：在股东把他们的资本投到公司以后，没有任何地方不能被视为令人满意的，便会出现这种状况。

七

我讨论对公司进行这两种变革的可能性,与其说是因为它们有什么特殊的优点,不如说我是把它们当作未来的发展在多大程度上取决于我们为它提供的法律架构的事例。我想用它们来说明,管理权和所有权的完全分离,股东缺少控制权,以及公司变成随心所欲甚至不负责的帝国的趋势,聚集着巨大而很少受到限制的权力,并不是一种我们无法避免因而必须接受的事实,它主要是由法律所造成的特定条件的结果,而这种法律是可以改变的。我们有能力终止这种状况,只要我们愿意,我们就能扭转这个过程。我谈到的这两项法律变革,甚至很可能会产生比乍看上去或用几段话就能说明的更为深远的作用。

最后让我再说一遍,在我看来,这些变革的主要优点就是,它们将比现在更为有效地把管理者和一个唯一的任务联系在一起,即以最有利可图的方式利用他们的股东的资本,并剥夺他们把它用来服务于某些“公共利益”的权力。当前的趋势不但允许甚至鼓励如此使用公司的资源,我认为无论它的短期后果还是长期后果都是危险的。直接后果是大大地扩大了公司管理者对文化、政治和道德问题的权力,而在有效地运用资源从事生产上得到证明的能力,并不必然使他也对这些问题具有特殊的资格;同时它也用一种含糊不清的“社会责任”取代了具体而易受控制的任务。然而从短期看,它的作用是增加了不负责的权力,从长期看则是,这种作用注定会增加国家对公司的控制。人们越是同意应当引导公司服务于特殊的“公共利益”,以下主张就越能蛊惑人心:既然指派政府来保护公共利益,政府当然也应当有权告诉公司它们应当干什么。公司这种根据自己的判断行善的权力注定只是一时的。它们很快就不得不为这种短期自由付出的代价是，它们必须接受据说代表着公众利益的政治权力的教导。如果我们不相信公司把资源用于保障最大的长期利润回报这个唯一的目标，是服务于公众的最好方式，自由企业制度便崩溃了。

对我想要说明的事情加以总结，最好的方式莫过于引用一下我的同行弥尔顿·弗里德曼教授在两年前表达这一主要观点时的一段话："如果有什么事情肯定会毁灭我们的自由制度、动摇它的基础的话，这件事情就是管理者接受除挣钱之外的社会责任。这是一种本质上具有颠覆性的信条。"[①]

---

① 社会科学报告人第八届社会科学高级讲习班，题目是"工商管理的三要素：领导、决策和社会责任"，1958年3月19日，总结者为斯坦福大学工商学院的Walter A. Diehm。

开发费的经济学[1]

一

在重要性相同的措施中,很少有像1947年的《城镇和乡村计划法》(*Town and Country Planning Act*)那样,在获得通过时几乎没有引起会受到其最大影响的那部分人的注意。甚至在今天,在该法案已生效九个月后,好像仍然没有人明白它对这个国家经济前景的全部意义。然而可以证明,它对我们的未来所必须依靠的工业效率,会产生决定性的甚至是致命的影响。

不过,很难因为公众没有及时考虑到这个措施所产生的更为广泛的影响而去责备他们。甚至可以怀疑,它的起草人和支持者是否十分清楚它的含义。该法案将城镇计划者的小圈子着眼于十分有限的目的而发展出来的一种特殊理论,应用于一个十分广泛的领域,但是对这种理论的普遍含义,却从来没有人做出过系统的评价。

最初倡导这种理论的,是一些战时出版的报告和文件,因此它并没有受到认真的批评。

这项法案本身及其贯彻落实,不但超出了早期文献所提出的设

---

① 原载英国伦敦《金融时报》, April 26, 27, 28, 1949。

想,而且它所使用的语言也模棱两可,因此对于它的一些最重要的条款,在看到如何执行之前,几乎不可能知道它们意味着什么。

对于因为决定不写入该法案而留给了不同的政府部门自行处理的一些最为关键性的问题,只是在了解了它们的政策之后,我们才对可能的结果有了更为清楚的认识。

关于这里所要讨论的问题,即"开发费"问题,该法案的执行和解释权被授予了"中央土地局"(Central Land Board)。该局最近在它的《实施说明》[1]中解释了自己的设想,这份引人注目的文件在不止一个方面都值得仔细研究。

下面还有机会对它就该法案所引起的政治和管理问题所作的奇怪说明加以评论。但是它关于该局打算如何评估开发费的问题所作的说明,提出了一些有必要仔细加以审察的纯经济学问题。

正如文件所说,中央土地局被授予了"对土地开发权的垄断"。为此目的,"开发"在这里不但是指将迄今"尚未开发的"农业用地转向工业和商业用途,而且包括"再开发",即对任何已开发土地的用途的实际改变,除非这种改变是发生在规定范围很小的某些类别之内。

所有这些用途的改变事先都需要"有计划地批准"。大多数改变也要受制于一种开发费,在能够加以改变之前必须支付这笔费用。因此,据以规定这些费用的原则,决定着什么样的改变是可行的。

如果还有人认为,这些开发费仅仅是打算将公共政策的有益作用所产生的特殊收益——即过去所说的那种真正的"增值"——加以充公,那么他不久就会幡然醒悟。这种开发费已经变成了完全不同的东西。

---

① Central Land Board, *Practice Notes*(*First Series*). Being Notes on the Development Charges under the Town and Country Planning Act, 1947. London: H. M. Stationery Office, 1949.

它打算占有因允许改变用途而造成的任何一块土地的增加值。这实际上等于没收以往用于其他目的的土地的工业开发所带来的全部好处。

在每个事例中,开发费都等于“现有用途的价值与批准开发所产生的价值之间的差额”;或者用新的说法,是一块土地的“未获批准时的价值”(Refusal Value)与“批准后的价值”(Consent Value)之间的差额。在得到计划批准书之前,这块土地一直被假定为只能根据其现有用途定价。

就所有者而言,事情显然只能如此,无论从社会角度看它有多大潜力,因为它的其他更有价值的用途所包含的全部潜力,都已被没收并转到了中央土地局手里。

我们这里并不关心所有者在为补偿而拨出的3亿英镑中所占份额这种遥远的前景。他在某一天有望得到数量不定的一笔钱,并不能改变他现在为得到或重新得到开发权而必须按价付钱这一结果。

在最初勾画这个方案的早期文件中,曾经建议开发费按照一定的比例,譬如按增值的75%或80%。而该法案本身对这一点未作规定。不过,城镇和乡村计划大臣所宣布的政策,却将费用定为所增价值的100%。

这意味着任何人如果打算对一家工厂的布局有所改变,而这又涉及土地用途的物质改变,那么他在得到批准之前,必须支付预期收益的全部资本化了的价值(capitalized value)。

这个原则当然也有些例外。在改变仅限于规定范围很小一部分类型的现有建筑物的用途时,不收任何费用。但是当土地用途的改变所涉及的类别,是办公建筑、“明亮的”工业建筑、“一般”工业建筑或五种“特殊工业建筑”中任何一种的土地时,则必须全额付费。那些例外对付费范围作了一定的限制,但是它们并没有改变这种做法的原则或一般作用。

这个原则无异于将涉及土地用途之形貌变化的重组产业的过

程所带来的一切好处,全都作为开发费征走。因而,被拿走的不只是具体哪块土地因为其相对于其他土地的位置或特殊性而能够提供的特殊收益。

既然任何土地,除了已经有一定用途的之外,只有在支付一笔开发费后,才能够用于这一用途,因此这种必须支付一定价格的“收益”,也就有了在任何地方引入一种新程序的可能性。

既然许可证的发放只能是就某块具体的土地而言,于是那种可能性便被人为地同那块土地联系在一起,引入那种新程序的可能性的价值,同样也就和那块土地的价值联系在了一起。

为了更清楚地理解由此产生的这种新的垄断因素的含义,我们可以花点时间考虑一下条件相似的土地的价格在过去是如何确定的。看看由农田环绕着的工业扩张所带来的问题吧。如果周边的农田质量相同,由不同的人拥有,为工厂提供着相同的机会,那么所需要的地块就能够用反映其农业用途价值的价格买到。

在大多数情况下,这会正确地反映这种变化的社会成本:农业价值的损失会是社会的损失,而改变如果有利可图,那么从土地的工业用途中得到的收益,将足以抵消这一损失。

只有当提供给项目之用的工厂周围的某些土地比另一些土地有更大的收益时,这些土地的主人才能索要更高的价格。项目有可能因为提供给它的任何地块的特殊收益,必须付出超过其他土地所需价格的额外开支。但是这种支出必须是因为那块土地有不同于其他土地的有利之处——不是为了向所有方向扩张的可能性而支出,而是为了能够向某个特定方向扩展而支出。

把这种情况与工厂周围的土地全都属于一个主人的情况加以对照。这时任何扩张的可能性,而不仅仅是向某个特定方向扩张的可能性,都要取决于那个地主出售土地的意愿。因此,他所处的位置,使他索要的价格几乎可以等于扩张所能得到的全部收益。他打算向项目出售的任何地块,都会具有在现有场地上进行扩张所能得到的全部预期收益的价值。

中央土地局的垄断甚至比这个工厂周围全部土地的唯一主人更为彻底。这个局还会控制在毗邻土地上进行扩张之外的唯一两种选择:在某个地区内的开发——例如通过加高建筑——或是将工厂整个迁往别处。

任何扩张的机会都要取决于他的批准,而既然只有得到计划批准的土地才能够用于扩张,那么任何土地的"批准后的价值",将包含着扩张的预期收益的价值。

不错,该局在《实施说明》中否认它有强行索取垄断价值的意图。但是既然它同时宣布,它打算考虑土地对某个唯一可能的买主所具有的特殊价值,因此显然不能仅从字面上理解这种保证。很难想象,在《实施说明》的指导下,该局除了收取垄断价值外还能有什么别的作为。既然它所授予的本质上是垄断价值,因此它的概念也具有一种垄断价值。

实际上,授予该局的"对开发权的垄断",不仅是针对土地,而且,就任何开发都需要一定土地,而该局又控制了所有土地而言,它也掌握着对所有类型的工业开发的垄断权。

二

土地是一种一切产业活动都不可缺少的要素,因此,产业活动中的任何变化,都会涉及土地用途的改变。让这种改变取决于许可证,取决于按某种价格付费,等于是让产业调整只能在由这种许可证和按价付费所决定的范围内进行。根据由许可证决定的收益定价,实际上等于把这种产业变化所带来的收益充公。这就是《城镇和乡村计划法》奉行的原则。

不过,就这里的情况而言,"收益"一词有可能让人产生误解。

它不能充分揭示出开发费所导致的严重后果。这种费用不但会使对有益于社会的变化起刺激作用的一个主要因素归于消失,还会给这种变化带来与任何社会成本不一致的人为成本。具体变化的必要性,有可能仅仅是为了维持土地的用途或维持企业的偿付能力。

这有可能仅仅是个避免损失的问题。不过,当避免损失取决于改变土地的用途时,改变用途的许可证就会具有它所能够避免的损失的价值,于是开发费也会据此定价。甚至在改变用途的预期收益是净收益时,对其价值也必须事先加以确定,因此会造成一种投资者在没有任何补偿性收益前景的情况下必须承担的新风险。

用于产业目的的土地只有当其用途根据变化的条件进行调整时,它才能够在很长一段时间里维持自己的价值。一块土地对既定的目标所具有的价值,不断发生着变化,如果把它永远固定在一个特定用途上,它的价值迟早会下降。通常,这种损失可以通过当过去的用途有所贬值时改变土地用途加以避免。

在新的制度下,这种损失必须完全由土地所有者来承担,因为他不再拥有改变土地用途的权利,而是必须以根据他的改变所能得到的收益定出的价格,去购买他的权利。在这块土地过去用途的机会消失之前,转向新用途的它有可能还不如以前值钱。

但是,它过去的用途一旦贬值,通过改变用途弥补损失的机会却属于国家。在《实施说明》所举的例子中,“在发出再开发的计划许可证之前,贫民区的棚户只具有作为棚户的现有使用价值。后来因为开发费的支付表现出来的价值是归因于该许可证,立刻攀升的价值是因为新的用途得到了批准”。

换句话说,所有者必须首先承担因为禁止改变用途(或是因为他的资产用途之多样性受到了法律上的人为限制)而给他造成的日益贬值的损失,然后他又被剥夺了改变用途得到批准后他有可能得到的任何好处。

人们自然会纳闷,这整个方案的发明者可曾想过,如果开发费使改变用途根本无利可图,那么这种方案到底意味着什么,或他们是否想到过这种方案会经常导致这种情况。

显然,任何开发费都会妨碍某些可取的改变,而且无论它在什么时候起到这样的作用,它都会妨碍使现有资源得到更有效的利用。

这里唯一的例外是,开发费的价值恰好与开发给另一些财产造成的间接损失相等,若是在其他情况下,这种损失在计算预期收益时本来是可以不予考虑的。但是,既不存在把开发费与改变用途所造成的这种有害后果联系在一起的打算,也不存在这种可能性。因此,我们可以忽略这种纯粹是偶然巧合的可能性。

我们来考虑一个实际的例子。假设一家企业拥有一些与它的制造厂相邻的工人住宅。如果那里过去一直没有这些住宅,那么把这块地方用于某种对制造业起辅助作用的加工过程早就有可能是有好处的。然而,既然住宅一直在那里,它的这种用途的价值也就只能与在特定地块上建立这一加工过程的好处加以对照。

但是,随着这些住宅的贬值,迟早有一天会使这种好处超过住宅所提供的服务价值。只要提供住宅服务和工业生产设备的成本加在一起仍有净节余,住宅就会被拆除,地块会被转给制造业。

由此节约下来的成本有可能不多,并且肯定与分别用于住宅和制造业的相邻土地之间的差价没有什么关系。但是,改善工业效率所依靠的,正是成本中许多这类小额节余的累积作用。

如果在这种情况下课以开发费,其结果只能是使改变延迟进行,甚至被完全阻止。从未来的角度看,根据现有的估价办法,节约下来的成本必然会像可用于制造业目的的土地在价值上超过用于住宅的土地一样,大大超过现有用途的价值。

这也同样适用于为节约成本而实施的任何类似的改变。或是这种改变会受到阻止,或是至少会使激励改变的因素大为减少。

如果这种收益只是在事实上已经实现之后才被充公,情况会相当糟糕。如果不停地执行这种政策,所有者通过这种节约成本的改变而得到的所有利益就会被剥夺殆尽。为了让他们始终如一地努力把成本维持在尽可能低的水平上,我们就只好依靠他们的公益精神了。

不管预期收益是否能够实现,在做出改变之前必须支付开发费,这一事实就更糟糕了。它会造成每个开发商必须承担的、没有相应社会风险的新的私人风险。

开发商必须愿意拿一笔与预期收益相等的钱冒险,如果他的希望落空,他将一无所获;即使他的预期正确,他也没有任何获益前景。真难以想象还会有比这更为严重的惩罚性风险。在结果不确定的情况下,更为安全的做法是什么也不做,而不是拿资本去购买那些有可能被证明并无多大价值的许可证。

这整个方案等于是对产业变革实行惩罚。每次根据变化了的条件进行的涉及土地用途"形貌"变化的调整,都会提供一次实际上是剥夺预期收益的收费机会。一家企业越是迅速而频繁地努力适应变化了的环境,它的一部分资本就越会经常地被没收。

在变化所能导致的预期收益小于中央土地局设想的数量的情况下,做出改变是完全不可能的。只有当一家公司能够让该局相信,变化的收益小于事实上的预期收益,做出这种改变才会有金钱上的好处可言。

有必要再次强调,在所有这些情况下,"收益"都未必是一种绝对收益。被没收的收益,是与禁止做出改变的情况比较而言的收益。改变有可能仅仅是为了降低成本,从而和外国竞争者所达到的水平保持一致,或这种改变的必要性是需求的变化要求对生产做出改变。

这都无关紧要。只要从形貌上改变土地用途是必要的,这一改变所产生的收益就会被拿走。如果这种原则真像现在宣布的那样得到贯彻,只能证明它将对英国提高产业效率的前景造成最为严重的打击,对此难道还能有所怀疑吗?

三

我在本文的第一节说过,《城镇和乡村计划法》的作者不了解他们是在制订一种什么样的计划。在对刚才解释的开发费的实际含义做出评价之后,人们只能希望,他们确实如此。

已经变得十分清楚的是,事先对整个方案并没有做过周密的思考,我们是在进行一项对其结果谁都心中无数的试验。看来,该法案授予城镇和乡村计划大臣以及中央土地局的史无前例的“一揽子”权力,是对如何运用这些权力缺乏任何明确认识的结果。中央计划的鼓吹者总是向我们保证,民主的立法机构是一种防止滥用管制权的可靠保证。那么,对于一项没有就当局在运用它所得到的最强大的经济管制权所应遵循的“普遍原则”做出规定的法案,我们该如何看待呢?

《城镇和乡村计划法》第70条第3款规定,“在得到财政部同意的情况下,根据该法制定的条例,可以作为土地局决定……是否应交纳开发费以及应当交纳多少开发费的一般原则”,这时它所做的就是这件事情。

根据这一条,城镇和乡村计划大臣不期然被授予了发布一种条例的权力,根据这种条例,开发费通常“不少于”因某个具体开发项目而产生的土地增加值。

但是,该条例所宣布的一般原则仍然仅仅提供了最一般的框架,中央土地局必须在这个框架内再去制定它自己的政策。

中央土地局所处的地位,可以从它的主席为《实施说明》所写的前言中得到很好的解释,其中对该局所要遵循的原则做了概括。他解释说,这些说明“要对原则和工作规则做出描述,俾使任何申请人都可放心,他的事务会据此得到处理”。这话听上去还算让人放心,但再往下读还会发现这样的句子:“除非他能够为不同的处理方式提出很好的理由,或中央土地局通知他因为特殊原因而无法遵守正常规则。”

如果根本没有规定出在特殊情况下不遵守一般规则的原则,则对任何规则的信心从何谈起呢?中央土地局甚至明确拒绝受固定规则约束:“一般工作规则只要不适合具体的情况,就必须有所改动。”

中央土地局也拒绝受先例的约束,它宣布,“我们并不怀疑,我们会随着时间的变化改变我们的政策”,这种改变“只对新情况有效,不能旧事重提”。

如果有明确的目标,为什么还继续这样含糊其词?是否对一般原则的荒谬已稍有察觉,因此有意要在与申请人的协商中,通过做出让步而减轻恶劣的后果?议会以及《实施说明》的前言的若干段落中所做的某些陈述似乎表现出了这样的意图。

先让权力部门根据一种明知无法严格加以贯彻的原则,承担起征收巨款的责任,然后再让它们在后果过于有害时随意改变自己的要求,还能想象出比这更危险的做法吗?

《实施说明》的前言似乎表明,它几乎是有意要制造这种讨价还价的局面,它表示,中央土地局总是会乐于倾听那些十分强烈的特殊考虑。

事实是,管理开发费的任务不但“公平”,而且所采取的方式使其不可能不对必要的工业开发造成障碍。中央土地局在确定开发费时,事实上是在确定是否应当进行某项开发。它只有处在可以对国家的整个产业发展进行计划的位置上,才有可能理智地从事这项工作。

它要想对自己的决定给工业效率造成的影响做出判断,就必须拥有每个开发商所利用的全部信息,并有能力对它们做出判断。

如果不想让开发费成为对开发有害的障碍，必须根据某个详细而全面的计划利用这些信息，这个计划对开发所应采取的形式、每种产业的开发方向以及应当开发的每种产业的每一家工厂，都一一作了规定。

然而这既不是它的打算，事实上也不可能做到。相反，中央土地局支配着私人开发商在做出决定时必须依靠的基本条件，但是它对自己的行为会给这种决定造成什么影响，根本不可能做出任何判断（除了所有者的陈述之外）。

无论是中央土地局还是开发商，都无法根据事情的客观属性做出自己的决定。是否进行开发，取决于同经济事实无关的、人为产生的利益冲突，这必然不利于明智地解决涉及的真正经济问题。

如此理解的开发费显然没有任何道理可言。它根本就没有为有关土地用途的决定引入合理的因素，而是引入了一个毫无意义的因素，它使开发商在做出自己的决定时必须依靠的信息失去了真实性。和过去相比，他必须进行核算的成本与真正的社会成本更加不一致。

他明智地制订计划的机会，他服务于最好的社会利益的可能性，将大为减少。他的大量精力将不是用在找出环境中真正的事实，而是要用在寻找一些让另一些人看来似乎有道理的依据，因为这些人决定着使他能够继续执行自己的计划的条件。

在应当做出最仔细的核算的地方，产业进步的方向却要更加依靠说服的能力、交往的机遇和难以琢磨的官僚程序。在无法为自己的行为制定明确方向的地方，最有效率和最有良知的官员也无法阻止这种情况的发生。

至今没有任何人说明，要想让开发费有利于提高产业效率，这些方向应当是什么。真正能够起到这种作用的唯一原则，就是开发费不应存在。

附录：对哈尔《自由社会的土地规划法：英国城镇和农村规划法

的研究》(Charles M.Haar, Land *Planning Law in a Free Society: A Study of the British Town and Country Planning Act*, Cambridge, Mass., Harvard University Press, 1951)一书的评论。①

政府对经济生活的控制不断扩大,不可避免的后果就是,经济问题日益由立法者、技术专家和“行政”专家加以处理。人们本来期待着这会使这些职业的人士对经济学有更多的了解。但是这种期待却落空了——那些真诚地相信自己在大多数情况下能够通过中央计划解决经济问题的人,似乎正是因为他们根本不知道经济问题的所在。

城镇计划——必须承认,经济学家一直大大忽略了这个问题——对此做出了最好的说明。一位美国的公共管理研究者最近对英国新出台的《城镇和乡村计划法》所做的认真深入的研究,在证明对土地利用给社会提出的经济问题缺乏理解这一点上,几乎有着无可比拟的说服力。此书以赞同的态度对这项实验做了解释,但是从哈尔先生完全接受孕育出这一方案的观点的角度看,该书就像英国从1940年至1947年那种特殊环境下对这项立法几乎负完全责任的建筑团体和管理者一样,对其中涉及的更广泛的经济问题缺乏任何评价。该书甚至没有注意到英国的经济学家在从打赢战争这一更为重要的任务中解脱出来之后,对该法所作的批判性分析。该书作者尤其忽视了普兰特爵士对这一问题的权威性分析,②以及一些人们本以为会对这种政策抱有同情的人,如亨利·乔治的追随者,对它所作的一些批评。③

读过此书之后,人们会生出一些疑问,它的作者和立法者或英国的一般公众相比,是否更全面地了解这项法律会多么彻底地改变

① 原载*University of Chicago Law Review*, XIX /3, Spring 1952。

② Arnold Plant, “Land Planning and the Economic Functions of Ownershipn”, *Journal Chartered Auctioneers and Estate* Agents Inst., Vol. XXX(1949).

③ 尤见他们的期刊*Land and Liberty*, London, 1948 and 1949。

英国经济制度的全部特征。在完全取消了(农业用地之外的)土地价格机制的同时,它所提供的除了不受任何一般原则约束的专断决定之外,再没有任何其他东西。这项法律简直就是在规定,今后私人所有者通过改变一块土地的用途(如果它是用于农业之外的目的)所能获得的全部好处,都将被政府没收,因此,如果该项法律的原则能够始终如一地得到贯彻,那么在涉及改变土地用途的情况下,任何个人或公司都将失去改进经济效率的激励因素。

对于任何熟悉这一法律的历史及其作用的人来说,此书最令人不解的一点是,它极力强调这项政策有着完全民主的性质,并且和自由制度是协调一致的,但是根据此书列举的事实,即使怀有最真诚的愿望,以上两点的价值也是很成问题的。如果作者不清楚它对有关的自由权利的威胁,这大概是因为他似乎同样不了解,从长远看,始终如一地贯彻这项法律中的原则,意味着对一切经济活动进行集中管理。把这项政策说成有着特别民主的性质,这与一个公认的事实很不相符:当议会讨论这一法律时,几乎谁都没有想到它授予了行政部门一种实际不受限制的裁决权。"反对派常常感到处在约瑟夫的位置上,人们不但要他解释梦的内容,还让他说明梦是什么。"更有甚者,在该法授予一位大臣不受限制的权力,使他甚至可以制定该法律中最重要的条款据以执行的"一般原则"之后,这位大臣事实上发布的条例,"代表着自从就该法律进行辩论以来思想的彻底改变"。我们下面还会谈到这个问题。人们会期待着立法者对一个事实——就像《实施说明》中以小印刷体提到的该项法律中许多不怎么引人注目的特征一样——给予更多的关切:"该法似乎避免了法院的任何偿还要求。"

在哈尔先生的书中,对该法中最重要的经济条款的讨论,几乎完全压缩在短短几页纸上,但是我们在一篇简短的书评中却必须重视这些文字。正像全部解释已十分明确地显示出的那样,所有这类立法背后的基本动机是,"对必须支付赔偿永远存在着担心,因为这种赔偿对大胆的计划永远构成威胁”。换言之,城镇计划者是想摆脱考虑其行为代价的必要性,因为很容易看出,如果必须支付市场经济条件下计算出的全部成本,他们视为可取的许多事情会证明根本行不通。因此,中心目标是让计划当局能够按低于自由市场所能达到的价格获得对土地的控制权。用来为这一目标辩解的论点,暴露出他们根本没有理解这些成本的含义。我们在这里不想对该书为说明这些成本事实上无法支付而进行的论证作冗长的评价。

土地的市场价值作为揭示其特定用途的社会成本的符号,它的含义是一个更为基本的问题。像该书一样,在一般的城镇计划文献中,这个问题普遍被说成一个单纯的财政问题:如何应付这些成本?如果能够通过部分地剥夺土地所有者而把这项负担转移给一个具体的群体,人们便认为这个问题已得到了解决,但这根本就不是所涉及的主要社会问题。事情的关键在于让人相信,无论是一般而言还是在每个具体事例中,计划带来的好处大于因计划的限制而使开发受阻所引起的损失。向所有者支付的费用低于从他那里得到的土地用途的全部价值,丝毫也不会减少社会成本。它仅仅是使人们可以不考虑这些成本,在不顾及计划中的方案能否抵偿其总成本的情况下继续执行这些方案。除非能够证明,土地的市场价格所反映的不仅仅是当允许让土地用于更有利可图的用途时它为消费者提供的不同服务的价值,不然的话,要想为土地的使用方向找出理由,只有证明它为公共福利带来的好处将大于其价值的损失,而这正是计划者很少能够证明的事情。但是,就像大多数计划者一样,在城镇计划者自以为采取了更全面的眼光时,通常他们所关心的仅仅是范围有限的价值,他们希望逃避那些他们既不理解也不关心的看法的约束,并且任何中央计划大概都不会对那些观点作充分的考虑。正如此书所说,他们的愿望是,“就一块土地的适当用途做出的决定”,将来“不会因为很高的开发价值或需要避免赔偿之类的额外成本而受到干扰,而是严格地根据计划的优点来进行”。

为这种做法寻找理由的唯一严肃的尝试，是英国一个调查委员会在1947年立法之前做出的，即1942年《关于补偿与改善的“乌茨瓦特报告”》(*The“Uthwatt Report”, on Compensation and Betterment*)。这份报告提出了一种令人莫名其妙的“浮动”和“转移”价值的理论(theory of “floating” and“shifting” value)，尽管我怀疑，凡是值得尊敬的经济学家，谁会认真地看待这一理论，但是它似乎给城镇计划者和管理者留下了相当深刻的印象。它建立在这样一个假设之上：一个国家全部土地的总价值是个固定的量，它与每块土地的用途无关，因此对土地用途进行管制，只会产生“转移土地价值的作用：换言之，它增加一些土地的价值，减少另一些土地的价值，但是它不会破坏土地的价值”(引自《乌茨瓦特报告》)。这里正如哈尔先生所说，这不仅是一种“因为缺乏经验证据而有可能引起争议的”理论(同上)，它根本就是一种经验上既无法证实也无法否定的毫无意义的理论。“价值”一词没有任何使它可以具有真实性的有用含义。“浮动价值”的情况也好不到哪里去：宣称对将来的开发的期待，通常会影响到更多事实上尚未开发的土地的价值，使它的价值上升到高于实际开发的价值。处于城镇边缘的土地的市场价值或许会以不一定能够实现的期待为依据，即使偶尔有可能的确如此，它也是相应的价值评估原则无法对付的困难，因而不能为不顾市场价值的做法提供正当理由。

以上所言，并不意味着我们想低估以下事实引起的困难：即使对通过减少某些土地的价值而造成的计划成本不难加以确定，并且承受损失的人肯定会要求得到补偿，但是“改善”，即该项计划的实施造成的土地增值，却是非常难以确定的。不必产生怀疑的另一件事情是，如果这类具体的改善能够加以确定，那么，可取的做法是将收益按相应比例列入计划成本。对于以征税方式拿走显然是因为公共行为而使土地增加的价值，有很多话可以说。当然，对于所有类型的社会主义来说，如果能够把李嘉图的“土地之无法破坏的永恒力量”的价值——以上论点只适用于这种价值——与因为所有者的努力而产生的价值区分开，那么将土地国有化就是最值得推荐的做法。这里的困难本质上是实践性质的：是不可能将一块土地的价值中的这两部分区分开的问题，以及如此调整地租契约以便给予土地使用者以适当的投资诱因的问题。但是，这些困难虽然“只是”实践方面的，却已经证明是难以克服的。

实际上《乌茨瓦特报告》已经认识到了这一点，它“勇敢地抛开先例”——这尤其让它的作者感到自豪——开启了一项新的发展，但是到头来它却将开征增值税这个合理但不可行的想法变得适得其反：土地价值税并没有被用来作为一种使所有者让自己的土地得到最佳使用的手段，1947年的《城镇和乡村计划法》在开发费的名义下，实际上是对任何让土地得到更好使用的人，据此而得到的全部收益施以惩罚。最初想法的这种转变始于乌茨瓦特委员会的决定：“通过从土地的全部新增价值中为社会取得一定的比例，但不必对造成这种增值的原因作精确的分析，从而解开这个戈尔蒂斯结。”（引自《乌茨瓦特报告》）

由此导致的1947年法案的进一步措施是，《乌茨瓦特报告》只打算用于未开发土地的原则，被扩大到了所有已经属于非农业用地的一切再开发土地；并且在确定所增价值时，不是依据某个固定日期的价值，任何时间的任何一块有具体用途的土地的价值，变成了衡量改变用途的“收益”的标准——显然，即使“现有用途的价值”降至零时也是如此。最后，当议会普遍认为征税额应为新旧用途价差的75%到80%，并且批准了这一措施之后，被授权决定比例数的大臣却将这个比例定为100%。结果是，在这项法律生效后，负责征收开发费的中央土地局便学会了创造这样一种局面，它批准一切所产生的全部收益都可由政府得到的土地开发。

在总结这个奇怪的演变过程时，这样说似乎也不失公正：既然对理论上已被证明不可行的事情也可以赋予其意义，既然不管成本如何我们都要进行计划(“即使差强人意的好计划也优于以往的混乱”),那么只要行政上是可行的,甚至最没有意义的原则也必须得到采用。

现在大概已十分清楚,英国政府的所作所为,无异于取消一切对涉及土地用途之实质性变化的一切产业和商业活动的改变起激励作用的因素(某些例外并无意义,因此我们就这里讨论的目的而言完全可以不予考虑)。这是一项不可能圆满完成的任务,除非政府承担起对一切实际投资做出决定的责任。土地计划如果坚持执行下去,最终它将意味着对全部工商业活动进行集中管理。再也不会有任何私人或公司有兴趣让一块土地得到更好的用途或在英国的土地上开创新的事业,因为只有通过把英国的土地用于一些新目标才能得到的收益,必然会落到政府的手里。更糟的事实是,对于展望中的开发价值,必须在着手开发前用现金去购买,因此任何不确定性投资的风险会大为增加。在前面提到的阿诺德·普兰特爵士的演讲中,他的话还是相当温和的,他得出结论说,这项法律按它目前的形式,

> 在一个竞争性制度中,再开发的灵活性和速度是一个不可缺少的要求,而在这些方面,它有着使我们的产业和商业结构变得麻木不仁的危险。

阿诺德爵士所提供的事例大概比泛泛之论更好地揭示了这项法律的实际含义:

> 这样一来,一座商业建筑的底层就不能从办公室的用途改为开商店,一家零售店也不能开展新的批发业务,一所批发店的仓库也不能用于轻工业或相反(即在过去没有得到计划许可并支付了开发费的情况下)。各位如果尚未拿到 1949

年2月9日的《第195号法令》，你们会乐于知道，虽然一家商店不能用只供店内食用的熟肉来服务于它的顾客，而一家饭店现在却可以变成商店。我们那些大百货商店的管理层有可能至今也并非全都明白，如果他们事先没有得到地方计划当局的批准并支付了中央土地局所要求的开发费，就把用于饭店的楼层空间增加10%以上，他们显然是触犯了法律。

从中央土地局的实际决定中可以举出无数这样的例子。哈尔先生的著作中最严重的缺陷之一就是，它对采用这种新法律的具体含义几乎没有提出任何想法。事实上，当一丝不苟地执行这一法律所规定的开发费等于拿走改变带来的全部收益时，便再也不值得对土地的用途作任何改变了。一切未来的"开发"事实上取决于中央土地局在每个具体情况下专断地确定开发费，这使得它希望进行的开发仍然有利可图，而所有别的项目将变为不可能，很难说这会给维护自由社会的前景带来更多的保证。我们这里无法详细证明其差距决定着开发费的两个数字，即"未获批准时的价值"（为任何开发提出的申请遭到拒绝时一块土地的价值）和"批准后的价值"（为具体的开发而提出的申请得到批准后这块土地的价值），并不像立法者相信的那样，是可以根据正常的演化过程加以确定的客观数字。既然为开发价值定价的市场已不复存在，因此对它们进行估价的基础也就不存在了。在缺少任何客观检验标准的情况下，确定开发费必然会成为一件很随意的事情，从而注定会堕落为一个讨价还价的过程。美国的读者只要读一下这本称为《实施说明》的小册子的前言中这段引人注目的话，就不难看到这会导致什么情况；中央土地局主席在这里宣布了该局在规定开发费时打算遵循的"原则"：

国家拥有全部土地开发权的价值。我们是管理者，必须把因为允许为具体目的进行开发而使土地价格增加的价值征集起来。敝人及其同事十分明白这项新任务的责任。对本说明书的研究将证明，此“价值”有诸多含义，在所有情况下均采用通常的含义，在某些情况下定会造成荒谬的结果。我们已经得到授权，就每种情况下哪种含义最为公平做出决定，并在该说明书中陈述了我们目前的一些观点。但是每种情况都要依靠它自身的事实，一般工作规则只要不适合具体的情况，就必须有所改动。我们已经指示我们的成员和顾问，就具体情况下哪种含义有可能最公平提出建议，并认真考虑任何持相反观点的开发商的观点。我们承诺，在做出自己的决定时，我们会时刻记住这些要点。[①]

邀请人们来讨价还价，还能有比这更坦率的语言吗？

当然，关于这个“在环境的社会控制方面的大胆试验”，还有许多事情必须向英国和美国的公众做出解释；和任何作为自由发展的结果而成长起来的未经设计的制度相比，英国人民对于这种事情好像更加摸不着头脑。如果哈尔先生的预见是正确的，“美国在20世纪50年代将以在土地计划上展开的斗争为标志，正像40年代是以公共住房的争论为标志一样”，那么这个国家确实应当仔细研究一下英国的经验。哈尔先生信心十足地陈述了立法的依据。由于该书是以1949年唯一的一次英伦之行为基础，此时该法律才刚刚生效，因此除了对它的条款做出说明外，大概我们不应期待更多的东西。我们应当感谢哈尔先生，他以十分可读的形式，为我们概括出了这份“包括十部分、冗长而错综复杂的102节、又分成405条、用大开本印制的庞大文件”的要点，他还没有提到“有待城镇和乡村计划大臣作为条例、指示和命令发布的许多更重要的预备性文件”，而甚至在写这本书的期间，这些东西就已经变得比法律本身更加卷帙

① Central Land Board, *Practice Notes*(*First Series*), 1949, Ⅲ.

浩繁和复杂了。如果能看到对英国的安排的合理说明,这固然有益,不过对行政细节的关注却有可能掩盖而不是指明这种措施的广泛意义。在已经确定了明确目标的地方,当然有理由关心实现目标的手段。但是正如目前的情况所示,在允许让行政上的权宜之计和一群专家的狭隘头脑来决定经济政策中最为普遍的争执之一的地方,只关心机构问题,除了能够作为一种警告外,是没有多少价值的。没有几个读者会从这本书里汲取到英国的经验所提供的主要教训:在适宜的环境下,一小撮技术专家有可能让民主社会制定出这样的法律,受它影响的人若是明白了它的含义,没有哪个人会表示赞同——这就是严重的危险所在。

关于李嘉图效应的三点说明①

本文的直接目的是要澄清一个问题，因为在约翰·希克斯(John Hicks)先生最近对我以往有关消费需求与投资的关系的论述(1931, 1939, 1942)所作的评论②(1967，第12章)中，他对这个问题的看法是错误的。这个问题值得进行细致的分析，因为我相信，他出现这一错误，乃是因为他有个错误的假设，而这也是当代有关这个问题以及类似问题的许多思考的共同特点。我会在文章的第二部分对此做一分析，不过我这里所说的"李嘉图效应"(Ricardo Effect)③这个一般性题目，读者有可能并非都十分熟悉，因此我首先要对它做点说明，采用的方式或许不是完全无可挑剔的，但是同我过去的明确表述相比，它似乎更易于被人理解。在第三部分，我将针对我的分析所受到的另一种反对意见做出回应。在早期的讨论中，经常有人提出这种反对意见，但我那时没有能力做出满意的答复。现在我则

---

① 此文最初发表于*Journal of Political Economy*, Vol. 77, No. 2, 1969。

② 最近一项有关经济学发展的相当公正的研究声称，我在两本书中(1939, 1942)对李嘉图效应的讨论，与《价格和生产》中的立场正好相反。对此我应当说明，它们不过是对同一主张的不同说法而已。约翰先生的批评主要是针对那本早期著作。

③ 我选择这个说法，是因为熊彼特(1939，第345页、第812页、第814页)曾将我的理论中较为一般的、并无多少创意的内容称为"李嘉图效应"。不过我并不希望，一个我认为久已确立的学说，被人们当作一项创新。

认为,驳倒这种意见已变得比较容易了。

一

这种被称为“李嘉图效应”的公式声称,在充分就业的条件下,消费需求的增长会引起投资下降,反之亦然。造成这种结果的方式,可以令人信服地用一个与人们所熟悉的生产函数相一致的图形表示出来。但是在这个图形中,对总的资本存量(固定的,而且是流通中的)的测算是在横坐标上进行的。对总投入——包括为使资本存量维持在最有利的水平上所必需的投入——的流量,是在纵坐标上加以测算的。为了当前的目的,我们假定这一生产函数是线性的和同质的。由于在两条坐标线上所表示的量,都是由不同商品和服务的可变组合组成的,因此只能从价值的角度加以表示。严格地说,只有当我们假定涉及的不同商品和服务的价格保持不变时,这样做才是合理的。然而事实上,我们所要考虑的变化,必须包括这些价格之间的关系发生的变化。由此引起了我过去使用过的这种方法所包含的令人略感不满的性质。不过我认为这只是一个相对而言不那么重要的缺陷,以较为简单的方式利用这一方法得出的结论,其有效性不会因此而受到严重破坏。

希望对更为准确的证明方式有所了解的读者,只能去阅读我在1942年发表的那篇文章。不过就这里的目的来说,我相信这一简单的说明已经足够。很久以前我就发现了它在教学上的有效性,只是因为有这一缺陷,我才没有将它付诸文字。

我要考虑的效应,是产品价格相对于要素价格的变化,首先我要讨论的,是前者发生了变化而后者保持不变的情况。我先假定,生产者的意图是生产一定数量的产出,并且要使资本的平均回报最大化。在这些假设的基础上,我们要问,在生产这一特定数量的产出时，生产者在资本存量和现有投入的各种可能的组合中，他会发现哪一种组合最为有利。为此我们来看一下图形（见下图）中下面那条等量曲线，我们假定，在生产价格上升之前，它会呈现出一种能够为总产出带来一定收益的形状，并且由于它会按一定的速率增长，因此我们能够沿着我们测定现有投入的坐标，对这一收益做出测定。我们假定在初始价格下这些收益是OF。

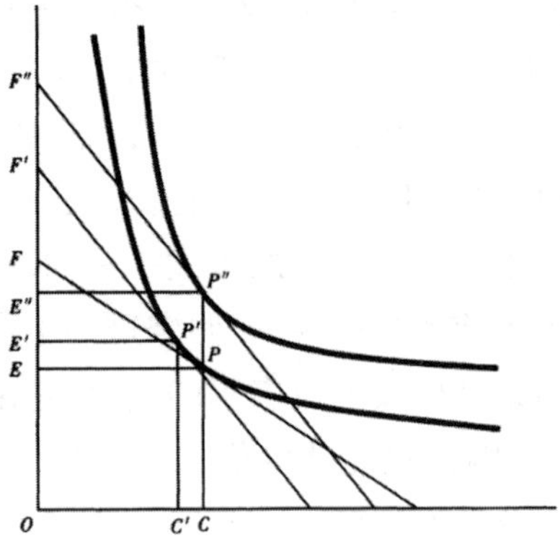

那么，在生产这一既定产出时，资本存量和现有投入最有利的组合是什么呢？显然，它位于从F画一条直线与曲线相接的那个点上，即P点。在这种情况下，连接F和曲线上一点的直线的斜率，与该曲线上任何其他一点相比是最小的。这意味着相对利润EF/OC高于任何其他一点。

现在假定，生产价格从F上升到了F''。结果必然是，从画出的直线的接触点会移向P点的上方，即P''点，它将与较小的资本存量和更大的现有投入的组合相一致。

这就是从目的在于生产固定产出这个例子中得出的主要结论。我们先来看看这个结论意味着什么，然后再把它扩大到另外的例子，即生产者打算把他的全部资本用于生产这种商品，并且力求利用他的全部可用资本，在最有利可图的情况下生产尽可能多的商品（我们始终假定，他面对着对他的商品的横向需求曲线）。首先得出的结论是,虽然这会增加生产的总费用,但是同收入相比它的增加会相对少一些:总利润会上升。此外,现有费用在现有生产成本和维持资本存量之间的分布状况也会发生变化:进入前者的比重较大,进入后者的比重较小。显然,在我们称为现有成本的这一总费用与我们所说的(总)投资之间加以划分,总有一定程度的任意性。但是无论我们在哪里划出这条界线,总量中投资的份额显然都会下降,如果我们十分狭义地定义投资,则投资的绝对数量肯定也会下降:对某种十分节约劳力或十分耐用的设备的需求将会减少。这是从资本密集型向非资本密集型生产方式转移的必然含义。一个重要的观点,即消费需求的增加会导致(在充分就业的条件下)对只适合于资本高度密集型生产方式的投资需求的减少,由此得以成立。

如果我们假定,在消费品价格上升之后,生产者的目标不再是生产与过去相同数量的产出,而是想把产出的数量定在用和过去一样的资本数量为他带来最高的回报,那么也会产生同样的结果。这一点很容易理解,只要我们继续抬高*CP*线,直至让它达到更高曲线上的这一接触点,它与点相平行。这一产出量的价格将是补。为生产所必需的现有投入将是补, 则表示在这一价格水平上通过把更大产出与既定资本总量结合起来可以得到的最大利润。但是,这个没有变化的资本总量中仍包含着与过去相比较少节省劳力或不那么耐用的设备;因此,对更节省劳力或更耐久的设备的需求将下降。

没有必要明确说明,在相反的情况下,即产品价格下降而要素价格不变,会相应出现从资本密集方式向非资本密集方式的转变。

二

当然,李嘉图效应的这个基本命题,既基本的资本理论的一部分,对于了解产业结构也有着同样重要的意义。它揭示了消费需求的变化通过改变产品和生产要素的相对价格(或说得更简单一些,通过改变“真实工资”),会对投资比率产生什么样的影响,以及在不存在贷款、因而也不存在贷款市场利率的情况下,会使投资比率发生什么样的变化。在这种情况下,“资本的匮乏”只会表现在它与属于不同生产阶段商品的价格——或我在《价格和生产》(1939,第2版,第72–80页)中所说的不同生产阶段的“价格边缘”——的关系之中。

然而,这个命题的主要意义在于它同货币经济的关系,在这种经济里,只受“真实”要素决定的价格的均衡结构,可以因为货币数量的不断变化而长期受到歪曲,它造成了节省下来的现有收入与花在投资上的钱之间出现差异。如果有些作为收入而得到的货币既没有花在消费品上,也没有用于投资,而是被囤积起来或退出流通,或者,如果投入的投资——通过为此目的而印制的额外货币或从现金结存中释放出来的货币——超过了节省下来的数量,也会造成价格结构的不断变化,只要货币流量的变化继续存在,前一变化也会持续存在,并决定着投资比率。

约翰·希克斯先生的批评所针对的正是这个问题。他认为,这种价格结构的扭曲只能是一种十分暂时的现象,并且即使货币流量继续变化,肯定也会出现一个决定性的间歇期或“延缓期”,在这个时期之后,相对价格会回到完全受真实要素决定的均衡位置上去。在我看来,这种主张没有任何根据,因而也是错误的。我认为可以证明,不可能存在这种决定性的延缓期——在这个时期之后,价格结构回到均衡状态仅仅取决于真实要素。相反,只要货币流量继续变化,就会持续存在另一种状态,一种稳定的状态(就像生物学家所说的“动态均衡”),而决定着这一状态的,是系统中货币的不断流入或流出。

约翰先生在他的论述中,用一段话说出了他的关键意见。为了取信于读者,我将这段话的大部分引用如下,其中希克斯本人的斜体字我改为大写字体，我把特别希望读者注意的部分改为斜体（译按：哈耶克改为大写字母的文字，中译文用楷体表示；他改为斜体的地方，译文用黑体表示）：

> 当市场利率降至自然利率之下时，投入和产出的数量会出现什么情况？根据这些假设，正确的答案十分简单：它的作用为零。**价格会同步上升**；仅此而已。当严格地接受**维克塞尔模型**（Wick sell Model）时（的确是严格地接受），它便处于中性均衡。数量和相对价格的整个真实系统，完全是由具体市场中的供需平衡决定的；在这个真实系统中也包含着利率。当市场处于均衡时只能有一种利率，即与自然利率相等的市场利率。因此，市场利率“降至”自然利率以下，必须被视为一种非均衡现象，**一种只有在市场失去均衡时才会存在的现象**。均衡一旦恢复，市场利率和自然利率的相等肯定也会随之恢复。由此可知，**只要随时存在着价格调整**（向什么方向调整？只向“真实”数量吗？），在市场利率和自然利率之间就**不可能出现差异**。货币价格会同步上升，事情只能如此。

在这段话中，均衡这一概念是指由真实要素（即排除了任何连续性货币变动的作用）决定的相对价格结构的均衡，在受到货币变化的第一次影响之后，这一均衡会迅速自动恢复，即使货币的变化（系统中货币的流入或流出）仍在继续。这就是说，即使不断地有着为投资目的而创造出来的货币被注入投资（或情况相反），价格结构仍会恢复到这种情况出现之前的状态。换言之，只要这种状态继续存在，货币的不断流入或流出就是不必予以考虑的情况——价格结构会继续适应这些情况，只有在变化刚刚出现时，它才会对价格结构产生明显的影响，但是即使变化了的条件继续存在，这种影响也会迅速消失。我的看法则是,这种“非均衡”是针对新情况即新货币的流入而作的调整,只要对货币流量的补充以一定的量和稳定的比率不断地进入系统,这种调整肯定也会一直进行下去。

约翰先生并没有清楚地说明,他所讨论的是短期内出现的对货币量的一次性补充,还是延续数月甚至数年的一个漫长的过程。分析一下这些不同的情况是有益的。首先我们假设,在一个月的时间里,投资方支出了一笔额外的钱,其数量是全部商品和服务支出的1%,这使花在特定商品和服务上的钱的数量翻了一番。这意味着货币的总流量也会增加1%。为了使说明更为简单,我们进一步假定,货币周转率是每年12次(即现金余额等于每月的支出),在这种情况下,在一个月的时间里支出增加1%,意味着货币数量增加1%。

这会给价格带来什么影响?增加支出的目的,是要把更多的要素吸引到生产投资物品上来,而在充分就业的条件下,要想做到这一点,只有提高这些物品的价格。价格会上升多少,取决于供应弹性的大小。我们为了方便说明而假定的具体数字是无关紧要的。为了使数字尽可能简单,我们假定,需求增加一倍,在价格上升25%的情况下会使供应增加60%。

货币流量(根据我们的假设,也就是货币存量)增加1%,会使某些价格(所有价格中很小的一部分)上升25%。如果为了投资而增加货币支出只是一种一次性行为,并且仅限于一个月的时间,那么它的作用当然是暂时的。生产投资物品的人所得到的货币,会被他们花在另一些商品上,从而会逐渐扩散到整个系统中去。最后,原有的相对价格结构将在高于原来1%的水平上恢复均衡。(这里我们可以不考虑由于资金再分配和由此造成的个人收入分配的调整,以及这一过程中因此而出现的需求方向上的变化所造成的价格结构的变化。)这里的要点是,有些价格最初上升25%——这必然使真实投资增加60%——将完全是一种暂时的现象,最终它会使所有价格只上升1%。

那么，如果通过增加投资而产生的货币数量的增加持续很长一段时间，又会发生什么事情呢？我们现在假定情况就是如此，但不是以稳定不变的速率增加，而是以维持真实的增量投资所必需的速率增加。这意味着货币总流量（和数量）要以稳定的百分比增长。这是因为，如果过去为了吸引更多的资源投资，需要1%的增量，在货币总流量（和普遍价格）上升1%之后，为达到同样的效果，它就需要增加1.01%，依此类推。

这一过程显然可以无限制地进行下去，至少当我们对未来形成价格的方式可能发生的变化予以忽略时，情况就是如此。从新增支出对受到直接影响的少数价格发生作用，到这种作用扩散到其他价格——不管这段延缓期的情况如何，与“真实”状况相一致的“均衡”价格结构肯定会继续受到扭曲。以新创造出来的货币形式不断出现的增量需求，对于针对这种需求做出调整的价格结构，将一直是决定性因素之一。从一种价格的改变到新增收入的支出对其他价格产生影响，无论这段延缓期多么短暂，只要总货币流量的变化过程仍在继续，各种具体价格之间发生了变化的关系也会继续存在下去。

换言之，到达不同商品的增量货币支出，会在整个价格结构中形成一个梯形上升曲线，只要总货币流量继续增长，这一曲线也必然会继续存在。当然，受影响较晚的价格绝对不会赶上最早受到影响的价格。当引起价格上升的货币流入终止时，最初上升的价格肯定会有实际的下降，当然它不会降至原来的水平，而是会降至在增量货币散布到整个系统之后重新确立的平均水平。但是，如果对某些价格形成的需求不是来自过去销售其他商品或服务的收入，而是来自为此目的而增加的货币（或来自结存现金），那么某些价格的上涨必然继续高于其他价格。只要价格上升（或下降）的普遍过程仍在继续，相对价格结构就不可能与不存在引起普遍价格变化的力量时的情况一样。理由十分简单，这一原因（货币数量的变化）对不同价格的影响只能渐次产生，而不会同时发生。在均衡状态下，投资只由真实要素决定，只有当投资物品的价格与其他价格相比，高于它在均衡状态下的价格时，才会有多于均衡状态下的投资出现。“事情只能如此。”

我发现可以用一种比喻来说明这种一般关系，虽然希克斯先生（在通信中）认为，这种比喻没有多大用处，但它似乎值得在这里一说。我们这里所讨论的效应，很类似于我们把胶水倒入一个容器时发生的情形。胶水趋向于扩散至容器整个平面的底部。但是倒入的胶水只流向一个点，因此这里会形成一个凸起，倒入的胶水由此处缓慢向周围扩散。甚至当我们停止倒入更多的胶水时，完全恢复平面也需要一定的时间。在流入停止时，它当然也不会达到凸起处所曾达到的高度。不过只要我们以不变速度不停地注入胶水，凸起处就会保持其相对于周围而言的高度——这为我以前说过的“动态均衡”提供了一个生动的说明。

就这种现象而言，“延缓期”这一概念似乎用处不大。货币数量的变化引起价格第一次发生变化的时刻，和所有价格发生了相同比例的变化的时刻，在这两者之间，并不存在一个可见的间隔期，这是因为除非货币变化仍在继续（系统中货币的流入或流出），在大多数其他价格受到影响之前，最初的价格变化就会部分地发生逆转。价格结构中的相关变化并不取决于一般价格水平的迅速变化。在我们的例子中，相关投资物品价格上升25%，是由货币数量增长1%引起的。可以说，在繁荣期，这一增长幅度并非不可能发生。这种效应扩散到整个系统很可能需要数月时间，因此，虽然它必然会提高货币流量的增加速率——这是因为在面对消费需求的不断上涨时，要维持一定量的真实投资——但这也需要一定的时间。

但是，当因投资而出现的货币流入停止时，其效应的扩散仍会继续，并且趋向于恢复与最初状态类似的状态。正是在这一点上，李嘉图效应以一种很少被人理解的方式发挥着作用。在这个阶段，投资物品的价格会下降，而消费品价格在一段时间内仍会继续上升。这会使某些已经发生的投资的收益与过去相比有所下降，与此同时，投资基金的流量也会减少。因此，支配性的因素是，在新货币的流入停止，从而使可用于投资的资金减少之后，消费品价格会继续上涨一段时间。由此造成的结果是，某些在繁荣期用来生产资本密集型设备的要素，会被弃之不用。

通过这种机制，我认识到，除非不断扩张信用，靠通货膨胀支撑的繁荣迟早会因为投资衰退而出现逆转。这一理论绝不想声称，它除了对19世纪典型商业周期中盛极而衰的情形做出说明之外，还有更多的含义。不断加剧的紧缩过程有可能立刻在资本产业中引起失业，这是必须用常规手段加以分析的另一个问题。一个货币和信用供应不受内在限制约束的连续不断的通货膨胀过程，能够在多长时间内有效地使投资数量维持在超出储蓄率许可的范围之外，在我看来这一直是个悬而未决的问题。只有当通货膨胀变得如此严重——为维持一定的投资量所必需的不断升高的通货膨胀率，迟早会造成这种局面——使货币不再是一种适当的核算依据时，这种不可缺少的约束才有可能出现。不过，要想进一步讨论这个问题，势必引出这种变化对预期的作用问题，我不想在这里讨论这个问题。

三

对于我对李嘉图效应的分析，过去经常有人提出这样的反对意见：如果无论想借多少钱，都可以按现行市场利率借到，那么对投资性质起决定作用的就是这种市场利率，企业内部的收益率会据此做出调整。我现在认为，得出这种结论，是因为对一个假设作了毫无道理的引申，就商品供应而言，这个假设十分合理，然而它不适用于信用或信贷供应。

对李嘉图效应在货币市场中的有效性表示反对，是建立在一个未明言的假设上的，即竞争的环境使每个企业都面对一条信贷资本的水平供应曲线，因此它能够按现行利率借到自己打算借到的任何数量的钱。我认为，这一假设既不符合完全竞争理论，也不符合任何实际环境。它来自这样一种信念，连续向某个借款人发放的各笔贷款，可以而且应当被视为"同一种"商品，因此可以用不变价格买到。然而实际情况并非如此，因为就任何拥有一定数量的资本或本金的借方而言，贷方的风险会随着放贷的数量而增加。

根据我们想要说明的问题，我们可以避繁就简，假设借方的全部债务与其自有资本的比例是决定贷方风险的唯一因素。此外还存在着统一的市场利率，每个借款人都可以按这一利率借款，数量不超过——譬如说——其自有资本的25%。每增加10%，他的费用也随之增加，再增加10%，他的费用会更多，依此类推。发生这种情况的原因是，在放贷者看来，向一个负债额已达到其自有资本25%的人发放的贷款，和向一个负债很少的人发放的贷款是不一样的。因此才存在着有各种贷款等级的完美市场，在一定范围之内，每个借款人都可以按相同的利率增加其负债，但是他若想借到超出这一限度之外的钱，他就必须支付更高的利息。

换言之，虽然就每一等级的贷款而言，可以存在着既定利率下弹性充分的供应，但是每个借款者很快就会面对一条迅速上升的贷款供应曲线，因为他所增加的借款，绝对不应被视为与以往的借款相同，而是不同于以往借款的另一种商品。显然，这才是观察问题的现实主义方式，把向一个借款人先后发放的各笔贷款当作同样的商品看待，这种不恰当的习惯，只会导致对这一明显事实的忽视。

但是，即使在完美的信用市场中，如果我们必须承认，每个借款者都面对着这样一条贷款供应曲线，一旦超出了某一点，它就会上升得越来越快（在达到某一点时，它很可能会几乎变成一条垂直线），那么我们不能再认为既定的市场利率决定着现有企业内部的收益率。从长远看，会存在一个根据贷款的市场利率调整内部收益率的趋势，然而这只能十分缓慢地发生作用，而且主要是通过企业自有资本的变化，以及有新的企业进入那些内部收益率出现了变化的产业。不过就短期而言——包括我们在分析产业格局时谈到的那种时期——谁也不能断定，资本的内部收益率同贷款的市场利率相适应的情况会普遍出现。当一家企业发现它的产品价格相对于要素价格有所上升(或者像我过去说的那样，“真实”工资有所下降)时，它会有什么举动呢？如果这家企业能够按不变的市场利率借到它所希望的任何数量的钱，它当然会增加所有相应的设备，也就是说，它会用和过去一样的资本密集型方式增加产量。然而它会发现，它不可能按这一市场利率借到足够数量的钱以达到这一目的。此外，它能够按这一市场利率借到的钱，大概只能用来增加它的流动资本，而不能用于增加它的固定资本。这家公司的内部收益率会大大提高，而它能够按与这一内部收益率相一致的利率借到的钱，只会是它能够按原来的利率加以利用以获取利润的金额的很小一部分，这肯定不足以使它的内部收益率降至接近这一市场利率的水平。因此，它利用自己能够支配的有限资本所产生的利益，将取决于它的内部收益率，而后者会与边际利率相等，它能够在这个利率上借到钱，但是这个利率很可能大大高于公认的市场利率。如果这家公司不能增加任何额外的资金，那么只要它几乎借不到什么钱，它的内部收益率当然也不会达到它应有的高度。不过，决定着企业投资性质的收益率，仍将是企业自身的内部收益率，它高出市场利率不少，而且会因企业不同而大有差别。

由于企业不能增加额外的资金以加大它的总投资，还由于它在获得长期投资的增量资金上面对着特殊的困难，更由于它从流动资本中所能获得的收益相对而言高于固定资本的收益，这一切都会驱使它——用一句老话说——“把固定资本转为流动资本”，这家公司会尽量不把到手的钱投资于耐久性设备，或仅仅把它投资于不耐久和不节省劳力的设备，而尽可能把更多的钱用在劳力和原料上。

这里我不想进入另一个经常引起人们怀疑的话题，即我们在多大程度上能够以现实主义的态度断定，从短期看这种改变从技术上说是可取的。在我看来，仅仅举一个例子，譬如将单班制改为两班制或三班制的可能性——这不过是大量类似的可能性之一——就足以回答这个问题。在"真实"工资相对较高，从而内部收益率较低的情况下，两班制或三班制造成了更高的劳动力成本，这有可能使得改变班制无利可图。但是随着"真实工资"下降，以及由此造成短期投资的内部收益高于长期投资，改变班制就会变得有利可图，同时现有设备也会变得过剩。在取消这些设备上节省下来的钱，可以用来支付更多的劳动力。总费用保持不变(或者，在公司能够借到钱的情况下，会略有增长)，但其中有较大一部分是花在了劳动力而不是设备上。

根据一种相当重要的考虑，十分明显的一点是，肯定存在着某种机制，由于它的作用，消费品需求的增长迟早会使对投资物品的需求减少而不是增加。如果说，即使在充分就业的条件下，消费需求的增长也确实总是导致投资的增长，但是它还会带来这样的结果：对消费品的需求越旺盛，这些消费品的供应就越是会下降。会有越来越多的要素被转而用于生产投资物品，直到最终由于消费品需求变得极为旺盛，以至于根本没有消费品被生产出来。在得出这种结论的推理中，显然有某种十分荒谬的因素。阻止这种结论产生的机制就是李嘉图效应。虽然由于较为表面的货币综合效用，它的作用在很长一段时间内可能不那么明显，甚至有可能因为普遍失业的存在而被完全忽略，但是它迟早会发挥作用。约翰·希克斯先生说，由真实状况决定的关系或迟或早总会出现，此言甚是。不过这种关系的发生并不像他设想的那样快。有可能存在着一个延后期，在这个时期，与"真实的均衡"相一致的关系被货币数量的变化严重扭曲。在我看来，这十分符合产业格局中的现象。

文献目录

Hayek, F.A., *Prices and Production*, London, 1931.

Hayek, F.A., *Profits*, *Interest and Investment*, London, 1939.

Hayek, F.A., "The Ricardo Effect", *Economica*, N.S. Ⅸ, No.34 (May 1942), p.127–152; *Individualism and Economic Order*, London, 1948.

Hicks, John, "The Hayek Story", see *Critical Essays in Monetary Theory*, Oxford, 1967.

Schumpeter, J.A., *Business Cycles*, New York, 1939.

作为一个发现过程的竞争[①]

一

经济学家受到的一种指责是，四五十年来当他们讨论竞争时，一直假设如果他们对现实世界的认识是正确的，竞争便是既无意义又无用处的。对这一指责很难加以驳斥。对于经济学家所说的数据如果真有人能够做到了如指掌，那么把竞争作为一种针对这些事实做出可靠调整的方式，的确是十分浪费。所以不必奇怪有人得出了这样的结论：我们可以完全废除市场，或者只将它的结果作为生产一定量的商品和服务的第一步，此后我们便可根据自己的愿望去制造、改进或分配它们。还有些人对竞争的认识好像全是来自现代教科书，因此很自然地得出结论说，并不存在什么竞争。

针对这些看法，有必要记住，无论在什么地方，竞争之具有合理性，都是因为我们不能事先知道决定着竞争行为的那些事实。在体育运动或考试中，就像政府合同或诗歌奖金的颁发一样，如果我们

---

① 此文是哈耶克1968年3月29日首次在芝加哥的费城学社的一次会议上所作的演说，当时不包括第二节，后于同年7月5日向德国基尔大学的世界经济研究所宣讲，但不包括最后一节。最初以德文发表于*Kieler Vorträge*, N. S. 56, Kiel, 1968；后重印于他的文集*Freiburger Studien*, Tübingen, 1969。

事先就知道谁是最优者，再安排竞争便是毫无意义的。正如这篇演说的题目所示，我建议把竞争作为一个发现某些事实的方法，不利用竞争，这些事实将不为任何人所知，或至少是不能得到利用。[①]

乍一看，这件事好像非常明显，无可辩驳，因此几乎不值得留意。不过，从对以上显而易见的常识的明确表述中，却可以直接得出一些不那么明显但很有意义的结论。首先，竞争之所以有价值，完全是因为它的结果不可预测，并且就全部结果而言，它不同于任何人有意想要达到或能够达到的目标。进一步说，竞争之一般而言有益的作用，必然也伴随着一些期待或意图的失败或落空。

同这一点密切相关的是个很有意义的方法论结论。对微观经济的理论方法失信于人的原因做出解释未免离题太远。虽然在我看来，唯有这种理论能够对竞争的作用做出解释，然而甚至一些专业经济学家也不再理解这种理论了。因此值得先谈一谈任何竞争理论的方法论特征，因为对于许多习惯于用过分简单的检验方式来决定自己是否同意一种理论具有科学性的人，这一特征使他们对这种理论的结论产生了怀疑。我们为何利用竞争，其理由的必然结论就是，在人们所感兴趣的事情中，这种理论的有效性绝对不可能从经验上得到验证。我们可以用概念化的模式来检验它，我们也可以设想利用人为创造的环境——其中的观察者事先已知道他打算发现的事实——来检验它。但是在这些情况下，它没有实践价值，因此也很难说花钱做这样的试验是值得的。如果我们不知道我们希望通过竞争去发现的事实，我们当然也就根本不可能确定，它在发现那些有可能被发现的事实上起了多大作用。我们有望发现的仅仅是，从整体上说，为此目的而依靠竞争的社会，比其他社会更成功地达到了自己的目标。这似乎是被文明史一再明确证实了的结论。

---

① 写下这些话后，我又注意到一篇文章：Leopold von Wiese, *Verhand-lungen des 6. Deutschen Soziologentages*, 1929, 他在第 29 页谈到了竞争的“经验”性质。

竞争的特点——它与科学方法共有的特点——是，对于它的表现，无法根据它发挥作用的具体事例加以检验，它只能反映在这样的事实中，即同任何其他安排相比，市场都会占有优势。公认的科学方法的优点绝对不可能用科学加以证明，而是只能由一种共同的经验来证实：它们从整体上说比其他方法更适合于产生良好的结果。①

至于经济竞争与成功的科学方法之间的不同，则是存在于一个事实之中：前者是一种发现事实的方法，但这些事实仅仅与达到特定的、暂时的目标有关；科学的目标则是发现有时被称为“普遍事实”的东西，即事物的规律性。科学也关心一些独特的、具体的事实，但这种关心仅仅局限在它们有助于证实或否定理论的范围之内。由于科学理论涉及的是世界的普遍的、永久性的特征，因此科学发现有充分的时间去证实自己的价值。相反，通过竞争在市场中发现的具体事实的好处，在很大程度上是暂时的。就科学方法的理论而言，以它的关于科学能发现什么的预测没有经受住检验为由，就可以让它失信于人，这同因为市场理论无法预测市场的具体结果而使它失去信誉一样容易。但是由其本质所定，市场理论在任何有必要加以采用的条件下，都无法做到这一点。我们就会明白，它的预测能力必然仅限于预测某种模式或自发形成的秩序的抽象特征，但无法扩大到预测具体的事实。②

---

① 参见Michael Polanyi晚年的研究，*The Logic of Liberty*, London, 1951, 此书反映了他是如何从科学方法的研究转向对经济事务中竞争的研究的。另见Karl R. Popper, *The Logic of Scientific Discovery*, London, 1959。

② 关于“模式预测”的性质，见本书《复杂现象论》(*The Theory of Complex Phenomena*) 一文，*Studies in Philosophy, Politics and Economics*, University of Chicago Press, 1967。

二

在谈过这个我有所偏爱的话题之后，我现在回到这次演讲的中心问题上来。我打算指出，有时乍看上去，经济理论因为是以假定稀缺商品的“既定”供应量作为自己的起点，因此它似乎堵死了自己对竞争过程的特点做出正确评价的道路。但是，哪些商品是稀缺商品，或哪些东西是商品，它们多么稀缺或价值几何——这正是有待于市场去发现的事情。市场过程在每个阶段造成的暂时结果，只能告诉个人应当去寻找什么。要想使广泛散布在一个分工彻底的社会中的知识得到利用，不能指望个人对于他们在个人环境中所了解的事情可能起到的一切具体作用全部了如指掌。价格引导着他们去注意，在市场提供的各种物品和服务中，什么是值得发现的。这意味着，总是具有一定独特性的、市场可使其得到利用的个人知识和技能组合，不仅仅是那些只要某个权力当局一声令下就可被罗列出来并加以传播的有关事实的知识。我所说的知识，是由一种寻找特定条件的能力构成的，只有当它的拥有者，通过市场了解到对哪些物品或服务存在需求，以及这种需求有多么迫切时，它才会成为有效的知识。[①]

想必这已足以说明，当我说竞争是一个发现的过程时，我指的是哪一类知识。要想让这个抽象说明的骨架变得有血有肉，使它在实践中的重要性得到充分展示，还需要作许多补充。不过我在这里只能满足于简单地指出在分析一种假定所有事实都是已知的情况时通常采用的方法之荒谬性。这是一种被经济理论奇怪地称为

---

① 参见Samuel Johnson in J. Boswell, *Life of Samuel Johnson*, L. F. Powell's revision of B. Hilf's edition, Oxford, 1934, Vol. Ⅱ, p. 356(18 April 1755)：“知识分为两类：我们本人关于某个客体的知识，和我们关于从哪儿能得到有关它的信息的知识。”

“完全竞争”的状态。它根本没有为可称为竞争的活动留下任何空间，却以为这种活动已经完成了它的任务。不过我要立刻对一个问题做出评价，因为关于它存在着更多的混乱，即这样一种主张——它认为，市场调节着各种活动，并使其自动地适应它所发现的事实——的含义，或利用这些信息的目的问题。

这种普遍的混乱，要大大归咎于错误地把市场产生的秩序作为严格意义上的“经济”看待，并且根据一个只对致力于一个目标序列的组织才适用的标准，去判断市场过程的结果。这种目标序列，与无数个人的经济安排所构成的复杂结构并无相似之处。不幸的是，对于后者，尽管它有本质的不同，因此必须采用不同的判断标准，我们却还是用“经济”这个词来称呼它。从狭义上说，一个经济是一种组织或安排，人们在其中自觉地把资源用于一系列统一的目标。由市场形成的自发秩序并不是这样。在某些重要方面，它并不像一个经济那样运行。具体而言，这种自发秩序的特点在于，它不保证普遍认为较为重要的要求，总是会先于次要的要求得到满足。这是人们反对竞争的主要原因。当然，整个社会主义无非就是要求，应当把市场秩序［或用我所喜欢的“交换系统”(catallaxy)这一称呼，以防同本来意义上的经济相混淆[①]］转变成狭义的经济，在这种体制下，一种共同的主次标准决定着在各种不同的要求中，哪些应当满足，哪些不应当满足。

这种社会主义目标有两方面的麻烦。就像每个特意设立的组织一样，只有组织者的知识才能进入这种经济的计划之中；在这种特意设计出来的经济中，全体成员的行为必须受它所服务的一系列目标的约束。另外，自发的市场秩序，即交换系统，相应地也有两个优点。在这个系统中得到利用的知识是全体成员的知识；它所服务

① 更全面的讨论见我的*Law, Legislation and Liberty*, Vol. Ⅱ, *The Mirage of Social Justice*, London and Chicago, 1976, p. 107–120。

的目标是个人分散的、五花八门而又相互对立的目标。

这个事实引起了一些认知上的困难，它们不但困扰着社会主义者，而且困扰着所有想对市场秩序的表现加以评估的经济学家。因为，市场秩序假如不是服务于一些明确的目标，假如就像任何自发的秩序一样，没有理由说它具有特定的目标，那么也不能说，各种结果的价值就是它的每个具体成员之行为产物的总和。这样一来，当我们再说市场秩序产生了某种意义上的最大化或最优时，我们是什么意思呢？

事实是，虽然自发的秩序不是为特定目的而存在，因此不能说它有一定的目标，然而它对于许多不同的个人目标——作为整体它不为任何个人或相对较小的团体所知——的实现，却有着极大的作用。当然，只有在一个秩序良好的世界里，才可能有理性的行为。因此，有理由努力创造一种条件，使所有的人可以最有效地达到其目标的机会非常之高——即使没有人能够预测哪些具体的目标会受人欢迎，哪些不会受到欢迎。

正如我们所知，一种发现的方法，由其本质所决定，它的结果是不可预测的；我们采用一种有效的发现方法有望做到的事情，只能是它改进了彼此素不相识的人的机会。在选择了这种使社会事务有序化的手段时，我们所能够追求的唯一的共同目标，只能是一种自发形成的秩序的普遍模式或抽象特征。

三

经济学家通常把竞争形成的秩序称为一种均衡状态——这是种不太幸运的说法，因为这种均衡状态的前提是，所有的事实都已被发现，从而竞争也停止了。至少就经济政策问题的讨论而言，我更喜欢的是“秩序”的概念，而不是均衡概念，它的优点是，我们能够有意义地谈论在不同程度上接近于一种秩序，而这种秩序也可以在整个变化过程中得到维持。既然从来就没有存在过经济均衡，因此有理由说，我们的理论所描述的秩序，接近于一种理想类型的程度是相当高的。

这种秩序首先表现在这样一种状态中，其中受到社会其他成员影响的各种期待——这是所有单一经济主体制订计划的根据——能在最大限度上得到实现。自然科学现在也开始关心各种自发秩序或“自组织系统”，因此我们也学会了“消极反馈”这种称呼，每个计划之间的这种相互调整就是由此而产生的。当然，聪明的生物学家承认，“在贝尔纳(Claude Bernard)、麦克斯韦(Clerk Maxwell)、坎农(Walter B.Cannon)或维纳(Norbert Wiener)发展出控制论之前很久，亚当·斯密在《国富论》中就已经明确使用了这一概念。对价格进行精密调节的‘看不见的手’，正是这样一个概念。亚当·斯密实际上是说，在自由市场上价格是受到消极反馈的调节”。[①]

我们应当明白，有个事实对理解市场秩序的功能至关重要，即一些期待得到了很大程度的实现，是因为另一些期待有系统地落空了。但是，市场的成就并不限于使每个计划之间进行相互调整。它还保证了生产出的无论什么东西，都是由这样一些人生产出来的，他们的产品比没有生产它的人(他们自己没有能力生产出相对而言更便宜的东西)的产品更为便宜(或至少是同样便宜)，并且每种产品的售价，比任何事实上没有生产它的人所能提供的价格更低。这当然不排除有些人会得到相对于成本来说相当可观的利润，如果这种成本大大低于下一个潜在生产者的成本的话。不过这确实意味着，事实上生产出来的一组商品，会达到用任何已知方式所能生产出来的最大数量。当然，如果每个人拥有或能够获得的全部知识都由某个机构来支配，并被输入计算机(不过输出的成本会相当可观)，我们

---

① G. Hardin, *Nature and Man's Fate*(1951), Mentor ed. 1961, p. 54.

或许会有更高的产量。如果我们像有人做过的那样，从上面拿一种我们不知道其实现方式的理想标准，与市场的成就进行对比，这样得出的判断未免有失公正。假如我们像应当做的那样，从下面对它进行判断，即拿它同我们采取任何其他方式可能取得的成果，尤其是同竞争受到阻碍时的生产状况进行对比，那么只有那些经某个权力当局授权生产或销售特定物品的人，才会允许这样的做法。我们只需考虑一下，在竞争的系统内找到一种方法，可以向消费者提供比他们已经得到的商品更好更便宜的商品，是多么的困难。在似乎存在着这种未被利用的机会的地方，我们通常都会发现，它们之所以仍然未得到利用，是因为政府权力（包括实行特许权）或某种应受到法律禁止的滥用权力的行为，在阻碍着人们利用这些机会。

千万不要忘记，市场在这方面只能做到接近于一个*n*维度平面上的某个点，纯经济理论就是在这个平面上揭示一切可能性的边界，而从事任何一组相关商品和服务的生产，只能以此边界为限。市场让具体的商品组合及其在个人中间的分配，主要由不可预测的环境来决定，从这个意义上说，也是让偶然因素来决定。正如亚当·斯密理解的那样[①]，我们似乎同意参与一场既包含着技巧也包含着运气的游戏。这种竞争游戏，以每个人所得的份额在一定程度上由偶然因素来决定为代价，保证了他无论得到多大份额，其真实价值会同我们用已知的方式取得的结果一样大。用时下的话说，这种游戏不是零和游戏(zero-sumgame)，而是这样一种游戏，只要遵守规则参与这一游戏，供人汲取份额的蓄水池就会增大，至于个人从这个水池中得到的份额，在很大程度上则是由运气决定的。一个无所不知的头脑可以从这个平面上选择他喜欢的任何一点，按照他认为正确的方式分配这种产品。但是，我们知道如何达到可能性边界

---

① Adam Smith, *The Theory of Moral Sentiments*, London, 1759, Part Ⅵ, Chapter Ⅱ; Part Ⅶ, Section Ⅱ, Chapter Ⅰ.

或相当接近于这一边界的唯一的点，是我们只有把它留给市场去决定才能达到的那个点。因此，我们自然而然达到的所谓“最大化”，不应被定义为具体物品的总和，而是仅仅同它为互不相识的人提供的机会有关，他们利用这些机会，使他们的相对份额达到了最大可能的真实价值，而这部分地是由偶然因素决定。对于它的结果，由于不能像一种经济本身那样，用某个单一尺度进行评价，因此把交换制度的结果当作一种经济结果进行评价，是十分错误的。

四

把市场秩序说成一种能够并且应当按一定优先次序满足不同需要的经济，这种错误看法尤其表现在根据所谓“社会公正”改变价格和收入的政策的努力之中。社会哲学家无论赋予这个概念什么含义，在实际经济政策中它几乎总是意味着一件事，也是唯一的一件事，即保护某些团体，使他们一度享有的绝对或相对物质地位，免于必然的下降。然而，这并不是一条即使普遍实行起来也不会破坏市场秩序基础的原则。不但现有收入水平的不断提高，甚至在某些条件下仅仅维持这一水平，都取决于对无法预见的变化的适应能力。这必然引起一些人的相对份额甚至绝对份额会有所减少，尽管他们不应为这种减少承担责任。

应当始终记住一点，一切经济调整的必要性，都是由不可预见的变化造成的；采用价格机制的全部理由，就是使每个人都能知道，由于某种不应由他们承担责任的原因，对他们正在做或能够做的事情的需求正在增加或减少。整个行为秩序对变化的环境的适应力，取决于不同的行为所获得的报酬，它在不考虑有关人员功过的情况下即会发生变化。

在这方面，有人不时使用会引起某种误导的“刺激”一词，仿佛主要问题就是引导人们尽力工作。但是,价格的主要指导作用并不在于让人们如何行动,而在于让他们做什么。在不断变化的世界里,即便是仅仅维持既有的财富水平,也需要一些人不停地改变努力的方向,而要想做到这一点,只能通过使某些行为的报酬增加而另一些行为的报酬减少。这些调整——在相对稳定的条件下,仅仅需要以此维持收入的连续性——不可能有“剩余”被用来补偿那些受价格变化不利影响的人。只有在迅速发展的系统中,我们才有望避免某些人地位的绝对下降。

在这个问题上,现代经济学家好像经常忽略的一点是,甚至在宏观经济学作为数据看待的许多总量中显示出来的相对稳定,其本身也是微观经济过程的结果,而这一过程的基本内容就是相对价格的变化。幸亏有了市场机制,才使得一些人被吸引过来,对另一些人未能满足其同胞的期待而造成的缺口加以弥补。当然,所有这些我们喜欢加以处理的总需求和总供给曲线,并不是些客观的既定事实,而是不断进行着的竞争过程的结果。我们不能指望从统计信息中了解到,为了对不可避免的变化做出调整,需要什么样的价格或收入变化。

不过主要问题是,在一个民主社会里,根本不可能用命令的方式去造成那种没有人感到正确,其必要性也绝不可能得到证实的变化。在这种政治体系中,有意地调整必须始终以保护表面上正确的价格为目标。在实践中这意味着维护收入和价格的传统结构。一个人们得到的收入就是别人认为他应得的收入的经济系统,必然也是个极无效率的系统——姑且不论它也会是个令人难以忍受的压制性系统。因此,所有的“收入政策”都更有可能阻碍而不是促进系统适应新的环境所必需的价格和收入变化。

在目前这个世界上,令人不解的事情之一是,极权主义国家好像比“资本主义”国家更不受“社会公正”这种鬼话的约束,更愿意让那些受发展的不利影响的人背负重担。至少某些西方国家的情况看来是没有希望了,因为支配着政治的意识形态,使它们不可能做出变革,但要想让工人阶级的地位迅速上升以使这种意识形态消失,这种变革却是必需的。

五

如果说,在高度发达的经济系统中,作为一种发展手段的竞争是重要的,它可以使投资于未来的人找出那些尚未得到利用的机会,并且一旦发现了这种机会,别人也可以利用,那么对于低度开发的社会来说就更是如此。我有意将注意力首先放在这样一些问题上,譬如维持有效的秩序,以此保证一种所有资源和技术可以普遍为人所知的条件,以及不断调整的必要性仅仅在于为维持现有收入水平而做一些不可避免的小变革。这里我将不考虑竞争对技术知识的进步发挥的无可怀疑的作用。不过我要指出,在那些从前竞争一直不活跃,因此主要任务仍然是发现一些过去无人知道的机会的社会里,竞争必然会发挥非常重大的作用。相信我们能够对未来的技术进步会给已高度发达的国家形成的结构加以预测和控制,这尽管很不正确,却未必全属无稽之谈。但是如果我们以为,对于那些主要问题仍然是发现有哪些可以利用的物质和人力资源的国家,我们可以提前确定它的社会结构,或在这种国家里我们能够对我们可以采取的任何措施的特定后果加以预测,那简直是异想天开。

除了在这些国家存在着许多有待发现的事情这个事实之外,为什么竞争的最大自由对于这些国家比发达国家更为重要,还有着另一个原因。这就是,只有当愿意并且能够尝试新方式的少数人确信,许多人会效仿他们,并且也对他们表现出这种态度时,他们才会造成风俗习惯上的必要变革。如果许多人能够让少数人循规蹈矩,必要的发现过程就会受到妨碍或阻止。当然,这也是人们不喜欢竞争的主要原因之一：它不但表明如何才能更有效地工作，而且使那些收入依靠市场的人面对选择，他们或是去模仿那些更为成功的人，或是收入减少或一无所获。竞争以这种方式产生了一种非人格的强制力，使无数的个人以某种任何专门教育或命令都无法提供的方式，调整自己的生活道路。为了所谓的“社会公正”而实行中央指令，可能是一个富裕国家能够提出的奢侈目标，并且有可能在很长一段时间里不会对他们的收入造成太大的损害。但是它肯定不是能使穷国加快适应迅速变化的环境——它们的发展便取决于这些环境——的方法。

大概应当指出，一个国家的这些尚未得到利用的机会范围越大，增长的可能性也有可能越大。以下说法乍一听或许有些奇怪：高增长率有可能不过是证明了，过去有大量的机会受到了忽视。因此，有时高增长率与其说可以证明目前的政策很好，不如说可以检证过去的政策很糟。因此，期待已经高度发达的国家会出现像过去资源的有效利用长期受法律或制度阻碍的国家在一段时间内所达到的那种高增长率，是没有道理的。

根据我对世界的全部了解，有一些人，一旦面前出现了改善条件的可能性，又不会因其同胞的压力而受到阻止，他们就会去尝试这种可能性，这种人在人口中所占的比例，到处都是一样的。在许多新兴国家，令人可悲地缺少这种创业精神，并不是因为每个居民无法改变的习性，而是现行的习惯和制度对他们施加的限制造成的。这就是为何我们要说，有些社会的致命错误就在于，它为了集体的意志而允许政府支配个人的努力，却不去限制政府的权力，只让它为个人提供保护，以使其免受社会的压力。要想保护私人的首创性和企业精神，就只能利用私有产权和全部自由主义的法律制度。

反凯恩斯主义通货膨胀运动

正如我在下面第四节所言，当我发现我这个学科的大多数同行开始使用一种语言讨论一些在我看来没有意义的问题时，我便基本上退出了有关货币政策问题的论战。[1]然而到了1974年夏天，通货膨胀问题变得如此紧迫，使我再次感到自己有责任表明我的意见。在为一份日报写了一篇英语文章（此前还有1974年8月19日《法兰克福时报》上一篇类似的德语文章）——即下面的第一节之后，我在十月的诺贝尔纪念演讲中，用了很大的篇幅来谈论这个问题。然而这篇演讲主要讨论的是科学哲学的问题。我应邀在罗马的意大利林琴科学院（Accademia dei Lincei）举办的埃诺蒂百年诞辰纪念会上演讲，这为我又提供了一次机会，演讲内容即下面的第二节。1975年第二季度，我以大体相同的思路在美国各地演讲，其中包括对各种因地点关系而出现的一些附加话题的讨论，我现在将它作为一篇补充论文附在这里，即本文的第三节。第四节则是同年九月在日内瓦一次会议上的讲话。其中有关未来货币制度的建议，现已被充实成一篇更长的论文《货币的非国有化》，由伦敦经济事务研究所于

---

① 我在一些时机就“通货膨胀”发表的评论和讲话，已由Sudha Shenoy为伦敦经济事务研究所编成一本文集，由该所作为“霍巴特纸皮书第4号”（Hobart Paperbook 4）出版，标题是*A Tiger by the Tail*, London, 1972。

1976年出版。

一　通向失业的通货膨胀道路[1]

1

我要十分抱歉地说，目前世界范围的通货膨胀，其责任完全要由经济学家，或至少要由我的经济学同行中那些信奉凯恩斯爵士教诲的大多数人承担。

我们正在经历的事情，完全是凯恩斯爵士经济学的后果。正是由于他那些门徒的建议甚至鼓动，各国政府才通过制造货币不断增加开支，而凯恩斯之前任何一个值得尊敬的经济学家都能预见到，这种开支所达到的规模，肯定会引起我们正在经历的这种通货膨胀。这些政府这样做是因为它们相信，这是为保证充分就业既必要又能长期奏效的方法。

只要存在失业，政府赤字非但无害，而且功德无量——这种蛊惑人的信条当然最受政客们的欢迎。提倡这种政策的人长期以来坚持认为，仍在引起就业增加的总支出的增加，根本就不能被视为通货膨胀。如今，当价格不断加速度地上涨使这种观点信誉扫地时，普遍使用的托词依然是，温和的通货膨胀是为充分就业而付出的一种不算太大的代价，正如最近德国总理所说："宁要百分之五的通货膨胀，不要百分之五的失业。"

大多数不清楚通货膨胀致命危害的人，会为这种言辞所打动。甚至有些经济学家也坚信，通货膨胀的作用，似乎不过是对收入的

---

① 原载伦敦《每日电讯报》，1974年10月15日和16日。

某种再分配,此有所失,一定彼有所得,而失业却必然意味着总收入的减少。

然而,这种观点没有考虑到通货膨胀引起的主要危害,即它使整个经济结构具有一种被扭曲的、非均衡的性质,这迟早会使更广泛的失业变得不可避免,其情形甚至比这种政策打算阻止的结果还糟。之所以会这样,是因为它把越来越多的工人引向了一些只有依靠不断的甚至是加速度的通货膨胀才能存在的职业。结果是一种不稳定性不断上升的局面,现有就业不断增加的部分,取决于不断的甚至是加速度的通货膨胀,而试图放慢通货膨胀的每一次努力,都会立刻导致大量失业,政府只好赶紧放弃这种努力,重新回到通货膨胀的老路上去。

我们已经很熟悉"滞胀"这个概念了,它指的是这样一种状况:尚可允许的通货膨胀率已不足以创造令人满意的就业率。在这种情况下,政客们除了加速通货膨胀之外,几乎别无选择。

但是这个过程不可能永无止境,因为加速度的通货膨胀很快就会导致全部经济活动的彻底瓦解。在货币数量继续增加的情况下,任何控制价格和工资的尝试都不可能避免这样的结局:通货膨胀创造的具体职业,是靠价格的不断上升来维持的,一旦这种上升终止,它们也会随之消失。"受抑制的"通货膨胀,除了会给经济活动造成更大的组织破坏之外,甚至连过去开放性通货膨胀创造的维持就业的好处也都没有了。

说老实话,我们已经被带入了一种可怕的境地。所有的政客都在许诺,他们会终止通货膨胀并且维持充分就业。然而他们不可能做到这一点。他们通过让通货膨胀继续下去而维持就业的时间越长,当通货膨胀终于结束时,失业就会越严重。能够让我们把自己从这种我们所造成的局面中解救出来的灵丹妙药是不存在的。

但是,这并不意味着我们必然要经历我们在20世纪30年代经历过的那种失业期。那种局面要归咎于在阻止总需求实际紧缩上的失败，而这种失败是没有道理的。可是我们必须面对一个事实，在目前情况下，仅仅阻止通货膨胀或使其放慢速度，都会引起实质性失业。当然没有人喜欢这样，但是我们已不能再回避这种后果，任何试图拖延的做法，都只会使最后的失业规模更大。

我们唯一的选择，是一种为每个人指派工作的指令性经济——不幸的是，这种结果并非不可能。虽然这种经济有可能避免彻底的停摆，但是在这种经济中，绝大多数工人的处境，肯定比他们在失业时期的处境还要糟得多。

要对这种灾难负责的，不是市场经济（或"资本主义制度"），而是我们自己错误的货币和财政政策。我们是在一个极大的规模上重复着过去造成繁荣和萧条一再循环出现的做法：让长期通货膨胀下的繁荣错误地把劳动力和其他资源引向就业，而只有让通货膨胀超出预期地发展，才能维持这些就业。过去，国际货币体系的机制在几年之后便会使这种通货膨胀停下来，而我们却竭力设计出了一种新体系，使这种通货膨胀延续了20年之久。

只要我们想维持这种状况，从长远看我们就会让事情变得更糟。我们只有放弃繁荣可以无限延长的幻想，立刻面对减缓痛苦并防止陷入螺旋性通货紧缩的任务，才能够阻止这种未必一定会出现的反动。它主要是这样一项任务，不是维持现有的职业，而是在为那些难免会失去现有职业的人创造新的（暂时的和长久的）职业上助一臂之力。

我们不能再指望避免这种必然性，以为对问题视而不见，就会使问题消失。由于人们被告知，政府总是能够制止失业，如果政府未能做到这一点，便很可能造成严重的社会骚动。如果真到了这种地步，我们大概也没有能力去阻止它了。

2

为了搞清楚造成我们的麻烦的原因，有必要了解一种理论的主要错误所在,在过去25年里这种理论一直指导着货币和财政政策,其基础是相信一切严重的失业皆源于总需求不足,因此可以通过增加这种需求而得到克服。

有些失业应当归咎于这个原因,增加总需求在大多数情况下,会导致一时的就业增加,因此人们很易于对此信以为真。然而,并非所有的失业都是总需求不足引起的,或者只要提高总需求它就会消失。更糟糕的是,不可能通过把需求维持在这个高水平上,而是要继续增加需求,才能维持最初因需求增加而产生的许多就业。

我们利用通货膨胀而暂时得以“克服”但长远看会使其更为严重的这种失业,其根源在于通货膨胀对资源流向的误导。这只能通过使工人从供应过剩的职业转向存在短缺的职业加以阻止。换言之,让各种类型的劳动力根据需求的变化不断进行调整,要有一个真正的劳动力市场,在这个市场上,不同类型的劳动力的工资,是由供需决定的。

没有一个有效的劳动力市场,就不可能存在有意义的成本核算和资源的有效利用。即使存在着相当强大的工会,只要它为过多的工资需求引起的任何失业承担起责任,这个市场就仍然是可以存在的。但是,只要政府许诺在任何工资水平上都维持充分就业,从而免除了工会的这项责任,这个劳动力市场也就随之消失了。

这恰恰也回答了有关工会在引起通货膨胀上的作用的混乱争吵。严格地说,根本就不存在成本推动的通货膨胀这种事:所有的通货膨胀都是由过度需求引起的。就此而言,弗里德曼教授旗下的“货币主义者”是完全正确的。可是工会能够强迫政府采取引起通货膨胀的凯恩斯主义充分就业政策来阻止由工会行为引起的失业。当然,如果人们相信政府会阻止因工资提高而引起的失业,那么对工资的巨大要求也就不会受到任何限制,雇主们当然也几乎没有理由去抵制这些要求。

甚至更没有理由怀疑弗里德曼教授的建议,他主张用物价指数作为对抗当前通货膨胀的手段。不必怀疑,在缓解通货膨胀对那些领取养老金和退休后靠积蓄度日的群体带来的伤害方面,物价指数确实能起到很大的作用。它甚至有可能克服因政府无法做到收大于支而造成的通货膨胀。

然而它却不太可能克服目前的通货膨胀,因为这种通货膨胀的原因是,人人都希望买到比市场上所存在的更多的东西,他们坚持应当得到足够多的钱,以使他们能够按当前的价格买到他们想要的东西。在这一点上,他们肯定会对因为他们的要求而引起的价格上涨而感到失望,只有当人们让自己满足于较低的真实购买力,不再去徒劳地长时间追求更高的收入时,才有可能打破这种恶性循环。然而,普遍采用物价指数会有碍于产生这样的效果。它甚至会使连续性通货膨胀变得不可避免。

不过,目前把我们向加速度通货膨胀驱赶的,主要还不是工资要求,尽管它是造成这种状况的机制之一。人们很久以前就该知道,货币工资的增加会自取灭亡。把我们进一步驱向这一危险道路的因素,很可能是政客们那种惊慌失措的反应,他们的每一次减缓通货膨胀的努力,都导致了失业的实质性上升。作为反应,他们很可能会恢复通货膨胀,但他们每一次都会发现,为了恢复就业,需要更大的通货膨胀,直到这剂药彻底失效。我们必须不惜任何代价避免这种过程。只有那些打算毁掉市场秩序,代之以极权主义制度的人,才会容忍这种事情。

如果我们想避免这种命运,首先要面对事实,使一般人明白,在我们犯下那些错误之后,我们已经没有能力维持不间断的充分就业了。任何经历过20世纪30年代的经济学家都不会怀疑,广泛而持续的失业,是能够毁掉一个国家的最严重的灾难之一。不过我们现在唯一能够希望的,是阻止它变得太广泛、太持久,并经历一个向一种状态过渡的不可避免的时期,在这种状态下,我们有望重新达到一个高水平的、稳定的就业的合理目标。

要想使合理的政策成为可能，公众必须明白，过去的政府无论有什么过失，在当前的情况下，政府已经没有能力同时维持充分就业和生产力尚可接受的经济组织了。

这需要政府有很大的勇气——以及人们几乎不敢指望的理解力——让人们明白目前的局势。我们极可能已接近对民主制度令人担忧的结果进行检验的关键时刻。它若想成功地摆脱这场危机，起码的要求之一就是，人们应当赶快放弃一种致命的幻想，以为存在着廉价而容易的手段，可以同时保证充分就业和真实工资不断地迅速增加。要想做到这一点，只有坚定不移地对一切资源的用途重新加以组织，使其适应变化着的现实条件。现在的货币手段正阻止着这种调整，只有运行正常的市场才能做到这一点。

二　通货膨胀、对劳动力的误导和失业[①]

1

在25年罕见的大繁荣时期之后，西方世界的经济处在了一个关键时刻。我希望这些年的经验就像人们所知道的20世纪30年代的"大萧条"一样，将以"大繁荣"的名称载入史册。当然，我们通过取消过去发挥作用的一切自控阀门，如金本位制和固定汇率，利用扩大信用，最后又利用开放性通货膨胀，成功地维持了充分就业甚至是过分就业，而这一成功的时间之长，已超出了我认为可能的限度。但是，不可避免的结局即使尚未降临，也已经近在咫尺了。

在这个问题上，我发现自己处在一个令人不快的位置上。40年

---

① 这一节是1975年2月8日在罗马"当今货币问题"国际会议上的演讲。

来我一直鼓吹，阻止萧条的时间是在繁荣期，而在繁荣期我的话谁也听不进去，时至今日，人们却又回过头来问我，如何才能避免我一直在不断发出警告的政策后果。我必须做证，西方工业国家的所有政府首脑都知道，他们做不到自己向人民做出的承诺，即他们既能阻止通货膨胀，也能维持充分就业。可是我甚至担心，像福特总统刚刚宣布的那些尝试，即通过新的通货膨胀努力延缓不可避免的危机，或许可收一时之成效，却会使最后的崩溃更加严重。

令人不安但又无法改变的事实是，几乎贯穿于战后整个时期的错误的货币和信用政策，把所有西方工业国家的经济带入了一种高度不稳定的状态，它使我们能够做的任何事情，都会引起令人不快的结果。我们只能在三种可能性之间做出选择：第一种，让加速度的开放性通货膨胀继续下去，直到它使全部经济活动彻底解体为止；第二种，管制工资和价格，这会暂时掩盖依然存在的通货膨胀的作用，但难免会导致集中管理和极权主义的经济体制；第三种，果断地终止增加货币数量，这很快会由于实质性失业的出现，使过去多年的通货膨胀所造成，又由另外两种措施推波助澜的对劳动力的误导全部暴露出来。

要想明白整个西方世界为何会让自己陷入这种可怕的困境，有必要对两次世界大战之间的发展稍加回顾，这些发展对于支配着战后政策的观点起着很大的决定性作用。我首先要提及一个不幸被人们忘记的教训。在奥地利和德国，严重通货膨胀的经历自然地使我们注意到货币数量的变化和就业水平变化之间的关系，它具体地向我们显示出，由通货膨胀创造出来的一时的就业，会随着通货膨胀的放慢而立刻消失，而通货膨胀的终止总是会造成伴随有实质性失业的所谓“稳定化危机”(stabilisation crisis)。正是由于对这种关系的认识，使我和我的一些同代人，从一开始就拒绝并反对凯恩斯爵士及其追随者宣扬的那种充分就业政策。

在我不再去回忆那次严重的通货膨胀之前，我还得提及一件事：我从一些教诲——主要来自我的老师、晚期的路德维希·冯·米塞斯——中学到的东西，即使不是更多，大概也丝毫不亚于我通过观察那次严重通货膨胀的事实而学到的东西。这些教诲使我明白了当时——尤其是在德国——为解释并论证增加货币数量的合理性而提出的论点愚蠢透顶。眼下我又在一些国家遇到了这些论点中的大多数，而当时这些国家似乎在经济上更为老练，它们的经济学家似乎也瞧不起德国经济学家的愚蠢。这些通货膨胀的辩护师，谁也无法提出或采纳有可能使通货膨胀停止的措施，最后做到这一点的，是一位相信一种严厉而原始的数量理论的人，他就是希亚玛尔·沙赫特(Hjamar Schacht)。[①]不过这都是些题外话了。

不过，近几十年里的政策，或其理论基础，源于一种英国在20世纪20年代和30年代的特殊经验。正如各位所知，在经历了第一次世界大战后在我们看来相当温和的通货膨胀之后，英国在1925年恢复了与过去等价的金本位。根据我的看法，这是一种十分机敏的做法，然而不幸的是，这种做法虽然诚意可嘉，却是没有道理的。这根本不是古典学说所要求的：李嘉图在1821年写给友人的信中说，他“绝不会建议政府恢复一种已经贬值30%的通货”[②]。

我经常问自己，在1925年之前的讨论中，如果有位英国经济学家想起并指出了这段李嘉图写在一封信里，很久以前便已出版的文字，世界经济史该会有多大的不同。

在这一事件中，1925年做出的不幸决定使一种长期的紧缩过程变得不可避免，如果这一过程一直持续到当时的货币工资大部分得到削减，它或许能够成功地维持住金本位。我相信，当英国在1931年的世界危机中把这种努力连同金本位——是这一事件终于使它

---

① 沙赫特，德国财政专家，第二次世界大战前曾任希特勒的国家银行行长和财政部长。——译注

② 1821年9月18日李嘉图致John Wheatley的信，收在*The Works of David Ricardo*, ed. Piero Sraffa, Cambridge University Press, 1952, Vol. Ⅸ, p. 73。

失去了信任——起放弃时,它几乎已经取得了成功。

正是在英国这个发生于1929年至1931年世界性经济危机之前的最广泛失业的时期,凯恩斯提出了他的基本思想。指出一点是重要的:这是在他的国家处在十分不寻常的,几乎是独一无二的形势下发生的。当时由于英镑的国际价值大受青睐,实际上使全体英国工人的真实工资与世界其他地方相比大幅上升,结果使英国的出口商很大程度上无法在世界市场上进行成功的竞争。因此,在那个时刻,为了让失业者就业,必然是或者压低所有工资,或者提高大多数商品的英镑价格。

在凯恩斯思想的发展过程中,可以区分出三个不同的阶段:他首先认识到,有必要降低真实工资,当得出了这在政治上不可能办到的结论后,他终于使自己确信,这样做不但徒劳,而且有害。1919年的凯恩斯尚能理解:

> 推翻社会的现有基础,最阴险、最可靠的办法莫过于败坏其货币。这一过程会使经济法则中所有隐蔽的力量参与到破坏的一方,以一种几乎谁也察觉不到的方式完成此事。[①]

在20世纪30年代他却变成了一个通货膨胀主义者,或至少是一个狂热的反通货紧缩主义者。不过我有可靠的理由相信,他不会同意他那些门徒在战后所做的事情,如果他没有那么快就去世,他也会成为对抗通货膨胀的领袖之一。

正是在英国货币史这段不幸插曲的过程中,他成了知识界的领袖,并使人们接受了那种可怕的思想:失业主要是因为相对于工资总额而言总需求的不足,要想使这种需要得到支付,就必须让所有

---

① *The Economic Consequences of the Peace*(1919), 收入*The Collected Writings of John Maynard Keynes*, Macmillan for the Royal Economic Society, 1971, Vol. Ⅱ, p. 149。

的工人在目前的工资水平上就业。这种揭示就业直接作用于总需求的公式,被证明十分有效,因为它似乎可以在一定程度上由量化的经验数据加以证实,而另一种我认为是正确的失业解释,却无法具有这种号召力。八个星期以前,我已把这种科学偏见造成的危险后果作为我在斯德哥尔摩诺贝尔演讲中的主题,此刻我只想简单地再谈几句。

我们在这里发现的是一种奇怪的现象:利用统计方法加以证明的理论,因为是唯一能够用统计方法加以检验的理论,于是成了相对而言最好的理论,然而它却是错误的,它得到广泛的接受,仅仅是因为那些过去被视为正确,而且我现在仍然视为正确的解释,由其性质所定,无法通过这种方式加以检验。

更早的在我看来也是更可信的对广泛失业的解释,是将这一现象归因于劳动力(和其他生产要素)在不同产业(和地区)中的分布与它们的产品需求的分布之间存在着差异。这种差异是由于相对价格和工资体系被扭曲而引起的,因此只能通过改变这些关系加以纠正,也就是说,通过建立起相对价格和工资,使经济中每一个部门的供需相等。

换言之,失业的原因是价格和工资偏离了它们通过自由市场和稳定的货币而形成的均衡状态。但是我们根本不可能知道,在什么样的相对价格和工资体系中这样的均衡才会自发建立起来。因此,我们无法测算现有价格对均衡状态的偏离程度,而这种偏离正是一部分劳动力的供应无法售出的原因。因此我们也无法揭示相对价格和失业数量之间的统计学关系。然而,许多原因尽管无法测算,其作用却可能十分明显。当前有关只有可测算因素才是重要因素的迷信,已使我们大大迷失了方向。

然而,比这些和科学方法有关,因而其理论对专业经济学家也会产生吸引力的流行偏见更为重要的事情,是它对政治家产生的诱惑。它不但为他们提供了一种消除真正痛苦的主要根源的廉价而快捷的方式,还向他们展示了这样的前景,他们可以摆脱阻碍着他们赢得民心的大多数束缚手脚的枷锁。大笔花钱和预算赤字似乎突然变成了美德,甚至有人振振有词地认为增加政府开支有益无害,因为它使过去未被利用的资源得到了利用,社会不会为此付出任何成本,只有净收益。

这些信念的具体结果是,有效阻止着货币当局增加货币数量的障碍逐渐被一一拆除。《布雷顿森林协定》竭力要把国际调整的责任完全推给那些有财政盈余的国家,即要求它们扩大开支,却不要求赤字国家紧缩开支,这已经为世界性通货膨胀奠定了基础。但是在这样做时,至少值得称赞的是,它还在努力维护固定汇率。当满脑子通货膨胀主义的多数经济学家的批评把这道阻止着国内通货膨胀的最后屏障也清除掉时,便再也不存在有效的制动装置了。

我相信,无可否认的是,对灵活汇率的要求完全是来自这样一些国家,它们的经济学家要在信用扩张(被称为充分就业政策)上享有更大的空间。不幸的是,他们后来也受到了另一些没有被通货膨胀要求打动的经济学家的支持。在我看来,这些人似乎忽略了支持固定汇率的最强有力的论据,即这种汇率是一条实际上无可替代的缰绳,我们需要用它来驱使政治家以及对政治家负责的货币当局维持稳定的通货。

维持货币价值和避免通货膨胀,在任何时候都要求政治家采取十分不得民心的措施,他若想对那些受到不利影响的人说明理由,只能表白自己是被迫所为。只要维持一国货币的对外价值仍被认为有着无可争辩的必要性,他就可以抵挡住那些不断出现的要求——更低廉的信用、避免提高利率以及更大的公共事业开支,等等。但是,当货币的对外价值下跌,或出现了黄金和外汇外流的信号,因此要求迅速做出反应时,它对内部价格水平所起的作用却过于迟缓——在此之前一般会出现受欢迎的就业增加的现象——以致人们来不及辨认,或使对此负有最终责任的人受到谴责。

因此,我十分理解像德国和瑞士这些国家打算对过分热衷于通货膨胀的国家加以约束的愿望,它们在明显地受到外来通货膨胀的困扰时,仍然长时间不愿意彻底废除固定汇率,似乎这样做便可以遏制另一些国家加速通货膨胀的趋势。当然,固定汇率制现在看来肯定已经崩溃,这些国家几乎没有任何希望通过让自己遵守纪律,引导另一些国家进行自我约束,在这种情况下,它们为何还要遵守一个已经失效的制度,已变得毫无道理可言。回顾历史,人们不禁会问,德国联邦银行或瑞士国家银行出于一种错误的愿望,等待的时间是否太长,后来提高本国货币价值的幅度是否太小。不过从长远观点看,我不相信没有固定汇率我们也能重新得到一个稳定的国际体系;固定汇率对各国中央银行形成强制,如果它们想抵制本国信奉通货膨胀主义的势力——通常也包括其财政部长——的压力,它们就需要这种强制。

2

但是,所有这些对通货膨胀的担心原因何在?难道我们不可以像一些南美洲国家那样,尝试着学会容忍它,特别是如一些人相信的那样,如果它是保障充分就业的必要代价?假如真是这样,如果通货膨胀造成的仅仅是许多人所强调的那种伤害,那么我们必须严肃考虑这种可能性。

然而回答是,首先,为了达到其目标,这种通货膨胀会不断加剧,而这种加速度的通货膨胀,迟早会达到让整个市场经济秩序失效的程度。其次,也是最重要的,从长远看,这种通货膨胀不可避免地会造成更多的失业,其结果甚至比它要阻止的情况更为严重。

时常有人提出这样的论点,通货膨胀不过是造成了对社会产品的再分配,而失业却使这些产品减少,因此是一种更大的罪恶。这种论点是错误的,因为通货膨胀已经变成了失业的原因。

我当然不想低估通货膨胀的另一些有害作用。它们比任何没有亲身经历过严重通货膨胀的人所能设想的还要坏——我记得自己就业后头八个月的经历，在这段时间里，我的薪水比最初的数目上涨了200倍之多。我当然相信，许多人能够忍受这种货币失控，仅仅是因为当通货膨胀仍在继续时，谁也没有时间或精力去组织一次民众起义。我只想说，每个公民都能体验到的这些后果，还不是通货膨胀最坏的后果。人们通常不理解这些后果，是因为只有当通货膨胀过去之后，它们才变得清晰可辨。对于那些喜欢指出南美洲国家的通货膨胀已延续了几代人之久，人们已学会了与它共处的人，必须向他们特别说明这一点。在这些以农业为主的国家，通货膨胀的严重后果主要限于我已提到的那些，工业国家因努力创造就业而引起的通货膨胀的主要后果，在那些条件下并不严重。

在这里我没有时间讨论这些国家——尤其是巴西——所做的一些努力，它们试图用某种物价指数的方法解决通货膨胀问题，这充其量只能治愈某些后果，但肯定无法消除通货膨胀的主因或最有害的后果。它们肯定无法阻止通货膨胀造成的最严重的破坏，即对劳动力的误导，我刚才已经提到这一后果，现在我必须更全面地谈谈它。

通货膨胀使某些职业有吸引力，但是当通货膨胀停止，甚至当它不再以足够快的速率加速度上升时，这些职业便会消失，其结果是：

（1）货币流量在不同部门和生产过程各阶段之间的适当分布发生了变化；

（2）人们对由它引起的进一步价格上升存在着预期。

为充分就业的货币政策辩护的人，常常把情况说成这样，仿佛单靠总需求的增长，就足以在虽不确定但必定是相当长的一段时间里保证充分就业。这种观点忽视了这一政策对工会的工资政策不可避免的影响。

一旦政府承担起在工会成功争取到的无论什么工资水平上维持充分就业的责任,这些工会便再无任何理由去考虑因为它们的工资要求而造成的失业。在这种情况下,每一次超过相关劳动力的生产率增长的工资增长,只要没有失业发生,就必然会造成总需求的增长。由此引起的工资上升运动必然产生的货币数量的增长,便成为一个连续性过程,其中增量货币会不断流出,这肯定会导致对不同商品和服务的需求之相对强度的变化。反过来又必然导致相对价格的变化,以及由此产生的生产方向和生产要素(包括劳动力)配置的变化。我这里无法解释为什么不同商品的价格——及其产量——对需求的变化会做出不同反应的其他原因。

我想说明的要点是,通货膨胀拖延的时间越久,那些依靠通货膨胀甚至经常是依靠不断加速的通货膨胀而就业的工人的数量就会越多。这并不是因为没有通货膨胀他们就找不到工作,而是因为通货膨胀把他们拖进了暂时吸引人的职业,只要通货膨胀放缓或停止,这些职业就会再次消失。

我们不应抱有幻想,以为我们可以躲过我们所犯错误的后果。为了保留那些因为通货膨胀而有利可图的具体职业而做出的任何努力,都会导致市场秩序的彻底毁灭。我们再一次错过了在我们仍然有能力阻止萧条时及时动手的机会。事实上,我们利用自己摆脱制度约束后重新获得的自由,不过是为了比过去更愚蠢地采取行动。

如果我们不可能避免实质性失业的再次出现,这并非“资本主义”或市场经济失败的结果,而完全是我们自己的错误的结果,如果借鉴过去的经验和现有的知识,这些错误本来是可以避免的。不幸十分现实的是,由我们引起的希望遭到破灭,有可能造成严重的社会骚动。可是这并不意味着我们能够避免这种结局。对政治家十分有吸引力的那种让灾难诞生之日一拖再拖的各种尝试有可能取得成功,这是现在最严重的危险所在,因为从长远看,这只会使事情变得更糟。我必须坦白，我曾一度希望不如让这种逃不掉的危机及早来临，我还希望任何想立刻再次启动货币扩张过程的尝试都不会取得成功，从而使我们被迫面对选择新政策的问题。

可是我要立刻强调一点。虽然我认为数月甚至一年以上的严重失业期是不可避免的，但这并不是说我们只能等待另一个与20世纪30年代的大萧条时期相似的漫长的大量失业期，即便我们不犯下恶劣的政策过失。通过某种机敏的政策，不再重复以往那些使大萧条长期持续的错误，就能够阻止这种发展。

在转向我们未来应当采取什么政策这个问题之前，我要特别反驳一下我已领教过的有关我的论点的一种错误看法。我绝不是在建议把失业作为对付通货膨胀的一种手段，但是当我们只能在或是很快出现失业，或因拖延而出现更大的失业之间做出选择时，面对这种局面，我不得不提出自己的建议。我最为担心的，是那些只关心下届选举的政治家抱有一种“aprés nous la déluge”（朕死后，管它洪水滔天！）的态度，他们很可能会选择后一种做法。不幸的是，有些专家，例如英国《经济学人》周刊的作者们，也以类似的方式进行了论证，并在货币数量的增加仍在活跃进行之时，已经在号召“通货再膨胀”(reflation)了。

目前首先必须做的事情，是终止货币数量的增加，或至少使它降低到生产的实际增长率的水平——这不可能很快发生。我看不出逐渐减速有什么好处，尽管从纯技术角度讲，这在一定程度上是必要的。

不过这并不意味着当通货紧缩真正出场时，我们不应当尽力去阻止它。我确实不认为通货紧缩是商业活动衰落的根本原因，但这种反应无疑会诱发通货紧缩过程——引起20多年前我称为“第二次紧缩”[①]的现象；它有可能起到更坏的作用，在20世纪30年代，它

① 我记得，在20世纪30年代伦敦经济学院的高级讲习班上，这种说法经常被人使用。

也确实起到了比最初做出反应时的必要作用更坏的作用，并且没有制约机制在发挥作用。

我必须承认，20年前我有着不同的观点，后来我才改变了自己的看法，但不是针对事件的理论解释，而是以某种具体方式清除经济系统功能障碍的实际可能性。

我那时确实相信，一个短暂的通货紧缩过程会打破货币工资的刚性，这就是经济学家们后来所说的“刚性下降”，或对某些特定货币工资下降的抵抗。我相信利用这种方式，我们可以重新让市场去决定相对价格。在我看来这依然是让市场机制有效运行不可缺少的条件。不过我已不再相信实践中可以用这种方式达到目的。大概我当时就该明白，1931年英国政府在就要大功告成之时，放弃了利用通货紧缩降低成本的努力，此后，最后的机会也就随之消失了。

如果今天由我来负责一国的货币政策，我肯定会利用一切适当的手段，竭力阻止真实的通货紧缩的危险，因为这是收入的绝对减少，并且我会公开宣布我打算这样做。大概只有这样才足以阻止衰退变成长期的萧条。不过，重新建立起运转正常的市场，也要求重新构造整个相对价格和工资体系，以及针对稳定价格期待做出新的调整，其前提是要有较之现在更大的灵活性。我无法预见我们有没有机会做到这一点，以及这需要花多长时间。

从更长远看，有一点是很明显的，一俟我们克服了眼前的困难，我们千万不能制定可由货币压力在短期内达到的就业最大化目标，再去利用那种看似廉价且容易的达到充分就业的办法。

凯恩斯主义的阴魂不停地纠缠了政治几十年，但它的美梦终于破灭了。但愿和通货膨胀政策结下不解之缘的“充分就业”这种说法本身，也会被人抛弃，或者我们至少应当记住在凯恩斯之前的古典经济学中它的含义所要达到的目的：约翰·穆勒在他的自传中回忆说，“高工资下的充分就业”在年轻时的他看来，是经济政策的首选之需。[1]我们现在必须清楚，我们绝对不能把可在短期内实现就业最大化当作目标，而是应当以——就像战后英国一本有关就业政策的白皮书中仍在说的那样——“稳定的高就业迹象”为目标。[2]但是要想做到这一点，我们只有重新建立起运转良好的市场，让价格和工资自由表现，从而保证每个部门的供需一致。虽然货币政策仍然要保留一项主要任务，即防止货币数量或收入总量的大幅波动，但是影响就业不能成为指导这种政策的主要考虑。必须重新把它的首要任务变成稳定币值，货币当局必须重新有效地抵制今天的一些政治压力，这种压力经常强迫它们采取一些政治上可收一时之利但长远看却有害的措施。

我希望自己也能有我的朋友弗里德曼教授的那种自信，他认为，为了阻止货币当局出于政治目的滥用自己的权力，可以通过限定其一年内可以（或必须）额外投入流通的货币数量，剥夺其全部任意行事的权力。在我看来，他之所以认为这种做法可行，是因为他出于统计学的考虑，习惯于在可视为货币的东西和不可视为货币的东西之间划出明确的界限，而这种界限事实上是不存在的。我相信，为了保证所有的准货币都可兑换为真实货币——这是避免严重的变现危机或金融恐慌所必需的——我们必须授予货币当局一定的自由处置权。但是我的确同意他的看法，即我们必须努力恢复调节货币数量的一定的自动机制。

我不像伦敦《泰晤士报》的主编那样乐观，不久前他在一篇感人的文章中[3]，如今又在一本书中，建议恢复金本位[4]，不过当我看到

---

① John S. Mill, *Autobiography and Other Writings*, ed. J. Stillinger, Boston, 1969.

② *Employment Policy*, Cmd 6527, HMSO, May 1944, Foreword.

③《纸币危机：英国恢复金本位的时刻已经来临了吗？》，《泰晤士报》，1974年5月1日。

④ William Rees-Mogg, *The Reigning Error: The Crisis of World Inflation*, London, 1974.

这种建议是来自一个极有影响力的地方,我确实有了更为乐观的情绪。我甚至乐于同意,在可行的货币体系中,国际金本位制是最好的,假如我们认为它是可行的话,也就是说,假如我能相信,如果把它重新建立起来,最重要的国家也会服从为维持其存在所必需的游戏规则。不过我认为这是极不可能的,单一国家不可能拥有有效的金本位,这种制度由其性质所决定,是一种国际体制,也只有作为一种国际体制才能发挥作用。然而,当作者李斯·摩格(William Rees-Mogg)先生在该书结尾处提出如下主张时,他已经向恢复理性的方向迈出了一大步:

> 我们应当把1944年白皮书中充分就业的许诺撕得粉碎,这是一场伟大的政治和经济革命。直到最近,这似乎还是一种很高的代价,而现在根本算不上是什么代价了。由于目前英国或世界的通货膨胀,维持充分就业的前景几乎或根本就不存在了。充分就业的标准成了实行通货膨胀的承诺,而现在通货膨胀的加速进行,早已超出了与充分就业相称的限度。①

同样令人鼓舞的是英国财政大臣的一席话。据报道,他说:"同一些保住了职业的幸运儿瓜分锅底而数百万人靠赈济度日的情况相比,更多的人有工作当然要好得多,即使这意味着较低的平均工资。"②

看来,在那个有害理论发源地的国家,舆论已开始悄悄转向。我们希望它会迅速传向全世界。

---

① William Rees-Mogg, *The Reigning Error: The Crisis of World Inflation*, London, 1974.

② 在西利兹郡劳工俱乐部的讲话,见《泰晤士报》,1975年1月11日。

三 对同一个问题的进一步思考①

在我看来，今天任何一个称职的经济学家，他的首要任务就是要不失时机地一再表明，当前的失业是过去25年来实行的充分就业政策直接而不可避免的后果。大多数人仍然错误地认为，增加总需求就会消除失业的原因。因此，认识到这种通常能够短期奏效的处方后来却造成了更多的失业，会阻止公众向实质性失业一旦上升即会出现的难以抗拒的压力屈服。

明白了这个基本事实，也就是承认了，让英国等西方国家在这个时期采纳了其建议的大多数经济学家，已经失信于人，他们应该对此做出深刻的反省。在近30年的时间里几乎不受怀疑的正统学说，已经威信扫地了。当前的经济危机也标志着经济学的权威性已大打折扣，或至少标志着支配舆论达一代人之久的凯恩斯主义时髦学说的气泡，在拖延良久之后，终于破灭了。我确信，在我们能够恢复合理的稳定性，更不用说恢复持久繁荣之前，我们必须驱除凯恩斯主义的梦魇。我这些话，与其说是指凯恩斯本人的思想——因为就像马克思(Karl Marx)一样，各位可以在凯恩斯那儿找到任何思想——不如说是指那些凯恩斯主义者的教诲，正如罗宾逊(Joan

---

① 以下文字仅仅是对我过去演讲的具体要点的概括说明。1975年的第二季度，我在美国向不同的听众发表过这些演讲。这些补充性说明的缩写本，也被加在原稿之中，和《李嘉图效应》《作为一个发现过程的竞争》，以及本文的第二节一起由经济事务研究所作为“临时论文第45号”重印，标题是*Full Employment at Any Price*？London, 1975。它也包括过去的讲话和一本小册子的一些段落。讲话曾发表在芝加哥第一国民银行于1975年5月发行的*First Chicago Report*，小册子是*A Discussion with Friedrich A. von Hayek*, American Enterprise Institute for Public Policy Research, Washington D. C., 1975。

Robinson)教授最近告诉我们的,他们“经常会在让梅纳德[1]明白凯恩斯革命的要点上遇到麻烦”[2]。

凯恩斯主义经济学征服了舆论,主要是因为这样一个事实:它的论证与年代久远的小店主意识颇为吻合,即他的生意兴隆,全看消费者对他的货物有所需求。从这种个人的生意经验中得出的貌似有理的错误结论,即普遍繁荣能够通过保持高需求而得到维持,数代人以来一直受到经济学的驳斥,却因为凯恩斯而突然重新走红。自20世纪30年代以来,在他这个学派的教诲下长大的整整一代经济学家,都把这作为很有意义的观点加以信奉。结果是25年来我们一直在系统地采取一切可能的手段去增加货币支出,从短期看这会创造额外的就业,同时导致了对劳动力的误导,其最终结果必然是他们的失业。

通货膨胀和失业之间的基本关系被搞得模糊难辨,其原因是,尽管一般而言普遍需求不足(不包括实际的通货紧缩时期,即货币数量下降)并不是失业的主因,但失业本身却可以成为总需求绝对收缩的原因,这反过来又会造成失业的进一步增加,从而导致一种失业又引起失业的累积性紧缩过程。由诱导性通货紧缩引起的这种“二次萧条”,当然可以通过适当的货币对策加以阻止。经常有人指责我说,我把商业循环中的通货紧缩当作治疗过程的一部分,但是我并不认为那是我的观点。我曾一度主张的观点是,要想打破所有实际工资不断加剧的刚性——它当然已经成为通货膨胀的主因之一——通货紧缩可能是必要的。我不再认为这是一种政治上可行的方法,我们必须找出另外的手段恢复工资结构的灵活性,而不是采用目前这种除了相对于他人而言工资必然下降的人之外,提高

---

① 指凯恩斯,他的全名是“约翰·梅纳德·凯恩斯”。——译注

② Joan Robinson, “What has become of the Keynesian Revolution”, in Milo Keynes (ed.), *Essays on John Maynard Keynes*, Cambridge, 1975, p. 125。另见本文最后的说明。

所有工资的方式。我甚至也不怀疑,在大多数情况下,能够通过增加货币支出使就业暂时上升。如果是在一个十分典型的时刻,我甚至同意从政治上说这也是必要的,无论从长远看它会给经济造成什么损害。

我相信,这个时刻就是20世纪30年代的德国,当时大萧条正变得十分严重,一个政治委员会——布劳恩委员会——建议用通货再膨胀(虽然那时这个词还没有发明出来),即利用信用的迅速扩张去对付它。该委员会的成员之一,事实上也是报告的主要作者,是我的朋友罗普克教授。我认为在当时的环境下那一建议是错误的,并写了一篇文章批评它。我没有把文章寄给杂志,而是把它给了罗普克教授,我在前面附的一封信中作了如下说明:

> 撇开政治上的考虑,我认为您不应当——至少现在不应当——着手扩大信用。不过,假如政治形势已如此严重,持续的失业会导致一场政治革命,那就请您不要发表我的文章。对于政治上的考虑,我在德国之外无从判断其优劣,您却是有能力做出这种判断的。

罗普克教授的反应是没有发表这篇文章,因为他相信,当时不断增加的失业已如此严重,他必须冒这个险,即让更严重的通货膨胀引起进一步的误导,希望以此拖延危机。在那个特定的时刻,他似乎认为这在政治上是必要的,于是我撤回了自己的文章。

让我们再回到阻止可能因危机而诱发的通货紧缩所引起的、我称之为二次萧条这个问题上来。显然应当阻止这种有害无益的通货紧缩,然而不太容易搞清楚的是,在不对劳动力造成进一步误导的情况下,如何才能做到这一点。一般而言如下说法大概不会有错:取得均衡最有效的方法是,为阻止消费需求的实质性下降,可在相对较低的工资水平上通过公共事业提供就业,使工人希望尽快转向报酬更好的职业，而不是直接刺激具体的投资或类似的公共开支，因为这会把劳动力引向他们以为是永久性的职业，因为一旦开支耗尽，这种职业肯定也会消失。

不过就目前而言，我们的问题并不是阻止这种通货紧缩，主张通货再膨胀的呼声，实际上是出现在一个货币数量的增加到处都在活跃进行的时刻。因此，我们的首要任务仍然是，阻止那种用重新启动通货膨胀造成误导劳动力的方式来对付不可避免的失业的尝试，这只会加重误导，因此从长远看只能让事情变得更糟。

简短的解释无法正确说明另一个重要方面的事实的复杂性。解释当前的局势还有一个特殊困难。对于过去的商业周期中劳动力的误导和生产结构的扭曲，很容易指出过度扩张是发生在什么地方，因为大体上它只局限于资本商品的企业。全部问题都是因为出于投资目的的信用的过度扩张，因此能够将制造资本的企业视为过度扩张的企业。

相反，部分地由于银行信用扩张、部分地由于预算赤字而引起的当前的货币扩张，却是一种有意制定的政策的结果，这种政策以不同的渠道加以贯彻。额外开支分布极广。在前面的例子中，我可以毫不困难地指出过度扩张的具体例证，而现在如果有人问我这个问题，我会感到多少有些困惑，因为我必须去了解一个具体国家的具体情况，这些增量货币首先流到了什么地方等。我还必须追踪反映着这些货币流动的价格变动过程。因此，对这个问题我无法做出一般性的回答。

我并不怀疑，从某种意义上说，我们今天面对着彼此相同的现象，但是过度扩张，受雇于特定职业的劳动力的不正常增长，并不限于某个有明确界限的部门，譬如资本商品的企业。目前它的扩散范围甚广，也很难对其分布做出描述。我希望那些通晓统计学的经济学家，能够研究一下这个领域，以便说明这个过程在各国的具体表现。至于这种研究能否找出过度扩张最为严重的地方，我没有一点把握。只有让市场自由地运行,工人才能找到持久的岗位,才不会把工人安排错了岗位,结果又让他失去岗位。

我们肯定期待着工业投资的再次活跃带来的复兴。不过,当再次达到了相当的稳定性和高水平就业的状态时,我们需要的是那种有利可图并且能够持续下去的投资。无论是补贴投资还是人为降低利率,都不太可能达到这种状态。而通过刺激消费需求引起的投资,是最不可取(不稳定的)的一种投资。

为了使新的投资有利可图,就必须增加消费需求,这种信念是特别受商人欢迎的一种同样广泛的幻想的一部分。它的正确性只限于那些打算利用过去已被采用的同样技术以增加产出的投资,而不是为既定的劳动力配备更多的资本,因而是唯一能够增加工人之人均生产率的那种投资。相对较低的产品(消费商品)价格(为此必须节省劳动力成本),鼓励着这种资本利用的密集化,反之则否。这是被凯恩斯主义经济学完全忽视了的工资和投资的基本关系之一。

我不但认为通过推动货币需求我们就可以维持充分就业的信念是完全错误的,而且我也相信,一旦这种信念在公众中得势,会使得在这个问题上有一定自决权的政府根本不可能采用合理的政策。当前的讨论未能说明的是,政府和货币当局远远不具备它们能够以自己认为从长远看既明智又恰当的方式采取行动的自由。它们的问题主要是找出某种理由抵制永远摆在面前的提供更多廉价货币的要求。这已成为我们的文明几个世纪以来的传统。我们利用某些制度扼制了这种传统,或许它们不是特别有效或特别明智,却对政府构成一定的限制,如果有人请求政府印制更多的货币以使更多的人就业,政府可以求助于这些制度。中央银行和财政部长可以这样说:“我们不能这样做,因为这会使我们脱离金本位,或这会降低我们的汇率。”

政府能够求助于这些制度化的限制,才使它至少不至于过大地偏离合理的路线。当然,这算不上理想的政策,也不是政府在能够按它认为明智的方式自由行事时应当采用的对策,但是在现有的政治架构内,这可以算是最好的方式。我们这个时代许多最聪明的经济学家,包括我的大多数朋友在内,都为破坏金本位和固定汇率体制尽了一分力量。他们组建了“布雷顿森林体系”之类的制度,使调整国际平衡的全部责任落在债务国一方,而债权国却一身释然。甚至当我们已经陷入严重的通货膨胀时,还有人在关心如何提供充分的国际流动性。终于,最后的限制也被取消了,我们失去了固定汇率制,留下的是一个灵活的等价兑换制度。

固定汇率的重要性在于,它迫使货币当局服从一种非常有必要的纪律。我强烈反对灵活汇率这种要求的根据是,它为信用扩张打开了方便之门,而在盎格鲁－撒克逊国家,引导着这种要求的,也是这种根据。有些国家,为了保护自己免受别国通货膨胀蔓延到国内之害,最后不得已放弃了固定汇率,这当然是另一回事。德国和瑞士在长时间的甚至是过于长时间的犹豫不决之后,终于断定,如果固定汇率已不再能够有效地约束信用的过度扩张,那么它们至少不应当在固定汇率的逼迫下参与国际性通货膨胀,因此它们也采用了灵活汇率,它们这样做大概没有什么不对。我无从知道德国中央银行或瑞士国家银行在想些什么,不过它们在很长一段时间内的主导思想是,更为重要的是遏止西方国家的通货膨胀趋势,而不是排除这些政策对它们本国的影响。德国人最后——甚至为时已晚——才不得不面对这样的事实:既然对别国的约束已经失效,既然固定汇率不再有助于主要的目标,他们最好还是采用浮动汇率以抵御通货膨胀。

我相信,从这个意义上说,作为经济学家的我们,应当更多地想一想对货币政策形成限制,并为政府提供一道抵制政治压力的屏障的那些制度的政治含义,而不是去构想可以实施的既理想又正确的政策。中央银行和财政部长根本没有能力采取经济学家所谓的聪明的政策。他们总是不得不在政治压力下行动,我们有望做到的,仅仅是尽可能保护他们抵制这种政治压力。

认为近几年来我们在西方世界所经历的这种普遍的价格上涨，应完全归咎于货币数量的过度增长，因此政府的货币政策要对此负全部责任，这种主张今天通常被称为“货币主义”立场。在我看来，就一般形式而言，这一主张是难以驳倒的，尽管同样真实的是，使政府采取这种政策的，主要是工会和其他类似的垄断组织（如石油卡特尔）的活动。不过从狭义上说，“货币主义者”这一称呼，今天经常被用来指那些鼓吹一种机械论的货币价值数量理论的人，而在我看来，这种理论过分简化了理论关系。

我对这种理论主要的反对意见是，作为一种所谓的“宏观理论”，它仅仅关注货币数量的变化对普遍价格水平的作用，却不关心它对相对价格结构的作用。因此，它倾向于无视通货膨胀造成的那些在我看来最为有害的结果：它对资源形成误导，并最终会造成失业。

不过，出于最实用的目的，我还是把这种简化了形式的数量理论视为一个大有帮助的指南。我也同意，我们不应当忘记过去严重的通货膨胀，尤其是20世纪20年代初和40年代末发生在德国的通货膨胀，正是被遵循这种略嫌粗糙的数量理论采取行动的人所终止的。这种对事情过分简单的解释，虽然在我看来不适于说明货币数量变化带来的恶果，但是我在45年前试图修补这些缺陷时就曾强调，我们所能遇到的最糟糕的事情，莫过于公众不再相信这种数量理论［当时主要由经济学家费希尔(Irving Fisher)和卡塞尔(Gustav Cassel)加以阐述］中的基本主张。[①]然而由于凯恩斯爵士的势力四处蔓延，恰恰就发生了这种事情。他的目的是要克服20世纪30年代的大萧条，而传统观点已经成了达到这一目的的障碍。

---

① *Prices and Production*, 1931, p. 30。庞巴维克喜欢称之为“数量理论之坚不可摧的核心真理”。

早在200年前,当里夏尔·坎特龙驳斥洛克类似的机械论的数量理论时,他就指出过传统的数量理论所包含的缺陷:

> 他很明白,货币的丰足使一切都变得更贵,他却没有分析出现这种情况的原因。这种分析的严重困难,在于发现货币的增加以什么途径、在多大程度上提高了物价。[①]

坎特龙的这一分析(和休谟的类似努力),是为了找出增量货币使不同商品和服务的相对需求发生变化的线索,做出的最早尝试。它导致了对资源,尤其是对劳动力的误导如何引起通货膨胀的解释——一旦通货膨胀的速度放慢,甚至仅仅是停止加速增长,因它的引导而就业的劳动力,就会变得"过剩"。然而,这一大有前途的思想流派,却被凯恩斯主义流派窒息了,它让经济学家倒退到了早就被超越了的知识水平,为错误的政府政策重新敞开了大门,而对于这种政策,我们的祖父母也会感到羞愧。

目前的通货膨胀,是政府根据经济学家的劝告而有意造成的。早在1957年,英国工党就按照这一路线制订了计划,虽然它有点失控。因为只要你一开始玩这种游戏,就总是会出现这样的情况:在它的"国民养老基金"计划中,谈到了未来的价格波动问题,估计从1960年到1980年价格会翻一番[②]——当时这是个令人不安的前景,而现在早已被大大超过了。很久以前,在1948年,一本很有影响的

---

① Richard Cantillon, *An Essay on the Nature of Commerce in General*, ed. Henry Higgs, London, 1931, Part Ⅰ, Chapter 6.

② *National Superannuation. Labour's Policy for Security in Old Age*, published by the Labour Party, London, 1957, p. 104 and 109。

教科书可以断言[①]，价格每年上涨5%是无害的（如果真出现了这种情况，现在的价格将四倍于那时）。这些经济学家所忽视的是，他们所赞同的目标，需要一种加速度的通货膨胀，而任何加速度的通货膨胀迟早会变得不堪承受。速率稳定的通货膨胀，通过日常的商业交往很快就会被预见到，这对于接受固定合同收入的人而言有百害而无一利。

近年来的讨论因为错误地使用“通货膨胀”一词，引起了许多混乱。这个词本来的正确含义是指货币数量的过度增加，通常这会导致价格上涨。然而，即使是价格的普遍上涨，例如，因农业歉收造成食品短缺而引起的价格上涨，未必是一种通货膨胀。石油和其他能源引起的造成消费减少的价格上涨，假如这种短缺没有进一步引起货币数量的增加，那么恰当地说也不能算是一种通货膨胀。有些相当严重的通货膨胀，如果对它的作用进行管制，因而没有出现价格上涨，却会严重地干扰市场机制。当然，如果还有比开放性通货膨胀更坏的事情，那就是德国人所说的“受抑制的通货膨胀”——为了克服通货膨胀而实行价格管制，只会让事情变得更糟，因为它甚至会比开放性通货膨胀更严重地破坏一切经济活动。这不会带来任何有益的结果，甚至从短期看也是如此（除了那些得到了增量货币的人），并且会直接导致集中管制的经济。

最后我要再说一遍，通货膨胀当然还有其他不少恶果，它们比未曾经历过的大多数人所能想到的更令人痛苦；但是最严重，同时最未被人理解的恶果是，从长远看，它不可避免地会造成广泛的失业。事情并不像一些经济学家所说的那样，只要存在着失业，则增加需求总量总是有益无害。短期看或许如此，但长期看肯定不是如此。对于我们来说，并不存在通货膨胀和失业之间的选择。这就像

---

① Paul A. Samuelson, *Economics: An Introductory Analysis*, New York, 1948, p. 282: “如果能够把价格的增长控制在——譬如说——5%以下，对这种温和而稳定的通货膨胀就不必过于介意。”

暴饮暴食会造成消化不良一样：暴饮暴食或许十分痛快，但随之而来的肯定是消化不良。

四　选择通货：终止通货膨胀的一条途径[①]

1

我们目前货币问题的主要根源，当然是因为凯恩斯爵士及其弟子为一种年代久远的迷信披上了一件科学权威的外衣，即通过增加货币支出的总量，我们可以持久地保持繁荣和充分就业。在凯恩斯之前至少有200年的时间，经济学家在破除这种迷信上已经取得了一定成功（见文末所附的说明）。这种迷信支配着大多数早期的历史。当然，这段历史基本上也是一段通货膨胀的历史。有意义的是，只有在繁荣的近代产业体系兴起的时代，在受到金本位统治的大约200年里（英国是从1714年前后到1914年，美国则是从1749年前后到1939年），这个时期结束时的价格，大体上和最初的价格一样。在这个独特的货币稳定时期，金本位迫使货币当局遵守纪律，阻止它们不像所有其他时代那样滥用自己的权力。世界其他地区的经验似乎也没有多大不同：我听人说过，早在欧洲人还没有发明纸币之前，中国的法律就已在任何时候都竭力禁止这种货币了（当然是无效的）。

正是约翰·梅纳德·凯恩斯，一位头脑伟大但经济学知识有限的人，终于使他公开表示赞同的那些被长期封存的幻想成功地得到了复兴。他竭力用一系列新理论去证明那个看似令人信服的、符合

---

① 这一节的底稿是哈耶克1975年9月25日在洛桑召开的“日内瓦黄金和货币大会”上一篇题为《国际货币》的讲话，1976年由伦敦经济事务研究所以此为题印成一本小册子。

直觉的信念;过去许多实干家也持有这种看法,它却经不住价格机制的严格分析:正像不可能存在一切劳动力类型的统一价格一样,劳动力的供需平衡也是不可能通过控制总需求做到的。就业指数取决于经济中每个部门供需的一致性,从而也取决于工资结构和各部门之间的需求分布。因此,从长期看,凯恩斯主义的药方非但治不好失业,反而会使其更为恶化。

希望有个杰出的公众人物和卓越的雄辩家提供一种方便快捷的办法,一劳永逸地克服失业,这种要求一直支配着公众舆论,而且在他去世之后还在支配着专业舆论。希克斯先生曾建议我们把20世纪的第三个25年称为凯恩斯时代,把第二个25年称为希特勒时代。[①]我并不以为凯恩斯所造成的伤害真的如此之大,以至于使这种说法能够成立。不过有一点倒是真的,只要他那些处方还在被人采用,它们就仍然会作为一种人们无力反抗的正统发挥作用。

我常常责备自己,在花费了大量时间和精力批评凯恩斯理论结构的最初版本之后,我却放弃了同他的斗争。在我的批评文章的第二部分发表之后,他告诉我他已经改变了想法,不再相信自己在1930年的《货币论》中所说的话了(他对自己多少有些不公正,因为我相信《货币论》的第二卷包含着一些他所做出的最好的成就)。无论如何,我当时感到再拾起那项任务已没有什么用处,因为他似乎很可能再次改变自己的观点。当新的版本——1936年的《通论》——征服了大多数专业界的意见时,当我十分敬重的一些同行甚至也支持凯恩斯主义的《布雷顿森林协定》时,我便基本上退出了论战,因为在几乎是众口一词的正统派军团面前申述自己的异见,只会使我无法倾听当时我更为关心的一些事情。(不过我相信,就某些最出色的英国经济学家而言,他们支持《布雷顿森林协定》,更多的是出于一种爱国主义——希望这会对英国克服战后的困难有一定好处,而

---

① John Hicks, *The Crisis in Keynesian Economics*, Oxford, 1974, p. 1.

不是因为他们相信它能够提供一种令人满意的国际货币秩序。)

2

36年前我曾就关键分歧写道:

> 大概可以指出,当然从来没有人否认利用扩张货币的手段能够迅速增加就业,在最短的时间内达到“充分就业”状态——至少那些经历过严重通货膨胀的经济学家,不会否认这一点。必须予以说明的仅仅是,利用这种方式达到的充分就业,有着内在的不稳定性,利用这种手段创造就业,等于是让经济波动永无止境。或许出现过某种令人绝望的情况,必须不惜任何代价增加就业,即使这只有短期作用——大概布吕宁博士在1932年的德国所面对的就是这种有理由孤注一掷的情况。然而经济学家不应掩盖一个事实:利用货币政策能够在短期内使就业最大化的目标,从本质上说是一种亡命徒式的政策,只有这种人才会在短暂的喘息中毫无损失地得到一切。①

有些政治家不断有意误解我的观点,把我说得像个让保守党陷入危境的妖怪,为了对他们做出回应,现在我还要补充上我经常加以强调的,九个月前我又在斯德哥尔摩的诺贝尔纪念奖演说中说过的话:

> 事实是,错误的理论观点已把我们引向一种危险的境地,使我们无法阻止结构性失业的一再出现;其原因不在于——

---

① F. A. Hayek, *Profits, Interest and Investment*, London, 1939, p. 63n.

像这种观点时常胡说的那样——这种失业是为了打败通货膨胀而有意造成的，而是因为它现在注定会发生，加速度的通货膨胀一旦停止，过去的错误政策必然会导致这种令人深感遗憾但又无可避免的后果。[①]

这种“充分就业政策”造成的失业是一个复杂的过程。从本质上说，它是由暂时改变需求分布，把失业者和已就业者一起引向那些一旦通货膨胀结束便会消失的职业而引起的。在1914年以前周期性地一再出现的危机中，前一个繁荣期的信用扩张大大帮助了产业融资，过度发展和由此产生的失业，主要出现在提供资本的产业。但是在过去几十年被策动起来的通货膨胀，问题则要复杂得多。

在严重通货膨胀时期会发生什么事情，可以由我在维也纳的同龄人都能证实的一项20世纪20年代初的观察加以说明：在这座城市里，许多著名的咖啡店被一些新的银行赶出了最好的街角，但是在“危机稳定”之后它们又回来了，因为那时银行或是负债累累，或是倒闭，数千名银行职员进入了失业者的行列。

近几年的经验已使支撑充分就业政策的整个理论信誉扫地。因此，经济学家们也开始从这种理论中看出了他们早就应当明白的缺陷。然而我担心它还会给我们造成许多麻烦：它为我们留下了一代失落的经济学家，因为他们没有学到别的知识。我们的主要问题之一是保护我们的货币，抵制那些还会继续提供速效疗法的经济学家，因为这种办法的一时之效，会继续使它有把握受到人们的欢迎。它还会存在于那些自信掌握着灵丹妙药的盲目教条主义者之中。

因此，尽管再也无法否认凯恩斯主义的教条已迅速失去了知识界的尊重，它却依然对制定合理的货币政策的机会构成严重的威胁。人们至今仍未充分认识到，尤其是在它的发源地英国，它已造

---

① 参见本书《知识的僭妄》一文。

成了多么难以弥补的伤害。曾经引导着英国货币政策的财政责任意识,很快就消失了。在短短几年的时间里,英国就从值得世界各国效仿的楷模,变成了让人警惕的例子。最近我家里发生的一件偶然的小事,即可说明这个恶化的过程。我在自己书桌的一个抽屉里发现了一枚标有1863年字样的英国便士钱币,那是12年前的一枚10便士硬币,也就是说,它已有100年的历史,是我从伦敦一辆公共汽车的驾驶员那里找零得到的。我把它带回德国向我的学生说明长期的货币稳定的含义。我相信他们一定会留下很深的印象。但是,如果我现在把英国作为一个货币稳定的例子,他们一定会当面嘲笑我。

3

大概明智的人应当可以预见到,在英国银行实行国有化不到30年之后,英镑的购买力会降到不及原来的四分之一。就像任何地方迟早都会发生的情况一样,这再一次证明了政府控制货币数量的致命后果。我不想怀疑,一个十分明智而又完全独立的国家或国际货币当局,可以比金本位或任何其他独立体系有更出色的表现。但是我看不到一丝希望,受着政治压力的政府或任何机构有能力以这样的方式工作。

在这一点上我绝对不抱多少幻想,不过我必须承认,在漫长的一生中,我对政府的看法越来越糟:它们越是想采取明智的行动(而不是简单地遵守现成的规则),它们造成的危害就越多——因为它们一旦想达到某个特定的目标(而不是仅仅维持一个自我调整的自发秩序),它们就越是难以避免服务于局部的利益。一切有组织的团体的要求,几乎全是有害的,除非它们是在反对那种为了另一些团体的利益而给自己施加的限制。我并不怀疑这样的事实,至少在某些国家,负责各种事务的文官大都是些十分聪明、善良和诚实的人。

问题在于，如果政府仍在现行政治制度下掌权，它们就别无选择，只能利用自己的权力服务于特殊团体的利益，而强大的利益团体总是想获得额外的货币用于额外的开支。通货膨胀一般而言无论多么有害，总有些有实力的团体，包括有集体主义倾向的政府首先要从中寻求支持的那些团体，会在短期内从中大有收获——即使那不过是一时避开了收入的损失，因为人的本性使他们相信，这损失是暂时的，只要他们能够平安度过危机时刻。

想得到更多更便宜的货币这种愿望，是货币当局绝对没有能力加以抵制的一种力量，除非它们处在一个可靠的位置上，面对使它们不可能去迎合这种要求的绝对障碍。当这些利益团体能够求助于一个日益模糊难辨的圣人梅纳德的形象时，这种力量会变得更加不可抗拒。当务之急就是建立起新的屏障，以抵御大众化的凯恩斯主义的突然袭击，也就是说，要恢复那些在他的理论影响下遭到系统破坏的限制。金本位、平衡预算、赤字国家必须紧缩通货以及限制“国际流动性”，这些事情的主要作用，就是可以使货币当局不再屈从于增加货币的要求。正是由于这个原因，所有这些防止通货膨胀的保障机制，这些可以使代议制政府对强大的压力集团增加货币的要求加以抵制的保障机制，在一些经济学家的煽动下被一一清除。他们认为，如果把政府从死板规定的牢笼中解放出来，它们就能够更聪明地为普遍利益采取行动。

我不相信我们现在可以通过建立某种新的国际货币制度克服这种局势，无论它是个新的国际货币当局或机构，还是采用了特定机制或政策体系——譬如经典的金本位制——的一纸国际协定。我相当自信，现在通过国际协定重新确立金本位的任何尝试，都会很快归于失败，它只会使国际金本位的理想更长久地失信于人。只要广大公众不相信为了维持合理的稳定，必须采取一些会立刻引起痛苦的措施，我们就不能指望任何有权决定货币数量的当局会长期抵制更便宜货币的要求或诱惑。

根据一条典型的凯恩斯主义公式——从长远看我们都会下台——行事的政客们，不会在乎他在治理失业上的成功注定会在未来造成更多的失业。受到指责的政客，不会是那些造成通货膨胀的人，而是那些终止通货膨胀的人。这是民主制度所设下的最可怕的陷阱，在这种制度下，政府必须根据人民认为正确的信念采取行动。现在，我们稳定货币的唯一希望，就是找出一种使货币免受政治影响的方式。

实际上，除了200年的金本位时代这个唯一的例外，历史上所有的政府，为了压榨和掠夺人民，都曾利用自己的垄断权发行货币。只要人民除了利用政府为他们提供的货币之外别无选择，我们就没有更多的理由期待着政府会变得更值得信赖。人们以为现行政府体制是受多数意见的支配，实际情况却是，任何有一定规模的团体，都可以拿撤回选票——这是政府为维持多数支持所必需的——相要挟，为政府制造出某种“政治上的必要性”。对于这种制度，我们不能授予它危险的工具。值得庆幸的是，我希望我们现在还不必担心政府会发动一场战争以取悦于某个不可缺少的支持团体。但货币确实是个过于危险的工具，因此不能任凭政客——或许还有经济学家——将它作为一时的权宜之计加以利用。

十分危险因而必须予以废止的，不是政府发行货币的权力，而是从事这项工作的垄断权，以及它们强迫人民使用这种货币并接受其特定价值的权力。政府的这种垄断权，就像邮政垄断一样，并不是源自它保障了人民的任何利益，而是纯粹出于政府实施强制性权力的欲望。我怀疑这种做法除了对统治者及其宠爱者有利外，还有其他别的好处。全部历史都同这样的想法相反：政府所给予我们的货币，比它没有要求垄断发行权的情况下我们所拥有的货币更为安全。

4

但是，我们为何不让人民自由地选择他们所使用的货币呢？我所说的“人民”,是指那些有权决定自己是否买卖法郎、英镑、美元、德国马克或黄金的个人。我并不反对政府发行货币,但是我相信,它要求垄断权,或要求对那些有可能在其领土上引起紧缩的货币进行限制的权力,或决定货币汇率的权力,是一种完全有害的权力。

此时此刻,我们能够指望政府做到的最好的事情,就是欧洲经济共同体的全体成员国,或最好是大西洋共同体内的所有政府,都能相互自我约束,不要对在它们领土上自由使用彼此的货币——或任何其他货币——施加限制,这也包括以任何双方确定的价格达成的货币交易,或利用它们作为结算单位。在我看来,这种做法,而不是那种空想主义的欧洲货币单位,是目前的一个既可行又可取的目标。要想使这一方案生效,允许一国银行可以在任何其他国家设立分行是很重要的,其理由我下面还会谈到。

对于那些在“法币”概念的影响下长大的人,这项建议乍看上去显得很荒谬。由法律指定一种货币作为合法货币,难道不是最基本的事情吗?但是,只有在一定条件下,这种说法才是正确的:如果是政府在发行货币,那么它也必须说明,在清偿由这种货币引起的债务时,必须接受什么条件。还必须规定,对于一些非契约性的法律义务,譬如纳税及因伤害和民事侵权而产生的债务,以什么方式支付。但是,人们为何不应当自由地制定各种契约,包括用他们所选择的任何货币进行日常买卖,或他们为何不能同任何特定货币兑换,这实在没有什么道理好讲。

防止政府滥用货币最有效的方法,莫过于让人们可以自由地拒绝他们不信任的货币,选择他们抱有信心的货币。要想引导政府保持其货币的稳定,莫过于让它认识到,只要它保持货币的供应低于需求,需求就倾向于增长。因此,我们应当剥夺政府(或其货币当局)保护其货币免受竞争的一切权力:如果它无法继续掩盖自己的货币贬值的事实,它就必须限制货币的发行。

可能许多读者的第一反应是提出这样的问题:这种制度会不会

也遵循“劣币驱逐良币”这一古老的定律。然而，这是对所谓的“格雷欣定律”的误解。它当然是对货币机制做出的最古老的洞察，它是这样古老，甚至2400年前阿里斯托芬(Aristophanes)就在他的一部喜剧中说，它对政客和钱币同样适用，因为两者都是正不压邪。[①]但是，即使到了今天显然仍未得到普遍理解的一个真理是，只有当必须按规定的汇率接受两种货币时，格雷欣定律才起作用。如果人们可以自由地以他们相互同意的汇率交换任何货币，情况会恰恰相反。在大通货膨胀时期，可以屡屡看到这样的情况，即使政府示以最为严厉的惩罚，也无法阻止人们使用其他种类的货币，甚至包括香烟和白兰地之类的商品，而不是政府的货币，这清楚地表明是良币在驱逐劣币。[②]

仅仅让货币成为法币是不够的，一旦它出现明显的贬值，人们很快就会拒绝使用本国货币。他们会使用他们所信任的货币来处理自己的生意。雇主们尤其会认识到，为了他们自身的利益，他们根据集体协议所提供的工资，不应当是根据对价格上涨的预测而制定的工资，而应当是用他们所信任的能够作为合理核算依据的货币支付的工资。这会使政府失去用过多地提高工资做出反应的能力，以及因为其货币贬值而引起失业。这也会阻止雇主同意接受这种工资，不至于让他们生出这样的念头：如果他们同意支付超出能力所及的工资，他们可以期待国家的货币当局帮助他们摆脱困境。

对于那些既不懂如何对待也不知如何获得自己不熟悉的货币

---

① 阿里斯托芬的《蛙》，p.891–898：“我们常常想到，在择人做官和选择货币给众人使用上，存在着相似的荒谬表现。我们那些古老而正确的条律，无论在希腊各国还是在世界各地，都受到尊重和称赞，并且久经考验，因其信誉和验证而在各个领域得到承认，如今却被弃之如敝屣。”大约也是在这个时候，哲学家迪奥格内斯也称货币是“立法者的掷骰子游戏”。

② 在第一次世界大战后德国的大通货膨胀期间，当人们开始在马克地区使用美元和其他硬通货时，一位荷兰金融家(如果我没有记错的话，他是Vissering先生)便曾断定“格雷欣定律”是错误的，因为实际情况恰恰相反。

的普通百姓,这种安排会对他们有什么影响,我们没有理由表示担心。只要店主们知道自己可以随时按现行汇率把这种货币兑换成他们所喜欢的无论什么货币,他们当然愿意按任何货币的适当价格出售自己的货物。如果价格上涨只发生在政府发行的货币上,政府的错误做法随之便会暴露出来,人们也会很快知道,政府要对他们支付的货币价值承担责任。瞬间就可以按现行汇率平衡出任何货币价格的电子计算器,不久就会得到广泛的应用。但是,除非政府对它所发行的货币管理得一塌糊涂,这种货币大概会继续用于零售业的日常交易。受影响最大的不会是日常支付中使用的货币,而是人们持有不同种类货币的意愿。它会主要表现为这样一种趋势,所有的商业和资本交易迅速地转向某种更为可靠的标准(以它作为核算依据),这会逼迫一个国家的货币政策保持在正确的轨道上。

5

由此产生的结果大概是,那些令人信服地贯彻着负责任的货币政策的国家,它们的货币会逐渐取代那些靠不住的货币。财政行为端正的信誉,会成为一切货币发行部门热情捍卫的宝贵财富,因为它们知道,哪怕稍稍偏离诚实之道,都会减少对它们的产品的需求。

我不认为有任何理由担心这种为得到最普遍的接受而展开的竞争,会加剧紧缩趋势或抬高货币的价值。人们面对一种预期会升值的货币,在借钱或举债上会变得格外小心,正如当他们预期货币贬值时不愿放债一样。一种人们预期会大体保持价值稳定的货币,使用上的方便对它有着决定性的好处。如果政府和货币发行部门争相吸引人们持有自己的货币,用它来签订长期合同,那么它们也必须让人们对它的长期稳定建立起信心。

我没有把握的是,在这场为了可靠性而展开的竞争中,是否会有任何政府发行的货币占得上风,或主流选择是否会有利于黄金单位。如果人们可以充分自由地决定拿什么东西作为他们标准的和一般的交换媒介，那么就像布洛诺夫斯基(Jacob Bronowski)最近在他的杰作《人的上升》中所言，黄金是否最终会再次作为"普遍的奖赏，不分任何时代"[①]在所有国家确立自己的地位，这并非不可能发生的事情。不过，这样的结果，未必是以有组织的方式恢复金本位的努力所能达成的。

为了使这个自由的国际货币市场充分有效地运转，还要把它扩展到银行的服务，其理由当然是，今天，反映在支票上的银行存款，是大多数人流动资产中最大的一部分。甚至在过去实行金本位的100多年里，这种情况阻止着支票发挥完全的国际货币的作用，乃是因为一国货币的任何流入或流出，都要求国家的信用货币这一更大的上层结构有相应的扩张或紧缩，而这不仅会使对特定商品的需求增加或减少——这需要让进出口达到新的平衡——而且会不加区分地影响到整个经济。在一个真正国际化的金融体系中，货币可以被直接转移，却又不至于引起信用结构的二次紧缩或扩张这种有害的过程。

让政府可以立刻感受到自己的政策对吸引外来投资的作用，大概是对政府施加的最有效的纪律约束。我刚刚在一本辉格党250年前的小册子上读到："谁会在一个任意胡为的国家设立银行，或把自己的钱永远存在那里呢？[②]"无独有偶，这本小册子还告诉我们，50年前一位法国大银行家让·巴普蒂斯德·塔维尼埃(Jean Baptiste Tavernier)，把他长期周游世界所搜集到的财富，全部投资于作者所谓的"瑞士寸草不生的岩石"上。当路易十四问他为何要这样做时，他敢于这样告诉这位皇帝，他想拥有一些他能确实称为自己的东

---

① Jacob Bronowski, *The Ascent of Man*, London, 1973.

② Thomas Gordon and John Trenchard, *The Cato Letters*(日期分别为1722年5月12日和1721年2月3日的信件), published in collected editions, London, 1724, and later.

西。显然,瑞士为它自己奠定繁荣的基础,比大多数人认识到的还要早。

与任何形式的货币联盟相比,我更喜欢让一切货币交易自由化,这是因为前者需要一个国际性货币当局,我相信这既行不通,甚至也不可取——它几乎不可能比一国货币当局更守信用。对于把主权,或至少是命令权交给任何国际性当局,存在着广泛的抵触情绪,在我看来这有着一些正确的理由。我们所需要的不是拥有命令权的国际性权力机构,而是一个国际组织(或得到有效实施的国际条约),它能够禁止政府采取伤害他国人民的行动。有效地禁止一切对不同货币的交易(和持有,或货币主张)所施加的限制,最终有可能使关税或针对货物和人员流动设置的障碍归于消失,从而确保存在一个真正的自由贸易区或共同市场——这会比任何其他方法更好地使加入这一市场的国家建立起信心。现在迫切需要反对的,是我早在40年前就已批判过的[①]货币民族主义,如果它又演变成了货币社会主义——因为这两种观点有血缘关系——那就更加危险。我希望不必太长的时间就能实现任何货币完全的自由交易——这将被视为自由国家的基本特征之一。[②]

各位可能会觉得,我的建议无异于主张废除货币政策。各位的感觉大概不能算错。我从另一些方面得出的结论是,国家能为货币做出的最好的事情,就是提供一个法律架构,使人们可以发展出最适合自己的货币制度。在我看来,如果我们能够阻止政府插手货币事务,我们的表现会比政府所做过的一切更为出色。私有企业大概也会有比它们已做出的最出色成就更为杰出的表现。

---

① F. A. Hayek, *Monetary Nationalism and International Stability*, London, 1937.

② 乍看上去,这似乎与在目前体系下一般而言我支持固定汇率的立场相矛盾,然而并非如此。只要一国政府在其领土内垄断货币发行权,为了使其遵守纪律,固定汇率就是十分必要的。但是当它也要遵守与其领土内平等的货币发行者进行竞争的纪律时,固定汇率便没有存在的必要了。

一点说明

我总觉得凯恩斯爵士仿佛像个新的约翰·劳(John Law)。和凯恩斯一样,劳也是为货币学说做出过真正贡献的金融天才。劳除了对决定货币价值的因素做过重要而富开创性的讨论外,他还对一种商品在成为广泛使用的交换媒介之后被人接受的程度会不断增加,最先做出了令人满意的说明。就像劳一样,凯恩斯从来没有使自己摆脱一种错误的大众信念,即劳所说的"增加货币,会使现在闲着没事的人有活干,使已经有活干的人更上一层楼,因此产品将会增加,制造业将会发展"[①]。

正是为了反对劳的观点,坎特龙和大卫·休谟开始提出近代货币理论。休谟尤其指明了问题的关键所在,他说,在通货膨胀过程中,"只有从货币的取得到价格上涨之间那个短暂的时刻或间歇期,增加金银的数量才有利于工业"[②]。这就是我们在凯恩斯洪灾过后必须要做的工作。

不过从某种意义上说,对于凯恩斯去世之后的发展,过多地指责他多少有些不公平。我敢说,无论他过去说过什么话,他一定会是位抗击通货膨胀的领袖。至少在英国的发展中,起主要的决定性作用的,是以贝弗里奇爵士[③]的名义发表的凯恩斯主义版本,既然

---

① John Law, *Money and Trade Considered with a Proposal for Supplying the Nations with Money*(1705), in *A Collection of Scarce and Valuable Tracts*, Somers Collection, Vol. XIII, London, 1815, p. 821.

② David Hume, "On Money", Essays, III. ed. T. H. Green and T. H. Grose. London, 1735.

③ 贝弗里奇(William H. Beveridge, 1879-1963),英国经济学家,第二次世界大战后受英国工党政府之邀为其制定福利国家的政策方案。所著《自由社会的充分就业》(1944)一书受凯恩斯影响甚大。——译注

他本人对任何经济学都一窍不通，因此他那些科学顾问必须对此负责。就英国的政策而言，大概我更应当说卡特尔主义的通货膨胀，而不是凯恩斯主义的通货膨胀。

在这篇文章早先的版本中，我曾批评凯恩斯在经济理论方面的知识有限，为此我受到人们的指责，因此我必须说得更具体一点。我相信，在国际贸易或资本理论方面，他的知识有所欠缺，这一点已得到相当广泛的认可。我以为他在货币理论方面的缺陷，并不意味着他不了解瑞典和奥地利学者有关货币和利息关系的讨论——直到20世纪30年代，大多数英美经济学家确实如此。然而不幸的是，尽管庇古和凯恩斯在《经济学杂志》上评论过维克塞尔和米塞斯在这个领域的主要著作，他们却没有充分理解这些德国人，因此也没有能力听从那些人的论证。我所想到的，是凯恩斯对19世纪英国经济学(和经济史)的令人吃惊的知识空白。我曾经告诉他我在本文所引用的那段李嘉图的话(见第二节)，如果他对此有所了解的话，这会有助于他反对按旧有的等价方式回到金本位，以及回到约翰·穆勒年轻时代的那种主张，即“高工资下的充分就业”是经济政策的主要目标。除了《金锭报告》和李嘉图为此写下的文章外，就我所知，凯恩斯对当时广泛的讨论，尤其是亨利·桑顿(Henry Thornton)的伟大著作，以及后来英国作家西尼尔(W.N.Senior)和凯纳斯等人对货币价值理论的决定性贡献，全都一无所知。他似乎也从来没有听说过19世纪后期英国一些通货膨胀主义作家的长期争吵，他们有可能使他感到鼓舞，更有可能使他三思而行。我相信，他会立刻找出他们著作中的基本谬误——他们相信就业仅仅是总需求的简单函数——从而不会再花费精力对有关货币数量的变化影响总需求的机制的解释加以改进。

我希望有朝一日谁能写一本从约翰·劳到约翰·梅纳德·凯恩斯的通货膨胀主义史。它会表明，在过去的150年里，不加批判地接受总需求和就业之间有着简单关系的信念，一而再再而三地浪费掉了许多十分机敏的认知努力。

对凯恩斯和“凯恩斯主义革命”的个人回忆[1]

即使对于那些虽然认识凯恩斯，但绝不赞同他的货币理论，甚至有时认为他的言论有点不负责的人，此公仍会给他留下难忘的印象。特别是在我这代人（他比我年长16岁）眼里，他在获得经济学家的盛名很久以前，就已经是个英雄人物了。对1919年和约中的经济条款挺身加以反对的，不正是他吗？虽然有些老一辈头脑更敏锐的思想家指出过他的论证中的理论缺陷，我们还是欣赏他那些才华横溢的著作，因为它们直言不讳，思想独立。这个博学多闻、嗓音迷人且滔滔善辩的人，使我们中间有幸与他建立个人交往的人，很快就为他所倾倒。

我第一次遇到他是在1928年，那是在伦敦经济周期研究所的一次会议上。虽然在利润理论的某些问题上我们曾经争执不下，但此后我们一直保持着友谊。在经济学上我们很少意见一致，却有着许多共同的兴趣。他的举止有点盛气凌人，对年轻人的不同意见会武断地置之不理。不过，要是有人支持他，此后他便会永远尊重此人，即使他与这人意见相左。我在1931年从维也纳去了伦敦之后，我们便一直有许多机会进行交谈或通信。

---

① 原载*Oriental Economist*, January 1966。

我曾应《经济学》杂志之约，对他刚刚问世的《货币论》进行评论。我花了大量精力撰写成两篇长文，对于第一篇，他用攻击我的《价格和生产》作答。我认为自己大体上已驳倒了他的理论设计（基本上属于第一卷的内容），但我十分欣赏第二卷中许多深刻但有欠系统的见解。后来这些工作竟成徒劳，使我大为失望，因为当文章的第二部分发表时，他对我说，他在这段时间已改变了看法，不再相信他在那本书中所说的话了。

当他那本今天已广为人知的《就业、利息和货币通论》出版时，我没有进行驳斥，这是原因之一。但后来我对此深感内疚。我担心在我完成自己的分析之前，他会再次改变看法。虽然他把这本书称为“通”论，但我以为它显然是一部应时之作，是他考虑到货币政策的需要而写的。不过，我不予置评还有个原因，一个当时我只隐约感觉到的原因，不过回想起来，这个原因却是决定性的：我与这本书的分歧主要不在于任何分析的细节上，而在于贯穿全书的一般方法。真正的分歧在于，我们今天所谓的宏观分析是否正确。现在我认为，从长远观点看，《通论》的主要意义是，它决定性地促进了宏观经济学的崛起和微观经济理论暂时的衰落，在这一点上没有哪本书可以同它媲美。

下面我还会解释，为什么我认为这一发展基本上是错误的。不过首先我要指出，凯恩斯竟然要对宏观理论的趋势负责，这不啻是对命运的嘲讽，因为事实上他很少考虑当时刚刚流行起来的计量经济学，我认为他对此毫无兴趣。他的各种思想全部是基于马歇尔派的经济学，其实这也是他唯一了解的经济学。凯恩斯的涉猎领域甚广，但他的经济学知识却是相当狭窄。他从不阅读法文以外的任何外文文献，或如他本人所言，对于德文材料，他只能理解那些他已经知道的东西。一个奇怪的事实是，第一次世界大战之前他曾为《经济学》杂志评论过米塞斯的《货币理论》一书（正像不久前庇古评论维克塞尔一样），却丝毫没有从中获益。恐怕必须承认，凯恩斯在着手建立自己的学说之前,并不是个训练有素或经验丰富的经济理论家。他从很基础的马歇尔经济学起步,而对瓦尔拉斯(Léon Walras)、帕累托以及奥地利人和瑞典人已经取得的成果,几乎一无所知。我有理由怀疑他是否曾充分掌握了国际贸易理论。我认为,他也不曾系统地思考过资本理论,甚至作为起点的货币价值理论——这是他的批评目标——好像也只是十分肤浅的数量理论中的交换类型方程式,而不是马歇尔(Alfred Marshall)更为精湛的现金平衡理论。

显然,他从一开始主要思考的就是各种总量,在总估计数上总是十分薄弱(有时相当空泛)。在20世纪20年代因英国恢复金本位而引发的论战中,他就是完全根据价格水平和工资水平,根本不考虑相对价格和工资结构。此后他又越来越顽固地相信,由于这些平均数和不同的总量是可以统计的,故有理由认为它们至关重要。他的结论完全是建立在这样的信念上:在可计算的总量,如总需求、投资或产出之间,存在简单而稳定的函数关系,而且这些假定的"不变因素",具有可以从经验上加以确定的价值,这使我们能够做出正确的预测。

但是在我看来,不仅没有任何理由假定这些"函数"会保持不变,我甚至认为,在凯恩斯之前很久,微观经济学就已经证明了它们不可能保持不变,随着时间的不同,它们在数量甚至方向上都会发生变化。这些关系当然取决于微观经济结构,尤其是取决于受到宏观经济学忽视的不同价格之间的关系,而所有的宏观经济学都会将这些因素视为准不变因素。它们随着微观经济结构的改变而迅速变化,因此,根据它们是不变因素的假设得出的结论,注定是十分错误的。

让我用消费商品的需求同投资总额之间的关系做一说明。肯定会出现这样的情况:消费品需求的增长将导致投资的增加。凯恩斯假设情况总是如此。然而可以很容易地证明,情况并非总是如此。在某种条件下,对最终产品需求的增长,必定导致投资的减少。正像凯恩斯的一般假设那样，只有当一切生产要素和各种商品中有一部分被闲置不用时，前一种假设才是正确的。在这种情况下，有可能同时增加消费品的产出和资本物品的产出。

如果经济系统处在充分或接近充分就业的状态，情况就全然不同了。这时只有暂时减少消费品的产出，才有可能增加投资的产出。这是因为要想增加后者，必须把各种要素从消费品生产中转移出来。只有过上一段时间之后，增加的投资才会使消费品流量有所增加。

凯恩斯指摘古典经济学家犯了一个错误，但他对这个错误的反对似乎同样错误，结果是他自己也受了误导。他认为——这只有部分道理——古典学派是把论证建立在充分就业的假设之上，他则把自己的论证建立在可以称为充分失业的假设之上，即假定通常总是存在全部要素和商品中有一部分闲置不用的情况。但是，这种假设至少同前者一样不太符合实际，甚至会导致更大的错误。对这个充分就业的假设作一番分析，即使它只有部分道理，至少也有助于我们理解价格机制的功能、不同价格之间的关系以及使这些关系发生变化的各种因素的意义。但是，如果假定所有商品和要素都因过剩而随手可得，便会使整个价格体系变得多余，它将成为无法确定和不可理解的事情。一些最正统的凯恩斯信徒，会顽固地把传统的价格决定和分配理论这些构成经济理论的基石一概弃之不顾，但我想这样一来，他们也就无法理解任何经济事务了。

按照这种理念，增加额外的货币，就会使商品数量相应增加，这注定会导致十分幼稚的通货膨胀谬误的再度出现，而我们本来认为经济学早已把这种谬论彻底根除了。我几乎丝毫也不怀疑，战后的大多数通货膨胀要归咎于这种过分简单的凯恩斯主义。恐怕凯恩斯本人也不会赞成这样的理论。我很有把握地认为，如果他依然在世，他会是反对通货膨胀最坚决的斗士。大约在我最后一次见到他时，即在他去世的几周前，他曾多次坦率地对我这样说过。这段时间他在其他方面有着充满睿智的见解,因此值得我重复一下他的谈话。我问他,对于他的一些信徒对他的理论的作用所做的解释,他是否有所警惕。他回答说,这些理论在20世纪30年代有着迫切的需要。但我确信,一旦它们变得有害,他会很快让公众舆论发生变化。我对他有所责怪,不过是因为他把这样一部应时之作称为"通论"。

他虽然喜欢摆出一副能够预卜祸事,但没有人听得进去的先知模样,其实他对自己的说服力还是极为自信的。他相信自己能左右公众舆论,就像音乐大师演奏自己的乐器一样。与其说他是学者或研究者,不如说他更像一位艺术家和政客,这乃是他的天赋和嗜好使然。他虽然天资卓绝,但他的思想并不单纯受理性因素的影响,美学和直觉对他起着同样强烈的作用。他学习新知易如反掌,记忆力超群。但直觉使他不加证实便相信结论,使他用不同的理论去证明同样的政策,甚至使他不能耐心地从事缓慢而艰苦的思考——而这才是使知识正常发展的凭藉。

他如此多才多艺,这使人们在评价他这位大人物时,说他的经济学既错误又危险,几乎成了无关宏旨的迂腐之论。考虑到他只把很少的时间用在经济学上,他对经济学的影响,以及他主要作为经济学家被人怀念,真是既奇怪又可悲。就算他从未写过经济学文章,所有认识他的人也会把他当作一个伟大人物来纪念。

在生命的最后五六年里,他虽然疾病缠身,仍全心全意投身于公共事务,对于他在这段时间报效祖国的事迹,我无法利用自己的了解详加叙说。但在这几年里我和他交往最多,逐渐加深了对他的了解。伦敦经济学院在战争爆发时迁至剑桥,1940年当我必须在剑桥一直逗留下去时,他在他的学院为我找到了一套寓所。到了周末,当他找回剑桥的闲适时,我同他见面的时间很多,得以对专业之外的他有所了解。大概是因为他想从繁重的事务中放松一下,或是因为他从事的官方工作都涉及机密,这使他更清楚地向我展示了他的其他爱好。他在战前便减少了生意上的应酬,并且放弃了学院津贴,但他在官方工作之余积极从事的活动，仍会耗尽其他大多数人的精力。他像平时一样，仍对艺术、文学和科学事务保持着一贯的了解，并总是贯穿着强烈的个人好恶。

我尤其记得一件事，今天在我看来，它可以作为许多这类事情的典型。战争结束后，凯恩斯刚刚卸去政府的使命，又要去华盛顿参与一件结果十分重要的事情。人们以为他会把全副精力都用在这件事上，但是那天下午他给我们一伙人的款待，却是大谈美国收藏的伊丽莎白时代的书籍，似乎这就是他此次访美的唯一目的。他本人在这方面是位很出色的收藏家，他也藏有这个时代的各种手稿和近代绘画。

如上所说，他的知识兴趣也受美学爱好的很大影响，这同样适用于文学、历史和其他一些领域。他对16世纪和17世纪有着浓厚的兴趣，他的知识至少择其部分而言，具备专家水平。但是他十分讨厌19世纪，不时显露出对它的经济史甚至经济理论史缺乏了解，这对一个经济学家来说，未免令人费解。

在这样一篇短文中，对指导着凯恩斯思想的一般哲学和人生观，哪怕做一个很简略的说明，也是我无法做到的。这是一项必须从事的工作，仅有哈罗德(Roy Harrod)先生那部直言不讳的著名传记是不够的。这大概是由于在凯恩斯身上，有着同支配他那一代人的理性主义完全相同的特殊印记，他也想当然地接受这种理性主义。对于希望更深入地了解这一点的人，我大力推荐他们读一下凯恩斯本人的文章“我的早期信仰”，此文刊于一本题为《两篇回忆》的小册子中。

最后我想就凯恩斯理论的未来说几句话。以上所言大概已经表明，我认为这一理论的未来并不取决于对他的具体公式的进一步讨论，而是取决于对社会科学正确方法的认识在未来的发展。凯恩斯的学说将会仅仅作为一个一般方法的、最突出最有影响力的事例呈现于世人面前，而这个方法的哲学基础是很成问题的。它依靠一些可以进行精确计算的数字,这使它乍看上去好像比以往的微观理论更科学,但是在我看来,它取得这种虚假的精确性,是以忽视实际支配着经济系统的各种关系为代价的。虽然微观经济学没有声称得出了宏观经济学夸口能够得出的量化预测,但是我相信,只要我们学会让自己满足于前者更为平实的目标,而不是像宏观经济学那样,为了人为的简化目的,倾向于把现实中起作用的一切因素掩盖起来,那么对于支配经济生活复杂过程的原理,我们至少会有更透彻的认识。我要斗胆预测一下,一旦这个方法问题获得解决,"凯恩斯主义革命"看上去便不过是如下过程的一段插曲而已:在正确的科学方法方面的错误认识,曾使我们已经取得的许多重要见解销声匿迹,但在经历了一番痛苦之后,我们终于又找回了它们。

关于"计划"的新混乱[1]

一

一个令人遗憾却无可否认的事实是,经济学和其他科学学科相比,更易于受到重新出现的时尚的迷惑,对于一些以前的经济学家早已成功地将其打入奇谈怪论和谣言惑众之流的大众迷信,周期性地一再展开专业讨论。通货膨胀主义就是这些难以抑制的迷信之一,它一再吸引着一些半吊子经济学家。自从俄国共产党采用了集体主义经济计划,从而使其变得广为人知以来,鼓吹这种计划也成了这样一种现象。第一次世界大战期间由德国一些战时经济的组织者最初提出的这种观念,在20世纪20年代和30年代经济学家作了透彻的讨论,所有熟悉这些讨论的人都会同意,它对澄清各种概念起了非常大的作用,今天人们应当有理由假定,没有哪个合格的经济学家,还会用那些当初说来说去依然含糊不清的概念讨论问题。

当然,谁也不必非得接受那些讨论似乎已经得出的,对中央计划非常不利的结论:在任何科学领域,发现新的事实或新的想法,可

---

① 原载 *The Morgan Guaranty Survey*, New York, January 1976。

以导致对已经得出的结论进行修正。但是对于一个地位得到公认的专业经济学家,人们必须期待他不要说起话来仿佛过去的讨论从未发生过一样,他不应当再从过去的讨论已经尽力消除的含糊的、引起误导的意义上,使用一些用语。

在这方面,最近访问了哈佛大学的列昂捷夫(Wassilly Leontief)教授,在就这一问题重新展开的论战中发表的言论,竟然如此令人失望。一位国际知名的高级经济学家,竟然再次使用“计划”这个完全含义不明,人们以为只有那些不负责的人,今天才会作为宣传套话使用的概念,对于先是从20世纪20年代和30年代对中央计划经济的讨论,后又在不久前对“指令性经济”的几乎同样激烈的讨论中得出的尽管是临时性的基本结论,他竟然根本不予考虑,这实在是不可原谅的。我打算在本文中讨论的主张,虽然是以“国民经济计划发起委员会”的名义提出的,但是就体现在这些主张中的经济论点而言,负主要责任的似乎肯定是列昂捷夫教授。他是该委员会的明确的发起人,他显然也是其发言人中的经济学家,有着最相关的专业工作背景。和他共同担任主席的人,汽车工人联合会主席伍德科克(WoodCock)先生,当然不是专业经济学家,并且他公开承认,直到出现了石油禁运之后,他才开始严肃地考虑政府的经济计划问题。他的一些言论也表明,他甚至现在对此也没有做过多少思考。

二

在美国人对“计划”的新冲动中,最严重的混乱——列昂捷夫教授的言论也未能幸免——在1975年2月23日《纽约时报》社论的第一句话里有最天真无邪的表达。这句话问道:“为何对于个人和企业来说计划是件好事,而对于国民经济就是件坏事呢?”

今天几乎令人难以置信,一个真诚追求真理的人会成为计划这个歧义丛生的概念无辜的牺牲者，他会以为有关计划经济的讨论，针对的是人们是否应当为自己的事情制订计划，而不是谁应当为他们制订计划。为了回答这个问题，我只能重复30年前我在一本广为人知的书中所作的解释，当时我甚至认为没有必要说那么多话①：

> “计划”受人欢迎的原因，在很大程度上应归于这样一个事实，即每个人当然都希望，我们应当尽可能合理地处理我们共同的问题，并且在这样做时应尽量运用我们所能获得的预见。在此意义上，每个人，只要他不是彻底的宿命论者，都是一个计划者，每个政治行动都是（或应当是）有计划的行动，因此只有好的和坏的、聪明而有远见的和愚蠢而短视的计划之分。一名全部任务就是研究人们实际怎样做和人们如何计划自己的事务的经济学家，是最不可能反对这种一般意义上的计划的人。但是，我们中间那些热衷于一个有计划的社会的人，现在并不是从这个意义上使用该词，他们也不仅仅是从我们如果想按照某些具体的标准分配收入或财富就必须进行计划这个意义上使用该词。在现代计划者看来，为了他们的目标，仅仅设计一个最合理的永久性框架，在这一框架之内，不同的个人会按照他们各自的计划从事各种各样的活动，还是不够的。根据他们的标准，这种自由主义的计划不能算是计划——确实，它不是为满足有关谁应得到什么的具体观点而制订的计划。我们的计划者们所要求的，是按照一个唯一的计划对一切经济活动进行集中管理，规定社会资源应当如何以一种明确的方式被“有意识地用于”为特定目标服务。

---

① 参见《通往奴役之路》，北京，中国社会科学出版社 1997 年版，第 39–40 页（译文略有改动）。——译注

> 因此，现代计划者和他们的对手之间的争论，不是有关我们是否应当在各种可能的不同社会组织之间进行理智选择的争论；也不是有关我们是否应当运用预见和系统思考来计划我们的共同事务的争论，而是关于这样做的最佳方式是什么的争论。问题在于，为了这一目的，握有强制权的人是否把自己局限于一般性地创造条件，使个人的知识和创造性有最好的空间，从而使他们能够最成功地进行计划，或者为了合理利用我们的资源，就必须根据某种自觉构造出的“蓝图”，对我们的全部活动进行集中管理和组织。所有党派中的社会主义者都把“计划”一词用来指后一种计划，并且如今这种含义已普遍得到接受。虽然这等于是在主张，这是处理我们事务的唯一合理的方式，但它显然没有证实这一点。这仍然是计划者和自由主义者分歧的焦点。

(“自由主义者”这个词，在这里以及在前面的引文中，当然是采用典型的英国含义，而不是指现代美国英语中的含义。)

我大概应当解释一下，这些话是写在一本讨论经济计划的道德和政治后果的书中，它写于就经济计划的经济效率或无效率展开大讨论的10年之后，而我今天却不得不再次回到这个问题上来。我或许还可以补充说，熊彼特(J.A.Schumpeter)曾因为这本书“彬彬有礼地对待一种罪过”而责备我，因为“除了知识性错误外，我几乎没有就对手发表任何议论”①。

我提到这件事，是想以此在这里表达我的歉意，当我30年后又遇到这个空洞的说法时，我实在没有能力保持同样的耐心和克制了。

---

① J. A. Schumpeter, *The Journal of Political Economy*, Vol. 54, 1946, p. 269.

三

20世纪20年代和30年代的大讨论涉及的主要问题是,社会主义者用中央计划取代市场竞争作为指导经济活动的手段,希望以此提高生产效率的做法,是否有道理。我认为,任何一个研究过这些讨论的人都不能否认,如今那些希望已经破灭,人们逐渐认识到,恰恰相反,对一个巨大的经济系统实行集权制的集体主义计划,注定会使生产效率大幅下降。甚至共产党国家也在一定程度上被迫重新引入竞争,以便提供激励因素和一套有意义的价格系统以指导资源的利用。对那些过时的中央计划理想,我们可以只做些简单的交代,因为甚至鼓吹这种方案的人,如今都否认他们的目标是这种由中央权威指挥每个企业该做什么的计划体系——尽管没有这种安排他们能否达到自己的目的,仍然令人怀疑。

因此,就集中管理的效率证明而言,为什么这种证明是错误的,我们可以满足于十分简单的说明。

我们不能指望采用集中管理可以取得市场利用资源所能达到的效率,主要原因在于,任何一个巨大社会的经济秩序,都是建立在对广泛散布于千百万个个人中间的关于具体环境的知识之利用上的。当然,总是存在企业管理者为了能做出正确决定应当知道却又不可能直接知道的许多事实。但是在对付这些困难——把不同的个人所掌握的一切相关信息全都传递给集中管理的权力机构,或是使个人做出决定的相关信息尽可能多地在他们中间进行交流——的可能方式中,我们只为后一项任务找到了一种解决的办法:市场以及让竞争决定价格,提供了一种办法,利用它,有可能向每个生产单位的管理者提供他们为使自己的计划适应该系统其他部门的信号所必需的、经过浓缩的大量信息。让每个企业的管理者把他们掌握的有关具体事实的知识全部传递给一个中央计划当局,这种做法显然是不可能的——简单的理由是,在他们知道或能够知道的许多具体情况中,哪些情况对于中央计划当局是重要的,他们对此根本无法未卜先知。

我们已经逐渐知道,从这个意义上来说,市场和价格机制提供了一种发现手段,与任何其他已知的系统相比,它不但使更多的事实得到了利用,而且激励人们不断去发现新的事实,从而改善了对我们生活的这个世界中恒久变化着的环境的适应力。当然,这种适应力从来就没有像市场均衡的数学模式那样完美无缺,但它的确比我们已知的其他任何手段更为出色。我相信在严肃研究这些问题的人中间,对此有着基本的共识。

四

奇怪的是,近来又越来越多地听到一种新的论调,它颠倒了市场和价格机制在使单一经济体系和宏观世界经济的秩序和效率的最大化方面发挥的历史作用。它认为,在早期较为简单的环境下,市场或许是个适当的调节机制,但是现代经济系统已经变得如此复杂,因此为了使经济的优先目标井然有序,我们不能继续依赖市场自发的力量,而是应当借助于集中的计划或管理。这种论点表面上看好像有一定道理,但是稍加审视便会揭露出它的愚蠢无比。事实上,正是现代经济系统所具有的复杂结构,为反对中央计划提供了最有力的证据。使现代技术得到有效利用,甚至维持西方人已经达到的生活水平,都少不了难以计数的、相互作用的行为所形成的千百万种关系,任何头脑或计划当局要勾画或从总体上把握这些关系,正在变得越来越难以想象。

尽管有着现代社会的复杂性,我们仍然能够使经济生活达到一个合理的高水平,这完全是因为我们的事务不受中央指令,而是受使分散的努力相互配合的市场功能的指导。市场系统运行良好,是因为它能够照顾到千百万个分散的事实和欲望,它能使成千上万个机敏的人深入经济世界的每个角落和缝隙,并向一块“公共信息牌”反馈他们所获得的数量信息。市场及其价格所提供的最独特的东西,是有关不同商品和服务不断变化的相对匮乏状况的不断更新的信息。换言之,我们现在能够为西方世界的大众提供的真实收入,需要这种复杂的结构——它超出了我们能够整体把握或详细勾画的范围。它之所以能够得到发展,完全是因为我们没有试图去计划它或让它服从任何中央指令,而是让它由自发形成秩序的机制或(如现代控制论所言)自我生成的秩序加以引导。

五

这种有关中央经济计划的效率证明,除了偶尔还在民众以往的错误认识中有所闪现之外,几乎已普遍遭到抛弃。即使还有一些严肃的研究者要求对全部经济活动进行集中管理,他们也是根据另一种逻辑上有所不同的论证,即只有采用这种方式,才能够使个人和群体的收入以及财富的分配,符合某些事先想出的道德标准。显然,对于许多理想主义的社会主义者来说,如果这样做可以达到他们所主张的更大的分配公正或社会公正,他们是准备忍受物质财富上的重大牺牲的。

当然,反对这种更大社会公正的要求,与反对计划系统效率更高的论证,其理由肯定有着完全不同的特点。对这些要求有两种性质不同的反对意见,在我看来它们都是决定性的。首先,对于可取的或符合道德要求的分配,根本不存在(甚至难以想象)一致的看法;其次,无论以什么样的分配方案为目标,要想达到这一目标,事实上只能通过严厉的极权主义制度才能实现,这种制度不允许个人利用自己的知识追求自己的目标,而是必须为政府当局确定的目标,在分派给他的职务上遵照命令工作。

只有当人们承担任何工作的预期报酬,与他们为其同胞实际提供的产品在这些同胞眼里所具有的价值相一致时,才有可能存在着我们所理解的选择各种行动的自由。但是这种价值经常不可避免地同生产者的无论什么品德、需求或要求没有关系。以为存在着这样一种社会,它使个人的报酬符合所谓的"社会公正",这纯粹是一种荒诞不经的信念。它会危险地诱导现代民主接受一种让个人自由荡然无存的制度。今天,即使是那些粗人,乔治·奥威尔(G.Orwell)等人也已经让他们明白,能够从这种制度中期待什么了吧?

六

不过,美国人中间这些鼓吹计划的新人物会说,这些事他们都明白,他们从来就没有提倡过集中管理一切个人活动的制度,他们也从来没有这样说。但十分令人怀疑的是,他们所提倡的事情,是否不会在事实上导致这种制度。他们留下了一片混乱,而这种混乱正是通向地狱的不二法门。不错,"国民经济计划发起委员会"的宣言(《计划问题》)中说过:

> 应当清楚,这个计划署不会为通用汽车、通用电气、通用食品或任何其他个别企业制定具体的目标。但是它会指出未来——譬如说——5年里我们有可能需要的汽车数量、发电机数量或冷冻食品的数量,它会引导相关产业采取相应的行动。

然而人们无法不怀疑，如果不具有像发起委员会的这份宣言在另一处地方表明的那样，对产业决策“施加影响的手段”，包括“有选择的信用控制，对基本的资本流量的指导，限制使用空气、水源和土地以及强制性资源配置”，这种“产业引导”如何发挥作用。

当然，越往下读，就越难以发现这份宣言的作者所说的国民经济计划究竟是什么意思。此外，在该委员会的鼓动下，由参议员汉弗莱(Hubert Humphrey)、杰克逊(Jackson)、雅维兹(Javites)和麦戈文(McGovern)等人，在1975年向参议院提交的《均衡发展与经济计划法案》，姑且不提它那些华而不实的言辞，却更能暴露出这方面的问题。这项议案喋喋不休地大谈提议中的“经济计划委员会”的组织，对于这个部门为使自己制订的“均衡的经济发展计划”保证得到贯彻而掌握的手段和权力，它却引人注目地三缄其口。对这个提议中的机构的精细配置是无须怀疑的。然而对于它会干些什么，更重要的是，它会干些什么好事，却是难以发现的。

如果对未来各产业和公司之间的资源分配能够制定一个长期的粗略蓝图或框架，那么这些赞成中央经济计划的论证中的某些基本内容，似乎包含着一些令人感兴趣的思想，它们会具有增加有序性和可预测性的优点。换言之，今天企业的主要任务之一，即对它所特别关心的发展做出尽可能准确的预测，将提前由政府的决策来进行，企业仅仅负责这个一般框架中的细节。由此带来的希望显然是，对于那些对各企业管理者的行为有直接影响的事实，管理者们会有更大机会做出正确的预测。然而这种计划会带来恰恰相反的结果：它会给管理者造成更大的不确定性，因为他们在适应当前环境的变化上所享有的机会（如他们的买进卖出的数量及其价格），将取决于政府计划部门的“强制性资源配置”“对基本的资本流动的指导”等。对于企业的管理者来说，这个介于全面计划体系和自由市场之间的不伦不类的机构，将是世界上最恶劣的东西，因为它做出改变的能力将严重地依赖红头文件、拖拉作风和不可预测的因素——这些都是官僚决策的特征。

在赞成政府对工商业活动进行计划的论点中，隐含着一种信念，就预测未来对消费品、原料和生产设备的需求而言，政府（当然还有相应增加的官僚机构）会比单独的企业处在更好的位置上。但是，在预测各种嗜好未来变化的作用、某种新设计或某些技术发明的成功、各种原料匮乏情况的变化等方面，以及在预测今后几年内应当生产的商品的数量方面，认为某个政府部门（更糟的是，某些政治上敏感的计划委员会）会比生产者和专门从事这些事情的人士更为正确，真能算是一种严肃的观点吗？一个“国家计划署”真能比福特或通用汽车等公司更好地判断未来5年里我们所需要的“汽车数量、发电机数量或冷冻食品的数量”吗？更重要的是，某个产业中的不同公司全都根据同样的预测采取行动，这种做法可取吗？竞争方式的合理性，难道不正在于我们允许那些在预测未来上最高明的人为未来做好准备吗？

七

不过，在这些计划的新鼓吹者的宣言的某部分，他们主要考虑的是另一种类型的计划，过去的讨论也对这种计划做过彻底的检讨，而目前的鼓动家对于这些讨论，就像过去关于这个问题的其他科学检验一样，竟然几乎一无所知。他们表现出一种奇怪的倾向，轻蔑地拒绝别人的经验可供借鉴的任何建议，坚信——用列昂捷夫教授的话说——“美国不能从外国进口一种计划体系。各国的计划方式各有不同，因为各国自身的情况不同。我们应当要求并期待一种美国式的独特计划”。[①]

① 转引自Jack Friedman, *The New York Times*, 18 May 1975。

早先对这些问题的广泛讨论——美国那些另一种类型的计划的辩护者,应当从中有所受益——是20世纪60年代主要出现在法国、以“指导性计划”(indicative planning)为题的讨论。这个概念曾一度吸引了许多人的注意,直到1964年法语经济学家大会的透彻研讨揭示出了这个概念的全部混乱和矛盾之后[①],它才寿终正寝。后来卢兹(Vera Lutz)博士在一本出色的英语著作中,对这些讨论做过清楚的阐述。[②]因此,无视这些讨论的成果,无论如何是不能原谅的。

“指导性计划”这种想法,完全是建立在一种奇怪的行为组合上,或者不如说,是建立在一种混乱之上:做出一项预测并设定一个目标。它以为,对将要生产出的不同商品和服务数量的某种预测,会有助于确定应当生产的数量。这种计划被理解为政府对产业所要达到的目标的预测。

这种自我完成的预见看上去好像有些道理,但是一经思考,至少就建立在竞争基础上的市场经济而言,它会变成一种奇谈怪论。根本没有任何理由设想,只要宣布一个目标,就会使它所指明的总产量,通过从事竞争的一部分生产者的努力而得到实现。也没有任何理由认为,政府或无论什么人,会比实际的管理者处在更好的位置上,可以事先确定不同产业的不同产出的适当数量,从而做到供需平衡。

在这一点上十分清楚,计划观念目前在美国的复兴,有列昂捷夫教授发展出来的投入产出表从中作祟。我要抱歉地说,这种方法完全是建立在被其作者大大高估了的它所能够取得的技术成果之上的。据报道,列昂捷夫教授在联合经济委员会面前解释说:“首先,

---

① 尤见Daniel Villey和Maurice Allais的大会论文,*Congrès des économistes de langue Francaise*, May 1964。

② Vera Lutz, *Central Planning for the Market Economy: An Analysis of the French Theory and Experience*, London, 1969.卢兹博士早先还做过更简短的介绍:*French Planning*, Washington D. C., 1965。

获取信息只是一种消极行为，它不会告诉任何人该去做什么。描绘出一幅如果一切配合得当情况便会如何有利的图画，算不上一种指令。”①

列昂捷夫心里想到的，显然是他本人提出的投入产出表技术，它以一种有益于教学的方式表示出，在过去某个时期内，生产活动主要的不同分支部门的不同产品数量，是如何被另一些分支部门所利用的。需要生产的千千万万种不同物品，其最终产品是非常之少还是数量巨大，市场过程如何决定这一点，是个极其复杂的问题。一种我们并不完全了解的自发机制如何形成了一种秩序，可由这样一个事实做出最好的说明：我们需要一位列昂捷夫教授哪怕十分粗略地勾画出过去从某些产业团体转向另一些产业团体的全部商品类别。人们能够理解，列昂捷夫教授希望完善和扩展这项技术，他不是想为几十种，而是想为几千种主要产品类别建立投入产出表。但是，认为这种有关过去发生过什么的表格式信息，会大大有助于决定未来应当生产什么，这种想法是荒谬的。即使我们能够获得过去一定时间内实际生产出来的千万种商品的信息，并且使其条理化，在能够生产出一种特定的最终产品的无数种可能的投入组合中，它也仅能告诉我们其中一种。至于在已经改变了的条件下，这种或任何一种投入组合是否经济，它不能告诉我们任何事情。

相信投入产出表，源自一种完全错误的观点，即资源的有效利用主要是由技术考虑而非经济考虑决定的。这种信念明显地表现在一个事实上，那些计划的倡导者组织了一个有近千名技术专家的班子（我们从它的一位发言人那里得知，大约其中的500人一年就要花掉5000万美元②）——他们中间大多数人不是经济学家，而是科学

---

① Wassilly Leontief, *Notes from the Joint Economic Committee*, Congress of the United States, Vol. I, No. 19, 1 July 1975, p. 10.

② *Challenge*, May–June 1975, p. 6.

家和工程师——为白宫或国会制订计划。[①]

八

恐怕这里暴露出来的，是完全没有理解在一个大社会的复杂秩序中，资源的有效利用是如何决定的。举个十分简单的例子，为了制造一定数量的油布，没有必要指定一定数量的特定原料。在油布的买方不在乎制造该产品的原料的情况下，可以在大麻、亚麻、黄麻、棉花和尼龙等之间选择成本最低的原料，以此使产出最大化——也就是说，我们能够为此目的而有所得，至少要牺牲另一些可取的产品。在这个例子以及千百种其他例子（实际上其中的大部分情况要更为复杂）中，我们可以用一种原料代替另一种原料，要归因于一个条件，即在竞争性市场上，原料的相对价格使我们可随时确定，按既定开支能获得的哪一种原料多于另一种原料。

可见，不了解价格，是不可能用过去的统计数字来确定未来需要多少原料的。过去的统计数字几乎无助于我们预测价格，因而也无助于我们预测不同商品的需求量。因此，事先宣布在未来一段时间里应当生产多大数量的不同商品，很难看出这有助于达到什么目的。

进而言之，即使能够提前说出未来几年里每种商品（或多种商品）应当生产多少，但仍然难以理解，这怎么会导致每个企业生产的数量加在一起正好与需要的数量一致？除非有这样的假设，即要求不同的企业应当串通一气生产一定数量的产出（假如这样做对它们肯定有利可图的话）。事实上，这显然就是指导法国那些鼓吹“指导

---

① “Diverse Group Advocates Economic Planning for U. S. ”, *The New York Times*, 28 February 1975.

性计划”的人的理想。人们有时无法不生出这样的感觉：美国的那些提倡计划的新人物，是在不知不觉中被一些热情的卡特尔主义者愚弄了。[①]

通过提前宣布企业在未来较长一段时间内应当生产多少不同的商品，对私有企业进行“领导”，是一种彻头彻尾的糊涂认识，即使不对企业实行强制命令，让它按照预测进行生产，也是有害无益的，这会破坏竞争性的市场和自由企业，必然导致传统的社会主义体制。这种想法似乎吸引了所有那些自新政以来热切希望恢复罗斯福总统的“国家资源计划委员会”的人。当然，列昂捷夫教授尤其表现出了这方面的意图，他显然希望由此赋予该委员会一些进步的气息。但是，在对过去40年里有关这些问题的严肃讨论有所了解的经济学家看来，这种想法和进步风马牛不相及，而是一种完全过时的、与我们从这些问题中学到的全部知识相抵触的古董概念。

九

不过目前对计划的要求中，还可以看到另一股潜流，它表达着一种对我们经济生活的突出特征十分合理的不满。这包括对某种计划的十分可取的愿望，但在目前的条件下，这种计划不仅政治上完全行不通，而且和其他计划要求直接冲突。这种愿望就是，政府事先对自己的活动制订长期计划，公布这些计划并自觉地加以执

---

① W. Leontief, “For a National Economic Planning Board”, *The New York Times*, 14 March 1974。当然，在国民经济计划发起委员会报告的签名者中间，人们最熟悉的人物—— Chester Bowles, John K. Galbraith, L. H. Keyserling, Gunnar—Myrdal, Robert R. Nathan和Arthur Schlesinger, Jr——在我看来似乎全都企盼着一个新的全国工业复兴总署(N. R. A)，在任何别的国家，他们都会被称为社会主义者，而在美国他们却自称是自由主义者。

行,从而使政府的活动变得更可预测。如果工业界能够提前几年就知道政府会做些什么,那当然是一大福分。但是,这同为了抓选票而利用经济措施的现行做法,当然是格格不入的。这种愿望,同要求政府干预私有企业的活动使其更严格地遵守政府制订的计划,甚至更加格格不入。目前美国在制订一种广泛的新计划上表现出的激情,就其大多数不同的形式而言,显然包含着一种对政府在构想自己的政策时未能着眼于长远的未来而发出的指责。不过这种指责尽管合理,却不能以此为由,要求把计划工商业的任务委派给这个在计划自己的事情上都一团糟的政府。

十

1975年的《均衡发展与经济计划法案》——因其发起人而以“汉弗莱-雅维兹法案”闻名——无论就其来源还是其他方面而言,都是个让人感觉其是一个莫名其妙的产物。国民经济计划发起委员会的所谓协调人——即《挑战》杂志的主编沙普——宣称,这项议案最初由发起委员会的成员起草,最后一稿则是“发起委员会和参议院最初发起人的共同产物”[①]。但是据说参议员雅维兹却要让人明白,这项议案的发起人并不是国民计划发起委员会的工具,该委员会的有限陈述“不适用于我们的议案”[②]。另外,参议员汉弗莱则保证其中不会包含任何强制性因素。他说:“我可以逐一说明,无论是议案作者还是议案本身,都没有这种意图,这项议案中没有一个字或一句话能够被用来扩大政府对经济的控制。”[③]当然,这份被到

---

① *Challenge*, May–June 1975, p. 3.

② *Daily Report for Executives*, The Bureau of National Affairs, Inc., 11 June 1975, p. A 11.

③ *Notes from the Joint Economic Committee*. U. S. Congress, Vol. Ⅰ, No. 19, p. 19.

处兜售的“国民计划议案”变成了为某个不可告人的目的服务的工具。它提议成立一个从事计划的庞大官僚机构，然而它的发起人，在不停地使用计划这个神秘字眼的同时，却不同意他在使用这个字眼时所表达的含义。参议员汉弗莱去年6月向联合经济委员会的议案听证会解释说：“这是顾问性的和咨询性的，希望通过这些对话和讨论……大家会对我们正在谈论的问题和我们的意图有更明确的理解。”①

这项议案许诺了一个未说明目的何在的机构，它大概会给我们一份几百种商品的投入产出表，除将来的一些历史学家之外，想不出它还能对谁有用，但是它却有可能在不经意间被用来表达一些对未来的威权主义政府极为有用的信息——在介绍了这份考虑很不周全、没有责任感的法案后，汉弗莱参议员大可以夸口说，这是他“唯一一份最重要的法案”②，这实在让局外人难以理解。对美国政治像这位作者一般无知的人，或许会猜想，这位来自明尼苏达州的参议员，不过是些——很可能是集体主义者——玩偶操纵者手中不自觉的工具，他们要利用为此设立的这个机构达到一些他们不愿暴露的目的。但是，如果重读一下《挑战》杂志主编——似乎可以看到他还插手另一些支持计划的宣言——的文章中有关国民计划运动如何发展的说明，人们就会确信，一塌糊涂的智力一旦运作起来，真是害莫大焉。

---

① *Notes from the Joint Economic Committee*. U. S. Congress, Vol. Ⅰ, No. 19, p. 19.

② “Planning Economic Policy”, *Challenge*, March-April 1975, p. 21.

门格尔《通论》在经济思想史中的地位[1]

当《通论》(*Grundsätze*)在1871年出版时,距《国富论》的出版只有95年,距李嘉图的《原理》只有54年,而距约翰·斯图亚特·穆勒对古典经济学的重申只有23年。因此我们最好先回忆一下这些事件,不然的话,我们在(100年后)追寻一个当代经济学的标志时,有可能会夸大事实。当然,在这100年的后期,出现了另一场革命,使人们的兴趣转向这100年的前期——即门格尔著作的影响被人们主要感受到的时期——很少传授的经济分析。不过从长远观点看,这个"微观经济学"的阶段,它的特征要大大归功于门格尔,其有着相当的延续能力。在亚当·斯密之后的近200年里,它持续了有50年之久。

一件重要的事情是,若想对门格尔做出正确的评价,我们也不能低估过去已经取得的成就。认为以前那个时期,即从1820年到1870年,仅仅是受李嘉图正统学说的支配,是一种错误的看法。至少在李嘉图之后的第一代人中间,已经出现了大量的新思想。在由斯图亚特·穆勒最后申述的古典经济学体系内部,尤其是在这一体

---

① 原载J. R. Hicks and W. Weber(eds.), *Carl Menger and the Austrian School of Economics*, Oxford, 1973。

系之外，已经积累起了一系列分析手段，使后来的几代人在边际效用概念提供了统一的基础之后，得以建立起一个细致而严密的理论结构。如果说确实存在着一个貌似李嘉图正统居支配地位的时期，那也是出现在穆勒令人信服地重申了这一正统之后。不过，即使是他的《政治经济学原理》，也包含着一些超越了李嘉图的非常重要的进步。而且，甚至在该书出版之前，就存在着一些穆勒并没有纳入自己的综合工作中的重要贡献。不但有库尔诺(A.A.Cournot)、屠能(H.von Thünen)和朗菲尔德(M.Longfield)论述价格理论和边际生产率的重要著作，而且还有另一些关于供需分析的重要贡献——姑且不论那些一度被人忽视，后来才被吸收进劳埃德(F.C.Lloyd)、杜普伊(Dupuis)和戈森(Gossen)的著作中去的有关边际效用分析的预见。就当时已有的材料而言，迟早会有人像马歇尔最终所做的那样，承担起重建整个经济学理论体系的工作，而且，即使过去没有发生边际效用革命，所采取的方式也不会有太大的不同。

对古典经济学的反动采取了一种特殊的形式——英国的杰文斯(W.S.Jevons)、奥地利的门格尔和洛桑的瓦尔拉斯几乎同时将商品对个人的主观价值作为理论重建的起点——大概完全应归因于这样一个事实，即穆勒在他的价值理论中又明确地回到了李嘉图。当然，门格尔和瓦尔拉斯著作中的价值学说，并不像杰文斯的情况那样，是直接来自对穆勒的对抗反应。但是，在穆勒那里如此明显而突出的现象，即他缺少一种能够以某个统一的原则对一切价格的确定做出解释的一般价值理论，对于在欧洲大陆普遍采用的经济学体系和教科书来说，几乎同样如此。尽管其中包含着一些对具体条件下决定价格的因素十分敏锐的分析，但它们全都缺少一种能够涵盖各种具体情况的一般理论。不错，供需曲线的方法确实已开始得到应用；还应指出，门格尔在着手写作《通论》之前仔细研究过由卡尔·海因里希·罗伊(Karl Heinrich Rau)撰写的教科书，在书末也有一张绘有这种曲线的示意图。不过一般而言，当时流行的各种理论对可增商品和不可增商品价格的确定,提供的完全是另一种不同的解释。就前一种商品而言,它们将产品的价格归因于生产成本,即所使用的各种要素的价格,而对这种价格却没有给予适当的说明。这种理论很难令人满意。像穆勒这样一位头脑深刻清晰而又真诚的学者,为什么竟会单单以他的体系中很快就被人意识到最经不住推敲的东西为依据,信心十足地断言"在价值理论中,再也不存在需要目前或未来的作者加以澄清的东西,有关这个问题的理论已告完成"①,这确实很让人费解。在当时一些具有批判精神的思想家看来,整个经济学大厦的基础缺乏牢固性,实在是太明显了。

但是,如果说,在穆勒的著作取得巨大成功后不久,便明显表现出来的对经济学理论主流体系的普遍失望,完全或主要是因为这个过失,很可能也有欠公允。在上一代人中间十分成功地征服了公众舆论的经济理论,人们对它的信心受到了动摇,还有着另外一些原因。例如就穆勒而言,他放弃了对他的工作十分重要的工资基金理论,却没有提出新的东西来取代这一理论。进一步说,历史学派的影响也在不断加强,对于试图建立有关经济现象之普遍理论的任何做法的价值,它都表示怀疑。主流经济理论得出的结论,似乎妨碍着各种新的社会理想这一事实,也使它那些无可否认的缺陷引来了对它的敌视态度。

但是,尽管有些人持相反的主张,我却找不出任何迹象表明,杰文斯、门格尔或瓦尔拉斯对重建经济理论的努力,是要为古典经济学得出的实际结论重新进行辩解。像我们一样,他们也有着同情当前社会改革运动的迹象。在我看来,他们的科学工作,似乎完全是出自他们的一种意识,即现行的理论体系不足以解释市场制度如何运行。这三位学者的愿望似乎都源于同一个知识传统,至少从18世纪的费尔南多·加利亚尼(Fernando Galiani)以来,这一传统就同来

---

① J. S. Mill, *Principles of Political Economy*(1848 and later), Book Ⅲ, Chapter Ⅰ, 1.

自斯密和洛克的劳动和成本理论一起存在着。这里我没有时间追溯价值学说中这个如今已得到出色揭示的效用传统的历史。不过就杰文斯和瓦尔拉斯而言,他们受益于早期的作者的著作是相当明显的,而门格尔是从谁那里得到了决定性的启发,就不那么容易说清楚了。大体而言,他在早期研究中主要依赖的德文文献,对于价值和效用之间的关系给予的注意要多于英国作者。但是,在他读过的著作中,没有一本曾接近于他最后得出的解释。大概可以肯定地说,在写作《通论》之前,他并不知道存在着一部他已有所预感的德文著作,即戈森的著作。他开展工作的当地环境,似乎也不太可能十分鼓励他对自己所关心的问题从事研究。他好像完全是在孤军奋战,直到老年,他还遗憾地向一位年轻的经济学家说,他从未得到过后代人享有的那种讨论切磋的机会。[①]当然,维也纳当时也不是个有望对经济学做出重大贡献的地方。

不过,我们对门格尔的年轻时代和他所受的教育所知甚少,而且我不得不遗憾地说,奥地利人在这方面表现出的关注实在太少了。[②]在现代,有关他思想的起源和历史,其他地方所作的研究甚少,而且很难取代奥地利人已经做出的工作。[③]尽管撰写门格尔传记的材料尚不充分,不过对于他的学习和早期工作的一般知识背景,至

---

① L. von Mises, *The Historical Setting of the Austrian School of Economics*, New Rochelle, N. Y., 1969, p. 10.

② 1934年,我在伦敦为门格尔的《文集》所写的序言中介绍过他的生平,但这丝毫不能弥补这一缺憾。限于条件,此文仅仅汇集了已发表的材料,并借助了门格尔的儿子和朋友提供的一些情况。

③ 尤见G. J. Stigler, "The Development of Utility Theory", *Journal of Political Economics*, 58, 1950, 重印于作者的*Essays in the History of Economics*, Chicago, 1965; R. S. Howey, *The Rise of the Marginal Utility School* 1870—1889, Lawrence, Kansas, 1960; R. Hansen, "Der Methodenstreit in den Socialwissenschaften zwischen Gustav Schmoller und Karl Menger: seine wissenschaftshistorische und Wissenschaftstheoretische Bedeutung", in A. Diemer(ed.), *Beiträge zur Entwicklung der Wissenschaftstheorie in 19. Jahrhundert*, Meisenheim am Gian, 1968;另见上一条注释中列出的材料。

少应当有一些更为清楚的交代。我这里只能限于谈谈几个相关的事实,它们大都来自考德尔(Emil Kauder)教授的著作。[①]

在19世纪的上半叶,斯密的经济学大受青睐,或接受英国和法国的经济思想,在德国大部分地区是一种十分普遍的现象,而在奥地利并非如此。直到1846年之前,奥地利的大学中讲授的经济学,实际上还是以18世纪桑农费尔斯(Joseph Von Sonnenfels)的财政教科书为基础。在这一年它才被库德勒(J.Kudler)的《国民经济学原理》取代,作为一名学生的门格尔使用的正是这本教材。在这部著作中,他会发现一些有关价值与效用之间关系的讨论,尤其是对不同商品的需求缓急不一的讨论。不过我们找不到证据说明,在门格尔离开大学之后,他曾认真地关心过这些问题。据说他本人说过,他对这些问题产生兴趣,是因为他身为一名年轻的文官,必须写一些有关市场状况的报告,在做这项工作时,他逐渐明白了现有理论对说明价格变化几乎没有多大用处。在前述由罗伊撰写的教科书中,边页上保留着他最早记下的笔记,这些笔记显示出,直到1867年,即他27岁那年,他才开始严肃地思考那些问题,并且已经十分接近于得出最后的结论。这些写在罗伊教科书(它与门格尔的藏书一起,现存于东京的早稻田大学)空白处的内容广泛的注释,在考德尔教授的协助下,已由日本人以“《通论》第一稿”为题编辑出版[②],不过它

---

① Emil Kauder, “The Retarded Acceptance of Marginal Utility Theory”, *Quarterly Journal of Economics*, 67, 1953; “Intellectual and Political Roots of the Older Austrian School”, *Zeitschrift für Nationalökonomie*, 17, 1958; “Menger and His Library”, *Economic Review*, Hitotsubashi University, 10, 1959; “Aus Mengers nachgelassenen Papieren”, *Weltwirtschaftliches Archiv* 89, 1962; and *A History of Margingal Utility Theory*, Princeton, 1965.

② *Carl Mengers erster Entwurf zu seinem Hauptwerk “Grundsätze” geschrieben als Anmerkungen zu den “Grundsätzen der Volkswirthschaftslehre” von Karl Heinrich Rau*, Library of Hitotsubashi University, Tokyo, 1963(mimeographed), 另参见*Carl Mengers Zusätze zu “Grundsätze der Volkswirthschaftslehre”*, 由以上机构以同样的方式出版。

的内容很难被冠以这种名称。尽管这些文字表明他已得出了这样的认识，即一种商品对于个人有一定价值，取决于特定的需要，其条件是它能够满足这一需要；尽管笔记中对这方面一些含混不清的要点——凡是得出了更为明确的观点的人，对此都会有所感觉——表现出明显的不满，但是它们仍然十分缺乏那些（由其性质所定，这大概是不可避免的事情）使《通论》享有突出地位的方法论手段。我的结论是，这本书实际上写于1867年到1871年，并且如书中的脚注所示，参考了大量德文文献。

使《通论》的阐述十分有效的原因，是它那种对待其主题的坚定而沉着的方式。我们看到，门格尔首先详细阐明一件有用的东西的性质，然后是一件商品的性质，再后是一件稀缺或经济商品的性质，从这里，他开始讨论决定其价值的各种因素；然后他又对某件可售出商品（其可售出的程度不同）加以定义，由此才终于开始讨论货币。在每个阶段，门格尔都强调（他所采用的方式，对于已把这些认识视为常识的现代人来说，未免有些冗长乏味）(1)行动着的人的需要和(2)这个人对决定着特定物品能否满足他的需要的事实和环境的了解。他不停地强调，这些性质并不是物品（或服务）本身所固有的；它们不是通过孤立地研究这些东西就可以发现的。它们完全是一个物品和对此物品有所行动的人之间的关系问题。正是因为这些个人对自己的主观需求的认识，使特定物品获得了程度不同的重要性。

当然，这一分析最明显的成果是，它将一件商品的总效用和边际效用加以区分，从而解决了由来已久的价值悖论。门格尔当时并没有使用“边际效用”一词，13年之后，维塞尔(Friedrich von Wieser)才将它介绍给读者（准确地说，是它在德语中的同义词“Grenznutzen”）。但是，由于他利用了能够满足不同需求（随着得到更充分的满足，需求强度也会降低）的既定数量的特定消费品之最简单的实例，来说明任何一个商品单位的重要性，取决于最后的需求——满足这一需求的现有总量依然充足——的重要性，因此他已使这一区分变得十分清楚了。不过，如果他就此止步不前，那么他既不比他并不知晓的某些前辈高明多少，也根本不可能产生比他们更大的影响。后来所谓的（也是由维塞尔首先使用）戈森两定律——即任何需求的不断满足都会使效用下降，以及某种特定商品造成的对不同需求的满足，将会使效用平均化——对于门格尔来说不过是一个起点，使他有可能将这一基本思想应用于更为复杂的关系。

门格尔的分析与他的任何前辈相比，给人留下更为深刻的印象，乃是因为他把这一基本思想系统地应用于一种需求的满足仅仅间接地（或部分地）取决于某种特定商品的情况。他不辞辛苦地描述了商品与它所造成的需求满足之间的因果关系，这使他得以找出某些基本的关系，如互补关系、消费品和生产要素的关系、高档商品和低档商品的差别、可资利用的生产要素之比例的可变性，以及最后也是最重要的，由用于具体目的的商品在改变了用途时可能具有的效用所决定的成本。把一种商品的价值来自它的效用这一点加以引申，从消费品数量不变的情况，扩大到包括生产要素在内的所有商品的情况——这就是门格尔的主要成就。

作为他解释商品价值的根据，他对手段和目的的可能关系提出了一种类型学，从而为后来所谓的选择的纯逻辑（pure logic of choice）或经济核算奠定了基础。它至少包含着消费行为分析和生产行为分析的成分，这是现代微观经济学价格理论的两个基本成分。事实上，他的继承者主要发展了前者，却没有接受我们在门格尔那里发现的有关边际生产率分析的宝贵提示，而这种分析对于正确理解生产行为是至关重要的。这一至关重要的补充性发展，即公司理论，主要留给了马歇尔及其学派。但是，门格尔的提示已足以说明，他可以宣布自己已经为达到他的最终目标——即对价格的解释，应当从分析参与市场过程的个人行为中得出——提供了所有的基本要素。

门格尔的方法的本质当然是,始终以个人的理性行为为基础,以此建立起复杂的市场结构的模式。他将这称为“原子论的”(在手稿中,他也偶尔称为“成分论的”)方法,这就是后来人们所知道的方法论的个人主义。他在《通论》前言中的明确阐述,对这一方法的特点做了最好的说明。他说,自己的目的是要“对社会经济追根溯源,找出它的那些仍然有可能进行一定观察的最简单的因素”。不过,他虽然强调自己在这样做时,采用的是一切科学所共有的经验方法,他同时暗示说,与将直接观察到的现象分析成各种假设性成分的自然科学不同,社会科学要以我们了解某些要素为起点,利用它们建立起有关复杂结构之可能格局的模式,那些要素可以同这个复杂结构结合在一起,但是这一结构不像那些要素一样,可以用相同的方式进行观察。

这引出了一些重要的问题,对于其中的最困难者,我只能做点简单的说明。门格尔相信,在观察他人的行为时,我们要借助于对这种行为的意义的“理解”能力,所采用的方式不是我们理解自然现象时所能使用的。这和某种意义有着密切的关系,至少是门格尔的那些追随者,他们正是从这个意义说,自己的理论有着“主观的”特点。他们这种说法的含义之一是,这些理论是以我们对受观察行为的意图的理解能力为基础的。按门格尔的用法,“观察”有着现代行为主义者无法接受的含义。它意味着后来马克斯·韦伯提出这一概念时所指的那种含义上的“理解”(Verstehen)。我认为,在捍卫门格尔(以及一般奥地利人)在这个问题上的立场方面,仍有许多话可说。不过,后来我们为摆脱对这种心理认识的依赖而发展出的无差别曲线技术,尤其是“揭示偏好”的方法已经说明,对微观经济学所需要的那些有关个人行为之假设的陈述,至少从原则上说可以独立于这些“心理学”假设。因此我想略过这个重要的问题,回过头来看看因为信奉任何形式的方法论个人主义而引起的困难。

当然,事实上,如果我们打算根据自己有关个人行为的知识,对个人行为包含在其中的复杂结构的变化做出具体的预测,那么我们必须对每个参与其中的个人行为有全面的了解。门格尔及其追随者当然知道,我们根本不可能做到这一点。可是他们显然认为,对于有可能出现的不同类型的个人行为,一般的观察即可为我们提供足够完整的信息,甚至可以为我们提供有关某些典型事态之出现概率的正确知识。他们希望证明,从这些已知的要素出发,就可以说明它们只能与某些稳定的结构类型相结合,而不能与另一些类型相结合。从这个意义上说,这种理论当然能够得出对将要出现的结构类型的预测,尽管它有可能是错误的。但是,这种预测所针对的,其实仅仅是那些结构所具有的某些性质,或仅仅提出了那些结构可能的变化范围,而很难说是对其中的具体事件或变化的预测。要想利用这种微观经济学理论得出特定事件的预测,我们不仅必须知道组成复杂结构的每个要素的类型,还得知道组成具体结构的每个要素的特殊性质。微观经济学,至少在缺少可以让它采用相当合理的不变假设的事例时,仍然只能局限于我所说的"模式预测",即对现有要素有可能形成的结构类型的预测。这种具体预测能力的局限性——我相信它适用于一切所研究的现象有着韦弗(Warren Weaver)所说的"有机的复杂现象"(它有别于那些复杂的无机现象,我们在研究这种现象时,可以用统计学所确定的某些要素出现的概率,去代替那些有关个别要素的信息①)特点的理论——对于大多数微观经济学而言都是如此。帕累托经常被人引用的一段有关方程式系统——瓦尔拉斯学派正是利用这一系统去描述整个经济体系的均衡状态的——之适用性有限的话,更好地说明了在这个问题上占主导地位的立场。他明确宣布,这些方程式系统的"目的,并不是要去得出对价格的量化计算",以为我们能够对决定这些具体数字的所有特定

---

① Warren Weaver, "Science and Complexity", *The Rockefeller Foundation Annual Report*, 1958.

事实了如指掌，是一种"荒谬的"想法。[①]

我认为，门格尔十分清楚他所提出的理论在预测能力上的局限性，他满足于这一理论，因为他感到在这个领域已无法取得更大的成就。在我看来，在这个谦虚的目标中，甚至包含着一种令人振奋的现实主义。例如，它并不想指出明确的价格，而是仅仅满足于指出价格确定的一定范围。在我看来，甚至门格尔对数学的反感，也反映着他的一种态度：对于那些谎称在精确性上能够达到的程度比他认为能够做到的还要大的说法，他持反对立场。门格尔的著作中没有一般的均衡概念，也与此有关。如果他继续自己的工作，有一点就会比导论部分（即他的《通论》）表现得更为明显：他的目的并不是想提出一种静态的均衡理论，而是要提供一个我们如今称为过程分析的工具。就此而言，他的工作，以及一般而言奥地利人的工作，当然十分不同于瓦尔拉斯所给予我们的针对整个经济系统的宏大视野。

我所说的这种对具体预测能力加以限制的做法，在我看来适用于整个微观经济学体系，这一体系是在边际效用分析的基础上逐步建立起来的。想取得比这一谦虚的目标更大的成就，最终导致了对这种微观理论的不满日益增加，使人们试图用另一种理论去取代它。

在谈论对以门格尔著作为典型的理论的反动之前，我先要就他影响最大时起作用的奇怪方式说几句话。像《通论》这种影响巨大的著作，大概为数不多，尽管比较而言只有很少人读过它。这本书的作用主要是间接的；只是在沉寂了相当长一段时期之后，它才成为一本重要著作。虽然我们一般把边际革命的日期定在门格尔和杰文斯的著作出版的那一年，然而事实上，在此后的大约10年里，我们在文献中仍然很难找到受到他们影响的痕迹。关于门格尔的著

① V. Pareto, *Manuel d'économie politique*, 2nd ed., Paris, 1926, p. 223.

作，我们知道最初它只有几个细心的读者，其中不仅包括庞巴维克(E.von Böhm–Bawerk)和维塞尔，而且包括马歇尔[①]；但是只有前两人在19世纪80年代中期出版了以门格尔思想为基础的著作，由此才引起了更为广泛的讨论。就经济理论的一般发展而言，只是在这个较晚的日期之后，我们才能够说真正出现了边际革命。当时人们广泛阅读的是庞巴维克和维塞尔的著作，而不是门格尔的著作。前者很快就被译成英文，而门格尔的书却一直等到80年之后才有英译本可读。

门格尔著作的影响姗姗来迟，大概也是使门格尔本人不再继续自己的理论研究，转而去捍卫社会科学一般理论方法的原因。在着手写自己的第二本著作《社会科学方法研究》(*Untersuchungen über die Methoden der Socialwissenschaften*)——出版于1883年——时，他肯定感到自己的第一本著作没有造成任何影响。这并非因为其中的思想是错误的，而是因为当时的经济学家，至少在德语世界里，认为通论性的经济学理论没有多大意义。在这样的环境下——这大概让人遗憾——门格尔自然会认为，更为重要的事情是维护理论分析的重要性，而不是去完成对自己理论的系统阐述。不过，传播和发展他的理论的任务，虽然最后几乎完全要由奥地利学派的年轻成员去完成，但无可怀疑的是，在从19世纪80年代中期到20世纪30年代中期的50年里，至少在受马歇尔思想支配的英国之外，他们对现在并不十分恰当地称为新古典经济学的理论发挥了最大的影响。在这一点上我们有维克塞尔的证词，他对边际理论的所有不同流派同样熟悉，因此大概是最有资格的判断者。1921年，他在一篇悼念门格尔的文章中说："自李嘉图的《原理》以来，没有哪本书能像门

① 马歇尔的那本《通论》保存在剑桥的马歇尔藏书中，其中写有对主要论证步骤进行概括的详细边注，不过没有评论。我认为这些文字是马歇尔的早期手稿。

格尔的《通论》那样，对经济学的发展产生过这么大的影响。”[①]

如果说50年之后已很难再这样说，那是因为人们的兴趣已从微观理论大大转向了宏观理论，这主要是——虽然不完全是——由于凯恩斯爵士的著作。在他的《通论》问世以前，就已经可以看到某种这方面的趋势，这是因为人们对我所谈到的微观理论在预测能力上的局限性出现了越来越多的不满。人们日益强烈地想对经济过程进行更自觉的控制（这就要求对具体措施的预期的具体后果有更多的了解），促使他们更加致力于把可以得到的统计信息作为这种预测的基础。这种愿望受某种方法论信念的强大支持。例如，一种理论要想成为真正的科学，它就必须做出具体的预测，它必须指出一些可计算的数字，必须能够确定，在可以进行统计学计算的各种总量之间的关系中，数量的变化存在着恒定的相关性。我曾经主张，一个目标平实的理论，就可以通过观察而被驳倒而言，也是一种可检验的理论。现在我要补充说，那些更具雄心的目标未必一定能够实现。但是也不能否认，如果能够确定事实上存在着某些在相当长时间里始终不变的关系，这当然会大大提高预测能力，从而也会加强经济理论的作用。尽管在过去25年里有种种这方面的努力，我仍然不相信已经达到了这一目标。我的印象是，人们会发现这种常量仅仅存在于某些只能由微观经济学加以限定的情况之中。因此，为了确定我们过去观察到总量之间的数量关系是否还会如期而至，我们仍然只能依靠微观经济学的状态分析。所以，我仅仅期待着，对宏观经济学的需要将来会重新激励微观经济学的进一步发展。

大概我应当补充说，较年轻的一代经济学家近来对微观理论明显缺乏兴趣，是这个时期宏观理论所采取的特殊形式造成的。凯恩斯提出这种理论，主要是将它作为一种就业理论，至少就它的首

① Knut Wicksell, *Ekonomisk Tidskrift*, 1921. p. 124, 后收入他的*Selected Papers*, London, 1952, p. 191。

要意图而言,它是以这样一个假设展开论述的:存在着所有不同类型的生产要素的闲置。它有意不考虑其中包含的匮乏的事实,这使它认为相对价格是历史地形成的,不必从理论上加以解释。对于大萧条时期存在的那种类型的普遍失业,这种理论大概有一定的适用性,但是它对于我们现在所面临或将来我们有可能经历的这种失业类型,并没有多大帮助。在通货膨胀时期失业的出现和增加,不过是十分清楚地表明了,就业不仅是总需求的函数,而且也是由价格和生产结构决定的,只有微观理论能够帮助我们理解这一结构。

我认为,在一代人之前达到第一个顶点——在能够大大感受到门格尔影响的时期结束时——的理论,它的复兴或人们又对它产生兴趣的迹象,已经清晰可辨。他的思想当时已不再是一个另立门户的奥地利学派的财富,而是出现于世界大多数地方都在讲授的一般理论体系之中。不过,自立门户的奥地利学派虽已不存在,但我相信仍然存在着一种独特的奥地利传统,我们可以期待这一传统有朝一日会为经济学的进一步发展做出许多贡献。它所开启的道路的丰富内涵,仍然没有得到充分的利用,对于某些任务,仍然可以利用它来取得一些收获。不过,这些未来的任务只能留待以后的文章讲述了。我这里所做的事情,只是想对自从他的第一部,也是最重要的一部著作问世以来的100年里,他的思想所发挥的一般作用做些说明。我希望在下一篇文章中,会对他还会带来多大的现实影响做出说明。

“依赖效应”的臆断[①]

100多年来，对自由企业制度的批评一直借助于这样的论点：只要能合理地组织生产，根本就不会存在什么经济问题。西方传统的社会主义改革家们不是正视由稀缺引起的问题，而是倾向于否认稀缺的存在。自圣西门(C.H.de Saint-Simon)主义者以降，他们一直在主张，生产问题已经解决，剩下的只有分配问题了。不过，不管在我们看来这种主张最初被提出来时就显得多么荒谬，但是当现在又有人老调重弹时，它却仍然有一定的说服力。

这种陈腐的主张的最新形式，就是加尔布雷思(J.K.Galbraith)教授在《富裕社会》一书中所鼓吹的东西。他试图证明，在我们富足的社会里，重要的私人需求已经得到了满足，因此迫切的需要不再是进一步扩大商品的产出，而是增加由政府提供的(大概也只能由政府提供)各种服务。虽然自从他的书在1958年出版以来，引起了广泛的讨论，不过对他的中心论题仍有必要做进一步的评价。

我相信作者会同意，他的论点的关键是该书第九章所解释的“依赖效应”(Dependence Effect)。这一章的论证以一个声明为起点：在现代社会里，仍未得到满足的大多数需求，都不是个人在一人独处时也会自然而然地感到的需求，而是由一个使他们得到满足的过

---

① 原载*The Southern Economic Journal*, Vol. XXVII, No. 4, April 1961。

程创造出来的需求。因此,他认为不证自明的是,它们不可能是一些迫切或重要的需求。这个关键性的结论看来完全是一种臆断,人们就会看到,该书的全部论证会同它一起垮掉。

论证的第一部分当然完全正确:如果我们没有生活在一个有人向我们提供各种文明——哪怕是最原始的文化——享受的社会里,我们对这些享受便不会有任何欲望。固有的需要大概只限于食物、栖身之地和性欲。我们学会的所有其他需要,都是因为我们看到了另一些人在享受着各种东西。说一种需要因为不是固有的需要,因而不重要,这等于说人类的全部文化成果都不重要。

当然,不能把文明生活中所有实际需要的文化根源混同于这样一个事实,即有些以满足为目的的欲望,并不是直接来自对一件物品的使用,而是仅仅来自希望通过消费这种物品所能提供的一种地位。在加尔布雷思教授引用的一段话里,凯恩斯爵士似乎认为,后面这种凡勃伦式的炫耀性消费(conspicuous consumption)是与“从无论我们的同胞处境如何我们都会感到的需要这个意义上说的那些绝对需要”有所不同的唯一选择。如果把这段话解释成排除了仅仅因为有些食品被生产出来才对它产生的所有那些需求,那么凯恩斯主义的这两个类别当然只是说出了需求的极端类型,却没有考虑到文明生活所依靠的绝大多数商品。从独立于社会环境或其他人的示范这个意义上说,只有很少的需求是“绝对”需求,满足这些需求是维持个人或物种的不可缺少的条件。使我们有所行动的大多数需求,都是对只有文明教会了我们其存在的东西的需要,我们需要这些东西,是因为它们引起了一些如果它们不是为我们的文化遗产而存在我们便体会不到的感觉或情感。从这个意义上说,我们的所有美学情感难道不是都应算作“后天获得性嗜好”吗?

加尔布雷思教授的结论是不是一种彻头彻尾的臆断,只消把他的论证用于任何艺术产品,无论它是音乐、绘画,还是文学,就可清楚地证明这一点。一样东西没有被生产出来,所以人们不会感到对它的需求，如果这个事实证明了这样的产品没有多少价值，那么人类的努力所成就的全部最高级的产品也就没有什么价值。对加尔布雷思教授的论证无须做多少实质性的修改，也很容易被用来证明文学或其他形式的艺术没有价值。可以说，从文学若是没有生产出来，一个人也不会体验到对文学的需求这个意义上说，这种需求并不是他生来就有的，那么这是否意味着，因为文学是引起需求的产品，便不能以它满足一种需求为由来捍卫文学生产呢？这里的情况就像所有文化需求一样，用加尔布雷思教授的话说，属于“使创造需求的需求得到满足的过程”。在文学被生产出来之前，对于文学绝对不会有“独立决定的欲望”，书籍当然也不服务于“无须过去的消费者提供条件的简单享乐方式”。显然，我对简·奥斯汀(Jane Austen)、安东尼·特罗洛普(Anthony Trollope)或C.P.斯诺(C.P.Snow)的喜爱，并不是“我生来就有的”。但是，如果由此得出结论说，与对教育之类事情的需求相比，这种喜爱不那么重要，岂不荒谬？公共教育学好像历来认为，在年轻人中间培养文学爱好是它的任务之一，甚至为此目的而雇用文学生产者。这种生产者创造需求的行为是否该受到谴责呢？或者说，一些学生对诗歌产生爱好仅仅是因为他们老师的努力这一事实，正好证明了既然“这不是自然而然产生的消费需求，那么若不是因为有意设置，它的功效或迫切性没有这种有意设置就等于零，从而根本就不会存在这种需求”呢？

这种仿佛从公认的事实中得出结论的表象，是由论证语言的模糊性造成的，由于使用了这种语言，使你很难搞清楚，作者本人是某种混乱思想的牺牲品，还是他在巧妙地运用一些模棱两可的概念，使自己的结论看上去蛮有道理。这种模糊不清与一个未明言的主张有关，即消费者的需求是由生产者决定的。加尔布雷思教授避免使用任何严格而明确的“确定性”概念。他所采用的说法，如“依靠”，如生产“成果”或“生产创造需求”，显然都是指一些决定性因素，然而他却避免使用明白的语言。不过在他说了那么多话之后，有一点已经变得十分明显:对正在生产什么的了解,是决定人们有什么需求的诸多因素之一。以下说法大概算不上夸大其词:在当代人尚未形成固定习惯的所有领域里,他们都是通过观察邻里在做什么,以及通过观看各种商品演示(实物的或产品目录和广告里的),才发现自己需要什么,然后再去选择他最喜欢的东西。

从这个意义上来说,人们的各种爱好,就像他们的意见和信仰,当然还有他们的大多数个性一样,在很大程度上是由环境形成的。用“生产创造需求”的说法来表述这种现象,在某些情况下大概不无道理,但是显然不能以这里所谓的环境为由,认为具体的生产者能够随心所欲地支配具体的消费者的需求。全体生产者的努力当然都是以这些需求为目标,但是每个生产者能够取得多大成功,不但取决于他在做什么,也取决于其他人在做什么,以及消费者受到的许多其他影响。生产者的这些同时进行但又互不协调的努力,仅仅创造了形成消费需求的环境中的一个因素。正是因为每个生产者都认为自己会说服消费者喜欢他的产品,他才努力去影响他们。这种努力虽然是影响消费者形成爱好的因素之一,但是没有哪个生产者能够从任何意义上“决定”这些爱好,而在需求“是满足它们的过程的被动而人为的结果”之类的说法里,显然包含着这种意思。如果生产者事实上能够随心所欲地决定消费者的需求,加尔布雷思教授的结论当然不无道理。但是说法虽然巧妙,却没有使它变得让人信服,也很难把它变得让人信服,因为它根本就是违反事实的。消费者所得到的选择范围,除了其他因素之外,是相互竞争的生产者一起努力的结果,他们要让各自的产品比他们的竞争对手看上去更吸引人,但是每个消费者仍然能够在所有这些不同的提供者之间做出选择。

当然,如果对这个过程做更全面的评价,必须考虑到在某些生产者实际上使某些消费者倒向自己一边之后,他们又如何变成了对另一些消费者有说服力的榜样,而这些人又会影响其他消费者。这里指出这一点，只是为了强调，即使消费者只受一名生产者的摆布，由此产生的有害后果不久也会被其同胞中许多有影响的榜样所消除。把这种受别人的榜样影响（或换个相同的说法，从别人的经验中学习）说成不过是从众心理作祟，因而是有害的，当然这是一种时髦话语。然而在我看来，通常这种因素的重要性不但被严重夸大了，而且它也同加尔布雷思教授的主要观点没有真正的相关性。不过还是值得简单地问一句：即使有些花销实际上完全是因为受从众心理支配，这又能证明什么事情？至少在欧洲，我们一直很熟悉这样一种人物，他为了在服饰和生活方式上维持一种尊贵或优雅的外表，甚至经常让自己食不果腹。我们可以把这视为一种错误的做法，不过相信这并没有证明，这种人的收入要高于他们知道如果聪明地花钱时所达到的水平。在某些人眼里，功成名就或家财万贯的外表或许比其他许多需求更重要，但是这并没有证明他们为此而牺牲掉的需求是不重要的。同样，虽然人们经常被说服作一些不明智的花销，但相信这并没有证明他们没有另一些重要却没有得到满足的需求。

加尔布雷思教授试图为这一主张，即生产更多商品的需要已大大减少，提供一个明确的科学证明，在我看来他是完全失败了。这种主张里包含着一项要求，它要提出一种为强迫人们把自己的收入用于他所赞成的目的寻找理由的有效论证。这并不是否认在这个陈腐的社会主义观点的最新版本里也有一定的新意。100多年来一直有人在力促我们接受社会主义，理由是它会给予我们更多的商品。由于它在从事这方面的工作上成就实在令人可悲，于是现在又有人以更多的商品已不重要为由而劝说我们接受它，其目的仍然是逐步增加由权力当局决定其用途的资源的份额，并对任何持不同意见的少数实行强制。因此不必奇怪，加尔布雷思教授的论点受到了英国工党知识分子最热烈的欢迎，他在他们中间的影响力，几乎快要取代晚年的凯恩斯爵士了。更加令人不解的是，在这个国家，人们没有认识到它是一种明确的社会主义论点,常常对政治派别中的对立双方很有号召力。然而,这大概不过是一个人们所熟知的事实的又一个事例:在这些问题上两个极端经常同时并存。

熊彼特论经济史[①]

经济史方面的著作并不缺乏，但是优秀者不多，即使优秀者，大多也不过是些概述。因此，没有让几乎具备独一无二资格的熊彼特教授在他的晚年完成这部大作，确实是个极大的不幸。10年前，当他已经取得了作为一名有创造性的经济学家的声望之后，他发表过一本出色地概述经济理论发展过程的著作，许多人都认为这是一本最好的书，但是他本人对此书却非常不满，甚至不同意发行德文第一版的英译本。1950年，即他去世的前9年或前10年，他开始着手修订这本早期著作，这项工作逐渐变成了一件不朽的学术成就，它在这个领域无与伦比，直到生命终结之前，他一直在从事这项工作。他在去世前已完成了自己打算讨论的整个领域，因此在现在出版的书中，几乎没有多少重大的遗漏。不过大多数仍然有第一稿的形式，本来应当进行十分认真的修改。全书显然是建立在对规模大小的确让人吃惊的原始文献进行系统考察的基础上的；它展现出一种令人难忘的百科全书式的博学，远远超出了经济学的局限。正像谁也不会怀疑作者有这样的意图一样，如果在修改过程中，二手文献也

---

① 对Joseph A. Schumpeter, *History of Economic Analysis*(ed. from Manuscript by Elizabeth Boody Schumpeter, New York, Oxford University Press；缩写本, New York, 1954)一书的评论。

像原始文献那样得到了充分的利用,我们肯定会得到这样一部经济史手册,我们不敢想象那是出自一人之手,而是只能来自一个专家委员会。作者的遗孀也是位杰出的经济学家,承担起了整理手稿及其出版的工作,她打算尽可能地保持她丈夫留下来的书稿的本来面目。但是熊彼特夫人没有完成这项任务便去世了,出版的本子是由作者的一些朋友和学生整理的。

在许多细节方面,其他研究者难免会与作者的意见相左,但是在读毕全书之后,它所提供的整个画面给人留下的印象,会使这些偶然的过失变得无足轻重。在一篇短评中,过多谈论所看到的任何瑕疵是不适当的——如果作者本人还活着的话,他会把它们的大部分都改正过来。我们只想指出作者的目标是什么,并且他大体上已达到了自己的目标。

此书被设计成一部严格意义上的经济科学而不是更宽泛的政治经济学领域的历史著作。但是,如果不考虑那些对不同时期研究兴趣的方向起决定作用的政治、社会和知识流派,经济学大概比其他任何科学都更难以理解,因此作者为我们提供了有关这些背景的权威性概述,这使得它已经不再只是一部论述某个知识分支的史著。熊彼特虽然是个很具个性的人,往往持一些不流行的观点,但是他为了成功地彻底消除自己的个人偏见,采取了极其令人赞赏的做法。对于过去没有得到足够信任的任何真诚的努力,他尽量给予公正的对待,甚至对那些因为当时的环境而不那么合理的论点,他也尽量为其寻找理由,付出的努力之大令人称奇。凡是了解他的一般理论观点的人,如果看到魁奈(F.Quesnay)、库尔诺和瓦尔拉斯(“从纯理论角度看……所有经济学家中最伟大的人”)都是他的英雄,而亚当·斯密、李嘉图甚至马歇尔却被放在一个较之通常的观点更低的位置,是不会感到奇怪的。这些评价大多数是正确的,都能够用很好的论点加以捍卫。它的一大优点是正确地认识到了坎特龙、西尼尔和庞巴维克这些人所发挥的重大作用,与这些讨论相比,对一些属于二流但仍有一定重要性的人物如托伦斯给予的慷慨评价并不十分重要。甚至给予卡尔·马克思很大的关注,如果不是基于他对经济理论做出过多么大的贡献,而是着眼于他的影响以及他在早年将社会学思想融入经济分析的努力——吸引着熊彼特的显然就是他著作中的这个方面——大概也是有道理的。当然,熊彼特本人有时对社会学和纯经济学几乎有着同等的兴趣,这一事实对这部晚期著作的特点有着重要的影响,其中若干部分,甚至就是一些令人着迷的科学社会学论文。即使是其中那些人们无法同意的论述,读来也让人兴奋。走完这个阅读旅程的读者,对于熊彼特在讲述19世纪的自由主义、个人主义和“自由放任”时所采取的即使算不上轻蔑也是毫无必要的方式,很可能会感到愤怒。不过他们应当记住,写下这些话的作者像任何人一样明白,“资本主义的进化倾向于逐渐消失,因为现代国家有可能摧毁或麻痹它的动力”,但他似乎也有一种“ épater les bourgeois”(吓唬资产阶级)的不可抗拒的冲动。

这本1200余页、版式紧密的书,不太可能成为一本大众读物,尽管它文笔出色,不只会使专业人士读来愉快。这并不是说,它是本好读的书,或适合于弥漫在许多学院教育过程中的那种幼儿园气氛。它也不是一本令各方面都感到“安全”的书:对任何正统思想的描述,都要对持续不断的攻击有所准备,而呆板的头脑也把握不了介于两条路线之间的大多数言论。不过对于那些成熟和善于思考的读者,不管他是经济学家还是仅仅对有关人类事务发展的观念有着一般的兴趣而言,它都是一份不可估量的教育财富。从这本书中受益最大的将是年轻一代经济学家:在其他学科中理论的日益技术化以及由此产生的专业狭隘的危险,在这个领域是特别有害的。我不知道还有哪本书能够比这部著作更好地消除那种似乎正在支配着一些年轻人的想法,即1936年以前发生的任何事情,对他们都是不重要的;没有任何其他著作更适于向他们表明,如果他不想成为单纯的经济学家，而是成为一个能够在这个复杂世界里运用自己专业知识的有教养的人，他应当知道些什么。他们在该书的最后一部分——令人遗憾地没有完成——还会发现，对当代经济学状况的总结，至少对于一个读者来说，与近年来那些为此目的而做的各种集体努力相比，它更令人兴奋，更令人满意。

亚当·斯密在今日语言中的意义①

在我讲授经济史的40多年里，我总是感到关于亚当·斯密的课特别难讲。

只要一谈到这个人，人们就会说，构成今日经济学基石的大多数有关技术问题的决定性观点，如价值和分配问题，以及货币问题，他之前的那一代人早就说过，而且他也并不总是对这些早期工作的重要性有充分的估计。不过，就像其他大多数经济学家一样，我强烈地感到并希望指出，不管是在影响方面，还是在对这门学科的中心问题的洞察力和清醒的认识方面，他都堪称他们中间最伟大的一位。

在某些方面，他的继承者对这一点有着比我们更清醒的理解。譬如《爱丁堡评论》的编者弗朗西斯·杰弗里(Francis Jeffrey)在1803年写到苏格兰伟大的道德哲学家凯默斯、亚当·斯密和詹姆斯·米拉(James Millar)[他还应当加上弗格森(Adam Ferguson)]时说，他们的伟大目标是：

> 从社会史中寻找最简单、最普遍的因素——将几乎所有实在的制度确定为都是某些显而易见的原则自发而不可抗拒

---

① 原载伦敦《每日电讯报》，1976年3月9日。

的发展，并且证明，大多数复杂的、显然是人为的政策方案的制订，并不需要多少发明和政治智慧。

在将这个一般方法应用于市场时，亚当·斯密能够把这种基本思想发挥得比任何他的同代人都更远。他有关劳动分工的著名论述，其伟大之处就在于他认识到，当人们各自的努力不为周围同胞已知的需求和能力所左右，而是受抽象的价格信号——市场上的各种物品，就是按这种价格被需求和提供着——支配时，他才能够为"任何人类智慧和知识都不足以掌握"的"大社会"这个广阔的领域提供服务。

个人尽管"理解力狭窄"，如果允许他把自己的知识用于自己的目的（斯密写的是"遵守平等、自由和公正的自由设想，以他自己的方式追求自己的利益"），他便会处在一个服务于他人及其需要、利用他人及其技巧的位置上，而这些人又是完全处在他的知识范围之外。大社会之所以成为可能，当然是因为个人将自己的努力不是指向可见的需要，而是指向反映在市场信号中的入大于出的可能收益。这种实践使大商业中心日益富足，从而表明，同个人受其邻里可见的需要和能力引导相比，它能让个人做得更好，更多地为需要提供服务。

说亚当·斯密鼓吹私利至上是错误的：他的中心论点并没有谈及个人应当如何利用自己增加产品；他十分赞成把增加的收入用于善行。他所关心的是，如何能够让人们为社会产品做出尽可能多的贡献；他认为这需要根据他们提供的服务在需要者眼中的价值向他们付费。但是，他的教导却冒犯了一种人类从早期朝夕相处的部落社会中继承下来的根深蒂固的本能，人们在这种社会里经过数万年时间形成的情感，在已进入开放的社会时仍然支配着他们。这些遗留下来的本能，要求人们应当致力于为他所认识的同胞（即《圣经》中的"邻人"）提供可见的好处。

正是这种情感，仍然以“社会公正”的名义支配着所有社会主义的要求，并且很容易博得一切好心人的好感。然而它同一个开放社会——今天西方世界的所有公民，都应将其普遍的富裕水平归功于这个社会——是格格不入的。

因此可以说，“社会公正”的要求——根据不同的人和群体的需要或表现在他们中间分配物质财富的要求——是一种返祖现象，是一种与个人可以把自己的知识用于自己的目的的开放社会不相协调的要求。

认识到当个人受抽象的价格信号而不是受直观的需要引导时，他的努力会惠及更多的人，从整体上说也会满足更多的需要，并且利用这种方式，我们可以更好地克服我们对大多数具体事实固有的无知，能够更充分地利用广泛散布在千百万个个人中间的有关具体环境的知识——这就是亚当·斯密的伟大贡献。

不言而喻，斯密并没有驳斥我们现在所说的社会主义，因为这种现象还不为他那个时代的人所知。但是他很了解我乐于称为“建构主义”的一种重要的一般态度，它不赞成人类的任何制度，除非这种制度是为了那些残留的情感所指出的目标，由人特意设计并受其支配的制度。他称这些人为“制度人”(men of system)，以下是他在自己的第一部伟大著作中关于他们的言论：

> 这个制度人……似乎以为，他可以像在棋盘上用手摆弄棋子那样容易地安排一个大社会中的不同成员。他没有考虑到，棋盘上的棋子除了人手赋予它们的运动规则之外，并无其他规则，但是在人类社会这个大棋盘上，每一个棋子都有自己的运动规则，它们完全不同于立法机构挑选出来施加于它们的规则。如果两种规则配合默契，人类社会的游戏便会顺畅进行，并且很可能带来幸福和成功。如果它们相互对立或有所不同，游戏就会可悲地进行，人类社会必定会始终处

在极大的混乱之中。

最后这句话用来描述我们现在的社会也不算太差。如果我们迷恋返祖现象,屈从于从部落遗留下来的本能,执意要把只能以酋长对社会中的全部具体环境全都了如指掌为前提的原则贯彻于这个大社会,那么回到部落社会便成了我们的归宿。

下篇　哲学与政治学

只有当事先知道自由能够带来的好处时才得到批准的自由，是不能称为自由的。

——F.A. 哈耶克

知识分子与社会主义[①]

一

在所有民主国家里，尤其是在美国，存在着一种强烈的信念，认为知识分子对政治的影响是微不足道的。如果这是指知识分子用自己一时的具体想法影响决策的能力，以及当民众就某些问题进行投票，而他们所持的看法不同于群众的流行观点时，他们对投票施加影响的程度，那么以上观点当然不能算错。然而若是着眼于更长远的时间，他们在那些国家所发挥的影响，大概从来没有像今天这样大。他们是通过形成公众舆论发挥着这种影响的。

从最近的历史来看，这些倒卖观念的职业好手的决定性力量至今还没有得到普遍承认，这不免让人奇怪。过去100年里西方世界的政治发展，提供了一个最明确的证据。无论在什么地方，社会主义最初都不是工人阶级的运动。它根本就不是那个阶级的利益所必然要求的，对一种明显罪恶的明确的救治方案。它是理论家从某些抽象的思想倾向中构想出来的，而在很长一段时间里只有知识分子熟悉这些思想倾向。在能够说服工人阶级把它当作自己的纲领

---

① 此文原载*The University of Chicago Law Review*, Vol. 16, No. 3, Spring 1949。

之前，需要知识分子付出长期的努力。

在已经走向社会主义的每一个国家里，在社会主义发展到对政治产生决定性影响的那个阶段之前，有许多年的时间是处在这样一个时期，社会主义理想仅仅左右着一些较为活跃的知识分子的思想。德国到达这个阶段是在20世纪末；英国和法国是在第一次世界大战时期。在一个临时的观察家看来，美国在第二次世界大战时似乎也到达了这个阶段，在目前美国的知识分子中间，计划和指令性经济制度就像它曾在他们的德国或英国同胞中那样，有着强烈的吸引力。经验告诉我们，一旦达到了这个阶段，知识分子所持的观点变成支配政治的力量，便只是个时间问题了。

因此，知识分子的观点影响着明日政治这一过程的性质，已经超出了学术研究的范围。无论我们是只想做出预测，还是也想影响事件的进程，这都是一个比一般人所能理解的远为重要的因素。当然，当代观察家视为相互冲突的利益之争的现象，在很久以前就是由局限在一个小圈子之内的观念冲突决定的。但是令人啼笑皆非的是，一般而言，在传播相互对立的物质利益之势力大小决定着政治争端这种信念上，左翼政党出力最多，而在实践中这些政党却在按部就班地、成功地开展着工作，看上去只有他们才理解了知识分子的重要地位。不管他们是通过精心筹划还是受着环境的驱策，他们总是把自己的主要努力指向赢得这个精英阶层的支持，而较为保守的团体，也在按部就班地、却很不成功地根据一种更为天真的大众民主观采取行动，他们通常徒劳地想去直接接触并说服投票者个人。

二

但是，知识分子这个称呼，并没有直接给我们所说的这个庞大阶层提供一幅真实的画面，我们没有更恰当的用语来称呼这些所谓倒卖观念的人，这一事实对于我们为何没有更好地理解他们的威力，并不是个十分次要的原因。甚至把“知识分子”一词主要作为一个受到滥用的术语的人，也倾向于把它从那些毫无疑问起着这种典型作用的许多人那儿取走。这种人既不是有创造性的思想家，也不是某个具体思想领域里的学者或专家。典型的知识分子没有必要是这两种人，为了履行传播观念的媒介作用，他不必具备有关任何具体事物的专业知识，甚至不必特别理智。他的上岗资格是，他能够随时对范围广泛的主题又说又写，他有着这样的地位或习惯，能够比那些他要向其发表看法的人更快地掌握新观念。

在着手开列出属于这个阶层的所有职业和活动之前，很难认识到它的数量是多么大，它在现代社会中的活动范围是如何在持续不断地扩张，以及我们所有人对它已有了多么严重的依赖。这个阶层不但包括记者、教师、牧师、演说家、政论家、电台评论员、小说家、卡通画家和艺术家——他们可能都掌握着传播观念的娴熟技巧，但是对于他们所传播的东西的本质，他们通常只是一知半解。这个阶层还包括专业人士和技术人员，譬如科学家和医生，他们通过与印刷品交往的习惯，成为他们自己领域之外的新思想的传播者，并且由于他们自己的专业知识，大多数人都对他们洗耳恭听。今天，普通人除了通过这个阶层了解各种事件和观念外，几乎再无其他渠道；而在我们工作的专业领域之外，我们几乎全是普通人，为了获得信息和指教，我们得依靠那些靠追逐舆论吃饭的人。正是这个意义上的知识分子，决定着什么样的观点和意见应当教给我们，哪些事实相当重要，因此应当告诉我们，以及用什么样的方式和从哪个角度去讲述这些事实。我们是否能够了解到专家和有创造性的思想家的工作成果，主要取决于他们的决定。

大概普通百姓并不十分清楚，大众对科学家和学者的尊敬，在很大程度是由这个阶层造成的，并且不可避免地受它对问题的看法的影响，而这种看法与真正的成就所具有的优点并没有多大关系。对于我们的问题十分有意义的是，大概任何学者都能从他自己的领域里列举出几个人物，他们在民众中获取了不应得的伟大科学家的声望，仅仅是因为他们持有知识分子视为“进步的”政治观点。但是，这种虚假的科学名望出于政治原因被赋予了一个思想倾向较为保守的学者，至今为止我没有遇到过一例。在专家的研究成果不是为另一些专家所利用，而是受一般大众的政治决定左右的领域，知识分子树立名望的活动尤其重要。专业经济学家对社会主义或保护主义之类教条的扩散所持的态度，可以说是这方面再好不过的例子。凡是得到自己同行承认的大多数经济学家，大概在任何时候都没有支持过社会主义(或保护主义)。甚至可以有十足的把握说，在任何其他类似的研究团体中，都不存在坚决反对社会主义(或保护主义)的如此大的人数比例。近来，对社会主义改革方案的最初兴趣，已不太可能使一个人选择经济学作为自己的专业，这是一种格外有意义的现象。但是，被知识分子接受并加以传播的，并不是专家中间的主流观点，而是少数人的观点，而他们在自己专业上的地位往往是令人怀疑的。

知识分子在当代社会中无所不在地影响着，还因为“组织”的重要性日益增长使其得到进一步的加强。一个普遍但很可能错误的信念是，组织的增多加强了专家的影响。就专家管理人员或组织者而言，如果存在着这种人的话，这样说或许不错，但是对于任何特定知识领域里的专家就很难说了。不如说，权力得到加强的，是那些所具备的一般知识被认为有资格评价专家的证词，并在来自不同领域的专家中间做出裁决的人。不过，对于我们而言重要的一点是，一名当上大学校长的学者，一名负责某个基金组织的科学家，一个成了主编，或成了某个致力于具体事业的组织的积极发起人的学者，很快就会不再是一个学者或专家，他会成为我们所说的那种知识分子，成为这样一种人，他们不是根据自己的特长，而是以知识分子的典型方式,仅仅根据某些时髦的一般观念去判断一切问题。这种繁殖知识分子、增加其人数和势力的机构与日俱增。几乎所有那些只懂得知识传播技巧的“专家”,从他们所传播的知识那个角度看,都是知识分子而不是专家。

从我们所采用的意义上来说,知识分子事实上是一种相当新的历史现象。对于教育不再是有产阶级的特权,虽然谁也不会感到惋惜,但是,有产阶级不再是受过最佳教育的阶级这个事实,以及另一个事实,即其地位仅仅归因于他们受过普通教育的大量人员,并不具备管理财产才能给予的有关经济系统运行的经验,对于理解知识分子的作用却是很重要的。熊彼特教授在他的《资本主义、社会主义和民主主义》一书中,用了一章篇幅对我们的问题的某些方面作了阐述。他公正地强调指出,使典型的知识分子有别于那些同样有能力发表言论和写文章的人的因素,是他不承担对实际事务的责任,以及由此造成的缺乏相关的第一手知识。不过,对这个阶层的发展,以及最近它的理论家之一提出的一种奇谈怪论,即它是观点不受自身经济利益决定性影响的唯一阶层,在这里作进一步的评价,未免离题太远。在这篇文章中本来必须给予评价的重要问题之一,是版权法在多大程度上刺激了这个阶层的发展。①

三

毫不奇怪,真正的学者、专家和实干家,对知识分子常有鄙夷之感,也不愿意承认他的能力,如果他们发现了这种能力,则会十分厌

① 如果在一个社会里表达的渠道在很大程度上是由一些在现有条件下享有合法利益的人所控制,那么还有多少机会能够对版权法给予社会的好处持严肃的批评观点,或对一个靠写书为生的阶层对公众利益的作用表示怀疑?对此作些揭示不失为一件很有意思的工作。

恶。他们私下发现,知识分子大都是些对具体事务一窍不通的人,并且他们对自己所理解的事情做出的判断,并没有表现出丝毫特别的智慧。但是,为此便低估他们的力量,却会犯下致命的错误。他们虽然经常学识浅薄,智力有限,却不能改变一个事实:正是他们的判断,大大决定着社会在不太遥远的将来据以采取行动的观点。可以毫不夸张地说,一旦知识分子中较为活跃的那一部分人皈依了一套信念,几乎自然而然地就会出现一个这些信念逐渐受到普遍接受的不可抗拒的过程。他们是现代社会为了传播知识而建立的组织,他们的信念和意见起着筛子的作用,一切新观念在到达公众之前,必须先被他们过滤一遍。

由知识分子的职业性质所决定,他在履行日常的工作时,必须利用自己的知识和信念。他占有自己的位置,是因为他拥有着对他雇主而言并不具备的知识,或者是因为他必须日复一日地同这种知识打交道,因此,别人只能在有限的范围内左右他的活动。正是因为知识分子在知识上最忠诚,所以当他们做出了判断时,不可避免地会遵从自己的信念行事,并且他们会让经他们插手的任何事情都染上自己的色彩。甚至当政策的主导权掌握在观点不同的实干家手中时,政策的执行权一般也会落入知识分子手中,而对实际后果起决定作用的,往往是有关细节问题的决策。我们在当代社会的几乎一切领域都能发现这种例子。人们知道,“资本家”所拥有的报纸、受“反动”统治机构领导的大学、由保守派政府占有的广播系统,都在从社会主义的方向上影响着公众舆论,因为它是其雇员的信仰。尽管上层企图控制舆论,贯彻正统原则,或者不如说,正是因为他们想这样做,才使得这种事情经常发生。

由一个必定持有某种观点的阶层对思想进行过滤,其影响所及不一定仅限于群众。专家在自己的领域之外,一般同样要依靠这个阶层,很少受自己选择的影响。其结果是,今天在西方世界的大多数地方,甚至最坚决反对社会主义的人,在他们没有掌握第一手信息的大多数问题上,也从社会主义文献中汲取他们的知识。社会主义者的思想中许多较为一般的偏见与他们更为实际的目标之间的关系,并不是一眼就能看破的,因此许多自以为坚决反对那种思想体系的人,实际上变成了它的传播者。谁不知道在自己的领域里把社会主义斥为"毒疮"的实干家,在步出自己的领域时又像任何左派记者一样大讲社会主义呢?

在过去的100年里,任何领域都不曾像不同民族的文明之间的交往这个领域那样,强烈地感受到社会主义知识分子的影响。在近代世界,知识分子为走向一个国际共同体提供了几乎是唯一的方法,追溯这件事的原因和意义超出了本文的范围。但正是这件事,主要可以用来解释一种不同寻常的奇观:对于好几代人来说,几乎只有所谓"资本主义"的西方,一直在向目的在于毁灭西方文明的远东国家的意识形态运动提供道德和物质上的支持;同时,西方公众所得到的有关中欧和东欧事件的信息,几乎无一例外地全都染上了社会主义偏见的色彩。美国占领军在德国的许多"教育"活动,已经造成了很多这种倾向的明显的新事例。

四

因此,最重要的事情就是对如此多的知识分子倾向于社会主义的原因做出正确的解释。凡是不抱这种偏见的人应当坦率面对的第一点是,决定着知识分子观点的,既不是自私的利益,更不是罪恶的动机,而是一些最为真诚的信念和良好的意图。事实上必须承认,大体而言,今天一个典型的知识分子越是受到良好的愿望和理智的引导,他就越有可能成为社会主义者,站在纯粹的知识分子论证的立场上,他总是能够使自己处在比他那个阶层中他的大多数反对者更为优越的地位上。如果我们仍然认为他是错误的,我们就必须承认,可能存在着一个真正的错误,才使我们社会中这些占据着关键位置的心地善良而又聪明的人,四处传播那种我们认为威胁着我们的文明的观点。[①]最重要的事情就是努力理解这种错误的根源,使我们能够去对付它。但是,那些被普遍视为现存秩序代表的人们,以及那些自以为了解社会主义危险的人们,通常都远远没有做到这样的理解。他们倾向于认为,社会主义的知识分子不过是些自命不凡的激进派中的毒瘤,却没有估计到他们的影响力;他们对待这些人的整个态度,有可能使后者在反对现存秩序上走得更远。

如果我们想理解大量知识分子的这种奇怪的偏见,我们必须明白两点。首先,他们在判断一切分歧时,一般都是仅仅根据某些普遍观念;其次,任何时代的典型错误,往往都是从它所发现的某些真正的新真理中得出来的,它们是在应用另一些领域中已被证明为有价值的新的普遍命题时造成的错误。充分考虑到这些事实,我们所能得出的结论是,有效地驳斥这些错误,经常需要知识的进一步发展,而且往往会达到一种非常抽象、似乎与实际问题十分遥远的境界。

大概知识分子最典型的特征是,他对新观念做出判断,不是根据自己的专长,而是根据它们与他本人的一般观念、与他视为现代的或进步的那幅世界画面是否相互配合。这些善恶观念通过影响他以及他在具体问题上做出的意见选择,其威力与其普遍性、抽象性甚至是含糊性成比例地增长。既然他对具体问题所知甚少,因此他的标准肯定与他的另一些观点,与是否适合把它们统一到一个整体性世界画面中去相一致。但是,对大量无时无刻不在产生的新观念所作的这种选择,造成了一个时代典型的舆论——即占主导地位的“世界观”——气氛,它有利于某些意见被人接受,而不利于另一

① 因此(就像《通往奴役之路》的评论者熊彼特教授所说),并不是“善待过失的风度”,而是因为深信这件事的重要性,使我——用熊彼特教授的话说——“除了智力的错误外,很难再从反对者那儿找到任何东西”。

些意见,从而会使知识分子在并没有真正理解问题所在时,就打算赞成某种结论,而拒绝另一些结论。

从某些方面来看,知识分子更接近于哲学家而不是专家,哲学家在不止一种意义上是知识分子的国王。虽然他的影响与实际事务相距更远,因此同一般知识分子的影响相比,其作用也更缓慢、更不易察觉,但它们的性质是相同的,而且从长远看甚至比后者更为强大。他同样致力于一种综合,追求的方式也更为系统,对具体观点有着同样的判断标准,即看它们是否适合某种普遍的思想体系,而不是看它们具体的优缺点;他同样寻求一种统一的世界观,将它作为赞同或接受某些观念的主要依据。由于这个原因,哲学家很可能比其他任何学者或科学家对知识分子有着更大的影响力,在知识分子履行其思想检查职能所采取的方式方面,他比任何其他人都起更大的决定性作用。科学专家只有当他不再是一个专家,而是开始把自己学科中的进展加以哲学化,一般是在知识分子基于同他的科学成就没有多大关系的理由而接受了他之后,他对民众的影响才会胜过哲学家的影响。可以说,任何一个时代的"舆论气氛",从本质上说都是一些十分普遍的先入之见,知识分子根据它们对新的事实和意见的重要性做出判断。这些先入之见,主要是把科学成就中在知识分子看来最有意义的某些方面加以应用,把它转向专家工作给他留下特殊印象的另一些领域而造成的。这些在两三代人的时间里又反过来支配着知识分子思想的精神时尚和流行话语,我们可以开出一份长长的清单。"历史方法"或进化论、19世纪的决定论、有关环境相对于遗传因素的主导作用的信念、相对论或有关无意识力量的信念——所有这些一般性学说都曾被奉为检验不同领域创新的圭臬。这些观念越是不具体或不精确(或被人理解得越少),它们的影响面似乎也就越大。有时产生了深刻影响的,干脆就是一种很难形诸文字的模糊印象。譬如,在社会事务方面,特意控制或自觉的组织总是优于未受某个人的头脑支配的自发过程的结果,或任何按照事先的计划而建立起来的秩序肯定优于从对立力量的平衡中产生的秩序——这类信念深刻地影响着政治发展。

在提出更正确的社会理想这个方面,知识分子所发挥的作用实在不同凡响。他们的特殊嗜好在这方面表现为制造一些抽象用语的行话,把人们的正常交流中产生出来的抱负理性化,并把它推向极端。既然民主是件好事,于是他们便认为民主的原则贯彻得越彻底越好。近年来,在影响政治发展上,这些普遍观念中最为强大的当然是物质平等的理想。它显然不属于那些自发形成的、首先被应用于具体个人之间的道德信念,而是一种最初由知识分子用抽象语言构想出来的东西,它在具体事例中的含义或适用性是令人怀疑的。然而在对不同的社会政策做出选择时,它却作为一条原则发挥着强大的作用,成为走向一种谁也没有搞明白的社会安排的持久压力。如果有项措施是打算用来实现更大的平等,它就会被人视为一个巨大的优点,再也不会考虑别的方面。由于在每个具体问题上,引导舆论的人都对此抱有明确的信念,使平等的理想强烈地左右着社会变革,其程度甚至超出了它的倡导者的本意。

以这种方式发挥作用的不仅是道德理想。有时知识分子对社会秩序问题的态度,也可能是纯科学知识中的进步造成的结果。在这方面的事例中,他们对具体问题的错误观点,在一段时间里有可能看上去具备最新科学成就的所有威望。

一项真正的知识进展有时会成为新错误的根源,这种事情本身并没有令人惊奇之处。如果从新的普遍原理中得不出任何错误的结论,它就会成为再也无须修正的终极真理。从这种新的普遍原理中得出错误的结论,通常都是因为受过去所持的观点之害。不过一种新的理论,正像它所导致的正确的新结论能够证明它的价值一样,也很有可能产生出一些被未来的进展证明是错误的结论。但是在这种情况下,错误的信念却似乎有着最新科学知识成就的全部威望。虽然在把这种信念应用于特定领域时,它有可能受到所有科学证据的否定，但是在知识分子的法庭面前，根据支配着他们思想的那些观念，它仍然会当选为最符合时代精神的观点。由此在大众中声誉鹊起的专家，将不是那些得到同行承认的人，而经常会是一些被其他专家视为幻想家、半瓶子醋甚至骗子的人。但是在公众眼里，他们却成了自己那个学科中最为知名的代表。

具体而言，在过去100年里人类所掌握的运用自然力量的方式，造成这样一种信念，即对社会力量的类似控制能力也会使人类的条件大为改观，毫无疑问起了极大的作用。根据某种独一无二的整体计划，采用工程技术的办法处理一切形式的人类行为，将被证明也能在社会中取得像无数工程项目中一样的成功——这种结论实在是太有道理了，它怎么能不让为自然科学成就欢呼雀跃的大多数人误入歧途呢？当然，必须承认，要想对付助长了这种结论的强大偏见，需要提供十分有力的论证，而这些论证至今仍未得到适当的说明。仅仅指出建立在这种推理上的具体设想的缺陷是不够的，这种论证必须决定性地证明，在促进如此之多的领域的进步方面取得了显赫成就的方法，为什么其作用也有局限性，如果超出这种局限，它必定会造成恶果。在做到这一点之前绝不能松劲。这项任务仍未得到令人满意的履行，但是在未消除这种特殊的社会主义冲动之前，必须完成这项任务。

当然，这仅仅是许多如下事例之一：如果想驳倒目前的有害观念，就需要推进思想的进步，并且我们所要完成的事业，最终将取决于对抽象问题的讨论。实干家根据自己对某个特定领域的个人知识，认为从更具普遍性的观念中得出的社会主义理论肯定行不通，但仅仅做到这一点是不够的。他有可能完全正确，但是，如果他没有得到对纯观念加以有效反驳的支持，他的抵抗仍会被打败，他预见到的一切可悲后果还会发生。只要知识分子掌握着更好的论证，哪怕是对具体问题最正确的反对意见，也会被弃之不顾。

五

这还不是事情的全部。对知识分子队伍的壮大产生影响的力量,也在同一个方向发挥着作用,并且解释了在他们最有能力的那些人中间,为什么有这么多人倾向于社会主义。在知识分子中间,就像其他群体一样,当然也存在着许多意见分歧,但是事实似乎是,从整体上说,知识分子中间经常是那些更活跃、更聪明、更有创见的人,最有可能倾向于社会主义。而它的反对者往往是些没有多大分量的人。在社会主义观念渗透的早期阶段尤其如此。后来,在知识分子圈子之外公开承认社会主义信仰,虽然仍可算是一种有勇气的行为,但是知识分子内部支持社会主义的舆论压力却经常十分强大,一个人若想抵抗它,同接受被他的同胞视为现代观点的那些思想相比,就需要具有更大的力量和独立的头脑。例如,凡是了解大学各科系中大量人员(从这种观点看,大学里的多数教师大概都应被划入知识分子而非专家的行列)的人,都不会忘记这样的事实:今天那些最有才华、最为成功的教师,更有可能是社会主义者,而持有较为保守的政治观点的人往往是些平庸之辈。这件事本身当然是导致年青一代进入社会主义阵营的一个重要因素。

社会主义者从这种现象中,自然只能找到一种证明,即更有头脑的人今天注定要成为社会主义者。但是这远远不是必然的解释,甚至不是最有可能得出的解释。这种现象的主要原因大概是,对于那些接受现存秩序的格外有能力的人来说,还有许多获取影响与权力的竞技场向他们开放,而对于那些心怀不满的人,知识分子的生涯便成了一条通向影响与权力的途径,这大大有助于他们实现自己的理想。更有甚者,具备一流能力的较为保守的人,一般而言只有当他能够从脑力工作本身得到乐趣时,他才会选择这种工作(从而蒙受这种选择通常会造成物质收入上的损失)。因此,他更有可能成为一名专家式的学者,而不是一个特殊意义上的知识分子。对于头脑较为激进的人来说,追求知识往往与其说是一种目的,不如说是一种手段,是一条获得专业知识分子影响力的捷径。因此,事实很可能是这样的:并非更聪明的人一般都是社会主义者,而是在最有头脑的社会主义者中间,占很大比重的一部分人投身于知识的追求,是因为现代社会赋予了这种工作以左右公众舆论的影响力。[①]

知识分子的人选,与他们对具有普遍性的抽象观念的突出兴趣也有着密切的关系。关于彻底重建社会之可能性的沉思冥想,同那些以现存秩序的点滴改进为目标的人所做的短期的实际考虑相比,更符合知识分子的口味。具体来说,社会主义思想对年轻人的号召力,主要是因为他们有着喜欢幻想的特点。就此而言,敢于沉溺于乌托邦思想的勇气,是社会主义者的力量源泉之一,而这正是传统的自由主义者严重缺乏的东西。这种不同发挥着有利于社会主义的作用,这不只是因为思考抽象原理的工作为那些不受有关日常生活事实的大量知识约束的人提供了一个发挥想象力的机会,而且因为它满足了一种合理的愿望,即对任何社会秩序的理性基础加以理解,从而为建构主义的冲动开辟用武之地,而自由主义在获得重大胜利之后,并没有为这种冲动留下发泄的出口。知识分子因为自己的性情使然,对技术细节或实际困难不感兴趣。能够打动他的是广阔的眼光,是貌似有理地把社会秩序理解成一个为计划体制提供了前景的整体。

---

① 人们所熟悉的另一个相关现象是,几乎没有任何理由认为,真正一流的有创造力的智力在非犹太人中间要少于犹太人。不过同样没有理由认为,几乎任何地方的犹太人群体,都不成比例地包含着大量我们所说的那个意义上的知识分子,即以解释观念为职业的那类人。这有可能是因为他们的特殊才能,同时肯定也是他们在居住国的主要机会,那些地方的偏见为他们进入另一些领域设置了障碍。大概更是因为他们在知识分子中占了这样大的比例,才使得知识分子似乎比另一些群体更愿意接受社会主义观念。

社会主义者的幻想更合知识分子的口味，这个事实已被证明对自由主义传统有着致命的影响。一旦自由主义方案的基本要求似乎得到了满足，旧式自由主义的思想家就会转向细节问题，而忽视了继续发展自由主义的一般哲学，这会使它变得不再是一个为普遍性思想提供场所的生动主题。因此，在过去半个世纪的时间里，只有社会主义者提出了貌似社会发展明确纲领的东西，一幅他们所向往的未来社会的图画，一套对具体问题的决策起决定作用的普遍原则。如果我的观点正确，那么他们的理想是有着内在矛盾的，打算将其付诸实施的任何尝试，肯定会造成一些与愿望截然相反的结果。但是这并不能改变一个事实，即他们的变革纲领是最近实际影响各项社会制度发展的唯一纲领。由于他们的方案是得到一个庞大群体接受的唯一明确的社会政策学说，是提供了新问题、开拓了新视野的唯一体系或理论，因此他们在激发知识分子的想象力上取得了成功。

在这个时期，决定社会实际发展的并不是相互冲突的理想之间的对抗，而是现状与一个可能的未来社会的理想之间的对比，而只有社会主义者向公众呈现了这样一种理想。此外提出的其他纲领几乎都没有提供一种真正的选择，因为它们大多数不过是在更为极端的社会主义类型和现有秩序之间妥协折中的产物。一些“审慎的”头脑，一贯相信真理必定总是存在于两极之间，因此任何社会主义方案为了让他们看起来合情合理，就需要有些人去提倡一种十分极端的方案。我们似乎只有一条出路，似乎唯一的问题就是行进的步子应当更快、应当走更远。

六

只要我们把社会主义理论家的立场与他的旧式意义上的自由

主义反对者的立场做一对比，社会主义从自身的思辨性质中获得的这种对知识分子的特殊吸引力的含义就会变得更加清楚。这种对比也会使我们通过正确评价破坏自由社会基础的知识分子势力，得出不少教训。

令人费解的是，使自由主义思想家对大众没有影响力的一个主要障碍，同一个事实有着密切的关系：在社会主义实际到来之前，他一直有更多的机会影响当前的决策，因此他不但对冗长的思辨这个社会主义的强项不感兴趣，实际上甚至还怯于从事这项工作，因为任何这样的努力都有可能减少他所能做到的直接的好事。他对实际决策无论有多大影响，他总是把这归因于他同现存秩序的代表立场一致，如果他致力于那些能够打动知识分子、从而能够通过他们影响长期发展的思辨，他就会危及这一立场。为了对有权势者保持影响，他必须是“务实的”“敏感的”和“现实主义的”。只要他所关心的是眼前的问题，他就会得到影响力、切实的成功的回报，他会在同他在某一点上持有相同的一般看法的人中间享有声望。但是在思考影响知识氛围的一般原理的人中间，他得不到多少尊重。如果他严肃地沉湎于这种冗长的思辨，他或许会得到“此人靠不住”甚至半个社会主义者的名声，因为他不愿意把现存的秩序等同于他所向往的自由制度。[①]

尽管如此，假如他的努力继续以普遍性思辨为方向，他不久就会发现，同那些似乎持有他的大部分信念的人关系过于密切是不安全的，他不久就会陷入孤立。当然，现在大概最不惹人喜爱的任务，

---

① 把不那么正统的自由主义著作斥为“社会主义”，最近这方面一个最令人瞩目的例子，是对Henry Simons的晚年著作*Economic Policy for a Free Society*(1948)的某些评论。当然不必完全赞同这部著作，甚至可以认为，它所提出的一些建议是与自由社会不相容的。不过仍然可以承认，它是近年来对我们的问题做出的一项最重要的贡献，是为了就基本分歧加以讨论所需要的著作。甚至强烈反对它那些建议的人也应当欢迎它，把它看作一项贡献，因为它明确而勇敢地提出了我们这个时代的中心问题。

就是提供一种自由社会未来的发展所必须依靠的基本哲学原理。承担这项任务的人，必定会接受大部分现存秩序，因此他在许多更具思辨头脑的知识分子眼里，会像是一个只会替现状辩解的胆小鬼。同时他也会被实干家当作不切实际的理论家而受到忽视。对于那些只知道"大家一起轻松地谈论思想"世界的人，他不够激进，而对于那些只看到"事物在空间内猛烈冲突"的人，他又显得太激进。如果他利用自己能够从实干家那里得到的支持，他几乎肯定会失信于那些他要依靠其传播自己思想的人。同时他还得极其小心地避免夸夸其谈和过分渲染。社会主义理论家虽然从来没有因为提出甚至是最愚蠢的设想而在同伙中失去信任，但旧式的自由主义者却会因为不切实际的建议而责怪自己。但是在知识分子看来，他仍然显得不够思辨，不够冒险，他所提出的社会结构的变革和改良，与他们那种毫无拘束的想象力中产生出来的东西相比，仍会显得很局促。

至少在自由的追求者已经获胜、进一步的改进只能针对一些较为琐细的问题的社会里，自由主义的纲领不可能具有一项新发明的魔法。对它所提供的改进加以评估，需要比一般知识分子拥有更多有关现存社会运行机制的知识。同那些革命性纲领相比，对这些改进的讨论必须在一个较为实际的层面上进行，这会赋予它以一种对知识分子失去吸引力的复杂性，并且有可能涉及一些与他势不两立的因素。最了解目前社会运行方式的人，通常也就是那些最关心保留该社会某些具体特点的人，而这些特点有可能无法根据普遍原理加以捍卫。同追求全新的未来秩序，因而为了寻求指导而转向理论家的人不同，相信现存秩序的人通常会认为，他们比任何理论家都更理解这个社会，因此他们倾向于拒绝任何不熟悉的和纯理论的东西。

为系统的自由主义政策找出真正的、无私的依据的困难，并不是个新问题。我最近的一本书被人接受的过程经常使我想起阿克顿(Lord Acton)爵士很久以前所说的话，“无论何时，自由的挚友总是寥寥无几，它的胜利历来都要归因于少数人，他们依靠与从旁协助的人结成联盟而获胜，而这些人常常抱有和他们不同的目的；这种总是很危险的合作，因为正好给了反对派反对的口实，有时是灾难性的……”[1]美国当今最杰出的经济学家之一，最近也以类似的口气抱怨说，相信资本主义制度基本原理的人，他们的一项主要任务必须是经常为捍卫这种制度而反对资本家——当然，从亚当·斯密至今，所有伟大的自由派经济学家一直就明白这一点。

让心里真正装着自由事业的实干家与那些决定着观念领域发展进程的人相互隔绝的最为严重的障碍，是前者对理论思辨抱有深刻的不信任和他们的正统主义倾向。这比任何其他因素都更大地在他们和献身于同一项事业的知识分子之间造成了一道几乎难以逾越的障碍，但是若想使这一事业取得优势，后者的协助是不可缺少的。在那些捍卫一种制度是因为它已在实践中得到论证，因此认为知识分子的论证在华而不实的人中间，有这种倾向也许是很自然的，但是它对于这种制度的继续生存却有着致命的危害，因为它放弃了它最需要的支持。任何形式的正统，任何关于某种观念体系已臻完美，必须不加怀疑地全盘接受的断言，都是一种必定会激起所有知识分子反对的观点，不管他们在具体问题上持什么立场。任何体系，如果它在对人做出判断时，是根据他们与一些一成不变的意见是否完全保持一致，根据他们在所有问题上持有得到赞同的观点上的“坚定性”或可靠程度，它就会失去一种支持，没有这种支持，任何观念都不可能在现代社会中维持其影响力。批判公认的观点、揭示新前景和检验新观念的能力，提供了一种气氛，知识分子没了这种气氛便无法呼吸。未给这些特点提供活动场所的事业，也不会

---

① Acton, *The History of Freedom*, London, 1922。(译按：哈耶克所说的自己的那本书，指1944年出版的《通往奴役之路》。)

从他那里获得支持,因此在任何依靠他提供服务的社会里,譬如我们的社会里,都会归于失败。

七

如我们所知,自由社会有可能携带着自我毁灭的力量,一旦获得了自由,它会将其视为当然,不再看重这种自由;观念的自由发展,虽是自由社会的本质,却会导致其基础的瓦解。几乎无须怀疑,与那些知道失去自由意味着什么的国家相比,在美国这样的国家,自由的理想对今天的年轻人已没有多少真正的感召力了。另外,所有迹象都表明,无论是在德国还是在别的地方,对于从来不知自由社会为何物的年轻人来说,建设这样一个社会的任务,却能够像过去100年出现的任何社会主义方案一样令人兴奋和着迷。一个不同寻常的事实,一个许多走访者都有体会的事实是,在向德国学生谈到自由社会的原理时,会在那里看到比任何西方民主国家更为专心和热情的听众。在英国的年轻人中间,也出现了对真正的自由主义的新兴趣,而在几年前这还是不存在的。

这是否意味着,只有当失去自由时,自由才会受到尊重,因此为了让自由的势力重新聚集起力量,各地必须先经历一个黑暗的极权制度的阶段呢?或许如此,不过我希望不必如此。但是,只要在很长时期内决定公众舆论的人继续受到社会主义理想的吸引,这种趋势就将继续下去。如果我们想避免这种发展,我们必须有能力提供一种能够激发想象力的自由主义新方案。我们必须再次把建立自由社会的任务当作一次知识探险,一次勇敢的行动。我们所缺少的是一种自由主义的乌托邦,一种既不像是仅仅维护现状,也不像是冲淡了色彩的社会主义,而是真正的自由主义激进理想的东西。它不会顾及权势(包括工会)的感情,它没有严格的实用性,不把自己限制在今天就具有政治上可行性的范围之内。我们需要绝不讨好权势、决心为一种理想而工作——不管它很快实现的前景有多小——的知识领袖。他们必须是决意服膺原则，无论路途多么遥远都愿意为使其完全实现而奋斗的人。他们必须把现实中的妥协留给政客。贸易自由和机会自由仍然是可以激起许多人想象力的理想，但是，仅仅有“合理的贸易自由”，或仅仅是“放松管制”，既不会得到知识人的尊重，也不太可能激发起任何热情。

真正的自由主义者必须从社会主义者的成功中学到的教训，是他们敢做空想家的勇气，这使他们赢得了知识分子的支持，从而也赢得了对公众舆论的影响力，而这种舆论每天都在使现在看来还遥不可及的事情变为可能。那些一心关注现有舆论条件下可行之事的人不断地发现，由于他们丝毫不加引导的舆论发生的变化，甚至这种可行之事也在迅速地成为政治上行不通的事。除非我们能够使自由社会的哲学原理成为一个充满活力的知识问题，使贯彻这种原理成为对我们最有活力的头脑的机智与想象力的一项挑战，否则自由的前景就是暗淡无光的。但是，如果我们能够对观念的力量重新树立信念，使它成为最出色的自由主义的标志，我们就不会输掉这场战斗。在世界的许多地方，自由主义的知识复兴已经起步。此时不做，更待何时？

社会主义与科学①

一

传统的社会主义以不同的方式和科学联系在一起。今天，它们之间大概最没有意义的联系，就是所谓的“历史决定论”和它的联系。按照这种理论，由于某种内在的必然性，人们不必做任何事情，资本主义便会发展成社会主义。这或许仍会打动某些初出茅庐的人，然而凡是够格的思想家，无论他来自哪个阵营，都已不会严肃对待这种看法了。社会主义者肯定不会真的相信资本主义向社会主义的转变将因为不可避免的社会进化规律而实现，并根据这种信念采取行动。现在几乎已经没有人再相信存在着这种“历史规律”了。

经验已经明确驳倒了历史决定论做出的有关资本主义特定发展方向的预言。

此外，还有一种由自然科学训练出来的无可否认的精神嗜好，就像工程师的嗜好一样，它更喜欢精心创造出来的那种井然有序的安排，而不是自发形成的结果。这是一种很有影响的普遍态度，经常把知识分子引向传统的社会主义方案。这是一种广泛而重要的

---

① 1976年10月19日对澳大利亚和新西兰经济学会堪培拉分会的演说。

现象,对政治思想的发展产生了深刻的影响。不过我在一些场合已经讨论过这种态度的含义,将它称为“科学崇拜”(scientism)或“建构主义”,因此不必再回到这些问题上来。

二

今天我想要说明的是,大多数传统的社会主义者拿他们的信条反对科学批评的特殊方式。他们宣称,和对手的分歧所具有的性质排斥科学反驳。的确,他们经常成功地让人感到,用科学对传统的社会主义的意图所作的任何批判,其本身便是政治偏见的明证,因为分歧完全是建立在科学方法的原则所禁止的不同价值判断上,因此将它引入科学讨论纯属无聊。

两种经历使我无法忍受这种主张。其一是,不仅仅是我,而且我相信和我同时代的大多数自由派经济学家,最初都是因为年轻时怀有或强或弱的社会主义信念,或至少是不满于现实社会,才进入了经济学领域的。对经济学的研究使我们转而强烈地反对传统的社会主义。其二是,我在具体的社会政策问题上与传统的社会主义经济学家不可避免地要发生具体分歧,不是价值上的分歧,而是有关具体措施将会造成某种结果的分歧。

不错,在这类讨论中,我们经常因为在不同政策的后果之可能的强度上出现分歧而收场。考虑到这一点,双方经常必须诚实地同意,我们得不出定论。大概我也应当承认,我相信普通常识支持我的立场,而这经常敌不过我的对手对普通常识支持他们的立场所抱的同样强烈的信念。

三

不过，对于用科学分析的方法去研究那些传统的社会主义的建议，当我们对它的历史过程加以总结时，似乎极为清楚的一点是，它不仅说明了传统的社会主义者所倡导的方法根据无法达到他们所提出的目标，并且他们希望或声称要为之效力的价值，根本无法用任何可能的方法同时全部实现，因为它们是相互矛盾的。

我想先来谈谈第二个问题，在目前的讨论中，它似乎更让人感兴趣。这主要是由于为此必须澄清有关科学讨论不允许价值判断的某些十分流行的糊涂看法。它们常常被用来说明，反对传统的社会主义的科学论证是站不住脚的，或从科学上讲是令人怀疑的。这种评价引出了重要而有意义的问题，即以科学方式对待道德信念的可能性这个被过分忽略的问题。经济学家每天所做的事情，就是分析一切经济活动都要不断加以解决的那些价值冲突，然而，他们却极力避免坦然而系统地对待这项任务。他们好像害怕一旦超出因果问题，以批判的态度评价某些流行的措施是否可取，便会玷污了他们科学的纯洁性。他们一般坚持认为，他们只能“承认”某些价值，但不能评价其是否正确。（但是，为了想象中的“受歧视”群体的利益而采取的某些措施，却被心照不宣地认作善行，只要存在这种情况，人们通常便会忘了还有以上限制。）

当然，在这个问题上，对于选择出来的各种表述方式必须十分谨慎，甚至应当不避迂腐之嫌，因为这里确实存在着以不合理的方式把价值判断塞入科学讨论的危险，还因为现在那些捍卫传统的社会主义理想的人，大都学会了用“摆脱价值判断”作为维护他们信条的一种似是而非的手段，并且始终在警惕地寻找着批评者的不慎失言。在对传统的社会主义从事科学批判的最伟大的人物米塞斯的著作中，偶尔有些段落中说社会主义是“不可能的”，他的意思显然是说，社会主义提出的办法，不能达到它所设想的目标，这与价值判断何干！我们当然可以尝试任何行动，然而问题在于，这些行动是否能够产生据说它会产生的效果。这毫无疑问是个科学问题。

四

因此就让我迂腐片刻，简单说明一下，科学讨论允许什么样的价值判断，不允许什么样的价值判断。我们的起点必须符合逻辑常识，即从仅仅包含因果命题的前提中，我们得不出应如何的结论。只要我们不知道（或不能取得一致）什么结果可取或不可取，从这种命题中就得不出任何该如何行动的结论。一旦我们在自己接受的前提中加上了关于行动的不同后果有益或有害的命题，则任何不同的行动标准都可由此得出。显然，只有同那些至少与我们共同持有某些价值的人，才有可能就公共事务进行有意义的讨论。我怀疑，如果我们同某人没有任何共同价值，我们是否能充分理解他的话。这也意味着，在任何实际讨论中，从原则上说有可能证明，一个人所鼓吹的某些政策，同他所持有的另一些信念是不一致或不相容的。

这使我在对待道德问题上，与作为目前普遍的政治立场之特征的基本态度，产生了根本分歧。保守主义者一般喜欢固守自己对绝对价值的信念。我虽然羡慕他们，却难以分享他们的信念。经济学家的命运，就是不断面对现实中的价值冲突；当然，分析这些冲突得以解决的方法也是他的职责。我这里所想到的冲突，不是不同的人所持的价值之间明显的冲突，或他们各自的价值体系之间的矛盾，而是任何一个人所持的价值体系内部的冲突和矛盾。不管我们多么不喜欢这样的事情，我们不得不一再承认，根本就不存在绝对价值。甚至人的生命本身也不是绝对价值。为了一些更高的价值，比如当只有用一条生命才能拯救其他生命时,我们一再牺牲生命,也必须牺牲生命。(我这里无法考虑一个有意思的问题:虽然我们从未感到有资格牺牲和我们相识的某个人的生命,我们却经常做出一些会造成我们不认识的一些人死亡的决定。)

但是,自由派或真正的自由主义者——不是指那些粉色的社会主义者,正如熊彼特所说,他们"认为既然这是个极好却又无所指的头衔,盗用之当为明智之举"——并没有因此而陷入另一个极端,就像传统的社会主义者那样,以为可以兴高采烈地建立起另一种他们所喜欢的新道德体系;因为他们相信这将最大限度地增进人类的幸福,但事实上,它只能唤醒从部落社会继承下来的原始本能。虽然自由主义者必须声明,他有权对自己社会中的每种价值或道德原则进行批判性评价,然而,他也知道,他能够且必须这样做,同时他为此目的也要接受这个社会中另外一些既定价值中的绝大多数,在对他所怀疑的价值进行评价时,要根据它和现有价值体系中其余那些价值是否协调。

我们的道德任务,就是为解决道德冲突或消除我们道德法典中的裂痕而不断斗争。只有当我们学会理解和平的、各种努力相互协调的秩序(这是我们的道德行为能够成就的最高价值)时,我们才能承担起这一任务。我们的各项道德原则必须不断地相互检验,必要时还得相互调整,以便消除不同原则之间的直接冲突,由此使它们服务于同一个功能良好的人类行为秩序。

五

道德任务是个人的任务,某些群体取得的道德进步,是其成员采纳对群体的维持与幸福更为有效的规则而造成的结果。道德进步需要个人可以进行试验,具体而言,在有限的强制性抽象规则的架构之内,个人可以利用自己的知识追求自己的目的。我们所说的文明的成长,应归功于人对自己的行为及其后果负责这项原则,以及他不必服从他所属小群体的头领,享有追求自己目标的自由。的确,就像我早先试图说明的那样,我们的道德信念仍然有些精神分裂症状,即从原始小部落继承下来的本能,和造就了开放社会的公正行为规则之间的分裂。能力正常的成年人对自己及其家庭的幸福承担个人责任的道德,仍然是对大多数行为进行道德判断的基础。因此,它也是任何复杂社会的和谐运行不可缺少的要素。

我们现有的道德依靠某些基本信念,不接受它们,便不可能就任何道德问题进行交流,这些信念就是承认个人责任,以及我们评价他人行为的普遍依据;对这些信念的任何客观分析,不管我们是否称其为科学,都无可怀疑地表明,它们同社会主义打算利用权力进行强制性收入再分配的要求是不相容的。根据某个权力当局对不同个人的品德或需要的看法,分配具体份额,这种做法是不道德的;这不仅是因为我这样说,还因为它和那些鼓吹者同样持有的某些基本道德价值相冲突。这个领域无可否认会发生价值冲突,对此普遍接受的伦理观中没有公认的解决之道,这个事实对于这里出现的政治问题,对于就使用强制手段实施任何解决方案所作的道德评价,有着更为重大的意义。

六

集体主义的经济计划,过去一般认为需要对“生产、再分配和交换”手段实行国有化,这难免会导致极权主义政治。自从40多年前我在《通往奴役之路》中较为详细地分析了这个过程以来,西方对此已有了相当普遍的认识。我不知道这是否部分地由于此书的原因,还是因为传统的社会主义者也逐渐明白了中央计划经济无法克服的低效率(下面我还要就此说几句话),或者不过是因为他们发现,通过税收和有目的的财政补贴进行再分配,是实现他们的目标更方便、更快捷的方法。但是无论如何,西方的社会主义政党现在几乎全都放弃了那些显然十分危险的中央计划经济的要求。一些国家的左翼教条主义者,仍然极力想建立这种经济,并且他们有可能迟早会得到权力。不过,目前领导着自由世界大多数社会主义政党的所谓温和派领袖们声称,或通过代表他们的媒介声称,作为优秀的民主派,他们要避免任何朝着这个方向发展的可能。

但是他们能够做到吗?我不想怀疑他们的良好信念,不过我十分怀疑,一方面是通过政府进行财富再分配的目标,另一方面还要持久地维护个人的那一点自由,他们是否有能力把这两者结合在一起,即使他们成功地保住了民主的形式。不错,降温的社会主义作为替身登场,使我所预言的狂热的社会主义导致的过程大为放慢。但是它能永远避免同样的后果吗?有强烈的理由让人怀疑,降温的社会主义不能避免这一结果。

作为一个成功的政府,它应当保护运行正常的市场,竞争的可能性便取决于这个市场,而竞争又决定着一切产品和生产要素的价格,使其成为指导生产的可靠依据;同时,政府对劳动力(当然包括农民和"雇用自己者"的人)价格至少要发挥一定影响,以满足公正或公平报酬的要求。完全满足这两种要求是不可能的。政府充其量只能做出某种妥协,放弃那些为了大体满足最迫切的要求而必须采取的许多干预市场的做法。但是,在政府着手操纵市场结果,使其对某些群体有利之后,又去服从市场不可避免的规律,这在政治上是不可能的。为了某些群体的利益而对市场进行干预的要求一旦经常得到认可,民主政府便无法拒绝它依靠其选票的任何群体的类似要求。虽然这个过程可以是渐进的,但是,一旦为了维护民众的公正观而开始控制价格,这个政府便注定会逐步走向控制所有的价格;既然这肯定会毁掉市场功能,它也注定会走向中央指令经济。

即使政府不打算采用中央计划的手段，如果它坚持要建立一种公正的分配，它仍将被迫采用可以决定全部报酬分配（但并不能由此产生出公正）的中央指令这个唯一的手段，从而走向本质上属于极权主义的制度。

七

让传统的社会主义者相信中央计划无效率，花去了很长时间。大概说服了实践者的不是论证，而是俄国制度这个让人产生警觉的实例。然而，那些当代学究们放弃马克思主义奠基人确立的，直到50年前他们的主要理论家还普遍信奉的立场，却是十分缓慢的。不过，在他们放弃过去的立场，开始尝试解决问题的新方式之后，他们似乎给人留下了这样一种印象：他们已经成功地击溃了对立的批评者的进攻。

社会主义的奠基人从来就没有明白，对社会一切生产机构进行集中管理，如果想做到资源的有效利用，就必须从价值的角度进行核算。他们认为生产的社会计划将在没有著名的价值的干扰下，非常简单地得到解决。甚至第一次世界大战之后对这个问题开始进行的严肃讨论，也是由维也纳逻辑实证主义学派中的社会科学专家引起的。他们声称，对社会产品之效用的所有核算都可根据其本身的属性进行，也就是说，它无须任何不同物理单位之间可变化的换算率。正是针对这种立场，米塞斯和他的若干同代人（包括马克斯·韦伯）最早提出了对传统的社会主义立场的决定性批判。

这里的关键——必须承认，甚至直到约翰·穆勒，主要的古典经济学家都没有明白这一点——是不同商品之间不断变化的兑换率的普遍意义。这个最终帮助我们理解不同商品价格的差别和变动之作用的简单观点，因为一种认识——不断向土地投入劳动和资本,回报率会出现递减——而被慢慢提出。我不想说这是一项发现,因为每个头脑简单的农民都知道那种事实,虽然他们不了解其理论含义。下一笔投资以边际效用递减的方式,支配着不同消费品的边际替代率。人们终于发现,这是一切有用的资源之间普遍存在的主要关系,它能同时确定它们的经济价值相同还是不同,它们是稀缺还是不稀缺。只有在理解了不同生产要素(或满足需求的手段)不断变化的供应量决定其可变的边际替代率时,才能充分理解已知的等值率(或边际替代率)对任何有效核算是不可缺少的。只有当终于明白了这种有着各种作用的等值率需要通过市场价格才可做到与任何两个使用价值不确定的商品的替代率相等,对价格在一个复杂经济体中不可缺少的功能才会有充分的理解。

我上面提到的不同商品可变的"边际替代率",这当然意味着,商品暂时的等值率是由当时的条件决定的,这时物品的各种可能用途必须具有边际可替代性——如果我们想使其能力得到充分利用的话。

一定的物品之间不断变化的等值率,起着核算基础的作用,以及能够将环境中散布于大量人群中的全部信息变成一个单一信号的价格之传播功能——最终了解了这两点,向每个同意这一论证的人充分证明,只有根据价值或价格,才能进行合理的核算;只有当这些价值是一切潜在提供者或消费者对其可能用途和可获得性之认识的共同作用的结果——譬如在市场上形成的价值时,这些价值才有正确的指导作用。

一旦传统社会主义理论家不再拒绝承认这个事实,他们的第一反应是向社会主义的计划委员会建议,应当利用数理经济学家在试图解释均衡市场价格时采用的联立方程式系统以确定价格。他们甚至想说,维塞尔、帕累托和巴罗内(Enrico Barone)很久以前就已指出了这种可能性。事实上这三位学者指出的是,社会主义的计划委员会为了达到市场的效率他们本来必须要做的事,而不是像社会主义理论家错误认为的那样，他们指出了如何达到这种不可能的结果的方法。尤其是帕累托，他明确表示，他发展出的那些使他闻名于世的联立方程式，仅仅是想用来说明一般模式（按我们今天的说法），但绝对不能用来确定具体的价格，因为任何权威都不可能对引导个人行为——这些行为作为信息进入我们称为市场的传播机制——的全部时空条件了如指掌。

因此，传统社会主义者回击米塞斯等人的批评的第一种尝试很快便失败了。尤其是朗格(Oscar Lange)，但也包括另一些人，采取的第二步（他们认为由此便驳倒了米塞斯），包括减少一些中央计划的作用，以及在“社会主义竞争”的名义下重新采用某些市场因素的各种尝试。对于那些长期以来一直强调中央指令大大优于所谓“混乱竞争”的人，这意味着多么重大的思想转变，对此我这里不想多说。这种自相矛盾的态度造成了一个全新的问题。它无论如何都无法克服两个关键性的问题。首先，只要全部工业设备和其他资本属于“社会”（即政府），这个社会主义当局就无法让竞争或市场决定每个企业应当有多少资本，或应当允许管理者冒什么样的风险——假如市场运转正常，这正是可以由它来决定的两个问题。其次，如果政府让市场自由运行，那么它就无法保证市场给予每个参与者的报酬符合政府所认为的社会公正。但是，做到这种所谓的“公正”报酬，不正是传统的社会主义革命的全部目的吗？

八

回答我们刚才讨论的三个问题，除了在对第一个问题的回答中，某些价值，如个人的自由和责任，被视为当然之外，不必求助于特定的价值判断。可以假定，每个愿意讨论这些问题的人都会相信这些价值。基本的问题依然是，社会主义能否达到它所许诺的目标。

这纯粹是个科学问题，尽管答案部分地取决于某些因素，对于它们我们无法严格地证明我们的回答是正确的。但是，我们对这三个问题得出的所有回答都纯粹是否定性的。在道德方面，传统的社会主义只能毁掉个人自由和责任的一切道德基础。在政治方面，它迟早会导致极权主义统治。在物质方面，它即使没有实际引起贫困，也会严重地阻碍财富的生产。所有这些对传统的社会主义的反对意见，很久以前就已从纯认知的角度提出来了，并且随着时间的推移而得到了详尽的阐述和改进。对于这些反对社会主义的意见，一直没有人尝试过给予令人信服的反驳。当然，在大多数专业经济学家对待这些问题的态度中，最令人不解的就是他们极少将其作为自己讨论的中心问题。人们本来以为，经济学家会十分关心这另一种经济制度的效率和它对普遍福利的作用。相反，他们厌恶这个话题，他们似乎担心，被扯进这种“政治”问题会玷污他们的双手。他们把它留给“经济制度”专家去讨论，而这些人在其教科书中只提供一些陈腐不堪的说明，小心地避免表明立场。这个问题已经变成一种政治分歧的根源。似乎正是这种状况，使那些清楚自己至少能够明确驳倒对方某些论证的科学家保持沉默。在我看来，这种中立的态度与其说是谨慎，不如说是懦弱。传统的社会主义的认知基础已经消失，使其广为人知的时刻大概已经到了。

我希望看到，对于传统的社会主义方案所遭到的反对，会有人出来做出值得尊重的捍卫，为此我徒劳地等了40年之久，我必须承认自己终于有些不耐烦了。我历来同意传统的社会主义阵营里有许多愿望良好的人，对于他们的信条我很想以礼相待。但是，大声宣布传统的社会主义的认知基础已被掏空，反对传统的社会主义的根据不是不同的价值或偏见，而是驳不倒的逻辑证据，这个时刻已被拖延良久。必须公开说出这一点，考虑到传统的社会主义的鼓吹者和捍卫者经常使用的策略，尤其应当这样做。传统的社会主义者对于他们必须做出回答的反对意见，不是合乎逻辑地讲明道理，而是对他们称为“资本主义”卫道士的动机横加指摘，让人们对他们的善良意愿产生怀疑。把信念是否真实的讨论变成为何坚持这种信念的讨论，在我看来，这种卑劣的做法本身就是传统的社会主义认知立场虚弱的大暴露。十分普遍的情况是，传统的社会主义者的反批评往往更为关心的是诋毁作者，而不是反驳他的论点。这种反批评喜欢采用的策略，是告诫年轻人严肃抵制这个作者或他的著作。这种伎俩已经发展得十分娴熟。如果年轻人由英国某位“进步的”政治科学界的名流告知，我的《自由秩序原理》是“一只仍然不时在银幕上露面的恐龙，它显然是逃脱了物竞天择”，那么他怎么会不厌恶这本书呢？这种原则似乎普遍存在：如果你驳不倒论点，那就诋毁作者。反对的论点可能是真诚的，甚至很可能是正确的，然而，传统的社会主义的知识分子似乎根本不想考虑这种可能性，因为这可能意味着他们是完全错误的。

当然，政治分歧经常是建立在不同的终极价值上，对此，科学几乎无话可说。但是，今天存在于发明了社会主义的传统的社会主义知识分子与他们的对手之间的尖锐分歧，却不属于这种性质。那是些认知上的分歧，凡是尚未无可救药地陷入迷幻状态的人，都可以辨别这种分歧，并以合乎逻辑的推理做出判断。我从来不属于任何政党。很久以前，我因为解释自己为何不能成为保守主义者而让我的许多朋友吃惊。我可以开诚布公地说，对社会经济问题的本质的认识，使我变成了激进的反传统社会主义者。这也让我相信，作为一名经济学家，我可以通过解释反对传统的社会主义的理由，比任何其他方式更好地为我的同胞服务。反传统的社会主义在这里意味着反对一切政府对市场的直接干预，不管进行这样的干预是为了谁的利益。

把这种立场描述成一种自由放任的态度——这是另一个经常用来代替论证的恶名——是错误的，因为功能良好的市场需要适当的规则架构，市场只有在这个架构之内，才能顺利地运行。希望政府在市场之外提供各种由于这样或那样的原因市场无法提供的服务,这有着充足的理由。但是,国家绝对不应垄断任何这类服务,尤其不应垄断邮政、广播或货币的发行。

似乎已经出现了一些恢复理智的迹象。但是,对于未来的前景,我确实没感到有多大希望。有大量关于国家正在变得“不好统治”的言论,却几乎没有人认识到,试图统治得太多才是麻烦的根源,甚至更少有人明白,各种罪恶已多么深入地渗透进了主要的制度。传统的社会主义为了达到自己的目标,需要权力不受限制的政府,并且已经得到了这种权力。在这种体制下,必须给予不同群体的,不是多数人认为他们应当得到的东西,而是这些群体自以为有资格获得的东西。对这些群体自认为应当得到什么表示认可,变成了一种为使某些群体成为多数而必须付出的代价。全权式的民主政体必然导致社会主义,但这是一种谁也没有预见或大概谁也不想要的社会主义:个人选举代表,而统治的多数必须尽力补偿任何可以想象的不满,它有权补偿这样的不满,但这种不满几乎没有任何道理可言。现在决定着收入分配的,不是某个多数对一些人或群体的品德的评价,而是某些人或团体向政府勒索特殊利益的权力。

麻烦在于,传统的社会主义所要求的这种全权式政府,如果它想保住民主,就必须以消除所有这些不满为目标,而消除一切不满,意味着它必须根据自己对功绩的评价去奖赏那些群体。但是,任何能够生存的社会,都无力按每个人的愿望去奖赏他。一个社会,如果有少数人能够利用权力勒索他们自认为有资格得到的东西,那么这个社会很可能是个令他人十分不舒服的社会,不过它毕竟还有可能存在。如果在一个社会里,人人都加入某个团体,强迫政府帮助他得到他想得到的东西,这个社会无异于自取灭亡。没有什么办法去阻止人们感到他们受到了不公正的对待。任何社会都必定到处散布着这样的感觉;但是,让不满意的人组成的团体,能够靠勒索来满足自己的要求——或者,用个新名词说,得到承认有此“资格”,这种安排会使任何社会都变得无法管理。

对于不受限制的民主政府有责任努力满足人们的那些愿望，并无任何限制可言。我们甚至听到一位英国工党政治家有种受人尊重的意见，他认为自己的任务就是消除一切不满！不过，责备政治家过分地怯于说“不”，这有失公允。在现行的各种安排下，有地位的领袖或许敢于偶尔为之，而普通代表为了保住自己的位置，却不能对他的大量选民的要求说“不”，无论它们多么不公正。

如果在一个社会里，财富依靠的是对不断变化的环境的适应力，个人便能够自由地选择自己努力的方向，但他的报酬只能随着他为社会共同资源这个水池提供服务的价值而起伏。如果他的收入是由政策决定，他失去的将不仅是激励因素，还有对自己一般而言应当做出什么决定的可能性。假如他无法让自己知道，他必须做什么才能使自己的服务对其同胞有价值，他便只能根据命令去做需要他做的事情了。在任何社会里，大多数人会遇到的失望、逆境和痛苦，是一种他必须承受的训练，这也是一切有能力的人应当承受的必要训练。在一个自由社会里，减轻这些痛苦的办法是，任何人类意志都不能任意把这些痛苦强加于人，它的发生只能由非人格的过程和不可预见的机会来决定。

我相信，在对社会主义有了一点体验之后，人们会普遍认识到，对于个人的幸福和相对地位来说，更为可取的做法是依靠市场游戏的结果，而不是依靠因权威的安排而归其管辖的某个上级的意志。然而目前的趋势很可能造成的后果却是，在这种见解得到足够广泛的传播之前，现行的政治制度会因为无法承受的压力而崩溃。除非人们学会了承认他们的许多抱怨是没有道理的，他们不能因此而向别人提出要求，并且承认在这个世界上，政府无法有效地承担起特殊群体该过上多么好的日子的责任，不然建立一个还说得过去的社会便是不可能的。当然，社会主义者中间最理想化的人，为了他们理想的社会主义未来，会被迫毁掉民主。目前的趋势所指出的方向是,出现了越来越多这样的人,政府为他们的福利和地位承担起了无法履行的责任,当他们没有得到足够的报偿,或要求他们做的工作超过了他们的意愿时,他们便起而反叛。这必然会引来皮鞭和机关枪的镇压,而实行镇压的,也正是那些曾真诚地想要满足他们一切愿望的人。

历史与政治①

有关历史事件的政治观点和看法，一直有着密切的关系，并且总是会如此。我们关于不同的政策和制度之是否可取的信念，主要就是以过去的经验为基础的，而我们现在的政治观点，也不可避免地会影响和感染我们对过去的解释。不过，假如说人们从历史中学不到任何东西这种看法太悲观，那么说他总是能够从中学到真理，也是颇令人怀疑的。过去的事件是人类经验的来源，但左右着他们的意见的，却不是客观事实，而是他们所看到的记载和解释。很少有人否认，我们对不同制度的优劣的看法，主要受到我们关于它在以往的作用的认识的支配。几乎没有任何政治理想或观念不含有对过去一系列事件的看法，也几乎没有什么历史的记忆不发挥某种政治目标之象征的作用。但是，目前引导着我们的历史信念，并不总是与事实相符，它们与其说是形成政治信念的原因，不如说是这些信念的结果。历史神话在形成意见上大概和历史事实起着一样大的作用。除非我们据以得出结论的事实是正确的，我们几乎不能指望从过去的经验中有所获益。

---

① 哈耶克为*Capitalism and the History*一书所写的序言，该文集的作者是T. S. Ashton, L. M. Hacker, W. H. Hutt和B. de Jouvenel, London and Chicago, 1954。

由此可见，历史学家对于公众舆论，或许有着比提出新观念的政治理论家更直接、更广泛的影响。这些新观念有了较广的传布，通常并不是以抽象的形式，而是呈现为对具体事件的解释。至少就此而言，历史学家同理论家相比，与直接影响公众舆论的权力相距要更近一些。在专业史学家尚未动笔之前很久，有关最近事件的流行争论就对这些事件描绘出了一幅清晰的画面或若干幅不同的画面，它们会影响到当代的讨论，同样会影响到有关新问题之得失的一切分歧。

这种有关历史的流行观点对政治舆论的深刻影响，人们今天的了解大概还不如过去。原因之一很可能是许多现代史学家冒充完全没有政治偏见的纯科学家。当然，对于史学研究而言，这毫无疑问是学者必须承担的责任，即他要弄清事实。在回答事实问题时，谈论政治意见不同的史学家为何不可能看法一致，是毫无道理的。但是从一开始，当确定什么问题值得提出时，个人的价值判断就注定会介入其中。在讲述某个时期或某些事件的历史时，是否能够不仅不考虑有关社会过程相互作用的理论，甚至也不考虑明确的价值，是大可令人怀疑的。或者，这种历史是否值得阅读是很值得怀疑的。与史学研究有所不同的历史读物的写作，至少不但是一门科学，也是一门艺术。作这方面尝试的作家，如果不明白他的任务是根据明确的价值做出解释，他便只能在欺骗自己上获得成功，他会成为自己无意识偏见的牺牲品。

在一个多世纪里一个民族的政治气氛，以及在更短的时间里大多数西方世界的政治气氛，是由一群历史学家所创造的，而不是因为受到了英国“辉格党史学解释”的影响，要说明这一点，大概没有比这更好的方式了。只要有一个人对于为自由主义传统奠定基础的政治哲学家的著作有第一手的了解，就有50人甚至100人是通过哈勒姆(H.Hallam)和麦考利或格罗特(G.Grote)和阿克顿爵士这些人的著作汲取这种思想的，这大概算不上是夸大其词。很有意义的是，有位现代英国史学家曾经较别人更卖力地败坏辉格党传统的这一信念，他后来却写道：“有些人，大概是受到了年轻人错误的严谨精神的影响，极力想说对辉格党的解释……清理出了一个房间，那里长期没有人的声音是不行的。他们打开门放进了七个新手，而正是由于他们是新来者，因此比第一个人还坏。”虽然他认为“辉格党史学”是“错误的”史学，不过他也强调“它是我们的财富之一”，并且“它对英国的政治有着神奇的影响”①。

“辉格党史学”从什么意义上来说确实是错误的史学，大概至今尚无定论，我们也无法在这里讨论这个问题。它在创造19世纪基本自由的气氛方面所发挥的有益影响，却是无可怀疑的，这当然不是因为它对事实有什么错误的解释。它主要是一种政治史学，它所依靠的主要事实也是没有异议的。它或许不是在所有方面都符合现代史学研究的标准，但是对于由它培养出来的一代人而言，它确实使他们真正感受到了他们的先辈为他们创建的政治自由的价值，并引领着他们去维护这项成就。

随着自由主义的衰落，辉格党的历史解释已不再流行。然而，现在的史学虽然自称更科学，但是在它对政治观点发挥最大影响的领域，它是否已成为了更为可靠和可信的指导，却颇令人生疑。政治史在19世纪所具有的威力和迷人之处已丧失了大半，我们这个时代的任何史学著作，是否能有譬如说可与麦考利的《英国史》相媲美的读者群和直接的影响，也是值得怀疑的。但是，我们现在受历史信念影响的程度肯定并未减少。随着兴趣从宪政制度转向社会和经济领域，发挥着推动作用的历史信念现在也变成了主要与经济史有关的信念。这样说或许不无道理：支配了两三代人的政治思考

① Herbert Butterfield, *The Englishman and His History*, Cambridge, Cambridge University Press, 1944, p. 3,7.

的是社会主义对历史的解释,而它主要是由一些有关经济史的特殊观点构成的。关于这种观点应当指出的一点是,它所断言的“人尽皆知的事实”,很久之前就已被证明根本不是事实,但是在专业经济史学家的圈子之外,这些断言却继续得到普遍的接受,成为评价现存经济秩序的依据。

大多数人,当被告知他们的政治信念是受特定的经济史观的影响时,都会回答说,他们对此从来就不感兴趣,也从未读过这方面的书。然而这并不意味着他们和对待其他事情一样,不把经济学家此时或彼时传播的神话当作既定的事实。新的政治观念进入普通大众是一个间接迂回的过程,历史学家在其中处于关键位置,即使他主要是通过许多二传手发挥作用。他所提供的描述,只有在做了某些清理之后,才会变成普通人的财富。一般人对历史的了解,要通过小说和报纸、电影院和政治演说,至多是通过学校和普通的演说。但是说到底,甚至那些从未读过一本其观点对他们有影响的书,也从未听说过这位史学家的名字的人,也是透过他们的眼睛去观察过去的。例如,一些有关工会的发展和作用的信念,所谓垄断不断加强、竞争造成对商品故意破坏的信念(尽管事实上无论它在何时发生,总是垄断的结果,而且通常都是政府有组织的垄断的结果),以及有关压制有益的发明、“帝国主义”的原因和作用、军火工业或“资本家”对引起战争的普遍作用的信念,已经成为我们这个时代口头禅的一部分。大多数人若是知道,他们有关这些事情的大多数信念并没有可靠的事实根据,而是建立在出自政治动机的神话上,并且是一些有着善良愿望的人把这些神话传播给了信念与他们很投合的人,他们定会大吃一惊。要想说明不仅激进派,而且许多保守派有关这些问题的大多数信念,根本不是历史,而是政治神话,大概需要写好几本类似这样的书才成。对于这些问题而言,我们这里所能做到的,仅仅是向读者推荐几本著作,使他们得以了解与其中更重要的那些问题有关的知识状况。[1]

然而有一个超级神话，它对我们目前的文明所赖以存在的经济制度的信誉，起着较之任何其他神话都更大的破坏作用，这也正是本书所要评价的神话。这个神话就是，由于“资本主义”（或称“制造业”和“产业”制度）的兴起，造成了工人阶级地位的恶化。谁没有听说过“早期资本主义的恐怖”，并得出这样的印象：这种制度的出现，给过去尚能过上满足而舒适生活的广大的各阶层带来了说不尽的新苦难。我们可以公正地认为，一种蒙受了曾一度使人口中最贫穷、人数最多的阶层地位恶化这种耻辱的制度，自然不会有什么好名声。对“资本主义”的广泛的情绪化抵抗与如下信念有着密切的关系：由竞争秩序产生的无可否认的财富增长，是以压低社会最弱势的成员的生活水平为代价的。

在一段时间里，经济史学家广泛传授的就是这种知识。然而通过对事实更为细致的考察，却导致了对这种信念的彻底否定。不过在这场争吵已有定论的一代人之后，民众的看法依然如故，仿佛旧的信念仍然正确。怎么会出现这种信念？为什么在被驳倒很久之后，它还左右着一般人的观点？这是两个应当严肃检讨的问题。

不但在敌视资本主义的政治文献中，甚至在整体上说同情19

---

① 参见M. Dorothy George, “The Combination Laws Reconsideredn”, *Economic History*(supplement to the *Economic Journal*), I, May 1927, p.214–228; W. H. Hutt, *The Theory of Collective Bargaining*, London, P. S. King & Son, 1930, and *Economists and the Public*, London, J. Cape, 1936; L. C. Robbins, *The Economic Basis of Class Conflict*, London, Macmillan & Co., 1939, and *The Economic Causes of War*, London, J. Cape, 1939; Walter Sulzbach, “*Capitalistic Warmongers*”: *A Modern Superstition*, (“Public Policy Pamphlets”, No. 35), Chicago, University of Chicago Press, 1942; G. J. Stigler, “Competition in the United States”, in *Five Lectures on Economic Problems*, London and New York, Longmans, Green & Co., 1949; G. Warren Nutter, *The Extent of Enterprise Monopoly in the United States*, 1899–1939, Chicago, University of Chicago Press, 1951；米塞斯的著作讨论过大多数这些问题，尤其是他的*Socialism*, London, J. Cape, 1936。

世纪政治传统的文献中,都经常看到这样的观点。鲁杰罗(G.de Ruggiero)那本已有公论的《欧洲自由主义史》中的一段话可作为代表:

> 正是在工业发展最为迅速的时期,劳动者的状况却变得更糟了。工时增加到了无以复加的地步;工厂雇用妇女和童工以压低工资;工人相互之间激烈竞争,他们不再留恋自己的教区,而是自由流动,聚集在最需要他们的地方,这使他们为市场提供的劳动进一步贬值;在增长期亦难免出现的无数的经常性工业危机,由于人口和消费始终不稳定,一再使失业和饥饿大军的储备不断扩大。①

尽管这些话是25年前说的,也很难给予原谅。就在它出版一年之后,近代经济史最杰出的研究者克拉珀姆(John Clapham)爵士正确地抱怨说:

> 劳动者的一切都在变得更糟这种胡言乱语,直到一个不太确定的日期,大约是从《人民宪章》的起草到万国博览会之间吧,一直阴瑰不散。在1820—1821年的价格下降之后,一般工资——当然不是指每个人的工资——的购买力明显高于革命前和拿破仑战争时期,这个事实与传统说法如此不同,因此鲜有人提及,社会史学家总是不理会工资和价格统计学家的著作。②

---

① Guido de Ruggiero, *Storia del liberalismo europeo*, Bari, 1925; trans. R. G. Collingwood, *The History of European Liberalism*, London, Oxford University Press, 1927, p. 47, 85。有意思的是,鲁杰罗的事实好像主要是取自另一位想来也是自由主义史学家的人,即Elie Halevy,不过他从来没有如此生硬地表述过这些事实。

② J. H. Clapham, *An Economic History of Modem British*, Cambridge, 1926, Ⅰ, 7.

就一般公众舆论而言，今天的状况也没有好多少，尽管那些要对传播反面观点负主要责任的大多数人在事实面前已勉强让步。在让人们相信19世纪初工人阶级的处境变得特别糟糕这一点上，很少有作家起到过比哈蒙德(J.L.Hammond)夫妇更大的作用，但是他们在临近去世前也坦言：

> 统计学家告诉我们，当他们把自己所能得到的数据作了整理之后，他们满意地看到，收入增加了，大多数男女已不像过去那样贫困，尽管他们大声而明确地表达着不满，18世纪毕竟已如秋天，正在悄然过时。当然，证据尚不充分，对它的解释也不那么简单，但是这种普遍看法大概多少也是正确的。[①]

这几乎没有改变他们的著作对公众舆论的影响。例如，在最新的一本研究西方政治传统的权威著作中，我们仍可以读到："像所有伟大的社会实验一样，劳动力市场的发明是代价高昂的，它首先影响到了工人阶级物质生活标准的变化，使其可悲地下降了。"[②]

当伯特兰·罗素(Bertrand Russell)的一本新书到了我手里时，我仍然要说，这依然是通俗文献提供的几乎唯一的观点。罗素好像是为了证实这一点，他斯文地宣称：

> 工业革命在英国和美国都造成了难以言表的痛苦。我认为，任何研究经济史的人都不会怀疑，19世纪初英国人的平均

① J. L. and Barbara Hammond, *Bleak Age*(1934), rev. ed., London, Pelican Books, 1947, p. 15.

② Frederick Watkins, *The Political Tradition of the West*, Cambridge, Mass., Harvard University Press, 1948, p. 213.

幸福要比 100 年前更少，这几乎完全应当归咎于科学技术。[1]

智力平庸的俗人如果认为如此级别的作者说出的这种概括肯定正确，我们很难责怪他们。既然连罗素这等人物都相信这种事，那么对于成千上万本小册子散布的经济史观几乎全在传播的陈腐神话，我们也就无须大惊小怪了。我们几乎看不到一本历史书摆脱了这种大量工人阶级境况恶化的故事所提供的渲染手法。

我们如今已经知道，工人阶级经历了缓慢而不规则的进步，对于这个确切的事实，普通百姓当然是既反应迟钝也不感兴趣。那不过是他习以为常的事情。他很难明白这并不意味着一种不可避免的进步，在此前几百年的时间里，最贫困者的境况几乎毫无变化。我们开始期待着不断地改善，只是因为几代人对一种制度进行的试验，而他们却仍然认为，这种制度是穷人受苦的根由。

关于近代产业的兴起对工人阶级的影响的讨论，几乎总是喜欢提到19世纪上半叶英国的情况。但是他们所提到的变化，在很早以前便已开始，到那时为止已有一段漫长的历史，并且已经波及英国之外很远的地方。经济活动的自由在英国被证明十分有利于财富的迅速增长，但当初这很可能不过是17世纪限制政府权力的一种偶然的副产品，只是在其有益的作用被广泛注意到之后，经济学家才开始解释两者的关系，主张取消那些对经济自由仍然有害的障碍。从许多方面来看，把“资本主义”说成仿佛是一种18世纪突然冒出来的完全不同的新制度是错误的。我们现在使用这个词，仅仅因为它是一个最为人熟知的名称，但也要做很大的保留，因为就它的现代含义而言，它是社会主义对我们所谈到的这段经济史所作解释的产物。就像经常出现的情况一样，当这个概念同无财产的无

---

① Bertrand Russell, *The Impact of Science on Society*, New York, Columbia University Press, 1951, p. 19–20.

产阶级——他们因一些间接过程而被剥夺了对劳动资料的合法占有——的出现联系在一起时，尤其会导致误解。

关于资本主义和无产阶级兴起的关系，历史真相与这种大规模剥夺论的说法几乎截然相反。事实是，就大多数历史时期而言，对于大多数人来说，拥有劳动工具是生存或至少是养家糊口的基本条件。自己没有必要的劳动工具，为他人干活也能维持生存的人，仅限于人口中的一小部分人。代代相传的可耕地和工具的数量，限制着生存人口的总数。在大多数情况下，缺了这些东西就意味着饿死，或至少是失去繁衍后代的能力。只要雇用额外的人力主要限于分工能够增加工具所有者的劳动效率的情况，就几乎不存在任何刺激手段或可能性让一代人积累下额外的工具，使更多的人口存活到下一代。只是当采用机器既提供了工具又提供了投资的机会时，才会为过去注定会早夭的剩余人口以不断扩大的规模提供生存机会。几百年里实际上停滞不前的人口开始迅速增加。由此可知，可以说由资本主义“创造”的无产阶级，并不是人口中没有资本主义也会存在，因为它而地位下降的一部分人。它是因为资本主义提供了新的就业机会才有可能增加的额外人口。正像资本的增长使无产阶级的出现成为可能一样，同样属实的是，它也提高了劳动生产率，使父母没有为其提供必要的工具的人，也能够只靠劳动就能维持生存。但是，在那些后来声称对资本享有一份所有权的人得以生存之前，首先必须有资本的供应。尽管肯定不是出于慈善动机，历史上毕竟第一次有了这样一个群体，他们发现利用自己的所得大规模地提供新的生产工具，让那些离开这些工具便无法生产出自己的生活资料的人去操作，也符合他本人的利益。

关于近代产业的兴起对人口增长的作用，统计学讲了一个生动的故事。这件事本身同普遍认为工厂制度对广大群众造成危害的信念大相径庭，但这不是我们这里所关心的问题。我们只需指出一个事实就够了：只要其产出达到一定水平的人群之增长同人口的增长做到完全一致,那么不论平均数提高了多少,最贫困人口的生活水平就能得到根本的改善。直接有关的一点是,这种人口的增长,尤其是产业人口的增长,在所谓工人阶级的地位严重恶化之前,在英国至少已进行了几代人的时间。

这里所说的那个时期,也是工人阶级的状况问题首次受到普遍关注的时期。当时一些人的看法,当然是目前这种信念的主要来源。因此我们必须提出的第一个问题是,这种同事实相反的印象,怎么会被当时的人们广泛接受了呢?

主要原因之一,显然是人们对一些过去没有留意的事实有了越来越多的了解。正是财富和福利的增加,提高了人们的生活水平和期望。人们逐渐认为,世世代代视为自然的和不可避免的状态,甚至过去的状况略有改进,已同新时代所提供的机会不相协调。对经济上的困苦有了更多的感受,并且认为它没有理由存在,因为财富总量已比过去增加得更快。这当然不能证明,那些命运让人产生义愤和警觉的人,处境要比他们的父母或祖父母更糟。严重的苦难虽然证据确凿,但没有一条证据证明它比过去的苦难更严重或同样严重。产业工人的大量廉价住宅拥挤不堪的状况,或许比一些农业劳动者或家畜工人居住的风景如画的乡村更为丑陋,但是对此更感到惊恐的,必定是那些地主或城里的贵族,而不是散居在农村的穷人。对于从农村移居到城里的人来说,这意味着一种改善;尽管工业中心的迅速增长造成了卫生问题,人们至今还在缓慢而痛苦地学着如何应付这种问题,但统计资料几乎无法让人怀疑,从整体上来说,它给一般健康状况带来的是益处而非害处。[1]

在解释对工业化后果的态度由乐观转向悲观时,一个比这种社会良知的觉醒很可能更为重要的事实是,这种态度的变化不是出现

---

① 参见M. C. Buer, *Health, Wealth and Population in the Early Days of the Industrial Revolution*, London, G. Routledge & Sons, 1926。

在对发生的事情有亲身体验的产业地区，而是发生在同这种新发展相距比较遥远并且很少参与这种发展的英国大都市的政治讨论之中。在19世纪三四十年代，伦敦和南方的上层阶级显然普遍认为，英格兰中部和北部的产业人口广泛存在着“可怕的”状况。当地主阶级对制造业主鼓动人们反对谷物法、赞成自由贸易的行动进行反击时，这是他们用以攻击的主要论据之一。当时那些对工业地区的真相几乎一无所知的激进文人，正是从这些保守派出版物的论点中得出了他们的观点，并使其成为政治宣传的标准武器。

今天有关工业化的兴起对工人阶级的影响的许多看法，都可以追溯到这种立场。1843年左右，伦敦一位女士库克·泰勒夫人在首次访问兰开夏之后写下的一封信，最能说明这种立场。她在介绍自己看到的情况之前，先对伦敦的一般舆论状况作了一番评论：

> 我无须提醒您报纸上有关操作工处境可悲以及他们的主人暴虐专横的那些说辞，它们给我留下的印象，曾使我在是否同意去兰开夏这件事上迟疑不决。当然，这些不实之词广为流传，人们不辨虚实便相信了它们。譬如，就在动身之前，我参加了城西的一次盛大晚宴，坐在一位被公认十分聪明的绅士身旁。谈话中我提到了我要去兰开夏。他睁大了眼睛说：“真难以想象我会去那种鬼地方，如果那里能去，那么很快连圣吉尔也想去了；那是个可怕的地方——到处都是工场，人们饥肠辘辘，饱受欺压，过度操劳，几乎不成人样。工场主则是些大腹便便、生活放纵、全靠人民血汗养活的人。”我回答说，这种情况真是可怕，并且问他，他从什么地方看到过这样的灾难？他说，他从未见过，但是别人告诉他存在着这种事情；他从来没有在制造业地区待过，他也绝不会去那种地方。这位绅士属于无数人中间的一个，他们散布各种说法，却从来不想费神搞清楚真伪。

泰勒夫人对她惊奇地看到的令人满意的状况作了详细的描述，最后说道：

> 我现在了解了工场的人在他们的工作中，在他们的住所里，在他们的学校里，我完全无法解释那些反对他们的呼声。同其他劳动阶层相比，他们有着更好的衣着、更好的食品和更好的举止。[①]

但是，尽管后来为历史学家所接受的意见在当时不过是一个政党大声叫嚷的意见，仍然需要解释，为什么一个政党——不是激进党或自由党，而是托利党——在同代人中间的观点，变成了此后50年里经济史学家几乎无可争议的观点呢？个中原因似乎是，对经济史的新兴趣本身，同对社会主义的兴趣有着密切的关系，在从事经济史研究的人中间，有一大批人有着社会主义倾向。不但马克思的“唯物主义的历史解释”大大刺激了经济史的研究，实际上，所有的社会主义学派都持有一种试图揭示不同经济制度的相对性以及不同经济制度更替出现之必然性的历史哲学。他们都想证明，他们所攻击的制度，即生产资料私有的制度，是对一种更古老、更自然的公有制的颠倒。由于指导着他们的理论前提认为，资本主义的兴起必然对工人阶级有害，因此无须奇怪，他们找到了他们想要寻找的东西。

然而，不仅那些有意识地把经济史研究变成政治动员工具的人——有许多实例可以证明这一点——而且许多真诚地相信自己

---

① 此信引自“Reuben”, *A Brief History of the Riseand Progress of the Anti-Corn Law League*(London, 1845)。泰勒夫人可能是激进派库克·泰勒的妻子，曾访问过亨利·阿什沃茨在靠近波尔顿的图尔顿工场，那里当时仍然是农业区，因此很可能比都市中的工业区更有吸引力。

是在不带偏见地寻找真相的学者，得出的结论中所包含的偏见也少不到哪里去。这种情况的部分原因来自一个事实，即他们所采用的“历史方法”自称是古典经济学理论分析的死敌，因为后者对平息目前抱怨的大众疗法所下的断语，经常是不受欢迎的。[①]第一次世界大战之前的60年里最大且最有影响的经济史研究团体——德国历史学派，对“讲坛社会主义者”的名称引以为荣，这并不是偶然的；他们的精神继承者，美国的“制度学派”也大都具有社会主义倾向。这些学派中弥漫着一种气氛，一个年轻学者若是不想屈从于学术意见的压力，他就需要具备格外独立的头脑。对于学术尊严来说，没有什么责难比资本主义制度的“辩护士”更可怕、更致命的了。甚至一个学者如果敢于就某个具体问题同主流意见相左，他也要小心翼翼地通过加入对资本主义的普遍谴责来保护自己不受这样的责难。[②]认为现存的经济秩序仅仅是一个“历史阶段”，并且能够用“历史发展规律”预测到将来会出现一个更好的制度，那时已经成了所谓真正科学精神的标志。

实际上，早期经济史学家对事实的误解，可以直接追溯到一种在观察这些事实时不带任何理论前提的真诚努力。认为无须一种理论也能找到任何事物的因果关系，或这样的理论会在事实累积到足够多时自动出现，这纯粹是一种幻想。复杂的社会事件尤其如此，缺少系统的理论所提供的分析工具，人们几乎注定会对它们做出错误的解释。凡是不想自觉地利用一种明确而可靠的逻辑论证的人，

---

① 为了说明这个学派的一般态度，只须引用它的一位最出色的代表人物赫尔德(Adolf Held)的一段典型论述即可。按他的说法，正是李嘉图，“正统经济学在他手里变成了流动资本排他性利益的温顺奴仆”，他的地租理论“完全为货币资本家对地主的仇恨所左右”。见*Zwei Bücher zur socialen Geschichte Englands, Leipzig*: Duncker & Humblot, 1881, p. 178。

② 关于弥漫在德国经济学家历史学派中的这种普遍的政治气氛，Ludwig Pohle的*Die gegenwartige Krise in der deutschen Volkswirischaftslebre*(Leipzig, 1911)一书做了很好的说明。

通常只会成为他们那个时代大众信念的牺牲品。在这个领域，常识是个靠不住的向导，看上去“一目了然”的解释，经常不过是共同接受的迷信。看上去很明显的一件事是，机器的采用会减少对劳动力的需求。但是对这个问题作一番透彻的思考便可证明，这种想法是出自一种逻辑上的谬误，它不顾假定的变化中的其他作用，只强调其中一种作用。也没有任何事实能够支持这种观点。但是对此信以为真的人，却很有可能找到在他看来是可靠的证据。在19世纪初期，很容易找到极端贫困的事例，并由此得出结论说，这必定是采用机器的结果，却不问一下过去的情况是更好还是更坏。或许有人还会认为，产量的增加必定导致不可能把所有的产品售出，当他发现销售停滞时，便会认为这证实了预测，尽管对此有一些比一般的“生产过剩”或“消费不足”更合理的解释。

毫无疑问，许多这样的误解是出自良好的信念；我们也没有理由不尊重其中一些人的动机，他们为了唤醒公众的良知，把穷人的惨状描述得暗无天日。一些最美好、最慷慨的公共政策——从禁止奴隶制到取消进口食品关税，以及许多根深蒂固的特权和虐待行为的消失，我们都要归功于这种宣传，它迫使那些回避的眼睛面对令人不快的事实。人们有充分的理由记住，就在100年或150年前，大多数人的生活还是多么悲惨。但是在那种情况过去了很久之后，我们也不能允许让受到歪曲的事实——即使这是出于人道主义热情——影响我们对一种制度的看法：它在历史上第一次使人们感到，这种悲惨是可以避免的。工人阶级的要求和愿望，过去和现在都是资本主义使他们的处境大为改善的结果。由于自由企业的发展，许多有权通过阻止别人花钱做更出色的事情而保障自己有惬意的收入，因此享有特权地位的人，毫无疑问受到了损失。近代工业的发展有可能受到一些人的指责，可能还有另外一些不同的原因；它无疑威胁到了某些享有特权的上流阶层所看重的美学和道德价值。有些人甚至会问，人口的迅速增长，或者换句话说，婴儿死亡率的下降，是否值得庆贺。但是，如果我们想要检验的是它对广大劳苦阶层生活水平的作用，那么几乎无可怀疑，其作用是造成了一种普遍提高的趋势。

由学者们来承认这一事实，必须等到新一代经济史学家的出现，他们不再认为自己是一心想证明经济学家的错误的经济学对头，他们本人就是训练有素的经济学家，致力于经济变迁的研究。然而，现代经济史学在一代人之前就已取得的成果，在专业圈之外却几乎一直未得到承认。在这方面，研究成果最终变成普遍财富的过程，已被证明较通常的情况更慢。[①]这些新的成果，不是那种迎合知识分子的普遍偏见，使他们热心采纳的成果，而是同他们的普遍信念正相矛盾的成果。如果我们关于错误观点对形成政治舆论有重要作用的估计是正确的，那么确实到了该用真理去代替那些长期支配大众信念的传说的时候了。由于坚信这种改变已是姗姗来迟，才使得这个题目被列入了本次会议的计划，前面的三篇文章最初也提交给了这次会议，后来才决定它们应当得到更多公众的了解。

承认工人阶级作为一个整体从近代工业的兴起中获益，这与它也给这个或那个阶级中的那些个人造成了痛苦的事实并不矛盾。新秩序意味着变化的加快，而财富的迅速增长之所以可能，主要是加快了对变化的适应速度造成的。在高度竞争的市场有效运行的领域，机会范围的扩大，足以弥补特定职业更大的不稳定性。然而，这种新秩序的扩展是逐渐的和不均衡的。仍然有些钱袋——至今还是如此——尽管变幻莫测的市场也向它的产品完全敞开大门，却因其隔绝状态而无法从开放的市场中得到多少好处。老手艺因为被机械过程取代而衰落的各种事例已广为人知（手工织机工人的命运是一个经常提到的典型例子）。但是，由此引起的痛苦，是否可以

---

① 关于这一点，可参见我的文章《知识分子与社会主义》（此文已收入本书——译注）。

同资本主义大大增加了货物和资本的流动性之前无论什么地区发生的一系列灾荒所造成的痛苦相比,是大可怀疑的。与过去命定的普遍痛苦相比,一个繁荣的共同体中一群人的不幸,大概更会被人当作一种不公正和挑战。

要想搞清楚这些不幸的真正根源,进而了解使其尽可能得到克服的方法,首先要做到比过去的历史学家更好地理解市场制度的机制。资本主义制度中那些一直被大加谴责的现象,事实上都应归咎于一些前资本主义特点的残留或复活,归咎于或是错误的国家行为造成的垄断因素,或是没有理解顺利运行的竞争秩序需要适当的法律框架。我们已经提到了一些通常使资本主义受到谴责的特点和趋势,事实上那都是因为没有让它的基本机制正常运行造成的。具体而言,垄断为什么以及在多大程度上会妨害它的有效运行,这个问题过于复杂,我们无法在这里作进一步的讨论。

这篇序言不过是想指出理解以下文章中更为专业的讨论时必须了解的一般背景。它难免会过于笼统,但我相信这些专门的研究会对它们的特定问题作更具体的阐述。它们仅仅涉及到这个较为广泛的题目的一部分,因为它们只想为它们所开启的讨论提供事实基础。在三个相关的问题——什么是事实?历史学家如何表述事实?为什么要表述事实——中,它们首先讨论的是第一个问题,主要以暗示的方式谈到了第二个问题。只有儒弗内尔(B.de Jouvenel)的论文有不同的特点,主要论述的是第三个问题。他在这样做时,超出了这里所提到的复杂问题的范围,还提出了另外一些问题。

何谓“社会的”，它是什么意思？①

除了在哲学和逻辑学领域，恐怕极少存在着有理由用一整篇论文只去探讨一个词的含义的情况。然而，有时这样一个不起眼的词，不但可以揭示出观念演变的过程和人类谬误的故事，并且常常发挥着一种非理性的威力，只有当我们通过分析，展示出它的真正含义时，才能使它变得显而易见。就单独一个词能够产生不可思议的影响而言，我怀疑是否还存在着比“social”②一词更好的例证，这个词100年来在政治领域发挥的作用是无与伦比的，而且至今仍在产生着影响。

我们对这个词如此熟悉，我们不假思索地接受它，以至于我们

---

① 原载*Masse und Demokratie*(ed. A. Hunold), Zürich, 1957, 英译本收入Freedom and Selfdom(ed. A. Hunold), Dordrecht, 1961。现在重印的是修订后的译文，因为其中部分内容严重曲解了原文的含义。

② 哈耶克这里所讨论的“social”一词，它的字面含义虽然十分简单，在汉语里却不易找到一个十分对应的译名。它最直观的意思是“社会的”，不过对于理解本文尤其重要的是，在欧洲大陆（德语、法语皆然），它还有“社会主义的”“社会主义者”或“社会党人”这层含义。因此，就哈耶克的一贯立场而言，除了他所说的该词的主体化含义外，当他下面提到“a social Rechtsstaat”（社会法治国家）以及“社会行为”(social action)、“社会政策”(social policy)之类术语时，“social”一词似乎有“社会主义”的语义暗示。译文为保持原貌和译名的统一，除个别地方外未作这样的处理，只把它译成“社会……”或“社会的”。——译注

几乎意识不到它的含义中存在任何问题。长久以来，我们理所当然地用它来描述良好行为和诚实的思想，以至于追问它的含义会成为一种亵渎。这个词的含义已经被人当作他们道德理想的指南。我不妨猜想，我的大多数读者虽然有可能并不十分确切了解"社会的"这个词的含义，不过他们很少怀疑它表达着一种所有善良的人据以调整自己行为的理想，因此他们希望我们现在来告诉他们这个词的确切含义。请允许我立刻声明，在这件事上我会让他们感到失望；在对这个词及其含义作了细致的考察之后，我得出的初步结论是：像这样一个有着不同寻常作用的词，却不可思议地含义空泛，不能为我们的问题提供答案。

一般而言，我并不是新语义学运动的盟友，这一运动从分析我们大家都熟悉的词语中得到了特殊的满足。同样，我并不想改换门庭，采用那些过去一直用来反对自由世界传统价值的方式去反对激进改革家们的观念。不过从这个词的含糊性以及人们通常使用它时不严谨的方式中，我看到了一切清晰的思考以及对我们许多最严肃的问题进行合理讨论的可能性所面对的危险。我承认，拿掉这样一个"好"词罩在我们有关国内政策问题的全部讨论上的玫瑰色面纱，当然不是一件让人愉快的工作；然而它却是一项非常重要，因此必须有人承担的工作。在长达三四代人的时间里，这个词几乎被看成那些不断使用它的好人们的美德标记，我们不能允许这个事实掩盖了另一个事实，即用不了多久，避免使用这个词将逐渐不可避免地被人视为头脑清晰的象征。

我本人对"社会的"一词的用法感到有些厌恶的态度如何变成一种公开的敌视，使我将它视为一种现实的危险，我在此解释一下原因或许不无益处。事实上，不但我的许多德国友人认为，通过把"自由市场经济"称为"社会市场经济"，从而使它获得一种本质的含义是恰当而可取的，甚至(前)联邦德国的宪法也不再坚持使用"Rechtsstaat"(法治国家)这一清晰的传统概念，而是代之以"a social Rechtsstaat”（社会法治国家）这种含混不清的新说法。我十分怀疑是否有人真能解释清楚，加上这个形容词的花边是打算用来表示什么。不过这毕竟为我提供了一个思考问题的大好时机，在我提到的这两种说法中，第二种说法会使立法者将来遇到大量难以解决的麻烦。

我在经过深思熟虑后得出的最终结论是，“社会的”一词已经变成了这样一个形容词，它把它所限定的每个短语的明确含义掏空，使它们变成了一些无限灵活的短语，如果它们的含义是不可接受的，则总是能对它们进行歪曲，它们的用法通常只能掩盖人们之间不存在真正的共识，使他们在某项原则上看起来仿佛意见一致。在我看来，很大程度上正是因为竭力想给政治口号披上一层伪装，让它能够迎合所有人口味的做法，使“社会市场经济”之类的说法有了生存的机会。如果我们都在使用一个总是让问题产生混乱而不是澄清问题的词，它在并不存在答案的地方貌似提供了一种答案，如果更糟糕的是它经常被用来装扮一些肯定与共同利益毫不相干的理想，那么显然已经到了采取果断措施，把我们从这种神秘的赘词造成的混乱影响中解救出来的时候了。

过去几十年里，在我所掌握的所有语言中，“道德的”或仅仅是“好的”这些词越来越多地被“社会的”一词取代，已经达到了前所未有的程度，没有什么事情能够比这件事更清楚地表明我们对这个词的含义的解释在我们的思考中所发挥的作用。在我们的祖父母或曾祖父母只说某人是个好人或他的举止合乎道德的场合，我们所说的是“社会的”情感或行为，如果我们自问一下，“社会的”这个词有什么确切的含义，我们会对整个问题得出一个有趣的说明。从前，一个恪守道德原则的人就是一个好人，或者，当他的行为可靠地遵守本国法律时，他就是一个好公民。新近觉醒的“社会良心”对我们提出的新要求，导致了在“纯”道德和“社会”意义的道德之间划出了一条界限，那么它到底有什么意思呢？

首先,呼吁我们不要故步自封,而是推进我们的思想,我们在自己的行动和态度中应考虑到全体社会成员的状况和问题,这无疑是值得称颂的。但是,为了充分理解它的含义,我们必须回顾一下“社会问题”最初成为公众讨论主题的情形。从大体上来说,在19世纪中叶,政治讨论和政治决策仅限于在上层狭窄的圈子内进行;因此有充分理由提醒这个上层,他们对“社会上人数最多且最贫困的”,几乎或根本没有参与治理国家的那部分人的命运负有责任。那时,文明世界发现还存在着一个“底层世界”,它感到如果不想被这个世界吞噬,它自己就有责任“提高”这个世界,这是在现代民主和普选权产生之前。在这个时期,“社会的”一词逐渐产生了这样的含义:要关心那些没有能力理解自己利益所在的人——在群众掌握了政权的时代,这个概念便多少有些不合时宜了。

应付许多人一直不了解的那一部分人的问题是一项挑战,但是与此同时存在着另一个类似的思想流派,它把“社会”思考和行动的必要性,与传统上公认的道德标准所提出的要求割裂开来。后者的准则所针对的是,一个人所处的具体而明确的环境,规定了无论结果如何他对应当做或不应当做的事情(譬如,人不能撒谎或行骗,即使他这样做可能有利于自己或他人)都义不容辞。但是,从“社会的”角度思考问题的要求中也包含着这样的要求,即我们应当自觉地考虑到我们行为的甚至是十分遥远的后果,并对我们的行为做出相应的调整。

在这一点上,对社会行为的要求本质上不同于传统上得到接受的道德和公正的信条,后者从原则上说,期待着人们只去充分考虑在正常情况下他们的行为显而易见的后果。这种要求很容易造成的情况是,对于应当或能够做什么的问题,一个人在任何情况下都应当从比他更有知识、更有判断力的人那儿获得指教。因此,对社会行为的这种认识,同希望有一份社会状况的完整蓝图,有一部与某种统一有序的计划相一致的,以这份蓝图为根据的社会行为法典的愿望，有着十分密切的关系。在这种认识中还包含着一种愿望，想看到所有的个人行为都指向明确的“社会”目标和任务，服从于“共同体的”利益。这些目标和任务，个人可能有所认识，也可能没有认识，但是，如果个人把自己的活动——即使他的行为始终如一地受传统行为原则和公正原则支配——只用来促进自己的抱负，那么在任何情况下这些目标和任务都是不能实现的。

早在40年前，科隆的社会学家利奥波德·冯·米塞斯就注意到了对社会思想的这种有些古怪的解释。他在一篇发表于1919年1月的论文[①]中说：“只有那些‘社会主义时代’(social age)——战前的几十年——的年轻人，才能够感受到社会领域取代宗教领域的倾向是多么强烈。在那些日子里有一种生动的形象——社会本堂牧师。甚至哲学家也掉进了他们的巢穴。有位特别能言善辩的绅士还写了一本大部头的书，题目叫作《用哲学眼光看社会问题》……这个时期，在整个欧洲，尤其是在德国，社会工作被罩上了一层光环。如果作合理的评价，社会政策和慈善活动都有着十分可贵的相对价值，但是也必须清楚地认识到它的局限性。做个‘社会主义者’(socialist)和做个好人或‘上帝眼里正直的人’，并不是一回事。”

用“社会的”取代“道德的”这个简单说法的做法，是对其本来含义的彻底改变，甚至是一种彻底的颠倒；要想清楚地认识到这一点，就得回到200年前，回到“社会”(society)这个概念刚被发现或刚开始成为科学讨论对象的年代，并且追问一下当初人们打算用它来表达什么含义。显然，采用这个词是要用它来描述一种自发产生的人类关系的秩序，以区别于特意设立的国家组织。当我们谈论“社会力量”或“社会结构”——譬如语言和习俗，或同特意授予的权利相对的那些逐渐得到承认的权利——时，我们仍然是在原来的含义上使用该词，其目的是要表明，这些事情并不是某种个人意志的

---

① *Der liberalismus in Vergangenbeit und Zukunft*, Berlin, 1917, p. 115.

产物,而是无数的个人和世世代代的偶然行为的意外后果。从这个意义上说,真正可称为社会的东西,由其本质所定,是一个无名氏,它与理性无关,不是逻辑推理的结果,而是一个超越了个人的进化和选择过程的产物,应当承认个人对它也有所贡献,但是它的全部成分不受任何一个头脑的支配。

人们逐渐认识到存在一些完全不受人的愿望支配的力量,它们的作用加在一起,造成了一些对个人努力有促进作用的结构,尽管它们并不是为了这个目的而被设计出来的。正是这种认识,使人们采用了"社会"这个概念,以把它同国家这种特意建立并受人领导的组织区别开来。

只要我们考虑一下这个词在十分常用的短语"社会秩序"中的含义,就会明白它的含义变化之快,最后几乎变成了一个同其原义截然对立的反义词。这个短语当然能够仅仅从社会本身自发创造出来的东西这个意义上加以使用。就此而言,在大多数情况下,"社会的"一词即使不是首先用来指许多人都能观察到的秩序,即一种不是由外力强加于共同体的社会结构,它也仅仅是指和共同体有关的事情。今天还有几个人能理解奥尔特加(J.Ortega y Gasset)的这句名言呢?他说:"秩序并非外力施加于社会的压力,而是从它内部建立起来的一种平衡。"

如果我们不但同意把共同体中个人活动所造成的相互协调的力量称为社会力量,而且把和共同体有关的无论什么事情一概冠以"社会的",整个基本差别就会被一笔抹杀。这时生活中就几乎再也没有从这种或那种意义上说不是"社会的"东西,这个词在所有实践意图中会变得毫无意义。因此,现在迫切需要对这些不同的含义进行清理。让我们先记住"社会特有的"或"从社会具体进程中产生的"这层含义,即当我们谈论社会结构或社会力量时所采用的含义。这是我们在使用这个词时迫切需要的一种含义,即我很乐于看到、得到维护的真正含义。它显然十分不同于它在我们以下这些说法中的含义，如“社会意识”“社会良知”“社会责任”“社会活动”“社会福利”“社会政策”“社会立法”或“社会公正”，或它在“社会保险”“社会权利”或“社会控制”这些说法中的含义。尽管最为人们所熟悉但也最令人吃惊的组合词是“社会民主”——我很想知道，民主社会的什么目标不能被称为社会的，以及为什么不能！不过这就属于另一个话题了。

真正的要点是，所有这些组合词与各种社会力量的特点几乎没有什么关系，尤其重要的是，自发产生的事情和国家特意组建的事情之间的差别完全消失了。既然认为“社会的”这个词不但有“共同体的”(communal)这层含义，那么它显然还有“符合社会利益”或“按照社会的意志”，即遵照多数人的意志这种含义，有时大概还有针对相对不那么幸运的少数人而言的“社会承担的义务”这种含义。这里我不想讨论这个问题，即为什么人们更偏爱“社会”这个定义不很明确的词，而不是“人民”“民族”或“一国公民”这些明确而具体的词，尽管它们正好具有这种含义。在我看来关键是，在“社会的”一词的所有这些用法中，都假定共同体的行为背后存在着已知的共同目标，但并没有划定它们的范围。它只是说，“社会”有某些大家都知道也都认可的具体任务，社会应当让其每个成员的工作致力于完成这些任务。于是“社会”具有了一种双重人格：它首先是一个能思想的集合体，有它自己的愿望，它不同于组成它的那些个人的愿望；其次，通过把自己等同于这些愿望，它成了抱有这些社会愿望的个人观点的人格化代表，这些个人声称，他们具有更深刻的眼光，或具备更强烈的道德价值意识。一位演说家会不厌其烦地说，他本人的观点和愿望是“社会的”，而把他的对手蔑视为“反社会的”。我认为自己没有必要进一步强调，当“社会的”是从“服务于社会利益”这层含义上使用时，它显然是提出了一个问题，却没有提供答案。它赋予社会应当遵守的某些价值以优先权，但是它并没有说明这些价值是什么。如果严格地从这种意义上使用该词，我认为便不存在什么目标。不过事实上,它不但以许多方式同现存的道德价值竞争,它还破坏了它们的威信和影响。我日益明确地认为,用“社会的”这个圆滑的词取代我们一直用“合乎道德的”(moral)来称呼的那些价值,有可能是这个世界道德意识普遍退化的主要原因之一。

我前面指出的第一个重大差别,是来自这样一个事实,即道德行为规范是由一些抽象的普遍原则组成的,我们被要求去遵守它们,不考虑结果如何,甚至经常不清楚我们为什么应当以这样而不是那样的方式行动。这些原则从来就不是谁发明的,没有哪个人曾成功地为现存的道德行为系统提供一个理性的基础。我认为,这些原则是真正的社会产物,是一个进化和选择过程的结果,是我们本人并不了解的经验的结晶。它们获得了普遍的权威,是因为受它们支配的群体证明自己比其他群体更为有效。它们要求人的服从,其基础不是个人知道违反原则的后果这种事实,而是它们为承认一个基本事实提供了根据:这些具体后果大多数都超出了我们的视野,只有当我们受充分考虑到了环境的原则——在这种环境下我们服从这些原则——指引时,我们的行动才不至于和自己的同胞不断发生冲突。但是,作为“社会利益”这个概念之来源的伪理性主义,却违反了道德行为和公正的所有原则。理性主义拒绝受任何它没有完全理解的东西的支配。它为自己保留一项权利,要在每件个别的事情上决定什么是可取的,因为它自称明白一切可能的结果;它拒绝服从任何规则,却又坚持追求明确的具体目标。但是在这样做时,它违反了道德行为的每一条基本规则,因为就任何愿望的重要性达成一致,只能是因为它符合并遵守了不受理性化影响的公认的普遍规则。由此可见,这种对“社会行为”提出的要求,因为它动摇了对规则和“显而易见的”道德行为的尊重,从而也破坏了它自身赖以立足的基础。

这种所谓“社会的”事务对没有明确宣布或根本没有考虑的道

德规则的依赖，可由一个事实给以最清楚的说明，即它导致了把公正的概念扩大到不能采用此概念的领域。[①]要求对世界上的物品进行公正的或更平等的分配，今天已经成了一种主要的“社会”要求。但是，在分配上采用公正的概念，就要根据功过进行奖励，而评价功劳的大小又不能根据成就，只能根据公认的道德规则得到遵守的程度。因此论功行赏的前提是，我们必须知道导致这种具体表现的全部具体环境。但在自由社会里，我们允许个人决定自己的行为，因为我们并不了解那些对他的成就大小起决定作用的具体环境。因此在自由社会里，对个人的奖励必然是根据他为自己的同胞实际提供的服务的价值，而这种价值常常同他们在提供服务时得到的主观的功绩感没有多少关系。只有在人们得到奖励是根据其努力的客观结果，而不是根据某个人对他所取得功绩的评价的情况下，公正的概念才会有用。要求后面这种做法，即要求论功行赏，是自由社会无法做到的，因为我们无从知道或分辨出决定功绩的所有环境。试图部分地采用论功行赏的原则，只能导致普遍的不公正，因为这意味着要对不同的人根据不同的原则进行奖励。如此滥用公正原则，最终只能导致公正意识的毁灭。

实际上情况甚至更糟。由于在公正问题上不存在公正的标准，因此在做出决定时，一些不那么高尚的念头难免会出人意料地悄悄溜进来。在这种情况下，“社会的”这个概念经常被用来掩饰一种嫉妒，并且约翰·穆勒正确地称为一切情感中最为反社会的那种情感有可能披着道德要求的外衣出现[②]，对这种最恶劣的结果，我们只能感谢不加思考地使用“社会的”一词的做法。

---

① 在这个问题上，对“社会的”一词的滥用所达到的程度，似乎至少在另一些地方引起了抵制，在发表这篇演讲之后，我在一篇 Charles Curran 所写的书评(*The Spectator*, July 6, 1958, p. 8)中十分满意地读到了这样的句子：“社会公正就像人民民主一样，是同一伙人所进行的语义学欺诈。”

② John Stuart Mill, *On Liberty*, 1859, p. 10.

“社会的”观念在反道德方面产生的第三个突出的作用是，它导致了个人责任心的丧失。诉诸社会意识，本来是要让个人责任意识得到更广泛的接受。但是，在个人所向往的未来目标中间、在对社会影响和社会——集体主义意义上——行为的考虑中间、在个人对共同体的道德义务与他对共同体的要求之间出现的混乱，已经逐渐瓦解了作为一切道德之基础的个人责任感。所有类型的知识分子运动都对此起了一定的作用，这里我无法详谈，但是就像“社会心理学”一样，它们在大多数情况下都是打着“社会的”招牌进行的。我认为几乎没有什么疑问的是，这整个过程彻底搞乱了个人责任的问题，它一方面使个人在自己的环境中摆脱了一切责任，另一方面又使他对不十分明确的事情承担起了含混不清的责任，从而——大体上说——明显地导致了人们个人责任心的丧失。它没有让个人承担起他必须通过自己的努力加以完成的任何明确的新责任，而是取消了责任的一切界线，不断地允许人们提出进一步的要求或以别人为代价来行善。

此外，这些“社会运动”因为强调具体目标和权宜性的要求，非但没有促进十分必要的真正的政治道德原则的出现，反而阻碍了它的出现。可以说，所有的道德和公正都是建立在普遍的抽象原则对具体情况的应用之上的。“目的可以为手段正名”这句名言，长久以来就被正确地认为是对一切道德的否定。然而事实上，如今经常听到的那种必须对“社会方面”给予充分考虑的说法，恰恰就包含着这种含义。对于社会进化的真正产物，如公正和道德，它以一时的社会意志的代表自居，认为为了它自己的眼前目标而否定那些原则是正确的。

很不幸，我没有足够的篇幅详细讨论，为什么政治道德的原则就像所有其他道德原则一样，本质上都是长期原则，因此不能根据它们对某个人的作用的事例加以评判。从我们的观点来看，更重要的是这样的事实，即这些原则之所以产生并获得权威，仅仅因为它们是一个长期而不受限制的进化过程的产物。只有当服从一项原则被理所当然地认为比任何个人的成功更重要时，只有当我们认识到，动用强制手段的唯一理由，是它遵守了普遍原则，而绝不是为追求具体的目标而作为权宜之计使用，我们才有望看到一种政治道德的普遍原则逐渐被所有的人接受。任何“社会的”道德法则必须建立在维系社会的集体行为的原则之上，并且在我看来，今天我们正在比过去更严重地远离对这一事实的认识。

显然已经到了这样的时候，要让何为公正和正确的自觉的意识去限制社会为自身的目的而使用强制。个人自由的理想是这些曾一度得到普遍承认的政治行为道德原则中的一条，当然也是其中最为重要的一条。而根据“社会”标准做事的人日益猛烈地加以攻击的，正是这一原则。自由和独立的理想，对自己的良心负责以及尊重个人的理想，在“社会”观念的强大压力之下已经岌岌可危。实际上，只有培育自发的自由力量，才能真正有益于社会，有益于那些逐渐产生的，不同于有意创立的制度，有益于进一步加强社会过程中的创造性力量。我们在社会概念的旗帜下所经历的是，重心已从服务于社会转向了要求绝对的社会控制，从要求国家服从社会的自由力量转向要求社会服从国家。如果允许人类的智力把某种事先设计好的模式强加于社会，如果允许我们的理性思维能力提出垄断创造性努力的要求（从而只承认事先想到的结果），那么当社会不再发挥创造性功能时，我们也无须大惊小怪。如果从根据物质平等的理想所制定的政策中产生出了一个大众社会，它被更彻底地组织起来，但是缺少任何自发的关系，我们就更不必大惊小怪。真正能为社会观念提供帮助的，不是强加的绝对权威或领导，甚至不是致力于共同目标的共同努力，而是我们每个人对一个过程做出的贡献，这个过程比我们任何一个人都更伟大，它不断地涌现出一些出乎意料的新事物，并且只有在自由的状态下才能兴旺发达。我们终于发现自己不得不抛弃社会观念的理想，因为它已经变成了这样一些人的理想,他们从原则上否认存在着一个真正的社会,他们的愿望是要人为地建立和理性地控制这个社会。我认为,今天那些自称为社会的东西,从其更深层、更真实的意义上来说,全是彻头彻尾地反社会的。

“社会公正”的返祖现象[①]

一

找出所谓“社会公正”的含义，是我十多年来始终关心的问题之一。我的这项努力以失败而告终，或者说我已经得出了结论，就一个由自由人组成的社会而言，这个说法毫无意义。但是，为何在长达一个多世纪的时间里它一直支配着政治讨论，在各地被成功地用于促进特殊群体希望获得更多生活福利份额的要求——找出这种现象的原因，仍然是件十分有意义的工作。

不过，就像我在即将出版的《法律、立法与自由》第二卷里用大量篇幅试图说明的那样，我首先必须作点解释，为何我认为“社会公正”不过是个空洞的套话，它一般是被用来断言，某种特殊要求不需要用任何理由加以辩解。这一卷的副标题是“社会公正的海市蜃楼”，主要是想让知识分子相信，他们如此津津乐道的“社会公正”这个概念，是有损于知识的声誉的。当然，有些人对此已幡然醒悟，但是由于“社会公正”是他们曾经思考过的唯一的公正，于是造成了一个不幸的后果，他们得出结论说，公正一词的任何用法都没有

① 1976年10月6日在悉尼大学第九届米尔斯纪念讲座上的演讲。

意义。这使我不得不在该书中说明,公正的个人行为规则,是维护一个自由人的和平社会不可缺少的因素,这正像实现“社会”公正的努力同它互不相容一样。

“社会公正”一词今天被普遍用作所谓“分配公正”的同义词。后者大概能更好地说明它想要表达的含义,同时说明了为何它不适用于市场经济的结果:在不存在分配者的地方,不可能有分配的公正。公正只有作为人类行为规则时才有意义,在市场经济中相互提供商品和服务的个人,他们的任何可以想象到的行为规则,都不可能产生一种可以有意义地称为公正或不公正的分配。个人可以尽量使自己做到行为公正,但是分散的个人所得到的结果,既非出自别人的意图,亦非别人所能预测,因而由此产生的状态既不能称为公正,也不能称为不公正。

“社会公正”这种说法毫无内容可言,可由以下事实得到说明:对于在具体情况下需要什么样的社会公正,根本就不存在共识;此外,如果人们各不相同,我们不知道用什么检验方法去确定谁是正确的,并且在个人享有自由,即他可以将自己的知识用于自己的目的的社会里,实际上也不可能事先设计出一种分配方案。当然,个人对自己的行为所应承担的道德责任,同实现任何这种可取的全面的分配模式也是不相容的。

稍作考察即可说明,虽然有许多人对现存的分配方式不满,但对于什么样的方式才算公正,实际上他们谁也没有明确的想法。我们所能看到的全是对个人不公正状况的一种直觉的估计。除了“同工同酬”,谁也没有找出过一条普遍规则,使我们可以从受它支配的所有具体情况中推导出什么状态才符合“社会公正”。自由竞争虽然不考虑社会公正的要求所依据的那些品德、需要或诸如此类的因素,但它倾向于实行同工同酬的原则。

二

大多数人为何甚至在发现自己并不真正知道“社会公正”的含义时,仍然固执地相信这种说法,其原因在于,他们认为既然大家都相信它,那么这个说法想必有一定意义。一种谁也不理解其含义的信念,却几乎普遍被人接受,其根源在于我们全都从另一种类型的早期社会——人类在这种社会里生存的时间要大大长于现在的社会——里继承了某些根深蒂固的、同我们今天的文明已不相适应的本能。事实上,人类从原始社会走出来,是因为在某些条件下,有越来越多的成员不再考虑那些曾经把古老的群体聚集在一起的原则。

我们千万不要忘了,人类发展出农耕、城镇并终于建立起了“大社会”,只是过去一万年里发生的事情,而此前,人类至少已在共同分享食物的五六十人的渔猎群体里生活了上百万年,这种群体在受保护的共同疆界之内,有着严格的支配制度。这种在古代原始社会中的需要,决定着许多仍然支配着我们,并且从另一些部落那里也可得到印证的道德情感的内容。在这种群体里,至少对于全体男性来说,在男性头领的指挥下共同追求被发现的共同的物质对象,就像根据不同成员在维持部落生存上的重要程度把捕获物分成不同的份额一样,是部落继续生存的一个重要条件。极有可能的情况是,那时产生的许多道德情感,不但通过教育或模仿在文化中传递下来,并且变成了一种内在的或由遗传决定的因素。

但是,从这个意义上来说属于我们天性的那些因素,在另一种环境下并不必然也对种群的繁殖有利。原始形态下的小部落当然具有一些对许多人仍然有吸引力的东西:统一的目标或共同的目标序列,以及根据评价个人功绩的共同观点仔细分配物品。然而,这些维护团结的基础,也限制了这种社会形态发展的可能性。群体所能适应的情况,它所能利用的机会,仅限于其成员能够直接了解的范围。更为糟糕的是,个人几乎不能做别人不赞成的事情。以为原始社会中的个人享有自由纯属无稽之谈。对于社会动物来说,天赋自由是不存在的,自由是文明的产物。个人在群体中独立行动的领域是得不到承认的,即使是部族头领,他的号令有望得到服从、支持和理解,也仅限于那些相沿成习的活动。只要每个人必须服务于那个等级秩序中的一切需要——这正是今日社会主义所梦想的事情——任何个人的自由实验都是不可能的。

三

使文明、并最终使开放社会的发展成为可能的重大进展,是抽象的行为规则逐渐取代了具体的义务目标,游戏取代了音乐会中受到统一指挥的行为,从而培育出了一种自发的秩序。由此带来的一大好处是使这样一种过程变为可能:广泛散布的相关信息,以我们称为市场价格的符号形式,可以为不断增加的人口所利用。不过这也意味着不同的人和群体所得到的结果不再能够让年代久远的本能感到满意。

有人曾不止一次提议,利用古希腊人用来表示以货易货和交换行为的那个词—— katalattein,把解释市场机制的理论称为交换学(catallactics)。自从我发现这个词在古希腊除了指“交换”,还表示“同意加入社群”和“化敌为友”的意思,我便有点喜欢上它了。因此,我曾建议,我们应当把引导陌生人欢迎我们并服务于我们的市场游戏称为“交换的游戏”(game of catallaxy)。

市场过程同我们从《牛津英语词典》中看到的“游戏”一词的定义完全一致:它是“按照一定规则展开的竞赛,以技巧高超、力量或运气定胜负”。从这个角度说,它既是一种技巧游戏,又是一种运气游戏。最重要的是,它是能够引导参与者为一个共同的蓄水池——我们都可以从中得到一个不确定的份额——做出最有价值的贡献的游戏。

这场游戏很可能是由这样一些人开始的,他们放弃自己部落的庇护和义务,通过服务于他们并不认识的人的需要而获得报偿。当新石器时代早期的商人载上一小船不列颠的石斧,越过海峡为自己换取琥珀,甚至很可能还换取果酒时,他们的目的已不再是熟人的需要服务,而是想得到最大的收益。正是因为他们只对那些能够为他们的产品提供最好价格的人感兴趣,他们才来到了一些完全陌生的人中间,他们通过给那些人石斧,使自己的生活标准同他们的邻居相比大为改善,而那些获得石斧的人无疑也能从利用它们中获益。

四

随着抽象的价格信号取代同伴的需要,成为人们努力获取的目标,便出现了利用各种资源的全新的可能性——然而为了鼓励人们利用这些可能性,也需要完全不同的道德态度。变化主要发生在港口或通商要道发展起来的贸易和手工业的城镇中心,那里的人们摆脱了部落道德的束缚,建立起了商业社会,并逐渐发展出了新的交换游戏的规则。

言简意赅的要求使我在这里只能过分地去繁就简,使用一些人们熟悉但并不十分恰当的说法。当我从人类度过了其大多数时间的狩猎群体中的道德,转而谈到使开放社会的市场秩序成为可能的道德时,我省略了一个漫长的中间阶段,它比人类在小群体里生活的时间要短得多,却远比城市和商业社会的时代漫长。这个阶段是重要的,因为那些体现在各种一神论宗教教义中的道德法典,就是由此开始的。这是一个人类生活在部族社会的时期，从许多方面来看，它表现为从人们相互认识并致力于共同特定目标的原始小社会的具体秩序，向一个开放和抽象社会过渡的阶段；在后一种社会里，秩序的产生是由于个人在利用自己的知识追求各自的目标时，服从同样的抽象游戏规则。

我们的感情仍然受到只适合小的狩猎群体生存的本能的支配，与此同时，支配我们的语言习惯的，是我们对“邻居”，即对部落中的同胞的义务，我们仍然认为异邦人是处在道德义务的范围之外的。

在一个个人目标因专业知识而必然各不相同，各种努力是为了将来与素不相识的人交换产品的社会里，共同的行为规则逐渐代替了具体的共同目标，成为社会秩序与和平的基础。个人之间的相互作用变成了一种游戏，因为对每个人的要求就是服从规则，这些规则除了他为自己和自己的家庭获得生计所需，并不关心某个具体的结果。因为使游戏变得最有效率而逐渐形成的规则，基本上是属于涉及财产和契约的法律规则。这些规则反过来又使劳动分工的进步以及有效的劳动分工所要求的各种独立的努力之间的相互协调成为可能。

五

这种劳动分工的意义往往得不到充分的估计，因为大多数人认为——这部分是由于亚当·斯密提供的经典说明——它是一种设计出来的城镇内部的安排，在这种安排之下，在制造某种产品的有计划的过程中，不同的个人在先后工序中劳动。然而事实上，在不同的企业供应原料、工具和半成品的努力——这是生产最终商品所必需的——中，市场所起的调节作用，很可能比无数专业工人之间有组织的合作重要得多。

竞争性市场的建立,在很大程度上要依靠这种企业间的劳动分工或专业化,而它之所以有可能出现,也是因为有市场存在。生产者在市场上发现的价格,会立刻告诉他应当生产什么以及用什么工具去生产。他从这种市场信号中得知他有望用高于费用的价格售出产品,为此为目标,他在利用资源时不会超过必要的数量。他希望获利的自利动机,促使他去从事为改善他的社会中任何成员的机会而应当去做的事情,他或许无此意向,却极可能有此结果;但是只有当他得到的价格完全是受市场力量决定,而不是由政府的强制性权力决定时,情况才会如此。只有自由市场所决定的价格才会使供求平衡。不仅如此,自由市场的价格也保证了社会中分散的知识能够全部得到评价和利用。

市场游戏导致了从事这种游戏的社会繁荣兴旺,因为它改善了所有人的机会。这之所以成为可能,是因为个人服务的回报取决于谁也无法全部掌握的客观事实,而不是取决于哪个人关于他应当得到什么的意见。不过这也意味着,虽然技能和勤奋会改善每个人的机会,但并不能保证让他获得一定的收入;这个无人格的过程利用所有分散的知识确定价格信号,从而告诉人们应当做什么,但是它并不考虑各种需要和品德。价格,尤其是服务价格形成秩序和提高生产率的功能,取决于它告诉人们从全部活动模式中的什么地方能够找到他们最有效率的位置——即他们有可能为总产出做出最大贡献的位置。因此,如果我们认为最大限度地增加了社会中任何成员的机会的报酬原则是公正的,那么我们也应当认为,由自由市场决定的报酬是公正的。

六

但是,这种报酬同有助于组织另一种我们人类在其中生活了很久因而仍然支配着我们情感的社会形态的相对报酬难免会有很大的不同。自从价格因为和未知的环境有关而不再被接受，政府开始相信自己能够决定价格以起到有益的作用以来，这一点便变得极其重要。当政府因为无法从判断市场价格信号的确切含义——对于价格所包含的全部信息，政府同任何人一样所知甚少——而对它进行干预，希望以此给自称应当得到特别照顾的群体各种好处时，事情不可避免地会变得更糟。不但资源的有效利用，而且更糟糕的是，通过供需平衡关系而期待能够做成买卖的前景，都遭到了极大的破坏。

虽然不易理解，但我仍然认为，不容怀疑的是，当我们的报酬间接地依赖于我们并不了解的环境时，我们才会被引导去利用更多的相关信息。可以用现代控制论的语言说，反馈机制保证了自我生成的秩序的维持。这也就是亚当·斯密观察到并称为“看不见的手”的作用——200年来它一直是那些不求甚解的冷嘲热讽者的笑柄。当然，由于交换游戏并不考虑人类有关正确的相互关系的观念，仅仅根据相同的形式规则下游戏参与者的成败论奖赏，因此它造成的资源配置比任何设计都更有效率。我认为，对于任何因为能够改善所有人的命运而展开的游戏，如果我们不知道除此之外还能用其他什么安排提供这种改善，那么只要大家都服从同样的规则，并且无人作弊，则必须把它的结果视为公正的。如果他们接受自己从游戏中的所得，那么个人或群体请求用政府权力改变利益物品的流向，使其对自己有利，就是作弊行为——不管我们在市场游戏之外因为这种游戏没有为其提供适当的最低保障的人做些什么。这种游戏的结果，部分地取决于技巧和个人的具体环境，部分地取决于纯粹的运气。所以，因为不同的个人虽然都因参与游戏而有所改善，但其初期前景大不相同，便指责这种游戏，是没有道理的。对这种指责的明确答复是，游戏的目的之一，就是让不同个人的各不相同的技巧、知识和条件，得到最大限度的利用。社会为了让每个人都从中汲取所得的蓄水池有所扩大,能够以这种方式加以利用的最大资产,就是父母能够传给子女的不同的道德、智力和物质馈赠——他们往往仅仅为了能够将其传给子女,也要去获取、创造或保护这些东西。

七

因此,这种交换游戏的结果必然是,许多人的拥有,要大大多于他的同胞认为他应当拥有的数量,甚或大大少于他的同胞认为他应当拥有的数量。无须奇怪,很多人希望利用威权主义的分配措施改变这种状况。麻烦在于,他们认为可供分配的全部产品之所以存在,却完全是因为不同的努力所获得的回报,是由几乎不考虑各种美德或需要的市场来实施的,这需要把拥有特定的信息、物质手段和个人技巧的人吸引到使他们能够随时做出最大贡献的地方。有些人宁可选择可靠的契约收入带来的安宁,而不愿冒险去利用永远变动着的机会,他们感到和高收入者相比处境不利,而高收入却是各种资源不断重组的结果。

成功者的成功无论是理所应当的还是偶然的,他事实上的高收入是引导资源为人人从中汲取所得的蓄水池做出最大贡献的基本要素。假如某个人的那种收入没有被作为公正的收入,那么我们也没有多少希望去分享让这种收入引导他为蓄水池做出最大贡献的前景。因此,一些不可思议的高收入有时也是公正的。更重要的是,获取这种高收入所波及的范围,可能是那些缺少创业精神、运气不佳或不太聪明的人取得生活所需的正常收入的必要条件。

但是,为如此之多的人所憎恨的不平等,不仅仅是创造目前西方大多数人所享有的相对较高收入的基本条件。有些人似乎相信,降低这种普遍收入的水平,或至少是收入增长率的缓慢下降,同他们所认为的更为公正的分配相比,算不上一个过高的代价。然而今天这会遇到一个更大的障碍。从事这种很少关心公正、但在增加产出上发挥着巨大作用的交换游戏,其结果之一是世界人口大为增加,大多数人的收入并没有增加很多,我们要想维持这种收入,应付人口不可逆转的进一步增长,只能最大限度地利用这种为生产率做出最大贡献的游戏。

八

如果人们对他们受惠于交换、甚至其生存也大大依赖于交换这一点普遍无动于衷,如果他们常常十分痛恨他们所认为的这种交换的不公正,那是因为他们从来就没有设计过它,因此也不理解它。这种游戏的基础是为别人提供好处,如果个人遵照正常规则追求自己的利益——那未必是一般意义上的自私,但无论如何必须是他自己的利益——他就能在这种游戏中最大地成就自己。

不仅是企业家,而且包括一切所谓“自己雇用自己”、不断选择自己努力方向的人,这种秩序对他们提出的道德态度方面的要求是,假如他们想为自己的同胞提供最大的利益,他们就应当诚实地展开竞争,遵守游戏规则,只受抽象的价格信号指引,不因对他们交易对象的品德或需要所抱的同情或看法而有所偏爱。雇用一个低效率而不是高效率的人,纵容一个不够格的竞争者,或偏爱自己产品的具体用户,这样做不但意味着个人损失,而且意味着未履行自己的公共责任。

开放社会或大社会所要求的这种逐渐传播开来的自由主义新道德,首先要求相同的行为规则应适用于一个人同社会一切成员之间的关系——个人同家庭成员的天然关系除外。这种古老的道德原则向更大范围扩展,大多数人,尤其是知识分子,都将其作为道德进步而表示欢迎。但是他们显然没有认识到,这种适用于一个人同所有其他人关系的规则平等,必然意味着不仅有些新的义务扩大到了过去无此要求的人,并且一些过去被认为只属于某些人而不能扩大到所有其他人的旧义务也会消失;当他们发现这一点时,他们对此深为痛恨。

正是我们的义务范围不可避免的缩小,以及这种现象的不断扩展,使那些有着强烈道德情感的人感到愤怒。然而,这些义务都是维持小群体团结的要素,同一个自由人的大社会的秩序、生产率以及和平是格格不入的。它们全是这样一些要求:以“社会公正”的名义,向政府提出道德要求,让它用强制手段对那些在交换游戏中比我们成功的人进行索取,再把索取来的东西分给我们。这种人为地改变不同的生产努力方向的相对吸引力的做法,只能是反生产力的。

如果预期报酬不能再告诉人们,他们在何处努力才会对总产量做出最大的贡献,则资源的有效利用也就变得不可能了。如果社会产品的规模使个人和群体产生一种道德要求,即使他们不再对其有所贡献,也可以分享那些产品,那么这种应当被正确地称为“搭便车”的要求,会成为经济不堪承受的重负。

九

有人对我说,在非洲仍然有这样一些社会,那里有能力的年轻人很想采用现代商业的做法,但他们发现不可能因此而改变自己的地位,因为部落习俗要求他们应当同全体成员分享他们以更大的勤奋、技巧或运气而得到的产品。这些人收入的增加,仅仅意味着他必须同不断增加的索取者分享自己的收入。因此他根本不可能使自己的生活大大提高到其部落的平均水平之上。

“社会公正”在我们社会中的主要危害是,它阻碍个人取得他本来能够取得的成就——通过提供进一步的投入所需要的手段。这是将一种不恰当的原则用于这样的文明,它的高生产率正是因为收入的分配十分不平等,稀缺资源由此得到引导和限制,只被用在回报最高的地方。多亏了有这种不平等的分配,才使穷人在竞争性市场经济中的所得多于他在中央指令体制下的收入。

所有这一切之所以产生,是由于在社会协作的方式上,强制性的、抽象的个人行为规则战胜了共同的具体目标,尽管这一胜利尚不彻底。这项发展使开放社会和个人自由成为可能,而如今的社会主义者却要让它发生逆转。社会主义者有遗传本能为他撑腰,而若想维护引起新雄心的新财富,要习惯于一些纪律,我们中间那些自称“已被异化的”不合群的野蛮人,虽然仍在要求得到这些新财富的所有好处,但却拒绝接受这样的纪律。

十

因此在结束讲话之前,让我就一种反对意见简单说几句。肯定有人会提出这种反对意见,因为它是以一种非常广泛的误解为根据的。我的观点是,我们在一个文化选择过程中取得了超出我们理解力的成就,我们称为我们的理智的东西,是同我们的各种制度一起,在一个试错过程中形成的。这一论证被人斥为“社会达尔文主义”。但是,用这种贴标签的廉价方式打发我的论点,却会留下一个错误。不错,在19世纪下半叶,一些社会学家受达尔文(C.R.Darwin)的影响,过分强调个人在自由竞争中优胜劣汰的重要性。我不打算低估这种现象的重要性,但这并不是我们从竞争性选择中得到的主要好处。好处在于各种文化制度的竞争性选择,为了发现这种现象我们不需要达尔文。恰恰相反,帮助达尔文提出他的生物学说的,正是对法律和语言等领域中这种现象的逐渐理解。我关心的问题不是内在属性的遗传进化,而是通过学习而产生的文化进化——这当然时常会导致与某些和动物相近的自然本能发生冲突的结果。不过以下看法仍然是正确的:文明的生长,不是因为人类认为最成功的因素取得了优势,而是因为某些会取得优势的因素的成长,正是因为这些人类并不理解的因素,才使他超越了自己已经理解的东西。

《通往奴役之路》——十二年之后[①]

我在写这本书时，如果心里首先想到的是美国读者，那么它在某些方面会有所不同。不过今天十分确定的一点是，就美国这个地方而言，实在没有必要再建议写这样一本书了，尽管这有点出人意料。但是，这本书第一次出版是在十几年前，值此新版问世之际，大概有必要解释一下我当初写这本书的目的，并且简略地谈谈它在这个国家所获得的完全出乎意料的、从许多方面来看令人不解的成功。

此书写于战争年代的英国，而且主要是写给英国人看的。当然，其中的那些话，主要是说给英国读者中一个十分特殊的阶层听的。我当时把它题献给"所有党派中的社会主义者"，丝毫也不含揶揄之意。在动笔之前的10年里，我和一些倾向于同情左派的友人和同事有过多次讨论，此书即起源于此，我写《通往奴役之路》是这些辩论的继续。

当希特勒在德国掌权时，我已在伦敦教了几年书，不过直到大战爆发前，我和与欧洲大陆有关的事务仍保持着密切的联系。我所看到的各种极权主义运动的起源和发展，使我感到，英国的舆论，特别是我那些在社会问题上持"进步"观点的朋友的意见，完全误解

---

① 这是哈耶克为《通往奴役之路》美国平装本（*The Road to Serfdom*, University of Chicago Press, 1956）所写的前言。

了那些运动的性质。这促使我甚至在战前就写了一篇短文表达这种感觉,它构成了该书的中心论点。但是战争爆发之后,我感到对我们的敌人、不久后又成为我们盟友的俄国的政治制度,存在着广泛的错误认识,这是一种必须用更为周密的努力加以反对的严重威胁。此外,十分明显的是,英国本身在战后很可能也会试验这种我确信已给其他地方的自由造成了极大摧残的政策。

由此可知,这本书是为了对英国的社会主义文人提出忠告而逐渐形成的。战时的写作难免会一再拖延,这使该书直到1944年春天才得以面世。此外,这一出版时间也解释了我为使大家能听得进去,为什么在评论我们的盟国时很有节制,选择的实例主要来自德国的事态发展。

这本书似乎生逢其时,对于它在英国获得的成功我已心满意足,虽然这种成功的性质与它在美国的情况不同,但在销售数量上却不相上下。总的来说,人们接受这本书时所持的态度,也正像我写此书时的心情一样。它的论证也受到了它的主要读者严肃的评价。只有一些工党的政治领袖,以这本书出自一个外国人之手为由,对它进行攻击,好像正是为了证实我关于社会主义有着民族主义倾向的论点。除此之外,有些发现这本书的结论和他们最坚定的信念截然相反的人,一般都以严肃认真的态度评论它,给人留下了深刻的印象。[①]

在后来终于出版这本书的国家里,情况也是如此。当瑞士版的译本终于传到德国时,纳粹之后的一代人对它表达了由衷的欢迎,这是一件我未曾想到的它的出版能够带来的高兴事。

---

① 英国的左派观点对这本书的批评,最有代表性的例子大概是Barbara Wootton夫人大度而直率的专著*Freedom under Planning*(London, George Allen & Unwin, 1946)。在美国,此书常常作为一本有效地驳倒了我的论点的著作而被加以引用,虽然我禁不住有一种感觉,肯定不止一个读者会得出这样的印象——正如一位美国评论家所说——“从实质上说,它好像证实了哈耶克的论点。”

这本书在英国面世数月后也在美国出版，它在这里受欢迎的情况有所不同。我在写这本书时，几乎没有想到它对美国读者也会有吸引力。自从我上次作为一名研究学者来到美国，20年已经过去了，在这段时间，我几乎已失去了同美国思想发展的接触。对于我的论述和美国的情况有多大的直接关系，我毫无把握。当最初接触过的三家出版社事实上拒绝了此书时，我一点儿也不感到意外。①

但最出乎意料的是，这本书由现在的出版商发行不久之后，它的销量很快便以这种并非为大众消费而作的著作几乎前所未有的速度增长。②更令我吃惊的是两个政治派别的激烈反应，对于它，有些人赞不绝口，另一些人则怒不可遏。

同我在英国的经历相反，此书在美国的主要读者，似乎一放下书就对它表示反对，说它是在恶毒而不怀好意地攻击他们最为珍爱的理想，他们似乎从来没有停止过对这本书中的论证进行检验。在此书受到的一些更为激烈的批评中，表现出来的情绪和所使用的语言，已经达到了不同寻常的程度。③不过有许多人，我从未想过他们会读这种书，并且我现在仍然怀疑他们是否真正读过这本书，却热情地欢迎这本书，对此我倒丝毫不觉得奇怪。我还要补充一句，有

---

① 我当时并不知道，有人已同意把它推荐给这三家公司之一，它没有出版看来不是因为对它的成功有什么怀疑，而是出于“一家有威望的出版社不适合出版”此书这种政治偏见。(这句出自威廉·米勒之口的话，见W. T. Couch, “The Sainted Book Burners”, *The Freeman*, April 1955, p. 423；以及William Miller, *The book Industry: A Report of the Public Library Inquiry of the Social Science Research Council*, New York, Columbia University Press, 1949, p. 12。)

② 这丝毫不是因为《读者文摘》发表了该书的缩写本，不过我还是要向这份杂志的编辑表达我的尊敬，他们在做这件事时没有我的协助，却表现出一种极其高超的技巧。把复杂的论证压缩得与原有长度相比所剩无几，难免会造成一定的简单化，但是能够做到没有歪曲原意，甚至做得比我亲自动手还好，这的确堪称一项了不起的成就。

③ 如果谁想看看当代学术讨论中几乎绝无仅有的野蛮和谩骂的典范，我建议他读一下Herman Finer教授的*Road to Reaction*, Boston, Little Brown & Co., 1945。

时人们利用它的方式，使我忍不住想起了阿克顿爵士的不刊之论："无论何时，自由的挚友总是寥寥无几，它的胜利历来都要归因于少数人，他们依靠与从旁协助的人结成联盟而获胜，而这些人常常抱有和他们不同的目的；这种结合永远潜伏着危险，有时甚至会变成一场灾难。"

大西洋两岸对这本书的反应如此不同，但很难把这种情况归因于国民气质的差别，自那时以来，我日益相信这个问题的答案肯定存在于该书问世时思想环境的不同之中。

在英国，一般来说也是在欧洲，我所讨论的问题早已不是抽象的问题。我所考察的理想早就来到了人间，甚至它们的最热诚的信徒也已看到了它们具体实行起来造成的一些具体困难和意外后果。因此对于我所论述的现象，几乎我的所有欧洲读者都或多或少有些切身体会，我不过是在系统而有条理地评论许多人本能上已经有所感觉的事情。人们对这些理想已经出现了失望情绪，对它们的批判性评价不过是使其更能为人们所知或更为明确罢了。

但是在美国，这些理想仍然很新鲜，因此也更加危险。大量的文人受其感染才不过10年或15年，不像英国那样已经四五十年。尽管有"新政"的实验，他们用理性建立一个新型社会的热情，基本上依然没有靠实践经验而落到实处。在大多数欧洲人那里已是vieux jeu（老把戏）的东西，在美国的激进派看来，仍然闪烁着一个美好世界的光芒，他们是从不久前的大萧条年代，才开始憧憬这样一个世界的。

在美国，舆论的变化是很快的。现在甚至很难记起，在《通往奴役之路》问世前只有相对而言多么短的时间，一些不久后成为公共事务中重要角色的人，便开始严肃地鼓吹最极端的经济计划和主张效仿俄国模式。不难说出此事的来龙去脉，但是现在指名道姓未免惹人反感。只要指出一点就够了：在1934年，新成立的国家计划署花了大量精力研究德国、意大利、俄国和日本四国所提供的计划先例。而在10年之后，同样还是这些国家，我们却又学会把它们称为“极权主义”国家，同其中三国打了一场旷日持久的大战，不久后又同第四个国家开始了一场“冷战”。但是，此书中有关这些国家的政治发展与其经济政策有一定关系的主张，这时却仍然受到该国提倡计划的人士的怒斥。突然变得时髦起来的事情是，人们开始否认计划的灵感来自俄国，认为——正如我的一位著名批评者所说——“显而易见，意大利、俄国、日本和德国是沿着不同的道路走向极权主义的”。

所以，当《通往奴役之路》出现时，美国的整个知识氛围是处在这样一种状态，它注定会使尖锐分歧的团体不是勃然大怒就是兴高采烈。因此，这本书尽管表面上取得了成功，却没有产生我所希望的或它在其他地方取得的效果。不错，它的主要结论今天已得到广泛接受，12年前如果说法西斯主义不过是集中控制全部经济活动所导致的同一种极权主义的不同变种，对许多人来说这好像有点亵渎神明，但是如今这几乎已成为老生常谈了。今天甚至广泛地承认，民主社会主义是件十分不可靠和不稳定的事情，它被各种内在矛盾所困扰，在任何地方都会造成一些在它的倡导者看来也十分有害的后果。

这种头脑清醒的气氛，与其说是因为我的书，不如说是由于各种事件给人提供的教训和一些更为通俗的论述。[1]当我发表自己的一般论点时，它并非前无古人，类似的警告早就出现过，只是很可能已快被人忘光了。曾一再有人指出我所批评过的那些政策的固有危险。这本书无论有什么优点，都不是因为它重申了老观点，而是因为它对计划经济产生这些意外后果的原因和过程作了耐心细致的考察。

① 其中作用最大的无疑是乔治·奥威尔的《1984》。他曾在1944年4月9日的《观察家报》上对《通往奴役之路》做过友善的评论。

出于这个原因,我希望现在的美国比起此书刚出版时更有利于人们严肃思考它的真正论点。虽然我已经看到,它的矛头主要所指的狂热社会主义,即一场旨在让国家拥有主要生产资料,并对经济生活进行严密管制的有组织的运动,在西方世界已届风烛残年,不过我相信它的关键性内容仍然会有所贡献。这个意义上的社会主义时代大概在1948年就已结束了。它的许多幻想,甚至连它的领袖们也已放弃;无论是在美国还是在别的地方,这个名称都已经魅力大减。当然,还会有人为了一些不那么死板的教条、不那么系统的运动而去维护这个名称。但是,仅仅用来反对以往社会主义运动所特有的明确社会改造观点的论证,今天看起来会像是自作多情。

狂热的社会主义也许大势已去,但是它的某些观念却已深入今天的整个思想结构,因此没有任何理由扬扬自得。在西方世界,很少有人打算根据某个理想蓝图彻底改造社会,但仍有许多人相信一些措施,制定它们尽管不是为了彻底改造经济,但其累积起来的效果,仍有可能出人意料地导致这种后果。此外,还有一种较之我写此书时更为严重的情况是,那些从长远来看与维护自由社会不相容的政策,提倡者已不限于党派范围。以福利国家的名义出现的一大堆东拼西凑互不相干的理想,已经大大取代了社会主义,成为改革家们的目标。若想让这些理想不致产生类似成熟的社会主义所造成的后果,就必须对它们进行认真的筛选。这并不是说它的一些目标行不通或不值得赞扬,但是我们有达到相同目标的许多方式。在目前的舆论中,存在一种急功近利的危险情绪,这会使我们选择某些虽然有可能更有效地达到特定目标,却同维护自由社会不相容的方式。通过对普遍适用的法律加以调整,虽然需要的时间可能长一些,也可以达到同样的目标,而现在日益强大的趋势却是采用行政强迫和区别对待的方式;通过审慎地利用财政诱导便可以唤起自发的努力,却非要采用国家直接控制或建立垄断性机构的办法,这一切都是社会主义时代留下的强大遗产,它很可能对政策产生长期影响。

在今后的岁月里,政治意识形态不太可能指向某个明确划定的目标,而只会是一些零打碎敲的变革。正是基于这个理由,我们极其需要对事态的发展有充分的理解,因为在这个过程中,有些措施会毁掉市场经济的基础,会逐渐窒息自由主义文明的创造力。只有当我们明白了,有些经济控制为什么会使以及怎样使自由社会的动力瘫痪下来,以及哪些措施在这方面特别危险,我们才有望不让社会实验把我们带向没人想要的结局。

这本书所要从事的正是这一任务。我希望,在目前较为冷静的气氛下,它能够得到恰如其分的理解,它并不想奉劝人们反对一切改良或实验,而是想告诫大家,在从事可能没有退路的事业之前,务必对我们的任何制度变革进行必要的检验。

当初写这本书时,我只想到了英国的公众,这不会严重影响到美国读者对它的理解。不过为了事先避免引起误会,我必须在这里解释一下措辞的问题。我在全书中使用"liberal"(自由主义者、自由主义的)这个形容词时,都是从19世纪的本来含义上使用它,这一含义在英国至今未变,但是根据目前的美国用法,它常常是指几乎完全与此相反的事情。它一直是这个国家左派运动的一块招牌,并且得到了许多实际上相信自由但头脑糊涂的人的帮助,因此"liberal"逐渐意味着赞成几乎一切政府管制。我一直十分不解,为什么那些实际上有自由信念的美国人,不但允许左派盗用这个不可缺少的名称,甚至自己也把它当作一个该诅咒的名词加以使用。这实在令人遗憾,因为它的结果是,许多真正的自由主义者倾向于自称保守派。

当然,在反对信奉极权国家的人的斗争中,真正的自由主义者有时的确必须和保守主义者并肩作战,在有些情况下,例如在当今的英国,除此之外他很难再有别的途径积极献身于自己的理想。但是真正的自由主义同保守主义毕竟有所不同,将两者混为一谈是危险的。保守主义虽然是任何稳定社会中的必要因素,但它并不是一种社会纲领。它所表现出的家长作风、民族主义和权力崇拜的倾向,使它往往更接近社会主义而不是真正的自由主义。它因为具有传统主义的、反理智的、常常是神秘主义的嗜好,使它除了在短暂的幻灭期之外,对年轻人或任何认为若想让这个世界变成一个更美好的地方就需要进行某些变革的人,从来就没有吸引力。保守主义运动,正是由于它的性质,注定会成为既得特权的捍卫者,并且为了维护特权而依靠政府的权力。如果对特权按其准确的本来含义加以理解,即给予某些人在同等情况下别人无法得到的权利这种状态,那么自由主义立场的本质就是否认一切特权。

在接近12年的时光流逝之后,我同意让此书原封不动地再版,这大概还需要进一步作点解释。我曾多次打算修改它,其中有不少地方我都想用更多的篇幅进行解释,或做出更周密的阐述,或补充更多的说明和证据。但是重写此书的所有努力,都证明了我绝对无法再用这样短的篇幅写出一本涉及这么大一个领域的书。在我看来,不管它可能还有别的什么优点,较为简短是它最大的优点。因此我只好得出一个结论,无论我想补充什么论证,我必须另起炉灶。我已经在不同的文章中开始做这件事,其中有些文章对这本书只是触及的哲学和经济学问题作了深入的讨论。[①]关于该书所批判的那些思想的根源,以及它们同这个时代最为强大、令人印象深刻的知识运动的关系这些特殊问题,我在另一本书中进行了评论。[②]不久之后,我希望通过对平等和公正的关系进行更广泛的论述,对这本书中过于简短的中心章节加以补充。[③]

---

① *Individualism and Economic Order*. Chicago, 1948.

② *The Counter-revolution of Science*. Glencoe, 1952.

③ 我对这个题目的研究纲要,以四篇演讲的形式由埃及国家银行出版:*The Political Ideal of the Rule of Law*(Cairo, 1955)。完整的版本于1960年出版,题目是《自由秩序原理》(中译本,三联书店,1997。——译注)。

但是有个特殊的题目，读者有理由期待我在这里作些说明，不过对于这个题目我若是不写一本新书，不太可能做出适当的说明。距《通往奴役之路》初次问世还不到一年，英国便出现了一个社会主义政府，它有6年的时间一直掌权。这段经历是证实还是驳倒了我的认识，对于这个问题我至少要有个简短的答复。无论如何，这段经历加强了我的关切，并且我相信我可以补充说，我曾向许多根本无法用抽象论证说服的人所指出的那些困难，也因此有了现实的教育。在工党政府上台后不久，那些被美国的批评者作为妖魔鬼怪躲避的问题，在英国却变成了政治讨论的主要话题。不久之后，甚至官方文件也严肃地讨论经济计划政策引起的极权主义危险。他们的政策的内在逻辑迫使一个社会主义政府不情愿地走向他们并不喜欢的强制，《1947年经济概览》（首相于当年2月提交给议会）及其续篇中的下面这段话，是一个再好不过的说明：

> 极权主义计划和民主计划有着本质的不同。前者使一切个人的欲望和选择服从国家的命令。为了这一目的，它采用各种方式对个人施以强制，剥夺了他的选择自由。在大战极端紧急的状态下，这种做法甚至在民主国家可能也是必要的。因此英国人民授权他们的战时政府领导劳工。但是在正常时期，民主国家的人民不会将自己选择的自由拱手让给政府。因此民主政府必须以最大限度地保留每个公民选择自由的方式去实行它的经济计划。

有趣的是，在对这一值得称赞的意图做出表白6个月之后，这同一个政府却发现，它在和平时期也不得不将征用劳工重新写入法令。即使指出这种权力从来就没有得到使用，也很难低估其中的含义；因为假如知道当局有权进行强制的话，几乎没有人会等着实际的强制到来。但是，实在令人费解的是，政府怎么能够抱着它的幻想不放,却又在同一份文件中宣称,现在“要由政府来说明什么是符合国家利益的对资源的最好利用”,它要“为国家制定经济任务:它必须说明什么事情最重要,应当制定什么样的经济目标”。

当然,英国的社会主义政府在6年中并没有造成任何同极权主义国家相似的东西。不过,那些认为这驳倒了《通往奴役之路》的论点的人,其实忽略了它的主要论点之一:广泛的政府控制所引起的变化是一种心理变化,是人民性格上的改变。这肯定是一个缓慢的过程,这个过程不是几年,而是大概需要一两代人的时间。重要的一点是,一个民族的政治理想和它对权力的态度,既是它生活于其中的政治制度的起因,也是这种制度的结果。姑不论其他,这意味着,如果危险在于新的制度和政策会逐步削弱和毁灭精神,那么即使一个强大的政治自由传统,依然是不安全的。如果那种精神能够及时重新肯定自己,人民对于带领他们向着危险的方向越走越远的政党,不仅不能一味盲从,而且一旦认识到了危险的性质并果断地改变路线,那么这种后果当然是可以避免的。但是至今仍然没有多少理由让人相信,在英国已发生了这样的事情。

英国人民的性格所发生的变化——不仅是他们在工党政府统治下,而且是在享受家长制的战时国家的关怀这个更长的时间里所发生的变化——是很难让人看错的。这些变化不但很容易证明,而且只要生活在那个国家,就可以很清楚地感觉出来。为了说明这一点,我想从一份有关过度管制对年轻人态度所造成的影响的社会学调查中,引用几段意味深长的话。事实上,它所谈的是工党政府上台之前、这本书问世时的情况,主要讨论了工党政府使其长期化的那些战时管制措施造成的影响:

首先,在这个城市里,人们感到选择的范围正在消失得无影无踪。在学校里,在工作场所,在旅途的往返中,甚至在家庭设施和配备上,许多通常可以从事的活动,不是受到

> 禁止，就是出于命令。建立了称为“公民劝告署”（Citizens' Advice Bureaux）的特殊机构，用多如牛毛的法规左右着手足无措的人们，并对人们仍有可能做出选择的仅存的少数净土发号施令。……（这个城市的青少年）的处境是，不事先想想名言录（the book of words），他们连手指头都不敢抬一抬。一个普通的城市青年对一个普通工作日所作的时间安排表明，他把自己醒来后的大多数时间都用在了各种活动上，而这些活动都是出自他既没有参与制定，也很难理解其意图，并且对其是否恰当也无从判断的命令……城市青年需要更多的纪律和更严格的管束，在这种论断下得过于匆忙。已经快到了应当说他正在过分管束下受苦的地步了……他观察自己的父母和兄姐，他发现他们也像他本人一样受制于清规戒律。他看到他们已经很适应那种状态，他们很少主动筹划或实行任何新的社会行动或事业。因此他看不到有这样的未来，可以让强烈的责任心服务于他本人或他人……（这些年轻人）对那些来自外界的、在他们看来毫无意义的管束只好忍气吞声，而只要没了纪律，他们便会尽量完全逃避这种管束。①

担心在这种环境里长大的一代人不太可能扔掉他们已经习惯了的枷锁，这是杞人忧天吗？抑或这些描述是否完全证实了托克维尔(Alexis de Tocqueville)关于“新的奴役形式”的预言：

> 在成功地使社会的每个成员都处在它的强大控制之下、可以随意对其进行塑造之后，这个至高无上的权力便会把它的手伸向全社会。它用一张复杂、细密、统一的规则之网将

① J. Bames, *Youth Service in an England County: A Report for King George's Jubilee Trust*(London, 1945).

社会罩住，使最具创造力的头脑和最有朝气的人也绝无出人头地的可能。人的意志并没有受到桎梏，而是被软化了，变得卑躬顺从；人们的行动很少受到强制，但他们在行动时总是受到阻碍。这样的权力并未摧毁什么，但它阻碍着生活；它没有变成暴政，但它限制人民，使他们变得萎靡不振，心灰意懒，糊里糊涂，直到每个民族都退化为一群胆小而勤劳的动物，政府则是它们的牧主。——我总是在想，我刚才描述的这种有序、温和而文雅的奴役方式，可能比一般的想象更容易与自由的外表结合在一起，甚至有可能打着人民主权的幌子建立起来。①

托克维尔没有考虑到的是，当任何无赖团伙能够无视政治生活的传统准则，不受限制地轻易保住自己的权力时，这样的统治还能在一个仁慈的专制者手中维持多久。

大概我还应当提醒读者，我从来没有指责社会主义政党是在处心积虑地谋求极权主义统治，或者怀疑过去的社会主义运动的领袖曾表现出这样的倾向。我在这本书中想要证明的，并且英国的经验使我更为坚信不疑的事实是，社会主义计划所引起的难以预料但又不可避免的后果，造成了这样一种局面；如果再贯彻这种政策，肯定会让极权主义势力得手。我明确强调，“要想实行社会主义，肯定要采用大多数社会主义者并不赞同的方式”，我又补充说，在这件事上，“旧的社会主义政党受到了他们的民主理想的阻拦”“他们不具备贯彻他们所选择的任务所必需的残忍”。在工党政府的统治下，恐怕有人会得出这样的印象，即这种阻力在英国的社会主义者中间

---

① A. de Tocqueville, *Democracy in America*, Part Ⅱ, Book Ⅳ, Chap. vi。整个这一章都应当读一下，借此可以认识到，托克维尔在预测现代福利国家造成的心理后果上眼光是多么犀利。一个巧合是，托克维尔经常提到的“新的奴役”(the new servitude)提示了我这本书的书名。

会变得比25年前在他们的德国社会主义同道中间更为软弱，德国的社会民主党人，在20世纪20年代那个可供参照的时代，在同样艰难甚至更为艰难的经济条件下，也从未像英国工党政府那样接近极权主义的计划。

由于这里无法对这些政策详加评论，我只想引用其他一些较少有先入之见之嫌的观察家所作的综合判断。事实上，一些最愤怒的判断是来自不久前还是工党成员的人。托马斯先生在一本显然是想解释自己为何脱离该党的书中得出的结论是："从人类的基本自己自由的观点看，在共产主义、社会主义和国家社会主义几乎谈不上做什么选择。它们都是集体主义或极权主义国家的例证……从本质上说，完成了的社会主义不仅和共产主义毫无二致，它同法西斯主义也几乎没有什么两样。"①

最严重的发展是专断的行政性强制手段的增长，以及英国自由的可贵基础，即依法治国，正是由于该书第六章所讨论的理由逐渐遭到破坏。当然，这个过程在上一届工党政府上台之前很久就已开始，并因战争而加剧。但是在工党政府治下经济计划的尝试所达到的地步，已经让人怀疑是否还能说在英国仍然实行依法治国。早在25年前，高等法院的一名法官对英国发出的"新专制主义"的警告，就像最近一期《经济学人》所说的，已经不仅是一种危险，而是变成一个既成事实了。②

这种专制主义，是由一批心地十分善良而诚实的官僚实行的，他们真诚地相信那样做是为了国家的利益。然而这是一种十分专断的统治，它实际上摆脱了议会的有效控制；它的机制除了用于现在这些有益的目的外，也可以有效地用于任何其他目的。我怀疑最

---

① *The Socialist Tragedy* (London:Latimer House, Ltd., 1949), p. 241, 242.

② 参见1954年6月19日这一期一篇讨论《关于农业大臣就科里谢尔市的土地支配发出公开质询的报告》(Cmd, 9176, London: H. M. Stationery Office, 1954)的文章，它值得对计划官僚心理学感兴趣的所有人做十分仔细的研究。

近有位著名法学家在对这些趋势作了细致分析后得出的结论是否还算是夸大其词:“在今天的英国,我们正生活在独裁制度的边缘。转变将是容易而顺利的,能够以完全合法的方式完成。由于今天的政府拥有的权力的完备性,对它不存在任何真正的制约,比如一部成文宪法的条款或存在一个有效的第二内阁(second chamber),使得在这个方向上已采取了这样多的步骤,与此比较起来,有待采取的步骤已算不上什么。”①

关于对英国工党政府的经济政策及其后果进行的更为详尽的分析,我所能够做到的最好的事情,就是向读者推荐朱克斯(John Jewkes)教授的《计划的考验》一书(London, Macmillan and Co., 1948)。就我所知,这本书中的讨论,是从一般性角度对这种现象的具体事例所作的最出色的讨论。它比我这里所能作的补充更有助于对问题的理解,它所总结出的教训,其意义绝不限于英国。

即使再有一届工党政府在英国上台,现在看来也不太可能恢复大规模的国有化和计划实验。但是在英国就像世界其他任何地方一样,系统的社会主义进攻的失败,不过是让为维护自由而忧虑的人士有了一个喘息的机会,使他们能够对我们的抱负加以反省,摒弃社会主义遗产中所有那些威胁着自由社会的成分。对我们的社会目标观念不作这样的修改,我们很可能还会继续沿着这个方向走下去,而明目张胆的社会主义,不过是会让我们的步伐更快一点而已。

---

① G. W. Keeton, *The Passing of Parliament*, London, 1952.

什么是自由主义？[1]

导　论

1. 两种自由主义观

“自由主义”一词现在正以各种不同的含义被使用着，而这些含义，除说明了它对新思想的开放性之外，几乎没有任何相似之处。这些新思想包含着一些同自由主义在19世纪和20世纪初所表示的与本初含义截然相反的东西。本文只打算讨论该时期内一种以自由主义作为名称的政治理想的广泛潮流，它是这个时期指导着西欧和中欧发展的最具影响的思想力量之一。不过这个运动有两个不同的来源，形成了两种传统，它们虽然在不同程度上普遍地混合在一起，但相处得并不十分和谐，并且，若想理解自由主义运动的发展，必须对它们做出明确的区分。

其中一个传统，要比“自由主义”这个名称古老得多，它可以追溯到古典时代，其近代形式则是形成于17世纪末和18世纪的英

---

① 1973年为意大利《新世纪百科全书》(*Enciclopedia del Novicento*)撰写的词条。

国辉格党的政治信条。它提供了一种19世纪欧洲大多数自由主义所追求的政治制度模式。受“法治政府”保护的大不列颠公民的个人自由，激励着大陆各国的自由主义运动；中世纪的大多数自由在这些国家已毁于绝对专制，而在英国却被保存下来。但是，欧洲大陆解释这些制度所依据的哲学传统，同在英国占主导地位的进化观大不相同，它是一种理性主义的或建构论的观点，要求根据理性原则对整个社会进行自觉的重建。这种态度首先来自笛卡尔(Rene Descartes)（还有英国的霍布斯）提出的新理性主义哲学，在18世纪通过法国启蒙运动的哲学家而影响大振。伏尔泰(Voltaire)和卢梭(J.J.Rousseau)是这一思想运动中最有影响的两个人物。这场运动到法国大革命时达到高潮，欧洲大陆的或建构论的自由主义即来源于此。它的核心与英国传统不同，与其说是一种明确的政治学说，不如说是一种一般的思想态度，一种从一切偏见和没有理性根据的信念中解放出来的要求，它主张摆脱“教士和国王”的权威。它最好的表述大概是斯宾诺莎(B.de Spinoza)的这句话：“所谓自由人，即只遵循理性指引生活的人。”

这两种被19世纪被称为自由主义的学说提供主要成分的思想路线，有着少数基本的共同主张，如思想自由、言论自由和出版自由，也有足够的一致看法，形成一种反对保守主义和威权主义观点的共同立场，从而表现为一个共同运动的组成部分。大多数自由主义的信奉者也会持有个人行动自由的信念，以及某种人人平等的信念，但是更为细致的审查会揭示出，这种一致部分只是字面上的，因为“自由”和“平等”这些关键词是在不同的含义上使用的。就更为古老的英国传统而言，在法律的保护下免受一切专横强制这个意义上的个人自由，是主要的价值，而在大陆传统中，由每个群体自己决定自己政府的形式，占据着最高的位置。这导致欧洲大陆的运动很早就同民主运动结合在一起，甚至两者成了一回事。但这种民主运动所关心的问题，和英国式的自由主义传统主要关心的问题，是有所不同的。

这些在19世纪开始为人们所知的自由主义思想，在其形成时期并没有被冠以这个名称。“liberal”（自由主义的、自由主义者、自由党）这个形容词逐渐获得其政治含义，是18世纪下半叶的事情，当时它被偶尔用在一些短语中，如亚当·斯密所说的“平等、自由和公正的自由主义方案”(the liberal plan of equality, liberty and justice)。然而，以自由主义命名的政治运动是在下个世纪才出现的，首先是西班牙自由党(Party of Liberales)在1812年使用了这个词，稍后法国一个政党也采用了这一名称。在英国，这个词有此用法，是在辉格党和激进党合并为一个政党的时候，这就是19世纪40年代初以后人们所知道的自由党。由于激进派主要受我们所说的大陆传统的影响，因此英国的自由党甚至在其影响力最大的时候，也是以上述两种传统的混合为基础。

鉴于这些事实，说“liberal”这个形容词仅仅是指两个不同传统中的一种，是会引起误解的。它有时是指“英国的”、“古典的”或“渐进的”自由主义类型，有时又是指“大陆的”或“建构论的”自由主义类型。在下面的历史叙述中，对这两种类型的自由主义都会有所描述，不过由于只有前一种类型的自由主义发展出了明确的政治理论，因此以下的系统阐述只能以它作为重点。

这里还应指出，美国从未发展出同19世纪影响大多数欧洲国家的自由主义运动类似的运动；在欧洲，这一运动和更为年轻的民族主义和社会主义运动相抗衡，其影响在19世纪70年代达到高峰，此后缓慢衰落，但是直到1914年，它仍然决定着公共生活的气氛。美国不存在类似运动的主要原因是，欧洲自由主义的主要抱负在美国的制度建立之初便大体上已经体现在这些制度之中，另一方面也是因为那里政党的发展不利于以意识形态为基础的政党的成长。当然，欧洲人称为或习惯上称为“自由派”的，在今天的美国被不无道理地称为“保守派”，而最近“自由派”这个称呼，在美国则是用来指那些在欧洲被称为社会主义的现象。不过同样真实的是，即使目前采用“liberal”这个称呼的欧洲政党，也没有一个是服膺于19世纪自由主义原则的。

历　史

2. 古典时代和中世纪的根源

被老辉格党用来形成其进化的自由主义的基本原则，有着一段漫长的历史。对于构想这些原则的18世纪思想家来说，古典时代和某些在英国没有因绝对君权而遭消灭的中世纪传统，当然对他们大有助益。

最先明确表达个人自由理想的是古希腊人，特别是公元前5世纪和公元前4世纪的雅典人。19世纪有些作家否认古人知道近代意义上的个人自由，由下述情况可知，这种否认是不能成立的：当雅典的将军在远征西西里处境极端危难之时，他让士兵们牢记，他们正在为一个使他们“不受限制地决定自己喜欢的生活”的国家而战。他们的自由观是法治的自由观，或如流行的话语所说，是一种尊法律为王的状态。在古典时代的早期，它在isonomia（法律面前平等）这种说法中得到了表达，亚里士多德虽然没有用过这个旧名称，却对此有清楚的表述。这种法律包括保护公民的私人领域不受国家侵害，并且已达到了这样的程度：即使在“三十人暴政”（Thirty Tyrants）时期，雅典的公民只要待在家里，他便有绝对的安全。在克里特岛，甚至有记载［由埃福罗斯（Ephorus）所记，斯特拉博（Strabo）引用过］说，由于自由被视为国家的最高利益，因此政权“要特别保障有产者的财产，而在奴役状态下，一切都属于统治者而不是被统治者”。在雅典，公民大会修改法律的权力受到严格的限制，尽管我们发现了这种大会拒绝受不得随意采取行动的既定法律约束的最早迹象。尤其是通过斯多葛哲学家，这种自由观得到了进一步发展，他们主张一切政府权力都应受到限制的自然法观念，以及自然法面前人人平等的观念，将这一自由理念扩大到了城邦国家的范围之外。

这些希腊人的自由理想，主要是通过罗马作家的作品传到了近代。他们中间最重要的，大概也是比任何其他人都更大地激发了近代之初那些观念复兴的人物是西塞罗(Marcus T.Cicero)。不过至少史学家李维(Livy)和马克·奥勒留(Marcus Aurelius)皇帝也应包含在这批人中间，在近代自由主义开始发展时，16世纪和17世纪的思想家主要就是从他们那里汲取思想资源的。此外，罗马人至少也留给了欧洲大陆一套高度个人主义的私法，它以十分严格的私有财产观念为核心。由于这种法律，直到查士丁尼(Justinian)下令编纂法典之前，立法领域很少受到干涉，因此法律更多地被看作是对政府权力的限制，而不是这种权力的行使。

近代早期也能够从法治下的自由这一传统汲取资源。整个中世纪一直保留着这种传统，只是在近代之初，由于欧洲大陆绝对君权的崛起而使它遭到破坏。正如一位现代史学家［索赞(R.W.Southern)］所说：

> 在中世纪，极为可恨的并不是受法规统治，而是受意志统治，在这个时代的后半期，这种痛恨是一种比任何时候都强大和实际的力量……法律不是自由的敌人，恰恰相反，自由的轮廓，正是由这个时期逐渐形成的、形形色色令人迷惑的法律勾勒出来的……人们无论贵贱，都坚持通过扩大支配他们生活的法规的数量来寻求自由。

由于相信处在政府之外并高于政府的法律，这种观念获得了强有力的支持。在欧洲大陆，这样的观念被理解为自然法，而在英国，则是作为普通法而存在，它并不是立法者的产物，而是从不断寻求非人格的公正中产生的。在欧洲大陆，这些思想经由阿奎那(Thomas Aquinas)以亚里士多德为基础首次作了重大的系统化之后，主要是由于经院学者而被搞得条理分明；到了16世纪末，一些西班牙耶稣会哲学家又把它发展成了基本上是自由主义的政治体系，尤其在经济领域，他们预先说出的许多想法，只是在18世纪的苏格兰哲学家那儿才得到了复活。

最后还要提到意大利文艺复兴时期的城邦国家——尤其是佛罗伦萨——以及在荷兰出现的早期发展，它们是17世纪和18世纪英国发展的主要来源。

3. 英国的辉格党传统

在英国内战和共和国时期的辩论中，法治或法律至上的思想终于成型，并在1688年的“光荣革命”之后，成为上台执政的辉格党的主导原则，洛克在《政府两论》(1689)中对此提供了经典性说明。不过，与18世纪英国思想家的特点相比，这本书在某些方面仍包含着较多对制度的理性主义解释。[更全面的说明，必须把辉格党学说的早期阐述者西德尼(Algernon Sidney)和伯内特(Gilbert Burnet)的著作也考虑在内。]也是在这个时期，英国的自由主义运动同占优势的非国教教徒和加尔文派教徒的工商业阶层发生了密切的关系，直到最近，这仍是英国自由主义的一个特点。这是否仅仅意味着发展出一种商业精神的阶层同加尔文新教有着更大的亲和性，或这样的宗教观更直接地导致自由主义的政治原则，是个争议颇多的问题，此处不做详述。不过，那些本来十分不宽容的教派之间的斗争，最终产生出了宽容的原则，以及英国的自由主义运动一直以来与加尔文新教关系密切，却是个不争的事实。

在18世纪的进程中，辉格党关于政府要受到普遍性法律的限制，以及执行权要受严格制约的学说，成为典型的英国学说。世界对它的了解，主要是通过孟德斯鸠(C.de Montesquieu)的《论法的精神》(1748)和其他一些法国作家的作品，著名者如伏尔泰。在英国，这一思想基础得到进一步的发展，主要是通过苏格兰的道德哲学家，尤其是大卫·休谟和亚当·斯密，以及他们的一些英国同代人和紧随其后的继承者。休谟不但在其哲学著作中奠定了自由主义法学的基础，还在《英格兰史》(1754—1762)一书中，把英格兰的历史解释成一个法治逐渐出现的过程，并将这种思想传播到了英国之外。亚当·斯密的决定性贡献，是对一个自发生成的秩序做出了说明：如果个人只受恰当的法律规则的约束，这一秩序便会自发地产生。他的《国民财富的性质和原因的研究》大概比任何其他一本书都更好地标志着近代自由主义的发端。它使人们了解到，基于对任何专横权力的彻底不信任而对权力采取限制措施，是英国经济繁荣的主要原因。

但是，由于对法国大革命的反抗，以及对赞赏这场革命、因而极力想把欧洲大陆或建构论的自由主义输入英国的那些英国人的不信任，英国的自由主义运动开始不久便中断了。自由主义在英国这一早期发展中的中断，以埃德蒙·伯克(Edmund Burke)的著作为标志。他曾为捍卫美洲的殖民者而出色地重申了辉格党的信条，此后却激烈地转而反对法国大革命的思想。

直到拿破仑战争结束之后，建立在辉格党和亚当·斯密学说基础上的这一发展才得以恢复。进一步的思想发展主要受苏格兰道德哲学家中的一批信徒引导，他们聚集在《爱丁堡评论》周围，大多数都是继承了亚当·斯密传统的经济学家。纯正的辉格党学说以史学家麦考利采用的方式得到重申，对欧洲大陆的思想产生了广泛影响，他在19世纪所发挥的作用，同休谟的史学著作在18世纪起的作用一样。不过这一发展也伴随着另一场激进运动的迅速发展，其领袖是边沁派的“哲学激进分子”，它更多地源自大陆传统而非英国传统。这两种传统混合在一起，最终在19世纪30年代导致了一个政党的出现，即1842年前后人们所知道的自由党。在这个世纪此后的岁月中，它一直是欧洲自由主义运动最重要的代表。

但是，在此前很久，美国人也做出过决定性的贡献。那些希望限制政府权力的前英国殖民者，以成文宪法的形式，明确表述了他们所理解的英国自由传统的精髓，尤其是他们在权利法案中对基本自由的申述，提供了一种对欧洲自由主义的发展产生深刻影响的政治制度模式。美国人民感到，他们对自由的捍卫已经体现在自己的政治制度之中，因此美国从未发展出旗帜鲜明的自由主义运动，但是在欧洲人看来，美国却成了自由的梦乡，并且像18世纪英国制度的作用一样，成为激发政治理想的典范。

4. 欧洲大陆自由主义的发展

法国启蒙运动哲学家的激进思想，主要是以杜尔哥(A.Turgot)、孔多塞(M.C.Condorcet)和西哀士(Abbe Sieyes)等人讨论政治问题所采用的形式，主导着大革命和拿破仑时代的法国及其欧洲邻国的进步舆论。只是在复辟之后，才能说又有了明确的自由主义运动。在法国，它于七月王朝期间(1830—1848)达到高峰，但在这一时期之后，仍局限于少数精英中间。它由若干不同的思想路线组成。做出过重要的努力、把自己认为的英国传统加以系统阐述并应用于欧洲大陆的人是贡斯当(Benjamin Constant)，19世纪30年代和19世纪40年代，一批在基佐(F.P.C.Guizot)领导下被称为“教条派”(doctrinaires)的人又使其有了进一步的发展。他们的纲领，史称“保障主义”(guarantism),基本上是一种对政府施以宪法限制的学说。刚刚成立的比利时国家的1831年宪法,便是构成了19世纪上半叶欧洲大陆自由主义运动最重要组成部分的宪政学说的一个重要典范。这一传统虽然主要来自英国,但它或许也属于法国最重要的自由主义思想家托克维尔。

不过,支配着欧洲大陆的自由主义类型,从一开始就使它和英国自由主义大不相同的特点,可以从它对自由的思考中找到最好的说明:它表达了一种强烈的反教权、反宗教和普遍反传统的态度。不但在法国,而且在欧洲其他罗马天主教地区,同罗马教会持续不断的冲突,成了这种自由主义的一个典型特征,以至在许多人看来,那就是它的首要特征,尤其是在这个世纪下半叶教会开始同“现代主义”对抗,从而反对绝大多数自由主义的改革要求之后。

在这个世纪的上半叶,直到1848年革命之前,同英国的自由主义相比,法国的自由主义运动像大多数西欧和中欧地区一样,同民主运动结成更为密切的同盟关系。当然,在这个世纪的下半叶,它在很大程度上被民主运动和新兴的社会主义运动所取代。除这个世纪中叶一个短暂的时期——当时自由贸易运动激发了自由主义团体——之外,自由主义对法国的政治发展再没有发挥过重要作用, 1848年之后,法国思想家也没有对这一学说有过任何重要的贡献。

德国的自由主义运动却发挥了比较重要的作用,在19世纪前四分之三的时间里,那里确实出现了一种独特的发展。虽然受到英国和法国思想的很大影响,德国自由主义的三位最伟大和最早的人物——哲学家康德(I.Kant)、学者和政治家洪堡以及诗人席勒(Friedrich von Schiller)却对这些思想进行了改造。康德沿着与休谟类似的路线提出一种理论,集中论述了法律维护个人自由以及法治(如德国人所知, Rechtsstaat——法治国)的概念;洪堡在一部早期著作《论政府的范围和责任》(1792)中,描绘了一幅国家仅限于维护法律和秩序的图景，此书当时仅发表了一小部分，但当它终于在1854年出版（并被译成英文）之后，不但在德国，而且对其他国家的不同的思想家，如英国的约翰·穆勒和法国的拉布莱(Laboulaye)，也产生了广泛的影响。最后，在使德国有教养的公众熟悉个人自由的理想方面，诗人席勒大概发挥了比任何其他个人都更大的作用。

在普鲁士的施泰因(Freiherr vom stein)改革时期，出现了采用自由主义政策的早期发端，但随即被拿破仑战争结束后的反动时期所取代。直到19世纪30年代，普遍的自由主义运动才开始发展，然而就像意大利的情况一样，它从一开始就同一种以国家统一为目标的民族主义运动紧密地联系在一起。一般而言，德国的自由主义主要是一种宪政运动，在德国北方，它较多地受英国模式的指引，南方则更多地受法国模式的影响。这主要表现在对于限制政府专权的不同态度上，在北方，出现了一种相当严格的法治（或Rechtsstaat）观，而在南方则更多地受法国人有关权力分立解释的引导，它所强调的是行政权独立于普通法庭。不过，在南方，尤其是在巴登—符滕堡，在罗特克(C.von Rotteck)和韦尔克(C.T.Welcker)周围出现了一个比较活跃的自由主义理论家团体，他们在1848年革命前，成为德国自由主义思想的主要中心。那场革命的失败导致了另一个短暂的反动时期，但是在19世纪60年代和70年代初期，德国似乎一度是在迅速走向自由主义秩序。在这个时期，明确建立法治国家的宪政和立法改革似乎就要大功告成。或许，19世纪70年代中期必须被看作是欧洲自由主义运动获得了最大的影响并向东扩展最远的一个时期。随着德国在1878年转向保护措施，以及俾斯麦(Otto von Bismarck)大约在这个时期采取了新的社会政策，这场运动开始逆转。兴旺了不足十几年的自由派便迅速衰落了。

无论在德国还是在意大利，当自由主义运动失去了同民族统一运动的合作时，它便会出现衰落。所取得的统一会把目标指向国家的加强，更有甚者，工人运动的出现，也会使自由主义失去“进步”

政党的地位，而在这之前，工人阶级中政治上最积极的那部分人，一直是支持这种政党的。

5. 英国的古典自由主义

在19世纪的大部分时间里，英国是看上去最接近实现自由主义原则的国家。在那里，这些原则中的大部分似乎不但被强大的自由党所接受，而且也被大多数人民所接受，甚至保守党也经常成为自由主义改革的工具。使英国在欧洲其他地区看来成为自由主义制度之典范的伟大事件，有1829年的天主教解放令、1832年的改革法案，以及1846年保守党人皮尔(Roberl Peel)对谷物法的废除。此后，自由主义涉及国内政策的主要要求已得到满足，精力便集中到了建立自由贸易上。1820年由商人请愿会(Merchant's Petition)发起，又由反谷物法同盟从1836年到1846年持续开展的运动，特别得到了一个激进派团体的推进，他们在科布登(Richard Cobden)和布莱特的领导下，采取了一种比亚当·斯密及其后来的古典经济学家的自由主义原则所要求的还要极端的自由放任立场。他们压倒一切的自由贸易立场，同一种强烈的反帝国主义、反干涉主义、反好战主义以及厌恶一切政府权力扩大的态度结合在一起；在他们看来，公共开支的增加主要应归咎于对海外事务不必要的干涉。他们的矛头所指，主要是中央政府权力的扩大，他们希望大多数改革是来自地方政府或自愿组织的努力。"和平、减少开支和改革"，成为这个时期自由主义的口头禅，而"改革"更多的是指消灭昔日的弊端和特权，而不是指扩大民主，只是在1867年第二次改革法案时，这场运动才同扩大民主更密切地联系在一起。到了1860年的科布登英法条约时，这一运动达到了顶峰；该商业条约导致英国自由贸易的建立，并带来一种广泛的希望，以为自由贸易不久便会普遍得势。当时在英国也出现了像格拉德斯通(W.E.Gladstone)这样的自由主义运动的领袖人物，他先是担任财政大臣，后成为自由党的首相，被普遍视为自由主义原则的生动体现，尤其在帕尔默斯通于1865年去世，布莱特成为他在外交政策方面的主要助手之后。由于他的缘故，英国自由主义又重新和一种强大的道德和宗教观点结合在一起。

在19世纪后半叶的知识圈里，对自由主义的基本原则有着热烈的讨论。哲学家斯宾塞(Herbert Spencer)是极力提倡个人主义的最小国家的一位卓有成效的鼓吹者，他的立场与洪堡相类。不过，约翰·穆勒在其名著《论自由》(1859)一书中，将批判主要指向舆论的专制而不是政府的行为，由于他对分配公正的提倡，并且他在另一些著作中对社会主义理想普遍抱有同情，因此为大量自由主义知识分子逐渐转向温和的社会主义做好了准备。这一趋势由于哲学家格林(T.H.Green)的影响而得到明显的加强，他强调国家在反对占上风的旧式自由主义者的消极自由观方面，应当发挥积极的作用。

但是，自由主义学说尽管在19世纪的最后20多年里遭到了许多来自自由主义团体内部的批判，自由党也开始失去新兴劳工运动的支持，但自由主义思想在英国的主导地位仍然一直延续到20世纪，并且成功地抑制了保护主义要求的复兴，尽管自由党也未能免于受干涉主义和帝国主义因素的逐渐渗透。大概坎贝尔·班纳曼(H.Campbell-Bannerman)政府(1905—1908)应当被视为最后一届旧式自由主义政府，而在他的继任者阿斯奎斯(H.H.Asquith)的领导下，开始采取了一些让人怀疑不太符合旧式自由主义原则的新的社会政策试验。不过大体上可以说，英国自由主义政策的时代一直持续到第一次世界大战的爆发，只是由于这场战争的影响，自由主义思想在英国的优势才告中断。

6. 自由主义的衰落

第一次世界大战之后，虽然一些较年长的欧洲政治家和实践领域的领袖人物，仍受基本上属于自由主义的观点的支配，并首先试图恢复战前的政治和经济体制，但若干因素却使自由主义的影响直到第二次世界大战为止处在不断的衰落之中。最重要的因素是社会主义，尤其是在大量知识分子的舆论中，它取代了自由主义作为进步运动的地位。因此政治辩论主要是在社会主义者和保守主义者之间进行，他们虽然目的不同，但是都支持国家行为的增加。经济困难、失业和不稳定的货币，似乎在要求政府进行更多的经济管制，这导致了保护主义和其他民族主义政策的复活。结果是政府官僚机构的迅速增长以及它对范围广大的专横权力的要求。这些在战后最初10年中就已十分强大的趋势，在美国1929年经济崩溃后的大萧条时代，变得更为明显。英国在1931年最终放弃金本位并回到保护主义，标志着自由的世界经济的明确终结。欧洲许多地区独裁或极权主义政权的出现，不但消灭了这些直接受到影响的国家中弱小的自由主义团体，并且它所造成的战争威胁，在西欧也导致政府对经济事务进行更多的统制和一种民族自给自足的趋势。

第二次世界大战结束后，再次出现了自由主义思想的短暂复兴，这一部分归因于对所有极权主义政体之压迫性的觉醒，另一部分归因于认识到两次世界大战之间设立的国际贸易壁垒对经济衰退应负很大责任。具有代表性的成就是1948年的《关税和贸易总协定》，建立更大的经济单位——如“共同市场”和欧洲自由贸易联盟(EFTA) ——的尝试，似乎也有着同样的目的。不过，给回到自由主义经济原则带来希望的最明显的事件，是战败的德国不同寻常的经济恢复，在路德维希·艾哈德(Ludwig Wilhelm Erhard)的促动之下，德国明确实行了所谓的"社会市场经济"，结果不久便在繁荣水平上超过了战胜国。这些事件引发了一个前所未有的大繁荣时代，使人们一度以为，一个基本上属于自由主义的经济体制，可以再次在西欧和中欧得到持久的确立。在知识圈里，这个时期也出现了重申和完善自由主义原则的新努力。但是，通过增加货币和信用以延长繁荣期并保障充分就业的努力，终于又造成了世界范围的通货膨胀，使得在这种膨胀中就业的自我调整，不造成大量的失业便无法使通货膨胀停下。然而，在通货膨胀不断加剧的情况下，是不可能维持一个运转正常的市场经济的，而仅仅因为这个原因，政府又会感到不得不通过控制价格和工资去消除通货膨胀的影响。通货膨胀在任何时候和任何地方，都会导致指令性经济，实行通货膨胀的政策，极有可能意味着对市场经济的破坏，并转向中央指令式的极权主义经济和政治制度。

目前，古典自由主义立场的捍卫者再次所剩无几，而且主要限于经济学家。"自由主义者"这一名称，甚至在欧洲，也像一段时期以来美国的情况一样，被当作一个基本属于社会主义理想的名称加以使用，因为用熊彼特的话说，"作为一个极好但并无明确所指的词，私有企业制度的敌人也认为占有这个标签是明智的。"

思想体系

7. 自由主义的自由观

既然只有"英国的"或进化论的自由主义发展出了一种明确的政治纲领，因此对自由主义原则的系统阐述，也只能以它为中心，对"大陆的"或建构论的自由主义只会以对比的方式偶尔提及。这个事实也要求否定那种经常在欧洲大陆做出的、但不适用于英国的对政治自由主义和经济自由主义的划分，特别是意大利哲学家贝奈戴托·克罗齐(Benedetto Croce)对"自由主义"(liberalismo)和"放任主义"(liberismo)的划分。就英国传统而言，这两者是不可区分的，因为这条基本原则将政府的强制权限制在实施公正行为的普遍规则范围之内，剥夺了政府命令或管制个人经济活动的权力；如果授予政府这样的权力，就会使它拥有本质上专横的权力，这只能限制一切自由主义者都会加以保护的个人选择的自由。法治下的自由意味着经济自由，而经济管制就像对取得任何目的所必需的工具的管制一样，会对一切可能的自由构成限制。

在这一点上，不同类型的自由主义在要求个人自由，以及相应的尊重个人的个性方面所存在的表面上的一致性，隐藏着某种重大的分歧。在自由主义的全盛期，这种自由的概念有十分明确的含义：它首先意味着自由的个人不服从专横的强制。但是就生活在受到保护免于这种强制的社会里的人而言，也需要对所有的人施以某种限制，使他们不能去强制别人。正如康德的精彩表述所示，只有使每个人自由的程度未超出可以与其他一切人的同等自由和谐共存的范围，才能够使所有人都享有自由。因此，自由主义的自由观必然是一种法治的自由观，它限制每个人的自由，以便保障一切人享有同样的自由。这并不意味着人们有时说的那种独立的个人的"天赋自由"(natural freedom)，而是在社会中可能享有的自由，它受到为保护他人的自由所必需的一些规则的限制。这个意义上的自由主义同无政府主义截然不同，它承认，如果让所有的人享有尽可能多的自由，就不能完全取消强制，而是把它限制在使个人或群体不能任意强制他人的最小范围之内。这是一种在公认的规则条件下的自由，这些规则使个人只要不逾越界限，他就可以免于受到强制。

这种自由也只能授予那些有能力服从目的在于保护这种自由规则的人。只有被假定对自己的行为能够负完全责任的成年人和神智健全的人，才被认为有资格享有这种自由，而对于儿童和不能完全控制自己精神状态的人，则认为应当给予程度不同的监护。如果有人践踏了目的在于保护全体个人的同等自由的规则，则作为惩罚，他可以丧失那些服从规则的人所享有的免于强制的地位。

因此，这种授予一切被断定能对自己的行为负责的人的自由，也要求他们对自己的命运负责：法律的保护有助于一切人追求各自的目标，但并不认为政府也应为个人努力的具体结果提供保障。让个人能够利用自己的知识和才能去追求自己选择的目标，被认为是政府能够保证为一切人提供的最大好处，也是引导这些个人为别人的幸福做出最大贡献的最佳方式。使个人可以利用他的具体条件和能力——这是任何权力机构都无从知晓的——允许他付出的最大努力，被认为是每个人的自由将会给所有其他人提供的主要好处。

经常有人说，自由主义的自由观只是一种消极的自由观，此言不错。就像和平和公正一样，它意味着罪恶的消失，意味着机会开放的条件，但并不保证具体的利益，尽管人们期待着出现这样的可能性，使不同的个人可以随时获得追求目标所必需的手段。由此可见，自由主义对自由的要求，是要求消除一切妨碍个人努力的人为障碍，而不是要求社会或国家提供具体的福利。它并不排除必要的集体行动，或至少不排除使某些服务得到保障的更为有效的方式，但它认为这只是一种权宜之计，因此也必须受法律之下平等的自由这项基本原则的约束。始于19世纪70年代的自由主义信条的衰落，同一种对自由的新解释有着密切的关系，它把自由说成是对取得大量不同目标的手段的支配权，这通常是指国家对这些手段的储备。

8. 自由主义的法律观

自由主义这种法律之下的自由观，或消除专横强制的观念，其含义中又包含它赋予“法律”和“专横”的含义。这一方面是因为这些词汇有不同的用法，在自由主义传统内部也存在着冲突，如在洛克看来，自由只有在法治之下才能存在（“设若人人皆可对别人发泄怒气，谁还能有自由可言？”），而在许多欧洲大陆的自由主义者和边沁看来，“每一种法律都是罪恶，因为每一种法律都是对自由的破坏。”

不错，法律可以用来破坏自由。然而，并非立法机关的一切产物，都是洛克或休谟、亚当·斯密、康德或后来英国辉格党人所理解的那种保护自由的法律。当他们说法律是自由不可缺少的捍卫者时，他们所想到的，是那些包含在私法和刑法中的公正行为规则，而不是立法当局发布的一切命令。按英国自由主义传统在说明自由的条件时所采用的含义，由政府实施的规则要想具有法律的性质，它必须具备某些属性，如英国的普通法必然具有而立法产物未必一定具有的那些属性：它们必须是针对个人行为的普遍规则，适用于一切未知的未来事件，并且划定了个人受保护的范围，因此它本质上必然具有禁令而非具体命令的性质。因此它也离不开私有财产制度。在这些公正行为规则所规定的限制之内，个人被认为可以自由地利用各自的知识和技能，以他认为适当的任何方式追求自己的目标。

因此，政府的强制性权力仅限于实施公正行为的规则。不过，除自由主义传统中的极端派之外，自由主义并不排除政府也应为公民提供另一些服务。这仅仅意味着，无论要求政府提供什么其他服务，它为此目的只能动用供它支配的资源，但不能对私人公民施以强制。换言之，政府不能用公民的人身和财产达到它自己的具体目的。从这个意义上说，得到正当授权的立法机关的行为，有可能和一位独裁者的行为同样专横。当然，向具体的个人或群体发出的任何命令或禁令，如果没有遵守普遍适用的规则，都可以被认为是专横的。从自由主义的老传统所采用的含义上说，强制行为之为专横行为，是因为它服务于政府的特定目标，而决定这一目标的又是特殊意志，而不是维护自发的全面行为秩序（任何得到实施的其他公正行为规则，都要为这一秩序服务）所必需的普遍规则。

9. 法律和自发的行为秩序

自由主义学说赋予公正的行为规则以重要性，是基于如下观点：这些规则是维护自动生成的或自发的秩序的基本条件；在这种秩序中，不同的个人和群体，根据自己的知识追求各自的目标。至少18世纪自由主义学说的伟大创立者休谟和斯密，并不认为各种利益有着天然的和谐关系，而是认为不同个人的形形色色的利益，只能通过服从适当的行为规则加以协调，或如他们的同代人杜克所说，“自爱这一人性中的普遍动机，可以采取这样的方向……它可以通过追求自己的利益去促进公众的利益。”这些18世纪的作家当然也是法哲学家和经济秩序的研究者，他们的法律观同他们的市场机制学说有着密切的关联。他们理解，只有承认某些法律原则，主要是关于个人财产制度和契约的强制性实施的原则，才能保证互不相关的个人的行动计划相互协调，从而使任何人都有很好的机会去实施他们自己制订的计划。这就像后来的经济学说所做出的更为明确的说明，这种个人计划的相互协调，使人们既可以利用各自的知识和技能追求自己的目标，同时能相互提供服务。

由此可见，行为规则的作用，并不是为了一致同意的特定目标而把个人的努力组织起来，而是维护一种全面的行为秩序，在这种秩序之下，每个人在追求各自的目标时，都极有可能从他人的努力中获益。促成这种自发秩序的规则，被看作是过去一个漫长的试验过程的产物。自由主义认为对它们虽然可以进行改善，但是它也认为，即使当试验表明改善是可取得的时候，也必须循序渐进地进行。

人们认为,这种自我生成的秩序的重大优点,不仅在于它使个人可以自由地追求自己无论是自利的还是利他的目标,它还使非常分散的、处在具体时空中的知识有可能得到利用,这些知识只作为不同的个人知识而存在,任何单一的领导当局都不可能拥有它们。正是由于同任何中央指令性经济制度的情况相比,有更多具体事实的知识得到了利用,才使任何能够想到的手段生产出了最大数量的社会总产品。

不过,在适当的法律规则的限制之下,市场自发的力量形成的这种秩序,虽然保证了一种更全面的秩序和对各种具体环境更全面的适应能力,但是它也意味着这种秩序的具体内容不会服从严密的控制,而是大大地受着偶然因素的左右。法律规则的架构,以及一切有助于形成市场秩序的制度,只能规定它的普遍性或抽象性,而不能决定给具体的个人或群体带来的具体结果。虽然它的正当性在于它为一切人增加了机会,并且使每个人的处境大大取决于自身的努力,但是它也使每个人或群体受制于不可预知的环境,无论是他们还是其他什么人,都无法控制这种环境。因此自从亚当·斯密以来,在市场经济条件下决定着个人所得的过程,经常被人比作这样一种游戏:每个人的所得部分地取决于他的技巧和努力,部分地取决于运气。个人有理由同意参与这场游戏,是因为同其他任何方式相比,它能够使个人从中获得份额的蓄水池变得最大。不过,它也使每个人的份额取决于一切偶然因素,显然无法保证,这一份额同主观成就或别人对个人努力的评价相一致。

在进一步讨论由此产生的自由主义公正观之前,有必要谈谈体现着自由主义法治观的一些宪政原则。

10. 自然权利、权力分立和最高权力

自由主义将强制性权力限制在实施公正行为之普遍规则的范围之内，这一基本原理很少以上述明确的形式得到说明，而是通常反映在自由主义宪政理论的两个典型概念之中，即个人不可剥夺的权利或自然权利（又称基本权利或人权）的概念，以及权力分立的概念。正像1789年法国《人权宣言》——它同时是对自由主义原理最简明、最有影响力的表述——所言："凡是各项权利未得到可靠保障、权力没有分立的社会，都不存在宪政体制。"

对某些基本权利，如"自由、财产、安全和反抗压迫"的权利，以及首先出现在美国革命过程中的一些更具体的自由——如言论、结社、出版自由——给予特别保障的思想，不过是将自由主义的一般原理运用于某些被认为特别重要的权利，但这只限于那些列举出来的权利，并未穷尽自由主义的一般原理。这仅仅是一般原理的具体应用，乃是由于这样一个事实：这些基本权利中没有一个被当作绝对权利看待，然而它们的行使范围，仅仅受着普遍性法律的限制。但是，根据最一般的自由主义原理，政府的一切强制性权力仅限于实施普遍规则，因此，被列入任何受保护权利的清单或法案中的一切基本权利，以及没有出现在这类文件中的其他许多权利，都要由一个表达这一基本原理的条款来加以保障。就像经济自由的情况一样，只要个人行为不受特殊禁令（或特许规定）的限制，而是只受平等地适用于一切人的普遍规则的限制，那么所有其他自由都会得到保障。

权力分立的原理按其最初的含义，也是这个一般原理的应用，但是在区分立法、司法和行政这三项权力时，"法律"一词只能理解为狭义的公正行为的普遍规则，这一原理的早期倡导者无疑也是这

样认为的。只要立法机构能够批准的仅仅是这种狭义上的法律,则法庭也只能为保证这些普遍规则得到服从而发出(并由执行机构执行)强制令。但是,只有当立法权仅限于制定这种严格意义上的法律(根据洛克的看法,它本来就应当如此),而不是向执行机构发出任何它认为合适的命令,并且以这种方式得到授权的执行机构的任何行为并非都被视为合法时,情况才会如此。就像所有现代国家已经出现的情况一样,在被称为立法机构的议会变成了最高统治当局,支配着执行机构涉及具体事务的一切行为,而权力分立仅仅意味着执行机构未得到这种授权便不能做任何事情的地方,是无法保证个人自由只受自由主义学说从严格意义上理解的法律之限制的。

权力分立的本来含义中所包含的对立法权的限制,也意味着对任何无限权力、最高权力或至少是任何有组织的权力有任意行事的权威这种思想的否定。在洛克那儿十分明确,在后来的自由主义理论中也一再出现的这种拒绝承认最高权力的立场,是同目前占主导地位的法律实证主义发生冲突的一个主要原因。这种立场否认,从某个唯一的最高权力来源推导出任何合法权力有着逻辑上的必然性,其根据是,对一切有组织的权力施加限制,可以由拒绝同任何权力或有组织的"意志"结盟的某种普遍意见状态来实行——如果它所采取的某种行动未得到该意见的认可。这种立场认为,像普遍的意见这种力量,虽然没有能力形成特定的意志行为,却可以把所有统治机构的合法权力限制在具有某些普遍属性的行为上。

11. 自由主义与公正

同自由主义的法治观密切相关的,是自由主义的公正观。它在两个重要的方面不同于目前广泛持有的观点:它是建立在这样的信念上——找出独立于特殊利益的公正行为的客观规则是可能的;它所关心的仅仅是人类行为的公正或支配这种公正行为的规则，但不涉及这种行为给不同的个人或群体带来的结果。尤其是和社会主义相比，可以说自由主义关心的是交换的公正，而不是所谓的分配公正，或现在经常谈论的“社会”公正。

相信存在能够被发现但不能任意制定的公正行为规则，是基于这样一个事实：这些规则中的绝大多数在任何时候都会毫无疑问地得到赞同，消除对某条具体规则的任何怀疑的工作，都必须在这个被普遍接受的体系之内，以接受这一规则同其他规则并不矛盾的方式进行。也就是说，它必须像所有其他公正的行为规则一样，有助于相同类型的抽象的行为秩序的形成，并且不能同任何一条这样的规则的要求相冲突。对任何一条具体规则的公正性的检验是，是否因为它被证明同所有其他得到赞同的规则相一致，便有可能做到普遍适用。

经常有人说，自由主义这种对独立于特殊利益的公正所持的信念，有赖于它接受了一种已被现代思想断然否定的自然法观念。但是也可以说，它所依赖的是一种含义十分特殊的——即根本没有被法律实证主义真正驳倒的——自然法观念。法律实证主义的攻击，毫无疑问给传统自由主义信条这一基本内容的信誉造成了极大的伤害。法律实证主义断言，一切法律都是或必须是立法者意志的产物，就此而言，自由主义理论同它当然是有冲突的。不过，一旦接受了建立在个人财产和契约原则上的自我维持的秩序这项普遍原则，那么在得到普遍赞同的规则系统之内，对特定的问题就要做出特定的回答——这也是整个系统的合理性所要求的——并且必须找出对这些问题的正确回答，而不是随意进行发明。正是从这个事实中，产生出了一种合理的认识：“事物的自然状态”所要求的不是别的东西，正是具体的规则。

分配公正的理想经常吸引着自由主义思想家，而且很可能已经成为使他们中那么多人从自由主义转向社会主义的一个主要原因。

彻底的自由主义者为何必须否定这种公正，其原因有二，一是根本就不存在公认的分配公正的普遍性原则，也找不到这样的原则；二是即使能够在这样的原则上取得共识，在一个生产力取决于个人能够自由利用自己知识和能力追求各自目标的社会里，也不能采用这样的原则。保证让特定的人得到特定的好处，如根据他们的功绩或需要进行奖励，无论怎样进行评估，都需要一种与个人只受公正行为规则限制下自动生成的自发秩序全然不同的社会秩序。它需要这样一种秩序（最好将它称为组织），其中个人被要求服务于一系列共同的统一目标，要求他去做某个威权主义的行动方案命令他做的事情。自发秩序按其自身的含义，不致力于任何一组唯一的需要，它仅仅为千变万化的个人需要提供最佳的追求机会。而组织的前提却是，它的全体成员都要为同一个目标体系服务。为了保证让每个人都得到某个权力当局认为他应当得到的东西，必然要把整个社会搞成一个庞大的单一组织，这肯定会造就出一个人人都必须去做这个权力当局命令他去做的事情的社会。

12. 自由主义和平等

自由主义仅仅要求，就国家决定着个人行动的条件而言，它在这样做时，必须遵守适用于一切人的、相同的形式化规则。自由主义反对任何法律特权，反对政府给予某些人而非所有人特殊好处的任何行为。但是，在政府没有特殊的强制性权力的情况下，对于决定着不同个人的前途的那些条件，它只能控制其中很小的一部分。因此这些个人不管是在个人能力和知识方面，还是在他们各自所处的具体（物质的和社会的）环境方面，必然会有很大的差异，在相同的普遍性法律的平等对待之下，必然会给不同的个人造成十分不同的状况；为了使这些人在处境或机会上平等，政府必然要将他们区别对待。换言之，自由主义仅仅要求决定着不同个人的相对地位的程序或游戏规则公正（或至少不是不公正），但并不要求这个过程给不同的个人带来的结果公正。因为在一个自由人的社会里，这些结果总是取决于个人自身的行为，取决于谁也无法完全支配或预知的其他各种条件。

在古典自由主义的全盛时期，这种要求普遍反映在如下愿望之中：所有的职业都应向一切人开放，或用更不确切的说法："机会平等"。但是这实际上仅仅意味着应当消除所有那些由于人们受到法律歧视而造成的、影响人们地位提高的障碍。这并不是说不同的个人由此便可获得相同的机会。不但由于他们个人能力上的差别，更由于他们的个人环境——具体而言，譬如他们成长的家庭——的差别，都会使他们的前途大不相同。正是由于这个原因，那种已被证明对大多数自由主义者很有吸引力的想法，即只有让所有的个人在起点上机会平等的秩序，才可被视为公正的秩序，在一个自由社会里是不可能实现的：这需要对全体不同个人的工作环境进行严密的操控，而这与个人能够利用自己的才智去创造这种环境的自由理想，是不相容的。

自由主义的方法虽然在取得物质平等上有严重的局限性，但是为形式上的平等而斗争，即为反对一切建立在社会出身、种族、血缘和性别上的歧视而斗争，却一直是自由主义传统最强大的特点之一。它虽然不相信有可能避免物质条件上的重大差别，但是它希望通过不断增加纵向的流动性，去消除这些差别引起的痛苦。使这一点得到保障的主要手段，是提供（这必然要以公共资金支付）一种普遍的教育制度，它至少可以把所有的年轻人放在台阶前面，使他们今后能够根据自己的能力提高各自的地位。因此，许多自由主义者努力为一些没有能力自己获取条件的人提供某些服务，至少可以减少那些使个人受阶级出身羁绊的社会障碍。

同自由主义的平等观恐怕更难以相容的，是另一种在自由主义者中间也获得了广泛支持的措施,即采用累进税的方式进行有利于较贫穷阶层的再分配。既然找不到任何标准能够使这种累进税制符合可称为平等对待一切人的原则,或能够以此划定富人承受负担的极限,因此普遍累进税同法律面前人人平等的原则似乎是矛盾的,而且,19世纪的自由主义者一般也都是这样认为的。

13. 自由主义和民主

自由主义坚信平等对待一切人的法律,从而反对任何法律特权,因此它同民主运动有着密切的关系。在19世纪争取立宪政府的斗争中,自由主义者和民主运动经常难以区分。但是随着时间的推移而出现的事实是,这两种学说关心的问题毕竟有所不同,已经变得越来越明显。自由主义关心的是政府的作用,尤其是对它的一切权力的限制,而民主关心的则是谁在领导政府的问题。自由主义要求限制一切权力,因此也包括多数人的权力。而民主则认为多数人当下的意见,是政府权力有无正当性的唯一标准。只要我们考虑一下这两种原则的对立面,它们的不同之处便昭然若揭:民主制度的对立面是威权主义政府,而自由主义制度的对立面则是极权主义政府。这两种制度同对方的对立面未必相互排斥:民主制度有可能握有极权主义权力,而威权主义政府可以遵照自由主义原则行事,至少并非不可想象之事。

因此,正像自由主义同其他任何不受限制的统治不相容一样,它同不受限制的民主也是不相容的。它的前提是,遵守某些或被明文载于宪法,或被普遍舆论所接受的原则,对立法权进行有效的规范,以此对权力——即使是多数人的权力——加以限制。

由此可见,坚定不移地贯彻自由主义原则虽然可以导致民主,但是只有当多数受到约束,不利用自己的权力为其支持者提供无法向全体公民平等提供的特殊好处时，民主才能够保有自由主义。可以在这样的议会中做到这一点：它的权力仅限于批准普遍适用的公正行为规则——有可能存在多数一致的规则——这个意义上的法律；而最不可能做到这一点的，就是那种惯于支配政府具体措施的议会。在这种把真正的立法权和统治权集于一身，从而不受无法改变的规则限制的议会里，多数不太可能是建立在对原则的真正共识之上，而很可能是由相互许诺特殊好处的、有组织的不同利益的联盟所组成。在拥有无限权力的代表机构里，决策的做出几乎不可避免地要通过不同团体之间特殊利益的交换，具有统治能力的多数之形成，就取决于这种交换。在这种情况下当然难以想象，这样的权力会仅仅用于真正的普遍利益。

由于这些原因，无限制的民主几乎肯定会放弃自由主义原则，转而赞成有利于那些支持多数的不同群体的歧视性措施。不过值得怀疑的是，从长远角度看，如果民主放弃了自由主义原则，它是否还能长期自保。如果政府承担的任务如此广泛而复杂，使多数的决定根本无法对它进行有效的支配，实际权力不可避免地会旁落到某个不受民主控制的官僚机构手中。因此，民主制度放弃自由主义原则，从长远看很可能也会导致民主的消失。具体来说，几乎无可怀疑的是，民主制度倾向于实行的指令性经济，为了有效地发挥作用，需要一个拥有威权主义权力的政府。

14. 政府的服务功能

自由主义原则要求将政府的权力严格限制在实施公正行为的普遍规则的范围之内，但这仅仅是指政府的强制性权力。政府利用供它支配的手段，还可以提供除征税之外的许多不涉及强制的服务。大概除自由主义运动中某些极端派之外，自由主义从未否认过政府承担这类任务的必要性。不过在19世纪，这些任务一直处于次要位置，主要只具有传统上的重要性，因此自由主义学说除强调这些服务最好留给地方政府而不是中央政府去做之外，对它们很少进行讨论。其指导思想是担心中央政府会变得过于强大，希望不同的地方当局之间的竞争，可以有效地控制和引导这种服务沿着可取的方向发展。

自从那时以来，财富以及可以由此得到满足的新希望的普遍增长，已经使这些服务大大增加，这使人们有必要比古典自由主义时期更不含糊地表明态度。无须怀疑，有许多这样的服务，即经济学家所说的“公共物品”，虽然十分必要，却是市场机制无法提供的。因为只要提供这样的服务，它将惠及每个人，而无法只给予那些愿意为此付钱的人。从阻止犯罪或防止传染病蔓延以及其他健康服务一类的基本任务，到克服在大城市表现最为严重的形形色色的问题，这些必要的服务只能用税收支付其开支。这意味着只要提供这样的服务，所需资金以及——即使未必一定如此——执行权，就必须掌握在有征税权的部门。但这不一定意味着赋予政府提供这种服务的排他性权利。自由主义者希望实行机会开放，一旦发现了由私营企业提供这类服务的方式，就应当加以采用。他会保留传统的选择，即这些服务应当尽可能由地方政府而不是中央政府提供，应当用地方税收支付其开支，因为采用这样的方式，至少在受惠者和为这些具体服务付钱的人之间，会保持一定的联系。不过除此之外，对于这个重要性不断增加的广阔领域，自由主义几乎没有提出任何指导政策制定的明确原则。

现代福利国家的发展过程，暴露出自由主义的一般原则无法适应新的问题。在自由主义的架构之内，虽然也有可能达到福利国家的许多目标，但这需要一个缓慢的试验过程，而采用更直接有效的方式达到目标的愿望，到处都在使自由主义的原则遭到抛弃。例如，大多数社会保障服务应当有可能通过发展一种真正竞争性的保险.制度来提供，甚至面向所有人的最低收入保障，也可以在自由主义的架构之内建立起来。决定把整个社会保障领域变成一个政府垄断的行业，并且把为此目的而设立的整个机构变成一个进行收入再分配的庞大机关，这导致了政府控制的经济部门的不断增长，以及自由主义原则仍然占主导地位的经济成分的持续缩小。

15. 自由主义立法的积极作用

但是，传统的自由主义信条不但没有做到正确地对待新问题，甚至从未提出过发展目的在于保留有效率的市场秩序的法治架构的足够明确的纲领。要想使自由企业制度发挥造福社会的作用，仅让法律符合过去制定的消极标准是不够的，还必须使它们具有积极的内容，使市场机制可以令人满意地运行。这需要一些具体的规则，使竞争受到保护，并尽可能限制垄断状态的发展。19世纪的自由主义学说多少忽略了这些问题，只是到了最近，才有一些新自由主义团体就此进行过系统的评价。

但是，如果政府当初没有用税率、企业法和工业专利法的某些条款从中协助，企业领域的垄断极有可能不会变成一个严重的问题。除使法律架构具有鼓励竞争的特点之外，再采取特别措施打击垄断是否必要或是否可取，是个有争议的问题。如果做出肯定的回答，那么古代普遍从法律上禁止相互勾结以限制交易的做法，或许可以为这一发展提供一个基础，然而很久以来一直没有得到采用。只是到了较晚近的时期，随着1890年美国《谢尔曼法》(Sherman Act)的出台，在欧洲则大都是直到第二次世界大战之后，才开始在反托拉斯和反卡特尔方面做出认真的努力。但是，由于这通常都会据此而授予行政机构专横的权力，所以同古典自由主义理想并不十分协调。

使自由主义原则无法得到贯彻,从而给市场秩序的正常功能设置越来越多障碍的领域,是有组织的劳工或工会垄断的领域。古典自由主义曾经支持工人“结社自由”的要求,大概也正是由于这个原因,它后来却无法有效地抵制劳工联合向这样一种制度发展:它被法律授予特权,能够以并非允许所有人都可采取的方式使用强制力。正是工会的这种地位,使市场决定工资的机制几乎失效。但是,如果竞争决定价格这一点不适用于工资,市场经济是否还能存在,是大可怀疑的。市场秩序是继续存在,还是会被中央计划的经济制度取而代之,这个问题大大取决于能否以某种方式恢复一个竞争性的劳动力市场。

这些发展的作用,已反映于它们在另一个重要领域影响政府行为的方式上。人们普遍相信,在这个领域,运行正常的市场秩序需要积极的政府行为,即提供稳定的货币体系。古典自由主义者认为,金本位制提供了自动调节货币及信用供应的机制,它可以给运行正常的市场秩序提供适当的保障。然而事实上,历史的发展确实产生了一种信用制度,它在很大程度上变得依赖于某个中央权威的精心调节。这种控制,过去一度交由独立的中央银行来履行,最近实际上却被转移给了政府,这主要是因为,预算政策已被当作一个进行货币控制的主要手段,于是政府也开始要对市场机制的运行所依赖的一个基本条件负起责任。

在所有西方国家,处在这种位置上的政府,为了在由工会行动促成的工资水平上保证充分就业,便开始采取通货膨胀政策,这使货币需求的增长快于货物的供应。这些国家因此都陷入了不断加剧的通货膨胀之中,迫使它们不得不做出直接控制价格的反应,而这又威胁到市场机制,使其逐渐失效。正如前面“历史”一节所指出的,这似乎已成为一条使市场秩序这个自由制度的基础逐渐遭到毁灭的道路。

16. 思想自由和物质自由

本文集中论述的自由主义政治学说，在许多自称是自由主义者的人看来，并不是他们的信条的全部，甚至不是其中最重要的部分。如上所述，"自由主义"一词经常——尤其是最近——是在这样一种意义上使用的：它主要是指一种思想态度，而不是有关恰当的政府职能的特定观点。因此在结束本文时，有必要回过头来谈谈全部自由主义思想的更具普遍性的基本观念与法学和经济学说的关系，以便说明后者是一贯采用这样一些观念——它们导致对思想自由的要求，而这是自由主义所有不同流派一致同意的——必然结果。

可以称为一切自由主义主张之来源的关键信念是，如果我们不依靠任何人既有的知识，而是鼓励可以使更好的知识出现的人们交流意见的过程，社会问题便有望更成功地获得解决。人们因经历不同而产生的不同看法相互之间进行讨论和批评，被认为有助于发现真理，或至少可以最大限度地接近有望被发现的真理。要求个人意见的自由，乃是因为我们认为，每个人都有可能犯错误，要想发现最好的知识，只能通过对受到自由讨论保障的一切信念不断加以检验。换言之，要想逐渐接近真理，更多地不是寄希望于个人理性的力量(真正的自由主义者并不相信这种东西)，而是寄希望于人们相互进行讨论和批评所产生的结果。

受到思想自由保障的知识的发展或进步，以及由此产生的人们达到各自目标的不断增加的能力，显然都是十分可取的事情，也是自由主义信念的无可怀疑的前提之一。有时人们不太正确地认为，这种信念仅仅强调物质进步。不错，它希望通过科学和技术的进步解决大多数问题，它把这一点同一个不加批判的，但是从经验上说很有道理的信念结合在一起：自由也会带来道德领域的进步。至少有一点是真实的，即在文明进步时期，那些过去不完善或仅仅部分得到承认的道德观念，往往会得到更为广泛的接受。（自由导致的知识的迅速进步，是否也会导致美学感受力的提高，大概是个更令人怀疑的问题；但是自由主义学说从未夸口在这个方面有任何影响力。）

不过，支持思想自由的所有论证，也适用于支持做事情的自由，或行动的自由。导致不同观点的不同经历，是知识进步的来源，这又是不同环境下不同个人采取不同行动的结果。就像思想领域一样，在物质领域，竞争也是找出追求各种人类目标之更佳方式的最有效的发现过程。只有在能够对许多做事方式加以检验时，才会出现各种各样的个人经验、知识和技能，对最成功者的不断取舍则会导致稳定的改进。既然行动是个人知识的主要来源，而知识进步的社会过程又是以这些个人知识为基础，因此行动自由和意见自由有着同样重要的作用。建立在劳动分工和市场基础上的现代社会，大多数新的行为方式都出现在经济领域。

不过，行动的自由，尤其是在经常被视为次要的经济领域里的行动自由，为何事实上同思想自由一样重要，还有另一层原因。如果说选择人类行动目标的是思想，实现这些目标却取决于必要的手段是否可用。任何能够支配这些手段的经济控制权，都会导致对这些目标的支配权。如果政府控制着印刷设备，就不会有出版自由，如果必要的空间受到这样的控制，就不会有结社自由，如果运输手段被政府垄断，就不会有迁徙自由等。这就是由政府支配一切经济活动——经常是因为徒劳地希望为所有目标提供更充足的手段——为何必然会给个人能够追求的目标造成严重限制的原因。大概20世纪的政治发展所提供的最有意义的教训就是，在我们已经了解的所谓极权主义制度中，对生活的物质内容的控制，使政府也拥有了深入控制精神生活的权力。正是目的在于提供各种手段的不同独立机构的多样性，使我们能够选择我们愿意追求的各种目标。

文献目录

对自由主义运动最出色的记述，可以在一些有关19世纪主要欧洲国家历史的著作中找到，如E.Halevy, *Histoire du peuple anglaisau XIXe siècle*,(《19世纪英国人民史》6 vols, Paris, 1912—1932，英译本是*History of the English People*, london, 1926, etc.; F.Schnabel, *Deutsche Geschichte im neunzehnten Jahrhundert*(《19世纪德国史》), Vol, Ⅱ, Freiburg, 1933。对自由主义思想发展最全面的记述见G.de Ruggiero, *Storia des liberalismo europea*, Bari, 1925, trans.by R.G.Collingwood as *The History of European Liberalism*(《欧洲自由主义史》), Oxford, 1927，书中有一份详尽的文献目录，因此在谈到所有早期著作，包括近代自由主义奠基人的经典著作时，必须提到这份目录。下面的书目按照年代顺序，列出了此后讨论自由主义思想和运动以及自由主义学说目前状态的较为重要的著作。

Martin, B. Kingsley, 1926, *French Liberal Thought in the Eighteenth Century*, London; new ed. 1954.

Mises, L. von, 1927, *Liberalismus*, Jena.

Croce, B., 1931, *Etica e Politica*, Bari.

Laski, H., 1931, *The Rise of European Liberalism*, London.

Pohlenz, M., 1935, *Die griechische Freiheit, Heidelberg;* trans. as *The Idea of Freedom in Greek Life and Thought*, Dordrecht, 1963.

Lippmann, W., 1937, *An Inquiry into the Principles of the Good Society*, Boston and London.

Sabine, G. H., 1937, *A History of Political Theory*, New York.

McIlwain, C. H., 1939, *Constitutionalism and the Changing World*, New York.

Hallowell, J. H., 1943, *The Decline of Liberalism as an Ideology*, Berkeley, Calif.

Slesser, H., 1943, *A History of the Liberal Party*, London.

Roepke, W., 1944, *Civitas Humana*, Zurich.

Diez del Corral, L., 1945, *El Liberalismo doctrinario*, Madrid.

Popper, K. R., 1945, *The Open Society and Its Enemies*, London.

Rüstow, A., 1945, *Das Versagen des Wirtschaftsliberalismus als religionssoziologisches Problem*, Zürich.

Federici, F., 1946, *Der deutsche Liberalismus*, Zürich.

Watkins, F., 1948, *The Political Tradition of the West*, Cambridge, Mass.

Wormuth, F. D., 1949, *The Origin of Modern Constitutionalism*, New York.

Polanyi, M., 1951, *The Logic of Liberty*, London.

Eucken, W., 1952, *Grundsatze der Wirtschaftspolitik*, Tübingen.

Robbins, L. C., 1952, *The Theory of Economic Policy in English Classical Political Economy*, London.

Talmon, J. L., 1952, *The Origins of Totalitarian Democracy*, London.

Cranston, M., 1953, *Freedom*, London.

Lübtow, U. von, 1953, *Blüte und Verfall der romischen Freiheit*, Berlin.

Neill, T. P., 1953, *Rise and Decline of Liberalism,* Milwaukee, Wis..

Thomas, R. H., 1953, *Liberalism, Nationalism and the German Intellectuals,* Chester Springs, Pa..

Mayer, Maly, T., 1954, “Rechtsgeschichte der Freiheitsidee in Antike und Mittelalter” , *Österreichische Zeitschrift für öffentliches Recht*, N. F. vi.

Hartz, L., 1955, *The Liberal Tradition in America*, New York.

Bullock, A. and Shock, M., 1956, *The Liberal Tradition from Fox to Keynes*, London.

Wirszubski, C., 1956, *Libertas as a Political Ideal at Rome*, Cambridge.

Feuer, L. S., 1958, *Spinoza and the Rise of Liberalism*, Boston.

Grifò, G., 1958, “Su alcuni aspetti della libertà in Roma” , *Archivoi Giuridico Filippo Serafini*, 6 serie XXIII.

Grampp, W. D., 1960, *The Manchester School of Economics*, Stanford, Calif.

Hayek, F. A. von., 1960, *The Constitution of Liberty*, London and Chicago.

Friedmann, M., 1962, *Capitalism and Freedom*, Chicago.

Macpherson, C. B., 1962, *The Political Theory of Possessive Individualism:Hobbes to Locke*, Oxford.

Girvetz, H. K. 1963, *The Evolution of Liberalism*, New York.

Schapiro, J. S., 1963, *Condorcet and the Rise of Liberalism*, New York.

Wheeler, 1963, *The Rise and Fall of Liberal Democracy*, Santa Barbara, Calif.

Grampp, W. D., 1965, *Economic Liberalism*, New York.

Bohm, F., 1966, “Privatrechtsgesellschaft und Marktwirtschaft” , in *Ordo*, XVII.

Lucas, J. R., 1966, *Principles of Politics*, Oxford.

Vincent, John, 1966, *The Formation of the Liberal Party 1857—*

1868, London.

Selinger, M., 1968, *The Liberal Politics of John Locke*, London.

Cumming, R. D., 1971, *Human Nature and History, a Study of the Development of Liberal Thought*, Chicago.

Douglas, R., 1971, *The History of the Liberal Paryt 1890—1970*, London.

Hamer, D. A., 1972, *Liberal Politics in the Age of Gladstone and Rosebery*, Oxford.

政治思想中的语言混乱[①]

变成所有事物，但却不理解它们。（Homo non intelligendo fit omnia.）

—— G. 维柯

导 言

现代文明赋予了人类做梦都没有想到的力量，这主要是因为，他在不知不觉中，发展出一些使任何头脑都不可能全部掌握的许多知识和资源得到利用的方法。对一切社会行为的秩序进行合理的讨论，作为起点的一个基本前提就是，无论是行动的人，还是研究这种秩序的科学家，对进入这种人类行为秩序的无数具体的事实，都有着固有的、无法克服的无知，因为只有它的某些成员知道这些事实。正如上面引用的箴言所说："人还未理解发生了什么，便成了现在这个样子。[②]"这种见解不应使人感到惭愧，反而应使他感到骄傲，

① 这是哈耶克1967年在德国弗赖堡瓦尔特·奥伊肯研究所的演讲，根据1968年伦敦经济事务研究所"临时论文"译出。

② 维柯这句话引自*Opere*, ed. G. Ferrari, 2nd ed. Milan, 1854, Vol. V, p. 183。

因为他发现了一种使我们能够克服个人知识局限性的方法。它鼓励人们去精心培育使那些可能性得以出现的制度。

18世纪社会哲学家最伟大的成就，就是用批判的、进化论的理性主义——它考察了自觉的理性有效作用的条件和局限性——取代了早期幼稚的建构论理性主义[①]，它把一切制度都说成是为了可预见的目标而特意设计出来的产物。

然而，我们还远远没有充分利用这种见识为我们提供的全部可能性，这主要是因为我们的思想仍然受一种反映早期思维模式的语言的支配。一些重要的问题，在很大程度上因为采用了对制度作拟人化或人格化解释的词语，而被搞乱了。这些解释对支配有具体目标的行为的普遍规则进行了说明。这些制度在实践中成功地适应了我们知识无法克服的局限性。它们之所以得以采用，是因为它们在利用不完整的、分散的知识——这是人类无法改变的命运——被证明是更为有效的方法，从而压倒了其他的秩序形式。

在过去这段时间，我一直对法律、立法和自由的关系进行研究[②]，这一尚未完成的研究过程，使我对我们因为缺少更准确的用语而不得不继续使用某些关键术语，其模棱两可给严肃的讨论造成危害的程度有了明确的感受。为了努力做到明晰性，我被迫采用了一些流行用语并不接受或仍不打算理解的严格的区分方式。以下的

---

① 参见我的《关于行为规则体系演化过程的若干说明》《理性主义的类型》《人类行为的结果，但不是人类设计的结果》以及《曼德维尔大夫》各篇（译按：均已收入本书）。

② 哈耶克此处指他从1973年至1979年出版的三卷本《法律、立法与自由》（F. A. Hayek, *Law, Legislation and Liberty*, London, Routledge & Kegan Paul, 1982）。本文所讨论的问题，分别见于该书《规则与秩序》第二章："Cosmos and Taxis"；第六章："Thesis: 立法"；第四章："不断变化的法律观"；《社会主义的幻象》第七章第五节："意见和意志"；第八章："寻求公正"（尤见第四节："不但公正行为的规则，甚至对其公正性的检验，都是消极的"）；第十章："市场秩序或交换"；《自由社会的政治秩序》第十三章："民主的分权"。——译注

说明,目的在于揭示我所发现的这些基本区分的重要性,此外也要推荐一些可以帮助我们避免目前盛行的混乱的用词。

一 COSMOS和TAXIS

人类有可能达到各种目标,仅仅是因为我们认识到,我们生活的这个世界是有序的。我们能够掌握一些规律,它使我们可以期待,从我们所了解的这个世界(在空间和时间中)的某些事物中会产生另一些事物,这种秩序便是由此而显示自身的。我们预期这些规律极有可能在各种事件中得到证实。没有对我们生活的世界中这种秩序的了解,有目的的行为是不可能的。

这适用于自然环境,也同样适用于社会环境。但是,自然环境的秩序独立于人的意志,对我们而言是既定的,而我们社会环境中的秩序,有一部分——仅仅是一部分——是人类设计的结果。把它们全部看作人类行为的有目的的产物,这种嗜好是错误的主要根源之一。从人类相互交往中产生的秩序,并非全是设计的结果——这一见解当然是社会理论的起点。但是,“秩序”一词所具有的拟人化的含义,易于掩盖一个基本的真相:力求通过安排和组织建立一种社会秩序(即为具体的要素指定专门的功能或任务)的所有自觉的努力,是在一个更为广泛的自发秩序中产生的,而后者并不是这种设计行为的结果。

我们用“安排”或“组织”这样的词来描述人为的秩序,却没有一个明确的词用来表示自发形成的秩序。古希腊人在这方面比较幸运。人对各种因素特意进行安排或指定其明确的功能而产生的秩序,他们称之为taxis;独立于人类任何有目的的意图而存在或自发形成的秩序,他们称之为cosmos虽然他们一般局限于用后者指自然秩序,但它似乎同样适用于任何自发的社会秩序,并且也常常有人以这样的目的去使用它,尽管并不系统。[1]人们会认为,自然界的秩序(the cosmos of nature)有一种令人赞赏和敬畏的含义,因此当把这个名称赋予一种我们往往并不喜欢的社会秩序时,我们可能会有所顾虑。但是,拥有一个能够将这种秩序同人为的秩序区分开来的明确无误的概念,这一好处应当能够打消我们的顾虑。

从一定程度上说,"秩序"(order)这一概念本身的情况也是如此。它虽然是政治学说中最古老的概念之一,但已经有一段时间不那么流行了。然而这是个不可缺少的概念,按照我们给它下的定义——一种能够使我们对未来产生期待和预测的状态,它不是指一种价值,而是指某些客观事实。当然,自发的秩序或cosmos,它同组织(安排)或taxis的第一个重要差别是,cosmos不是由人特意建立的,因此它没有目的。[2]这并不是说它的存在不会给许多目标的追求带来极大的帮助:这种不仅存在于自然界,也存在于社会中的秩序,是追求任何目标都不可缺少的。但是,自然秩序,以及社会秩序的某些方面,并不是人特意创造出来的,因此说它有一定目的是不正确的,尽管人类可以利用它们去追求许多不同的、有分歧的,甚至相互冲突的目标。

自发的秩序或cosmos是无目的的,而每个taxis(安排、组织)却要以某个特定的目标为前提,构成这个组织的人,必须为同一个目标服务。cosmos是从它所包含的各要素之间行为的相互协调中产生的,从这个意义上说,它是一种内生系统,或者如控制论专家所言,

---

① 例如见J. A. Schumpeter, *History of Economic Analysis*, New York, 1954, p. 67, 他在此处说, A. A. Cournot和H. von Thünen是最先"利用方程式系统将所有经济数量之间的一般相互作用以及呈现这种cosmos的必要性加以具体化"的两位作者。

② 我所知道的包含着这种错误——通常只是不经意地——而又明确表达出来的唯一一段话是:"秩序意味着存在着一个目的。"有意思的是,它出现在边沁的"An Essay on Political Tactics",见其*Works*, ed. Bowring, Vol. Ⅱ, p. 399。

是一种“自我协调”或“自我组织”的系统。[1]而taxis则是由处在这一秩序之外的某种力量决定的，因此从这个意义上说，它是外生的或外力实施的。在这些外在要素对其环境中的事实做出反应时，也可以通过对它们施以调节而引导自发秩序的形成。这种保障秩序形成的间接方式与直接方式相比有着重要的优点：在任何人都无法掌握影响秩序的全部因素的情况下，可以采用这种方式。cosmos内部的行为规则也未必一定就是人创立的：它们也可以是自发生成的或进化的产物。

因此，在秩序的自发性和决定着这一秩序的成员之自发行为规则的起源之间做出明确的区分，是很重要的。自发的秩序可以部分地依靠并非自发而是外力施加的规则。就政策目标而言，会出现这样的选择：以间接方式保障秩序的形成，或者直接为每个成员指定位置并详细规定其功能——这两种做法哪一个更可取呢？

我们这里所关心的，仅仅是不同的社会秩序，就此而言，这种区分第一个重要的结论是，在cosmos中，支配个人行为的有关各种事实和目标的知识，是行动着的个人的知识，而在taxis中，则是组织者的知识和目标决定着秩序的产生。因此和自发秩序的情况相比，在这种组织中能够得到利用的知识总是很有限的，因为在自发的秩序中，所有成员所拥有的知识不必事先传递给组织者，就能对秩序的形成发挥作用。能够在taxis中有序化的复杂的行为，必然仅仅局限于组织者能够知道的行为，在自发的秩序中则没有这样的限制。

对自发形成秩序的力量（即导致自发的普遍秩序形成的个人行

---

① 自发或自我决定的秩序的形成这种概念，就像与此相关的进化概念一样，在被自然科学采用并发展出这里提到的控制论之前就已由社会科学提出来了。一些生物学家已经注意到了这一点。如见G. Hardin, *Nature and Man's Fate*(1959), Mentor edn, New York, 1961, p. 54：“但是在很久之前，亚当·斯密已经明确使用了这一（控制论）概念。对价格作精密调节的‘看不见的手’显然就是这样一个概念。斯密实际上是说，在自由市场上，价格是由消极反馈来调节的。”

为规则）有意识地加以利用，可以使能够被整合进一个单一秩序的行为的范围和复杂性得到极大的扩展，同时减少了所有人对秩序发挥非破坏性作用的能力。在cosmos中，其成员的行为规则，仅仅决定着它的最一般的抽象特征，至于各种细节，则是由支配着个体行为的事实和目标来决定的，虽然它们也被普遍规则限制在可允许的一定范围之内。结果是，这种秩序的具体内容虽然有可能是建立一种大规模秩序的唯一途径，但它是不可预测的。我们必须放弃按自己的愿望塑造其具体表现的权力。例如，在这样的秩序中，每个人所占据的位置大大取决于那些我们肯定会视为偶然的因素。这种cosmos会对所有人的目标有不同程度的帮助，但是它不会赋予任何人决定他该对谁更好或更差的权力。

另一方面，在一种安排或taxis之中，组织者能够在这一方法所能达到的有限范围内，让结果在任何他所希望的范围内符合他的选择。taxis必然是为了达到某个具体的目标或一系列目标而设计出来的；在组织者能够掌握有关现有手段的信息并支配其用途的范围内，他可以做到让安排符合他的一些相当具体的愿望。既然他的目的就是主宰这种安排，他当然能够在该秩序中的每个成员中贯彻他的意志，根据他对其功过的评估，为该成员安排位置。

当问题是利用组织者所知道的有限资源服务于一个统一的目标序列时，安排或组织（即taxis）是一种更为有效的方式；当事情涉及利用散布在千百万分散的个人中间，并且只有他们自己才能得到的知识时，则是自发的秩序化力量（即cosmos）的作用更为优越。更重要的是，很少或根本没有共同目标的人，相互不认识或不了解他人环境的人，能够通过遵守相同的抽象规则，形成一种互惠的、和平的自发秩序，但是他们要想组成一个组织，就只能服从某个具体的个人的意志。为了形成一个共同的cosmos，他们只需在抽象规则上取得一致，而为了形成一个组织，他们只能或是一致同意，或是被迫服从一个共同的目标序列。由此可见，只有cosmos能够形成一个开放社会，而被理解为一种组织的政治秩序，只能是个封闭的或部落式的社会。

二　NOMOS和THESIS

有两种分别与cosmos和taxis相对应的、不同的规则或规范，它们是秩序中的成员为了形成相应类型的秩序而必须服从的。在这一点上，近代欧洲语言同样缺少能够明确无误地表达它们的必要区分的概念，我们习惯于用“law”（有法律、规律、规则等含义——译注）或其同义词来含糊地指称两者，因此我再次建议采用两个古希腊的概念，至少在公元前4世纪和公元前5世纪，它们在古代雅典的用法中大体上包含着这种必要的区分。[①]

我们用nomos来表示普遍适用的公正行为规则，它适用于无限多的未来事例，也平等地适用于处在该规则所规定的条件下的所有人，而不管在具体环境中服从该规则所产生的结果。这些规则划定了个人受保护的范围，使每个人或每个组织都知道他们在追求自己的目标时可以采取什么手段，从而阻止不同的人之间发生冲突。这

① 不可把Thesis同Thesmos相混淆，后面这个希腊词是指“法律”，它比nomos更为古老，但至少在古典时代，它更多的是指统治者制定的法律，而不是指非人格的行为规则。相反，Thesis是指使某种安排得以确立的具体行动。重要的一点是，古希腊人从未明确，由“自然”(physei)决定的事物，其恰当的对立面是由nomos决定的事物呢，还是由Thesis决定的事物？关于这个问题见我的《曼德维尔大夫》一文。

些规则一般被称为“抽象的”、同个人目标无关的规则。①它们导致一种同样抽象的、无目的的自发秩序或cosmos。

相反，我们用thesis来表示那些只适用于特定的人或只为制定规则者目标服务的规则。这种规则虽然也有不同程度的普遍性，关系到形形色色的具体事例，但是它们也会在不知不觉中从通常意义上的规则变成具体的命令。它们是管理一个组织或taxis的必要手段。

领导一个组织为何必须在一定程度上依赖规则，而不能仅仅靠某些具体的命令的原因，也解释了自发的秩序为何能够取得组织无法取得的结果。仅以抽象规则限制个人的行为，使他们可以利用那些掌权者无法拥有的信息。由组织的首脑指派职能机构，能够适应只有它们自己才了解的不断变化的环境，因此权威的领导普遍采取一般指导而非具体命令的形式。

然而，在两个重要的方面，支配着组织成员的规则必然不同于自发秩序所依靠的规则：组织的规则，是以通过命令向具体的个人分派具体任务、目标或职能为前提的；组织中的大多数规则只适用于承担特定责任的人。因此，组织的规则不可能是普遍适用的或无目标的，它们总是以指派角色、规定任务或目标的命令为转移。它们无助于抽象秩序——在这种秩序中，每个人必须自己寻找自己的

---

① 公正行为规则无目标性的特点，已由大卫·休谟作了明确的揭示，并由康德作了最系统的阐发。参见David Hume, “An Enquiry Concerning the Principles of Morals”, in *Essays, Morals, Political and Literary*, ed. T. H. Green and T. H. Grose, London, 1875, Vol. Ⅱ, p. 273：“从（公正和诚实这些社会美德中）产生的好处，并不是每个个人的单一行为的结果，而是从社会全体人或大多数人与其合作的整个体系结构中产生出来的。普遍的和平与秩序，只与公正或普遍戒除对他人财产的欲求为伴。对某个公民的特别权利给予特殊考虑，就其本身而言，经常会造成有害的后果。个人行动的结果在许多情况下同整个行为体系的结果截然相反：前者可能是极有害的，而后者却有着最大限度的好处。”另见他的《人性论》（版本同上），Ⅱ, p. 318：“显然，如果人们调整自己的行为是着眼于具体的利益，他们会陷入无穷的混乱。”关于康德的论述，见Mary Gregor, *Laws of Freedom*（Oxford, 1963）中的精彩阐述，尤其是pp. 38—42, p. 81。

位置并能够建立起一块受保护的领地——的自发形成。一个组织或安排的目的和一般特征,必然是由组织者决定的。

作为普遍行为规则的nomoi同作为组织规则的thesis之间的不同,大体上类似于人们熟知的私法(包括刑法)与公法(宪法和行政法)之间的不同。在这两种法律规则之间存在着大量的混乱看法。采用的概念和法律实证主义的错误理论(这也是公法学家在法理学的发展中起主导作用的结果)助长了这种混乱。它们都在一定意义上以公法为主,认为它只服务于公共利益,而私法不但被视为次要且来源于公法,并且它不是为公共利益而是为个人利益服务的。然而反过来说才更接近真实。公法是组织法,是有关政府这一上层建筑的法律,而当初政府的设立,不过是为了保障私法的实施。"公法多变而私法持久"的说法是不错的。① 无论政府结构有何变化,依靠行为规则的基本社会结构是持久不变的。因此,政府从公民的忠诚获得权威,并能够要求这种忠诚,只能因为它维护着使社会日常生活得以进行的那种自发秩序的基础。

公法优先的信念来自这样一个事实,它是为了具体的目的,以意志的行为特意创设的,而私法则是一个进化过程的结果,从整体上说从来不是由任何人发明或设计的。创设法律的行为是出现在公法领域,而在私法领域,数千年的发展是一个发现法律的过程,在这个过程中,法官和法学家仅仅致力于对长期支配着行为的规则和"公正意识"做出明确的表述。

为了发现一个组织实际实施的是哪些规则,我们必须回到公法上去,但是私法的权威性未必一定来自公法。就存在着自发形成秩序的社会而言,公法仅仅是组建起一些必要的政府机构,使更广泛的自发秩序得以更好地运行。它决定着某种上层结构,而建立这种

---

① H. Huber, *Recht, Staat und Gesellschaft*, Bern, 1954, p. 5:"Staatsrecht vergeht, Privatrecht bestcht."

结构，首先是为了保护已经存在的自发秩序，并使它所依靠的规则得以贯彻。

记住一点是有益的：nomos这个意义上的法律概念（即同任何人的特殊意志无关、不管具体条件下的结果而普遍适用的抽象规则，它是可以被“发现”，但不是为具体目的而创设的法律），只在古罗马和近代英国这些国家存在，并同个人自由的理想一起被保留下来。在这些地方，私法的发展是以案例法而不是成文法为基础，也就是说，它是掌握在法官或法学家手里，而不是掌握在立法者手里。一旦把法律理解成达到政府自身目标的工具，法律就是nomos的观念，以及个人自由的理想，便会迅速消失。

在这方面没有得到普遍理解的一点是，作为案例法方式的必然结果，建立在先例上的法律，必然完全是由无目的的抽象行为规则组成的，法官和法学家力求从以往的判决中提炼出它们的一般意向。对于立法者建立的规范而言，就不存在这种内在的限制。因此，他也不太愿意把服从这些限制作为他所承担的主要任务。在nomos中的可变含义尚未得到严肃的思考之前，立法者在很长一段时间里，几乎完全限于制定那些规范政府机构的组织规则。法律就是nomos这种传统观念，构成了法治、法治政府和权力分立这些理想的基础。因此，当最初只负责征税一类统治任务的代议制机构，也开始被当作nomos（即私法或普遍行为规则）的来源时，这一传统观念很快便被另一种观念取代：法律就是得到授权的立法者就具体事务制定的任何东西。[①]

用公法取代私法这种做法的不断蔓延，不过是自由和自发的社会秩序向组织或taxis转变这个过程的一部分，理解了这一点，可算

---

① 在美国杰出的公法学家P. A. Freund的一篇论文中，可以看到对法官所关心的法律和现代立法机构的法律之间的差别所作的揭示，见R. B. Brandt(ed.), *Social Justice*, New York, 1962, p. 94：“法官让自己服从持久性、平衡性和可预见性的标准，而立法者服从的是公平的份额、社会效益和平等的分配。”

是最明确地揭示了我们这个时代的政府趋势。这种转变是一个多世纪以来一直支配着发展的两个因素的结果：其一是公正的个人行为规则（受"交换公正"的支配）逐渐由"社会"公正或"分配"公正的观念所取代；其二是把制定nomos（即公正行为规则）的权力授予了负责领导政府的机构。主要是由于将这两种本质上不同的任务合在同一个"立法"机构里，几乎例底破坏了作为普遍行为规则的法律同指导政府在具体事情上应当做什么的法律之间的区别。

社会主义对收入进行公正分配的目标，必然导致这种自发秩序向组织转变的过程。只有在旨在达到一系列共同目标、个人必须履行指定的任务的组织里，"公正"的报酬才能具有一定意义。在自发的秩序中，谁也无法"部署"或预见环境的变化给每个特定群体造成的结果，它能够了解的公正，只能是个人行为规则的公正，而不是行为结果的公正。这种社会当然要以一种信念为前提：公正行为规则这个意义上的公正不是个空泛的用语，而只要自发的秩序尚未完全转变成由掌权者按照人们执行指派的任务的表现分配报酬的极权主义组织，那么"社会公正"就只能是无稽之谈。"社会"公正或"分配"公正是组织内的公正，在自发的秩序中是毫无意义的。

三　有关条文化的规则和未条文化的规则的附言

下面要考虑的区分，虽然同这里将要评价的另一些区分不十分一致，不过，对我们所使用的"规则"（rule）一词的含义稍加评论还是适宜的。在我们使用这个词时，它有着两层不同的含义，它们之间的差别，经常同人们更熟悉、关系更密切的另一种差别相混淆，或被这种差别所掩盖，这个差别就是成文规则与不成文规则的差别，或习惯法和成文法的差别。需要强调的一点是，一条规则有效地支配着行为，可以是指我们对它的了解使我们能够预见人们会如何行动,但行动者不一定非要知道其文字表述形式。人们可以“知道如何”行动,他们的行为方式可以用人为的规则做出准确的描述,但他们不必确切“知道”规则的细节。也就是说,他们无须为了让自己的行为遵守规则,而要求自己能够逐字逐句说出那条规则,或认识到别人是否也这样做。

无可怀疑的是,无论在早期社会还是此后的时代,从持续不断的司法裁决中呈现出来的许多规则,任何人都不知道它们有文字表述的形式;甚至以条文化的形式为人所知的规则,往往也不过是把指导着行为的原则,或体现在对他人行为表示赞同或反对的态度中的原则,用文字表达出来的不尽完美的努力。我们所谓的“公正意识”,不过是指在行动中遵守未条文化的规则的能力。所谓找到或发现公正,是指将一直未条文化的、具体裁决所依据的规则用文字表述出来的努力。

这种遵守未条文化的规则采取行动或辨别他人是否这样行动的能力,在没有人想要明言这些规则之前大概就一直存在着;大多数条文化的规则,不过是将过去的行动根据变成文字的大体上成功的尝试,并且它们将继续构成对已经条文化的规则之结果做出判断的基础。

当然,一旦行为规则的具体条文被人们所接受,它们便成了传播这些规则的主要手段。条文化的和未条文化的规则的发展将不断地相互作用。但似乎极有可能的是,如果没有未条文化的规则作为基础,使条文化的规则系统一旦出现裂痕即可援用之,那么任何条文化的规则系统都是无法存在或难以理解的。

未条文化的规则背景的这种主导作用,解释了将一般规则应用于具体事例时,为何很少采用推论的形式,因为只有条文化的规则才能作为这种推论的明确前提。仅仅从条文化的规则中得出的结论,如果它与尚未条文化的规则所导致的结论相悖,将不被容忍。通过这个人所熟知的过程,已得到充分条文化的严密的法律规则发展出了平衡法。

就此而言，以条文化的规则形式传播的不成文法或习惯法同成文法之间的差别，与条文化的规则与未条文化的规则之间的差别没有什么不同。许多不成文法或习惯法已经以口口相传的形式得到了明言。但是，可以认为已被人们明确了解的法律即使都已条文化，也未必意味着把实际指导着各种裁决的规则加以条文化的工作已经完成。

四 意见和意志、价值和目的

我们现在遇到了一个重要的差别，而现行的概念特别不适合表示这种差别，并且古希腊人也没有为我们提供现成的合理用语。但是，卢梭和黑格尔(G.W.F.Hegel)，以及直到格林为止，他们的追随者用“意志”取代早先的作者所说的“意见”[①]，以及更早以前把ratio与voluntas对立起来，大概是政治思想史上最为有害的概念发明。

这种用“意志”取代“意见”的做法，是一种建构论理性主义[②]的产物，这种学说以为一切法律都是为已知的目的而发明出来的，

---

① 经常从这个意义上使用“意见”一词的，以休谟为最，尤见*Essays, loc*. cit. Vol. Ⅰ, p. 125；“可以进一步说，虽然人们受着利益很大的左右，但是，甚至利益乃至全部人类事务，却完全是受意见的左右。”又见p. 110：“既然力量总是在被统治者一方，统治者别无所靠，只能靠意见来维护自身。政府仅仅是建立在意见上；从最残暴的军阀政府到最自由、最有民众基础的政府，这一定理一概适用。”“意见”一词的这种用法似乎是来自17世纪的政治大辩论；至少1641年的一篇出自Wenceslas Hollar之手并附有一幅版画的谤文可印证此点，见William Haller(ed.), *Tracts on Liberty in the Puritan Revolution* 1638-1747(New York, 1934)第一卷中的复制件，它的标题就是《世界受意见的管辖和支配》。

② 关于卢梭这方面思想的笛卡尔主义基础，Robert Derathé, *Le Rationalisme de J. J. Rousseau*(Paris, 1948)一书作了明确的阐述。

而不是对某些做法——它们之得势，是因为它们产生了比作为竞争对手的群体的现行秩序更具活力的秩序——的明言或经过改进的表述。与此同时，因为把“意见”和无可辩驳的因果知识相对立，使它也日益受到怀疑，而一种放弃一切无法证实的陈述的趋势则不断加强。“单纯的意见”成了理性主义批判的主要目标之一；“意志”似乎是指某些有理性目标的行为，而“意见”则被认为有着不确定的性质，无法进行理性的讨论。

但是，开放社会和所有现代文明的秩序，主要就是建立在这样一些意见上，在人们尚不明白自己为何持有它们之前，它们已有效地产生出这一秩序；并且在很大程度上仍然建立在这种信念之上。甚至当人们开始提出如何改进他们所服从的行为规则的问题时，他们对于规则所产生的作用——这是修改的依据——可能仍然只有模模糊糊的了解。困难来自这样一个事实，根据具体情况下某种行为可预见的结果对该行为进行评价的任何尝试，都是同相关行为之是否应当得到赞同的意见在形成全面秩序中所发挥的作用相对立的。

理性主义的偏见，即理智的行为完全受因果关系知识的支配，以及与它相伴的一种信念，即“理性”只表现在由这种知识产生的推论之中，模糊了我们对这些情况的认识。建构论理性主义所承认的唯一理性行为，是由“如果我想得到X，则我必须做Y”这种想法引导的行为。然而事实上，人类的行为大都受着将行为限制在可允许范围内的规则的支配——这些规则一般禁止某些类型的行为，而不管其可预见的具体结果。我们在自己身处的自然和社会环境中能够有所成功，要大大依靠这种不能做什么的知识(但我们通常并不清楚如果做了这事会发生什么后果)，就像它也取决于我们有关自己行为的具体结果的知识一样。多亏了那些规则，才使我们的确定性知识能够有效地为我们服务，它们将我们的行为限制在一个我们能够预见相关结果的有限范围之内。它阻止我们逾越这些界线。

对未知的事物担心，避免难以预测后果的行为，在使我们的行为从成功这个意义上说做到“合乎理性”所发挥的重要作用，丝毫不亚于我们的确定性知识。[①]如果“理性”这个概念仅限于指有关事实的确定性知识，而排除“不应当如何”的知识，那么支配着人类的行为、使个人或群体能够在他们生活的环境中生存下去的大量规则，都会被从“理性”中排除出去。如果把这种所谓的“理性”武断地局限于有关支配着我们环境中具体事件的因果律的确定性知识，那么人类积累下来的许多经验，都会处在这种“理性”之外。

在16世纪和17世纪的理性主义革命之前，理性的概念包含正确的行为规则的知识，甚至是把它放在首要位置。如果把ratio同voluntas加以比较，前者主要是指有关各种行为是否应当得到允许的意见，而voluntas则指明这些行为是达到某种具体结果的最显而易见的手段。[②]所谓理性，并不是指有关具体环境中的具体行为将带来具体结果的知识，而是指一种能力，它使人避免某些虽然有可欲的预期后果，却有可能对决定人类成就的秩序造成破坏的行为。

我们很熟悉一个关键论点，即把人类行为加以整合的普遍的社会秩序，不是由个人追求的具体目标形成的，而是来自他们对限制其活动范围的规则的服从。个人追求什么样的具体目标，同这种秩序的形成并无多大关系；这些具体目标在许多情况下可以很荒谬，但是只要个人是在这些规则的限制之内追求自己的目标，他们就有可能对别人的需要做出贡献。就个人行为而言，把个人整合进一个

---

① 知识的扩展主要归功于超越了这些限制的人，但是过分越界的人，很可能只是自取灭亡或危及同胞，而不是对共同的确定性知识总量做出了贡献。

② John Locke, *Essays on the Law of Nature*(1676), ed. W. von Leyden, Oxford, 1954, p. 111：“所谓理性……我想它在这里并不是指构成思想训练和推理证明的理解能力，而是指某些明确的行为准则，所有的优良品质和养成正确道德观所需要的一切，都是由此而来……理性并不确定并宣布这种自然法则，而是寻找它，发现它。……与其说理性是自然法则的创造者，不如说是它的解释者。”

文明赖以生存的秩序的,不是它的有目标性,而是它受着规则的支配。[①]

因此,把一条划定公正行为之范围的规则或法律的内容,说成是表达着某种意志(无论是人民的还是其他什么东西的意志),是完全错误的。[②]批准写明行为规则的一纸条文的立法者,或决定这种法律之措辞的起草人,都受着一种以特定结果为目的的意志的指导;但是具体的文字形式并不是这种法律的内容。意志是指针对具体目标的具体行动,一旦采取行动并达到了目标(最终结果),该意志便终止了。从这个意义上说,没有人能够具有一种涉及未来无数事例中会发生什么的意志。

另一方面,意见不具有持该意见的人所知道的目的;当然,如果我们发现一个事关正确和错误的意见中包含着某种目的,我们有理由对它表示怀疑。个人所持的大多数有益的意见,他们之所以持这种意见,除他们期待着它是他们生活的那个社会的传统之外,他们并不知道任何其他的理由。由此可见,关于正确与错误的意见,同这一明确意义上的——我们若想避免混乱,必须在这个意义上使用这一概念——意志毫无关系。我们都十分清楚,我们的意志经常同我们有关正确的想法发生冲突,这一点既适用于个人,同样适用于有着共同目标的群体。

意志的行为总是受具体目标(最终结果)的左右,一旦达到了目标,这种意志便消失了,然而追求这些目标的方式,也取决于某些定

---

① 我们这里所说的"有目标"的行为和"受规则支配"的行为,它们之间的不同大概与马克斯·韦伯对zweckrational(工具理性)和wertrational(价值理性)的区别相同。如果是这样的话,那么十分明显的是,几乎没有任何行为可以只受单一考虑的支配,遵循因果律对手段结果的考虑,应当同遵照有关手段是否应当允许的规范对结果之得当性的考虑结合在一起。

② 这是古希腊人因为自己的语言而得以避免的一种混乱,因为他们唯一知道的用来表达我们所谓"意志"的用词是bouleuomai,它明确地仅仅用来指具体行动。(M. Pohlenz, *Der Hellenische Mensch*, Gottingen, 1946, p. 210.)

势(dispositions),它们是行动者多多少少恒常的属性。这些定势是内在规则(builtin rule)的混合体,它们表示某种类型的行为会导致某种类型的结果,或一般应当避免的事情。这些定势系统有高度复杂的分层结构,它们支配着我们的思维,而且包含着使定势发生变化的定势等,以及支配一个有机体所有行为的定势和仅在特定环境中才会被唤醒的定势,但这里不是讨论这类问题的地方。①

重要的是,在支配着某个特定有机体的行为方式的各种定势中,除那些使行为有可能产生特定结果的定势之外,总是还有许多排除某些行为类型的否定性定势。这些对可能给个人或群体造成伤害的行为的抑制性因素,大概是一切有机体,尤其是生活在群体中的个体——它们要想生存,必须具备这些因素——最重要的适应手段之一。就像能给行动带来既定结果的确定性知识一样,"禁忌"也是社会动物成功生存的必要基础。

一方面针对具体目标(最终结果),一旦该目标达到便随之消失的意志;另一方面是有关(或反对)某些行为的持久的或永久性的意见,如果我们想对它们做出系统的区分,采用一个明确的名称来表示意见所针对的普遍性目的会是有益的。在现有术语中,可以建议采用的一个与意见相对应的术语——就像目的与意志相对应一

---

① 看重具体结果的功利主义者以为,公正行为的规则有着某种具体的目的,因此必须根据这些目的来评价它们。这是它犯下的根本性错误。就我所知,这种建构论理性主义的基本错误,再清楚不过地表现在Hastings Rashdall的一句话里,见其*The Theory of Good and Evil*, London, 1948, Vol. Ⅰ, p. 148:"一切道德判断终极地说都是对目的的价值所作的判断。"情况恰恰相反,它们同具体的目的无关,而是同某些行为类型有关,换言之,它们是对手段的判断,它所根据的是一种涉及某些行为会引起不可取后果的假定的概然性。但它是可应用的,尽管事实上我们对大多数具体情况下它们是否会这样一无所知。

样——即价值。[1]

当然，近来人们并不是从这个狭义上使用该词；我们都倾向于把某个具体目标的重要性称为它的价值。然而至少在价值的复数形式“values”下，它像其他任何可以利用的概念一样，很接近需要的含义。

因此可以这样说，价值是在人的一生的大部分时间里指导着他的行为的因素，与此不同，对他在特定时刻的行为起决定作用的是具体的目标。从这个意义上说，价值主要通过文化进行传播，而且，甚至那些没有自觉意识到它们的人，其行为也受其支配，而大多数时间里人们自觉注意到的目标，通常都是人们在特定时间所处的特定环境下的结果。从“价值”一词得到最普遍使用的含义上说，它肯定与具体的对象、人或事件无关，而是指不同时间和地点的许多不同的对象、人或事件都可能具有的属性，如果我们想尽力描述它们，我们通常采用的描述方式，是指出这些对象、人或行为所遵循的某种规则。一种价值在同眼前的需要或具体目标发生关系时的重要性，恰如普遍或抽象与特殊或具体的关系的情况一样。

应当指出，这些我们称之为有关价值的意见的、多少具有永久性的定势，同经常与它联系在一起的情感大不相同。情感就像需要一样，是由具体的对象所引起的，也是以它们为目标，并且会随着对象的消失而迅速消失。它们和意见及价值不同，是一些短暂的定势，它只在涉及具体的事物时支配着行为，却不是控制所有行为的架构。就像具体的目标一样，情感可以压倒意见——它不涉及具体，而是只同环境中抽象而普遍的因素有关——的约束，就此而言，这种具有抽象性的意见很接近因果知识，因此也应当像后者一样，被当作理性的一部分。

---

① 参见莎士比亚《特洛伊罗斯与克瑞西达》第二幕第二场：“可是价值不能凭着私心的爱憎而决定；一方面它本身必须确有可贵之处，另一方面它必须为争夺者所看重，它才能确立自己的尊贵。”（此处采用朱生豪先生的译文，略有改动——译注）

从最宽泛的意义上说,一切道德问题都来自以下两者之间的冲突,一方是使希望的结果能够以既定方式得到实现的知识,另一方是告诉我们应当避免某些行为的规则。我们无知的范围必然引起的情况是,在利用知识时我们应当自我限制,应当避免采取许多因无法预测后果而会使我们置身于秩序之外的行为,而只有处在这种秩序之中,这个世界对我们才会有起码的安全可言。幸亏有这些约束,在我们置身其中的无知海洋里,我们有限的实证知识才能够作为可靠的指导服务于我们。一个坚持只让可预见的结果指导自己的行为、拒不尊重有关谨慎行事或许可范围的意见的人,很快便会得到失败的证明,从这个意义上说,他也是个极不理性的人。

对这一区分的理解,因为我们所使用的词汇而受到了严重的干扰。但是这种区分是极为重要的,这是因为,取得必要的意见一致的可能性,以及一个开放社会的秩序的和平状态,都取决于它。我们的思想以及我们的用语,仍然大大地受着全体成员了解其目标的小团体的需要和问题的支配。将这些观念用于开放社会的问题,由此造成了无穷的混乱和损害。尤其是柏拉图(Plato)的部落主义对道德哲学的统治,使这些观念得以保留下来。现代人喜欢对可以观察到的小团体问题进行经验研究,却不愿去了解社会cosmos中难以把握的、更为广泛的秩序——一种只能由理智加以重构,但绝对无法进行整体的直观把握或观察的秩序——由此也大大助长了那种部落主义的观念。

开放社会的可能性,取决于它的成员具有共同的意见、规则和价值,如果我们坚持认为,它还必须具有一个就具体目标向它的成员发号施令的共同意志,这个开放社会的生存是不可能的。我们希望在其中享有和平生活的群体越大,就越是必须把得到贯彻的共同价值限制在抽象而普遍的行为规则之内。一个开放社会的成员共同具有且能够共同具有的,只能是有关价值的意见,而不是对具体目标的意志。建立在一致同意基础上的和平秩序的可能性,尤其是在民主制度下,取决于把强制性行为限制在实施公正行为的抽象规则上。

五 NOMOCRACY 和 TELEOCRACY

我们前面所作的两种区分(第1节和第2节),被奥克肖特(Michael Oakeshott)教授恰当地总结为"规则的统治"和"目标的统治"(nomocracy and teleocracy)这两种概念[①],今天对它们已几乎不再需要作更多的解释了。nomocracy与我们所说的完全建立在普遍规则或nomoi基础上的cosmos相对应,而teleocracy则是和有具体目标或teloi的taxis(安排或组织)相对应。对于前者,"公共利益"或"普遍利益"仅仅在于维护抽象的、无目标的秩序,为使这一点得到保证,必须服从抽象的公正行为规则:"公共利益,不过是排除一切偏见和私人利益的共同的权利和公正,人们称它为法律的王国而不是人的王国。"[②]而在受目标统治的情况下,共同利益是特殊利益的总和,即影响到具体的个人或群体的、具体而可预测的结果的总和。这一观念似乎更易于为天真的建构论理性主义所接受,它的合理性标准就是为具体目标服务的、可辨识的具体秩序。然而,这种受目标统治的秩序,同没有共同的具体目标的无数人所组成的开放社会的发展是不相容的。试图将这样的目标强加于一个不断成长着的秩序或受规则统治的制度,会导致开放社会退回到小群体的部落社会。由于据以对个人进行"奖励"的所有"功过"观念,必然要从群

---

① 就我所知,奥克肖特教授仅仅在他授课时口头上用过这两个词,而未见于任何出版物。由于第7节将要说明的原因,如果不是因为nomarchy易于同"monarchy"(君主制)发生混淆,我会更愿意用它而不用nomocracy。

② James Harrington, *The Prerogative of Popular Government*(1658), in *The Oceana and His Other Work*, J. Toland. London, 1771, p. 224.

体的共同努力所针对的具体目标中得出，所以，任何致力于“分配”公正或“社会”公正的努力，必然导致“规则统治”被“目标统治”所取代，从而导致从开放社会回到部落社会。

六　CATALLAXY 和 ECONOMY

用同一个词来表示两种不同的秩序，引起了大多数混乱，并且还在不断误导着甚至十分严肃的思想家，这方面一个典型的例子，大概是用“economy”（经济）一词既指致力于一系列统一的目标而对资源进行的精心安排的组织，如家政和企业，以及包括政府在内的任何组织，又指由许多相互联系的这类economy所组成的结构，即我们所说的“社会经济、国民经济”或“世界经济”，它们常常也被简称为“经济”。可是这种由市场形成的有序结构，并不是一个组织，而是一种自发的秩序或cosmos，因此在许多方面与最初被正确地称为economy的组织或安排有本质的差别。[1]

主要是由于这种用同一个词来指称两者的做法，使人们以为，应当把市场秩序塑造得像economy一样，并且不但可以。而且应当用这样的标准对它加以评估。这种想法成了许多错误和谬论的根源。看来，必须用一个新的专业术语来表示市场秩序。时常有人提

---

① 我现在发现，罗宾斯爵士实际上在大力鼓吹、我也曾长期加以捍卫的经济科学的定义——“对配置稀缺资源以实现既定目标的行为的研究”，是会产生误导的。在我看来，它只适用于往往被称为“简单经济学”的研究中所包含的原始的交换关系，即亚里士多德在《经济学》中唯一涉及的事情：对一个家庭或一个农户的资源配置的研究，有时它被称为经济核算或纯粹的选择技巧。（现在被称为经济学，但最好称为交换学的现象，亚里士多德的说法是chrematistike，或曰“财富学”。）现在在我看来，罗宾斯这个得到广泛接受的定义会产生误导，是因为“交换”的目的从整体上说对任何人都不是固定的，这就是说，无论是参与其中的个人还是对它进行研究的科学家，都不知道这些目的。

议，用catallactics（交换学）代替“经济学”，把它作为市场秩序理论的名称，仿照这一做法，我们可以把市场本身称为catallaxy（交换过程）。它们都来自希腊语中的动词katallatein（或katallassein），重要的在于它不但有“交换”之义，且有“被共同体所接纳”和“化敌为友”的含义。①

这种旧词新用的做法，主要的目的是想强调catallaxy既不应当，也不能被用来服务于一系列具体的目标，因此对它的表现也不能根据具体结果的总和加以评价。可是，社会主义的所有目的，实施“社会”公正或“分配”公正的所有企图，以及全部的所谓“福利经济学”，都想把市场自发秩序的cosmos变成一种安排或taxis，或把catallaxy变成纯粹的“经济”。在许多经济学家看来，应当让catallaxy像一种经济那样发挥作用，似乎是显而易见和不容怀疑的，这种信念使他们从未对它的正确性进行评价。他们将其作为对任何秩序进行合理评价的无可争议的前提，作为一种舍此便不可能对不同制度是否合适或它的价值做出判断的预设。

但是，认为只有根据一系列已知的具体目标得到实现的程度，才能对市场秩序的效果做出评估，是完全错误的。既然这些目标从整体上说不为任何人所知，因此任何这样的讨论都是无意义的废话。我们称为竞争的发现过程，目的是让我们利用自己所掌握的手段，最大限度地接近我们所能够达到的目标，这一目标看似平常，其实却极其重要：它是这样一种状态，事实上生产出来的一切，都是以可能达到的最低成本生产出来的。这意味着，就生产出来的具体的商品和服务组合而言，任何其他方式都不会比这种方式向人们提供更多可利用的产品。因此，不同的个人所得到的产品份额虽然是谁也无法预见的——从这个意义上说也是“偶然的”——环境决定

---

① 参见H. G. Liddell and R. Scott, *A Greek English Lexicon*, new ed., Oxford, 1940, s. v. *Katallasso*。

的,但是每个人在这场游戏(它一部分是技巧游戏,一部分是碰运气的游戏)中所得到的份额,会达到真实等价物所能允许的最大限度。我们同意让个人的份额部分地取决于运气,是为了使供大家分享的总量达到最大。

利用市场自发形成秩序的力量达到这种最优状态,让不同个人的相对份额由肯定表现为偶然性的因素来决定——这两种现象是分不开的。完全是因为市场诱使每个人利用自己特有的关于各种具体机会和可能性的知识去追求自己的目标,才形成了这样一种全面的秩序,它使谁也无从全部掌握的分散的知识从整体上得到了利用。以上意义上的总产量"最大化",同市场对它的分配是分不开的,因为正是通过对生产要素价格的决定,才产生了这种全面的市场秩序。如果收入不是由产出中的价格因素决定的,则产出不可能做到相对于个人偏好而言的最大化。

当然,这不排除政府在市场之外,可以利用由它支配的特殊手段去帮助那些出于这样或那样的原因无法从市场上挣到最低限度收入的人。为了有效利用资源而依靠市场秩序的社会,大有可能很快便达到一种全面的富裕水平,使这种最低收入有可能维持在一个适当的水平上。不过,如果对这种自发秩序以一定方式进行操纵,使得从市场上挣来的收入也要符合某种"分配公正"的理想,则以上情况是不可能出现的。这种做法会减少人人可以分享的总量。

七　DEMARCHY 和 DEMOCRACY

不幸的是,以上所言仍未穷尽为摆脱支配着目前政治思想混乱所必需的新词汇。现行的语言混乱的另一个例子,是几乎普遍用"民主"(democracy)一词来指称这样一种特殊的民主制度,它未必是这一名称当初描述的理想必然导致的结果。亚里士多德就曾怀疑,这种形式是否应当被称为“民主”[①]。原来的理想诉求已经变成了当前到处得势的特殊的民主形式，虽然这同最初的概念所指出的目标相去甚远。

“民主”一词的本来含义不过是，无论存在什么样的最高权力(ultimate power)，它必须掌握在人民的多数或其代表手中。但是它并没有指出这一权力的界限。常常有人提出任何最高权力必然是不受限制的权力这种错误主张。要求多数的意见取胜，并不意味着他们关于具体事务的意志也不应受到限制。当然，古典分权学说假定，掌握在代表机构手里的“立法权”，只应当负责通过“法律”（它被设想为因其某种内在属性而有别于具体的命令），具体的决定不能仅仅因为是由“立法机构”发出而成为(nomoi意义上的）法律。没有这种区分，包含着把特定职能分配给不同部门的分权思想，便成了没有意义的循环论证。[②]

如果立法机构只能制定法律，除制定法律以外不能做任何其他事情，那么，这个机构的一项具体决定是否能成为法律，就必须根据该决定的某种可辨认的属性来决定。仅仅依靠它的来源，不能成为使它生效的充分条件。

毫无疑问，代议制政府和自由主义宪政学说的伟大学者们在要求权力分立时所说的法律，是指我们称为nomos的东西。他们因为授予同一个代表机构制定另一种意义上的法律的权力，从而损害了他们的目标，这是一个我们在此无法详述的故事。我们也无法进一

① Aristotle, *Politics*, Iv Ⅳ 4, 1, 292a, Leob, ed. Rackham, Cambridge, Mass, and London, 1950, p. 303:“似乎有理由批评说，这样的民主根本就不是宪政；因为无法治的地方即无宪政；法律应当统治一切，官吏只管具体事务，我们应将此称为宪政。如果民主真是宪政形式之一，那么这种一切事情都通过议会裁决来管理的组织，根本就不是正确意义上的民主，因为表决产生的决定是不可能成为普遍原则的。”

② 参见上文“NOMOS和THESIS”一节有关公法和私法的说明；同以下讨论有关的一部重要著作是M. J. C. Vile, *Constitutionalism and the Separation of Power*, Oxford, 1967。

步考虑这种制度安排的必然结果，在该制度下，不受限制地制定公正行为的普遍规则的立法机构必然受到有组织的利益的驱使，利用它的“立法”权服务于特殊的私人目的。我们这里想要说明的是，最高权威拥有这种权力并无必然性。限制权力不一定非要由另一个权力来限制它。如果一切权力都是建立在意见上的，而意见又只承认这样的最高权力——它能够证明，通过致力于制定普遍规则(适用于它无法控制的任何具体事例)，它相信自己的行为是公正的——那么这种最高权力一旦逾越了这一限制，它便失去了自己的权威。

由此可见，这种最高权力不一定是不受限制的权力，它可以是这样的权力：只要它颁布的东西不具有公正行为的普遍规则这一含义的nomos的基本特点，它便会失去不可缺少的意见支持。正像罗马天主教会的教皇不谬原则仅仅在于dum ex cathedra loquitur，即他只能制定教规而不能决定具体事务一样，立法机构只有当它在颁布有效的nomos这个严格意义上履行立法职能时，它才是最高权力。它之所以能够受到这种限制，是因为存在着客观的检验标准(无论在具体应用上有多大困难)，不考虑政府的任何特定目标、独立而无偏见的法院，可据此裁定立法机构的决定是否具有nomos的属性，从而也可裁定它是否属于有约束力的法律。这里需要一个法庭，它能够对立法机构的法案是否具备任何有效法律都应具备的某种形式属性做出解释。不过这个法庭无须拥有发布任何命令的实际权力。

因此，一个代表机构中的多数，可以是不拥有无限权力的最高权力。如果它的权力仅限于让我采用另一个吸引着17世纪英国民主理论家和约翰·穆勒的词汇[①]—— nomothetae，即作为nomos的制定者，它无权发布具体命令，那么它试图定为法律的任何有利于特

① 参见Philip Hunton, *A Treatise on Monarchy*, London, 1643, p. 5; John S. Mill, *On Liberty and Considerations of Representative Government*, ed. R. B. McCallum, Oxford, 1946, p. 171。

殊群体的特权或歧视性决定，都不会具有法律效力。这种权力根本就不会存在，因为无论是谁行使最高权力，他都必须用致力于普遍规则来证明自己行为的合法性。

如果我们要求，不但约束私人公民和政府的强制性规则，而且对政府机构的管理，都要以民主的方式决定，我们就需要某个代表机构来做后面这项工作。然而这个机构不必是，也不应当是制定nomos的同一个机构。它也应遵守由另一个代表机构制定的nomos，由后者划定该机构无权改变的权限。这个政府性质的或发布命令（但不是严格意义上的立法）的代表机构，当然应当关心多数人的意志（即关心具体目标的达成），为了追求这种目标，它会拥有统治权。它不会关心与对错有关的意见问题。它会利用为该目标而单独拨出的资源，致力于满足具体而可预见的需要。

自由主义宪政学说的先贤们主张，在掌握着他们所设想的纯粹立法权，即制定nomos的最高机构里，不应当有他们称为派系，我们称为政党的那些有组织的利益团体的位置。我相信他们是正确的。政党当然要关心具体的意志，它要满足结合为政党的那些人的特殊利益。可是纯粹的立法权应当表达的是意见，因此不应被交给特殊利益的代表，而应当交给主流意见的代表，交给那些会坚决抵制特殊利益的人。

我在别处曾经建议[①]采用一种选举这个代表机构的方式，使它独立于有组织的党派，尽管为了使政府的行为有民主的性质，这些党派依然是必要的。这需要选举出一些长期任职的成员，任职期满后不得再次当选。为了使他们成为当前意见的代表，可以采用年龄组代表的方式：每一代人在一生中，譬如在40岁时，选举一次代表，让其任职15年，此后保证他继续担任非专业法官的职务。这个制定法律的机构全是由40岁到55岁的男女组成（因此其平均年龄很可

① 参见收入本书的《经济自由和代议制政府》及《自由国家的宪政气》。——译注

能会低于现在的议会!),他们有机会在日常生活中证明自己之后,由自己的同代人选出。当选时要求他们放弃自己的私人职业,在此后有活力的一生中担任这个受尊重的职务。

这种同龄人(通常他们是对一个人能力的最好的判断者)的选举制度,会比已经尝试过的任何制度都更接近实现政治理论家的理想,即一个由睿智而尊贵的人组成的参议院。把这个机构的权力限制在纯粹立法上,会使至今从未存在过的真正的分权,并借助于它,使真正的法治政府和有效的法治,第一次成为可能。另外,那个提供各种具体服务的政府性质的或发布命令的机构,要服从前一个机构制定的法律,可以继续按既有的党派路线进行选举。

以为只要权力掌握在多数人民的手里,为阻止政府权力的滥用而艰难设立的守护人制度就是没有必要的——我们最终放弃这种幻觉,是对现行宪政制度进行这项根本变革的前提。没有任何理由期待一个全权的民主政府总是会服务于普遍利益而不是特殊利益。可以不受约束地向特殊群体施以恩惠的民主政府,注定要受有组织的利益团体的左右,而不会服务于"排除一切党派和私人利益的共同的权利和公正"这一古典意义上的普遍利益。

令人大为遗憾的是,"民主"这个词竟然同多数在具体事务上不受限制的权力难分难解地联系在了一起。[1]然而如果真是这样的话,我们就需要一个新词来指称民主最初所表达的理想了,这个理想就是,占据统治地位的,是人民关于什么是公正的意见,而不是人民关于一时占据统治地位的有组织的利益团体认为什么具体措施可取的意志。如果民主和有限政府成了无法相容的两个概念,我们只好另找一个新词,用来指称曾被称为有限民主的现象。我们要求demos(人民)的意见成为最高权威,但不能允许多数的赤裸裸的权

---

① 参见R. Wollheim, "A Paradox in the Theory of Democracy", in P. Laslett and W. G. Runciman(eds.), *Philosophy, Politics and Society,* 2nd series, London, 1962, p. 72:"现代民主概念是指一种统治机构不受任何限制的政府形式。"

力，不能允许它的kratos(统治)向个人施以无章可循的暴力。多数应当遵照公布于众并为人民所了解的“既定的永久性法律进行统治(archein)，而不能用临时条文进行统治。[①]为了描述这种政治秩序，我们大概可以把demos(人民)同archein(统治)连接在一起，把这种有限政府称为demarchy(民治)，在这样的统治中，作为最高权威的，是人民的意见，而不是它的具体意志。以上所谈到的蓝图，不过是想提出一个保障这种demarchy的可能方式。

假如有人坚持认为，民主必须是不受限制的统治，那我当然不会信仰民主，不过从上面指出的含义上说，我是并且将继续是深信民主的人。如果我们能够通过改变名称，把自己从不幸与民主概念如此紧密联系在一起的错误中摆脱出来，我们大概也可以借此成功地避免那些从一开始就纠缠着民主并一再导致其毁灭的危险。这是色诺芬(Xenophon)向我们讲述的一段值得铭记在心的插曲中所提出的一个问题，当雅典的议会要投票惩处具体的个人时，

> 一大群人高声喊道，不让人民做他们自己想做的事是极可憎的……那时普里塔尼慑于众怒，同意把问题付诸表决。他们中间只有一人例外，即索夫拉尼斯克的儿子苏格拉底，他说，除非符合法律，他在任何情况下都不会采取行动。[②]

---

① John Locke, *Second Treatise on Government*, sect. 131, ed. P. Laslett, Cambridge, 1960, p. 371.

② Xenophon, *Hellenica, I, vii*, 15, Loeb ed. by C. L. Brownson, Cambridge, Mass, and London, 1918, p. 73.

自由社会的秩序原理[1]

1. 所谓“自由主义”,我在这里将它理解为一种可取的政治秩序的观点,它最初是从17世纪晚期的老辉格党时代到19世纪末的格拉德斯通时代的英国发展起来的。大卫·休谟、亚当·斯密、埃德蒙·伯克、麦考利和阿克顿爵士,可以视为它在英国的典型代表。这种法律之下个人自由的观念,当初也激励着欧洲大陆的自由主义运动,并成为美国政治传统的基础。这些国家的少数主要政治思想家,如法国的贡斯当、托克维尔,德国的康德、席勒和洪堡(Wilhelm von Humboldt),以及美国的麦迪逊(James Madisen)、马歇尔和韦伯斯特,全都属于这类人物。

2. 必须把这种自由主义同另一种源自欧洲大陆的传统加以明确的区分,现在在美国自称为“自由主义”的现象,便是这一传统的子嗣。这后一种观点,虽然最初也试图效仿前一种传统,但在受到法国得势的建构论理性主义精神的解释之后,它已大为走样,其结果是,它不再主张对政府权力加以限制,而是最终变成了多数有不受限制的权力的理想。这就是伏尔泰、卢梭、孔多塞和法国大革命的传统,它成为现代社会主义的祖先。英国的功利主义采纳了这个

---

① 哈耶克1966年9月向朝圣山学社东京会议提交的论文,发表于*Il Politico*, December, 1966。

大陆传统中的许多内容，在19世纪后期，由于自由主义的辉格党和功利主义的激进派的结合，便有了英国自由党这一混合产物。

3. 自由主义和民主主义尽管相容，但并不相同，前者关心的是政府的权限，后者关心的则是谁掌握这种权力。只要我们看一下两者的对立面，就可以很好地理解它们的不同：自由主义的对立面是极权主义，而民主的对立面是威权主义。因此，威权主义政府可以按自由主义原则行事，而民主政府也可以是极权主义，至少从原则上说，这是可能的。前面提到的第二种"自由主义"，实际上已经变成了绝对民主主义(democratism)而不是自由主义，它要求多数有不受限制的权力，因此本质上是反自由主义的。

4. 应当特别强调，这两种都自称为"自由主义"，并在少数方面得出了相似结论的政治哲学，其哲学基础是截然不同的。前者根据的是对一切文化和人类现象所作的一种进化论解释，以及对人类理性能力之局限性的洞察，后者根据的则是我所说的"建构论"理性主义，这种观点导致把一切文化现象都作为特意的产物看待，它所根据的信念是，按照预定的计划重建所有逐渐生成的制度，不仅是可能的，而且是可取的。因此，第一种政治哲学尊重传统，承认一切知识和文明都依靠传统；第二种政治哲学则蔑视传统，因为它认为，独立存在的理性具有设计文明的能力。（如伏尔泰就宣称："君欲取良律，焚旧而立新可矣。"）第一种政治哲学本质上也是一种中庸的信念，它在依靠抽象思维时，仅仅将它作为一种扩大有限的理性能力可以运用的手段，而第二种政治哲学却拒绝承认理性有任何局限性，它相信单凭理性就可以证明，特定的具体安排是可取的。（正是由于这一差别，使第一种自由主义至少同宗教信仰不相抵触，而且往往是由持强烈宗教信仰的人持有甚至加以发展，而"大陆"型的自由主义总是敌视一切宗教，同有组织的宗教不断发生政治冲突。）

5. 第一种自由主义——我们下面只讨论它——本身并不是某种理论建构的产物，而是从扩大和总结一些有利的结果的欲望中产生的，这种结果，是因为对统治者极不信任而对统治权施以限制时不期然而发生的。人们发现，英国人在18世纪所享有的无可争议的个人自由造就了一种空前的物质繁荣，由此才试图提出一种系统的自由主义学说。在英国，这一尝试从未做得过火，而欧洲大陆的解释却大大改变了英国传统的含义。

6. 可见，自由主义是对一种在社会事务中自动或自发形成秩序的发现（这一发现也导致人们认识到存在着一个理论社会科学的对象），这一秩序较之任何集中命令所建立的任何秩序，使社会一切成员的知识和技能能够得到更大限度的利用，因此人们希望尽可能利用这种强大的、自发形成的秩序。

7. 因此，亚当・斯密及其追随者在对一个已经存在但尚不完善的秩序的原理做出明确阐述时，提出了自由主义的诸项基本原理，以便证明普遍采用这些原理的可取性。在这样做时，他们事先已能够做到熟知公正的普通法观念，熟知法治以及守法政府的理想，而在盎格鲁－撒克逊世界之外，几乎还没有人理解这种事情。他们的思想不仅在英语国家之外没有得到充分的理解，而且在边沁及其追随者用一种来自大陆理性主义而不是来自英国传统的进化论观念的建构论功利主义，取代了英国的法律传统之后，在英国也不再能够得到充分理解了。

8. 自由主义的中心思想是，在贯彻保护公认的个人私生活领域的公正行为普遍原则的情况下，十分复杂的人类行为会自发地形成秩序，这是特意的安排永远做不到的，因此政府的强制只应限于实施这些规则，无论政府在管理为此目的而得以支配的特定资源时，还可以提供其他什么样的服务。

9. 一方是允许个人可以自由地将各自的知识用于各自的目的之抽象规则为基础的自发秩序，另一方是建立在命令上的组织或安排，这两者之间的区别对于理解自由社会的原理至关重要，因此必须在以下各节作些细致的解释，这特别是因为自由社会的自发秩序也会包括许多组织(包括最大的组织——政府),但是有两条秩序原理,我们不能希望以任何方式混为一谈。

10. 自发秩序的第一个特点是,通过利用形成秩序的力量(协调其成员行为的常规),我们可以达到一种秩序,其中所包含的事实,要比我们刻意安排所能取得的情况不知复杂几何,但是如果我们想对这种诱发秩序的可能性善加利用,使其达到换了别的方式便无法达到的程度,我们就要限制自己对该秩序的细节施加力量。我们应当说,在采用前一条原理时,我们只应对该秩序的抽象特征而不是其具体细节施加力量。

11. 同样重要的事实是,和一个组织相比,自发的秩序既无一定目的,也不需要为了在这种秩序之可取性上达成一致,而对其导致的具体后果也达成一致,因为它独立于任何特定的目的,可以用于和帮助人们追求形形色色不同甚至相互冲突的个人目标。具体而言,市场秩序并不取决于相同的目标,而是取决于相互性,取决于为了参与者的相互利益而使不同的目标之间做到相互协调。

12. 因此,自由社会的共同福利,或公共利益的概念,决不可定义为所要达到的已知的特定结果的总和,而只能定义为一种抽象的秩序。作为一个整体,它不指向任何特定的具体目标,而是仅仅提供最佳渠道,使无论哪个成员都可以将自己的知识用于自己的目的。我们可以借用米歇尔·奥克肖特(Michael Oakeshott)教授的话,把这种自由社会称为nomocratic society(法治社会),它有别于无自由的teleocratic society(受目标统治的社会)。

13. 自发秩序或法治的极端重要性,基于这样一个事实:它扩大了人们为相互利益而和平共处的可能性,这些人不是有着共同利益的小团体,也不服从某个共同的上级,由此才使一个巨大的或开放的社会得以产生。这种秩序是逐渐成长起来的,它超越了家庭、部落、种族、部族和小国,甚至超越了帝国和民族国家,至少为一个世界性社会创造了一个起点,它以采用——无须政治权威,甚至常常反对政治权威的愿望——某些规则作为基础，而这些规则之得以确立，是因为遵守这些规则的群体更为成功，而且在人们意识到其存在或理解其运行机制之前，它就已经存在了。

14. 市场自发的秩序，是以相互性或相互受益为基础的，它一般被称为经济秩序，从“经济”一词的广义上说，大社会当然是由所谓经济力量整合在一起的。但是当我们把这种秩序称为经济，如我们所说的国民经济、社会经济或世界经济时，却会造成严重的误导，这已成为混乱和误解的主要根源之一。这至少是大多数社会主义者极力想把市场的自发秩序转变为一个得到精心管理的组织，使其服务于一个公认的共同目标体系的主要原因之一。

15. 从狭义上说，我们可以把经济称为家政，一家公司、一个企业，甚至政府的财政，都是一种经济，因此当然也是指对既有资源作精心的配置，使其服务于一系列统一的目的。它依靠的是一种严密的决策制度，其中只有一种有关相互竞争的目标孰轻孰重的观点，决定着资源的不同用途。

16. 在许多这样的经济相互作用之下产生的自发的市场秩序，同这种经济有着一些根本的差别，因此用同一个名称来称呼它们，只能被视为一种重大的不幸。我逐渐相信，这种做法一直在误导着人们，因此必须为此发明一个新的名称。我建议大家仿照人们经常提议用来取代经济学一词的catallactics（交换学），把市场自发的秩序称为catallaxy（交换制度）（catallaxy和catallactics都源自希腊语中的动词katallatein，其含义不但指“以货易货”和“交换”，而且包含着“允许进入社群”和“化敌为友”的意思）。

17. 这种“交换制度”的关键在于，作为一种自发的秩序，它的有序性(orderliness)并不取决于它有单一的目标序列取向。因此它并不保证对于作为一个整体的它来说，凡是它认为重要的，就会优于次要者，这也是它的反对者对它发出指责的主要原因。而且可以说，社会主义的大部分要求，不过是要把这种“交换制度”转变为纯粹的经济,即把无目的的自发秩序转变为有目的的组织,以此保证重要者不会因次要者而被牺牲。因此在捍卫自由社会时必须表明,正是由于我们没有强行贯彻一系列具体而统一的目标,也未试图非要让某些何主何次的特定观点支配整个社会。正是由于这个事实,才使自由社会的成员有很好的机会利用各自的知识达到他们各自实际上抱有的目的。

18. 一个和平的秩序之有可能扩展到有目标的小组织之外,是因为独立于目标的("形式的")公正行为规则扩展到了与另一些人的关系,他们并不追求相同的目标,除抽象规则之外,也不持有共同的价值观;这些抽象规则不把责任强加于具体的行为(它们总是有着事先想好的目的),而是仅仅由一些禁令构成,它们禁止对因这些规则而使我们能够决定的领地加以侵犯。可见自由主义同财产私有制——这是我们通常对这个受保护的个人领域的称呼——是不可分的。

19. 但是,如果自由主义是以实施公正行为的规则为前提的,并且希望,只有当恰当的公正行为规则事实上得到了遵守时,一种可取的自发秩序才会自动生成,因此它也要限制政府实施这些公正行为规则的强制性权力,这至少包括做出一项成文的规定,即规定公民按照统一的原则,不但要为实施这些规则的成本,而且要为我们目前所考虑的政府其他非强制性服务职能的成本支付费用。因此自由主义同古典意义上的法治要求是一样的,按照这种含义,政府的强制性功能应严格限于实施统一的法律规则,这指的是对每个同胞的公正行为的统一规则。[这里的"法律规则"(rule of law又有"法治"之义——译注)同德语中所说的materieller Rechtsstaat相一致,它有别于单纯的formelle Rechtsstaat,后者仅要求政府的任何行为须通过立法授权,却不管此法律是否属于公正行为的普遍规则。]

20. 自由主义承认,由于各种不同的原因,有些服务是自发秩序无法提供或无法充分提供的,因此让政府来支配一部分范围明确的资源,使其可以向一般公民提供这些服务,是一种可取的做法。这需要把政府的强制权同政府提供的服务严加区分:在前一种情况下,它的行为应严格限制在实施公正行为规则上,在执行中应排除一切任意决定;而在后一种情况下,它只能把可由它支配的资源用于这个服务的目的,并且它没有强制权或垄断权,但在使用这些资源上享有广泛的自行决定权。

21. 自由秩序的观念只出现在某些国家,在古希腊和古罗马,不亚于近代英国,人们认为公正是通过法官或学者的努力被发现的,而不是由什么权威的专断意志决定的。在法律主要被当作自觉的立法产物的国家,这种秩序总是难以生根,而且凡是受到法律实证主义和民主信条双重影响的地方,总会导致它的衰落,因为这两种学说除立法者的意志外,不知还有其他的公正标准。

22. 自由主义当然从普通法学说和更古老的(前理性主义的)自然法学说那里继承了一种假设、一种公正观,它使我们可以对两种现象加以区分:一种是"法治"概念中包含着的个人公正行为的规则,这也是形成自发秩序所必需的规则;另一种是权力机构为了组织的目的而发布的具体命令。近代两位最伟大的哲学家大卫·休谟和伊曼纽尔·康德的法律学说,已对它们作了基本的划分,但此后并未得到适当的重申,而且同我们今天占主导地位的法律学说完全格格不入。

23. 这一公正观的要点是,(a)公正只有当用来指涉人们的行为,而不是指涉事务状态本身却又不提及该状态是否或能否为任何人有意所为时,才是有意义的;(b)公正规则本质上有着禁令的性质,或换言之,不公正是真正的首要概念,公正行为规则的目的就是要阻止不公正的行为;(c)受到阻止的不公正,是因为它侵犯了其同胞受保护的领域,而该领域是由这些公正行为规则来划定的;(d)这些本身有消极性质的公正行为规则,能够通过把一个社会所继承下来的这种规则不断应用于无论什么事情而发展出来,这同样是对其普遍适用性的一种消极的检验方式——这种检验方式，说到底，不过是这些规则在应用于现实世界时所允许的行为保持自身的一致性而已。

24. 补论(a)：公正行为规则能够要求个人在做出决定时，只考虑他本人能够预见到的自己的行为后果。但是，交换制度给特定的人带来的具体结果，本质上是不可预见的；由于它们不是任何人的设计或意图引起的，因此，把这个世界在具体的人中间分配利益的方式称为公正或不公正是没有意义的。然而这就是所谓“社会”公正或“分配”公正所要达到的目的，正是以这种公正的名义，自由主义的法律秩序逐渐遭到毁灭。下面我们即可看到，没有人曾找到，也不可能找到检验方法或标准，用来评价这种“社会公正”的规则，因此同公正行为规则相比，它们只能由掌权者专断的意志来决定。

25. 补论(b)：任何具体的人类行为，都不可能完全是在没有某个具体目标的情况下决定的。得到允许利用自己的手段和知识去实现各自目标的自由人，务必让自己不被迫服从那种告诉他们必须实际做什么的规则，而要让自己服从那些告诉他们不得做什么的规则除个人自愿承担的义务外，公正行为规则仅划定了可以允许的行为范围，而不去规定人们必须在特定的时刻采取特定的行为(这里有少数的例外，如拯救或保护生命的行为，阻止灾难的行为等，在这种情况下，公正行为规则实际要求有积极的行为，或至少在提出这样的要求时，人们会普遍把它们作为公正规则而接受下来。不过在这里讨论这种规则在体系中的地位，未免离题太远)。人们经常注意到公正行为规则的这种普遍的消极性，以及与此相应的受到禁止的不公正行为的重要性，但很少有人仔细思考它的逻辑结果。

26. 补论(c)：受到公正行为规则禁止的不公正行为，是指对其他个人受保护领域的任何侵犯，因此这些规则必须使我们能够确定，他人受保护的范围在哪里。自洛克时代以来，习惯上把这个受保护的领域描述为所有权(洛克本人划定的范围是“人的生命、自由和财产”)。但是这个说法为受保护领域提示了一种过于狭隘的和纯物质的理解。这个领域不仅包括物质利益,而且包含着对其他事情的各种要求和某些期待。如果从广义上(在洛克帮助下)解释所有权的概念,那么确定无疑的是,公正规则意义上的法律,与所有权制度是不可分离的。

27. 补论(d):除非从整个公正行为规则系统的角度,否则,对任何一条这种规则就不可能判断其是否公正;这些规则中的大多数必须被视为无可置疑:价值之可以检验,永远只能根据别的价值。对一条规则之公正性的检验(自康德以来)通常都被称为对其“普适性”(universilizability)的检验,即把这些规则应用于和它所规定的情况相一致的一切事情之愿望的可能性的检验(“绝对律令”)。这里的意思是,当把它应用于任何具体环境时,它不会同任何其他公认的规则发生冲突。因此,这种检验归根结底是对整个规则系统之和谐性或无矛盾性的检验,不仅从逻辑意义上说是如此,并且从这些规则所允许的行为系统不会导致矛盾的意义上说也是如此。

28. 应当指出,只有无目的的(“形式的”)规则才能通过这样的检验,这是因为从最初的、与一定目的联系在一起的小团体(“组织”)发展起来的规则,逐渐扩展到越来越大的群体,最终被普遍应用于一个开放社会的所有成员,他们没有共同的具体目标,仅仅服从同样的抽象规则,在这个过程中,他们必然会在具体目标中表现出所有的偏好。

29. 因此可以说,从全体成员都为共同目标效力的部落组织,向人们得到允许和平地追求各自目标的开放社会之自发秩序的进化,是从某个野蛮人的一次行为开始的,他首次将某些物品置于自己部落的边界上,希望另一个部落的某个成员会发现这些物品,他为了确保这种供应再次发生,留下了其他物品作为回报。从这种服务于双方的目标而非共同目标的做法得到确立之日起,一个数千年的过程便开始了,通过建立起与有关各方的具体目标无关的行为规则,这个过程有可能将那些规则扩展到一个人数不定的更大的范围，并最终有可能建立起一个普遍和平的世界秩序。

30. 这些具有普适性的公正的个人行为规则，自由主义既以它们为前提，也希望尽力加以改善。由于将它们的性质与法律中那些决定政府组织，指导其管理自己所支配资源的规则相混淆，使这些规则的性质也变得模糊不清了。自由社会的特点就在于，对于私生活中的个人，只能强制其遵守私法和刑法中的规则，在过去的80年到100年里，公法向私法日甚一日地渗透，意味着行为规则不断被组织规则所取代，这是对自由秩序进行破坏的主要手段之一。最近一位德国学者［弗兰兹·伯姆(Franz Bohm)］出于这一原因，十分正确地将自由秩序描述为Privatrechtsgesellschaft（私法社会）。

31. 私法和刑法的行为规则所涉及的秩序与公法的组织规则所涉及的秩序之间的不同，只要我们作如下考察就可变得十分清楚：行为规则只有当它与行动者个人的具体知识和目标结合在一起时，才决定着一种行为秩序，而公法的组织规则是直接决定着有特定目标的具体行动，甚至在这样做时要实施强制力。对行为规则和组织规则的混淆，由于错误地把经常称为“法律的命令”（“order of law”。译按：此短语又有“法律制度”或“法律秩序”之义，因此容易引起误解）的东西等同于行为秩序(order of action)而加剧了这种混淆，而在一个自由制度里，行为规则并不完全受法律体系的支配，而是仅仅以这种法律体系为前提，以它作为其形成的诸条件之一。并非所有保障行为一致性的行为规则体系，都能够从凡规则允许的行为皆不会相互冲突这个意义上为一种行为秩序提供保障。

32. 私法和刑法的行为规则逐渐被来自公法的观念所取代，也就是现存的自由社会逐渐向极权主义社会转变的过程。希特勒的“桂冠法学家”卡尔·施密特(Carl Schmitt)最明白这一趋势，并且给予支持，他不断鼓吹用目的在于“建立具体秩序”的法律观取代自由主义法学的“形式”思维。

33. 历史地看，这一发展之成为可能，是由这样一个事实造成的：由一个代表机构负责两种不同的任务，它既制定个人行为的规则，又制定同政府的组织和行为有关的规则，并向其发布命令。其后果是，“法律”这个概念本身在以往的“法治”观中仅仅意味着平等地适用于一切人的行为规则，而现在却意味着任何行为规则，甚至也指由宪政所规定的立法机构所批准的任何具体命令。这种法治观仅仅要求发出的命令是合法的，却不要求它成为平等适用于一切人的公正规则，即德国人所说的仅仅是formelle Rechsstaat（形式的法治状态）。

34. 如果说所有西方民主国家占主导地位的宪政设计的性质使这一发展成为可能，那么使它向特定方向前进的动力，则是人们日益强烈地认识到，将统一的或平等的规则应用于在许多方面事实上不平等的个人行为，不可避免地会给不同的个人造成十分不同的结果。为了利用政府行为减少不同的个人在物质条件上这种并非有意造成但又不可避免的差别，就只能对他们不平等地相待，而不是根据不同的规则分别对待。这导致了一种全然不同的新公正观，即通常所说的“社会”公正或“分配”公正，这样的公正观不是把自身的适用范围限制在个人的行为规则上，而是把为特定的人带来特定的结果作为目标，因此它为了做到这一点，只能依靠一个受目标支配的组织，而不是依靠独立于目标的自发秩序。

35. “公正的价格”、“公正的报酬”或“公正的收入分配”，这些概念当然源远流长，但值得指出的是，哲学家们对这些概念的含义竭力思考了两千年，至今未找到一条规则使我们可以确定，在市场秩序下什么状态才算是这种意义上的公正。一个最顽强的探讨过这个问题的学者团体，即中世纪晚期的学院派人士，终于被迫将公正的价格和工资定义为在没有欺诈、暴力和特权的市场中自发形成的价格或工资——从而又回到了公正行为规则，并且同意，由所有相关的个人的公正行为造成的无论什么结果，都是公正的结果。对

“社会”公正和“分配”公正的一切思考得出的这个不可避免的消极结论(如我们就会看到的)是,由于公正的报酬或分配只在其成员受命于共同的目标系统的组织内部才是有意义的,因此在不存在这种共同目标的经济或自发秩序中,它是没有意义的。

36. 如我们所知,这种状态本身仅仅是个事实,谈不上公正或不公正。只有当造成或同意造成这一状况的人的行为是出于设计或能够加以设计时,将其称为公正或不公正才是有意义的。在交换制度中,在自发的市场秩序中,谁也无法预见每个参与者会得到什么,对特定的个人有利的结果,不是任何人有意决定的;并且对于特定的人所得到的特定的东西,任何人都没有责任。因此我们可以问,有意选择市场秩序作为指导经济活动的方式,由此造成了这种秩序的收益所涉及的范围的不可预见性,并且有着很大程度的偶然性,那么这种选择是不是一个公正的决定。但我们肯定不能问,一旦我们为了这一目的而决定让自己利用这种交换制度,由此给特定的人造成的特定结果是公正还是不公正。

37. 但是,公正这一概念却被如此普遍而轻易地用于收入分配,这完全是对社会进行一种错误的拟人化解释所致——社会被解释成一个组织而不是一种自发的秩序。从这个意义上说,“分配”一词也像“经济”一词一样,十分容易引起误解,因为它也暗示,某些事情是有意的行为的结果,而事实上它们只是自发秩序的力量所造成的结果。在市场秩序中,并没有人在分配收入(像一个组织中必须做的那样),因此就市场秩序谈论分配的公正或不公正根本就是无稽之言。在这方面,说收入的“散布”而不是“分配”,造成的误解会更少一些。

38. 因此,所有保证“公正”分配的努力,必然导致把市场的自发秩序变成一个组织,或换言之,变成一种极权主义秩序。正是这种寻求新的公正观的冲动,导致了各种用组织规则(“公法”)这种为了使人们达到特定目标而制定的规则代替无目标的个人公正行为规则的步骤,从而逐渐破坏了自发秩序所必须依靠的基础。

39. 利用政府的强制权达到“实际的”(即“社会的”或“分配的”)公正,这种理想不但必然导致对个人自由的践踏——有些人可能认为这样的代价并不算高,而且稍加检验就可证明,这是一种在任何条件下都无法实现的幻想,因为它的前提是,对不同目标的重要程度要达成一致,而在一个大社会里,其成员既互不相识,了解的事实也不相同,因此不可能存在这种一致。人们有时候相信,今天的大多数人要求社会公正的事实,证明了这个理想中包含着明确的内容。然而不幸的是,这很可能是在追逐幻影,其后果注定是,人们竭力制造的结果,与他所设想的结果截然不同。

40. 除非我们就不同的个人相对的“优点”或“需要”取得一致看法,否则决定每个人“应当”获得多少的原则就是不存在的,因为这方面不存在客观尺度,而这是集中分配全部物品和服务的基础。这种分配必然使每个人无法利用自己的知识来达到他自己的目的,而是要去履行别的什么人派给他的工作,并根据别人对他履行工作是好是坏的评价获得酬劳。这是封闭性组织——例如军队——适合采取的付酬方式,但是同维持自发秩序的力量是不相容的。

41. 应当无所顾忌地承认,市场秩序不会为主观的功绩或个人需求与报酬之间带来任何密切的一致性。它是在技巧和运气相结合的游戏规则中进行的,其中每个人得到的结果,可能在很大程度上是由完全不受他的技巧和努力控制的环境决定的。每个人得到报酬,是根据他为具体的人提供的具体服务的价值,他的服务的价值,同我们能够恰当地称为他的优点的东西,更不用说他的需求了,没有任何必然的联系。

42. 应当特别强调,直截了当地说,当问题在于某种服务对某些人有价值时,谈论“社会”价值便是毫无意义的,这样的服务可能任何其他人都没有兴趣。一位小提琴大师可以给某些人提供服务,这些人同足球明星的服务对象完全不同,烟斗制造商也同香水制造商有着完全不同的服务对象。在自由秩序中，"社会价值"这种观念，就像它把"经济"描述成一个可以"待人"公正或不公正，或能够在他们中间"进行分配"的实体一样，是一种毫无道理的拟人化说法。市场过程给具体的个人带来的结果，既不是任何人对他应当获得如此数量的愿望的结果，甚至也不是那些决定支持和维护这种秩序的人所能预见的。

43. 在有关市场秩序的结果不公正的所有抱怨中，有一种抱怨对实际政策影响最大，而且不断加重对平等的公正行为规则的破坏，它要用一种以"社会公正"为目的的"社会"法去取代这些规则。但是这种抱怨所针对的并不是报酬不平等的范围，也不是报酬与公认的优点、需求、努力、所遭受的痛苦不相称，或主要是由社会哲学家所强调的无论什么问题，它所提出的是这样的要求：要阻止人们从已经取得的地位上不应有所下降。维护一部分人不从原有的地位上掉下来，市场秩序受到的歪曲莫此为甚。如果以"社会公正"的名义要求政府的干预，那么这在今天十有八九意味着要求保护某些团体既有的相对地位。因此"社会公正"不过是要保护既得利益和造成新的特权，如在"社会公正"的名义下，保证让农民与工业劳动者"扯平"(parity)。

44. 这里应当强调的重要事实是，由此受到保护的地位，是目前使这一批人相对地位下降的同一种力量所造成的结果，他们现在要求给予保护的地位，不过是现在对他们来说前景不妙的地位，因此也是他们不应得到或不应挣那么多的地位。在条件有了变化之后，他们还想保住过去的地位，只能通过剥夺别人利用他们得到过去的地位时所利用过的升迁机会。在市场秩序中，某个团体取得了一定的相对地位，它并不能因此就可以公正地要求维持这种地位，因为平等地适用于一切人的规则，是不能保护这种要求的。

45. 因此一个自由社会的经济政策，绝对不能以保证特定的人得到特定的结果为目标，他们是否成功，也绝对不能用增加这些特定结果的价值的任何努力加以衡量。就此而言,所谓“福利经济学”的目标根本就是错误的,这不但因为不可能有意义地总结出让不同的人得到满足的方方面面,而且因为需求满足的最大化(或社会产品的最大化)这一基本思想,只适用于致力于一组唯一目标的本来意义上的经济,而不适用于不存在共同目标的交换制度中的自发秩序。

46. 虽然人们普遍认为,最佳经济政策的概念(或任何有关某项经济政策优于另一项经济政策的判断)是以实际社会收入总量最大化(这只有从价值角度讲才是可能的,因此意味着对不同的人的功效进行不合理的比较)这一概念为前提的,然而事实上并非如此。在交换制度中,最佳政策可以也应当把增加社会的任何成员随机性获得高收入的机会作为目标,或换个相同的说法,即以这样的机会为目标:无论他在总收入中占有怎样的份额,这一份额真实的数量,与我们在如何做到这一点上所掌握的知识一样大。

47. 如果一切产品是由这样一些人或组织生产出来的,他们能够比任何未生产这些产品的人更便宜(或至少同样便宜)地生产出该产品,又能够用比事实上没有提供这种价格的人所可能提供的价格还要低的价格,把它们卖给任何人,就应当把这种情况视为已很接近我们的能力所及,而不必在乎收入的分布状况。(这里要考虑到另外一些人或组织,对于他们来说,生产某种商品或服务的成本,要比实际生产的人更低,但是他们仍然生产别的东西,因为他们在另一种产品上的比较收益更高。在这种情况下,在他生产的第一批商品的总成本中,必须包括没有生产出来的商品的损失。)

48. 应当指出,这种最佳状态并不以经济理论所谓的“完全竞争”为前提,而是仅仅要求进入每一种交易不存在障碍,并且市场充分发挥着传播机会信息的功能。还应特别指出,如果这一平实可行的目标也从未完全达到,是因为无论何时何地的政府,都既限制一些人进入某些职业,又放纵一些人和组织阻止别人进入某些职业,如果这样做对它们有利的话。

49. 这一最佳状态意味着,无论什么样的事实上被生产出来的产品和服务,都能够用我们所掌握的任何方式生产出来,因为我们能够利用这种市场机制,比任何其他方式更多地使分散的知识发挥作用。不过要想做到这一点,我们只能让每个人都可以从总数中得到的份额由市场机制及其一切偶然因素来决定,因为只有通过市场决定收入,才可以使每个人去从事达到这种结果所必需的事情。

50. 换言之,对于在社会全部产品中我们所占的难以预见的份额,我们的机会与物品和服务的总量一样大,我们将此归功于这样一个事实:成千上万的其他人在市场对他们的作用下,不断进行着调整,由此得出的结论是,我们也有义务接受我们的收入和地位上同样的变化,即使这意味着我们已经习惯了的地位的下降,因为这受制于我们既无法预测也不对其承担责任的环境。我们在比较幸运时"赚到"(从符合道德的所得这个意义上说)的收入,只要我们像过去一样诚实地工作,又没有人发出形势有变的警告,那么我们就有资格得到它——这种看法是完全错误的。每个人,无论贫富,都把他的收入归因于技巧和机会混合作用的产物,其总体的结果和份额非常之大,这只能是因为我们同意参与这种游戏。一旦我们同意加入这场游戏,并从其结果中获益,我们就有道德上的义务接受其结果,即使它们转而对我们不利。

51. 几乎无可怀疑的是,在现代社会,只有最不幸的人和生活在另一种类型的社会里可以享受法律特权的人,才会把他们享有的高于他们在其他情况下所得的收入归因于采用了这种方法。一个幸亏有了市场才像现代社会这样富足的社会,对于所有那些在市场中下降到基本标准之下的人,为何不应在市场之外为他们提供最低限度的保障,对此当然没有什么理由好讲。我们的问题仅仅是,对公正的考虑并没有为"纠正"市场的结果提供理由,从受相同的规则对待这个公正的意义上说,它要求每个人接受全体参与者公平行事的市场所提供的结果。只有个人行为的公正,另外一种分立的“社会公正”是不存在的。

52. 我们这里无法考虑政府在管理供其支配以为公民提供服务的资源方面的合法任务。就政府这些据以得到钱财的职能而言,我们在这里只能说,政府在履行这些职能时,应当像每个私人公民一样,处在同样的规则之下,它不应对具体的服务类别拥有垄断权,它担任这些职能的方式,不应对社会中更为普遍的形成自发秩序的努力造成损害,所采取的手段也应当遵守适用于一切人的统一规则。(在我看来,这排除了向个人课以全面累进税的负担,因为这种将税收用于再分配的目的,只能用我们刚才已经排除的论点加以辩解。)在余下的各节中,我们将仅仅讨论政府的这样一些职能——为了履行这些职能,政府不但要得到钱,还要掌握实施私人行为规则的权力。

53. 在这篇提纲挈领的文章中,对于政府的这些强制性职能,我们只能谈谈与维护有效的市场秩序有关的职能。它们主要涉及为了维护有效引导市场所必需的竞争程度而必须由法律提供的条件。我们首先从企业然后从劳动力的角度,简单谈谈这个问题。

54. 就企业而言,需要强调的第一点是,政府克制自己不去助长垄断,要比打击垄断更为重要。如果说今天的市场秩序仅限于人们的经济活动,这主要是因为政府有意限制竞争造成的。值得怀疑的是,如果政府始终克制自己不去制造垄断,不通过关税、发明特许法和公司法的条款助长垄断,是否依然还有重要的垄断因素足以要求采取特别措施。在这方面必须记住,首先,垄断地位永远是不可取的,但是由于我们不能或不希望改变的客观原因,又是难以避免的;其次,一切受政府监督的垄断,都倾向于变成受政府保护的企业,在垄断的理由消失之后,它们还会继续存在。

55. 目前反垄断政策的思想,在很大程度上因为采用了某些由完全竞争理论提出的观点而受到误导;这些观点与完全竞争理论的实际前提并不存在的状态是不相干的。完全竞争理论所要说明的是，如果市场上买卖双方的人数足够多，使他们中间任何一个人都不可能操纵价格，大量的商品就会以平衡边际成本的价格售出。然而这并不意味着无论在什么地方，造成一种许多人买卖同样商品的状态可能甚至必然是可取的。在我们不能或不希望造成这种状态的条件下，仍然认为生产者应当像存在完全竞争时那样行事，或以完全竞争下确定的价格出售商品，这种想法是没有道理的，因为我们并不知道什么是必要的行动，也不知道只有在完全竞争条件下才会形成的价格。

56. 在不存在完全竞争条件的地方，竞争能够也应当做到的事情，仍然是十分明确和重要的，即前面第46~49节所说的那些条件。前面指出，如果政府或其他人不阻止任何人进入任何他希望进入的交易和职业，那就有望接近这种状态。

57. 我相信，首先，如果把限制交易的所有协议无一例外地(不是加以禁止，而是仅仅)让其变得无效和不具强制性；其次，如果一切刑法或为使实际或潜在竞争者遵守某些市场行为规则而针对他制定的法律，规定人们必须付出加倍的代价，才能够保证这种条件最大可能地得到实现。在我看来，这样一个平和的目标会产生比惩罚性禁令更有效的法律，因为这种规定限制贸易的协议一概无效或不可履行的宣告，不需要规定出任何例外，而正如经验所示，更具雄心的做法注定会包含着许多例外，这只会使它的效果大打折扣。

58. 采用这个原则，即一切限制交易的协议应当无效并且不可履行、针对一切利用暴力实施这种协议的企图或有目标的歧视，每一个人都应受到保护，这样做对劳动者一方甚至更为重要。威胁到市场功能的垄断行为，如今在劳动者一方甚至比企业方面更为严重。要想保护市场秩序，比任何其他事情更为可靠的做法，就是看我们是否能成功地制服垄断。

59. 其原因是，这个领域的发展必然迫使政府，实际上也正在迫使许多政府采取两种对市场秩序完全毁灭性的措施；试图以威权主义方式决定不同群体的适当收入（此举被称为“收入政策”），竭力用引起通货膨胀的货币政策克服工资“刚性”。但是，这种利用只会一时见效的货币手段来逃避真正问题的行为，只能造成“刚性”不断加剧的结果，因此它们不过是一种避重就轻的做法，只能拖延而非解决关键问题。

60. 货币和财政政策不在本文的讨论范围之内。提到这方面的问题，不过是想指出，它所遇到的基本的、在目前条件下无法解决的困境，其解决之道不在于任何货币手段，而只能依靠市场的恢复，用它来作为决定工资水平的有效手段。

61. 结论是，自由社会的基本原理总括起来就是，在这样的社会里，政府的一切强制性职能必须受我所说的三个伟大的消极性概念压倒一切的重要性的支配，即和平、公正和自由。要想取得它们，政府就要把其强制性职能局限于实施平等地适用于一切人的禁令（称为抽象规则），并遵照相同的统一规则，为另一些非强制服务的成本而向一切人征收一定的份额，它可以决定用供它支配的人力和物力把这种服务提供给公民。

自由国家的宪政①

1. 自由主义宪政制度的奠基者为捍卫个人自由而提出的方法是权力分立。这种观念背后的含义是，强制之应当得到允许，只能因为它是用来执行得到立法机构批准的对个人行为具有普适性的规则。不过正如我们所知，分权并没有达到这一目的。这项原则若想有实际意义，必须以一个法律概念为前提，即要根据法律自身的、独立于法律来源的标准，去限定什么是法律。只有当把立法行为保留给一个特定的机构，同时使它的权力仅限于这种行为时，说一种行为是“制定法律”的行为，才会产生有意义的结果。

2. 事实上，我们现在所说的“法律”，并不是指某种特定的规范或命令，而是用来指我们所谓的立法机构做出的几乎任何决定，这使得目前对权力分立的解释建立在了一种循环论证上，使它变成了一个空洞无物的概念：只有立法机关在通过法律，它不拥有别的权力，然而它做出的无论什么决定，都是法律。

3. 这一发展的出现，是由于被理解为无限政府的民主政府的兴起，以及同它十分投合的一种法哲学，即法律实证主义造成的。这种学说试图把一切法律都归结为某个立法者表达的意志。从根本上说，它依靠的是一种错误的认识：最高“主权”必须是不受限制的

---

① 此文原载*Il Politico*, Turin, 1967。

权力,因为据说对权力的制约只能通过另外的权力。如果受到限制的是一个既定权力的行动的实质性内容,那么这样说是正确的。然而,如果是将权力限制在某种可以通过客观检验加以确认的行为上,这样说便不对了。

4. 古典学说在对制定法律和发布具体命令加以区分时依据的基本认识是,法律的制定者必须致力于使他发布的东西普遍适用于未来的无数事例,并且放弃为了特殊事例而修改其适用性的权力,以此证明,他相信他所发布的东西的公正性。从这个意义上说,法律是建立在有关某种行为是正确还是错误的意见上,而不是建立在造成某种特定结果的意志上。立法者若是能够以这种方式证明,他相信自己统治的公正性,因此他所考虑的决定应当得到支持,他的权力才是建立在人民的意见上的。

5. 目前对民主理论的误解,其来源是卢梭用人民的意志取代了普遍意见,以及由此产生的人民主权的概念,这实际上意味着,多数就具体问题做出的无论什么决定,都是对一切人具有约束力的法律。但是,这样的权力既无必要,其存在也与个人自由不相容。的确,就政府被授权管理由它支配的人力和物质资源而言,它的行为不能完全受公正行为的普遍法则的支配。然而自由社会的本质是,私人不属于受政府管辖的资源,一个自由人能够根据他的知识,为了他自己的目的,利用一定的这样的资源。对于代议制政府的理论家来说,守法的政府(government under the law)是指,政府在领导行政机构时,除让私人服从公正行为的普遍规则之外,不能利用这种机构对他们施以强制。

6. 民主理想的出现使人们觉得,人民代表不但应当能够做出制定公正行为规则的决定,而且也能决定当下的政府行为,让它利用自己所掌握的资源提供服务。但是这不一定是指这两种行为由同一个代表机构履行。民主立法和民主政府大体上说都是可取的东西,但是把这两种职能交给同一个机构,却破坏了权力分立可以提供的对个人自由的保障。如果领导着政府的同一个议会能够制定它所喜欢的、符合政府目标的无论什么法律，这样的民主政府必然会不再是一个本来意义上的守法政府。这样理解的立法行为，完全丧失了这种最高权力通过致力于普遍规则而获得的正当性。

7. 一个拥有无限权力的议会所处的位置，会使它利用这种权力照顾特殊群体或个人，不可避免的结果是，它会变成一个通过对特殊利益进行分配，以此为它的支持者提供特殊好处的机构。现代“全能政府”的兴起这项发展，以及有组织的利益迫使立法机构进行对自己有利的干预，都是因为赋予最高权威机构强迫具体的个人致力于特定目标的不受限制的权力而导致的必然和唯一的结果。一个仅仅限于制定普遍适用的公正行为规则的立法机构，因为这些规则对特定的个人或团体的作用难以预测，因而不会遇到这样的压力（因此，游说等现象是政府干预的产物，只要立法机构拥有干预特定群体的行为的权力，这种干预的规模必定会不断扩大）。

8. 限于篇幅，这里无法说明这种发展是如何同“社会公正”的概念联系在一起的。对此我只能推荐去年我提交给朝圣山学社东京会议的文章，并引用我最近一篇文章中的一段说明：

> 政府的三项重要工作在近代的演变，反映着西方世界的一些价值被赋予的重要性：效率、民主和公正。但是在过去一百年里出现了一种无法与这些价值协调一致的新价值，即社会公正。正是由于对社会公正的关注，破坏了政府过去的三项职能和责任，为现代政府增加了新的领域。

9. 回顾历史，个人自由仅仅出现在法律没有被当作任何人专断的意志，而是来自法官或法理学家将支配公正意识的原则表述为普遍规则的努力。立法机构倾向于修改公正行为的普遍规则，是一种比较新的历史现象，并被正确地称为“是人的所有发明中结果最为重要的一项精致的发明,其影响之深远,甚至超过了火和火药”[①]。早先,特意的“立法行为”所从事的大多数事情,其实都是针对政府的组织和措施,而不是针对公正的行为规则。后面这种意义上的法律,长期以来被认为是不可更改的,只需不断地使它恢复其原初的纯洁性(pristine purity)。甚至早期议会形式的设立,原则上也是为了用来决定恰当的政府事务,尤其是征税,而不是为了制定公正行为的普遍规则这种意义上的法律。

10. 因此十分自然,如果有人要求把公正行为的普遍规则条文化的权力交给代议制或民主制的议会,也就等于交到了目标在于支配政府的议会手里。只有那些理论家,尤其是洛克、孟德斯鸠和美国的宪法之父,允许自己被这样的议会就是“立法机构”的说法所骗,相信它们仅仅负责这些理论家当时所理解的法律,即公正行为的普遍规则,他们希望加以限制的强制权只实施这样的规则。从一开始这些“立法”议会就主要承担起了组织和领导政府的任务,并且日甚一日。权力分立的理论家所理解的那种含义上纯粹的“立法”议会,从来就没有存在过,至少自古代雅典的立法院——它仅仅拥有修改公正行为规则的独占权——以来,就从未存在过。

11. 因此,权力分立从来就没有实现过,因为自从立宪政府在近代开始发展以来,制定法律的权力(从法律这个概念所要求的含义上说)就同领导政府的权力同时集中在议会手里。结果是,在现代民主国家里,最高统治权从来就没有处在法律之下。因为它总是掌握在这样一个机构手里,它可以为自己打算承担的特定任务随心所欲地制定法律。

12. 在民主制度中,权力分立要想达到它的目的,需要有两个不同的议会,它们担负完全不同的任务,相互独立地开展工作。两个结构相同、协调工作的议会,显然是做不到这一点的。真正的(分权

---

① B. Rehfeldt, *Die Wurzeln des Rechtes*, Berlin, 1951, p. 67.

理论意义上的）立法议会，必须制定限制政府式议会(governmental assembly）的规则，后者应当遵守前者所制定的法律，因此，如果构成后者的代表同前者有着相同的利益划分和党派，它必定不会服从前者。如前所述，立法议会只应当关心何者为正确的意见，而不应关心同具体的政府目标有关的意志。

13. 现行的民主体制，完全是根据对民主政府的要求，而不是像分权理论所理解的那样，根据发现公正规则或法律的要求而形成的。为了民主政府这个目的，设立一个为实现一系列特定的具体目标的组织，毫无疑问是必要的。既然民主政府需要政党，一个政府式的议会为何不能按照政党路线加以组织，便没有什么道理可言，就像议会制度中通行的一样，这样的组织也要有一个像政府一样运行的多数执行委员会。

14. 但是另一方面，对“党派”或有组织的利益的不信任，是早先代议制政府理论家的特点。他们明白，就涉及立法而言，这样的不信任是完全有道理的。在不存在特殊的具体利益总和，只有真正的公共利益的地方，在“只有共同的权利和公正，排除了一切党派和私利”“可以被称为法律的帝国而不是人的帝国”（哈灵顿语）的地方，就需要一个不是代表各种利益之外，而是代表正确意见的机构。这里我们需要人民的“有代表性的典范人物”(representative sample)，如果可能的话，这些男男女女特别受到尊重，是因为其正直和智慧，而不是因为他们是照看着他们所属团体的特殊利益的代表。

15. 这些立法机构的成员尽管是被人民选出来作为正确意见的代表，但是他们应当独立于意志和利益之外，当然也不应受政党纪律的约束。通过让他们经选举而长期任职，并且卸任后不得连选连任，就可以做到这一点。为了使他们代表当前的意见，我提议采用一种不同年龄组的代表制：每一代人一生只选举一次，如在他们40岁时，代表任职15年，此后继续担任非专业法官的职务。这样一来，立法机构将是由40岁到55岁的男女构成（因此它的平均年龄很可能比现在的议会低得多)，在他们有机会在日常生活中证实自己之后被同代人选出，要求他们在此后的有生之年中，为一个荣耀的位置而放弃自己的事务。我想这种同代人——他们对一个人的能力总是有着最好的判断力——的选举制度，作为对“阶层中最成功者”的奖励，会比已经尝试过的任何制度都更接近于实现政治学家的理想，即睿智的上议院(senate of the wise)。只有这样，才能使真正的权力分立——守法的政府和真实的法治——成为可能。

16. 只要我们看看税制立法所采用的方法，便可对这种制度的运行方式有最好的理解。纳税是一种强制性行为，要求每个人为公共开支出一份力的原则，或征收数量在不同的个人之间按比例分配的方式，要以一个由立法机构决定的普遍规则确定下来。每年的支出数额和相应的税收数额，则是一个要由政府式议会来决定的问题。但是在这样做时应当明白，每一笔额外支出，都要由他们自己和他们的所属机构以一种他们无权改变的方式来承担。想把额外开支的负担转移给别人的任何企图都将被排除。我想象不出，除了让政客们明白他们所花的每一个便士，都是根据事先已经决定、因此他们无法改变的普遍规则按比例进行分配的，还有其他什么限制政客的更好的方式。

17. 作为一个服务机构，仅限于利用以这样的方式获得的(或永久供其使用的)手段的政府，仍然可以提供多数人愿意为其支付开支的集体福利。它不能做的事情，是为了特殊群体的利益而改变由市场产生的商品和服务的一般流向。根据统一规则的要求，公民个人除为共同开支贡献出他的一份外，只能要求他服从那些为划定每个人受保护的范围所必需的公正行为的普遍规则，但是不能要求或禁止他去做具体的事情，或为具体的目标服务。

18. 如果像有些人坚持认为的那样，民主制度现在明确无误地意味着多数有不受限制的权力，那么我们大概必须发明一个新的字眼来指称这种政体，它没有高于多数权力之上的权力，但即便是这种权力也受一条原则的限制，即它仅仅在效力于普遍规则的范围内拥有强制权。我建议我们将这样的政体称为“民治”(demarchy)，在这样的体制下，“人民”(demos)不掌握专横的kratos(统治权)，而是仅限于按照“公之于众的、既定的永久性法律而非临时条令”(洛克语)进行“治理”(archein)，并且提醒自己我们有可能犯下的错误：幻想一旦由人民的意志进行统治，便没有任何必要让多数人证明它的决定是否公正，于是清除了所有那些我们已经学会为约束君主立宪制而设下的限制。

民主向何处去？[1]

一

民主这个概念有一种含义，我相信这是它真正的和本来的含义，也正是因为这个含义，我才认为民主非常可贵，值得为它而战。民主并没有如人们一度希望的那样，被证明一定能够阻止专制和压迫。不过民主通常可以使任何多数用来摆脱他们所厌恶的统治，就此而言它有着难以估量的价值。

由于这个原因，我对一些有头脑的人日益失去民主信念倍感忧虑。再也不能对此熟视无睹了。问题变得如此严重，恰恰是发生在——部分是因为——民主这个奇妙的字眼变得无所不能，以至于对政府权力的一切传统限制均在它面前土崩瓦解之时。现在到处都以民主的名义提出来的全部要求，有时甚至让一些公正而合理的人士也感到害怕，以为对民主的严肃反击本身就是一种真正的危险之举。但是，使民主——它的内容已变得如此庞杂——的信念受到威胁的，并不是民主的基本概念，而是一个特定决策过程在岁月流

① 此文是哈耶克1976年10月8日在（澳大利亚）新南威尔士悉尼公共事务研究所的演讲。

逝中被附着上的各种含义。正在不断发生的事情，显然也就是19世纪已经有人从民主中看到的事情。一种能够产生得到广泛赞成的政策的好办法，已经变成了实施本质上属于平等主义目标的借口。

在过去的一百年里，民主的出现使政府的权力范围发生了重大变化。几个世纪以来，人们一直在致力于限制政府的权力，宪政制度的逐渐发展，目的不外乎此。但是突然之间有人相信，既然政府是由当选的多数人的代表所控制，再对政府权力进行其他任何监督便是没有必要的，因此在历史中发展起来的一切不同的宪政保障皆可废除。

于是出现了不受限制的民主。正是这种不受限制的民主，而不是民主，才是今天的问题所在。我们今天所知道的所有西方民主制度，在一定程度上都是不受限制的民主。切莫忘记，如果我们今天拥有的这种不受限制的民主中那些奇怪的制度终于被证明是失败的，那么这并不是因为民主有什么过错，而只能说明我们实行民主的方式错了。我本人虽然相信，人们普遍同意在有必要让政府涉足其间的一切问题上，采取民主决策是不可缺少的，但我也认为，任何暂时组成的多数可以把他们所喜欢的任何事情定为受其管辖的"公共事务"，这样的统治方式是令人憎恶的。

二

对民主权力的最大也是最重要的限制，是"权力分立"的原则，而由于全权式代议机构(omnipotent representative assembly)的出现，这种限制已被一扫而空。我们就会看到，问题的根源出在所谓"立法机构"上，按照早期代议制政府理论家(尤其是洛克)的理解，这个机构只限于制定十分严格的意义上的法律，如今它却变成了无所不能的统治机构。古老的"法治"理想，或"依法治国"的理想，由此而破灭了。在“握有主权的”议会里,多数人的代表为了维持多数的支持,能够从事他们认为有利的任何事情。

不过,把多数人选出的代表所决定的任何事情都称为“法律”,把他们发出的一切命令说成是“依法治国”,无论它对某些个人和群体有害还是有利,这种说法实在不足为训。说穿了,这是一种没有法律的统治(lawless government)。主张政府的活动只要得到多数人的批准,法治便得到了维护,这不过是一句空话。法治是对个人自由的保障,因为它意味着,强制只能用于在不知道未来会发生什么的情况下,使个人服从对一切人平等相待的普遍规则。专横的压迫,即多数人的代表不受限制地实行的强制,同任何其他统治者的专横行为相比好不到哪里去。就此而言,有些受到憎恨的人是否应被烹煮分尸,或他的财产是否应被没收,属于同一类问题。受限制的民主政府优于不民主的政府,其理由自不待言,不过我要斗胆说一句,和不受限制的(因此本质上是没有法律的)民主政府相比,我更喜欢守法的非民主政府。在我看来,依法治国具有更高的价值,人们寄希望于民主这条爱犬加以维护的,也正是这一价值。

我对目前民主社会中各种制度的批评,会导致一项改革的建议,我相信,同目前为了使各种利益团体凑起来的多数所表达的意志得到满足而设立的制度相比,这种改革会使多数公民的共同意见得到更好的实现。

这并不是说,人民的当选代表要对政府的命令拥有决定权的民主要求,不像他们制定法律的要求那样强烈。历史发展的一大悲剧是,这两种截然不同的权力落入了一个议会之手,结果是统治者不再服从法律。英国议会提出的掌握最高权力的要求一旦得逞,使它的统治可以不再服从法律,个人自由和民主的丧钟大概也就敲响了。

三

历史地看，这种变化大概是不可避免的，但它并没有逻辑上的说服力。不难想象事情也可以沿着不同的路线发展。18世纪英国下院希望独揽国库控制权的要求获胜，结果它也完全控制了政府。如果这时的上院所处的地位，使它可以在唯有它掌握立法（即限制一切政府权力的私法和刑法）权——既然上院也是最高法院，这种情况并没有什么违反常理之处——的条件下批准这一要求，则政府与立法机构的分离既可实现，法治也可得以保留。但是从政治上说，将这种立法权授予一个特权阶层的代表是不可能的。

掌握最高权力的议会既制定法律又支配政府——这种现行的民主形式的权威性源于一种幻觉，即对这种民主政府会贯彻人民的意志笃信不移。以民主方式选出来的立法机构，可以是严格意义上的即本来意义上的立法者。换言之，它可以是选举产生的议会，其权力仅限于制定公正行为的普遍规则，这些规则规定了对个人之间的冲突进行控制的范围，并且适用于一切未来可能发生的事件。对于这些支配个人行为的、旨在防止各有所求的人们有可能发生的冲突的规则，社会很容易形成主流意见，在多数人的代表中也很可能存在共识。因此，承担这项范围明确的任务的议会，也很容易反映多数人的意见，此外由于它只负责制定普遍规则，因此没有机会在一些具体事务上表达特殊利益团体的意志。

然而，提供这种古典意义上的法律，在我们仍称之为“立法机构”的议会里，竟然成了一项最次要的任务。它们主要感兴趣的是统治。正像70多年前一位英国议会的敏锐观察者所言，对于“法官的法律，议会既无时间也无兴趣”。结果是，议会的各项活动，它的地位和议程，主要是由它的统治任务来决定，竟使得“立法机构”这个名称切断了与立法活动的联系。关系被颠倒了。大家现在把这种议会里的决定一概称为法律，仅仅是因为它来自立法机构，而这种机构在制定公正行为的普遍规则、对自由社会的政府实行强制的权力范围加以限制这些本职工作方面，到底做了多少工作，却无人问津了。

四

但是，既然这种至高无上的统治权力的一切决定都具有“法律效力”，这就使它的统治行为也不受法律的限制。更为严重的是，他们也不再能自称，是多数人的意见赋予了他们权力。事实上，支持一个握有全权的多数中的成员，与支持真正的立法机构在采取行动时所依靠的那个多数，其依据是完全不同的。投票支持某个受到限制的立法者，是在保障全面秩序的不同方式之间做出选择，它是来自自由的个人的决定。投票支持一个有权分配具体利益但又不受普遍规则约束的机构中的成员，则完全是另一回事。在一个以民主方式选出来的这样的议会里，由于它有权不受限制地分配具体利益，或把具体的负担转嫁给某个群体，因此要想形成多数，只有通过牺牲少数，许诺为数不胜数的特殊利益提供好处，以此收买他们的支持。

这样一来，甚至那些普遍规则，也大有失去支持之虞，除非支持这种规则的投票得到了给予某个群体的特殊回报。于是，在全权的议会里，各种决策无不依靠一个充斥着勒索与行贿的过程。这已成为这种制度由来已久的特点，虽最优秀者亦不能幸免。

这种有利于特殊群体的决定，与多数人就政府行为的本质所形成的一致意见几乎毫无关系，因为在大多数情况下，多数的成员仅仅知道，他们已经授予某个机构没有明确界限的权力，让它去完成没有明确规定的目标。就大多数措施而言，投票者的多数除了知道他们只要支持那些拥护多数的人，这些人就会答应满足他们的某些愿望，就再也找不到其他理由表示赞成或反对。正是这种交易的结果，竟被人尊称为"多数的意志"。

我们所谓的"立法机构"，实际上是一些不断就具体方案做出决定的机关，并且握有强制实施的权力，对这些方案，实际并不真正存在多数的同意，但它却通过各种交易获得了多数的支持。在主要关心一些具体事务而不是普遍原则的全权议会里，多数的形成并不是建立在意见一致上，而是由沆瀣一气的特殊利益团体聚合而成的。

令人啼笑皆非的事实是，一个名义上握有全权的议会——它的权威不限于也不依赖于制定普遍规则——必然也是一个极为软弱无力的议会，它完全依靠那些对握在政府手中的礼物总是争执不休的形形色色的小团体。让这种议会中的多数本着共同的道德信念，对特殊利益团体的是非曲直做出判断，不啻是痴人说梦。它能被称为多数，不过是因为它发誓不忠实于规则，而是一味满足特殊要求。所谓掌握最高权力的议会，不过是个不受约束地行使权力的机构罢了。奇怪的是，"所有的现代民主制度"都会发现这样或那样的事情是必要的，这一事实有时竟被用来证明某些措施是可欲的或公平的。多数中的大部分人，常常明知一项政策的荒唐与不公，但他们为了保住自己多数的身份，只好对其表示赞同。

五

这种不受限制的立法机构，没有成规或宪法条文阻止它颁布目的明确的歧视性措施，如涉及关税、税金或补贴的措施，难免会以毫无原则的方式行事。对这种收买支持的行为，总会有人试图加以粉饰，把它说成是对求助者施以帮助的善举。但这种伪善之举是经不住推敲的。多数人对于从持有异议的人那里敲诈来的赃物，在如何分配上达成了一致，即使他们拿“社会公正”为自己辩解，其手法也根本没有任何道德依据可言。实际发生的情况是，现行的制度化机构制造出来的政治必要性，产生了一些靠不住的甚至是破坏性的道德信念。

通过压倒少数人而获取赃物，或者就从少数那里掠取的份额达成一致，这根本不是什么民主。至少这不是有任何道德根据的民主理想。民主本身不是平均主义，而不受限制的民主注定会变成平均主义。

所有的平均主义从本质上说都是不道德的，为了说明这一点，我这里只想指出一个事实：我们的一切道德，都取决于我们对人们的行为方式得出的不同评价。法律面前人人平等，即政府采用统一的规则对待一切人，在我看来是个人自由的基本条件。为了把形形色色的个人从物质上拉平，必然要对他们区别对待，在我看来，这不但和个人自由相抵触，而且是不道德的。而不受限制的民主的发展方向，正是这种不道德状态。

再说一遍，我认为，不是民主，而是不受限制的民主，同任何不受限制的政府相比好不了多少。把无限制的权力授予选举产生的议会，这种致命的错误，是因为有一种迷信观念在作怪，以为最高权力本质上必须是不受限制的，因为如不是这样，就等于假定在它之上还有一个权力，这样一来它就不是最高权力了。但这纯粹是一种误解，它来自培根(Prancis Bacon)和霍布斯的极权实证主义(totalitarian positivist)观念，或是笛卡尔的理性建构主义。幸运的是，在盎格鲁－撒克逊世界，由于有爱德华・考克(Edward Coke)爵士、马修・黑尔(Matthew Hale)、洛克和老辉格党人更深刻的见识，至少在很长一段时间里抵挡住了这些思想。

在这方面，古人常常比近现代的建构主义思想更为高明。最高权力不一定是不受限制的权力，它的权威可以来自它对公众意见所赞成的普遍规则的服从。早先身兼法官和国王的统治者(judge-king),他之所以受人拥戴,并不是因为他说的话句句正确,而是因为他的话大家都认为正确。他不是法律的来源,他仅仅是法律的解释者。这些法律的基础是广泛的意见,但只有在得到赞成的权威使它们变成法律条文后才生效。如果说最高权力能够发号施令,那也仅限于它所遵循的原则得到了普遍的同意。这个唯一的最高权力虽然有权对普通人的行为做出决定,它仍然可以是受限制的权威——只限于做出符合公众意见所赞成的普遍规则的决定。

最高权力是受限制的权力,这就是良好的统治得以存在的秘密。它是制定限制其他一切权力的原则的权力,因此也是可以约束但不能命令每个公民的权力。所有其他权力的存在,都取决于它是否遵守它的受众所承认的原则:只有承认共同的原则,才能形成一个共同的社会。

因此,选举产生的最高机构不需要别的权力,它只需要立法权,即制定古典意义上的指导个人行为的普遍规则的权力。它也不需要任何对公民个人实行强制的权力,只需要让他们服从它所制定的行为规则的权力。政府的其他分支结构,包括选举产生的政府式议会,应当受到仅限于负责真正的立法工作的机构所制定的法律的约束和限制。这是保证真正的依法治国的前提。

六

如我所说,要想解决这个问题,看来必须在立法机构和政府机构之间,对真正的立法任务和行政任务做出明确的划分。当然,如果这类机构目前的性质没有基本的改变,仅仅有两个这样的机构是没有多大用处的。两个性质基本相同的机构,难免会串通一气,带来一些同目前的机构一样的后果。这些机构由于主要是进行统治,因此它们的性质、工作程序以及构成，也会完全受这一任务支配，使它根本不能胜任立法工作。

在这方面最能说明问题的是，18世纪代议制政府的理论家们，几乎一致谴责他们认为是基于党派路线进行立法的组织。他们通常谈论的是“宗派”。但是它们主要关心的是统治，这使它们的组织普遍以党派路线为基础成为必然，政府要想成功地履行职责，需要一个有组织、有统一行动纲领的多数的支持。此外，为了使人民另有选择，也要存在一个同样有组织、能够组成新政府的反对派。

现有的“立法机构”对公民个人的统治权，只要遵守另一个它所不能改变的民主机构所制定的法律，它的范围明确的统治职能就可以变得十分合理，因此也有理由以目前这种形式存在下去。实际上，它将管理由政府支配的物质资源和人力资源，使它能够为一般公民提供各种服务。它也可以决定为提供这些服务所必需的经费而每年向公民征税的总额。但是，每个公民在这个总额中必须分担的数量，必须由真正的法律来决定，也就是说，个人遵守的义务和统一的规则，只有立法机构有权制定。让政府性质的议会中的每个成员都知道，他和他的选民要按照自己无法改变的比例，支付他所赞成的每一项花费，我想象不出还有哪种方式能够比这种制度更为有效地控制开支。

因此，关键问题是立法机构的组织形式。我们如何能够让它真正代表普遍的正确意见，同时不让它受到任何特殊利益的干扰？立法机构根据宪法，应当只限于制定普遍规则，因此它发出的任何特殊的或歧视性的命令都是无效的。它的权威应当来自它专心致力于普遍规则的工作。宪法应当明确规定这些规则要想生效就必须具备的特征，如它必须适用于未来的各种未知情况，要有一致性和普遍性等。宪法法院应当逐步而精心地拟定这种规定，并对两个机构之间在权限上的冲突进行仲裁。

但是，这种只限于通过真正的规则的限制，很难有效防止立法议会同结构相似的政府式的议会串通一气。因为前者很有可能通过一些后者为达到特殊目的所需要的法规，其结果同目前制度的结果相差无几。我们对立法议会的要求是，它应当是一个仅仅反映普遍意见的机构，不代表任何特殊利益，因此它应当由这样一些人组成：他们一旦接受这项任务，便脱离了任何特殊团体的支持。它也应当由这样一些人组成，他们有长远眼光，无须取悦于那些反复无常的群体，不为他们一时的感情或风尚所动。

七

看来，要想做到这一点，首先必须脱离党派。这可由一个独立的要件加以保证：不受连选连任这种欲望的影响。基于这一理由，我设想了一个由这样一些人组成的机构，他们在平日的操守上获得了尊重和信任之后，可以被选出来长期任职，如15年。为了保证他们具有充分的经验和声望，也为了使他们不必有卸任之后的衣食之虞，我想把当选者的年龄定得较高，譬如说定在45岁，并且保证在他们到60岁任期届满后的10年内，授予非专职法官之类的名誉职务。这个机构的成员，平均年龄不会超过53岁，仍低于现在大多数类似机构中成员的年龄。

当然，这个机构不应一次选举产生，而是每年都用45岁的人取代那些15年任期届满的人。我主张每年由同龄人选出全部成员的1/15，这样每个公民一生中只投票一次，即在45岁时选出一名自己的同龄人作为立法者。在我看来这是可取的，这不仅是因为以往的军队或类似组织中的经验说明，同龄人通常是一个人的性格和才干最恰当的判断者，而且因为它有可能为地方的成年人俱乐部(age club)之类的组织提供发展的机会，这样的组织将有可能使选举建立在个人自身经验的基础上。

由于不存在党派，当然也就没有比例代表制方面无谓的争吵。某个地区的同龄人让哪个人出人头地，乃是对他们中间最受欢迎的人的奖赏。这种制度会产生许多有趣的问题。例如，为了这个目的，某种类型的间接选举（如在存在着为使其候选人当选代表而相互竞争的地方俱乐部里）是否可取。不过这并不是一个在讨论一般原则时适合考虑的问题。

八

我认为有经验的政治家不会说，我对我们目前的立法过程作了十分错误的描述，不过他们很可能认为，那些在我看来可以避免和有害的事情，其实是不可避免的和有益的。但是当他们听到这被描述成一种制度化的敲诈和腐败时，他们不应认为是受到了冒犯，因为我们所要维持的是这样的制度，如果他们能够做任何好事的话，这种制度就是他们采取行动不可缺少的。

从一定程度上说，在民主的统治中，我所谈到的那种交易事实上是不可避免的。

我所反对的是，现行的制度将这种现象带进了那个本来应当制定游戏规则和限制政府的最高机构中。发生这样的事情——在地方行政中这大概无可避免——算不上什么不幸，不幸的是它们发生在为我们制定法律的最高机构中，我们本来指望它来保护我们，不受各种压迫和专横行为的侵害。

把立法权和统治权加以分离的另一个重要而十分可取的作用是，它能消除使权力不断集中和强化的原因。造成这一结果的原因是，由于把立法权和统治权集中在同一个议会之中，使它掌握了自由社会中任何权力机构都不应当拥有的权力。当然，有越来越多的统治任务，被推给了这个能够制定有专门目的的法律以满足特殊要求的机构。如果中央政府的权力不比地区或地方政府的权力更大，只有那些制定统一的全国性法规对全体人民都有利的事务，才交由中央政府管理，那么如今以这种方式进行管理的许多的事情，都会被移交给较低的单位。

一旦人们普遍认识到，守法的政府与多数人的代表不受限制的权力是不相容的，所有的政府都应当平等地受到法律的约束，除了对外关系，没有多少事情需要交给中央政府——如果把它同立法权加以分离的话——负责，而地区和地方政府在让每个居民为其财政收入做贡献时所采用的方式，受着同样的统一法律的限制，那么它们很可能会变成类似于企业的组织，为争取公民而展开相互竞争，因为公民可以用脚投票，归入那些能够为他们提供按相对价格来说是最好待遇的组织门下。

利用这种方式，我们仍然有可能保留民主，同时阻止所谓“极权主义民主”这种在许多人看来已经变得难以抗拒的趋势。

经济自由和代议制政府[①]

一　毁灭的种子

30年前我写过一本书[②]，以一种不少人视为危言耸听的方式，讨论了当时清晰可辨的集体主义倾向对个人自由造成的威胁。我很高兴这些担心至今尚未变成现实，不过我并不认为这证明我错了。首先，同许多人对我的误解不同，我并不认为只要政府一干涉经济事务，它必定会径直走向极权主义制度。我不过是想用较为直率的语言，表达出“如果你不改弦易辙，你必定会倒大霉”这层意思。

无论在英国还是在西方世界的其他地方，战后事态的发展大体而言未走上流行的集体主义教条所预示的方向。当然，战后的前20年出现的自由市场经济的复兴，甚至比它最热情的支持者所希望的还要强大。虽然我乐于相信，在知识领域里为这项成就而工作的人，如温考特(Harold Wincott) ——这个讲座便是为纪念他而设——对

---

① 此文为哈耶克1973年10月21日在伦敦皇家艺术学会第四届温考特所作讲座的讲稿，由经济事务研究所作为临时论文第39号出版。

哈耶克注：正像“政治思想中的语言混乱”一文一样，我十分感谢该所主编Arthur Seldon先生，他对我的文稿作了认真而系统的编辑。

② 指*The Road to Serfdom*(《通往奴役之路》)，London，1944。——译注

此做出了贡献，但是我并不想夸大思想争论能够获取的成果。至少德国的经历很可能有着同样重要的作用，它依靠市场经济，迅速成为欧洲最强大的经济力量，在一定程度上还有关税和贸易总协定这类组织在消除国际贸易壁垒上所作的实际努力，大概还有欧洲经济共同体所表现出来的意愿，即使它没有实际的行动。

结果是过去20年到25年的大繁荣，我担心将来它会像今天我们眼中30年代的大萧条一样，成为一个很罕见的事件。至少在我看来很清楚，截至6年至8年前，这次繁荣完全归功于经济系统中自发力量的解放，而不是此后几年的通货膨胀。有一件事情今天经常被人遗忘，因此我或许可以提醒各位，在这个大繁荣时期的鼎盛阶段，直到1966年以前，德意志联邦共和国的价格平均每年的升幅一直低于2%。

我相信，甚至这种温和的通货膨胀率，也不是维持繁荣所必需的，而且如果我们满足于没有通货膨胀的情况下所取得的成果，不采用扩张主义的信用政策去进一步刺激通货膨胀的话，我们今天应当有持续繁荣的更好前景。而这种政策却造成了一种状况，使人们认为必须采取一些会破坏繁荣的基础，即运行良好的市场的控制手段。当然，那些被视为克服通货膨胀——仿佛通货膨胀是对我们发动攻击的外敌，而不是我们自己造成的问题——的必要措施，使自由经济在不久的将来会面临毁灭的危险。

我们发现自己处境尴尬，在市场经济比以往更成功地迅速提高了西方世界生活水平的时期过去以后，它在未来几年中维持不变的前景却十分渺茫了。我对保持有效率的市场经济的机会——这也意味着保持自由的政治秩序的前景——从来没有像现在这样悲观失望。尽管自由制度受到的威胁，其来源和我30年前所想到的有所不同，但是其严重性却比那时有过之无不及。

系统地贯彻一种收入政策，意味着终止价格机制，迅速用中央指令经济取代市场，这在我看来是不必怀疑的。我在这里无法讨论可以使我们避免这种过程的方法，或使我们有可能这样做的机会。虽然我认为，每个经济学家目前的主要任务，就是战胜通货膨胀——并且要说明为什么受抑制的通货膨胀比开放的通货膨胀更糟，不过我还是想把这次演说用于另一项任务。我以为，通货膨胀仅仅是加快了市场经济受到的破坏，但这个过程还另有原因，并且已经到了这样一个时刻：我们正在看到中央指令经济所引起的经济、政治和道德后果，因此必须考虑一下，如何才能在一个更稳固、更持久的基础上重建市场经济。

二 无限政府的危险

我曾一度相信，使市场经济受到毁灭性威胁的，不只是形形色色的集体主义有意想用计划经济取代市场经济的努力，也不是新货币政策的结果。西方世界现行的政治制度必然会导致这种趋势，要想终止或阻止这种威胁，只能对这些制度进行变革。我后来逐渐同意了熊彼特30年前的看法[①]，认为，在民主和资本主义之间有着不可调和的冲突——不是民主本身，而是如今被视为唯一可能的民主制度的特定形式的民主组织，会导致政府对经济生活的控制不断扩张，即使人民中的大多数希望保留市场经济。

其中的原因是，现在人们普遍想当然地认为，在民主制度中，多数人的权力必须是不受限制的权力，握有无限权力的政府不得不尽力维持多数人对它的支持，利用它的无限权力为特殊利益群体服务，如特定的工会、特定地区的居民等。只要我们考虑一下这样的情况——在一个社会中，人民大众赞成市场秩序，反对政府指令，但通常总会发生大多数群体都想得到对自己有利的例外——我们就

① J. Schumpeter, *Capitalism, Socialism and Democracy*, London, 1943.

会对此有清楚的理解。在这种情况下,希望掌握并维持权力的政党,几乎别无选择,只能利用它的权力收买特殊群体的支持。他们这样做,并不是因为多数人都是干涉主义者,而是因为执政党如果不通过许诺特殊利益去收买特殊群体的支持,它就根本不可能保住多数地位。在实践中这就意味着,即使一个全心全意服务于全体公民的共同利益的政治家,也会不断感到必须满足特殊利益,因为他要想成就他认为真正重要的事情,他只有这样做才能保住多数的支持。

因此,罪恶的根源在于现代民主国家中立法机构的无限权力,对于这样的权力,多数派会不断地以它的大部分成员未必喜欢的方式加以利用。由此可见,我们所说的多数人的意志,其实是现行制度,尤其是握有全权的最高立法机构中的人为现象,由于政治过程中的某些机制,它不得不做出它的大多数成员并不真正赞成的事情,这仅仅是因为对它的权力没有正式的限制。

一种普遍的看法是,全权的代议制立法机构是民主的必要属性,因为要想对代表机构的意志加以限制,只能再设立一个高于它的机构。法律实证主义这种当前最有影响的法学理论尤其声称,立法机构拥有最高权力具有逻辑上的必然。然而这同代议制政府的古典理论的观点毫不相干。洛克曾十分明确地表示,在自由国家里,即使是立法机构的权力,也应当用明确的方式加以限制,即它只能通过那些平等地适用于全体公民的公正行为之普遍规则这个特定意义上的法律。任何强制之具有合法性,只能是因为它符合这个意义上的普遍的法律规则,这已成为自由主义的基本原理。对于洛克、后来辉格派和权力分立的理论家来说,为强制实施法律提供了更多理由的,是它有着平等地适用于一切人的公正行为的普遍规则这一特点,而不是它的来源。

在过去一个世纪里,对一切权力都有必要进行限制,因此要求立法机构仅限于负责普遍规则——这种古老的自由主义观,已经几乎在不知不觉中逐渐被一种截然不同但又不易区分的观念所取代,它认为多数人的赞同就是对立法行为唯一并且充分的限制。不但旧观念被遗忘了，甚至对它的理解也不存在了。据认为，一旦立法权被交到多数人手里，那么对它的任何实质性限制都是不必要的，因为据说多数的赞成就是其公正性的明确验证。在实践中，这种多数意见通常并非是对原则有真正的一致，而不过是讨价还价的结果。甚至原来设想应当由民主制度加以防止的专断行为，也改变了含义：它的对立面不再是平等地适用于所有人的普遍规则，而是多数人对某条命令的赞成——似乎多数不会专横地对待少数一样。

三 基本原理

今天很少有人明白，把一切强制权限制在实施公正行为的普遍规则之内，是古典自由主义的基本原理，我甚至要说，这就是它对自由的定义。这主要是由一个事实造成的：大多数古典作家，对于作为法律的基础，唯一赋予分权、法治或法治政府等概念以明确含义的实体论的（或“实质的”，有别于纯形式的）法律观，并没有做过多少准确的表述，而是只有一些策略性的设想。在17世纪和18世纪的作品中，几乎找不到他们对他们所说的“法律”之含义作准确解释的段落。不过从这个术语的许多用法上看，只有当把它解释成仅限于指公正行为的普遍规则，而不是指得到正当授权的代表机构所表达的任何意志时，这个词才是有意义的。

虽然这个更为古老的法律概念被有限地保留了下来，但肯定已得不到普遍的理解，因此也不再能够对立法行为构成有效的限制。根据权力分立的理论概念，立法机构之获得权威性的条件，是它只负责普遍规则，并被设想为仅仅实施普遍规则，而现在，对立法机构有可能发出并被称为“法律”的命令，不存在任何限制。一旦认为它的权力不受更高意志，而是受普遍承认的原则的限制，这时便什么限制也不存在了。没有任何理由说,掌权的多数所依靠的利益组织,不会歧视受到广泛厌恶的团体。在今天,财富、教育、传统、语言或种族方面的差异,有可能以虚假的社会公正原则或公共必要性的名义,成为区别对待的理由。一旦承认这样的歧视是合理的,自由主义传统中个人自由的一切保障便荡然无存了。如果认为多数的无论什么决定都是正确的,即使它制定的东西不是普遍规则,而是以影响特殊群体为目的,却又相信公正意识会限制多数的肆意妄为,那未免过于虚妄:在任何群体中人们很快就会以为,这个群体无论喜欢什么都是正确的。在过去一百年里,民主理论家一直在教导多数,他们无论喜欢什么都是正确的,既然如此,如果多数不再追问自己做出的决定是否正确,我们实在无须大惊小怪。法律实证主义对这种变化起了重要作用,因为它认为法律并不依靠公正,而是决定何谓公正。

不幸的是,我们不但未能对立法机构施以内在的必要限制,使它们仅仅负责普遍规则,我们甚至还交给它们这样一些任务,要想完成这些任务,只能让它们以歧视性的方式,不受限制地自由使用强制权,因为这是保障特殊群体或团体的利益所必需的。这就是人们不断地让它们以所谓社会公正或分配公正的名义所从事的事情,这种公正观几乎已经取代了个人行为公正的观念。它不是要求个人,而是要求“社会”公正地决定个人在社会产品中的份额,为了实现被认为公正的对社会产品的具体分配,政府必然会在个人该做什么上对他们发号施令。

当然,在谁能得到什么不是由任何个人或群体决定、个人的份额取决于谁也无法预测的许多条件的市场经济中,社会公正或分配公正完全是一个空洞的概念。因此对于这种意义上的公正,不可能存在共识。甚至在中央指令经济中,我也不相信这个概念会有明确的含义,或者在这种制度中人们会对何谓公正的分配取得共识。不过我确信,没有什么事情会比这种追求社会公正的幻象给个人自由的法律保障造成更大的破坏。就本次讲座的题目而言，恰当的对待方式，应是对这个几乎人人相信的理想作一认真的梳理，使其具有明确的含义。可是人们越是对它进行思考，就越是证明它根本没有这样的含义。不过，这次讲座的主要目的是，如果我们再次得到了机会，我们应该做些什么去阻止现行政治制度中固有的、将我们推向极权主义制度的趋势。

在讨论这个主要问题之前，我应当先澄清一种广泛的误解。自由主义传统的基本原则是，必须使政府的一切强制性行动限于实施公正行为的普遍规则，但它并不排斥政府除必要的税收以外，做许多无须依靠强制手段的事情。的确，在19世纪，对政府的深刻而且并非全无道理的不信任，常常使自由主义者希望对政府进行更严格的限制。不过即使在当时，某些集体主义的要求也是得到承认的，而唯有掌握征税权的机构，才能满足这些要求。我是最不愿意否定如下看法的人：财富的增加和人口密度的增加，增加了政府能够也应当满足的集体主义要求的数量。下列政府服务与自由主义原则是完全相容的，只要：

（1）政府不要求垄断，通过市场提供服务的新方式（如现在社会保险所发现的一些方法）不会受到阻挠；

（2）以统一的原则征税，不把征税当作收入再分配的手段使用；

（3）得到满足的需要，是作为一个整体的共同体的集体需要，而不仅仅是特殊群体的集体需要。

并非所有的集体需要都要加以满足：少数鞋匠为了反对工厂竞争而要求保护，也是鞋匠的集体需要，但这显然不是自由的经济制度能够保护的需要。

19世纪的自由主义普遍试图通过将这些政府的服务行为交给

地方而不是中央政府,以此控制其增长,希望地方当局之间的竞争,会限制它们的范围。我现在无法讨论这一原则已被抛弃了多久,我提到它,仅仅是因为我把它作为传统自由主义学说的一部分,它的理由已经没有人能够理解了。

我必须谈到这些问题,以便表明,我下面的演讲所讨论的对政府行为的监督,所涉及的仅仅是它的强制权,而不是今天我们期待着政府为公民提供的必要服务。

我希望我刚才说过的话已经表明,如果我们想重建并维护自由社会,那么我们首先必须承担起一项思想任务:它要求我们不但要找回我们已经丢失大半但必须重新得到普遍理解的观念,我们还要设计出新的制度保障,使自由主义宪政理论所提供的保障逐渐消失的过程不至于再度发生。

四 权力分立

自由主义宪政的理论家为保障个人自由和防止专横权力而寻找的方法,就是权力的分立。如果立法机构只制定平等适用于一切人的普遍规则,而执行机构使用强制权,仅仅是为了让人们服从这些普遍规则,个人自由当然可以得到保障。不过这要以立法机构仅限于制定这样的普遍规则为前提。但是,我们并没有把议会限制在制定这种意义上的法律,而是将它颁布的一切东西都称为“法律”,从而赋予了它无限权力:现在的立法机构并不是一个立法机关,立法机构所作的无论什么决定都成了法律。

造成这种状况的,是“法律”旧含义的消失,以及想把领导和控制政府的权力交给立法机构以使其成为民主政府的愿望,结果是不断要求立法机构向所有类型的具体行为发号施令——发布被称为法律的命令,尽管从性质上说它们同分权学说打算让立法机构制定的法律风马牛不相及。

设计和建立新的制度肯定是一项困难甚至希望渺茫的任务,使一个已经消失甚至我们已经不再有确切名称的观念重新得到复兴和广泛的理解,大概是一项更为困难的任务。在这种情况下,我们必须正视法学主流学派相反的教导来完成这项任务。我打算先尝试对这种特定的狭义上的法律的基本特征作一简短的说明,然后再讨论确保使制定这种法律的任务与统治任务真正分离的制度安排。

一个不错的思路,是考虑一下法官创立的法律(judge-made law)必然具备的特殊属性,如果立法机构的产物也有这种属性,那只能是因为它们在尽力仿效法官创立的法律。并非偶然的是,这种法律观在普通法国家保持了很长的时间,而在完全依靠成文法的国家,几乎没有人理解这种观念。

这种法律本质上是由一般所谓“法律人的法律”(lawyer's law)构成的——它被法庭采用,也能够为法庭采用,政府部门和私人一样,都要服从于它。由于这种法官创立的法律是产生于对争议的裁决,因此它只同当事人的相互关系有关,不能支配对别人没有影响的个人行为。它划定了每个人受保护的范围,禁止别人对它进行干涉。其目的是要防止这样一些人之间发生冲突,他们的行为没有统一的领导,只凭自己的打算,根据自己的知识,追求自己的目的。

由此可见,这些规则必须适用于谁也无法预测的情况,因此必须使它们对数量无法确定的未来事件全都有效。这决定了它们具有一般所谓的——但并非十分有助于理解的——“抽象”性,其含义是,它们会以同样的方式适用于一切表现出某些属性的情况,而不是仅仅适用于特别规定的个人、团体、地点和时间等。它们不为个人行为规定具体的任务或目标,它们本质上是一些禁令,目的在于使个人有可能相互调整他们的计划,从而使每个人都有不错的机会达到自己的目的。为了做到这一点而对个人领域的划定,当然主要是由有关产权、契约、民事侵权行为的法律以及保护“生命、自由和财产”的刑法来决定的。

只需服从这些我从狭义上称为公正行为规则的法律的个人，就是一个自由人，也就是说，按法律的规定他不必服从任何命令，他能够在已知的限制之下，为自己的行动选择手段和目的。但是在人人都拥有这种意义上的自由的地方，他们也都被置于一个没有人进行控制、无论谁得到的结果大体上都难以预测的过程之中。可见自由和风险是分不开的。也不能要求由谁都无从了解的许多条件所决定的每个人在国民收入中的份额会是公正的。然而，如果我们说这种分配不公正，却是没有意义的。我们只能满足于是否能够阻止不公正行为对它们的影响。在自由社会里，我们当然可以在市场之外为所有人提供一定的保险以防不测，使所有的人都有一块无须失去的保命之地。我们当然也可以在改进结构上做许多事情，使市场的运行对人们更加有利。但是在这样的社会里，我们不能根据某种社会公正或分配公正的标准进行收入分配，这种企图很可能会毁掉市场秩序。

如果我们为了维护个人自由，必须把强制权限制在实施公正行为的普遍规则上，那么对于立法机构，特别是那些按照政党路线组织起来的立法机构——其中掌权的多数之成为多数，往往就是因为它向某些群体许诺了这种特殊好处——我们如何能够阻止它合法地使用强制权去保护特殊群体的特殊利益呢？当然，真实的情况是，所谓的立法机构从来就没有被限制在制定狭义的法律上，尽管权力分立学说从策略上假定它们应当如此。由于人们逐渐同意，不但立法权，而且对当前政府行为的领导权，都应当交给多数的代表，结果领导政府也成了立法机构的主要任务。结果不但公正行为的普遍规则这个意义上的法律同具体命令意义上的法律之间的区别荡然无存，而且建立立法机构所采用的方式，也不是最适合于制定古典意义上的法律，而是以党派路线为主的有效政府才需要的方式。

我们要求,对符合古老含义的立法行为和当前的政府,都要用民主的方式加以管理,我认为这没有什么不对。不过在我看来,将这两种不同的任务委托给同一个代表机构,却是犯了致命的错误,尽管历史地看这很可能难以避免。这使得人们在实践中无从区分立法机构和政府,从而也无从对服从法治原则和服从法治政府加以区分。这尽管可以保证政府的所有行为都是得到代表机构批准的行为,它却不能保护公民免于专横的强制。以实行有效的统治所必要的方式加以组建,没有某种它不能改变的法律约束的代表机构,注定倾向于利用其权力满足派别利益的要求。

代议制政府和权力分立的大多数古典理论家,都不喜欢政党制度,希望能够避免立法机构以党派路线为基础的分裂,这并非偶然。这是因为他们所理解的立法机构,只负责制定狭义的法律,并且他们相信,对于公正行为的规则,可以有一种独立于特殊利益的、普遍的共同意见。不过无可否认的是,民主的统治需要有两种力量来支撑,其一是我们称之为政党、贯彻某种行动纲领的有组织的代表机构,其二是提供另一种可供选择的政府的、同样有组织的反对派。

对于这个困难,一个显而易见的解决办法是,分别建立两个任务不同的代表机构,一个是真正的立法机构,另一个负责统治,即负责除制定狭义上的法律之外的所有事务。至少并非不可理解的是,如果在英国独揽理财大权的下院获得了对政府的唯一控制权,而作为最高法院的上院获得了制定狭义法律的唯一权利,它就有可能发展出这样一种制度。但是,只要上院所代表的不是广大人民而是某个阶层,这一发展就显然是不可能的。

不过仔细一想就可明白,仅仅设立两个而不是一个代表机构,如果它们是按照相同的原则由选举产生和建立,从而有着相同的结构,那么我们仍会一无所获。它们将受制于和支配着现代议会决策一样的条件,它们会串通一气,很可能同样会授权政府去做它随时想做的任何事情。即使我们设想,立法机构(有别于统治机构)受着宪法的限制，只通过公正行为的普遍规则这一狭义上的法律，并且通过一个宪法法院而使这种限制行之有效，如果立法机构仍然必须满足迫使今日议会中支配的多数采取行动的特殊团体的要求，那么我们仍然有可能一无所获。

对于政府式的议会，我们应当让它有一些同现在的议会多少相同的特征，它的组织和工作方式，当然要根据统治而不是立法的要求加以设计，但是对于一个真正的立法机构来说，就要有一些十分不同的安排。我们所需要的，应当是一个同特殊群体的具体要求无关的机构，它只负责那些使共同体的行为形成秩序的永久性的普遍原则。它的成员和它的决定所代表的，不应当是特殊群体和它们的特殊愿望，而应当是有关什么样的行为正确或错误的主流意见。它的成员不应当是特殊利益的代言人，或表达人民中的任何特殊派别对政府的任何措施的"意志"。他们应当是一些因为在生活的日常事务中表现出的素质而受到信赖和尊敬的男女，而不是依靠选民中特殊群体的赞同。他们应当完全摆脱政党的纪律，这样的纪律，虽然为政府班子在一起工作所必需，但是对于制定限制政府权力的规则的机构来说，显然是不可取的。

要想建立这样一个立法机构，首先要让它的成员在当选之后有很长的任职时间。其次，任期届满后他们不得连选连任。最后，为保证机构成员不断更新以适应选民中逐渐变化的意见，它的成员不应是一次选出，而应每年更换任期届满的一小部分成员；或者换言之，如果他们当选后的任职时间是15年，则每年更换这些成员中的1/15。我认为一个进一步的设想也是有益的：在每次选举中，代表只从一个年龄组选出，并且他本人也属于这个年龄组，这样每个公民一生中——譬如在他45岁那年——只需选举一次他那个年龄组中的代表。

由此会出现一个由45岁到60岁的人组成的机构，他们是在有机会证明自己在日常生活中的能力之后当选(不期而至的是，这个机构的平均年龄会低于当前议会的平均年龄)的。一个可能必要的做法是,对那些担任了政府机构或其他政党组织的职务的人予以免职,此外在当选者卸任之后,有必要为他们安排某种荣誉性的、有养老金的职务,譬如非专业法官等。

这种年龄组方式的选举,以及个人在已经达到可以通过日常生活证实自己能力的年龄时参加选举,其好处是,一般而言,一个人的同龄人是他的性格和能力最好的判断者;参加每次选举的人相对较少,选民有可能对候选者个人有更好的了解,因此他的当选,是根据他在选民中具有的个人地位;如果参与这项共同的任务导致——这是有可能的,也是值得鼓励的——一些讨论公共事务的同龄人俱乐部的形成,情况尤其会是如此。

五 划分立法权的好处

所有这些想法的目的,当然是要建立一个不受制于政府、不制定政府为了满足一时之需而要求的任何法律的立法机构,它只制定对政府的强制权施以永久性限制的法律——政府只能在这些限制之内活动,甚至民主选举的政府式议会也不能逾越这些限制。这种议会,可以完全自由地决定政府的组成、可由政府支配的各种手段的用途,以及政府所提供的服务的特点,但是它本身并不拥有对公民个人的强制性权力。这种权力,包括利用税收对政府提供的服务给予财政支持的权力,将只用于实施立法机构所制定的公正行为的普遍规则。为防止政府(或政府式的议会)逾越这些限制,应当将上诉宪法法院——它有权管辖立法机构和政府部门之间的冲突——的权利予以开放。

这种安排的另一个可取之处是,立法机构会由此拥有足够的时间去承担它的适当任务。这是重要的一点,因为现代立法机构经常把因普遍性法律而生效的事务性条例,留给行政命令甚至行政的随意性行为去完成,因为它们忙于履行自己的统治任务,既无闲暇也无兴趣制定真正的法律。这也是一项需要专家知识的任务,长期任职的代表有可能获得这样的知识,而一个总是惦记着下次选举之前他能向自己的成员显示什么成就的忙忙碌碌的政客,是不太可能掌握这种知识的。授予代表机构无限权力所造成的一种奇怪后果,就是它基本上不再是个主要从制定正确法律的角度做出决定的机构,而是把这项任务越来越多地交给了官僚。

我不能进一步谈论这种乌托邦的细节,免得让各位失去耐心。不过我必须承认,我已经发现了探索新的机会的令人兴奋和有益的方式,即深入思考一下将真正的立法议会从统治机构中分离出来的可能性。各位有理由问,既然我把它称为一个乌托邦式的设想,可见连我自己也不相信它能在可见的将来实现,那么这样的设想目的何在呢?我可以用大卫·休谟在其“完美共和国的理想”一文中的话作答:

> 无论如何,知道什么东西最完美,肯定是有好处的,我们可以通过一些不会给社会造成太大动乱的、温和的改良和创新,使现行的体制或政府形式尽可能接近这一境界。

专业化的困境①

我们是在纪念我们大学一个研究中心的落成，因此我们难免会经常想到研究与教学的关系问题，以及教学对于研究的作用问题。所以，用这最后一个下午来讨论这个领域中必定与我们中间的许多人有关的问题是适宜的。研究必然要求专业化，而且要求在一个极狭领域内的专业化。大概同样真实的是，只有通过充分掌握至少一个领域，才能达到有成效的科学工作所要求的那些严格标准，而今天这必然意味着一个狭窄的领域，并且它应当有自己严格而明确的标准。因此，不断强化的专业化趋势似乎是不可避免的，无论是在研究中，还是在大学教育中，这一趋势注定还会继续存在和发展下去。

当然，这并不限于我们特别关心的社会研究，而是适用于科学的所有分支。这是一个如此明显的事实，对科学专家的嘲讽，即他们对越来越少的事情知道得越来越多，正在成为一件大家都视为当然的事情。不过在我看来，不同的领域之间存在着重要差别，一些特殊情况应当引起我们的警觉，自然科学家可以把一种趋势视为

① 哈耶克在芝加哥大学社会科学研究大楼启用25周年纪念大会上的演说，译自Leonard D. White(ed.), *The State of the Social Sciences*, University of Chicago Press, 1956。

不幸的必然,他们可以服从它而不受惩罚,但是我们却不可过于轻易地接受社会科学中的这种趋势。化学家或生理学家大可断定,如果他牺牲自己的一般教育,专注于自己的学科,他会成为更出色的化学家或生理学家。但是在社会研究中,专注于一个专业却会造成特别有害的后果:它不仅会妨碍我们成为有吸引力的伙伴或良好的公民,而且可能有损于我们在自己这个领域中的能力——至少就我们必须履行的一些重要任务而言是如此。一名物理学家即使仅仅是物理学家,仍然可以是个一流的物理学家和对社会最有价值的成员。然而没有人仅仅作为经济学家,也能成为一名伟大的经济学家——我甚至禁不住要说,如果一个经济学家仅仅是经济学家,他即使算不上个危险人物,也很可能是个令人讨厌的家伙。

我不想夸大这种差别,因为说到底这不过是程度上的差别。不过在我看来这仍然是个很大的差别,以致一个领域中可以赎买的过错,在另一个领域中会成为首恶。我们所面对的,是我们的学科性质——或者我应当说,是因为我们必须赋予具体的特殊问题以不同于一般理论问题的意义——给我们造成的一种真正困境。虽然在所有科学中,理论与其应用之间的逻辑关系是一样的,我们的领域也和其他任何领域一样,理论是不可或缺的,但无可否认的是,自然科学家的兴趣是集中在一般规律上,而我们所感兴趣的,说到底主要是那些特殊的、个别的和独特的事件,从一定意义上说,我们的理论距现实更加遥远——我们的理论在能够应用于具体的事例之前,需要更多额外的知识。由此造成的一个结果是,在自然科学中,专业化主要是一种可以称为系统的专业化——一个理论学科内的专业化,而至少在社会科学研究中,更为常见的是课题的专业化。当然,这种对比也不是绝对的。一个研究火星地形学、尼亚萨兰生态学或三叠纪动物的专家,就像社会科学中的任何专家一样,是个课题专家。不过即便如此,使一个人有资格成为专家的一般性知识,在自然科学中仍要比社会科学多出很多。当一个生态学家从尼亚萨兰转向阿拉斯加时需要学习的东西,较之一个从克里特转向秘鲁的考古学家要少。前者随时可以投入工作,而后者几乎需要全新的训练。进一步的后果是,人类智力产生最佳劳动成果的年龄与一个人为成为合格专家而必须积累知识的年龄之间的距离,随着我们从纯理论学科转向以具体现象为主要研究对象的领域,会变得越来越长。我们每个人在自己一生的大多数时间里,大概都是靠十分年轻时得到的观念而生活的。但是,对于数学家或逻辑学家来说,这意味着他可以在18岁便做出最辉煌的成果,而作为另一个极端的历史学家,有可能在80岁才能成就其最好的作品。

我相信大家不会对我产生误解,认为我是把自然科学与社会科学的差别,等同于理论领域和历史领域的差别。这当然不是我的观点。我并不想捍卫我视为错误的观点,即社会研究不过是历史研究而已。我只想强调,在我们知识的每一个应用领域,都会提出理解历史的要求。我们这个领域中的理论学科所需要的抽象程度,使其理论性即使不多于至少也不亚于自然科学中的任何学科,而这正是我们困难的根源所在。同自然科学中的情况相比,不但每个具体事例对于我们都重要得多,而且从理论建构到具体解释的路程也漫长得多。在把我们的知识运用于几乎任何具体事例时,我们能够用来研究这一题目的某一门学科中的知识,甚至所有的科学知识,都仅仅是我们思想基础的很小一部分。

我想首先谈谈利用我们学科之外的科学成果的必要性,尽管这与所需要的全部知识还差得很多。具体的现实并不能根据相应的不同学科划分成一些独立的题目,此乃一项常识,然而也正是这种常识,严重限制着我们自称在某件具体事情上具有科学家的资格。对于任何个别的社会现象或事件,姑不论那些有关具体事实的必要知识,假如我们不具备若干不同学科的大量知识,几乎不可能适当地加以研究。我们中间的任何人,当他想到为了说明哪怕最简单的社会过程,或为了能够就随便什么政治问题提供合理建议,应当实际具备什么知识时,他难免会生出卑微之感。对于不可能使我们的知识达到理想状态,我们很可能已经习以为常,因此我们也很少充分意识到自己的全部不足。在理想世界里,难以想象会有不了解法学的经济学家、不了解经济学的人类学家、不懂哲学的心理学家或对其他题目几乎一无所知的史学家。然而事实却是,我们能力上的局限使这种欠缺变成了必然。我们只能接受自己所选择的研究题目的指引,逐渐地掌握它所要求的特殊技巧。当然,最成功的研究要求是把不同类型的知识和技能具体结合在一起,在我们摆脱业余水平,获得自己设定的任务所要求的七成知识之前,很可能人生已经过半。从这个意义上说,富有成果的研究无疑需要高度的专业化——其程度之高,很可能使这种人在讲授任何常规题目上很快就变得毫无用处。人们十分需要这样的专家,今天知识的进步大大依赖于他们,一所伟大的大学这样的人再多也不为过——这种情况在我们的领域和自然科学领域同样属实。

但十分诡谲的是,教授需要学生,而且最好是全部学业都由他们加以指导的学生。因此研究专业的多样化倾向于教学科系的大量增殖。我们的问题中涉及教学的问题也就由此产生。并非所有合理的研究专业都适合于作为科学教育对待。即使我们完全将它当作为研究而从事的教学,有一点仍然是值得怀疑的:在一名学生必须学会何谓真正的能力,必须确立标准并养成学者良知的那几个关键性年份,是否应当把某个具体经验课题所要求的知识成分全部教给学生。我认为在这个阶段,应当全面掌握一个有明确范围的领域,一个完整的、系统而严密的主题。我有点倾向于希望,这不应当一成不变的是个理论领域,因为一些描述性的和历史性的学科,都有自身高度发达的技术,掌握起来得花上数年时间。但它应当是个有自己十分确定的标准的领域,在这个领域不会出现这样的情况,即除了终生浸淫其中的人之外,绝大多数研究者对该领域中的许多知识不可避免地总像是处在门外汉的地位。

让我用一个专业来说明我的想法,这个专业的好处是该大学并未设置它,因此不会冒犯任何神经过敏的人,这就是古代经济史专业。对于我来说,它不仅永远是个特别令人着迷的专业,而且对于理解我们自己的文明非常重要。我非常希望这里能够设置并讲授这个专业。但是我并不认为应当单独成立一个古代经济史系,让研究生阶段的学生自始至终将他们的精力分别花在合格的经济史学家所必须具备的不同学科和技能上。我认为,愿意在这个领域做出杰出表现的人,如果他们先在古典文化或古代史、考古学或经济学上得到完整的训练,他们会有更为杰出的表现;当他们真正具备了那个领域的能力,开始在他们自己的领域展开工作时,再去严肃地从事其他主题的研究。

虽然我在这里强调教育的某个阶段需要高度系统的专业化,不过我并不赞成强制规定各种课程或讲座的制度,使学生无暇钻研任何其他事情,并且常常妨碍他随着求知的好奇心,获取任何正规教学都无法提供的教育。如果说我感到伟大的美国大学中还缺点什么,那就是学生们从事知识探险的态度,这种态度会引导他们在从事专业研究的同时,进入一个广泛的领域,在各种不同的课程中进行选择,使他们感到,他们的精神家园不是自己那个系,而是他们的大学。我认为,学生对系外发生的事情知之甚少,与其说是学生的过错,不如说是大学组织的过错,因为它规定了一些额外收费或严格的系内课程表,甚至给学生的选择倾向设置障碍。在这些事情上,只有最大限度的自由才能够使学生找到自己真正的使命。

我的意思是,在学生的教育过程中,必须有一个时期或阶段,他的主要目标是充分掌握一个范围明确的专业,并学会不信任那些浮浅的知识和轻易得出的概括。不过我所说的仅仅是为从事研究而接受的教育过程中的一个阶段。我的主要观点是,不同的事情只能就不同的阶段而言才是正确的。我认为,并非一切公认的研究专业同样适合于作为基础训练;同样,一般会导致哲学博士论文题目的高级研究，未必全都适合进入已经设立的研究专业。我的观点是，从“头脑的训练”(discipline of the mind)这一本来的含义上说，只有某些类型的专业化才配得上“学科”(disciplines)这一称呼，甚至可以说，同经受严格扎实的学校教育相比，头脑受到哪个学科的训练并不十分重要。我甚至认为，英国高等教育的基本信念也有一定的长处，这个信念就是，凡是系统地学习过数学或古典文献的人，都有能力依靠自己学习几乎任何其他专业。今天，能够达到这一目标的真正的学科可能为数甚多，但是我并不认为它已经变得可以与研究专业等量齐观。

这个问题还有另一面，我参照自己的领域，可以对它做出最好的说明。我有时认为，经济理论是进行头脑训练的学科之一，不过令我遗憾的是，那些受过经济理论基础训练的人，倾向于仍然是这个领域的专家。我说这话的意思是，我们中间那些讲授这个专业的人，在从事这项工作时应当保持清醒和希望，甚至应当有一个自觉的目标，即我们作为专家进行培养的那些人，不应当仍然是这个领域的专家，而应当将他们的能力用于其他现实的或专题性的专业，如果看到我们培养出来的大多数经济理论家成为经济史学家、劳动经济学家或农业经济学家，我会感到更为幸福——虽然我必须承认，对于这些题目是否适合作为基础训练，我多少是有些怀疑的。

请注意，我谈到这些综合性的专业，并没有以轻蔑的语气谈论它们，恰恰相反，我很赞赏它们给我们的思想素质提出极高的要求。这种看法的基础是，我认为就大多数有价值的研究专业来说，我们应当掌握不止一门系统的专业，而且我相信，如果我们利用一个短暂的时期，在严格的指导下成为一个专业的真正行家，我们就更有可能达到这一目的。我也主张要有一个紧张的专业化时期，不过其前提是，在这之前必须先有良好的一般教育，我担心美国的学校很难提供这样的教育，而我们的学院则正在果断地从事这项工作。当然，我主要是想强调，在这种不可缺少的专业化时期结束时，我们仍然远远没有能力应付人类文明研究提出的大多数问题。至今为止，我只是谈到了我们大多数人都能合理地为自己安排的那些有限而平常的任务，但是这里还有着我们必须超越自己的能力尽量加以追求的理想。我还没有谈到综合的需要、努力从整体上把握我们的文明或任何其他文明的需要，更没有谈到文明的比较研究这一更具雄心的设想。我并不想讨论这种努力，我只想说，幸运的是，不时会出现一些非凡之士，他们有能力和勇气将整个人类世界纳入自己的视野。今天下午，在座的各位很快就将有幸聆听一位伟大的学者，他大概比任何仍然活着的人更接近于在这个领域取得近乎不可能的成就。[①]

有人甘愿冒险犯难，不考虑任何专业界限，在大概没有人具备充分能力的任务上一试身手，对这样的人我们只能表示敬佩。有一种正常的偏见，认为写出一本畅销书的学者会受到其同行的贬低（而在这个国家，人们甚至希望有更多这样的著作），对此我有同感。不过，对越界行为的疑虑也不能太过分，使人们不敢越任何专家的雷池一步。我甚至想说，经济学家与其他社会科学家相比，大概更多地受着自己的领地遭人侵犯之苦，因此他对这种行为倾向于更不宽容。提出这样的看法大概并无不当：在其他专业公认的专业代表中间，也存在着一点部落精神，使他们对即使是相邻学科的人做出严肃贡献的努力，也表示厌恶——虽然我们所有学科基本的血缘关系，使某个领域的想法十分有可能在另一个领域开花结果。

我刚才谈到的这种从整体上把握文明的重要努力，就我们的话题而言，在一个方面有着特殊的意义：它十分明确地造成了一个对我们的所有努力都有点影响的困难。我仅仅谈到了我们对自己专业之外的知识存在着不断的需求。但是，掌握许多学科的知识这种需求，虽然面对巨大的困难，但它只是我们问题的一部分。对于我

① 接下来的演讲人是著名历史学家阿诺德·J.汤因比。

们生活于其中、我们的思维方式也是其中一部分的文明，即使当我们只研究它的一部分或某个方面时，也不意味着我们可以想当然地认为，如果我们想完成自己的工作，或表现得合情合理，我们必须在日常生活中不假思索地认可许多事情，而是意味着，我们必须对自己在行动上不假思索便接受的一切前提系统地提出质疑。简言之，这意味着为了科学的严谨，我们应当置身事外，理解我们无法以这样的方式从整体上加以理解的事情。在实践中，这意味着我们要不断地面对许多没有科学答案的重要问题，对于这些问题，我们必须求助于只有丰富多彩的经验才能提供的有关人类和世界的知识，或是以往积累下来的智慧、我们的文明所继承的文化宝藏，它们必须既是我们用来为自己在这个世界上确定方向的工具，又是我们批判研究的对象。这意味着在我们的大多数任务中，我们不仅应当是合格的科学家和学者，而且应当是个很有阅历的人，从一定意义上说，应当是个哲学家。

在阐述这些看法之前，我想简单地提醒各位，我们的专业化中有一个并未像自然科学走得那样远的方面：我们并不知道在理论家和实践者之间，存在着像物理学家和工程师或生理学家和医生之间那样明确的划分。这并不是个偶然现象，或仅仅表示发展的早期阶段，而是我们的专业性质必然造成的结果。它归因于这样一个事实：从现实世界中找出与我们理论模式的各种假设相符的条件，这项任务往往比理论本身更为困难，只有那些让理论退居次要的人，才有望掌握这种技艺。我们不能宣布简单的、几乎像机械定理一样的标准，据此可以找出一些理想的条件。我们必须培养出类似于观相术一样的感觉。因此，我们很难把应用我们知识的任务委托给别人，而是必须亲自实践，既是医生又是生理学家。

进一步说，我们不能留给我们的“工程师”去做，而是必须亲自掌握有关事实的知识，即对具体环境的了解，仅仅是我们能够利用成熟的技巧加以确定的那些知识。我们通过系统的努力，力求扩大有关世界和人的知识,但是这样的努力既不能代替只有通过广泛的经历才能获得的有关这个世界的知识,也不能代替埋首于伟大的文献和我们整个文化传统中的智慧所获得的收获。

对于有关这个世界、有关我们应当加以了解的各种人类制度和人物的常识意义上的知识之必要性,我无须再说些什么。不过,对于把我们现在所谓的社会科学从其他人文研究中分离出来所造成的不幸后果,我必须说几句话。我这里不仅是指这样的困境,例如像语言学这种十分科学的学科,其他社会科学可以大大获益于它的方法,但是出于历史的原因,却被算作人文学科。我所想到的主要是能够使我们的工作繁荣兴旺的氛围这个问题,是追求人文学科本身、追求文学和艺术所形成的氛围,是否像严谨的科学一样对我们不可缺少的问题。我并不相信,立志分享科学研究所取得的权威地位和资金,其结果总会十分不错,把社会科学和人文学科分开——这座大楼就是这方面的一个象征——是否完全可以算是一项收获。我不想过分强调这一点,我很乐于承认,如果我是在向欧洲而不是美国的听众说话,我很可能会强调相反的观点。不过当我们在这个分开的房间里回首过去25年的生活时,我们不应忘记,人文学科与我们为了名望而称为社会科学的东西,已经分离得太远了。

然而我们也必须承认,我们的态度在一个方面不同于人文学科的态度,在这个方面,我们甚至会在他们那个圈子里惹出麻烦,因此不会受到他们的欢迎,即我们对待他们所培养出来的传统,必须总是在一定程度上持批判和分析的态度,对于任何价值,我们都必须随时提出问题,进行分析,尽管我们绝不能对全部这些价值同时这样做。我们的目标是发现特定的制度和传统在社会运行中起什么作用,因此我们必须不断把理性这瓶溶酸倒入那些不仅别人认为一目了然,而且对社会整体起着凝结作用的价值和习俗。尤其是在研究人类那些并不属于明确的知识,仅仅是包含在各种习惯和制度、包含在道德和行为规范中的人类经验时,简言之,在研究作为人类之无意识行为发挥着作用，其含义我们通常并不清楚，并且我们有可能根本无法完全理解的适应力时，我们在任何时候都注定要对基本要素提出质疑。我几乎无须补充说，这种做法与追求知识界流行时尚的做法当然是截然相反的。虽然我们有着充当激进派的特权，但这不应当意味着我们"先进"，因为我们声称自己知道未来唯一的方向。

这种不断的实践就像一瓶烈酒，如果没有谦虚而平和的胸怀，有可能使我们令人生厌。如果我们不想变成主要起破坏作用的因素，我们就要有足够的智慧认识到，若是没有那些我们不知其含义从而我们有可能认为毫无意义的信念和制度，我们就做不成任何事情。实际上，只要生活仍在继续，我们就必须接受许多自己说不清理由的事情，我们只能让自己服从一个事实，即理性并不总是人类事务的最高法官。也正是因为这一点，我们无论喜欢与否，都必须在一定程度上做一名哲学家，即使不仅仅是因为这一点。我这里所说的哲学，首先不是指那些已经变成高度专业化学科研究对象的问题，比如逻辑问题，而是指那些仍处在起步阶段的知识体系，明确的学科刚开始逐渐脱离它们，因此它们始终是属于哲学家的领地。不过也有两个十分发达的哲学分支，我们不能允许自己一无所知。伦理学永远伴随着我们，而科学方法问题大概比其他任何领域给我们带来的困扰都更多。爱因斯坦(A.Einstein)在谈到科学时说过的话，"没有方法论——就可以想象的范围而言——无异于陷入了原始的泥沼"，甚至更适用于我们的问题。

我认为，似乎没有必要为此略感惭愧，而是应当为多少世纪以来存在于社会科学和哲学之间的密切关系而感到骄傲。就经济学而言，在英国这个长期居领先地位的国家，那些伟大经济学家的名单，如果删去两个重要的人物，也大可以作为一份她的伟大哲学家的名单：洛克、休谟、亚当·斯密、边沁、穆勒父子、萨缪尔·贝利、杰文斯、亨利·西奇威克，直到约翰·内维尔和凯恩斯——他们全都在经济史和哲学史或科学方法史上占有同等荣耀的地位。我想不出任何理由来怀疑，如果其他社会科学能够吸引到类似的哲学天才，他们也会有同样的收获。

不过，关于我们的困境我已经说得太多，因此我必须抓紧说出我的结论。当然，真正的困境是不存在完美的解决办法的。我的主要观点是，我们确实面对着一个真正的困境——我们的任务为我们提出了相互冲突、因此我们无法全部满足的要求。我们的不完美迫使我们做出的选择，仍然是在不同的缺点之间的选择。因此，主要结论大概只能是，唯一的最佳方法是不存在的，我们的主要希望只能是为多样化的努力留出一席之地，只有真正的学术自由才能做到这一点。

但是，似乎出现了一些可以作为学术教育之规范的原则。我们大概都会同意，进入研究生阶段的学生，主要需接受良好的一般教育。我一直主张，此后要在某些范围有限的专题上有一个紧张的专业化阶段。不过我认为这通常不应当持续到研究生工作的结束——如果我关于并非所有专题都同样适合于作为基础训练的主张得到采纳，那么这种专业化也不总是意味着学业的结束。许多学生当然会继续在他们基础训练的领域作自己的专业研究。但是他们不应当只这样做，或他们的大多数不应当这样做。至少对于那些愿意承担额外任务的人，应当有机会在称职的专家指导下，对任何适当的知识组合进行研究。凡是想在他们自己新的领域对某些新的专业组合或某些边缘问题有所突破的人，都应当得到机会。大学里显然迫切需要一个场所，让各个专业再次汇合在一起，为不那么确定的思路提供各种便利和氛围，其要求也十分灵活，可以适应每个人的任务。在我所讨论的这个领域，整个情况似乎是在呼唤一个“高级人文研究学院”，把它作为社会科学和人文科学的组成部分确认下来，呼唤一个我们的主席带着“社会思想委员会”这一创新的设想，以十分投入而恰当的努力想要提供的那种研究机构。

知识的僭妄①

这篇演讲的特殊场合，再加上经济学家们今天所面临的实际问题，使我几乎无可避免地选择了这个题目。一方面，不久前刚刚设立的诺贝尔经济学奖，标志着一个过程又向前迈出了重要的一步，由于这个过程，在一般民众的看法中，经济学已经赢得了类似于物理学的威望。另一方面，目前人们正在呼吁经济学家出来谈一下，如何才能使自由世界摆脱不断加剧的通货膨胀这种严重的威胁。然而必须承认，正是大多数经济学家曾经推荐甚至极力促使政府采取的政策，造成了这种局面。此时此刻我们没有丝毫理由沾沾自喜：我们的学问已经引起了一大堆麻烦。

在我看来，经济学家在指导政策方面没有做得更为成功，同他们总想尽可能严格地效仿成就辉煌的物理学这种嗜好大有关系——在我们这个领域，这样的企图有可能导致全盘失误。关于这种往往被人称为"科学态度"的方法，我在大约30年以前就说过，"就'科学'一词的真正含义而言"，这种态度"没有任何科学性可言""因为它将一个领域中形成的思维习惯，不加批判地、死板地运

① 此文为哈耶克1974年12月11日的斯德哥尔摩诺贝尔纪念奖演说，原载*Les Prix Nobel en* 1974, Stockholm, 1975。

用于其他不同的领域”。[1]今天我首先想解释一下，这种唯科学主义的谬误，如何直接导致了最近的经济政策中一些最严重的错误。

我曾与之论战的理论，是一种有关正确的科学方法的错误观念的产物，但是在过去30年里，它一直指导着货币和财政政策。它固执地认为，在总就业与商业及服务的总需求规模之间，有着简单的正比例关系。这使人们以为，只要把货币支出总量维持在适当水平上，我们就能够永远保证充分就业。在为了解决广泛失业而提出的各种理论中，这或许是可以用强有力的量化数据加以支持的唯一理论。但是我认为，它从根本上就是错误的，我们现在也已经知道，照这样的理论采取行动是十分有害的。

这使我提出了一个关键性问题。与物理学的情况不同，在经济学中，以及在研究的现象十分复杂的其他学科中，我们能够取得数据进行研究的方面必定是十分有限的，更何况那未必是一些重要的方面。在物理学中，一般认为，而且也很有理由认为，对受观察的事物起着决定性作用的任何因素，其本身也是可以直接进行观察和计算的。但是，市场是一种十分复杂的现象，它取决于众多个人的行为，对决定着一个过程之结果的所有情况，几乎永远不可能进行充分的了解或计算。其原因下面我还会作些解释。物理学的研究者对他认为重要的事项，能够根据不证自明的原则进行计算，而在社会科学中，碰巧有个事项能够进行计算，往往就被认为是重要的事项。它有时会达到这种地步：要求我们的理论必须只用可以进行数量计算的语言加以表述。

很难否认，这种要求对现实世界中发生事件的可能原因作了十分武断的规定。人们常常十分幼稚地认为，这样的观点是科学工作所必需的，但它却引起了一些荒谬的后果。我们当然知道，在谈论

---

① “Scientism and the Study of Society”, *Economica*, Vol. Ⅸ, No. 35, August 1942, 重印于*The Counter-revolution of Science*, Chicago, 1952。

市场和类似的社会结构时，有许许多多的事实是我们无法计算的，对于它们，我们仅仅具有很不精确的一般知识。由于这些事实在任何具体场合中的作用无法用量化证据加以证实，于是那些发誓只接受他们所谓的科学证据的人，便对这些事实不屑一顾，他们因此也生出一种十分惬意的幻觉：他们能够进行计算的因素，才是唯一相关的因素。

例如，总需求与总就业之间可能仅仅有着大约的相关性，但由于这是我们能够得到量化证据的唯一关系，它便成了进行计算的唯一的因果关系。以此为标准，有可能存在着助长错误理论的更"科学的"证据，因为它比正确的解释更"科学"而被接受，至于正确的解释，却因为不具备足够的量化数据而被否定了。

为了对这种情况作一说明，让我简略谈谈我认为是造成广泛失业的主要的实际原因——这也可以解释为何如今时髦的理论所推荐的通货膨胀政策，从长远看无法治愈这种失业现象。在我看来正确的解释就是，在不同商品和服务的需求分布与这些产出的生产中劳动力和其他资源的配置之间，存在着不一致。对于使经济系统的不同部门之间供需达到一致的那些力量，以及出现这种一致的各种条件和有可能妨碍这种调整的各种因素，我们具有相当不错的"质的"知识。在对这一过程的说明中，分立的步骤有赖于日常经验中的各种事实。凡是不怕麻烦从事这种论证的人，对于这些有关事实的假定或由此得出的结论在逻辑上的正确性，几乎没有谁会表示怀疑。我们有很好的理由相信，失业表明相对价格和工资结构受到了扭曲（通常是因为垄断或政府的价格锁定），为了在所有部门恢复劳动力的供需平衡，有必要改变相对价格和转移一部分劳动力。

但是，当问到我们有关价格和工资的具体结构——为保证所提供的产品和服务顺利地不断售出所必需的结构——的量化证据时，我们必须承认，我们不掌握这方面的信息。换言之，对于我们不太准确地称为均衡的状态赖以自动形成的一般条件，我们是了解的；

但我们绝对不会知道，假如市场达到了这种均衡，具体的价格和工资会是怎样一种状况。我们只能说，在什么条件下我们可以期待由市场确定的价格和工资会使供需达到一致，但我们绝对无法提供统计学的资料，用以揭示现行的价格和工资在多大程度上偏离了可以使目前的劳动力供应被不断售出的水平。可见，对失业原因的这种解释，从它可以被证伪这个意义上说，是一种经验理论——例如，如果货币供应持续不断，普遍增加工资就不会导致失业；但它肯定不是能够使我们得出有关工资率或劳动力分布的具体的量化预测的理论。

不过，在经济学这个领域，我们为什么必须为对某些事实的无知做出解释呢？须知，在自然科学中，人们肯定会期待科学家提供有关这种事实的准确知识。对自然科学的范例有所体验的人，会对这种立场十分不满，会坚持他们在自然科学中看到的证实原则，这也许不足为奇。这种状况的原因在于我已简单说过的一个事实：社会科学同生物学差不多，但和大多数自然科学不同，它必须处理的是性质复杂的结构，也就是说，它所处理的结构，只能用包含着较多变量的模式加以说明。以竞争过程为例，只有当它在相当多地行动的个人之间进行时，才会产生一定的结果。

有些领域，特别是在出现的问题相互类似的自然科学领域，克服困难不必利用有关个别因素的特殊知识，而是可以求诸与这些因素有关的各种特征之出现频率或概率方面的相关数据。但是，只有当我们处理的对象是瓦伦·韦弗博士（前洛克菲勒基金会成员）所说的“复杂的无机现象”，而不是我们在社会科学中必须应付的“复杂的有机现象”时，以上做法才是正确的。[1]对于这两种现象的差别，理应有更全面的理解。这里所谓复杂的有机现象，是指结构的性质

---

① Warren Weaver, “A Quarter Century in the Natural Sciences”, *The Rockefeller Foundation Annual Report* 1958, Chapter Ⅰ, “Science and Complexity”.

不仅取决于其中个别的特性以及它们出现的相对频率,而且取决于各因素之间相互联系的方式。由于这个原因,我们在解释这种结构的运行时,不能用统计数字取代有关各个因素的知识;如果我们打算用我们的理论对个别事件做出预测,就要对每个因素都有充分的了解。只要不具备这种有关个别因素的专门知识,我们就只能限于做出我在其他地方说过的模式预测(pattern predictions),即对自发形成的结构中某些一般特征的预测,其中不包括对构成整个结构的各个因素的具体描述。

我们的理论所要说明的,是在一个功能良好的市场中自发形成的决定着相对价格和工资体系的因素,就这一理论而言,以上所言尤其正确。市场过程的每个参与者所拥有的特殊信息,都会对价格和工资的确定产生影响。这方面的全部事实,是科学的观察者或任何一个单独的头脑所无法全部掌握的。这当然就是市场秩序的优越性所在,也是在不受政府权力压制的情况下,为什么它会逐渐取代其他秩序,并且在由此产生的资源配置中,可使更多有关具体事实的知识得到利用的原因,这些知识散布在无数的个人中间,是任何一个人都无法全部掌握的。我们这些从事观察的科学家,由于无法知道这个过程的全部决定性因素,从而也无法知道在哪一种具体的价格和工资结构下,需求总是与供应相等,因此我们无法测知它对这种秩序的偏离程度,而且我们无法从统计学的角度,对我们的理论——对价格和工资的“均衡”系统的偏离,使某些产品和服务不可能按定价售出——加以检验。

在继续谈论我眼下关心的题目,即以上情况对目前所实行的就业政策的影响之前,请允许我更具体地勾画一下我们的量化知识固有的局限性,这是常常被人忽略的。我这样做是想避免给人留下一种印象,以为我对经济学的数学方法一概加以反对。事实上,我认为数学方法大有益处,它使我们可以利用代数方程式,去描述某个模型的一般性质,即使我们对决定其具体面貌的数据一无所知。没有这种代数方法，我们对市场中不同事件的相互依赖性，就很难窥其全貌。不过这也导致了一种幻想，使我们认为可以用这种技术去搞定和预测各种量的数值，于是徒劳地想找出量的常数。尽管数理经济学的近代奠基人没有这种幻想，但这种情况还是发生了。不错，他们描述市场均衡的方程式系统就是这样设计的——假如我们能够把抽象公式中所有的空白填上，也就是说，假如我们知道这些等式中的所有变量，我们就可以计算出全部在售商品和服务的价格和数量。然而正像这一理论的奠基者之一帕累托明确所言，它的意图并不是“达到对价格的量化计算”，因为正如他所说，以为我们能够确定所有数据，是一种“荒唐的”念头。[①]近代经济学的杰出先驱，16世纪的西班牙学者，早就认识到了这个重要问题。他们强调，他们所说的pretium mathematica（数学价格），取决于如此多的具体条件，除上帝之外谁也无从知道。[②]我经常希望我们的数理经济学家能把这一点牢记在心。我必须坦言，我怀疑他们对可计算的量的追求，是否为我们从理论上理解经济现象做出了有意义的贡献——这与他们在描述具体情况中的价值是不同的。我也不打算接受“这个研究分支仍十分年轻”这种借口。计量经济学的奠基人配第爵士（Sir William Petty），毕竟是牛顿（I.Newton）爵士在皇家学会里的主要同人吧！

只有可计算的数据才是重要的——这种迷信在经济领域造成实际危害的事例可能为数不多，但目前的通货膨胀和就业问题却是十分严重的一例。它所造成的后果是，经济学家中有着唯科学主义头脑的大多数人，对很可能是造成广泛失业的真正原因漠不关心，因为它的作用无法用可以直接观察到的可计量数据之间的关系加

① V. Pareto, *Manuel d'économie politique*, 2nd ed., Pairs, 1927, p. 223–224.

② 如参见Luis Molina, *De iustitia et iure*, Cologne, 1596–1600, tom. Ⅱ, disp. 347, No. 3, 尤其见Johannes de Luge, *Disputationum de iustitia et iure tomus secundus*, Lyon, 1642, disp, 26, sect. 4, No. 40。

以证实,他们几乎把全副注意力都用在可以计算的表面现象上,由此产生的政策使事情变得更糟。

当然,必须随时准备承认,我认为对失业现象做出了正确解释的理论,是一种内容有局限性的理论,因为对于既定环境中预计必然会出现的事件的性质,它只能让我们做出十分笼统的预测。但是,更为雄心勃勃的理论建构对政策的影响却并不更加走运。我得承认,我更喜欢虽不完美但正确的知识,即使它留下许多无法确定和预测的事情,而不是那种貌似精确但很可能错误的知识。表面上遵守公认的科学标准,会给具有简明外表的错误理论带来虚名,但目前的局势说明,这种理论会导致严重的后果。

事实上,就这里所讨论的事情而言,主流的"宏观经济"理论为救治失业而提出的措施,即增加需求总量,造成了资源大量的错误配置,这使后来的大规模失业变得难以避免。向经济系统的一些部门不断投入增量货币,使它们创造出一时的需求(一旦货币数量的增加停止或放慢速度,这种需求也会消失),加上人们期待着价格将不断上涨,这两者会使劳动力和其他资源得到利用,但只有在货币数量以不变的速率增长,甚至是以一定比率加速增长时,才能把这种状况维持下去。这种政策所导致的,不是用其他方式无法达到的一定就业水平,而是一种难以无限期维持的就业分布状况;过一段时间之后,如果还想让它继续下去,就只有靠一定的通货膨胀率了。但是,以这种速率发展下去,会使一切经济活动迅速解体。事实上,错误的理论观点已把我们引向一种危险的境地,使我们无法阻止结构性失业的一再出现;其原因不在于——像这种观点时常胡说的那样——这种失业是为了挫败通货膨胀而特意造成的,而是因为它现在注定会发生,加速度的通胀一旦停止,过去的错误政策必定会导致这种令人深感遗憾但又无可避免的后果。

我提到这些眼前很重要的实际问题,主要是想说明,一些有可能与科学哲学的抽象问题有关的错误,会导致严重的后果。不过现在我打算先把这些问题放在一边。同我刚才讨论的问题一样，对徒具科学外表的主张不加批判地接受，由此在更广泛的领域造成的长期危险，人们有充分的理由表示担忧。我主要是想通过这一局部性的说明指出，不但在我本人的领域，而且普遍地在与人有关的其他学科中，貌似科学的方法其实是最不科学的。进一步说，在这些领域，我们所能期待科学达到的目标，是有着明确界限的。这意味着，把科学方法无法做到的事情委托给科学，或按照科学原则去进行人为的控制，有可能招致令人悲哀的后果。近代以来，自然科学的进步当然大大出乎人们的预料，这使得任何有关科学有其局限性的提示，都会引起怀疑。特别是那些坚持这种观点，希望把我们不断提高的预测和控制能力——普遍认为这是科学进步的产物——应用于社会过程的人，全都以为这种能力不久就可以使我们随心所欲地改造社会。当然，同自然科学中各种发现引起的欣喜不同，我们通过社会研究而获得的见识，常常给我们的抱负蒙上一层阴影。大概无须奇怪，我们这一行里较易于冲动的年轻人，不太愿意接受这一点。但是，对科学有着无限力量的信仰，往往建立在一种错误的信念之上，认为科学的方法就是采用一些现成的技术，或是模仿科学过程的形式而不是它的本质，似乎只要按图索骥就可以解决一切社会问题。有时甚至让人觉得，同为我们揭示问题所在以及如何处理这些问题的思考相比，科学方法更容易掌握。

公众现在的心情，是期待科学解决许多问题以满足人们的愿望，这就同科学解决问题的能力产生了矛盾，于是造成了一个严重问题：虽然真正的科学家全都应当承认，对于人类事务的领域他们的能力有限，但是民众过多的期待，也总会使某些人不顾自己的能力所限，假装或真诚地相信自己能做得更好，以迎合人们的要求。对于以科学的名义提出来的主张，专家也常常很难区分其是否合理，在许多情况下民众就更不可能做到这一点。最近一份以科学的名义就增长的极限发表的报告，传媒作了大量报道[①]，而同样是这些传媒，对这份报告受到的致命批驳却默不作声。这不能不使人对科学的威信所发挥的作用感到担忧。但是，打着更科学地指导一切人类活动的招牌，认为用“人类的自觉控制”取代各种自发过程是可取的，这种影响深远的主张不唯见于经济学领域，如果我没有搞错的话，我所说的这种科学至上的偏见，以及科学的成就还会如何如何这种华而不实的主张，对心理学、精神病学、社会学的某些分支——更不用说所谓的历史哲学了——的影响更大。[②]

如果我们想维护科学的声誉，不让因肤浅地把一切方法都比附于自然科学方法而产生的知识的虚妄得逞，我们就必须花大力气去揭露这种虚妄。须知，在一些现有的大学科系里，这种态度已经蔚成风气了。对于卡尔·波普尔(Karl Popper)这样的科学哲学家，我们应当表示无尽的感激，因为他给了我们一种检验方式，使我们能够对可以作为科学而接受的东西和非科学的东西加以区分。我相信，这一方法会使某些现已被承认为科学的学科原形毕露。同那些本质上复杂的现象有关的一些特殊问题——其中社会结构就是这种现象的重要一例——使我打算在结束之前更一般地重申我的主张。在这些领域，不仅对具体事件的预测有着难以逾越的障碍，如果我们自以为拥有超越这些障碍的科学，并据此采取行动，这种做法本身就会成为人类智慧进步的严重障碍。其原因何在?

我们必须记住的关键一点是，自然科学取得的长足进展，是出

---

① 参见*The Limits to Growth: a Report of the Club of Rome's Project on the Predicament of Mankind*, New York, 1972；一位资深经济学家对这份报告的系统评价，见Wilfred Beckerman, *In Defence of Economic Growth*, London, 1974；早先专家的一系列批评，见Gottfried Haberler, *Economic Growth and Stability*, Los Angels, 1974；他正确地说，他们的批判是“毁灭性的”。

② 我在就任萨尔茨堡大学客座教授的就职演说中，曾对另一些领域中的这些趋势做过说明，见《建构主义的错误》一文(译按：已收入本书)。

现在这样一些领域,在那里,各种解释和预测可以以一些规律为基础,这些规律表明,被观察的现象的产生,相对而言只受极少变量的影响。它们或者是一些具体的事实,或者是较为频繁出现的事件。这或许就是我们仅仅把这些领域称为"自然"科学的终极原因,以区别于我所说的本质上是复杂现象的高度有机的结构。在这些领域里,为何也要持与前一领域相同的立场,是毫无道理可言的。稍加思索就可看出,我们在这些领域遇到的困难,并不是为了解释受观察的事件而建立理论的困难,虽然这也会引起对做出的解释进行检验以剔除坏理论的困难;这里的困难,是当我们把理论应用于现实世界的任何具体事件时引起了重要问题而发生的困难。有关性质复杂的现象的理论,必然涉及大量的具体事实;要想从这种理论中得出预测,或对其进行检验,我们必须搞清楚所有这些具体事实。一旦我们成功地做到了这一点,得出经得住检验的预测也就不会有什么困难了:借助于现代计算机,很容易利用这些数据,把已建立的理论中各个相应的空白处填补起来,从而做出一项预测。真正的困难在于确定这些具体事实,对于解决这个困难科学做不出多少贡献,有时它甚至是一种无法克服的困难。

一个简单的例子即可说明这种困难的性质。请想想由差不多势均力敌的几个人进行的一场球赛。如果我们除了对每个球员的能力有一般的了解,还了解一些具体情况,譬如在球赛的每一时刻他们的竞技状态,他们的感觉状态以及他们的心肺、肌肉状况等,那么我们极有可能预见到球赛的结果。当然,假如我们既熟悉球赛,又了解球队,我们也很可能敏锐地想到最后的结局取决于什么因素。但是,我们显然无法搞清楚上述事实,球赛的结果便超出了可以做出科学预测的范围,无论我们多么了解具体情况对比赛结果的影响。这并不是说我们无法对比赛过程作任何预测。如果我们了解不同的比赛规则,那么在观看一场比赛时,我们马上就会知道这是一场什么比赛,以及我们会看到什么样的动作。但我们的预测能力也仅限于事件中的这些一般特点，其中并不包括预测每个具体事件的能力。

这也就是我前面所说的仅仅可称为模式预测的事情，我们越是从受相对简单的规律支配的领域，深入受复杂的有机现象支配的领域，我们就越是只能限于做出这样的预测。在我们前进的过程中，我们会越来越多地发现，我们所能确定的，仅仅是决定着某个过程结果的一部分而不是全部具体情况，因此对于我们所期待的结果，我们只能预测它的某些性质，而不是它的全部性质。我们能够做出预测的，甚至往往不过是将要发生的事情的一些抽象特征——各因素之间的关系，而对那些因素本身，我们依然所知甚少。不过我很想再说一遍，我们做出的预测仍然有可能被否定，因此它们只具有经验的意义。

当然，同我们在自然科学中有望取得的精确预测相比，这种仅仅是模式预测的东西要稍逊一筹，因此未必令人满意。但是我要就一种危险提出警告，有些人认为，要想让某个主张作为科学主张得到接受，就必须更上一层楼。这种做法同江湖骗子相比有过之无不及。认为我们具备这样的知识和能力，可以在建立各种社会过程方面心想事成，这很可能使我们深受其害。因为我们并不具备这样的知识。在自然科学领域，对于明知不可为而为之的做法，或许不会有人反对；人们甚至会认为，不应当给过分的自信泼冷水，因为他们的试验毕竟可以带来某些见解。而在社会领域，误以为运用某些力量就可得到有益的成果，却很可能造成一些强迫别人服从某个权威机构的新权力。即便这种权力本身不坏，运用起来也很可能使自发形成秩序的力量失效，而正是这种不为人所理解的力量，大大地帮助了人们追求各自的目标。我们才刚刚开始认识到，一个发达的工业社会赖以运行的交往系统是多么精妙。我们把这个系统称为市场，它在整理分散的信息方面，比任何人类精心设计的方法都更为有效。

人类在改善社会秩序的努力中,如果不想弄巧成拙,他就必须明白,在这件事上,就像以性质复杂的有机体为主的任何领域一样,他不可能获得主宰事务进程的充分知识。因此他不能像工匠打造器皿那样去模铸产品,而是必须像园丁看护花草那样,利用他所掌握的知识,通过提供适宜的环境,养护花草生长的过程。自然科学的进步使人类情不自禁地觉得,自己的能力正在无止境地增长,"让人眼花缭乱的成功"诱使人们不但试图主宰我们的自然环境,甚至想主宰我们的人类环境,这就是危险所在。社会研究者认识到自己的知识有不可逾越的障碍,便应懂得谦虚为怀的道理,不至于再去充当那些极力想控制社会的狂妄之徒的帮凶;这种做法不但会使他成为自己同胞的暴君,而且可以使他成为一种文明——它不是出自哪个头脑的设计,而是通过千千万万个人的自由努力成长起来的——毁灭者。

解释的程度[①]

一

有关科学方法的讨论，几乎完全受着古典物理学模式的支配。其主要原因是，利用这个领域的事例，能够最容易地说明科学方法的某些特征，还有一部分原因是，人们相信，既然物理学是所有经验科学中最先进的科学，因此应当认为它值得所有其他学科加以模仿。但是，这后一种观点中无论包含着什么真理，都不应当使我们忽视这样一种可能，即某些典型的物理学方法不一定是普遍适用的，其他学科中的一些方法，无论它们属于"自然科学"还是"社会科学"，可能不同于物理学的方法，这并不是因为它们不够先进，而是因为它们那个领域的情况在一些重要方面不同于物理学的情况。具体一点说吧，我们所说的物理学领域，有可能不过是指所有这样

① 译自*British Journal of Philosophy of Science*, Ⅵ, 1955。

的现象，在这些现象中，不同类型的重要的相关变数相当少①，使我们能够把它们当作一个我们能够对其决定性因素进行观察和控制的严密系统加以研究，而我们之所以认为某些现象是处在物理学之外，正是因为它们不属于这种情况。如果事情确实如此，那么试图将这些特定条件使其成为可能的方法强加于另一些学科，肯定是一种荒谬的做法，因为这些学科有其独特之处，在它们的领域里并不存在那些条件。

我们打算指出科学方法中某些并不普遍适用的方面，为此，我们将以目前得到广泛接受的一种对理论科学的解释作为起点，即理论科学是一种“假设—演绎”系统。一个人可以接受这种态度背后的大多数观点，但是他也会感到能够用另一种方式对它进行解释，使它不适用于某些学科。它的基本观点使它自身仅仅适合于一种狭窄的解释，根据这种解释，所有科学方法的本质就是发现新的说明（“自然规律”或“假设”），并可从中得出能够加以检验的预测。这种解释对我们深入理解某些领域有可能造成严重的障碍，因为目前，甚至永远，另一种方法可能是我们在自己所生活的世界里获得指导的唯一有效的方法。

卡尔·波普尔一直在鼓吹科学是一个“假设—演绎”系统的观

---

① 现代物理学当然也采用统计学手段处理包含众多变量的系统，但是我认为这与本文的论述并不矛盾。统计学的方法实际上是一种使分立的实体——它们由必须予以表明的规律联系在一起——数量（即统计学中的集）相对减少的方式，而不是一种处理大量重要的独立变量——如社会秩序中的个人——相互作用的方法。下面的讨论所谈到的复杂性问题，也就是 Warren Weaver 称为“有机体的复杂性问题”，它不同于我们可以用统计学方法进行处理的“无机体的复杂性问题”。参见他的“Science and Complexity”, *American Scientists*, 1948, 以及现在对他的观点之更为全面的解释，“A Quarter Century in the Natural Sciences”, *The Rockefeller Foundation Annual Report*, 1958, p. 1–15。

点，他所采用的方式显然提出了若干十分重要的问题。[①]他明确指出，理论科学本质上都是演绎性的，根本就不存在“归纳”这种逻辑方法，可以从事实的观察中必然得出普遍规律的说明，后者只是头脑的创造性活动的无法加以形式化的产物。他也强调了重要的一点，即理论所得出的结论，从本质上说都有着禁令的性质：它们“禁止”出现某些类型的事件，并且根本无法得到确切的“验证”，只能通过为证实其错误而不断做出的失败尝试加以肯定。以下讨论将接受这一部分论证。

这种立场还包含着一个有着同样启发性的观点，如果拘泥于它的字面含义却足以把人引入歧途。这就是波普尔在交谈中[②]偶然表达的观点，他说，科学无法像普遍相信的那样，用已知解释未知，相反，它只能用未知解释已知。这种看似荒谬的说法的意思是，知识的进步是由提出一些新命题构成的，它们所涉及的事情往往不能进行直接观察，但是我们能够结合另一些有关具体事物的命题，通过观察得出相反的证明。我并不怀疑强调这一点是重要的，即在这些事例中，知识的增进在于我们演绎论证中的新命题（假设或自然规律）；不过在我看来，它所说明的并不是所有科学方法的普遍特点，而仅仅是物理学中通常具有的特点，偶尔它也可以成功地解释生物科学中的特点，但是它需要以一些并不存在于其他许多领域的条件作为前提。

---

① 波普尔教授在最近一些著作（*The Poverty of Historicism*, London, 1957，尤其是第11节和第12节；*The Open Society*, 1950）中，虽然在某些具体问题上改进了他的表述方式，但是对他的*The Logic of Scientific Discovery*（London, 1959）仍有必要作更全面的说明。本文以下内容在许多方面不过是对波普尔某些思想的详细阐述，尤其是他关于可检验的程度和他的试错标准的“相对化”观点。因此，我的批评意见完全是针对实证主义和操作主义对“假设—演绎”观点的解释，而不是反对波普尔的或类似的不同观点。

② 现在见于Karl Popper, *Conjectures and Refutations*, London, 1963，尤见p. 63：“科学解释就是……把已知还原为未知。”另见p. 102和p. 174。

二

甚至就自然科学而言,对于通过检验假设得出可以证伪的结论这一方法,也不能过分地强调。这些学科的价值毫无疑问都来自这样的事实,即一旦相信它们的假设,我们便确信能够从中得出适用于新环境的结论,并且将它们视为正确而不再进行检验。当理论家的假设似乎得到了充分证实时,他的工作并没有结束。对其所有的意义进行全面的思考,显然是一项本身就十分重要和有价值的活动。有时这会是一项十分复杂和困难的活动,需要具备最高的智力。谁也不会否认,这方面的持续努力是科学的正常工作的一部分;事实上,所有的理论性学科几乎仅仅同这种活动有关。一种理论的适用范围或适用能力的问题,即它能否解释某些受观察的现象,或当所有相关事实都已知道,并且我们能够对它们进行恰当的操纵,那么受观察的事件是否处在它所预见的范围之内,这个问题就像从理论中得出的具体结论能否得到证实一样,经常是个十分有意义的问题;但是它显然又独立于后一个问题。

当我们从"纯"物理学转向天体物理学或地球物理学的不同分支(地震学、地质学、海洋地理学等)这类有时被称为"应用性"科学的学科时,理论家工作的这些方面会变得更加突出。这种称呼很难表达这些学科的工作的独特性。这里它既不表示这些学科就像技术一样,服务于人类的具体需要,也不表示它们的适用性局限于一定的时空区域之内。它们的目的都是要提出真正的解释,至少从原则上说,这种解释与据以得出解释的具体事件是分离的:研究地球的海洋地理学所提出的潮汐理论的大部分内容,也适用于火星等天体的海洋。这些理论的特点在于,从一定意义上说它们是推论性的:它们是由从已知的一组物理学规律中推导出来的演绎命题组成的,因此严格地说，它们并没有宣布自己的特殊规律，而仅仅是把物理学规律进一步细致化，使其成为适用于它们所研究的特定现象的解释模式。当然可以设想，对潮汐的研究有可能导致一种新的自然规律的发现，如果真是这样的话，它也很可能是一条新的物理学规律，而不是一条海洋地理学规律。不过海洋地理学仍然包含着一些一般命题，它们不是简单的物理学规律，而是为了说明物理现象的某些典型组合而对物理学规律的细致化——即为了说明一再出现的事件而提出的论证模式。

在建立这样的演绎系统时，无疑有必要在每个阶段对照事实对结论加以检验。我们绝不能排除这样的可能性：甚至最可信的规律，在它没有受过检验的条件下也有可能失效。但是虽然随时存在着这种可能性，对于已经得到很好证实的假设来说，发生这种事情的机会是极少的，因此我们在实践中常常不予考虑。所以说，虽然我们对于能够从一组可靠的假设中得出的结论无法进行检验，这些结论仍然是有价值的。

从某种意义上说，这种为了说明受观察的现象而提出的演绎性论证并不包含新的知识。有些人通常对于为解释典型的复杂状况而精心建立起的这种模式不感兴趣，在他们看来，这种仅仅是推衍出一条规律的综合后果的工作，可能显得琐细无聊。但是只有从琐碎的数学论证这个意义上说，情况才是如此。在我们已经知道的事情中包含着某些结论，不一定意味着我们也知道这些结论，或当它们有助于我们解释受观察的事物时，我们随时都可以采用它们。事实上，没有任何人能够将我们现有的知识，甚至我们在日常生活中运用的某些最琐细但无疑是前提性的知识中所包含的一切结果全部揭示出来；确定我们所观察的事情中有多少可以根据已知规律加以解释，或确定当我们拥有全部相关数据时能够做出这样的解释，往往是一项极为困难的工作。从我们已经掌握的知识中尽可能多地提炼出有意义的结论，当然并不单纯是一项演绎的工作：它也必须受对问题有所选择的观察所支配。不过,观察虽然提出问题,答案却仅仅取决于演绎。

由此可见,在上述学科中,重要的问题通常不在于用来解释现象的假设或规律是否正确,而在于我们是否从我们拥有的公认命题中选择了恰当的假设,并以正确的方式把它们结合起来。这种对某些现象的"新"解释,新就新在它把理论命题和对具体情况("原始的"和"边缘性的"条件)有重要意义的事实的陈述具体结合起来,而不是新在它作为起点的任何一个理论命题。问题不在于模式本身是否正确,而在于它是否适用于(或符合)它打算解释的现象。

至此,我们主要讨论了所谓物理学的应用性分支,希望以此说明,甚至许多毫无疑问是理论性的工作,其目的也不是发现新的规律并加以证实,而是从公认的前提中提炼出用以说明受观察的复杂事实的演绎性论证模式。在这些事例中,即使我们能够说需要对假设进行检验,也只能是针对关于这个或那个模式适合一种可观察的情况的断言,而不能针对从解释模式本身所包含并被假定为正确的条件命题。下面我们还会更充分地讨论这种方法的特点。我们现在只想强调,甚至在物理学的进步中,发现一条真正新的自然规律也是比较罕见的事情,并且认为,使我们有望发现这种新自然规律的条件是一种多么特殊的条件。

三

我们所说的科学预测,是指运用某个规则或规律,以便从有关现有条件的一定命题中,推导出将会发生什么的命题(包括我们研究某个具体问题时会发现什么的命题)。它的最简单的形式是一种条件命题,或"假如……则……"式的命题,并伴有这样的声明,即前提中所宣布的条件在特定的时间和空间中可得到满足。这方面通常没有明确说明的一点是，在规律中，在有关原始的边缘性条件的陈述中以及在预测中，对事件的描述需要多么具体，才能称得上是一项预测。根据一般是从物理学引证的简单事例中，很容易得出结论说，对于我们所关心的现象，一般都可以根据我们的目的的需要，以任何程度的精确性对其所有方面做出具体说明。如果我们用“设u、v和w，则z”的形式来表述这一命题，我们往往策略地假定，描述中至少包含着z据认为同所研究的问题有关的所有特征。当我们研究的关系是数量相对较少的计量之间的关系时，这看来不会出现严重的困难。

但是，当相关的独立变量很多，而其中只有一部分能够实际加以观察时，情况便有所不同了。这时的情况经常是，如果我们已经知道相关规律的话，我们便能够预测，设上百个特定的因素的值为$X_1, X_2, X_3, \cdots, X_n$，则总是会出现$Y_1, Y_2, Y_3, \cdots, Y_n$。但是事实上我们的观察所能够表明的仅仅是，设$X_1, X_2, X_3$和$X_n$，则会出现($Y_1$和$Y_2$)、($Y_2$和$Y_3$)或类似的情况——甚至是，设$X_1, X_2, X_3$，则会出现某种$Y_1$和$Y_2$，而它们之间又会存在着关系P或关系Q。用观察的手段大概不可能比这走得更远，因为实际上不可能对因素$X_1, X_2, X_3, \cdots, X_n$的所有可能组合进行观察。如果面对这种多变而复杂的情况，我们的想象力不可能揭示出比这更精确的规律，那么任何系统的检验都不会帮助我们克服这种困难。

因此在这种情况下，对复杂事实的观察并不能使我们创立据以演绎出有关未受观察的情况之预测的新假设。我们不会发现能够使我们得出新预测的有关复杂现象的新自然规律。目前的观点往往认为，这种情况超出了科学方法的适用范围（至少就现有的观察技术而言），并且同意，目前科学必须就此止步。如果这是正确的，那会是一种十分严重的局面。不管复杂程度超出这一范围的现象多么重要，我们是否能够从物质上或理论上处理这种有一定复杂程度的现象，便失去了任何保证。

但是，即使没有理由认为，我们所关心的事物全都能够满足标准的物理学方法所要求的条件，也没有必要对我们能够掌握并未满足这些条件的重要现象的至少某些方面的前景感到绝望。不过这需要对所谓的物理学标准方法作一定的颠倒。我们在自己的演绎过程中，不必遵循从假设或未知到已知和可观察的路线，而是——如习惯上视为正常的方法——遵循从熟悉到未知的路线。对于我们现在就要评价的方法来说，这不能算是一个令人满意的说明，不过用熟悉的解释新的这一老观念，比我们从未知走向已知的观念，的确更适合于这种方法。

四

“解释”[①]和“预测”所针对的当然不是个别的事件，而是某一类或某一组现象；对于它们所针对的任何特定现象，它们总是仅仅说明其一部分属性而不是全部属性。此外，每一种得到说明的属性不是被表述为一个唯一的值或量，而是被表述为一个适用于该属性的范围，无论它有多么狭窄。由于在测量上可能达到的精确度的限制，甚至大多数物理学的准确预测也是如此，严格地说，它们所能说明的顶多是某个相关的量会处在一定的范围之内；显然，对于非数量预测来说，情况更是如此。

我们一般倾向于认为，只有那些对明确的现象做出十分严格

① 我假定，早期的实证主义者对“解释”一词的偏见已成过去，现在可以理所当然地认为，预测和解释不过是同一个过程的两个方面，就前者而言，已知的规律被用来从已知的事实中推导出此后会发生什么，而就解释而言，则是指这些规则被用来从已知的事实中推导出在它之前是什么。根据本文的意图，如果我们始终用“预测的程度”来取代“解释的程度”，也没有什么重要的差别。参见K. R. Popper, *The Open Society*, 1950, p. 446。

的规定的命题,才称得上是预测,并且对“肯定的”预测,如“明天5点22分16秒满月”,和仅仅是否定性的预测,如“明天不会满月”,加以区分。然而这不过是一种程度上的区分。在明确指出的一定时空范围内我们将发现什么或不会发现什么的任何命题,都是一种预测,并且都可能十分有用:关于我在一次旅行中会找不到水的消息,当然要比我能够找到什么的任何肯定性命题都来得重要。甚至对我们所发现的事情的任何一种属性都没有做出具体说明,而仅仅分别告诉我们能够发现x、y或z的命题,也必须承认是预测,而且有可能是十分重要的预测。从有可能出现的一系列可以设想的事件中仅仅排除了一种事件的命题,同样是一种预测,并且它本身也是能够证伪的。

五

当我们处理的是复杂情况,依靠观察只能揭示其十分有限的规律时,无论它属于物理学还是生物学,或社会科学的“应用性”分支,我们一般都会提出这样的问题:我们对复杂现象中起作用的各种要素或某些因素的属性的现有知识,能够在多大范围内解释我们所观察的现象。我们竭力想搞清楚,从我们所掌握的有关较为简单的条件下某些相关因素的作用的知识中,是否能够推导出这种解释。我们当然根本无法确定,我们有关较为简单的条件下那些要素之作用的知识,也适用于更为复杂的情况,并且我们没有办法对这种假设直接进行检验,因为我们的困难就在于我们无法利用观察确定大量因素——这是我们进行演绎推理的起点——的存在和具体的分布。不管是有关存在着假设的哪类因素的设想,还是演绎推理的正确性,即使当我们得出的结论没有被观察所证实时,都无须视为已经被否定。不过,对这些复杂情况的观察虽然不能决定我们的条件命题（“假如……则……”）是否正确，却有助于我们确定是否可以把它们作为对我们所观察的事实的解释。

当然，如果我们能够明确地从我们的前提中，成功演绎出有关复杂现象的局部规律，以此作为我们的起点，这当然是很有意义的，但是这虽然能够让我们感到满足，却不会增加我们的知识。不过，对于我们所观察的现象是归因于一些熟悉的因素之一定的组合方式的断言，我们虽然不能直接进行检验，通常它却包含着我们能够进行检验的结果。我们认为使受观察的现象得以产生的机制，能够进一步引起某些结果而不是另一些结果。这就意味着，假如我们从某个复杂事件中观察到的事情归因于某种假设的机制，那么这种复杂现象还会具有一些特点，因此肯定不可能有另一些类型的表现。由此可见，我们的尝试性解释会告诉我们可以期待哪一类事件，不能期待哪一类事件，并且如果被观察的现象表现出了假设的机制所不能产生的特点，则它便可以被证明是错误的。通过揭示有可能产生的现象的范围，它会为我们提供新的信息。它为可能的结果提供了一个范围或架构，因此不但有助于我们支配自己已经掌握的知识，而且能够为有可能从事的新的观察提供适当的范围，指出我们期待着这一现象发生变化时必定遵循的方向。因此，受观察的事实不但会是“有意义的”“本当如此的”，并且我们能够预测出，如果我们的解释是正确的，则不会出现某些事件的组合。这种方法不同于所谓正常的物理学方法，因为这里我们并没有发明新的假设或设想，而仅仅是从我们所掌握的有关现象的某些因素的知识中选出了它们；因此我们并不问我们所采用的假设是否正确或设想是否得当，而是问，在我们打算观察的现象中，是否真的存在着我们挑选出来的因素，以及它们是否同我们所观察的现象有关，并足以解释这些现象。回答取决于我们所观察的现象是否符合这种类型，即我们根据我们的推论，如果存在着那些假设的因素，便会出现的现象。

六

在自然科学中,这种仅仅是“原则性解释”[①]中最熟悉的例子,大概是由不同的有机体通过自然选择而进化的理论提供的。这种理论的目的既不是对特定事件做出具体的预测,也不是建立在下面这种意义的假设上,即它是以此作为起点的一些命题有望得到观察的证实或否定。虽然像任何科学理论一样,它也为它所允许或“禁止”的事实划定了一个范围,但是我们评估事实的目的,并不是确定作为理论起点的各个不同的前提是否正确,而是去检验不受怀疑的前提之具体组合是否适合于使已知的事实变得有条理,并且(从一定意义上说这是一回事)能够说明为何有望发生某些事情而不是另一些事情。

对于我们从中演绎出进化论的每个前提,不管我们喜欢如何称呼它们,它们都是这样的前提:我们并不怀疑它们的真实性,即使根据它们得出的结论与观察不符,我们也不会认为它们已被否定。我们可以通过把以下三个假设作为起点而在相当大的程度上避开矛盾:(1)活到生育期的有机体所生育的后代,其平均数量要大于前一代;(2)任何一种有机体通常只会生育和自己一样的后代,但是这些新的个体与它们的父母并不完全一样,它们任何新的属性都会遗传给它们的后代;(3)有些这样的突变种会使受到影响的个体生育后代的比率发生改变。[②]几乎没有人会怀疑这些命题的真实性,或认为

---

① 虽然对这个概念很少进行定义,不过在生物学的理论讨论中,有大量的命题受到“从原则上说”这一附加语的限制,如“原则上能够具体说明”“从原则上说能够确定”“这种简化从原则上说是可能的”等,参见A. S. Sommerhoff, *Analytical Biology*, London, 1950, p. iv, v, 27, 30, 180。

② 对这些基本假设的类似罗列,参见J. S. Huxley, *Evolution*, London, 1942, p. 14。

进化论的问题就是它们是否真实的问题。倒不如说,它的问题是,这些命题是否适合于对我们所观察到的现象以及没有出现的现象做出解释。我们希望知道,这种具有可遗传变异和竞争性选择能力的重复机制能够产生什么后果,而我们若想回答这个问题,只能用演绎的方法找出这些假设的全部含义。我们会接受从这些前提中得出的结论,并且只要它们不但使我们能够从中推导出受观察的现象有可能已经造成的过程,而且对于是什么与不是什么做出了新的(尚未观察过的)区分而后又经观察所证实,我们就会把它们作为满意的解释。[1]

在某些情况下,这种理论有可能实际上不会产生新的结论,而是仅仅为生物学家认为"大自然并不那样运行"的知识提供了合理的依据。甚至有人认为,自然选择的进化论所遇到的主要反对意见,就是对它无法进行证伪,因为"好像不可能指出任何能够明确证伪这一理论的生物现象"[2]。这只从有限的意义上说是正确的。从它那儿推导出来的个别命题当然不太可能被证伪。但是,有关已经观察到的物种之间的差别总要归因于这些因素的作用这一断言,却是可以被驳倒的,譬如观察到环境突然发生变化之后仍然活着的个体很快会生出能够适应变化了的环境的后代。就前面提到过的前提所采取的形式而言,事实上,它们作为一种适当的解释是不充分的,这可由社会化昆虫中无性成员的特性遗传加以证明。为了解释这一点,就必须扩大这些前提,使它不但把个体特性,而且把群体中其他

---

① 对这个领域理论和观察的关系的一个十分精当且广泛适用的说明,见G. S. Carter, *Animal Evolution*, London, 1951, p. 9:"古生物学家大概能够排斥某些进化论,其根据是它们要求与事实不符的变化;他宣布有能力做到这一点,为了20世纪初孟德尔理论的早期形式……(原文此处疑有遗漏——译注)古生物学在进化论研究中的作用,类似于进化过程中自然选择的作用:它有助于清除无效的观点,但是它本身却不能创立观点。"另见Popper, *The Poverty of Historicism*。

② L. von Bertalanffy, *Problems of life*, New York, 1952, p. 89.

成员的特性也对成功繁衍的机会产生影响的情况包括进来。

这里值得进一步谈谈进化论能够做出多大程度的解释或预测，以及使它的这种能力受到限制的原因这个问题。它只能解释或预测现象的类型，并且对于这些类型只能根据十分一般的特征加以定义：某些类型出现的变化，并且不是被规定在狭窄的时空范围内，而是一个十分宽广的范围；或者不如说，在后来的有机体的结构中不存在另一些类型的变化。在进化论发展过程中出现的争论，大多不是针对事实，而是针对假想的机制是否能够对过去已经发生的进化做出解释这类问题，这一点是很有意义的。而答案也经常不是来自新事实的发现，而是来自纯粹的演绎论证，譬如遗传学的数理理论，而"经验和观察与选择的数理理论并不十分吻合"[①]。如果我们能够利用观察去验证这些演绎当然更好，例如颜色与地面没有很大不同的老鼠更不太可能被鹰捕获，因此较之颜色对比鲜明的老鼠，它的数量能够更快地增加，从而在种群中居于支配地位，这毫无疑问是可以由检验证实的（正像已经做过的那样）；不过至少可以设想，这种趋势会被另一种趋势抵消，即经常死于鹰爪之下，会刺激这个受影响种群的生殖能力（例如一度认为人类在战时的男婴出生比例会增加）。但是，即使不可能通过检验直接加以证实，仍然有理由接受这些演绎论证，直到它们被证伪为止。

七

我们现在的讨论所涉及的这种解释，经常被人称为"建立模式"。这种说法并不太强调我们所关心的那种区分，因为即使是物理学中最精确的预测，也要建立在利用某种形式的或实质的"模式"

---

① L. von Bertalanffy, *Problems of Life*, New York, 1952, p. 83.

基础上。[1]不过,“模式”这一概念虽然是要强调一种模式总是仅仅呈现原物的某些而不是全部特征(如一架机器的精确模型就不适合称为模式),它仍然提供了一个任何解释都具备的重要特点,只是具备的程度十分不同而已。

这种程度的不同,可以用物理学家在考虑生物学和社会科学所采用的正常模式时经常感到的困惑做出很好的说明。一个模式(尤其是由一组方程式表示的数学模式)对物理学家的价值,通常在于他能够确定相关的变量并将其代入该模式,从而可以从中演算出与希望做出预测或解释的事件有关的数值。上述学科通常也利用模式,尽管它们事实上无法确定变量的数值,甚至经常不存在确定这些数值的前景。不过人们却不在乎这种可能性,也就是说,它们虽然不能使我们预测这样那样的事件会在特定的时间和地点出现,仍然主张这些模式有解释价值。那么它们的解释价值何在呢?

现在答案应当是十分明确的。任何模式都划定了一个现象范围,它能够产生该模式所说的那类情况。我们或许无法直接证实,决定着该现象的因果机制与模式中的机制相符,不过我们知道,假如它们有相同的机制,那么受观察的结构肯定会表现出某些行为类型而不会表现出另一些行为类型;并且,只要受观察的现象是处在划定的可能范围之内,只要我们从该模式中得出的期待没有被否定,便有充分理由认为该模式揭示了在更为复杂的现象中发挥着作用的原则。

---

① 参见A. Rowenblueth and N. Wiener, “The Role of Models in Science”, *Philosophy of Science*. 1945, 12, p. 317:“实质模式是用一个被假定为较简单的系统说明一个复杂的系统,因此也假定它具有某些与为了研究原始的复杂系统而挑选出来的属性相似的属性。形式化模式是以逻辑语言对一个理想化的、相对简单的状况所作的象征性表述,该状况表现着原始的真实系统的结构属性。”关于以下讨论,也可参见K. W. Deutsch, “Mechanism, Organism and Society”, *Philosophy of Science*, 1951, 18, 3; “Mechanism, Teleology and Mind”, *Philosophy and Phenomenological Research*, 1952, 12, p. 185。

关于这些模式的一个特殊问题是，由于我们是根据我们对属于这些现象的因素知识进行推论，我们并不知道其他因素，因此我们的结论和预测也只能是针对所产生的现象之某些属性，换句话说，是针对某种现象类型，而不是针对某个具体的事件。如我们所知，严格来说所有的解释、预测或模式都是如此。当然，打开测量仪的开关其指针就会指在一个具体数字上的预测，与下面这种预测，如马不会繁殖出有翅膀的飞马，或如果用法律手段使所有商品的价格保持不变，而后来又出现了需求的增加，那么人们按现行价格购买每一种商品时，便再也无法买到他们希望买到的数量，这两种预测当然是大有差别的。

如果我们观察一下由一个代数方程式或“有前提的方程式”①系统组成的形式化模式，它会包含着有关某种关系结构的断言，即使我们并不知道任何一个变量的值，甚至对于出现在其中的函数之特点我们只有十分一般的了解，它仍会从它打算说明的任何现象中排除出现某些数值的可能性②；它可以告诉我们在任何时候会出现哪些变量的组合，也会告诉我们当知道了一个或若干个变量时，其他变量会处在多大的数值范围之内。当然，如果我们能够用越来越多的准确数值代替变量，这个范围也会随之缩小，直到这一系统全都变得确定无疑，只剩下一个数值仍有变化的可能。

人们常常认识不到，甚至最形式化的方程式系统也可以被用来进行预测，因此它也具有一定的经验内容（尽管这种内容十分稀少），从而可以为范围广大的现象的共同特征提供一种解释——或一种有关这种现象的原则性解释。需要强调一点，因为存在着一种广泛

---

① 例如有前提的函数，对于其中的变量，我们只接受那些使前提为真的值。参见K. R. Popper, *Logic of Scientific Discovery*, p. 30。

② K. R. Popper，同上。“即使方程式系统不满足于一个唯一解，它也不会允许用任何一组可以想象的数值代替‘未知数’（变量）。倒不如说，这个方程式系统规定了只有某些组数值或数值系统是可接受的。”p. 68。

的错误认识,以为这种模式的价值完全取决于我们使其中的变量变为具体数值的能力,只要我们做不到这一点,它们就毫无价值可言。其实并非如此:这种模式有其自身的价值,这与它们在确定具体情况中的作用无关,甚至当我们根本不知道如何使后者成为可能时也是如此。它们仍然会告诉我们一些与事实有关的事情,使我们能够做出预测。

然而,正如在讨论理论描述时所说①,我们在任何地方的目的都应当是建立起能够尽可能容易地加以"证伪"的理论,也就是说,使它有着尽可能多的经验内容,这一观点不是依然正确吗?这无疑会有碍于人们利用那些只有高度复杂的命题才能将其驳倒的理论开展工作,因为根据这一观点,只有未达到那种复杂程度的事情,才会被我们的理论所接纳。②不过在某些领域里,较具普遍性的理论仍然有可能是更为有用的理论,把它们进一步具体化可能没有多少实际价值。有相当多的场合,只能观察到最一般的模式,这时如果努力使我们的模式进一步狭窄化,从而让我们变得更为"科学",很有可能是徒劳无功的。在经济学这样的学科中,这种努力经常导致做出一些不合理的常数假设,因为事实上我们没有权利把那些因素当作常数来看待。

八

我们的结论看起来最适合数理生物学或数理经济学之类的学科,它们都采取了形式化的符号模式。不过对于那些用普遍性语言表述的生物学理论和社会学理论,它们同样是正确的。认为这些理

---

① K. R. Popper, 同上。p. 68。

② K. R. Popper, 同上。p. 127。

论不能导致预测同样是不正确的,它们的价值虽然取决于它们做出了什么预测,不过也必须认识到,这些预测所具有的特点与人们通常所理解的预测极为不同,因此不但物理学家,甚至一般人也不愿承认它们是预测。它们大多数是些否定性的预测,例如这样那样的事情不会发生,它们尤其是这样一种预测,如这样或那样的现象不会同时出现。这些理论为我们提供了一些现成的格式,它告诉我们,当我们服从一定的现象模式时,有望看到另一些这样而非那样的模式出现。它们会使用已知的孤立事实开始具有意义的方式,来证明自身的价值,它们将承担起理论赋予的职责。仅此而已。在有些方面,这些理论似乎不过是些分类表格,但它们却是只为理论允许出现的现象或现象组合提前提供的表格。它们指出了有望出现的现象之范围:如果动物学的分类表只为有翅类脊椎动物提供了两条腿,这是一种理论的结果,它使两条腿以上的有机体不太可能出现。如果经济学告诉我们,我们不可能在维持固定汇率的同时,又能通过改变货币数量控制国内的价格水平,这种预测有着本质上与上述例子相同的特点。经济学的预测正是因为具有这种特点,才使它经常仅仅是由类似于“你不能既吃饼又留饼”这样的变量所组成。这种知识的实践价值主要在于它防止我们追求那些相互矛盾的目标。其他理论性社会科学,如理论人类学,似乎也有着相同的情况:它们实际上告诉我们的,是一些制度类型不会同时出现,因为这些制度要以人群中的某种态度为前提(经常无法令人满意地证实其存在),只有在具有这种态度的人群中才会发现这样那样的制度(这可以通过观察加以证实或否定)。

这些理论使我们能够做出的预测有着局限性,但是不应把这一点混同于这样的问题:与那些导致更为具体的预测的理论相比,它们是不是不那么准确。只有从它们对现象的解释较少,因此留下了更多的不确定性这个意义上,而不是从它们的解释内容较不确定这个意义上说,它们才是更不确定的。如果后者有时也出现不确定的情况,那是因为一些我们这里不想讨论的因素:当我们面对十分复杂的现象时,识别出存在着使理论有用武之地的条件,往往需要随时具有在模式或格式方面的见识,这需要很少有人具备的专门技巧。因此,选择并采用适当的理论方案,往往变成了一门艺术,其成败与否无法用任何机械的检验加以确定。[①]具备这种有关重要关系的现成的模式,使我们对事件之概貌产生了一种感觉,它引导着我们对环境进行观察。不过这与自然科学也仅仅有着程度上的差别:准备许多手段也需要十分专门的技巧,而除了得到大多数训练有素的观察家的同意,并没有其他办法检验其正确与否。

九

如果一种理论并没有告诉我们在确定的时间我们会看到发生什么事情,而是仅仅告诉我们在一定范围内会看到哪一类事情或某些类型的复杂现象,那么与其把它称为预测,倒不如把它称为方向之引导(orientation)。这种理论虽然没有明确告诉我们会发生什么,但它仍会使我们更加了解身边的世界,使我们能够更有信心地活动于其中,使我们不会感到失望,因为我们至少能够排除某些事件。它使这个世界更有条理,使事情变得有意义,因为我们至少能够一般性地说明它们是如何凑在了一起,因此我们能够为它们勾勒出一幅完整的画面。虽然我们无法具体说明会发生什么,甚至无法列举出所有的可能性,但是每一个观察到的模式,就它限定了有可能发生的事情之范围而言,都是有意义的。

---

① 这里也许应当指出,我们这里所讨论的,当然不是自然科学和社会科学的不同,而是社会科学与研究较为复杂现象的自然科学共同具有的一种特点。社会科学的另一个大概更为重要的特点是由这样一个事实造成的:对不同类型的事实之辨识,大大取决于观察者和被观察者的相似性。

当我们的预测仅限于有可能发生的事情之一般的甚至仅仅是否定性的属性时,我们显然没有多少控制事物发展的能力。[①]但是,有关哪一类事情有可能发生、哪一类事情不可能发生的知识,却会帮助我们让自己的行为更加有效。即使我们完全无法控制外部环境,我们也可以使我们的行为适应环境。有时,我们有可能无法造成我们希望的特定结果,对事物之原理的了解却使我们能够让环境变得更有利于我们所需要的事情。在我们能够创造的环境组合中有可能发生的事情,其中有一些可能性更大的事情,会包含着比另一些事情更为可取的结果。因此,对原理的解释往往使我们能够创造这种有利的环境,即使它不允许我们控制其结果。我们在仅仅知道事物之原理的指导下从事的活动大概最好是用"培育",而不是用人们所熟悉的"控制"一词来称呼它——这里所说的培育,是指农民或园丁培植花木这个意义上的培育,他了解起决定性作用的条件,但是他只能控制其中的一部分。根据这种含义,聪明的立法者或政治家大概只应当努力培育而不是去控制社会过程中的各种力量。

如果说,我们在研究十分复杂的现象时,确实在很大程度上只能依靠这种原理性解释,不过我们也不能忽视与这种方法有关的一些不利之处。由于这样的理论难以被驳倒,消除低劣的对立理论便成了一件缓慢的工作,这与采用理论者的论证技巧和眼力有着密切的关系。对于它们的优劣没有严格的检验方法。存在着严重滥用的机会:有可能存在着一些冒牌的、过于精巧的理论,若想驳倒它们,不能依靠简单的检验,而只能依靠这个领域里有同样才干的人的良好感觉。甚至不存在抵制纯粹江湖骗子的有效手段。对这些危险始终保持清醒,大概是唯一有效的警戒方式。但是这也无助于抵制另一些处境有所不同的学科所树立的典范。这不是因为没有做到

① 我们当然有可能做出准确的预测,即使我们没有能力进行控制,但是我们控制事物发展的能力,显然不可能超出我们预测自己行为结果的能力。预测的限度意味着控制的限度,但反过来说则是错误的。

择善而从，而是因为这种困难所引起的某些学科难以驾驭的性质。认为这要归咎于那些学科的不成熟是没有根据的。如果认为本文所讨论的是一些学科暂时的过渡状态，它们迟早会超越这个阶段，那不啻是完全误解了它的论点。在某些情况下有可能如此，不过在有些领域，有充足的理由相信，这些限制是永久性的，原理性解释仍将是我们在这些领域所能取得的最好成果，学科的性质使我永远不可能得出使我们可以做出具体预测的详细解释。在这些领域我们只能取得这样的知识，对它表示不信任没有任何好处。

当然，并非不可能的是，随着有些学科一步步深入更为复杂的现象之中，仅仅提供原理解释的理论，或描述了某些结构有可能引起的现象之范围的理论，有可能成为一种常规而不是例外。近年来的一些发展，如控制论、自动装置或机制理论、一般系统论，大概还有交往理论，似乎都属于这种类型的理论。我们越是进入十分复杂的领域，我们的知识就越是有可能仅仅成为原理，成为有意义的概述，而不是细节说明。尤其是在我们必须应付极为复杂的人类事务时，得出对具体事件的具体预测的希望，似乎是十分渺茫的。人类的大脑显然不可能详细说明"一个由无数成员和各种各样潜在思维方式组成的社会所表达的行为方式、感情方式和思维方式"，而用一位杰出的人类学家的话说，这正是文化的本质。[①]

我们在这里无法承担这样的研究任务：我们一开始就必须处理相对复杂的现象的学科所提出的看法，是否也会逐渐适用于那些至少能够以较为简单的现象作为起点的学科，也就是说，即使是物理学，当它所研究的不再是看上去像是一个严密整体的少数有关事件，同时它的发展方式使它必须从相互关系的角度规定自己的概念，从而真正能够证伪的只是它的作为一个整体的理论体系[②]，而不

① A. L. Kroeber, *The Nature of Culture*, Chicago University Press, 1952.

② 参见F. A. Hayek, *The Sensory Order*, London, 1952, p. 170及以下各页。

是它的局部，那么它是否也会逐渐面对我们在生物学和社会科学中所熟知的困难。这意味着，由于学科的性质使然，物理学只有在较晚的阶段，才会遇到其他学科早就面对的困难，因此后者无法从物理学那儿学到什么，只好花很长的时间纠缠于物理学家只有在其学科发展的后期阶段才会遇到的问题。

最后大概应当强调，在这两种方法之间根本不存在竞争，因为我们称为原理性解释的东西，总是仅仅为我们提供一旦得出全面的解释它便可提供的信息之一部分，还因为从这个意义上说前者是一种不那么强大的工具。不过从它能够应用于另一些方法一时或永远派不上用场的领域这个意义上说，它又是十分强大的工具。有时候科学家说起话来，使人觉得仿佛根本不存在他们所说的科学方法不能进入的领域，即我们无法通过观察建立起复杂现象的规律的领域，但是只要好好想一下，这种主张意味着人类的头脑必须有能力处理有着任何可以想象的复杂程度的现象之全部细节，他便不会再认真坚持这种主张了。如果我们只考虑狭义上的物理世界，这或许不无道理，但是当我们考虑一下生物现象时，这种主张就会变得十分可疑；当我们必须处理人类本身的某些行为时，则它肯定是错误的。尤其是在这样一些领域里，我们的研究对象、我们研究和交流成果的手段，即我们的思想、语言以及人类互相交流的全部机制部分重合，因此在讨论一个事件系统时我们也必须在该系统之内活动，我们所能够得到的知识肯定有着明确的局限性。要想搞清楚这些局限，只有对存在于以下两种情况之间的关系类型进行研究：一是在一个既定的系统之内我们能够解释的事情；二是关于这个系统我们能够解释的事情。为了理解这个问题，有可能必须特别细心地培养解释原理的技巧，例如按照大大简化了的模式再现一种原理；就这种模式而言，系统地采用这种技巧，可能是得到明确知识——尤其是受我们的思维能力限制的知识——的唯一途径。

复杂现象论①

一　模式认知与模式预测

人类因为好奇心和需要而投身于科学研究。这种好奇心一直有着比任何其他因素都更大的创造力。这有充分的原因。当我们有了好奇心时，我们便会有一个疑问。但是，不管我们多么迫切地想从似乎是毫无秩序的局面中找到一条出路，如果我们不知道应当寻找什么，那么即使对纯事实进行最专注而不懈的观察，也不太可能使这些事实变得更易于理解。对事实的直接把握当然十分重要，但是只有在提出问题之后，才能够进行系统的观察。在我们提出明确的问题之前，我们无从运用自己的智力；而问题的前提是，我们已

① 原载 *The Critical Approach to Science and Philosophy: Essays in Honor of K. R, Popper*, ed. M. Bunge, New York: The Free Press, 1964。

经对事件形成了某种假设或理论。[①]

只有当我们的感官首先觉察到事件中一再出现某种模式或秩序时,问题才会出现。一再认识到某种规律(或反复出现的模式或秩序)、不同环境中某种相似的特征,使我们产生好奇心,从而提出"为什么如此"的问题。[②]我们的理智有一种天赋,当我们在纷杂的事物中注意到这种规律时,我们猜想存在着同一种机制,我们产生了发现这种机制的好奇心。我们对自己的环境所取得的无论什么样的理解或控制力,正是归功于我们理智的这一特性。

许多这样的自然规律是由我们的感官"直觉地"认识到的。我们看到和听到的模式就像个别的事件一样多,并没有运用理智的操作。在许多情况下,这些模式不过是我们视为理所当然的环境之一部分,因此它们不会引起问题。但是,当我们的感官向我们展示出新的模式时,就会引起惊奇和疑问。我们将科学的起源归功于这种好奇心。

---

① 参见亚里士多德:《形而上学》,Ⅰ, 11, 9, 9826b(Loeb ed. p. 13):"人类是从好奇心起步,最早开始哲学思维的……显然,他们是为了知识,而不是为了任何实际用途而追求科学。"另见亚当·斯密的"引导并支配哲学研究之原则"一文,载*Essays*, London 1869, p. 340:"好奇心,而不是对发现所带来的好处的任何期待,是促使人类研究哲学——即力求揭示将不同的自然现象联系在一起的那些隐秘关系的科学——的第一原因;他们从事这种研究是以它本身为目的,并不考虑它为他们提供另外许多享乐手段的可能。"现在流行的相反观点,如"尼罗河谷的饥荒导致了几何学的发展"(Gardner Murphy言,见*Handbook of Social Psychology*, ed. by Gardner Lindzey, 1954, Vol. Ⅱ, p. 616),真有任何根据吗?可以说,几何学的发现变得有实用性这一事实,并不能证明它是因为有实用性才被发现的。经济学在一定程度上是这一普遍原则的一个例外,更多地受需要而不是仅仅受好奇心的支配,见我的演讲"The Trend of Economic Thingking",载*Economica*, 1933。

② 参见K. R. Popper, *The Poverty of Historicism*, London, 1957, p. 121:"科学……不像一些研究者认为的那样,能够以观察或'收集材料'为起点。在我们能够收集材料之前,必须先对'某种类型的材料'产生兴趣:问题总是首先出现。"另见他的*The Logic of Scientific Discovery*, London, 1959, p. 59:"观察永远是根据理论进行的观察。"

然而,我们的感官的这种模式认知的直觉能力虽然十分神奇,却仍然有它的局限性。[①]只有某些含有规律的状况(未必是最简单的状况)会将自身呈现于我们的感官。自然界中的许多模式,只有当我们用理智把它们建立起来之后,我们才能发现它们。系统地建立这种新模式是数学的工作。[②]在这方面,几何学在视觉模式上所发挥的作用,不过是一个最为人们熟知的例子。数学的巨大力量在于,它使我们能够描述出我们无法用感官认知的模式,并且能够说出具有高度抽象性模式的等级或类别的共同属性。从这个意义上说,每一个代数方程或一组这样的方程都规定了一类模式,当我们用明确的数值代替其中的变量时,这些模式便具体化为个别的具体表现。

很可能是因为我们的感官能自动地认识到某些模式,因此导致了一种错误的看法,以为只要我们作足够长时间的观察,或从自然事件中得到足够多的事例,某种模式就总是会自动浮现出来。事情经常是这样,仅仅意味着在这种情况下,理论化的工作已经由我们的感官完成。但是我们还得对付一些这样的模式,它们的提出并无生物学的原因,在我们能够从现象中发现它存在之前,或我们对它能否用于我们的观察能够进行检验之前,我们必须首先发明这种模式。一种理论总是仅仅规定某种(或某类)模式,人们所期待的一种

① 尽管在某些方面我们感官的模式认知能力显然超过了我们的智力解释这些模式的能力。我们感官的这种能力在多大程度上是另一种(先于感觉的)经验的结果,这属于另一个问题。关于这一点以及一种理论或假设所涉及的所有感知的一般问题,见我的*The Sensory Order*, London and Chicago, 1952, 尤见7. 37一节。另可参见Adam Ferguson(很可能是取自George Berkeley)在*The History of Civil Society*(London, 1767, p. 39)一书中所表达的出色思想:"思维的推理有时无法与感官的知觉相区分";以及H. von Helmholtz关于大多数知觉中所包含的"无意识推理"的理论。近年来对这种观点的阐述,参见N. R. Hanson, *Pattern of Discovery*, Cambridge University Press, 1958, 尤其是p. 19;以及J.S. Bruner, L. Postman等最近提出的"认知理论"中关于"假设"在知觉中的作用的观点。

② 参见G. H. Hardy, *Mathematician's Apology*, Cambridge University Press, 1941, p. 41:"数学家就像画家或诗人一样,是一个制造模式的人。"

模式的具体表现,取决于具体环境("原初的和边缘性的条件",根据本文的目的,我们称之为"素材")。我们事实上有多大的预测能力,取决于我们能够确定多少这样的素材。

由理论提供的模式描述,一般仅仅被认为是一种使我们能够对出现在特定环境中的模式之具体表现做出预测的工具。但是,关于某些一般条件下会出现某种类型的模式的预测,也属于有意义的(但有可能是错误的)预测。如果我对某人说,他到我的书房去会看到那里有一块由钻石和花边组成图案的小毯子,他不难确定"根据结果这一预测是真是假"[①],即使我没有提到布局、尺寸、颜色等形成这块小地毯图案的因素。

对某种类型的模式之出现所作的预测,和对这种模式的具体事例之出现所作的预测之间的区别有时在自然科学中也十分重要。宣布某矿物晶体为六边形的矿物学家,或推测处在另一天体的磁力场的某个天体的运行轨道与圆锥体的一个断面相一致的天文学家,是做出了可以被否定的有意义的预测。不过一般而言,自然科学倾向于假定,从原则上说总是有可能对它们的预测做出任何所需程度的说明。[②]但是,当我们从自然科学所处理的比较简单的现象转向并不总是能够做出这种说明的更为复杂的生命现象、精神现象以及社会现象时,这一区别便具有了更为重要的意义。[③]

---

① 狄更斯(Charles Dickens):《大卫·科波菲尔》,第1页。

② 虽然可以怀疑,事实上是否有可能对譬如说一架飞机在特定时刻对我这杯咖啡表面的波纹所产生的震动模式做出预测。

③ 参见Michael Seriven, "A Possible Distinction between Traditional Scientific Disciplines and the Study of Human Behaviorn", *Minnesota Studies in the Philosophy of Science*, Ⅰ, 1956, p. 332:"因此,对行为的科学研究与对自然现象的研究之间的差别,归因于我们在行为理论中所要说明的最简单的现象也有着相对而言更大的复杂性。"

二 复杂性的程度

当把简单和复杂的区分应用于各种命题时，出现了相当大的哲学困难。不过，衡量不同类型的抽象模式的复杂程度，似乎有着十分简单的办法。一种模式为了呈现出这类模式的全部特征而必须具备的要素数量最少，似乎提供了一个毫不含糊的标准。

人们有时怀疑，生命现象、精神现象和社会现象是否真的比自然现象更为复杂。[①]看来这主要是因为混淆了某个特殊种类的现象所具有的复杂程度和任何要素组合、任何现象所能形成的复杂程度。物理现象当然可以用这种方式达到任何复杂的程度。但是，当我们从一个公式或模式为形成不同领域典型的模式特征（或呈现出

---

① Ernest Nagel, *The Structure of Science*, New York, 1961, p. 505："虽然社会现象有可能是复杂的，这并不意味着它们一般而言比物理和生物现象更为复杂。"不过也请参见Johann von Neumann, "The General and Logical Theory of Automata", *Cerebral Mechanism in Behavior*, The Hixon Symposium, New York, 1951, p. 24："我们这里所处理的实际上是我们并无经验的那一部分逻辑内容。这种复杂现象的规律无可比拟地超出了我们已知的任何事情。这里对生物学和神经学所研究的数量规律做点说明或许是有益的。宇宙中电子的总数估计为10^{79}，电子和质子数为10^{100}，而在有着10个同分异型异链物(allelomorphs)的1000个点（基因）的染色体中，存在着10^{1000}的可能组合；可能的蛋白质数量估计为10^{2700}。"（参见L. von Bertalanffy, *Problems of Life*, New York, 1952, p. 103）。C. Judson Herrick(*Brains of Rats and Men*, New York)认为，"在大脑皮层数秒紧张的活动中，交感神经实际出现的相互联系的数量（把不同组合模式中不只出现过一次的联系都计算进去），有可能像太阳系中原子的总数一样多"（即10^{56}）；另外，Ralph W. Gerard(*Scientific American*, September 1953, p. 118)估计，在70年的时间里，一个人有可能累积15×10^{12}个信息单位（"比特"），这要比神经细胞的数量多10倍。社会关系在这里造成的进一步的复杂性，相对而言当然也就不那么重要了。不过关键在于，如果我们想把社会现象"简化"为物理现象，这会再增加一份复杂性，因为还有决定着精神现象的复杂心理过程。

这些结构所遵循的一般规律）而必须具有的最小变量这个角度考虑问题时，当我们从非动物现象进入（“有机性更高的”）生物和社会现象时，复杂性的增加是显而易见的。

一方面，即从明确的变量之数量这个角度说，当我们观察一组表述任何物理规律尤其是机械规律的公式时，这些规律看上去令人吃惊地简单。[①]另一方面，甚至像反馈（或控制论）系统这种构成因素相对简单的生物现象，其中物理结构的某种组合会产生一个具有特殊属性的完整结构，为了对它进行描述，也需要比描述一般机械规律更为细致得多的方法。事实上，当我们问自己，应当根据什么标准指出某些现象是“机械”现象或“物理”现象时，我们很可能会发现，它们的规律从以上规定的意义上说是简单的。非物理现象更为复杂，是因为我们把可以用相对简单的公式加以描述的事情称为物理现象。

因为相互之间存在着简单关系的要素之数量的增加，而引起“新”模式的“浮现”，意味着这个更大的结构作为一个整体具有某些普遍或抽象特征，只要普遍结构（比如一个代数方程所描述的结构）得到保留，它们就会独立于个别素材的具体数量而反复出现。[②]这种根据其结构的某些普遍属性定义的“整体”，会成为理论解释的明确对象，即使这种理论有可能仅仅是把有关各个要素之关系的命

---

① 参见Warren Weaver, “A Quarter Century in the Natural Sciences”, *The Rockefeller Foundation Annual Report*, 1958, Chapter Ⅰ, “Science and Complexity”。在撰写本文时，我只看到了刊登在1948年《美国科学家》杂志第36期上这篇文献的缩写本。

② 摩根(Lloyd Morgan)的“浮现”(emergence)概念，是通过刘易斯(G. H. Lewes)(*Problems of Life and Mind*, 1st series, Vol. Ⅱ, problem V, ch. Ⅲ, 这一节的标题是“Resultants and Emergents”; American ed., Boston, 1891, p. 368)从约翰·穆勒那里得到的，后者对化学和其他复杂现象中的“异质”规律与机械学等科学中的一般“因果成分”作了区分，见他的*System of Logic*, London, 1843, bk. Ⅲ, ch. 6 in Vol. Ⅰ, p. 431 of the first edition。另参见Lloyd Morgan, *The Emergence of Novelty*, London, 1933, p. 12。

题结合到一起的一种方式。

如果主要根据该结构是“开放”系统还是“封闭”系统来对待这项工作,有可能引起误解。严格地说,宇宙中根本不存在封闭系统。我们只能提出这样的问题,在具体事例中,宇宙的其他部分作用于这一系统的那些我们希望指出来的接触点(它们对理论而言就变成了素材)是多还是少。这些决定着理论所描述的模式在既定环境中所呈现之特定形式的素材或变量,在复杂的整体中数量会更多,因此也比简单现象更难以确定和控制。

当我们把某事物当作一个整体,或划定“分界线”[①]时,是由这样的考虑决定的:我们能否分离出一个我们在自己生活的世界中实际遇到的一再出现的、明确的整合结构的模式类型。可以设想有许多一再出现的复杂模式,但我们不会认为值得去建构它们。仔细思考和研究一种特定类型的模式是否有用,取决于它所描述的结构是持久的还是暂时的。我们主要关心的整合结构,是那些某个复杂模式使它产生了某些属性的结构,表现出这些属性的结构可以自我维持。

三 素材不完全时的模式预测

为了形成一定类型的复杂现象,需要最低限度的独特要素的多样性(因此也包含着需要做出解释的最低数量的素材的多样性),由此引起的问题决定着有关这种现象的学科,并且使它们看起来十分不同于研究较为简单的现象的学科。前者的主要困难变成了一种实际确定全部决定着相关现象之特定表现的素材的困难,这种困难

① Lewis White Beck, “The‘Natural Science Ideal’in the Social Science”, *The Scientific Monthly*, LXⅧ, June 1949, p. 388.

在实际上往往无法克服，有时甚至是一种绝对的困难。① 主要研究简单现象的人经常倾向于认为，理论在存在着这种情况的地方毫无用处，科学态度要求我们应当找出一种足够简单的理论，使我们能够从中得出对特定事件的预测。在他们看来，这种理论，即有关模式的知识，仅仅是个工具，它的作用完全取决于我们能否使它成为对引起某个特定事件的环境的解释。就简单现象的理论而言，这大体上是正确的。②

可是没有理由认为，总是可以发现这种简单的规律，物理学更为先进是因为它成功地做到了这一点而另一些科学尚无法做到。不如反过来说更好：物理学取得成功的原因是，根据我们的理解，它所处理的是简单现象，而一个有关本质上很复杂的现象（或——如果这种说法更为可取的话——必须处理的是有机化程度更高的现象）的简单理论，很可能必然是个错误的理论——它至少没有做出其他条件保持不变的假设，而在对这些条件做出充分说明之后，该理论将不再是一个简单的理论。

可是我们所关心的，不仅是个别事件，也不仅是能够从经验上加以检验的对个别事件的预测。我们同样关心抽象模式本身的再现过程。有关某种类型的模式在规定的条件下将会出现的预测，是一种可错的（因此是经验的）命题。有关使某种类型的模式得以出现的条件的知识，以及有关它的维持取决于什么的知识，在实践中有可能十分重要。使理论所描述的模式得以出现的环境和条件，是由一定范围的、可以被代入方程式中的变量所规定的。因此，为了

---

① 参见F. A. Hayek, *The Sensory Order*, paras. 8. 66–8. 86。

② 参见Ernest Nagel, "Problems of Concept and Theory Formation in the Social Sciences", in *Science, Language and Human Rights*(American Philosophical Association, Eastern Division, Vol. 1), University of Pennsylvania Press, 1952, p. 620："在许多情况下我们不知道恰当的初始分界条件，因此即使可以利用的理论适合于那一目的，也无法做出准确的预测。"

使这种理论适用于某种状况,我们需要知道的是哪些素材具有某些一般属性(或者是属于变量范围所规定的类型)。除此之外,只要我们仅仅满足于得到将会出现的模式的类别,而不是它的具体表现,则我们就无须知道它们各自的属性。

这种理论注定是“代数性质的”①,因为实际上我们无法把具体数值代入变量,因为这样一来它会不再是一个单纯的工具,而是成了我们的理论努力的最终结果。当然,用波普尔的话说②,这种理论是经验内容很少的理论,因为它只能使我们预测或解释一种可以同许多具体环境相配合的条件的某些一般特征。它大概只能使我们做出斯克里温先生所说的“有前提的预测”(hypothetical prediction)③,即受着尚不知晓的未来事件制约的预测;在任何情况下,与这种预测相一致的现象范围甚广,这使它出错的可能性很小。但是就像目前——甚至永远如此——在许多领域里我们所能取得的理论知识一样,它能够扩大科学知识可能的发展范围。

由此可见,科学的进步必须从两个方向上进行:使我们的理论尽可能具有可证伪性当然是必要的,不过我们也必须进入这样的领域,随着我们的深入,可证伪性必然会减少。这是进入复杂现象的领域不得不付出的代价。

---

① “代数性质的理论”这个有用的概念,是J. W. N. Watkins教授向我建议的。

② K. R. Popper, *The Logic of Scientific Discovery*, London, 1959, p. 113.

③ M. Scrien, “Explanation and Prediction in Evolutionary Theory”, *Science*, August 28, 1959, p. 478, 另参见K. R. Popper, “Prediction and Prophecy in the Social Sciences” (1949), 重新收入他的*Conjectures and Refutations*, London, 1963, 尤其是p. 339及以下各页。

四　统计学在处理模式复杂性上的不当

在我们进一步说明“代数性质的”理论所提供的、仅仅对有着高度概括性的一般特征做出描述的“原则解释”[①]的作用之前，以及在讨论我们因为看到了可能的知识之界限而得出的重要结论之前，有必要先谈谈一种方法，可以说，它经常错误地使我们丧失对复杂现象的理解力：统计学。统计学的设计是为了处理大量的数据，因此人们往往认为，因复杂结构包括众多要素而产生的困难，可以利用统计学的技术获得解决。

但是从本质上说，统计学是通过消除复杂性来处理大量数据的，它有意识地把它所计算的每个要素，看成它们之间仿佛没有系统地相互联系在一起。它通过用出现率信息取代有关个别要素的信息，避开复杂性问题，它故意不考虑一个结构中不同要素的相对位置也会有一定作用这个事实。换言之，它的工作假设是，只要掌握了一个集(collective)中不同要素的出现率，就足以解释这种现象，因此有关这些要素相互联系的方式的信息是没有必要的。因此，只有当我们故意忽略，或者并不知道有着不同属性的每个要素之间的关系时，也就是说，当不考虑或不了解它们所形成的任何结构时，统计学方法才是有用的。在这种情况下，统计学可以使我们通过用单一属性代替一个集内的无法确定的各个属性，重新获得简单性并使工作变得更易于处理。然而也正是因为如此，它无法解决涉及不同属性的个别要素之间关系的问题。

当我们拥有关于许多相同类型的复杂结构的信息时，也就是说，当复杂现象，而不是构成它的要素，能够成为统计集的要素时，

① 参见本书中《解释的程度》一文。——译注

统计学对我们会有所帮助。例如,它可以提供给我们复杂结构——例如一种有机体的成员——的特定属性一起出现的相对频率;不过这里的前提是,我们需要有一种识别这种结构的独立标准。当我们拥有关于同一类动物、语言或经济制度的许多个体之属性的统计资料时,这当然可以是科学上十分有意义的信息。[①]

然而,甚至在这种情况下,统计学对于解释复杂现象也没有多少贡献,只要我们设想一下,我们发现了足够多的计算机是自然物体,我们又想预测它们的行为,就可以清楚地认识到这一点。显然,除非我们掌握了设置进计算机的数学知识,也就是说,除非我们知道决定其结构的理论,我们不可能取得成功。任何有关投入产出之相互关系的统计学信息,都不能使我们更接近于达到这一目标。而当前在我们称为有机体的更为复杂的结构方面所作的大规模努力,都属于这种性质。认为仅仅依靠观察,而不必拥有正确的理论,就肯定能够用这种方式发现投入产出关系中的规律,这种表现甚至比计算机的例子更为无益和幼稚。[②]

当我们所拥有的是人口中各种因素的信息时,统计学能够成功地应付这种复杂的结构,然而它却不能告诉我们这些因素的结构。用时髦的话说,统计学把它们看作"黑箱",认为它们类型相同,但是对它们的统一特征不作任何说明。大概谁也不会严肃地主张,统计学能够解释即使是相对而言不十分复杂的有机分子结构,也没有谁会认为,它能帮助我们解释有机体的功能。但是在说明社会结构的功能时,人们却广泛地持有这种信念。这当然主要是因为对研究社会现象的理论的目标持有一种错误看法造成的,不过这就属于另一回事了。

---

① 参见F. A. Hayek, *The Counter-revolution of Science*, Glencoe, Ⅲ, 1952, p. 60-63。

② 参见J. G. Taylor, "Experimental Design: A Cloak for Intellectual Sterility", *The British Journal of Psychology*, 49, 1958, p. 107-108。

五 作为模式预测之一例的进化论

具有很大价值的复杂现象理论,大概最好的例子就是达尔文的自然选择进化论了,尽管它只是讲述了一个我们无法用细节将其充实起来的一般模式。这一理论对科学方法的主流思想总是碍手碍脚,这一点是意味深长的。它肯定不符合"预测和控制"这种被奉为科学方法之圭臬的正统标准。[①]但无可否认的是,它已经成为大部分现代生物学成功的基础。

在我们评价它的特点之前,必须澄清一下对它的内容广泛持有的一种误解。它常常被说成是对具体的有机体物种从这种逐渐变为那种的过程的说明。然而这并不是进化论本身,而是它对过去200多万年里发生在地球上的具体事例的应用。[②]大多数对进化论的错误应用(尤其是人类学和其他社会科学)及各种滥用(譬如在伦理学中),都要归咎于对它的内容的这种错误的解释。

通过自然选择而进化的理论,描述了一个过程(或机制),它出现在地球的具体环境之中,但又独立于这一环境。这一理论对十分

---

① 例如参见Stephen Toulmin, *Foresight and Prediction*, London, 1961, p. 24:"没有哪个科学家曾用这一理论预测将会出现一个新的物种,更不用说去证实他的预测了。"

② 甚至波普尔也暗示这样的解释,他写道(*Poverty of Historicism*, p. 107):"进化的假设并不是一种普遍的自然规律,而是一种有关一部分动植物之祖先的特殊的(更准确地说,是唯一的)历史命题。"如果这里的意思是说,进化论的本质就是断定特定物种有着共同的祖先,或结构上的类似总是意味着有共同的祖先(进化论正是从这一假设中推导出来的),那就应当强调说,这并不是目前进化论的主要内容。或许是出于偶然,波普尔把"哺乳动物"的概念当作一个"全称命题"的态度(*Logic*, p. 65),与他否认进化的假设,表达了一种普遍的自然规律之间存在着一些矛盾之处。同样的过程也可以在其他星球上产生哺乳动物。

不同的环境中的事件过程都同样适用，而这些过程可以产生一组完全不同的有机体。这一理论的基本思想极其简单，只有当应用于具体环境时，它才会展现出自己不同寻常的解释力和它所能够解释的现象范围。[①]这种具有广泛意义的假设是，已被证明有更好生存机会的物种所具备的可变异性以及竞争性择优汰劣机制，为了根据环境和相互之间做出不断调整，会在时间过程中产生重大的结构变异。这个一般假设的正确性，并不取决于它首先得到的具体应用之正确性：例如，人和猿虽然有着结构上的相似性，但是假如他们不是一个比较接近的共同祖先的后代，而是起源于相互之间非常不同的祖先（例如像有袋类食肉动物和有胎盘类食肉动物的外表极为相似的类型）的两个趋同过程的产物，这并不会否定达尔文的一般进化论，而是只能否定把它应用于具体事例的做法。

如所有的理论一样，这种理论本身仅仅说出了可能性的范围。在这样做时，它排除了另一些可以设想的事件过程，因此是能够被证伪的。它的经验内容就存在于它所禁止的事情之中。[②]如果观察到一个与它的模式不符的事件，譬如马突然开始繁殖长有双翼的小马，或者不断砍去狗的后代的后爪能够造成以后生下来的狗没有后爪，我们才可以认为这一理论遭到了否定。[③]

无可否认，这一理论所许可的范围很广。不过也可以认为，只是因为我们的想象力有限，才使我们无法对受到禁止的范围之广有更多的了解——可以设想的有机体形式变异是多么有限，幸亏有了进化论，我们才知道它们在可见的未来不会出现在地球上。常识早

---

① 正如达尔文写给Lyell的信中所示，他本人十分了解“在这一理论的应用中所包含的全部劳动成果”（C. C. Gillispie的引文，参见他的*The Edge of Objectivity*, Princeton, 1960, p. 314）。

② K. R. Popper, *Logic*, p. 41.

③ 参见Morton Becker, *The Biological Way of Thought*, Columbia University Press, 1954, p. 241。

就告诉我们，不要期待与过去我们的所知大为不同的任何事情。但是，哪一些类型的变异肯定处在可能的范围之内，哪一些不是这样，对此只有进化论能告诉我们。我们或许没有能力写出一份详尽的可能性目录，不过从原则上说我们能够回答任何特定的问题。

根据我们这里讨论的目的，我们可以不考虑一个事实：从某个方面说进化论仍然是没有完成的，因为我们对突变机制仍然所知甚少。不过让我们假设，我们确切地知道具体的突变发生的条件（或至少是既定条件下它发生的概率），并且我们也知道任何具体环境中所有这些突变赋予一个特定成分的确切优势。这还是不能使我们解释现存的物种或有机体为什么具有它们所拥有的特定结构，也不能预测它们还会产生什么样的新形式。

其原因是，想要搞清楚200万年的过程中决定着现有形式出现的那些具体条件，或在未来几百年里决定着优者生存的那些具体条件，实际上是不可能的。即使我们努力将我们的解释方法用于一个物种，我们知道它的个体数量，我们也能够对其一一进行观察，而且假定我们能够确定并记录下每一个相关的事实，仅就这些事实的数量而言，我们也无法进行计算，也就是说，无法把这些数据放入我们理论公式的适当位置，然后解答这个如此确定下来的“命题方程式”[①]。

我们关于进化论的所言，也适用于生物学的其他大多数情况。对有机体的生长和功能的理论上的理解，只在十分罕见的情况下，才能成为有关特定情况下会发生什么的预测，因为我们很难搞清楚对形成结果起作用的所有事实。所以说，“预测和控制，通常被认为是科学的基本标准，但这在生物学中是不成立的”[②]。它所研究的是形成模式的要素，这种知识有助于创造一些有利于产生某些类型

① K. R. Popper, *Logic*, p. 73.

② Ralph S. Lillie, “Some Aspects of Theoretical Biology”, *Philosophy of Science*, XV, 2, 1948, p. 119.

的结果的条件，但仅在相对极少的情况下它才能控制所有的相关条件。

六 社会结构的理论

现在我们不难认识到，类似的局限性也适用于有关精神和社会现象的理论解释。在我看来，在这些领域里，理论工作至今已经取得的主要成就之一，就是证明了这里的个别事件经常取决于如此之多的具体条件，我们事实上根本不可能全部搞清楚它们。因此，我们不但仍然与预测和控制的理想相去甚远，甚至我们能够通过观察发现每个事件之间的规律性关系的希望也是虚妄的。例如，理论提供的一个观点，即一个人一生中的几乎任何事件都会对他未来的几乎所有行为有一定影响，并不能使我们可以把自己的理论知识转化成对特定事件的预测。认为只要建立起有关这些主题的科学，肯定就能够做出这样的转化；认为这方面的科学工作者不过是还没有取得物理学那样的成就，即在可观察的少数事物中找出一些简单的关系——这种教条主义的信念没有任何道理可言。如果我们已经建立的理论没有告诉我们任何东西，那是因为不能指望存在着这种简单的规律。

这里我将不考虑一个事实，当一个头脑试图解释另一个有着同样复杂性的头脑的运行过程时，除了“实践上的”但并非不可克服的障碍之外，还存在着一种绝对不可能做到的事情：一个完全能够自我解释的头脑这种说法，包含着逻辑上的矛盾。我在其他地方曾谈到过这一点。[①]它与这里的讨论无关，因为因不可能确定所有相关素材而造成的实际限制，仍然处在逻辑限制的范围之内，但后者与

---

① 参见*The Sensory Order*, 8. 66–8. 86, 另见*The Counter-revolution of Science*, Glencoe, Ⅰ, 22, 1952, p. 48。

我们事实上能够做什么几乎没有什么关系。

在社会现象的领域，只有经济学和语言学①似乎已成功地建立起了严密的理论体系。这里我将仅限于参照经济学理论对普遍性命题作些说明，不过我所说的大多数内容，也适用于语言学理论。

熊彼特对经济理论的任务做过出色的说明，他写道："非社会主义社会的经济生活包含着每个公司和家庭之间的成千上万种关系或交往。我们能够建立起一些有关它们的模式，可是我们根本不可能对它们作一览无余的观察。②"对此必须补充说，除非其中独立的要素数量相当多，自发形成的整个模式是由不同个体的十分不同的行为所决定，否则我们所关心的大多数现象，例如竞争，是不可能出现的；此外，取得相关数据方面的障碍，也无法通过把它们视为统计学的集成员(members of a statistical collective)而得到克服。

因此，经济理论仅限于描述如果某些条件得到满足将会出现的各种模式，但几乎不可能从这种理论中得出任何有关特定现象的预测。只要我们想一下自从瓦尔拉斯以来在说明所有商品买卖的价格和数量关系上已得到广泛应用的自动方程式系统，便可最清楚地理解这一点。它们是这样形成的，假如我们能够填补上所有的空白，也就是说，假如我们知道这些方程式中所有的变量，我们便可算出所有商品的价格和数量。但是，至少像这一理论的建立者所明确理解的那样，它的目的并不是"做到能够对价格进行量化计算"，因为以为我们可以掌握全部数据是"荒谬的"③。

对这种一般模式的形成进行预测，取决于某些十分一般的事实

---

① 参见Noam Chomsky, *Syntactic Structures*, Gravenhage, 1957。他直率地不再去寻找一种归纳主义的"发现"，转而寻找一个"进化过程"，这使他能够清除那些错误的语法理论。在这个进化过程中，语法可以通过"本能、猜测、所有类型的局部方法的暗示以及依靠以往的经验而取得"(p. 56)。

② J. A. Schumpeter, *History of Economic Analysis*, Oxford University Press, 1954, 241.

③ V. Pareto, *Manuel d'economie politique*, 2nd ed., Paris, 1927, p. 223-224.

假设(譬如大多数人是为了挣钱而做生意,他们更喜欢较多的收入,他们没有被阻止进入他们希望进入的任何交易,等等。这些假设决定着变量的范围,而不是其具体数值),但并不取决于知道更为具体的条件——我们为了能够对商品的具体数量和价格进行预测,必须知道这些条件。还没有哪个经济学家根据自己对未来价格的预测,通过买卖某些商品发了财(尽管有些人可能通过出售这种预测发了财)。

物理学家常会迷惑不解,尽管经济学家显然看不出有机会能够确定那些变量的数值,使他有可能从中得出每种数量的值,为何他还要去构筑那些方程式。甚至许多经济学家也羞于承认,那些方程式系统并不是达到对个别事件做出具体预测的一个步骤,而是他们的理论努力的最后成果,仅仅是对我们在特定条件下所发现的秩序之一般特点的描述,但绝对不可能将它们转变成对其具体表现的预测。不过,对一种模式的预测既是可验证的,也是有价值的。这种理论告诉我们,在什么样的一般条件下,这种类型的模式会自发形成,因此它使我们能够创造这样的条件,能够对预测的模式类型是否出现进行观察。这种理论还告诉我们,这种模式为一定意义上的产出最大化提供了保证,因此它也使我们能够去创造保证这种最大化的一般条件,尽管我们并不知道对将要出现的模式起决定作用的许多具体条件。

仅仅是对某种模式的解释,在复杂现象的领域也可以大有意义,而对机械学之类的简单现象的领域则没有多大价值,这并不值得大惊小怪。实际上,在研究复杂现象时,我们所关心的就是那些持续存在的整体之特点的一般模式,因为有些持续存在的结构所共同具有的,除了这种一般模式之外,再无其他东西。[1]

---

① 这种错误看法的一个典型事例(Nagel曾引用过,见前引书,p. 61)见于Charles A. Beard, *The Nature of the Social Sciences*, New York, 1934, p. 29;他在该书中认为,如果一门社会科学"就像天文学一样是真正的科学,它就应当使我们能够对最近的和无限的未来之人类事务的基本活动加以预测,描绘出2000年或2500年的社会图景,就像天文学能够描绘出天体在未来一定时刻的出现图一样"。

七 决定论主张的含糊性

有时候我们能够说,某种(或某些)类型的素材会导致一定的模式,但是我们无法确定对模式会采取何种形式起决定作用的每个要素的属性——这一见解有着相当重要的结论。首先,这意味着当我们宣布知道有些事情如何被决定时,其含义是很模糊的。它可能是指我们仅仅知道哪一类条件决定着一定的现象,但无法具体说明决定着被预测的那类模式将会出现的特定条件,它也可能是指我们能够解释后者。因此我们有理由声明,一定的现象是由已知的自然力决定的,同时我们又可以承认,我们并不确切知道它是怎样产生的。这样说亦无不妥:我们能够对某种机制的运行原理做出解释,即使有人指出我们并不能确切地说出它在特定地点和时间上会有什么表现。根据我们确实知道某种现象是由某些类型的条件决定这一事实,并不能说我们也知道在具体情况下决定着其全部属性的所有条件。

对于这种说法,即科学能够证实一种普遍的决定论,可以从哲学上做出正确的、更为严肃的反驳。不过由于所有实践方面的原因,从我们的理论中得出具体结论所需要的全部特定素材不可能加以确定,由此而造成的限制很可能是十分严格的。即使普遍决定论说法有意义,通常也很难由此得出任何结论。就我们区分出的两种含义中的前一种而言,我们或许能够确定,人类的每个行为都是他的身体(尤其是他的神经系统)之遗传结构以及自它产生以来受到的所有外在影响的必然结果。我们甚至能够进一步说,如果这些因素中最重要的成分在具体情况下与大多数其他个体十分相同,则一些特定类型的影响因素就有着特定的作用。但是,这不过是根据我们无法在具体事例中加以证实的其他条件不变的假设,而做出的一种经验概括。尽管我们拥有关于人类理智运行原理的知识,但主要事实依然是,我们不可能对导致个人在特定时间做了一件特定的事情之全部具体事实加以说明。对于我们来说,个人的个性仍然是一种非常独特的、难以计算的现象,我们有望通过一些从经验中发展出来的做法,比如赞扬和谴责,从可取的方向对它施加影响,但是对于它的具体行为,我们无法进行预测或控制,因为我们无法了解决定着它的全部具体事实。

八　相对主义的含糊性

同样的错误观念也决定着不同类型的"相对主义"所得出的结论。在大多数情况下,这些相对主义在历史、文化或伦理学问题上所持的立场,都是从我们已经说过的那种有关进化论的错误解释中产生的。但是,就我们目前的知识而言,似乎必然会得出一个基本结论,即我们的整个文明和全部人类价值,是一个漫长进化过程的产物,并且正如人类行为的目标所示,它们还在不断发生着变化。大概我们也有理由断定,我们目前的价值仅仅是作为一种特定文化传统中的要素而存在,仅仅在一个或长或短的进化阶段中有意义——无论这一阶段是包括我们前人类时期的祖先,还是仅限于人类文明的某些时期。我们没有更多的理由赋予它们永恒存在的性质,而只能将它们归因于人类本身。因此,我们可以从一定意义上合理地认为,人类的价值是相对的,并且可以说它们有着进一步进化的可能。

不过,这种一般观点与伦理学的、文化的或历史的相对主义者的主张,或进化论的伦理学主张,相去甚远。不客气地说,即使我们知道所有那些价值对某种东西而言是相对的,我们也无法知道它们对什么东西而言是相对的。我们或许能够指出使它们成为那种样子的一般条件类型,但我们并不知道作为我们所持的价值之原因的那些具体条件,或者假如那些条件有所不同,我们的价值又会是什么样子。大多数不合理的结论,都是因为把进化论错误地解释为一种对趋势的经验性确定而造成的。一旦我们承认,它所能给予我们的至多是一个解释方案(scheme of explanation),假如我们知道在历史过程中发挥作用的所有事实,这一方案才足以用来解释具体的现象,那么有一点就会变得十分清楚:各种相对主义(和进化论的伦理学)的主张是没有根据的。我们虽然可以有意义地说,我们的价值是由一般而言可以做出限定的某些条件决定的,但是只要我们无法确定哪些具体条件造成了现有的价值,或在另一些特定条件下我们的价值会是什么样子,那么从这一主张中就得不出任何有意义的结论。

顺便也应作点简短的说明,这与同样是这种进化论观点——它假定,我们能否从我们的理论中得出具体结论,要看我们是否能够对那些条件有足够的知识——得出的实际结论有着多么严重的对立。对具体事实具有足够的了解这种假设,一般而言会产生某种理智上的狂妄自大态度,它自欺欺人地认为,理性能够对所有的价值进行评估,而有关不可能取得这种全面知识的见解,则会导致对积淀于现存社会的价值和制度中的全部人类经验,采取谦虚敬重的态度。

关于我们的结论对评价不同类型的"化约主义"具有的明显意义,还应当作一点补充说明。从我们一再做出的两种区分的第一层含义——即从一般性描述的含义——上说,关于生物或精神现象"不过是"某些物理事件的复杂组合或属于这种事件的一定的结构类型的说法,很可能是错误的。若是从唯一能够为更具野心的化约主义要求提供根据的第二层含义——即具体的预测——上说,则它们毫无道理可言。只有当我们能够用物理学方式做出的描述——它一览无余地列举出构成相关的生物或精神现象之必要的充分条件的全部物理环境——取代那些从生物学或精神角度做出的描述时，才有可能完成这种彻底的化约。事实上，这种努力总是包含着——也只能包含着——对能够产生这种现象的那类事件的实例之性质的列举，并加上“等等”这样的字眼。这种“等等式化约”并不能使我们处理生物或精神实体，或能够用物理事件的陈述取代它们；它们仅仅是对某些类型的秩序或模式之一般特征的说明，对于这些秩序或模式，我们只有通过对它们的具体经验才能有所了解。[①]

九 我们的无知的重要性

由于科学成功地取得了大量进展，使人们不再去考虑我们有关事实的知识受到的限制，以及由此限定的理论知识的应用范围，这大概是个很自然的现象。然而这也正是应当更为严肃地看待我们的无知的时候。正如波普尔等人所指出的，“我们对世界越是有更多的了解，我们的学问越是深入，我们有关自己不知道什么的知识、我们有关自己的无知的知识，也就越自觉、越具体和越细致。[②]”在许多领域里，我们当然已经有了足够的教训，知道我们不可能掌握我们为了充分解释那些现象而必须知道的全部事情。

---

① 参见我的*Counter-Revolution of Science*, p. 48及以下各页，以及William Graig, “Replacement of Auxiliary Expressions”, *The Philosophical Review*, 65, 1956。

② K. R. Popper, “On the Sources of Knowledge and Ignorance”, *Proceedings of the British Academy*, 46, 1960, p. 69。另见Warren Weaver, “A Scientist Ponders Faith”, *Saturday Review*, January 3, 1959：“科学对整个未知领域的进攻真的大获全胜了吗？一个典型的事实是，当科学回答了一个问题时，它也会认识到一些新问题。科学就像是在一片无知的大森林中工作，它开辟出一片使事情变得明明白白的更大的领地……但是，随着这片领域变得越来越大，它与未知领域的接触面也会越来越大。科学知道的事情越来越多，但是从某种终极的意义说，它不可能获胜，因为意识到但并不理解的事情会不断地增多。在科学中，我们对自己的无知不断得到越来越细致的了解。”

这些界限不一定是绝对的。在取得有关某些复杂现象的知识方面，我们虽然不可能像在简单现象上所能取得的那样多，但却可以通过悉心培养一种目标较为有限——不是解释个别事件，而是仅仅解释某些模式或秩序的表现——的方法，部分地突破这一界限。我们是仅仅把它称为一种原理性解释、一种模式预测，还是把它们叫作更高层次的理论，这都无关紧要。一旦我们明确认识到，对于造成某种模式类型的一般机制的理解，不仅是用于具体预测的工具，而且它有着自身的重要性，它可以为行动提供重要的指导（有时也可以指明不采取行动为好），我们当然就会发现，这种有限的知识有着更多的价值。

我们必须摆脱一种天真的迷信，以为这个世界的组织方式使我们肯定能够通过直接观察，在所有现象中找出它们之间的简单规律，并且这是科学方法之适用性的前提。我们至今为止已经发现的许多复杂结构的组织，足以让我们明白没有任何理由抱这样的希望，如果我们想在这些领域达到我们的目标，那么它们肯定与简单现象的领域里的目标有所不同。

十　关于复杂现象理论中“规律”的作用的附言[①]

大概应当补充说，以上讨论使人们对一种广泛持有的看法，即科学理论的目的就是建立“各种规律”——至少，如果根据“规律”一词被普遍理解的用法——产生了一定的怀疑。大多数人大概都会同意有关“规律”的诸如此类的定义，譬如“科学规律就是两种现象按照因果律，也就是说，按照原因和结果的原理相互联系的规

① 本文首次发表时没有这一节，是这次重印时加上的。

律"[①]。据说甚至像普朗克(M.Planck)这种无与伦比的权威人物,也坚持认为真正的科学规律必须是只用一条公式就可以表述出来。[②]

一定的结构只能采取由许多联立方程式所组成的系统所规定的某些(当然是无限多的)状态之一,这个命题仍然是一个十分出色的科学(理论上的和可证伪的)命题。[③]当然,如果我们愿意的话,我们仍然可以把这种命题称为"规律"(尽管有些人会认为这是在对语言施暴)。但是采用这样的说法,有可能使我们忽视一个重要的区别,因为说这样的命题就像一般规律一样描述一种因果关系,很容易使人产生误解。可以说,通常意义上的规律的概念,似乎很难被用在有关复杂现象的理论中,因此把科学描述为"制定规律"(nomologic)或"立法"(nomothetic)(或德语中的Gesetzeswissenschaften)的学说,只适用于那些可以归纳出简单现象理论的只有两三个变量的问题,却不适用于超过了一定复杂水平的现象的理论。如果我们假定,在这种描述复杂结构的方程式系统中,所有其他数值全是常数,我们当然能够说后者取决于前者是一种"规律",并把一个数值的变化称为"原因",把另一个数值的变化称为"结果"。但是,这种"规律"仅仅就全部其他参数中的一组数值而言是正确的,它们中间的任何一个发生变化,规律也会发生变化。

---

① 当我草拟此文时偶然看到的这种说法,是来自H. Kelsen, "The Natural Law Doctrine Before the Tribunal of Science" (1949), 后收入他的*What is Justice?* University of California Press, 1960, p. 139, 这似乎反映了一种广泛的看法。

② 波普尔爵士就此评论说,如果我们对麦克斯韦的其他方程式一无所知,那么是否能够认为他的任何一个单独的方程表达着某种真实的意义,是极其值得怀疑的。事实上有些符号必须在不同的方程式中一再出现,以便保证这些符号具有预想的含义。

③ 参见K. R. Popper, *Logic of Scientific Discovery*, para. 17, p. 73:"即使方程式系统没有满足唯一解的要求,也不能允许任何可以设想的一组数值都可被用来取代'未知数'(变量)。不如说,这一方程式系统只承认,某些数值的组合或数值系统是可以允许的,而另一些则是不能允许的。它对可以允许的数值类型与不可以允许的数值做了区分。"也请注意以下几页中这种观点在"命题方程式"中的应用。

这显然不是个十分有用的“规律”概念，有关这种结构的规律的唯一正确的陈述是，如果数值不断变化，则能够从联立方程式这一整体中得出无限多的特定规律。

从这个意义上说，我们可以建立起有关某些复杂现象的十分精致且十分有用的理论，不过我们必须承认，我们并不知道这种现象所遵循的通常意义上的某个唯一规律。我相信社会现象在很大程度上就是如此：虽然我们拥有关于社会结构的各种理论，但是我仍然怀疑我们是否知道社会现象所服从的任何“规律”。因此，发现规律似乎不是科学工作的一个适当标志，它仅仅是我们刚才所定义的那种有关简单现象的理论具有的特征；而在复杂现象的领域，“规律”一词和因果概念一样，如果不消除它们的一般含义，是不适用的。

从某个方面说，对“规律”的强调，即对发现两个变量关系之规律性的强调，很可能是归纳主义的结果，因为在建立起明确的理论或假设之前，只有这种两个参数之间简单的协变现象会给感官造成强烈的印象。对于更为复杂的现象，在我们能够确定事物的运动是否符合理论之前，我们显然必须先拥有自己的理论。如果不以这种方式把科学理论等同于寻找一个参数取决于另一个参数这种简单意义上的规律，大概会减少许多混乱观点。它可以防止出现生物进化论提出的一些明确的“进化规律”——譬如某些阶段或形式之必然相继出现——之类的错误认识。这当然是一种不得要领的观点，任何这方面的努力，都是基于对达尔文伟大成就的某种误解。为了成为科学，就必须提出规律——这种偏见可以说是最为有害的方法论观点之一。根据波普尔提供的理由，即在简单命题有意义的所有领域，“简单命题……应当得到更高的奖赏”[①]，这种观点在一定范围内或许是有用的。不过我认为总是存在一些领域，在这里可以证明，所有这类简单命题肯定是错误的，因此喜爱“规律”的偏见也肯定是有害的。

---

① 参见K. R. Popper, *Logic of Scientific Discovery*, para. 17, p. 73, 142。

人类行为的结果，但不是人类设计的结果[①]

相信特意做出的设计和计划优于社会的自发力量，这种信念显然是通过笛卡尔的理性主义建构论进入了欧洲人的思想的。不过它的起源却是一种非常古老的错误二分法，它来自古希腊，至今仍是正确理解社会理论和社会政策这一具体任务的最大障碍。这是一种将所有现象分为“自然”和“人为”的错误观念。[②]公元前5世纪的诡辩家曾经深入思考过这个问题，并且宣布，把各种制度和实践或是归入自然（physei），或是归入习俗（thesei或nomō），乃是一种错误的选择。但是由于亚里士多德采用了这种二分法，使它变成了欧洲思想的一部分。

它之所以产生误导，是因为那些概念使它有可能把一大堆不同的现象既可归入这个概念，也可归入那个概念，全看在两种可能的定义中采用的是哪一个，对这两种定义从来也没有做过明确的区

---

① 本文的法文译文曾刊载于*Les Fondements Philosophiques des Système Economiques*. Texte de Jacques Rueff et essais rédigés en son honneur, Paris, 1967。文章标题取自Adam Ferguson的*An Essay on the History of Civil Society*, London, 1767, p. 187：“各国摸索出一些典章制度，那固然是人类行为的结果，却不是因为实施了人类的设计。”

② 参见F. Heinmann, *Nomos und Physis*, Basel, 1945。

分,而且至今一直含混不清。这两个概念既可用来表示独立于人类行为的事物与人类行为造成的事物之间的不同,又可用来表示未经人类设计而产生的事物同因为人类设计而产生的事物之间的不同。这种双重含义使它有可能用来表示所有这样一些制度。只是到了18世纪,弗格森才终于指明,它们虽可归因于人的行为,但不可归因于人的设计,它们既可以视为自然现象,也可以视为习俗,这全看采用哪一种区分方法。然而大多数思想家似乎很难意识到有可能做出这两种不同的区分。

无论是公元前5世纪的希腊人,还是此后两千年里他们的后继者,都没有发展出一种系统的社会理论,对人类行为的意外结果做出明确的说明,或是对任何行动者都未设想的行为中自发形成的秩序或成规加以解释。因此也需搞清楚,在完全独立于人的行为这个意义上的自然现象,和人类设计的产物这个意义上的人为或习俗[①]现象中间,还需要插入第三个类别,它是一个独特的范畴,涵盖了我们在人类社会中发现的,应当由社会理论承担起解释任务的全部出乎意料的模式和成规。然而,我们仍然受困于缺少一个得到普遍接受的概念,以便用来描述这种现象;为了避免让混乱继续下去,似乎迫切需要采用这样一个概念。不幸的是,可用于这一目的的最明显的概念,即“社会的”(social),因为一种莫名其妙的发展,它的含义竟然变得与所需要的含义几乎截然相反:作为把社会人格化的结果,使得人们根本无法认识到它是一种自发的秩序,“社会的”这个词普遍被用来描述有意安排的行为目的。有些社会学家因为意识到这一困难而试图采用的新词汇“societal”(“社群的”),似乎也没有多

① “习俗”这一概念既可以指明确的同意,也可以指习惯做法及其结果,它的这种模糊性进一步增加了混乱。

大希望确定自己的地位以满足这一迫切的需要。[1]

不过有必要记住，直到现代社会理论在18世纪出现之前，为了指称人类事务中某些得到服从但又不是设计产物的规则，唯一得到普遍认可的用语是“自然的”(natural)一词。当然，直到17世纪对自然法的理性主义解释之前，“自然的”这个词只被用来表示那些不属于自觉的人类意志的产物的秩序或规则。它同“有机体”一起，是普遍被理解为表示与发明或设计结果相对应的自发现象的两个术语之一。它在这个含义上的用法来自斯多葛学派的哲学，并在12世纪重新复活[2]，正是在这面旗帜下，后期的西班牙经院派学者发展出了遗传学以及自发形成的社会制度之功能的基础理论。[3]

通过探寻在没有特意的立法行为干涉的情况下事物会如何发展，人们成功地提出了社会理论，尤其是经济理论的问题。不过在17世纪，这种更为古老的自然法传统被另一个非常不同的观点掩盖了，正在兴起的建构论理性主义正是根据这种观点，把“出自自然”

---

① 参见F. Patrick Gardiner(ed.), *Cultural Change*, New York, 1928, 以及M. Mandelbaum, “Societal Facts”, in Patrick Gardiner(ed.), *Theories of History*, London, 1959。社会人类学家作为一个专业术语而采用“文化的”(cultural)一词以描述这些现象，但它很难进入普通用法，因为大多数人会不愿意把食人肉之类的现象包括在“文化”制度之中。

② 特别参见Sten Gagnér, *Studien zur Ideengeschichte der Gesetzgebung*, Uppsala, 1960, p. 225–240。

③ 尤见Luis Molina, *De iustitia et iure*, Cologne, 1596–1600, 特别是tom Ⅱ, disp. 347, No. 3。在一篇很有意义但尚未出版的哈佛大学博士论文(W. S. Joyce, *The Economics of Louis de Molina*, 1948, p. 2 of the Appendix‘Molina on Natural Law’)中，作者正确地指出：“Molina解释说，与实体法不同，自然法是‘de object’，——一个无法翻译而又十分艰深的经院派术语，表示‘事物处在自然状态之中’——因为正是从事物的自然状态中(ex ipsamet natura rei)，为保留美德和避免罪恶，产生出了行为应当得到允许或禁止的认识，因为那是自然法所允许或禁止的。Molina又说，‘因此，受到允许或禁止的行为，是由事物之自然状态所决定，而不是来自立法者的任意的意志(ex voluntate et libito)’。”

的现象解释成了理性设计的产物。[①]作为对这种笛卡尔理性主义的反应,英国18世纪的道德哲学家既以自然法学说更以普通法学说为起点,建立起了以未经设计的人类行为结果作为中心问题的社会理论,尤其是提供了一种有关市场自发秩序的全面理论。

毫无疑问,在“反理性主义”的反应中,首先当推的作者是曼德维尔(Bernard Mandeville)。[②]不过全面的阐述却要等到孟德斯鸠[③],特

① 同这一转变有关的理性概念的含义所发生的变化,明确表现在洛克的早期论文*Essays on the Law of Nature*(ed. by W. von Leyden, Oxford, 1954, p.111)中的一段话里,他解释说:“不过,所谓理性,我想它在这里并不是指培养思维训练和形成演绎推理的理解力,而是指某些明确的行为原则,所有的优秀品质和养成正确道德观所需要的一切,都是由此而来。”又p. 149:“这种正确的理性,不过是已被获知的自然法本身。”

② 在1705年原诗的许多段落中,都含有他的基本思想:芸芸众生中的首恶,亦有裹助公益的善举。不过充分阐发的思想仅见于20多年后他附在《蜜蜂的寓言》(参见ed. by F. B. Kaye, Oxford, 1924, Vol. ii, 尤其是p. 142, 287-288。)后面的散文体评论的第二部分。参见Chiaki Nishiyama, *The Theory of Self-love: An Essay on the Methodology of the Social Sciences, etc*., Chicago Ph. D. thesis, June 1960;请特别注意曼德维尔的学说同门格尔的关系。

③ 关于曼德维尔对孟德斯鸠的影响,参见J. Dedieu, *Montesquieu et la Tradition Politique Anglaise*, Paris, 1909。

别是大卫·休谟[①]、塔克(Josiah Tucker)、弗格森和亚当·斯密。斯密的“看不见的手”——人们通过它“促进了并不属于他们意图之一部分的目的”[②]——这一说法受到的令人不解的嘲讽，一度埋没了这个有关所有社会理论的对象的深刻见解。直到一个世纪之后，门格

① David Hume, *Works*, ed. by T. H. Green and T. H. Grose, Vol. Ⅰ and Ⅱ, *A Treatise on Human Nature*, Vol. Ⅲ and Ⅳ, *Essays, Political, and Literary*, 尤其是Ⅱ, p. 296：“这对公众有益，却未必是发明者的本意”；Ⅲ, p. 99：“那是否是宪政提供的具体监督和控制……所达成并不重要，甚至坏人也为公益而行动”；以及Ⅱ, p. 289：“我希望为别人效力，但对他并不怀有真正的善意”；Ⅱ, p. 195：“所有这些制度不过是从人类社会的必然性中产生的。”留意一下休谟在措辞上遇到的困难很有意思的，因为他反对当时的自然法信条，他选择了“artifact”“artifice”和“artificial”（这三个词都含有“人工制品”“人为的”等含义——译注）这些词来表示过去的自然法学者称为“自然的”(natural)现象，参见Ⅱ, p. 258：“一项发明看似明显而必然，但或许也可以说，它像任何未受思想的干扰而从基本原则中产生的事物一样是自然的。虽然公正原则是人为的，但它们却不是任意的。如果我们把‘自然’理解为任何物种共有的因素，或我们把它局限于表示与物种不可分的因素，那么把它们称为自然法也并无不当。”参见我的文章《大卫·休谟的法哲学和政治哲学》(此文已收入本书——译注)。Bruno Leoni教授让我注意到了一个事实，休谟在这里使用的“artificial”一词，大概是来自Edward Coke的法律是一种“人为理性”的观念，同“artificial”一词的通常含义相比，它当然更接近后来经院派赋予“自然”的含义。

② Adam Smith, *An Inquiry into the Nature and Cause of the Wealth of Nations*(1776), Bk. Ⅳ, ii, ed. E. Cannon, London, 1904, Vol. Ⅰ, p. 421.

尔才终于以一种至少在社会理论领域本身现已得到广泛接受[1]——即又过了80年——的方式使它复活。

斯密的说法后来遭到反对,大概情有可原,因为他似乎将自发形成的秩序就是可能存在的最佳秩序这一点过分地视为当然。可是他的一个未明言的预设,即在一个复杂的社会中,使我们全都受益的广泛的劳动分工,只能从自发的秩序化力量而非设计中产生出来,却是很有道理的。无论是斯密还是任何我所了解的可敬的作者,从来都没有主张,存在着某种原始的利益和谐的状态,它与那些生成的制度无关。他们的主张——斯密的一个同代人比斯密本人表达得更清楚的主张是,通过清除低效率做法的过程而发展起来的制度,导致了不同利益之间的和谐。塔克的主张并不是"自爱这种人性中的普遍动机"总是含有这一趋向,而是"在这种情况下(就像在

① Carl Menger, *Problems of Economics and Sociology*, trans, by F. J. Nock, Urbana, 1963, p. 158。这一观点最近的复兴似乎是从我的"唯科学主义和社会研究"一文(收入*The Counter-revolution of Science*, Glencoe, Ⅲ, 1952)开始的,我在该文中说,社会研究的目的是"解释众多人的无意的或非设计的结果"。此后卡尔·波普尔也采用了这一观点,见"The Poverty of Historicism", *Economica*, N. S. Ⅸ/3, August 1944, p. 276;他在这里谈到了"人类行为的未经设计的结果",并在一条注释中补充说,"未经设计的社会制度可以作为一种理性行为无意间造成的结果出现";另见*The Open Society and its Enemies*, 4th ed., Princeton, 1963, Vol. Ⅱ, p. 93,他在这里也谈到了"这些行为(即'自觉的和有目的的人类行为')之间接的、无意的、往往是未被要求的副产品"。(但是我不能同意他建立在K. Polanyi一个建议上的观点,见同上, p. 323:"是马克思首先把社会理论理解为对我们的几乎我们所有行为的未被要求的结果的研究"。亚当·斯密和弗格森早已明确表达过这样的观点,仅仅提一下使马克思毫无疑问受益的这两位作者也就够了。)Ernest Nagel也使用过(尽管未采纳)这一概念:"Problems of Concept and Theory of Formation in the Social Sciences", in *Science, Language and Human Rights*(American Philosophical Association, Eastern Division, Vol. 1), Philadelphia, 1952, p. 54;他说,"社会现象当然不全是个人行为有意造成的结果;然而社会科学的中心任务,就是对作为行为之意外结果的现象做出解释。"类似但不完全一样的认识还有K. R. Merton的"有目的的社会行为之出乎意料的结果"(见他以此为题的文章,载*American Sociological Review*, 1936,他的进一步讨论见*Social Theory and Social Structure*, rev. ed., Glencoe, Ⅲ, 1957, p. 61–62)。

其他所有情况下一样）它可以含有这一趋向，即为了追求自己的目标而采取的努力，会促进公共利益”①。

在这方面，直到门格尔终于做出清楚的解释之前，长期得不到充分理解的一点是，社会制度的起源或形成，与它发挥作用的方式，本质上属于同一个问题：这些制度以一种特有的方式发展，是因为它们所维护的各部分的行为之间的协调，证明比另一些同它竞争并被它取代的制度更为有效。有关使自发秩序的出现成为可能的传统和习惯的进化过程的理论，过去与有关我们称为有机体的自发秩序的进化论有着密切关系，事实上是它为后者提供了基本观念。②

如果说这些观点在社会科学理论中终于确立了自己的牢固地位，但是一个实际影响更大的知识分支，即法理学，却几乎完全没有受到它的影响。支配着这个领域的哲学是法律实证主义，它仍然固守一种有着拟人化本质的(essentially anthropomorphic)观点，认为所有的法律规则都是特意发明或设计的产物，甚至因为终于摆脱了“形而上学”的“自然法”观念的全部影响而沾沾自喜。然而我们知道，对社会现象的所有理论理解，正是在追求这种观念中产生的。通过一个事实即可说明这一点：现代法理学所反对的自然法观念，是一个受到了理性主义滥用的概念，它把自然法解释成“自然理性”演绎性的建构，而不是一个发展过程的未经设计的产物，在这一过程中，对公正的检验不是根据随便哪个人的什么意志，而是根据

① Josiah Tucker, *The Elements of Commerce*(1736), 收入Josiah Tucker, *A Selection from his Economic and Political Writings*, ed. R. L. Schuyler, New York, 1931, p. 59。另参见我的*Individualism and Economic Order*, London and Chicago, 1948, p. 7。

② 参见Carl Menger, “这种遗传因素对于思想理论科学而言是不可分割的”；另见C. Nishiyama。把这种观点同来自生物学领域的观点做一对比是很有意思的，L. von Bertalanffy在*Problems of Life* (New York, 1952, p. 134)中强调说：“所谓结构，是一个长期延续的过程，功能则属于短期延续的快速过程。如果我们说，某种功能，如肌肉的一次收缩，是由一个结构来执行，其意思是说以长期延续的、缓慢进行的过程为前提的一个迅速而短暂的过程。”

它与继承而来的、不全是出自人为的整个规则系统是否一致。法学理论担心受到被视为形而上学观念的东西玷污,这反而不但使它深陷于反科学的神话,而且这些神话还使法律失去了与公正的一切联系,然而正是这种与公正的关系,使法律成为一个引发自发秩序的可以理解的工具。

法律仅仅是立法者意志的产物,法律的存在以某个立法者意志的事先构想为前提——这种观点事实上是错误的,并且根本不能始终如一地付诸实践。法律不但比立法行为或有组织的国家古老得多,甚至立法者和国家的权力都是来自已经存在的公正观,任何人为的法律,除非它是处在一个普遍得到承认但常常不是人为的公正规则的体系之内,都是无法得到实行的。从未存在过也不可能存在"完备无缺的"(lückenlos)成文的规则体系。不但一切制定的法律都是以公正为目的,而不是创造公正;不但从来没有制定的法律成功地取代过所有已得到公认的公正规则,或者它根本就不参考这种非人为的公正观,并且,如果我们无视这种非人为的规则体系,那么法律的全部发展、变化和相互作用的过程,甚至会成为完全不可思议的事情,因为设计出来的法律的意义即来源于它。[1]这种实证主义的法律观,实际上完全是来自一种错误的解释,即把生成的制度说成设计的产物,我们将此归咎于建构论的理性主义。

这种观点占据支配地位造成的最严重后果是,这必然导致公正——它可以发现的,而不是仅仅由立法者的意志指定的——信念遭到彻底破坏。如果法律完全是有意设计的产物,设计者指定的无论什么法律肯定是公正的法律,不公正的法律便成了一种自相矛盾

---

① 参见H. Kantorowicz, *The Definition of Law*, ed. A. H. Campbell, London, 1958, p. 35:"如果把法律视为某个最高权力的一套命令,那么法律科学的全部历史,尤其是那些意大利注释家和德国法学家的著作,都会变得不可思议。"

的说法。[①]这样一来，得到正当授权的立法者的意志便摆脱了任何束缚，仅受其具体利益的指导。正如当代最严谨的法律实证主义代表人物所言，“从理性认知的观点看，只存在人类的利益，因此也只存在利益的冲突。解决这些冲突的办法，或通过满足一种利益而牺牲另一种利益，或是通过相互冲突的利益之间的妥协”。[②]

然而，这种论点不过是证明了，沿着理性主义建构论的道路，根本无法得出任何公正标准。如果我们认识到，法律绝对不完全是设计的产物，而是应在公正规则的架构内得到评价和检验，并且这一架构不是任何人发明的，甚至在这些规则以文字表达出来之前，它们就指导着人们的思想和行动了，我们就会获得一个判断公正的标准，它即或不是一个肯定性的标准，至少是个否定性的标准，使我们能够通过不断清除所有与整个体系不一致的规则[③]，逐渐接近（尽管有可能从来没有达到）绝对的公正。[④]这意味着，那些努力发现“自然而然”（即未经设计）产生的事情的人更为接近真理，因此也比坚持认为所有法律是由人的意志所制定（“设立”）的人更为“科学”。但是，在实证主义的支配地位几乎完全消灭了在这个方向上已经取得的成就的一百年之后，把社会理论的见解用于理解法律的任务仍

① 参见T. Hobbes, *Leviathan*, Ch. 30, ed. M. Oakeshott, London, 1946, p. 227：“没有任何法律是不公正的。”

② Hans Kelsen, *What is Justice*? University of California Press, 1960, p. 21–22.

③ 关于以若干规则是否相互协调作为检验标准的问题，现在可参见Jurgen von Kempski很有意义的研究，收在*Recht und Politik*(Stuttgart, 1965)一书中，以及他的论文“Grundlegung zu einer Strukturtheorie des Rechts”, *Abbandlungen der Geists—und Sozialwissenschaftlichen Klasse der Akademie der Wissenschaften und der Literatur*, in Mainz, Jg. 1961, No. 2。

④ 对法律规则的公正（基本上是康德法哲学所针对的公正）作否定性检验的观念，使我们能够通过从整个规则体系中消除一切不一致或不协调，不断地接近公正；而这个体系的大部分内容，无论什么时候，总是一个既定文明中的成员共同拥有的、没有争议的财富——这是我目前正在撰写的一部著作的中心论点。（译按：哈耶克所说的这部著作，是指他三卷本的《法律、立法与自由》一书。）

然有待完成。

由于在一段时期内,社会理论的见解曾一度开始影响到法学领域;萨维尼(F.C.von Savigny)及其更古老的历史学派,主要是以18世纪苏格兰哲学家所构想出的成长的秩序观为基础,继续从事着我们现在称为社会人类学的工作,这似乎成了那些思想到达门格尔的主要渠道,并且使他们的认识得到复兴成为可能。[①]在这个方面,萨维尼把论证的矛头直指17世纪和18世纪理性主义的自然法理论,这反映出他继承或恢复了更古老的自然法学者的目标。他的这些努力有助于使那种自然法观念信誉扫地,不过他的工作完全是放在了发现法律是如何不经设计而产生的,他甚至希望证明,想用正确的设计去代替这种自然成长的产物是不可能的。他所反对的自然法,并不是有待发现的自然法,而是那种从自然理性中演绎出来的自然法。

---

① 关于伯克的思想(以及由伯克传播的大卫·休谟的思想)到达萨维尼的过程,见H. Ahrens, *Die Rechtsphilosophie oder das Naturrecht*, 4th ed., Wien, 1854, p. 64。该书大概也是门格尔最初的信息来源之一。关于萨维尼及其学派,另可参见E. Ehrlich, *Juristische Logik*(Tubingen, 1918, p. 84)的深刻观察:“伯克、萨维尼和普切塔知道,人们总是认识不到,在人民或整个民族之中,那些我们今天作为国家的对立物称为社会的东西,都是在民族的范围内形成的。”以及Sir Friederick Pollock, *Oxford Lectures and other Discourses*(London, 1890, p. 41-42):“所谓进化的学说,不过是这种用于自然事实的历史方法,而所谓历史方法,也不过是应用于人类社会和制度的进化学说。当达尔文创立自然史哲学时……他的研究所遵循的精神以及他要达到的目的,与那些伟大的政论家是一样的,他们没有留意他的研究领域,恰如他没有留意他们的领域一样,却在对历史事实的耐心研究中为一种牢固而合理的政治和法律哲学打下了基础。萨维尼,这个我们至今没有给予足够的了解和尊重的人,或者伯克,这个我们既了解又尊重、再怎样尊重也不算过分的人,都是达尔文之前的达尔文主义者。伟大的法国人孟德斯鸠在一定程度上也是这样的人,但是他的独特而光芒四射的天才,却在一代形式主义者中间消失了。”不过,“达尔文之前的达尔文主义者”这一说法,最初是由语言学家们提出的(见August Schleicher, *Die Darwinsche Theorie und die Sprachwissenschaft*, Weimar, 1869, 以及Max Muller, “Lectures on Mr. Darwin's Philosophy of Language”, *Frazer's Magazine*, Vol. Ⅶ, 1893, p. 662),波洛克大概就是从他们那里借用了这一说法。

如果说，对于这个更为久远的历史学派来说，他们虽然摈弃了"自然"一词，法律和公正却仍然是有待人们发现和解释的客体，但是法律实证主义却彻底放弃了法律是客观存在的事物这种思想，根据这种学说，法律完全是立法者特意设计的产物。这些实证主义者再也无法理解，有些事情虽然不是物质的自然界之一部分，而是人类行为的结果，但它仍然是客观既定的；法律当然可以成为科学研究的对象，但这只能是因为至少它的一部分内容是既定的，独立于任何具体的人类意志。这导致了一门科学的困境：它否认自己有明确的客观研究对象。[①]这是因为，如果"没有立法者的行动便没有法律"[②]，则只能提出心理学或社会学的问题，而不是法律的问题。

这种态度反映在支配着整个实证主义时期的一句口号之中："凡是人所造成的(made)，他也可以加以改变以符合自己的愿望。"但是，如果把这里的"造成"理解成也包括那些人类未经设计的行为结果，那么这句口号便是一种彻头彻尾的臆断。这种信念——法律实证主义不过是它的具体表现形式之一——完全是笛卡尔建构主义的产物，它必须否认存在着有待发现的公正规则，因为它没有为"人类行为的结果，但不是人类设计的结果"留下立足之地，从而使社会理论也无存身之地。大体而言，我们现在已经成功地从理论社会科学中消除了这种影响——为了使这种理论成为可能，也必须消除这种影响；但是今天支配着法学理论和立法机构的观念，却仍然几乎完全是这种前科学的态度。虽然法国社会科学家从笛卡尔著名的《方法论》一书中比别人更早地清楚意识道："如人们明确所知，正是从这种社会无理性、这种形而上学谬论、这种玄谈和乌托邦

---

① 参见Leonard Nelson, *Rechtswissenschaft ohne Recht*, Leipzig, 1917。

② John Austin, *Jurisprudence*, third edition, London, 1872, p. 555.

中，产生出了孔德(A.Comte)，正像它也产生过卢梭一样。”[①]不过至少在局外人看来，法律处在它的影响之下，仍然是以法国为甚。

附 记

1. Sten Gagner 在 *Studien zur Ideengeschichte der Gesetzgebung* (Uppsala，1960，p.208，242)中指出，“自然法”(natural law)和“实体法”(positive law)这些概念的来源，是格利乌斯(Gellius)在公元2世纪引入的拉丁语形容词naturalis和positivus，他用它们来表示希腊语中physis和thesis这两个名词的含义。这说明，法律实证主义与自然法理论的论战中所包含的混乱，可直接追溯到这里所讨论的这种错误的二分法，因为十分明显，法律规则的体系(因此也包括那些只有在这个体系中才具有意义的个人规则)全都属于这样的文化现象，它们是“人类行为的结果，但不是人类设计的结果”。关于这个问题，可参见本书中“关于行为规则体系演化过程的若干说明”一文。

2. Herr Christoph Eucken让我注意到了一个事实，希罗多德(Herodotus)《历史》开篇第一句话，就对人们行为的产物(ta genomena ex anthropon)和他们伟大的惊人之作(erga megala kai thomasta)进行了对比，这说明他比许多后来的古希腊人更清楚这里做出的区分。

---

① Albert Sorel, “Comment j'ai lu la ‘Reforme Sociale’”, *Reforme Sociale*, lst November, 1906, p. 614, 转引自A. Schatz, *L'individualisme economique et sociale*, Paris, 1907, p. 41；大概此书和H. Michel的*L'idee de l'Etate*(3rd ed., Paris, 1898)一起，是说明笛卡尔主义对社会思想的影响最有教益的两本书。

关于行为规则体系演化过程的笔记

（个人行为规则同行为的社会秩序之间的相互作用）

一

这些说明的目的是澄清我们描述事实的概念工具，而不是提供新的事实。更具体地说，它们的目的，是要明确两种体系之间的重要差别，一方是支配群体中个人成员（或任何秩序中的成分）之行为的规则体系；另一方是该群体作为一个整体所表现的行为之社会秩序或模式。[①]至于组成群体的个体是动物还是人[②]，或行为规则是内生的（遗传传递）还是习得的（文化传递），与这一目的无关。我们知道，通过学习而产生的文化传递，至少出现在某些高级动物中间，并且毫无疑问，人类也遵守某些内生的行为规则。因此，这两种规则

---

① 我将交替使用"（社会）秩序"和"（社会）模式"去描述一个群体中全体成员的行为结构，但避免使用"社会组织"一词，因为"组织"有一种目的论的（拟人的）含义，因此最好把它保留给那些被设计出来的制度。同样，我们有时交替使用"秩序及其成分"和"群体与个体"这一对概念，尽管前者属于一个更一般的概念，而群体和个体的关系仅仅是它的一个具体实例。

② 它们甚至既可以是有生命的有机体，也可以是某种复杂的机械结构。参见L. S. Penrose, "Self-reproducing Machines", *Scientific American*, June 1959。

常常是交织在一起的。应当清楚地理解,"规则"一词是用于这样一个命题,利用这个命题可以对个体行为的常规做出描述,而不管这些规则是否为个体所知,只要它们的行动通常都遵循这些规则即可。这里我们暂不考虑一个有趣的问题:在个体尚不能用语言表述这些规则,从而也不能明确地传授它们之前很久,它们为何能够在文化中传递,或它们是如何从具体事例中"通过模仿"而学会了抽象规则。

个体行为的规则体系和从遵循这些规则采取行动的个体中产生的行为秩序,虽然经常被混为一谈(当法学家拿"法律秩序"一词指这两种事物时,特别易于造成这种混淆),但它们并不是一回事,只要稍作说明,这一点立刻会变得十分明显。并不是所有的个体行为规则体系都能产生一种全面的群体行为秩序;个体行为的规则体系能否产生一种行为秩序,以及它是一种什么样的秩序,取决于个体行动的环境。热动力学中的第二定律,即熵原理,是成分的行为常规造成"完全无序化"的典型例子。显然,在一个生物群体中,许多可能的个体行为规则都有可能仅仅产生出无序状态,或使该群体本身的生存变得不可能。一个由动物或人组成的社会,永远是指一些遵守这种共同的行为规则,从而在其生活环境中产生出一种行为秩序的个体。

为了理解动物和人类社会,以上区分尤其重要,因为个体行为规则的遗传传递(在很大程度上也包括文化传递)是发生在个体与个体之间,而所谓对规则的自然选择,是根据所产生的群体秩序有效性的大小进行的。[1]基于这里的讨论目的,我们将根据构成群体的成员所遵守的行为规则,将其划分出不同的种类,把这些个体行为规则中可传递的"突变"的出现,视为新要素的出现,或视为群体中

---

① 参见 Alexander Carr-Saunders, *The Population Problem*, London, 1922, p. 223:"采行最有利的习惯的群体,在同相邻群体的不断斗争中会处于有利地位。"

所有成员之特征的逐渐演变。

二

对群体行为秩序和个体行为规则加以区分的必要性,可由以下考虑得到进一步支持。

(1) 对于一种特定的行为秩序,即使不了解使它产生的那些个体行为规则,也可以进行观察和描述:至少可以设想,不同的个体行为规则,可以产生出相同的全面行为秩序。

(2) 同样的个体行为规则,在某种环境下可以导致某种行为秩序,而在另一种外部环境下则不会导致这种行为秩序。

(3) 对于群体的维持来说,重要的是产生出全面的行为秩序,而不是互无联系的个体自身的行为常规。无论产生全面的秩序的个体行为规则是什么,这种秩序可以用同样的方式对群体成员的生存做出贡献。

(4) 进化过程对不同的个体行为规则所作的选择,根据的是它为秩序带来的生存能力。任何个体行为规则,可以作为一组规则的一部分,或在某种外部环境中,发挥有益的作用,也可以作为另一组规则的一部分,或在另一种外部环境中,发挥有害的作用。

(5) 在适当的环境中产生的这种全面的行为秩序,是受某些规则支配的许多个体行为共同造成的,然而这种行为秩序的产生,却不是个体行为自觉的目的,因为个体全然不知道这种全面的秩序,从而除了指导个体行为的抽象规则之外,它并不知道在某个特定时刻需要保留或恢复这种全面的秩序。

(6) 具体的个体行为,总是由如饥饿之类的内部刺激以及对个人产生影响的特定外部事件(包括群体中其他成员的行为)共同造成的,与环境相适应的规则就是这样确定下来的。因此,群体中不同的个体据以行动的规则,也可以是不同的,这或是因为对他们产生影响的动机或外部环境造成了不同的适用性规则,或是因为根据年龄、性别、地位或每个个体在特定时刻所处的具体状态,使不同的规则适用于不同的个体。

(7) 永远有必要记住:行为规则本身从来不是行为的充分原因,某种行为的诱因总是会来自某些外部刺激或内部动机(通常是两者的结合),行为规则的作用不过是对由另一些原因引起的行动加以限制而已。

(8) 行为体系的有序性,一般表现在如下事实中:不同个体的行为会进行相互协调或相互调整,使其行为结果消除一些刺激因素,或是将已经成为其行动原因的指令变成动机。

(9) 整体的有序性之不同于其个体的行为常规,也表现在这样的事实中:即使个体成员没有表现出任何常规,整体仍然可以是有序的。例如,当整体秩序的产生是由于某个权威支配着所有的具体行为,并选出一些个体——比如通过掷骰子——在随便哪个时刻采取某种行动时,情况就是如此。从总有人承担某些角色这个意义上说,这种群体中也可以存在着明显的秩序;然而它不可能形成任何指导任何个体行为的规则(发布命令的权威除外)。在这里,任何个体采取的行动,不能利用规则,从它的任何属性或对它起影响作用的环境中推导出来(组织者的命令除外)。

三

个体行为规则所产生的全面秩序,最容易观察到的事例,是那些由某种空间模式组成的秩序,比如出现在队列行军、防御战、一群动物或人的狩猎中的秩序。迁徙的野鹅形成的箭形队列,野牛的防御圈,或狮群把猎物向雄狮驱赶以将其杀死,便是这样一些简单的事例。在这些情况下，个体很可能对整个模式一无所知，然而它知道一些针对眼前的环境如何做出反应的规则，是它们在协调着个体的行为。

更有说服力的例子，是建立在劳动分工基础上的抽象的、更为复杂的秩序，我们可以在蜜蜂、蚂蚁和白蚁这类昆虫社会中看到这种秩序。在这些例子中，大概不会有人认为，应当把个体的行为变化归因于来自某个中心的命令，或者是因为个体"认识"到了整体在某一时刻的需要。几乎无可怀疑的是，工蜂在因为环境需要而变化的间歇期，它在一生中的不同阶段相继从事的工作[①]（在蜂巢需要时，甚至重新返回过去的阶段），肯定不能用比较简单的个体行为规则加以解释，更何况我们所能知道的只有这些规则。同样，埃默森（A.E.Emerson）的遗传学所揭示的[②]由白蚁建立起来的精密构造，归根到底要用我们所知甚少的个体行为的内在规则加以解释。

另外，当我们谈到原始的人类社会时，我们比较容易确定的是个体的行为规则，而不是由此产生的全面且往往是高度复杂的抽象秩序。个人常常能够亲自告诉我们在不同的环境中什么行为恰当，他们在特定的情况下能够这样做，然而他们无法对自己据以行动的规则做出明确的表述[③]；但是，只有当我们复制出据此规则采取行动而产生的全面秩序之后，才能发现这些规则所发挥的"功能"。个人有可能丝毫意识不到因为他服从崇拜、通婚或财产继承之类的规则而产生的全面秩序，或这种全面的秩序有何功能。但是现存种群中的所有个体会以这样的方式行动，因为由这样行动的个体所组成的

---

① 参见K. von Frisch, *Dancing Bees*, New York, 1955。

② A. E. Emerson, "Termite Notes—A Study of Phylogeny of Behavior", *Ecological Monograph*, Ⅷ, 1938.

③ 参见Edward Sapir, *Selected Writings*, ed. D. G. Mandelbaum, University of Chicago Press, 1949, p. 548。

群体，已经取代了那些不这样行动的群体。[①]

四

一个群体中全面的行为秩序，从两方面说要大于个体行为常规的总和，因而不能被完全分解成这些常规。不仅从整体大于总和这一老生常谈的意义上说是如此，并且其前提是成员要以特定的方式相互联系在一起。[②]更是因为要想全面地说明这种对整体生存至关重要的关系，不但得借助各部分之间的相互作用，还要借助个体和整体双方同外部世界的相互作用。如果存在某种一再出现的有持续性的结构（即显示出某种秩序），这应归因于对外部影响做出反应的成员，它们倾向于以一种维持或恢复秩序的方式做出反应；反过来说，个体维持自身的机会，也取决于这种秩序。

成员的任何行为规则，只有在某种环境下才会形成稳定的结构（表现出“自我平衡的”控制力），在这种环境下，适用于上述行为规则的环境类型汇合在一起变得大有可能。环境的变化可能要求——如果整体想继续存在的话——群体中的秩序做出改变，从而也要求个体行为规则做出变化；个体行为规则自发的变化，以及随之出现的秩序变化，可以使群体在它不做出这种改变就会灭亡的环境中继续生存下去。

以上所论主要是想指出，行为规则体系是作为一个整体而发展

---

① 本节简单描述的这种秩序，进一步的说明见V. C. Wynne-Edwards, *Animal Dispersion in Relation to Social Behaviour*, Edinburgh, 1962；Anne Roe and G. G. Simpson, *Behaviour and Evolution*, Yale University Press, 1958；Robert Ardrey, *The Territorial Imperative*, New York, 1966。

② 参见K. R. Popper, *Poverty of Historicism*, London, 1957, section 7；Ernest Nagel, *The Structure of Science*, New York, 1961, p. 380–397。

的,或者说,进化的选择过程是在整个秩序的基础上进行的。新的规则同群体中的其他规则相结合,在它特定的生存环境中会增进还是削弱整个群体的能力,取决于这些个体行为导致的秩序。由此得出的一个结论是,一条新的个体行为规则,在某种情况下可以有害,在另一种情况下可以有利。另一个结论是,一条规则的变化可以使其他过去有害的变化——无论是行为的还是身体的——变得有利。因此,甚至通过文化传递的个人行为模式(或由此产生的群体行为模式),也有可能对行为或身体之遗传变化的选择起着决定作用。[1]

显然,这种形成全面秩序的个体行为规则同其他个体和外部环境的相互作用,可能是一种高度复杂的现象。社会理论的全部任务,不过是努力揭示这样形成的全面秩序,社会理论所提出的具体概念架构之必要性是基于什么样的理由,是这一任务的关键所在。还应清楚,这种独特的社会结构理论,只能对不同类型的结构中某些普遍的和高度抽象的特征(或仅仅是它的"数量方面")做出解释,因为某种类型的结构所共同具有的,仅仅是这些抽象的特征,因而也是它们的唯一能够加以预测或对行为提供有用指导的因素。

在这些理论中,经济学理论,即关于自由的人类社会的市场理论,是至今为止在一个漫长的时间过程中唯一被系统发展出来的理论,并且大概像语言学一样,是极少数因其研究对象特别复杂而需要这种深入思考的理论之一。但是,尽管可以把全部经济学理论(我相信还有语言学理论)视为仅仅是致力于从个人行为常规中再现由此产生的秩序的特征,却很难说经济学家知道这就是他们所从事的工作。不同的个人行为规则(有一些受到自愿甚至是无意识的服从,有些则是被迫服从)是形成全面秩序的前提,这种规则的性质经常

① 参见Sir Alister Hardy, *The Living Stream*, London, 1966;尤见该书第二讲。

被含糊其辞地置之不理。[①]在这些个人行为规则中,哪一些能够被有意识地加以有利的改变,哪一些可以利用(或不能利用)涉及立法行为的专门的集体决定以使其逐渐演化,对这个重要问题很少有人做过系统的思考。

五

关于群体行为秩序的存在和维持,尽管只能从个人服从的行为规则方面加以说明,但是这些个人行为规则的发展,却是因为个人生活在群体之中,而它的结构是在逐渐变化的。换言之,对群体的存在和维持十分重要,从而也对个体自身的存在和维持十分重要的个体的性质,是通过生活于群体中的一些个体得到选择而形成的,在该群体演化的每一个阶段,它们都倾向于遵守这些规则,因而使该群体变得更有效率。

因此,要想对任何特定时刻的社会秩序做出解释,必须假定个人行为规则是既定的。这些规则之得到甄选并形成,是因为它们对社会秩序所起的作用。就心理学不会满足于描述个人实际遵守的规则,还要解释他们为何遵守这些规则而言,至少它的大部分内容会变成进化论的社会心理学。或者换句话说,虽然社会理论在建构社会秩序时,是根据在任何时刻都被假定为既定的行为规则,不过这些行为规则本身却是作为一个更大整体的一部分发展起来的,在这种发展的每一个阶段,个人行为规则的任何变化会产生什么作用,是由当时存在的全面秩序决定的。

这里我们无法进一步讨论心理学与社会理论的关系,不过若是

---

① 比如有关经济学理论所假定的“理性”程度的讨论中反映出的状况。顺便说一句,此处所言也意味着社会理论严格地讲不是行为科学,将它视为“行为科学”的一部分是错误的。

对以下两种秩序的不同稍作说明,会对本文的主要目的有所帮助:一种是因中枢器官——譬如大脑——的命令而形成的秩序;另一种是受结构内成员相互作用的常规所决定而形成的秩序。博兰尼(Michael Polanyi)对此做过十分有益的区分,他称之为单一中心秩序和多中心秩序的区分。[①]这里应当予以重视的第一点是,作为有机体指令中心的大脑,其自身也是一个多中心秩序,也就是说,它的运行是由它所包含的各成分之间的关系和相互调整决定的。

由于我们都倾向于认为,凡是我们能发现一种秩序的地方,它必定受一个中枢组织的支配,如果我们把这种看法应用于大脑,这个组织显然会无限地缩小,因此简略地谈谈一个事实带来的好处是有益的。这个事实是,这样一个多中心秩序是存在于整体的单独一部分之内,支配着其他成分的行为。这种观点的好处是,可以按照某个模式,对不同行为的可选组合事先加以尝试,因此可以在整个组织采取行动之前,从中找出最有前途的方案。没有理由认为,这些复杂的行为模式尚未在其他中心内形成并受其指导之前,为何不可以通过各部分之间的直接相互作用而得到确定。大脑的独特性在于,它能形成一种有代表性的模式,使各种可选行为及其结果能够事先得到尝试。受大脑指挥的结构,可能拥有一份包括各种可能行为模式的清单,其数量同大脑所能执行的数量一样大,但是,如果一种行为尚未在某种模式中尝试它就实际采取这种行为,就有可能发现它是有害的,但那却会为时已晚,结果是它有可能因此而遭到毁灭。另外,如果这样的行为事先在为此目的而分开的整体之单独一部分中得到尝试,由此出现的将不是真正的结果,而只是这一结果的局部呈现,它可以成为不可采取某种具体行为的信号。

因此没有理由认为,在每一个成分都仅受规则指导而不是受单一中心命令的多中心秩序中,为什么不可以像单独的部分通过模仿

---

① M. Polanyi, *The Logic of Liberty*, London, 1951, 尤见第8、第9两章。

或根据模式执行命令(在更大的结构未执行这一命令之前)的系统那样,形成一种复杂的、有着明显“意图”的对环境的适应力。虽然作为整体的结构的自组织力量,一下子就能形成正确的(或在未造成多大损害之前能够予以撤销的)行为类型,但这种单一层次的秩序(single-stage order)未必不如多层次的秩序,后者的整体仅仅采取那些先在部分中尝试过的行为。这种无层次的(non-hierarchic)秩序不必首先将所有信息传递给为一个共同的中心服务的各部分,因此不难理解,同传递给一个中心并由其加以处理的情况相比,它能够把更多的信息利用起来。

这种自发的秩序就像社会秩序一样,虽然经常产生出一些同大脑引起的结果相似的结果,但它的组织原理,与大脑同受其指挥的组织之间关系的支配原理,却有所不同。虽然大脑也可以根据类似于社会组织的原理加以组织,然而社会并不是大脑,更不能把它形容为一个超级大脑,因为它的行动的各部分,与决定着结构的关系建立于其上的部分是相同的,形成秩序的任务并没有委派给任何执行模式的部分。

六

这种有序结构的存在,如星系、太阳系、有机体和情况十分繁杂的社会秩序,表现出某些共同的特点,并作为一个整体服从着某些不能完全被化约为局部规律的规律,因为这种规律还取决于整体与为使部分保持对整体的具体行为而言的必要秩序的环境之间的相互作用,这就为目的在于发现“普遍的自然规律”的科学方法论造成了若干困难。虽然有理由认为,在可以划定的环境里,这种结构总会那样行动,然而事实上这种结构的存在事实上不仅受制于该环境,而且受制于过去存在过的许多其他环境,当然也受制于这些环境的明确后果——在宇宙的历史中，它们仅仅在这个秩序里成功过一次。因此，这种涉及复杂结构的理论所研究的对象，其存在本身就应归因于这些环境（和一个由其决定的过程），原则上说它们虽然是可重复的，事实上却是独一无二的，根本不会再次出现。因此，支配着这些复杂现象的规律，尽管“从原则上说是普遍有效的”（无论其含义是什么），事实上却仅仅适用于出现于宇宙的特定时空区域内的结构。

正如地球上的生命要归因于某些事件，而只有在其历史的早期阶段存在的特殊条件下，这些事件才能出现，同样，我们这种社会类型的存在，甚至我们所进行的人类思维的存在，都要归因于我们这个物种进化过程中的某些阶段，没有它们，无论是目前的秩序还是现存的个别头脑类型，都不可能出现。我们根本不可能完全摆脱它的遗产。我们只能在一个意见和价值框架里，评判并修改我们的观点和信念，这个框架虽然会逐渐变化，但对于我们来说，却是那个进化过程的既定结果。

不过，这种结构的形成仍然是个理论问题而非历史问题，因为这里所涉及的，是一系列原则上说可重复的事件中的因素，尽管事实上它们可能只出现一次。我们可以把对这个问题的回答称为“猜测史学”（conjectual history）（现代社会理论的许多内容，就是从18世纪思想家的所谓“猜测史学”那儿得来的），只要我们仍然清楚，这种“猜测史学”的目的不是去说明某个独特事件的所有具体属性，而是仅仅想说明在可重复的条件下，那些能够以相同的组合方式再现的事情。从这个意义上说，猜测史学是对一个假定性过程的再现，人们可能绝不会看到这个过程，但是只要它出现，它便会产生我们所观察到的现象。如果想对出现这一过程的假设进行检验，可以通过寻找会随它而产生、但至今尚未被观察到的结果，以及通过探寻我们所发现的所有这种正常结构，是否可由该假设得到解释。

门格尔曾清楚地认识到，在复杂现象的领域，“这种生成因素与理论科学的观念是分不开的”[①]。或换句话说，复杂现象理论所研究的结构的存在，要想使它成为可认知的，只能利用物理学家所谓的宇宙生成论，即研究其进化的理论。[②]星系或太阳系是如何形成的，以及它们产生了什么样的结构，这种问题更类似于社会科学所面对的问题，而不像机械学的问题；因此，为了理解社会科学的方法论问题，研究一下地质学或生物学问题，会比研究物理学问题更有教益。在这些领域，它们所研究的结构或稳定状态，它们所思考的客体，虽然在特定时空范围内可以出现千百万个实例，但要想对它们做出充分的说明，还必须考虑到一些条件，它们不属于结构本身的属性，而是在该结构发展和存在的环境中的事实。

七

社会不同于较简单的结构，乃是因为其构成要素本身就是复杂结构，它们维持生存的机会，取决于它们是一个更广泛的结构之一部分（或至少会受到该结构的改善）。在这个领域里，我们必须至少在两个不同的层面考虑整合(integration)问题[③]：一方面，范围更大的秩序有助于维护较低层次的有序结构；另一方面，在较低层次决定

---

① Carl Menger, *Untersuchungen über die Methode der Socialwissenscha ften und der Politischen Oekonomie insbesondere*, Leipzig, 1883, p. 88. English translation by F. J. Nock, ed. by Louis Schneider under the title *Problems of Economics and Sociology*, Urbana, Ⅲ, 1963, p. 94.

② 我想这里无须强调，进化论不必意味着特定形式或阶段的必然结果这种意义上的“进化规律”，这是将遗传现象作为历史问题加以解释的人经常犯的错误。遗传理论描述的是某种有可能产生无限多样性结果的机制。

③ 参见R.Redfield(ed.), *Levels of Integration in Biological and Social Systems*(*Biological Symposia*, Ed. J. Catell, Vol. Ⅷ), Lancaster, Penn., 1941。在这里，“整合”当然仅仅意味着秩序的形成，或在已经存在的秩序中的合作。

着个体的行为常规的秩序，只有通过它对社会整体结构的作用，才有助于个体的生存前景。这意味着，具有特定结构和行为的个体，它的存在形态取决于有着特定结构的社会，因为只有在这样的社会里，发展它的某些特征才是有利的，反过来说，社会秩序又是个人在社会中发展出来的这些行为常规的结果。

这意味着一种因果关系的转换，即具备某种秩序的结构之所以存在，是因为其成分做出了为保证该秩序的生存所必需的事情。“最终原因”或“目的”，即部分对整体需要的适应，成为解释这种结构为何存在不可缺少的一部分：对于成员以某种方式行动的事实，我们必须利用使该行为最有可能维持整体的环境来加以解释——维持个体有赖于维持整体，因此，它们如果不以那种方式行动，它们就无法生存。就此而言，目的论的解释完全是必要的，只要它的意思不是指某个创造者的设计，而是仅仅承认，如果该结构不以某种方式采取可能产生一定结果的行动，它便无法使自己长期生存下去[①]，它是通过它在每一个阶段所采取的主导方式而演化的。

我们不太愿意把这种行为称为有目的的行为，因为由这些行为形成的秩序，从任何意义上说都不是行动的个人之动机或“目的的一部分”。直接的原因，促使他们采取行动的诱因，是一些只对他们产生影响的事情；这仅仅是因为在采取行动时，他们是受整个秩序所产生的规则的限制，而服从这些规则造成的后果，完全超出了他们的知识或意图范围。用亚当·斯密的经典语言说，人“被引导着促进一种目的，而该目的并不是他的意图的一部分”[②]，这正像动物

---

① 参见David Hume, *Dialogues Concerning Natural Religion*(1779), in *A Treatise of Human Nature*, ed. T. H. Green and T. H. Grose, new ed., London, 1890, Vol. Ⅱ, p. 428-429：“我将乐于知道，一个动物，除非它的各部分进行这样的调整，怎么能够生存？……任何形态都不能存在，除非它拥有它的生存所必需的能力和官能：必须不间断地尝试某些新的生存秩序，直到有些能够支持和维护它自身的秩序得到落实。”

② Adam Smith, *Wealth of Nations*. ed. Cannan, Ⅰ, p. 421.

捍卫它的领地,但并没有意识到这样做会有助于调节其种群的数量一样。[①]这当然也就是我过去所说的进化和自发的秩序这两个季生观念——曼德维尔和休谟、弗格森和亚当·斯密的伟大贡献,它同时为生物学和社会理论提供了理解成员行为常规和由此产生的结构规则之间相互作用的方法。他们没有明白、后来社会理论的发展也未能有效澄清的是,成员行为中的常规在与环境的相互作用中,有可能产生完全不同的整体行为的常规。

在近代法理学中,留下了寻求这种理解的早期努力的印记。它所采用的语言是个人行为规则符合natura rei(事物本质)的语言。其含义是,任何个人行为规则的变化,都会对全面的秩序产生影响——其结论是,在对任何一条规则中这种变化的作用进行评价时,只能根据对决定着这一全面秩序的所有因素的理解。其中真正的要点是,正规的规则常常让行为适应作为事实而存在的秩序。在任何个人行为常规之外总是存在着这样的秩序,它是那些具体规则的"目的"及任何新规则都必须加以适应的秩序——唯有关于全面秩序形成的理论,才能提出这样的见解。

八

最后,还应就社会秩序的某些特性说几句话,这秩序除了依靠内在(遗传)规则外,还依靠习得的(文化传递的)规则。可以设想,这些规则并不是十分严格地得到了遵守,它需要一些不断的外部压力,以保证使个人不断遵守它们。如果遵守规则的行为有着该群体成员辨别标志的作用,便可以说它已达到了这一效果。如果反常行为不被群体中的其他成员所接受,遵守规则是他们之间成功合作的

---

① 参见V. C. Wynne-Edwards上引书。

条件，维护一套既定规则的压力便会得到有效的维持。驱逐出群体，大概是维护一致性的最早和最有效的"惩罚"，最初仅仅是把不服从的个人从群体中清除，后来，当知识发展到了更高的阶段，对驱逐的恐惧也可以起到限制作用。

这种习得的规则系统，自然会比内在的规则系统更为灵活，因此有必要谈几句它们的变化过程。这个过程同个人模仿如何服从抽象规则的学习过程有着密切的联系；而对于这后一个过程我们所知甚少。一个对它有影响的因素，是群体内部支配个人的规则。一方面，对仍处在学习过程中、被接纳为群体成员的年轻人有较大的宽容尺度，这并不是因为他们已学会了该群体特有的全部规则，而是因为他们作为子孙依附于群体中的成年人。另一方面，处在支配地位的年长成员，他们恪守自己的行为方式，不喜欢改变自己的习惯，然而他们又是处在这样的地位上：假如他们确实采取了新的做法，他们更有可能得到别人的模仿，而不是被驱逐出群体。由此可见，在什么样的选择会得到宽容或推广这个问题上，等级秩序是个重要的决定因素，尽管从发起变革的未必来自高层这个意义上说，那不一定是一种必然现象。[1]

然而，一个应当给予更多关注的问题是，选择服从既定规则的行为，担心违反规则造成的后果，同将这些规则归因于某个人、某个超自然力量，或归因于对这个力量可能施以惩罚的惧怕的做法相比，很可能更为久远、更为基本。部分地意识到一种世界规则，意识到在环境中发生的事件里，有已知的、可预测的因素和未知的、不可预测的因素之别，必然造成对可预测结果的行为的偏爱和对结果不可预测的行为的惧怕。虽然在一个可由生机论加以解释的世界里，

---

① 例如，在猴群中可以看到，年少者更有可能采取吃新食物的习惯，然后再传播给群体中的年长者。见S. Kawamura, "The Process of Sub-Cultural Propagation among Japanese Macaques", in Charles H. Southwick(ed.), *Primate Social Behavior*, Princeton, 1963, p. 85。

这种惧怕有可能变成对某种不知其意志的力量所施加的惩罚的惧怕,然而这种对未知的和反常行为的惧怕,肯定很久以前就已经在使个人去维护已经尝试过的办法了。认识到环境中的某些常规,会使人选择那些可以确信其结果的行为,而不愿做那些不熟悉的事情,并且在做这种事情时心生畏惧。由此,对客观世界存在着规则的知识与不愿偏离共同遵守的规则之间,便建立起了某种关系,从而也在事物遵守着规则的信念与人们"应当"在行动中服从规则之间建立起了某种关系。

我们有关事实的知识(尤其是有关复杂的社会秩序的知识——我们在这种秩序中活动,恰如我们也在自然秩序中活动一样),主要是告诉我们在一定环境之中我们的某些行为会产生什么结果。这虽然有助于我们在希望得到某个特定结果或受到某种诱因驱动时,决定需要做些什么,但是在一个我们所知甚少的世界里,还需要一些原则的帮助,它们禁止我们的内在欲望有可能驱使我们去做与环境不协调的行为。人们所知道的这些有关事实的规则,只有当他本人按照这种规则参与游戏,即不超越结果尚可预见的行动范围之内时,才是可靠的。因此,服从规范,也就是对事实上存在的常规的适应,我们依靠这些常规,但对它们只有部分的了解,并且只有通过服从该规范才能有所了解。如果我知道,不服从自己那个群体中的规则,我不但不会被该群体接纳,从而也不能做大多数我想做和为维持生存必须要做的事情,而且假如我不服从规则,我甚至会干出一些最可怕的事情,使我坠入一个我再也无法自己选择方向的世界,那么可以说,这些规则同告诉我们环境中的客体如何运动的规则一样,都是导向成功的行为所必需的。实际相信只有如此这般才能产生某种结果,同从规范角度相信它是寻求这种结果唯一应当采取的方式,常常是紧密联系在一起的。个体会感到违反规则将使他遇到危险,即使没有人想惩罚他,这种恐惧甚至会使动物遵守常规。然而,一旦这些规则被细心地传授,并且是以生机论的语言加以传授,它们不可避免地会同传授者的意志或他所警告的惩罚或天谴结合在一起。

与其说人是按照他已知的结果在不同行为之间做出选择,还不如说他更愿意选择可预测结果的行为而非结果不明的行为。他最害怕的、一旦发生便会使他陷入恐惧之中的事情,是不知所措、不知该做什么的状态。我们都倾向于把良知同担心耻辱或另一种意志的惩罚联系在一起,不过从心理学上说,这里所表现出的精神状态,同那些操纵强大而复杂的机器的人在不小心扳错了手柄,引起完全出乎意料的运动时所体验到的恐慌,并无多大不同。由此产生的感觉——因为违反规则而感到某种可怕的事情就要发生的感觉——不过是人在进入未知世界时产生的恐慌心理的形式之一。所谓良心不安,也就是当人脱离常规进入未知世界时,对他所面对的危险的恐惧。只有当人们遵守既定的成规时,这个世界才是很可预测的,当人们偏离成规时,它就会变得让人害怕。

在一个人们所知十分有限的世界里,要想成功地生活并达到自己的目的,服从某些防止人遇到危险的禁律,同理解世界运行的规律是同样重要的。通过不知不觉的惧怕而发挥作用的禁忌或否定性规则,作为一种不得做哪些事的知识,也属于一种有关环境的信息,它同有关环境中的客体的确切知识,有着同样重要的意义。后者使我们能够预测具体行为的后果,而前者则警告我们不要采取某种行为。至少就规范性规则是由各种禁令构成的——在它们没有被解释成另一种意志的命令之前,它们的大多数很可能就是如此——而言,"你不得如何"这种规则,和告诉我们现实知识的规则,并没有太大的不同。[①]

---

① 这里所想到的可能性,并不是指所有的规范性规则都可以被解释成描述性或解释性的规则,而是说后者只有在一个规范性规则体系中才会是有意义的。

大卫·休谟的法哲学和政治哲学①

给一个时代贴上标签，说它受着一组共同的观念支配，总是件会产生误导的事情。如果我们对18世纪这个骚动的时代采取这种做法，尤其会混淆视听。把从伏尔泰到孔多塞的法国哲学家，和从曼德维尔到休谟和亚当·斯密、再到埃德蒙·伯克的苏格兰和英格兰思想家，统统塞进"启蒙运动"这个名称，便掩盖了某些不同之处，就这些人对下个世纪的影响而言，他们之间的不同之处，要比任何表面上可能存在的相同之处都重要得多。具体到大卫·休谟来说，

① 哈耶克1963年7月18在弗赖堡大学的公开演讲，发表于*Il Politico*, XXVIII/4, 1963。哈耶克注：此文所引用的休谟哲学著作，全部出自T. H. Green and T. H. Grose(ed.), *A Treatise of Human Nature,* two vols, London, 1890（注释中略为"Ⅰ"和"Ⅱ"）；*Essays, Moral, Political and Literary*, two vols, London, 1875（注释中略为"Ⅲ"和"Ⅳ"）。引用休谟的*History of England*是六卷本的第四版，伦敦，1762。自这篇文章第一次发表以来，我又注意到欧洲的一些研究休谟法哲学的成果，其中最重要的是Georges Vlachos, *Essai sur la politique de Hume*(Domat-Monchretien), 1955。另外还有：G. Laviosa, *La filoso fia scientifica del diritto in Inghilterra, Parta I, Da Bacone a Hume*, Turin, 1897, p, 697–850；W. Wallenfels, *Die Rechtsphilosophie David Humes*, Doctoral Dissertation at the University of Gottinggen, 1938；L. Bagolini, *Esperienza giuridica ed esperienza politica nel pensiero di David Hume*, Seina, 1947；Silvana Gastignone, 'La Dottrina della o giustizia in D. Hume', *Rivista Internationale di Filosofia di Diritto,* XXXVⅢ, 1960, 以及'Diritto naturale e diritto positivo in David Hume', ibid, XXXIX, 1962。

最近有人表达了一种更为正确的观点:他“让启蒙运动的武器转而对准了自己”,他“用合理的分析击败了理性的要求”[①]。

把Aufklarung(启蒙运动)说成仿佛是一个同质的思想体系,这种习惯以德国最为严重,其原因也十分明确。但是,这个导致了对18世纪思想作如是观的原因,造成了十分严重的但在我看来情有可原的结果。这个原因就是,当时的英国思想(当然主要是由苏格兰人阐述的思想——不过我无法摆脱在想到“英国”时嘴上却说“英格兰”的习惯)为德国人所知,主要是通过法国人的介绍和法国人的解释——常常是错误的解释。我认为,政治自由的伟大理想几乎完全是通过法国人才在欧洲大陆为人所知的,此乃思想和政治史中的一大悲剧;那个从来不知自由为何物的民族,对来自完全不同的环境中的传统、制度和观念进行了解释,他们以一种建构主义的理智至上论——我将把它简称为理性主义——的求知精神来从事这件事情,这种精神同一个致力于设计新的集权制统治结构的绝对专制国家的气氛十分吻合,但是同只在英国保存下来的更为古老的传统,却是格格不入的。

17世纪,海峡两岸都是受这种建构论理性主义支配的时代。培根和霍布斯作为这种理性主义的代言人,丝毫不亚于笛卡尔和莱布尼茨(G.Leibniz)——甚至约翰·洛克也未能摆脱它的影响。这是一种新的现象,千万不要把它同也被称为理性主义的早期思想混为一谈。对于这种理性主义者来说,理性不再是一种当他看到真理出现时去认识它的能力,而成了从明确的前提演绎出真理的能力。[②]早

① S. S. Wolin, “Hume and Conservatism”, *American Political Science Review*, XLⅧ, 1954, p. 1001.

② 约翰·洛克似乎很清楚地意识到了“理性”一词这种含义上的变化。在最近再版的*Essays on the Law of Nature*(ed. W. von Leyden, Oxford, 1954, p. 111)一书中,他写道:“然而,说到理性,我这里并不是指构成思维训练和推导证明的理解能力,而是指某些明确的行为原则,一切品德和培养道德所需要的东西,都是由此而来。”

期自然法学者所代表的更为古老的传统，主要是在英国的普通法学者，尤其是埃德华·考克和马修·黑尔这两位培根和霍布斯的反对者那儿继承了下来，他们有能力把对制度之成长的理解传递给后人，而在其他地方，这种理解已经被竭力重建制度的主导欲望所取代。

但是，在英国也建立集权的绝对君主制及其官僚机构的尝试失败之后，一个在欧洲大陆看来似乎软弱无力的政府，却伴随着一次有史以来国邦强盛的最大浪潮，对未经设计而"生成的"现行制度的兴趣，导致了这种旧思维方式的复活。当欧洲大陆在18世纪受着建构论理性主义支配的时候，在英国却出现了一种有时为形成对比起见，被称为"反理性主义"的传统。

这个传统中的第一个伟大人物是原籍荷兰的曼德维尔。我在讨论休谟时必须谈到的许多思想，都可以在他的著作中找到线索。[①] 休谟从他那儿受益颇多，似乎无人怀疑。不过我对这些思想的讨论，将仅限于只有休谟对其作了充分发展的形式。

在发表于1740年的《人性论》的第二部分中，这些思想已经都能够找到，休谟时年29岁。这本最初几乎无人留意的书，今天已被公认为他最伟大的成就。他的问世于1742年的《文集》，力求以更简单通俗的方式重申那些思想的《道德原理研究》以及《英国史》，包含着一些作了改进的表述，对于传播他的思想起了更大的作用，但是它们并没有给最初的论述增加多少新的内容。

休谟当然主要是以他的知识论闻名于世。在德国，他主要是位提出了一些问题、由康德尽力给予解答的作者。但是对于休谟来说，他的主要任务从一开始就是一种普遍的人性科学，它把道德与政治看得和知识的来源同等重要。极有可能的是，他在这些领域把康德

① 参见C. Nishiyama, *The Theory of Self-love: An Essay on the Methodology of the Social Sciences, and Especially of Economics, with Special Reference to Bernard Mandeville*, University of Chicago, Ph. D. thesis(Mimeographed), Chicago, 1960。

从“教条主义的瞌睡”中唤醒,丝毫也不亚于他的认识论所起的作用。康德,还有德国的另外两位伟大的自由主义者——席勒和洪堡,显然比后来那些完全受法国思想左右,特别是受卢梭影响的人更了解休谟。但是在欧洲大陆,作为政治理论家和史学家的休谟从未得到适当的评价。对18世纪的错误总结有一个甚至到今天也依然未变的特点,即认为它是个缺乏历史意识的时代。就统治着法国的笛卡尔理性主义而言,这种说法相当正确,但是就英国至少就休谟的全部思想而言,情况绝非如此;须知,休谟称他那个时代为“历史的时代,(他的)民族是历史的民族”①。

但是,对于作为一名法律和政治哲学家的休谟的忽视,并不限于欧洲大陆。甚至在英国,虽然现在终于承认,他不但是现代认识论的奠基人,而且是经济学的奠基人,他的政治哲学却仍然奇怪地受到忽视,他的法哲学就更是如此。在法学著作中,我们很难找到他的名字。在英国,系统的法哲学始于边沁和奥斯丁,而他们二人主要是受欧洲大陆理性主义传统的影响——边沁得益于爱尔维修(Helvetius)和贝卡里亚(C.Beccaria),奥斯丁得益于德国的文献资料。然而在边沁之前,由英国培养的偶尔也受过律师教育的这位最伟大的法哲学家,对这一发展却没有实际影响。②

考虑到休谟为我们提供了后来以自由主义闻名的法律和政治哲学的唯一全面的阐述,这一点更显得引人注目。今天人们普遍公正地认为,19世纪的自由主义纲领包含着两个明确的、在一定程度上相互对立的因素,即单纯的自由主义传统和民主主义传统。在这两个因素中,只有第二个因素,即民主主义,基本上源于法国,并且是在法国大革命的过程中,加入了来自英国的更为古老的个人主义

① *The Letters of David Hume*, ed. by J. Y. T. Greig, London, 1932, Vol. Ⅱ, p. 444.

② 我最早注意到休谟著作中这方面的内容,是由于多年前Arnold Plant教授的指点。我们一直期待着他对休谟产权学说的阐发。

自由传统。这两种理想在19世纪不顺畅的伙伴关系，不应使我们忽视它们的不同特点和来源。有关个人自由的自由主义理想首先是在英国形成的，在整个18世纪它一直是令人羡慕的自由之邦，它的政治制度和信条是各地学者的楷模。这些信条是辉格党的信条，是1688年光荣革命的信条。正是从休谟的著作中，而不是像普遍认为的那样，在为这场革命提供辩护的洛克的著作中，我们找到了对这些信条最全面的阐述。

如果说，这一点没有得到更广泛的承认，这主要是由于以为休谟本人是名托利党人而非辉格党人的错误信念造成的。他得到这样的名声，主要是因为在《英国史》一书中，作为一个非常公正的人，他维护了托利党的领袖，对他们受到的许多不公正的指责进行了反驳；在宗教领域，他也怒斥辉格党人违背自己的信条，对托利党中盛行的天主教倾向采取不宽容的态度。他本人十分明确地解释过自己的立场，在谈到《英国史》时，他写道："我对事物的看法更合乎辉格党人的原则；我对人的说明则更合乎托利党人的偏见。"[①]在这个方面，卡莱尔(Thomas Carlyle)这位大反动派比19世纪和20世纪的大多数民主自由派都更准确地理解了休谟的立场，他称休谟是"所有后来的辉格党人之父"[②]。

当然，在对休谟作为杰出的自由主义政治和法律哲学家的普遍误解之中，也有一些例外。其中之一是梅内克(F.Meinecke)，他在《历史主义的形成》一书中，明确说明了在休谟看来，"对英国历史的理解就是从人治政府到法治政府的演变过程。这一过程无限艰难，甚至令人厌恶，然而它却可以导致良好的结果。从这一过程全部的复杂性和它自身发展的各个阶段来看，这是显而易见的。这一过程在

---

① E. M. Mossner, *Life of David Hume*, London, 1954, p, 311。有关休谟同辉格党和托利党关系的说明，见Eugene Miller, "David Hume: Whig or Tory？" *New Individualist Review*, Ⅰ/4, Chicago, 1962。

② Thomas Carlyle, "*Boswell's Life of Johnson*" .

于,或者更正确地说,产生了它自身的计划……一种政治上基本的且首要的问题,同样会导致它本身运作的普遍性话题,此点不言自明。那些至今始终被忽略的事情,只能通过对计划和素材的选择加以理解”。[①]

梅内克的任务并不是把这种历史解释追溯至休谟的哲学著作,在那里他本可以发现指导休谟写作《英国史》的那一理想的理论基础。真实的情况或许是,休谟通过他的历史著作去传播那一理想,要比他用哲学研究做得更好。休谟的《英国史》在18世纪向欧洲传播辉格党自由主义方面的作用,大概同麦考利的《历史》在19世纪的作用一样大。然而这并没有改变一个事实:假如我们需要一种对这一理想的准确而合理的说明,我们还是必须回到他的哲学著作,回到《人性论》以及《文集》和《人类理智研究》中那些更为易读而优雅的阐述中去。

休谟在其哲学著作中阐发自己的政治和法律思想并非偶然。这些思想同他的一般哲学观点,尤其是同他有关“人类理解力的狭窄边界”的怀疑论观点,有着极为密切的关系。他所关心的是普遍人性,他的知识论主要被设想为对人这种道德存在和社会成员的行为进行理解的一个步骤。他所创立的首先是一种人类制度的成长理论,这成为他关心自由的基础,也成为伟大的苏格兰道德哲学家弗格森、斯密和斯图尔特(Dugald Stewart)的著作的基础。今天他们已被公认为近代进化论人类学的鼻祖。休谟的著作也为美国宪法的作者提供了基础[②],并在一定程度上为伯克的政治哲学提供了基础,他比人们普遍承认的情况更为接近休谟,更为直接地受益于休谟。[③]

---

① Friedrich Meinecke, *Die Entstehung des Historismus*, 1938, Vol. I, p. 234.

② Douglas Adair, “That politics may be reduced to a science. David Hume, James Madison and the Federalist”, *Huntington Library Quarterly*, XX, 1957.

③ H. B. Acton, “Prejudice”, *Revue Internationale de Philosophie*, XXI 1952.

休谟的起点是他的反理性主义的道德学说,它表明,就创立道德规则而言,“它自身的理由极为重要”“因此道德规则并不是我们的理性的结果”[①]。他证明了,我们的道德信念既不是生而固有这个含义上自然形成的,也不是人类理性的特意发明,而是从他指出的一种特殊含义上所说的一种“人为产物”,即我们所谓文化进化的产物。在这个进化过程中,那些得到证明使人类行为更为有效的因素被保留下来,效果不好的则被舍弃。正如最近有位作者恰如其分地指出的那样:“道德和公正的标准即休谟所说的‘人为产物’;它们既不是出自神的命令,也不是人类本性所固有的,更不是由理性所揭示。它们是人类实践经验的产物,在时间的缓慢检验中,唯一考虑的就是每条道德规则在促进人类福祉方面能够发挥的效用。休谟可以被称为伦理学领域中达尔文的先驱。实际上,他宣布了一种有关人类习俗中适者生存的学说——所谓适者,不是指胃口无所不适,而是指最大的社会效用。”[②]

他在对决定着主要法律制度的环境进行分析时,揭示了为何只有在某些类型的法律制度得到发展的地方,才能够生长出复杂的文明,从而为法理学做出了一些他最重要的贡献。在讨论这些问题时,他的经济学说、法学和政治学说是紧密联系在一起的。休谟当然是少数这样的社会理论家之一,他们清楚地意识到了人类所服从的规则与由此产生的秩序之间的关系。

但是,从解释转向理想,并没有使他在说明和劝诫方面陷入任何不合理的混乱。对于从实然向应然的逻辑转换,以及“实践原则绝对不可能从非实践原则中找到”这样的事实,没有人比他更具批判意识或更清楚地知道其不可行。他所要做的,是揭示受到我们鼓励的现代社会的某些特征,取决于这样一些条件,它们虽然是其不

---

① Ⅱ, p. 235.

② C. Bay, *The Structure of Freedom*, Stanford University Press, 1958, p. 33.

可缺少的前提,却不是为了产生这种结果而被创造出来的。它们是一些“对公众有利的”制度,“但创立者并未怀有这样的目的”①。实际上,休谟说明了只有当人们学会服从某些行为规则时,一个井然有序的社会才有可能得到发展。

《人性论》中讨论“公正的起源与财产”以及评价“人为设立公正规则的方式”的一节②,是他在这一领域最重要的贡献。它以这样一个事实作为出发点:人这种脆弱的动物仅仅是因为生活在社会之中,才使他获得了额外的力量。他简明扼要地说明了“职业分化”(partition of employment)③(即因为亚当·斯密采用曼德维尔的“劳动分工”一词而变得家喻户晓的现象)的益处,并说明了社会中有碍合作的那些障碍是如何逐渐得到了克服的。在这些障碍中,主要的首先是每个人只关心他自己或身边人的需求,其次是手段的匮乏(这是休谟的原话),即事实上“没有足够的数量去满足每个人的欲望和要求”④。因此,“人类精神中的某些性质同外部物质环境一起”,构成了顺利合作的障碍:“精神的性质是自私和有限的慷慨:外部物质环境则变动不定,并伴以相对于它们的需求和欲望而言的匮乏。”⑤若不是由于这些事实,便无须或不必考虑任何法律:“如果一切东西都以同样充足的数量供应给人们,或人人对人人相予相爱一如对待自己,则人类将不知公正或不公正为何物。”“若每个人的所有已超过所需,分配物品的目的又何在呢?……如果当别人占有一件物品时,价值相同的东西我唾手可得,为何我还要把这件东西称为我的呢?在这种情况下,公正毫无用处,只会成为一种繁文缛节而已。”因此,“公正只能是起源于人的自私和有限的慷慨,以及自然

① Ⅱ, p. 245, 235, 296.

② Ⅱ, p. 258–273。请留意275页,休谟因受益于H. Grotius而向他致谢。

③ Ⅱ, p. 259.

④ Ⅱ, p. 261.

⑤ Ⅱ, p. 266–267.

的供应相对于人的需要有所欠缺的状况”。[1]由此可知，是环境的性质，即休谟所谓的“人类社会的必然”，促成了三条基本的自然法的出现[2]：“占有物的稳定性、其转移需经同意，以及信守诺言”[3]，全部法律制度不过是对它的表述而已。然而，这些规则并不是人类为了解决他们所发现的问题而特意发明出来的（虽然立法机构可以承担起改进它们的任务）。休谟极力想要说明，自利是如何使每一条这样的规则被逐渐观察到并最终得到实施。他写道，例如“占有物的稳定逐渐出现，并通过缓慢的进步，通过我们一再体会到侵犯它造成的不便而获得了力量”。同样，“显然，如果人们都根据特殊利益去调整自己的行为（比如守信），他们会陷入无穷的混乱”。[4]他指出，就像公正规则产生的方式一样，“语言是在没有任何承诺的情况下逐渐建立起来的。黄金和白银也是以这种方式变成了共同的交换尺度”。[5]如我们所说，法律和道德就像语言和货币一样，并不是出自特意的发明，而是生成的制度或“形式”。为了不使人产生一种印象，以为他看重得到证实的功用，其含义是人们采用这些制度是因为他们预见到了它们的功用，他强调说，在所有他提到功用的地方，他“仅仅是想说，那些一下子就形成的念头，事实上是在不知不觉中逐渐产生的”[6]。

这些规则，必须在人们尚未一致同意，或尚未通过与任何形式的政府形成承诺或契约关系而生活在一起之前，就得到了承认。因

---

① Ⅱ, p. 267；Ⅳ, p. 180；Ⅱ, p. 267-268.

② 参见Ⅱ, p. 258：“虽然公正规则是人为的，它们却不是任意的。把它们称为自然法也并无不当，如果我们把这里的‘自然’理解为任何物种的共同属性，或我们把它定义为物种不可缺少的因素。”

③ Ⅱ, p. 293.

④ Ⅱ, P. 263；Ⅱ, p. 318.

⑤ Ⅱ, p. 263；另参见Ⅳ, p. 275。

⑥ Ⅱ, p. 274.

此,“人虽然无须政府也有可能维持一个不开化的小型社会,但是,没有公正,没有对三条基本法律——即占有物的稳定性、其转移需经同意以及信守诺言——的服从,他们是不可能维持任何类型的社会的。因此它们的存在是先于政府的,尽管政府一经建立,就会自然而然地从这些自然法中”,尤其是从信守诺言的法律中,“引申出它的职责”[①]。

休谟进一步的关切主要是想说明,只有全面采用“普遍的、不允许有灵活性的公正行为规则”,才能保证普遍秩序的建立,如果想形成一种秩序,则只能以这一目的,而不是任何别的特殊目的或结果,作为采用这些规则的指导。任何对个人或群体之目标的关切,或对具体的个人功绩的考虑,都会彻底玷污这一目的。这一主张同休谟的如下信念有着密切的关系:人类眼光短浅,本性急功近利,除非受到不考虑具体情况的后果而采用的普遍而不可改变的规则的约束,他们没有能力对自己真正的长远利益做出适当的评估。

我已作了许多引证的《人性论》中首先提出的这些思想,在休谟后来的著作中变得更为突出,并且同他的政治理想更明确地联系在一起。在《道德原理研究》一书中,可以找到这些思想最简洁的表述。[②]我愿意向所有希望了解休谟法哲学的人建议从那六页(标准版第二卷的第272页到第278页)读起,然后再回到《人性论》中

---

① Ⅱ, p. 306.

② 如Ⅱ, p. 301: 人们“喜欢任何眼前的小恩小惠,更甚于维护大大取决于服从公正的社会秩序……你们有着和我一样的习性,喜欢只顾眼前而不计长远”;Ⅱ, p. 303:“这就是文明政府和社会的起源。人类无法迅速克服无论是他们自己还是别人的心胸狭隘,这使他们图近利而舍长远。他们无法改变自己的天性。他们所能做到的仅仅是改变他们的处境,使服从公正符合某些特定个人的直接利益……但是,履行公正虽然是政府的主要益处,却不是它唯一的益处……它不满足于保证让人们遵守他们为相互利益而设立的常规,它往往还责令他们建立这样的常规,强迫他们在同意某些共同的目标或目的的情况下追求自己的利益。在人性中,没有任何品质比引诱我们图近利而舍长远的品质更会使我们的行为犯下致命的错误。”

更全面的论述。不过我还是要继续以引用《人性论》为主，此书中的个别陈述往往更为生动，尽管大体上说其中的阐述有时显得冗长乏味。

人类理智的弱点(用休谟的话说，是“人类理解力的狭窄疆界”，而我更喜欢说人类不可避免的无知)，在没有固定规则的情况下，会造成这样一种后果，他们“在多数时候，会根据具体的判断采取行动，他们既会考虑问题的一般性质，也会考虑到每个人的性格和处境。但是很容易看出，这会给人类社会造成无穷的混乱，如果不受某些普遍的、不可更改的原则的限制，人类的贪心与偏见会很快使世界陷入混乱”①。

然而，法律规则“并不是从具体的个人或公众因享用任何具体物品而获得的任何功利或好处中推导出来的。……公正女神做出的决定，绝不考虑其结果对具体的个人是否恰当，而是以更普遍的眼光指导自己”。尤其是“在分配人类财产时，绝对不应考虑恰当或合适的关系”②。某个单一的公正行为甚至“经常同公共利益相反；如果它孤立存在，没有得到其他行动的效仿，它本身对社会有可能十分有害。……每一个公正行为，如果分开考虑，对私人所起的作用不会比它对公众的作用更大。……单一的公正行为虽然可以同公共利益或私人利益相反，但是整个计划或方案，对于支撑社会和每

---

① Ⅱ, p. 298-299。另参见Ⅱ, p. 318:“显然，如果人们(在地方治安官的特殊安排下)用某种具体利益——无论它是私人的还是公共的——去规范自己的行动，他们会让自己陷入无穷的混乱之中，会在很大程度上使政府失效。每个人都有不同的私人利益；虽然公益本身始终如一，但是由于与它有关的具体个人的不同看法，它也会成为重大分歧的根源。……如果我们想通过为具体的人分配具体的财富去追求共同的利益，我们就会使我们的目标得不到落实，使那一规则所要防止的混乱永无止境。因此，我们必须遵守普遍规则，以普遍利益去规范我们的行为。”

② Ⅱ, p. 273; Ⅱ, p. 283.

个人的幸福,却起着极大的作用,甚至是绝对必要的"[①]。或者如休谟在《道德原理研究》的附录中所言:"(由公正和诚实的社会美德)带来的好处,并不是每个人单独行为的结果,而是从受到全社会或大多数人赞同的整个架构或体系中产生的。……在许多情况下,个人行为的结果与整个行为体系的结果截然相反;前者有可能极为有害,而后者却可能带来最大限度的好处。……它的好处来自对普遍规则的服从;如果因具体的性格和环境造成的弊端和不适都由此得到了补偿,也就足够了。"[②]

休谟清楚地看到,假如让个人的品德而不是普遍而不可更改的法律规则支配公正和政府,这会违背整个体系的精神:如果让人类执行一种法律,利用它"把最大的财产分配给最普遍的品德,赋予每个人按照自己的喜好行善的权力……品德本然的含混不清和每个人的自负,使品德的不确定性如此之大,以至于根本不能从中产生出任何明确的行为规则,其直接后果必定是社会的彻底解体"。导致这种必然结果的乃是由于一个事实:法律仅能处理与品德无关的"外在表现,而我们若想找出道德品质,却非要洞察人心"[③]。换言之,不可能存在用于奖赏品德的规则,也不存在分配公正的规则,因为任何环境都会对品德产生影响,而规则总是仅以某些环境作为唯一的相关因素。

我这里无法进一步讨论休谟在普遍的抽象规则与个人和公众的具体目标之间所作的区分。我希望以上所言已足可说明,这种区分对于他的法哲学是多么关键,以及我恰好刚在一篇出色的弗赖堡

---

① Ⅱ, p. 269。这段话特别明确地显示出,休谟的功利主义属于今天所谓"有限的"功利主义。参见I. I. Smart, "Extreme and Restricted Utilitarianism", *Philosophical Quarterly*, Ⅵ, 1956, 以及H. J. McCloskey, "An Examination of Restricted Utilitarianism", *Philosophical Review*, LXⅥ, 1957。

② Ⅳ, p. 273.

③ Ⅳ, p. 187; Ⅱ, p. 252.

博士论文中看到的观点是多么令人怀疑:“现代普遍规则概念的历史始于康德。”[①]康德就这个问题所说的话,似乎是直接来自休谟。如果我们从他更具理论性的讨论,转向更多地论述实践方面的内容,特别是他有关法治政府而非人治政府的想法,以及他对法治自由的一般看法,这一点就会变得更为明显。他最全面地表达了辉格党或自由主义者的信条,这些信条由于康德和后来的法治国家学说而为大陆思想所熟知。人们往往认为,康德通过把自己的绝对律令的道德观用于公共事务,提出了他的法治国家学说。[②]很可能反过来说才是正确的:康德是通过把他发现已经有人提出的法治观应用于道德,才提出了自己的绝对律令学说。

这里我无法像讨论休谟的法哲学那样,对他的政治哲学作详尽的说明。他这方面的论述极为丰富,人们对此也比前者有更好的了解。他关于一切政府如何受意见的左右、意见和利益的关系以及意见如何形成的重要而独具特色的讨论,我将完全略而不谈。我想考虑的要点是,他的政治学说是直接建立在他的法律学说之上的,尤其是建立他对法律和自由之关系的观点之上。

休谟对这些问题的最后表述,见于1770年他附在《文集》中的《论政府的起源》一文。他把政府定义为“按通常的说法,它保有自由的名声,因为它允许在一些人中间分配权力,他们结合在一起的权力,既不比君主的权力更小,通常也不比它更大,但是它在日常行政过程中,必须遵照全体成员以往便已知道的普遍而平等的规则对待它的臣民。从这个意义上说,它必须承认自由是文明社会的完美境界气在此之前,他在一系列同样的文章中也谈到,在这样的政府中,有必要“始终对官员保持警觉,消除一切随意性权力,用普遍的、不可更改的法律保护每个人的生命和财产。除非有法律的明确规

---

① Konrad Huber, *Massnahmegesetz und Rechtsgesetz*, Berlin, 1963, p. 133.

② K. Huber, 同前注。

定,不得将任何行为定为犯罪……”[①] 此外,当“所有这些普遍法律因应用于具体情况而带来不便时,要想知道这种不便与官员的任意性权力造成的不便相比是否更少,以及从整体上说这些普遍法律带来的不便是否最少,则需具备很深刻的洞察力和丰富的经验。这是一项极其难以获得进展的工作,恰如诗赋和雄辩之类崇高艺术中的情况一样,在他们的市政法律——若想使其完善,唯有通过不断的尝试和细心观察:尚未取得任何大的改进之前,需要天才和敏锐的想象力协助其进步”[②]。

在《英国史》一书中,当谈到1688年革命时,他以自豪的口吻告诉我们:“当时,世界上没有任何政府,大概任何史书中也没有记载过这样的政府,可以不靠授予某位官员一些任意性的权力而存在。以往有理由怀疑,人类社会如果除了普遍而严格的法规和平等之外,不依靠任何控制来维护自己,它是否能够到达这样完美的境界。然而议会正确地认为,国王是一位地位如此显赫的官员,因此不能委之以任意性权力,他会很容易使这种权力转而破坏自由。从这次事件中已经看出,尽管严格守法的规定会造成某些不便,其好处却足以抵消这种不便,因此英国人应当永远怀着感激之情记住他们的先辈,是他们在反复试验之后,终于创设了那一高贵的原则。”[③]

我不该用更多的引文让各位失去耐心,不过我还是受到强烈的诱惑,想对休谟做出的如下严格区分加以详细的说明:一方面是“调

---

① Ⅲ, p. 116; Ⅲ, p. 96。另参见《英国史》, Ⅴ, p. 110:“在君主立宪制下,必须永远对最高权力保持警觉,绝对不能授予它有可能影响到任何臣民的财产或个人自由的专断权力。”

② Ⅲ, p. 178。另参见p. 185:“在普遍性法律的基础上……在一个大国内取得平衡,乃是一项极为困难的工作,人类的任何天才,无论他多么全面,仅靠那点理性和思维是无法做到的。在这项工作中,必须把许多人的判断结合在一起:他们必须用经验指导自己的工作,必须让时间对它加以完善。对于首次尝试和检验时必然会出现的错误,必须依靠适当与否的感觉加以改正。”

③《英国史》, Ⅴ, p. 280。

节财产的所有自然法，以及普遍性的、只考虑某些基本条件而不考虑任何性格、境况和个人关系，也不考虑法律规定在任何它所适用的情况下有可能引起的任何具体结果的全部民法”[1]；另一方面则是决定权力组织的规则[2]。我也想说明，在他已出版的著作的被保留下来的手稿改正本里，他小心地以“公正规则”代替了“社会法律”[3]，这似乎更清楚地表达了他的意思。最后我想转而谈谈另一个我早先提到的问题：他对法律和其他制度的产生所作的“进化论”解释的意义。

我前面说过，休谟这种关于秩序成长的学说，为他对自由的论证提供了基础。然而这种学说的贡献不限于此。他的主要目的是想说明各种社会制度的进化，可是他似乎十分清楚，这一论证也可被用来解释生物有机体的进化。在他身后出版的《自然宗教对话录》中，他已不只是在暗示这种用处。他在此书中指出，“事物通过无限持续的时间过程，或许会感受到许多重大的突变。它的每一部分所产生的不断变化，似乎表明了某些这样的一般转变”。“动物或植物的各部分及其相互调整”，看似是出自设计，但在他看来这似乎不需要有个设计者，因为他“将乐于知道，动物的各部分若不是这样调整，它如何能够生存？难道我们没有看到，一旦这种调整停止，它便死亡，躯体便开始腐败，并尝试某种新的形式？”“任何形态都不可能存在，除非它拥有生存所必需的那些能力和器官：必须不间断地尝试某些新的秩序或机理；直到最终产生某种能够维持自身的秩序。”他坚信，人不能“谎称是所有动物中的例外……发生在所有生物之间的……永恒的战争”也影响着他的进化。[4]又过了100年，达尔文才把这称为“生存斗争”。但是，这些思想从休谟到达尔文的传

---

① Ⅳ, p. 274.

② 参见G. H. Sabine, *A History of Political Thought*, rev. ed., New York, 1950, p. 604。

③ 参见Appendix by R. Klibansky to Hume, *Theory of Politics*, ed. by T. Watkins, London, 1951, p. 246以及p. 246和p. 88的注释。

④ Ⅱ, p. 419, 428, 429, 436.

播乃是一个连续的、可以详加追溯的过程。[1]

让我回顾一下过去200年里休谟的教诲所遭遇的命运，以此结束我的讨论。我想特别强调一下1766年，在这一年里，老皮特(W.Pitt)最后一次以支持美洲殖民地的方式捍卫了辉格党的原则；翌年，议会声称自己享有全权，从而不但使政治原则发展最光辉的一段时期戛然而止，并且种下了同美洲殖民地永久断绝关系的种因。这一年休谟55岁，已基本完成了他的工作，成为当时最有名望的人物之一，他纯粹是出于慈悲心肠，把一位同样著名的人物从法国带到英国，此人年龄只比他小几个月，处境凄惨，并且他认为自己总是受到迫害：这人就是让·雅克·卢梭。那个在法国以“好心的大卫”而闻名的平静祥和的哲学家，同一个情绪变幻不定、疯疯癫癫、个人生活中不顾一切道德准则的唯心主义者的会面，是思想史中最具戏剧性的插曲之一。它只能以激烈的冲突而告终，而对于今天凡是读过整个故事的人来说，没有人会怀疑两个人中间谁是更伟大的思想家和道德典范。

他们的著作都以某种方式反对当时居支配地位的理性主义。然而，用我引用过的一段话说，休谟试图“通过合理的分析削弱理性的要求”，而卢梭仅仅是用自己不受控制的情绪去反对它。当时了解这次会面的人，谁可曾想到，是卢梭而非休谟的思想，支配了未来200年的政治发展呢？然而这就是实际发生的事情。是卢梭式的民主观，是他的彻头彻尾理性主义的社会契约论和人民主权论，淹没了法治下的自由观和受法律限制的政府观。是卢梭，而不是休谟，点燃了绵延不绝的革命热情，在欧洲大陆创造出了近代政府，并开启了旧式自由主义思想的衰落和极权主义在全世界蔓延的先河。怎么会出现这种发展呢？

我相信，答案大体上包含在一种经常被不无道理地用来反对休

---

① 最直接的联系似乎是伊拉斯谟·达尔文(Erasmus Darwin)，休谟对他有明显的影响，而他对其孙子的影响也是无可怀疑的。

谟的指责之中：他的哲学基本上是一种消极的学说。这位伟大的怀疑论者深信人类的全部理性和知识的不完美，并不指望从政治组织中获得多少善果。他知道，政治上最大的善——和平、自由和公正，本质上都是消极的，是避免伤害的保护措施，而不是实在的礼品。没有人比他更热情地为和平、自由和公正而斗争。但是休谟清楚地知道，想在地球上建立另一种积极的公正的雄心，是对那些价值的威胁。正如他在《文集》中所言："幻想家或可设想政府以仁爱为本，惟圣贤方能留名于世；然而恰恰是那些胥吏们，让此等尊贵的夫子们站到了同草莽流寇一样的地面上，用最严酷的学说训诫他们，凭空想象中似乎最有益于社会的原则，实践中可能完全是有害而具破坏性的。"①不是人之善，而是制度，"使坏人也可为公众的幸福服务"，只要他希望有和平、自由和公正。休谟知道，在政治中"必须把每个人都设想为骗子"，虽然他又补充说，"有些令人不解的是，在政治学中为真的公理，事实上有可能是错误的"。②

他并不否认政府也有积极的任务。他像后来的亚当·斯密一样清楚，多亏了政府被授予处置权，才"建起了桥梁，开辟了港口，筑起了堡垒，凿通了运河，装备了舰船，训练出了军队。无论在什么地方，在政府的关照下，那些具有人类所有弱点的人，利用可以想象到的某些最细致精巧的发明，变成了这样一件作品，即在一定程度上排除了所有这些弱点的人"③。这项发明就是，政府承担这些致力于积极目标、从而也要制定有利的规章的任务时，并没有被赋予强制权，它也必须服从同样普遍而不可更改的规则，这些规则是以全面的秩序为目的的，而若想取得这种秩序，就必须创造出那些消极的条件：和平、自由和公正。

---

① Ⅳ, p. 187.

② Ⅲ, p. 99, 187.

③ Ⅱ, p. 304.

曼德维尔大夫[①]

一

伯纳德·曼德维尔的大多数同代人如果听到，今天他被作为一位思想大师介绍给这个威严的机构，他们很可能会在墓穴中辗转难眠；不仅如此，即使现在，大概仍会有人对这种做法是否恰当表示怀疑——这两种情况都令我感到不安。这位250年前臭名昭著的作者，如今依然不是一个多么可敬的人物。他的著作[②]无疑流传甚广，它促使许多人思考一些重要问题，然而他对我们的理解力到底有何贡

---

① 1966年3月23日哈耶克向英国学术院做的“思想大师演讲”，原载*Proceedings of the British Academy*, Vol. LⅡ, London, 1967。

② 今天，任何一个严肃看待曼德维尔著作的人，都应对晚年的凯伊(F. B. Kaye)教授在1924年交由牛津大学出版社出版的那一版《蜜蜂的寓言》(Bernard Mandeville, *The Fable of the Bees*, Oxford University Press, 1924)深表感谢。本演讲使用的全部有关曼德维尔的材料以及他的著作，全都出自这个版本，“i”和“ii”分别指它的第一、二卷。虽然我对曼德维尔的重要地位的看法是基于早先我对他的大多数著作的了解，不过在写这篇讲稿时，我只利用了《寓言》的这个版本和《致迪翁的信》(Letter to Dion)的重印本；所有来自其他著作的引语，都取自凯伊为他那个版本所写的序言和注释。至少曼德维尔的《荣誉的起源》(*Origin of Honour*, 1732)和他的《宗教随想录》(*Free Thoughts on Religion*, 1720)，都应当更易于得到才对。如能说服牛津大学把《寓言》这一辉煌制作扩大为一部曼德维尔著作集，那真是件可喜可贺的事。

献，却不是件容易说清楚的事情。

为了消除本能的担忧，我要立刻说明，我并不想把他说成一位伟大的经济学家。虽然我们应把“劳动分工”一词，以及对这种现象更清晰的认识，归功于他，虽然像凯恩斯爵士这样的大权威，也曾对他的另一些经济学著作大加赞扬，然而我认为他卓越非凡，却并非以这些事情为据。在我看来，除了我刚才提到的那个例外——一个了不起的例外——曼德维尔说过的那些有关专业经济学的话，平庸而了无新意——那都是些当时广泛流行的观念，他不过是利用它们说明了一些影响更为广泛的想法而已。

我甚至更不想强调曼德维尔对伦理学的贡献，尽管在这门学问的历史中，他有着牢固的地位。使我们理解了道德规则的生成过程，是他的成就之一，不过在我看来，他首先被当作一名伦理学家的事实，已经成了对他的主要成就做出恰当评价的障碍。

我非常乐意把他作为一名真正伟大的心理学家[①]加以称赞，尽管这个名称可能不足以用来称呼一位伟大的人性研究者。不过，这虽然很接近我的看法，却不是我的主要目的。这位荷兰医生大约在1696年将近而立之年时，开始在伦敦作为一名神经和肠胃病专家及精神病学家开展工作[②]，并一直持续了37年之久。在这段时间里，他对人的精神机理得出了一种透彻的见解，它非常出色，有时甚至有着令人惊异的现代性。这种对人性的理解，比任何其他事情都更使他感到自豪。我们不知道自己为何做我们所做的事情；我们

---

① 凯伊教授充分注意到了曼德维尔更为出色的心理学见解，尤其是他有关对受情绪引导的行为事后加以合理化的现代观念（见i, p. lxxvii, 另参见p. lxiii–lxiv），对此我还想补充指出，他对出生时失明后来又获得视力的人学会判断距离的方式所做的观察，以及他有关大脑结构和功能的令人感兴趣的见解(ii, p. 165)。

② 曼德维尔论述精神病学的著作似乎颇具声望。他在1711年发表的*A Treatise on Hypochondriac and Hysteric Passions*（《论忧郁情绪和歇斯底里情绪》）同年便必须重印一次，1730年又出了增补版，书名中“情绪”一词被“疾病”取代。

的决定所造成的结果，往往同我们想象的结果非常不同。这两种现象，是他对理性主义时代的自负加以嘲讽——这也正是他的本来目的——的根据。

关于曼德维尔，我想要说的是，那些jeu d'esprit（妙语）引导他做出的思考，标志着秩序的进化及自发形成这两个孪生观念在近代的一次明确突破。它们很久以来便呼之欲出，往往已有触手可及之势，然而当时却缺少强有力的声张，因为17世纪的理性主义大大埋没了早期在这个方向上取得的进步。在回答社会和经济理论的具体问题方面，曼德维尔或许贡献甚微，但是由于他提出了正确的问题，他的确揭示出了在这个领域存在着一个理论目标。他大概还谈不上已准确揭示出一种秩序如何无须设计而自发地形成，但是他已非常清楚地说明，它确实形成了，从而提出了首先由社会科学、后来由生物学的理论分析加以说明的问题。[①]

二

对于曼德维尔的主要观点之一，他本人大概就是一个很好的注解，因为他很可能从未充分意识到自己的主要发现所在。他以嘲笑同代人的弱点和自负作为起点，用讽刺文体写成并于1705年发表的诗篇“发牢骚的蜜蜂，或弃恶从善的无赖”，大概不过是运用他刚开始喜欢的新式文体的一篇习作，并且他很快便娴熟地掌握了这种文体。虽然大多数人对他的了解仅限于这首诗，它却没有透露出多少他的重要思想。最初它在严肃的人中间似乎也未引起多大注意。

---

① 参见Leslie Stephen, *History of English Thought in the 18th Century*, 2nd ed., London, 1881, i, p. 40：“从许多方面看，曼德维尔都预示着现代哲学家的一些观点。他提出了一种历史推测，认为人类通过生存斗争，逐渐使自己超越了野蛮的动物，通过相互保护而形成了社会。”

像这样的想法：

> 芸芸众生中的首恶，
> 亦有襄助公益的善举。

不过是萌发他后来思想的种子。直到9年之后，当他附上详尽而极为严肃的散文体评论，重新发表原诗时，他的思想倾向才变得较为清晰可辨。又过了9年，随着《蜜蜂的寓言，或私恶与公益》——一本比原诗长了大约20倍的书——第2版的出现，他的思想突然引起广泛的注意，并成了一个大众丑闻。最后，的确是又花了6年时间，在他年届58岁的1728年，他为此书增加了第二卷，他的思想含义才变得非常明确。不过这时他已经成了一个恶魔般的人物、一个令虔诚可敬之士感到惊恐的名字、一个这样的作家：人们有可能私下阅读他的书，以享奇谈怪论之乐，但是谁都知道他是个道德怪物，万万不可被他的思想所感染。

然而，他的书几乎无人不读①，且鲜有人能免受感染。虽然正如现代编者所言②，这本书的标题很可能"让许多善良的人们陷入一种哲学歇斯底里的状态，使他们难以发现他所指明的内容"，然而斥责之声越盛，年轻人就越是读它。既然哈金森博士不攻击《蜜蜂的寓言》连课都讲不下去，那么我们当可相信，他的学生亚当·斯密很快也会展卷捧读。甚至半个世纪之后，据称萨缪尔·约翰逊(Samuel Johnson)博士仍然说，它是每个年轻人书架上的必备，不过他却错误

① 大概没有任何其他著作能够像这本书那样，是可以确信当时所有这个领域的作家人尽皆知的一部著作，无论他们是否明确提到过它。参见Alfred Espinas, "La Troisieme phase de la dissolution du mercantilisme", *Revue internationale de sociologie*, 1902, p。

② 见凯伊, i, p. xxxix。

地认为它是一本坏书。[1]可是那时它已大功告成,它的主要贡献已经成为大卫·休谟及其后继者的社会哲学的基础。

三

那么,由曼德维尔所推动的思想,现代读者已经十分理解了吗?曼德维尔本人又知道多少呢?他的主要见解是逐渐而间接地产生的,是在他捍卫自己最初那种私心之恶常有公益之果的奇谈怪论时,无意之间产生的副产品。通过把一切出于私心而做的事情视为罪恶,并认为只有让行为恪守纲常才是美德,他不难证明,我们应当把大多数社会利益归因于据此标准只能称为恶的事情。这并不是什么新发现,而是像有关这个问题的任何思考一样古老。托马斯·阿奎那不是也同意这样的说法吗?—— multae ulilitates impedirentur si omnia peccata districte prohiberentur(禁绝罪恶,有益之事亦将受阻)。[2]这种见解常见于过去一个世纪的文献,尤其是通过拉罗什富科(F.de La Rochefoucauld)和培尔(Pierre Bayle)的著作,一个少年时代就受伊拉斯谟和蒙田(Michel de Montaigne)思想的濡染、机智而又有点玩世不恭的头脑,不难把这样的见解发展成一种社交奇谈。然而,当曼德维尔开始把自私的动机同它所产生的行为给别人带来的利益作道德上的比较时,他便让自己陷入了一场无论是他本人还是至今为止的后来人,都未能完全从中挣脱出来的噩梦。

但是,随着曼德维尔在后来的散文作品中对他最初的奇谈怪论进行捍卫和发挥,有一点逐渐变得明确起来:这种现象仅仅是某

---

① 这个说法我找不到出处,它转引自Joan Robinson, *Economic Philosophy*, London, 1962, p. 15。

② *Summa Theologia*, Ⅱ, p. 78 i.

个非常普遍的原则的一个实例,他那种激起所有道德义愤的特殊对比,同这个原则几乎毫不相干。他的主要主张变得十分简单,在复杂的社会秩序中,人们的行为结果同他们所设想的非常不同,个人在追求自己的目标时,无论是出于自私还是利他,都会产生一些他们并未预料甚至一无所知的对他人有用的结果;最后的结论是,整个社会秩序,甚至我们称之为文化的全部现象,都是并不以这种文化为目的的个人努力的结果,而这种结果,又通过并非被有意发明,而是因成功的生存而发展起来的各种制度、习惯做法和规则,服务于个人的目的。

正是在构想这个更具普遍性的论点时,曼德维尔第一次完整地提出了有序的社会结构——法律和道德、语言、市场、货币以及技术知识的发展——自发生长的经典模式。要想理解它的重要意义,就必须了解在过去两千年里很难将这些现象纳入其中的那个概念框架。

四

当然,古希腊人并非不知道因这种现象的存在而出现的问题,但是他们试图用一种二分法来解决这个问题,它因为缺乏明晰性而引起无穷混乱,却变成了一个起着束缚作用的牢固传统,而曼催维尔终于展示了一条解脱之路。

古希腊人这种在漫长的时间里一直支配着人类思想、至今仍然余威犹存的二分法,是对所谓的自然现象(physei)和人为或习惯现象(thesei or nomo)[①]的区分。显然,自然秩序,即kosmos,是既定的,

---

① 参见F. Heinimann, *Nomos und Physis*, Basel, 1945, 以及我的《人类行为的结果,但不是人类设计的结果》一文(已收进本书——译注)。

它独立于人的意志和行为，然而还存在着另一种秩序(他们也为它起了个特别的名称：taxis，我们会为此而妒忌他们)，它是人类有意安排的结果。但是，如果所有明显独立于人的意志和行为的事物，从这个意义上说都是明显的"自然现象"，而所有人类行为有意造成的事情都是"人为现象"，那些作为人类行为结果但不是人类设计结果的现象，便没有容身之地了。人们经常发现，在社会现象中存在着这种自发的秩序。但是由于他们不了解这种牢固的自然/人为用语的歧义性，他们便竭力想用这种术语去表达自己看到的事情，于是造成了不可避免的混乱：他们会把某种社会制度说成是"自然的"，因为它从来不是有意设计的，同时会把这同一个制度说成是"人为的"，因为它是由人的行为造成的。

然而，有些古代思想家已十分接近于认识到产生社会制度的进化过程。在所有的自由国家里，似乎都存在着一种信念，认为有一种照看着他们的事务的特殊天道，把他们杂乱无章的努力变得对他们有利。当阿里斯托芬提到下面的寓言时，他指的就是这种信念：

> 古时有个寓言说，
> 吾辈愚蠢的算计与虚妄，
> 皆被迫为公益效力。①

——这是一种那个国家并不陌生的感觉。至少古典时代的罗马法学家十分清楚，罗马的法律秩序优于别国，正是因为据说加图(Cato)谈到过的那个理由，

> 它的基础不是哪个人的天赋，而是许多人的天赋：它的确立不是用了一代人的时间，而是用了数百年和许多代人的

① *Ecclesiazusae*, 473；英译文取自B. B. Roger, 见Loeb edition, iii, p. 289。

> 漫长岁月。他说，因为从来没有人能够拥有如此大的天赋，可以做到无所不知，某个时代的许多人，若是没有时间的帮助，也不可能为未来做好充分准备。[①]

这一传统主要通过自然法学说而被继承下来；更早的自然法学者，在他们被17世纪全然不同的理性主义自然法学派取代之前，尽管有“自然”一词造成的障碍，还是窥测到了社会秩序自发衍生的秘密。逐渐地，甚至这个不利的字眼也几乎变成了一个专业名词，用来指绝不是因为人的发明或设计，而是由环境力量形成的人类制度。尤其是在最后一批经院派学者、16世纪西班牙耶稣会士的著作中，对于假如事物的秩序没有经过政府的刻意安排，那么它如何能够自发地形成，作了系统的探究。他们由此产生的想法，我乐意称之为第一种近代社会理论，然而，他们的教导却被随后那个世纪的理性主义潮流淹没了。[②]

五

笛卡尔之流、霍布斯之流和莱布尼茨之流，无论他们的工作在其他领域是多么伟大的进展，对于理解社会的成长过程却是灾难性的。在笛卡尔看来，斯巴达似乎堪称希腊各国之翘楚，因为它的法

---

① M. Tullius Cicero, *De re publica*, ii, 1, 2, Loeb ed. by C. W. Keyes, p. 113。另参见雅典派雄辩家Antiphon, *On the Choreules*, par. 2(in *Minor Attic Orator*, Loebed. by K. J. Maidment, p. 247)，他在此文中说，法律“在这个国家以最古老者为优……此乃良好律法之最可靠的标志，因为岁月和经验会使缺陷显露。”

② 关于莫林那(Luis Molina)——从这个角度看他是16世纪西班牙耶稣会士中最重要的人物——和他的一些前辈，见我的《人类行为的结果，但不是人类设计的结果》一文。

律是设计的产物,“源自一个人,只为一个目的”[1],这就是得势的建构论理性主义的特征。它认为,不但所有的文化制度是精心建构的产物,而且如此设计出来的一切事物,必然优越于所有那些单纯自发的事物。在它的影响下,传统的自然法观念,从通过逐渐适应“事物之自然属性”而自我形成之物这种观念,变成了人因为具备天赋的自然理性而能够设计出来之事物的观念。

我不知道经历了这场知识骚乱之后,那个更古老的传统还有多少被保留下来,尤其是还有多少能够传给曼德维尔。这需要从内部去了解17世纪的荷兰关于法律和社会问题的讨论,而对于一个读不了荷兰文的人来说,这是难以办到的。这一时期的荷兰思想,对那个世纪末和下个世纪初英国思想的发展,很可能有着重要的影响,因此我长期以来就认为,对它进行彻底的研究乃是思想史非常迫切的工作之一。在这一空白得到填补之前,就我所关心的具体问题而言,我只能推测,更为严密的研究很可能会表明,在曼德维尔和晚期经院派团体,尤其是它的弗兰德成员、卢万的列修斯之间,存在着某种联系。[2]

除了同更早的大陆自然法学者这种可能的联系之外,曼德维尔的另一个可能的灵感来源,是英国的普通法学者,特别是黑尔爵士。他们的著作在某些方面保留了自然法学者所特有的观念,在另一些方面又使这种观念在英国变得没有必要。从黑尔的著作中,曼德维尔能够发现许多有助于他思考文化制度成长问题——这日益成为他的中心问题——的内容。[3]

---

① R. Descartes, *A Discourse on Method*, part Ⅱ, Everyman ed., London, 1926, p. 11.

② Leonard Lessius, *De justitia et jure*, 1606.

③ 关于黑尔爵士,现在尤其可参见J. G. A. Pocock, *The Ancient Constitution and the Feudal Law*, Cambridge, 1957, esp. p. 171 et seq。由于疏忽大意,我在1960发表的《自由秩序原理》一书中没有提到这部杰作,这里我要做出更正;在该书最后的修订版中,我从波考克先生的著作中受益颇多。

然而,所有这一切不过是一个受到当时建构论理性主义破坏的更古老传统的残留物,而这种理性主义在社会领域中最强大的诠释者霍布斯,正是黑尔从事论战的主要目标。在这种迎合人类思想的强大哲学的影响下,同人类思维喜欢以拟人化方式解释一切这种根深蒂固的习性相一致,人们是多么愿意回到那种人类制度出自设计的幼稚学说——若想对此有更好的理解,我们只需回想一下,那些文艺复兴时期的杰出学者们,还一直在想当然地为一切文化制度寻找发明人。[1]把政治秩序归因于某种有意图的行为、某种协议或契约,这种一再出现的企图,同早先就它的演化所作的更为繁复的说明相比,与这种观点更为意气相投。

六

在当时的人看来,"曼德维尔把一切行为全都贬低成或是公开,或是经过伪装的自私"[2],好像他同霍布斯没有什么两样,但是这却掩盖了由此会导致完全不同的结论这一事实。他最初对自私的强调,仍包含着人的行为受完全理性的考虑指引这种暗示,但是他的论证逐渐朝着这样的方向改变:不是人们的见识,而是各种社会制度和传统对人施加的限制,使他们的行为看上去是理性的。尽管他

---

① 参见Pocock前引书, p. 19:"正是在这个时期,维吉尔写下了他的《论发明》,认为所有发明都可追溯至某位个人发现者;在法律史领域,马基雅维里以罕见的天真写道,那个人'左右着'像法国的君主制这种如此复杂的历史产物。"见脚注中所引Denys Hay, *Polydore Vergil*, Oxford, 1953, chapter Ⅲ; Niccolò Machiavelli, *Discorsi*, Ⅰ, xvi; Pierre Mesnard, *L'Essordela philosophie politique au XVIe siè cle*, Paris, 1951, p. 83。

② F. B. Kaye, i. p. lxiii.

似乎仍然醉心于揭示,决定着人类行为的只有自骄(或"自爱"[1]),然而事实上他开始变得更为关心某些行为规则的起源,人的自骄使他们服从这些规则,但他们并不了解它们的起源和理由。在他使自己确信,让人们服从规则的原因非常不同于使这些规则得到确立的原因之后,他越来越着迷于这些规则的起源,它们对于有序的社会过程的重要性,同促使个人服从它们的动机并无多大关系。

这个起点在对诗作的散文体评论以及构成《寓言》第一卷的文章中已经表现出来,然而只是在第二卷里它才得以全面展开。在第一卷里,曼德维尔的实例主要取自经济事务,因为他认为,"人的社会性源于两点,即他的欲望的多样性和他在尽力满足这些欲望时会遇到不断的反对"。[2]不过,这只会使他想到重商主义那种令凯恩斯爵士大感兴趣的、有关奢侈之有益作用的观点上去。我们在这里也可看到对制造一块红布的遍布全球的所有行为的生动描述[3],它对亚当·斯密显然起了启发作用,并成为第二卷中准确介绍劳动分工的基础。[4]在这种讨论的背后,显然已经有了一种对市场产生自发秩序的意识。

七

曼德维尔是亚当·斯密经济自由观点的先驱,这是他长期以来

---

① 参见Chiaki Nishiyama, *The Theory of Self-love: an Essay in the Methodology of the Social Sciences, and Especially of Economics, with Special Reference to Bernard Mandeville*, University of Chicago Ph. D. thesis(Mimeographed), 1960。

② 16 i, p. 344.

③ i, p. 356. Dugald Stewart在其*Lectures on Political Economy*(*Collected Works*, vii, p. 323)一书中指出,曼德维尔的这段话"清楚地预示着亚当·斯密《国富论》中最精彩的段落之一"。

④ ii, p.284.

得到公认的地位，若不是瓦伊纳(Jacob Viner)教授最近对这一事实提出了挑战[①]，我本不想在这件事上多费口舌，因为在这个问题上没有人比他更具权威性。在我看来，在所有相关的方面，瓦伊纳教授都受到了曼德维尔反复使用的一句话的误导，即他提到“手段高明的政治家利用巧妙的管理，可以把私心之恶转为公益”[②]。瓦伊纳教授把这句话的意思解释成曼德维尔赞成我们现在称为政府干预的行为，即政府对人们的经济活动进行具体的领导。

然而这肯定不是曼德维尔的意思。在1714年第二次印刷的《寓言》中，一个很少受人注意的小标题，十分可靠地表明了曼德维尔的目的。这个标题称，该书包含着“若干论述，要证明人类的弱点……也可以变成公民社会的优点，并可得到改造以为美德提供安身之地”[③]。我认为，他这里想要表达的意思，显然也就是塔克在40年后更明确地表达出来的意思，他写道：“在这种情况下(就像在所有其他情况下一样)，人性之中的普遍动机——自爱，可以获得这样一种取向，它追求个人利益的努力，也会促进公众的利益。”[④]然而根据曼德维尔和塔克的意见，赋予个人的努力以这样一种取向的方法，并不是指任何政府的具体命令，而是指各种制度，尤其是公正行为的普遍规则。我以为罗森伯格(Nathan Rosenberg)先生是完全正确的，他在回答瓦伊纳教授时论证说，曼德维尔就像亚当·斯密一样，在他

---

① 参见Bernard Mandeville, *A Letter to Dion*(1732) (edited for The Augustan Reprint Society, Los Angeles, University of California, 1953)一书的序言，重印于Viner, *The Long View and Short*, Chicago, 1958, p. 332–342。主流的、我认为也是更真实的看法，见Albert Schatz, *L'Individualisme économique et social*, Paris, 1907, p. 62。

② i, p. 51, 369, ii, p. 319；另见*A Letter to Dion*, p. 36。

③ 参见ii, p. 393的标题页复制件。“第2版”没有被用来称呼这个版本，而是保留给了1723年的版本。

④ Josiah Tucker, *The Elements of Commerce and Theory of Taxes*(1755). in R. L. Schuyler, *Josiah Tucker, a Selection from his Economic and Political Writings*, New York, 1931, p. 92.

看来，政府的适当职能“就是通过创设聪明的法律架构，建立游戏规则”，曼德维尔是要寻求一种“使政府权力的任意行使最小化”的制度。[①]曼德维尔在《寓言》的第一卷里就曾主张，“每个行业的成员都会发现这种和谐，在没有任何人对它插手干预时，它才会得到最好的维护”[②]；在第二卷的结尾处，他又谈到了“那些剥夺了我们幸福的人，可能有着良好的愿望，但他们又是多么眼光短浅。这样的幸福，如果没有人改变或中止其活动，是会从每一个大社会的本性中自动产生的”[③]。一个能够说出这些话的作者，在鼓吹自由放任上显然不会与亚当·斯密有什么两样(或很不一样)。[④]

如果与这个问题有关的“自然现象”和“人为现象”的旧式二分法造成的恶果没有再次出现，我本不想把它看得多么重要，在脚注里提一下即可。哈列维(Elie Halévy)最早认为，曼德维尔和亚当·斯密将他们的论证建立在“各种利益的天然和谐”上，而爱尔维修(毫无疑问他从曼德维尔和休谟那儿获益不少)以及他的后继者边沁，都有一种“各种利益人为和谐”的想法[⑤]；瓦伊纳教授认为，爱尔维修是从曼德维尔那里得到了这种各种利益人为和谐的观念。[⑥]在我看来，这恐怕是由“自然/人为”的二分法导致的一种和稀泥的做法。

---

① Nathan Rosenberg, “Mandeville and laissez faire”, *Journal of the History of Ideas*, xxiv, 1963, p. 190, 193。另参见ii, p. 335, 曼德维尔在那里说，使好人握有全部权力尽管是可取的，然而“最佳状态若是做不到，我们也可退而求其次，这时我们就会发现，在可保国家长治久安的所有方法中，无论它们看重什么，最好的办法就是用聪明的法律保护和巩固宪政，并建立起这样的行政机构，当大臣们的能力和诚实与我们的希望相比有所欠缺时，国民的利益也不至于因为他们缺少正直或求知欲而受到重大伤害”。

② i, p. 299–300.

③ ii, p. 353.

④ 参见J. Viner, “Adam Smith and laissez faire”, *Journal of Political Economy*, xxxv, 1927。

⑤ Elie Halévy, *The Growth of Philosophical Radicalism*, London, 1928, p, 15–17.

⑥ *The Long View and Short*, p. 342.

曼德维尔关心的是并非由人有意建立的制度——虽然立法者有改进它们的责任——以便协调不同的个人利益。利益的一致既不是"自然的",因为它并未摆脱人的行为所形成的制度;也不是"人为的",因为它并不是因有意的安排而产生的,而是自发生成的制度的结果,这些制度之所以得到发展,是由于它们为碰巧找到了它们的社会带来了繁荣。

八

无须奇怪,沿着这一思路,曼德维尔的兴趣日益转向了使人们的不同利益相互协调的制度如何生成这个问题。这种有关法律不是由某个聪明的立法者设计,而是在漫长的试错过程中成长的理论,大概是他对制度进化的描述中最引人注目的内容,它们包含在《寓言》第二卷他对社会起源的研究之中,使这本书堪称一部杰作。他的中心论点变成了:

> 我们常把一些事情归功于人类非凡的天赋和深邃的洞察力，而实际上那是因为漫长的岁月和世代累积的经验，他们在天性和智慧上彼此并无多大差别。[1]

他又以法律为例作了发挥:

> 某个人或某代人的成果非常之少，它们中的绝大多数内容，都是若干代人共同劳作的产物……我这里所说的智慧，并非来自精妙的理解力或紧张的思考，而是出自从长期的实

① ii, p. 142.

> 践经验和丰富的观察中获得的可靠而周密的判断力。从这种智慧和漫长的岁月中产生的法律，使得治理大国易如织袜（请宽恕我这个粗俗的比喻）。[①]

在这个过程中,法律“以技艺和人类智慧所能做到的近乎完美的程度产生出来,整个这架机器可以做到运转自如,所需技巧不比给钟表上弦更多”[②]。

当然,曼德维尔并不十分清楚,不同制度的发展需要多长时间,或他需要多长时间才能对此做出说明。他经常倾向于把这个适应过程同环境一并讨论[③],而不愿像后来的休谟那样,让自己作明确的说明。休谟曾在一个类似的背景下说:“我这里仅仅假设,那些思考是一下子形成的,而事实上它们是在无意间逐渐出现的。”[④]曼德维尔仍然在当时得势的专断的理性主义观点和他本人新的生成论或进化论观点之间徘徊不定。[⑤]但是,同黑尔或约翰·劳[⑥]——他们在其具体领域中对这一观点的应用大概更为出色——相比,他的工作之所以更具意义,是因为他把它应用于整个社会,使它进入了一些新的主题。他仍需尽力使自己摆脱建构主义的先入之见。他的

---

① ii, p. 322.

② ii, p. 323.

③ N. Rosenberg, 上引书, p. 194。

④ David Hume, *A Treatise on Human Nature*, ed. T. H. Green and T. H. Grose, ii, p. 274.

⑤ 参见Paul Sakmann, *Bernard de Mandeville und die Bienenfabel-Controverse*, Freiburg i. B., 1897, p. 141。凯伊的版本虽然部分地胜过此书，但它仍然是研究曼德维尔最全面的专著。

⑥ 在大约与曼德维尔诗作的初稿同时出现的《论货币和贸易》(*Money and Trade Considered with a Proposal for Supplying the Nation with Money*, Edingburgh, 1705)一书中，约翰·劳对货币的发展——如门格尔所说——第一次做出了恰当的说明。没有理由认为曼德维尔知道这种说明，然而这种日期的相同却是很有意义的，它表明了进化的观念已多少“形成了一种气氛”。

论证的要点始终是，社会的大多数制度既然都不是设计的结果，那么“一个最精巧的上层结构，又是如何在脆弱而腐败的基础——即人们各自追求私利——上形成的”[①]，“秩序、经济以及市民社会的存在，如何能够完全建立在我们的各种欲望之上……使人们之间的相互服务形成了这个上层结构”。[②]

九

让一篇演讲充满了脱离上下文的引语，听众又很难明白那些只有靠阅读原书才能领会的含义，这样做实非明智之举。因此我只想简单谈谈曼德维尔进一步应用这些思想的主要实例。他首先观察到，在游戏技巧中，包含着一些行为者不解其意的动作，手艺和生意技巧变得“十分高超……是因为不断的劳作和世代积累的经验，才使能力平平的人也能够掌握它们”。因此他认为，说话、写作和支配行为的方式，得到我们所谓的“理性动物”的普遍服从，但他们“既不思考也不知道这些方式的含义”[③]。最出色的应用实例是语言的进化，在这一点上曼德维尔真正是前无古人。他认为，语言“像所有其他的技艺和学问一样，是逐渐”来到这个世界上的。[④]如果我们记得，就是不久之前，洛克还认为词语是被随意“发明”出来的[⑤]，则似乎可以说，我们在18世纪下半叶才发现的那些对语言发展的丰富思考，曼德维尔是它的一个重要来源。

所有这一切，是他对我们现在称为文化传递的那个过程的日

① ii, p. 64.

② ii, p. 349.

③ ii, p. 140–141.

④ ii, p. 287.

⑤ John Locke, *Essay Concerning Human Understanding*, Ⅲ, ii, p.1.

益增长的兴趣之一部分。他把“后天的、通过文化获得的”东西[①]同先天的东西作了明确的区分，在第二卷的对话中，他让自己的代言人强调，“阁下所谓自然之物，其实是出自人为，是因教化而来”。[②]这使他最终认为，“这适用于我们的思想，恰如它适用于我们的语言”[③]，并且

> 人的智慧乃时间之子。确定一个令理性动物对它保持敬畏的观念，建立一个供自己顶礼膜拜的偶像，既非出自哪个人的发明，亦非数载所能办到。[④]

在这里，反理性主义表现得最为明显——我们姑且用一下“反理性主义”这个被广泛用来指称曼德维尔和休谟的字眼，其实现在我们已经幸运地有了卡尔·波普尔的“批判理性主义”一词。在我看来，曼德维尔由此提供了使休谟有所建树的基础。在《寓言》第二卷里，我们越来越频繁地看到一些休谟让我们熟悉的词语，例如他谈到了“人类知识的狭窄疆域”[⑤]，并且说，

> 我们坚信人之理解力是有限的。我们稍加思考即可断定，它的疆域狭窄，受着很大的限制。正是这一点，这个唯一的原因，阻止着我们洞察自己的来源。[⑥]

---

① ii, p. 89.

② ii, p. 270.

③ ii, p. 269.

④ *The Origin of Honour*(1732), 见 i, p. 47, n.

⑤ ii, p. 104. 参见 David Hume, “Enquiry”, in *Essays*, ed. T. H. Green and T. H. Grose, ii, p. 6:“人是一种理性的存在，因此他利用科学而获得充足的食品和教养。然而人类理解力的疆域是如此狭窄，他的学识的范围和可靠性，都使人只能有望得到稍许的满足。”

⑥ ii, p. 315.

当《荣誉的起源》问世时，休谟21岁，据他本人说，他“正在酝酿”《人性论》，但尚未“动笔”。[①]我们在这本书里看到了完全是休谟式的段落：

> 人都是摇摆不定的，完全受着情绪的左右，无论我们有什么精妙的观念可以让自己沾沾自喜。即或那些行为合于学识、恪守理性指引的人，亦会受一时心血来潮的驱使，他的所作所为，同那些蔑视和对抗学识与理性、我们称为受情绪役使的人相比，并没有什么两样。[②]

十

我不想对曼德维尔做过高的评价，我只想说，是他使休谟成为可能。[③]我对休谟的评价是，在近代所有研究精神与社会的人中间，他大概是最伟大的一位。这使曼德维尔在我看来非常重要。只是在休谟的著作里，曼德维尔努力的意义才完全得以彰显，而且正是通过休谟，他才产生了持久的影响。然而在我看来，把自己的一些主要观念传给休谟[④]，已足以使曼德维尔无愧于思想大师这一称号。

要想知道曼德维尔做出了多大的贡献，我们只需看看那些观念

---

① 参见E. C. Mossner, *The Life of David Hume*, London, 1954, p. 74。

② *The Origin of Honour*(1732), 见i, p. lxxix。

③ 参见Simon N. Patten, *The Development of English Thought*, New York, 1910, p. 212–213：“曼德维尔的直接继承者是休谟……如果我的解释是正确的，休谟的发展起点就是曼德维尔的作品。”另见O. Bobertag, *Mandeville's Bienenfabel*, Munich, 1914, p. xxv。

④ 对孟德斯鸠同样可以这样说。参见Joseph Dedieu, *Montesquieu et la tradition politique anglaise*, Paris, 1909, p. 260–261, 307, n。

的进一步发展即可，休谟是接过它们并认真加以思考的第一人，也是最伟大的一人。这一发展当然包括18世纪下半叶苏格兰那些伟大的道德哲学家，尤其是亚当·斯密和弗格森，后者以“人类行为的结果，但不是人类设计的结果”[①]这句话，不但对曼德维尔的中心论题作了最出色的概括，而且为所有社会理论的任务提供了一个最好的定义。我不想因为对曼德维尔有所偏爱，便说他的著作也经由爱尔维修，导致了边沁的那种偏执的功利主义，这种说法虽然相当正确，却是一种向建构论理性主义的倒退，而曼德维尔的主要贡献，就是对这种理论的克服。不过，曼德维尔所开启的传统中也包括了埃德蒙·伯克，主要是通过他，所有的“历史学派”——在欧洲大陆则主要是通过赫尔德尔[②](J.G.Herder)和萨维尼[③]等人——使这种进化观在达尔文之前很久，便成为19世纪社会科学中的常识。“达尔文之前的达尔文派”，很久以来便从更有效的习俗和习惯做法之取得

---

① Adam Ferguson, *An Essay on the History of Civil Society*, Edinburg, 1767, p. 187:“芸芸众生的每一个步骤和每一个行动，即使在我们所谓的启蒙时代，都是在对未来茫然无知的情况下做出的。各国摸索出一些典章制度，那固然是人类行为的结果，却不是因为实施了任何人类的设计。如克罗姆维尔说：当一个人不知道自己要去哪儿时，他绝不可能达到更高的境界；但是更有理由用那些社会来证实：它们赞同最伟大的革命，但其中没有任何变化是它们意料到的；即或最老练的政治家也并不总是清楚，他们按照自己的计划会把国家引向何处。”

② 应当指出，使曼德维尔的影响同维柯的类似思想结合在一起，赫尔德尔似乎是一个最早的例子。

③ 曼德维尔和休谟的思想能够最后到达门格尔，从而再度进入经济学，萨维尼似乎是一条重要线索。在《经济学和社会学问题》(Carl Menger, *Problems of Economics and Sociology*, ed. Louis Schneider, Urbana, Ⅲ., 1963)一书的社会学部分，门格尔不但以一种我相信休谟之后便无人再做尝试的方式，重申了法律、道德、货币和市场形成的一般理论，并且说出了一个重要的见解(p. 94)：“这种生成观同理论科学的思想是不可分的。”或许还应当指出一件并非广为人知的事情，门格尔经由他的学生Richard Thurnwald，也对现代人类学的兴起有过一定影响，而今天这个学科比任何其他学科都更专注于曼德维尔、休谟、斯密、弗格森这个传统中的中心问题。参见J. S. Slotkin(ed.), *Readings in Early Anthropology*, London, 1965。

优势这个角度思考问题，正是在社会研究的进化论思想氛围中，达尔文终于将这一思想系统地应用于生物有机体。[①]当然，我的意思不是说，曼德维尔对达尔文有任何直接的影响（尽管休谟可能有这样的影响）。不过在我看来，从许多方面看，达尔文是由曼德维尔启动的一项发展的顶点。

曼德维尔和达尔文有一点是一样的：他们所引起的丑闻起因相同，就此而言，达尔文完成了由曼德维尔开始的事业。现在已很难想象，那些接受了现在占上风的宗教形式的人就更难以想象，就在不久以前，宗教还同“出自设计的论证”有着多么密切的关系。发现有一种未经任何人设计的惊人的秩序，对于大多数人来说，是存在一个人格化造物主的主要证据。在道德和政治领域，曼德维尔和休谟揭示出，其中的秩序赖以存在的公正意识和正直的品德，并不是一开始就被植入了人的大脑，而是像大脑自身一样，是从一个逐渐的进化过程中成长起来的，对于这个过程，至少从原则上说我们可以学会去理解它。对这种观点的厌恶情绪之大，同一个世纪后在证明了有机体之精巧程度已不容再把它当作专门设计的证据时所引起的厌恶，是一样的。大概我应当说，这个过程是同开普勒(J.Kepler)和牛顿一起开始的。但是，如果它自始至终都伴随着一种对决定着自然秩序的原因的逐渐深入的见识，那么，因为发现道德和政治秩序也是一个进化过程而非设计结果而引起的震惊，对我们所谓现代思想的产生，也有着同样大的贡献。

---

① 有关社会理论的观念对达尔文的影响，见E. Radi, *Geschichte der biologischen Theorie*, ii, Leipzig, 1909, especially p. 121。

理性主义的类型[1]

一

在对我们时代的某些主要信念进行评价时，我有时不得不做出困难的选择。往往有这样的情况，某些十分特殊的主张，却冠之以很漂亮的名称，从较为寻常的含义上说，这些名称本来应该用来描述那些完全有必要并且得到普遍认可的行为。我认为必须予以反对的那些特殊主张，经常是出自这样一种信念：假如某种态度通常是有益的，那么无论把它用在何处，必定也总是有益的。我在思考“计划”这个词时，首次遇到了批评流行信念时因这种态度而造成的困难。做事应当三思而后行；为了明智地安排自己的生活，我们应当在行动之前对自己的目标做到心中有数，这看起来都是十分浅显易懂的道理，因此很难让人相信，对计划的要求会是错误的。例如，一切经济活动，都是为达到全部竞争目的而就资源利用做出的有计划的决定。因此，一个经济学家从最一般的意义上反对“计划”一词，就显得特别荒谬。

---

① 1964年4月27日在东京Rikkyo大学的演说，刊于*The Economic Studies Quarterly*, Vol. XV, 3, 1965。

但是在20世纪20年代和30年代，人们逐渐从更为狭隘、更为专指的意义上使用这个好字眼。它成了一个公认的口号，不再是要求大家明智地计划自己的经济活动，而是要求全部经济活动按照中央权威制订的计划进行集中管理。结果是“计划”变成了集中控制的集体主义计划，有关是否实行计划的讨论，也无一例外地集中在这个问题上。中央计划论者为了自己的阴谋而盗用“计划”这个好字眼的情况，给反对他们意图的人造成了十分棘手的问题。他们是努力维护这个好字眼的合理用法，坚持自由经济取决于许多个人的个别计划，因此使个人在计划自己的生活时可以享有比中央计划制度下更大的活动范围呢，还是应当接受已得到公认的狭隘含义，干脆把批判的矛头指向“计划”？

无论是对是错，尽管我的朋友们可能会感到不快，我还是认为，事情已经做得过头了，再去维护合理的用法已经太迟了。正像我的对手不加区分地赞成计划（这是指对一切经济活动进行的中央计划）一样，我也把批判直指“计划”，姑且让我的论敌从这个好字眼中占些便宜，指责我反对利用我们的理智安排自己的生活吧。不过我依然相信，为了剥去那些已经变成行话的东西的高贵外衣，有必要对“计划”进行这种正面攻击。

不久前，我在被神秘化了的“社会的”（social）这个词上也遇到了类似面困难。就像计划一样，它也是我们这个时代一个时髦的字眼，从“属于社会的”这个本来的含义上说，它本来可以成为一个十分有用的词。但是在现代用法中，例如在“社会公正”（social justice，人们会误认为所有的公正都是一种社会现象）这种说法中，或者当我们的社会义务同单纯的道德义务发生对立时，它却成了我们这个时代最含糊、最有害的词汇之一。它不但内容空洞，使人可以随心所欲地使用它（如德语中的soziale Marktwirtschaft——“社会市场经济”，或sozialer Rechtsstaat——“社会法治”），甚至使所有与它连在一起的词语也失去了任何明确的含义。这迫使我采取了反“社会的”

立场，我要证明，细察之下，社会公正的概念纯属无稽之谈，它只会唤起头脑清醒者应当避免的幻象。但是，我对我们时代的圣像之一进行的攻击，又一次让许多人把我视为不负责的极端分子，对我们的时代精神毫无同情之心。

这类好字眼的另一个例子是“实证的”或“实证主义的”，如果不赋予它特别的含义，我乐于用它来表示我的立场。然而，由于它获得了特殊的含义，它也造成了这样一种状况，使我不得不把这个十分好的称呼留给我的对手，结果我发现自己成了“反实证主义者”，尽管同自封为实证主义者的理论相比，我所捍卫的东西倒更像是实证科学。

二

现在我被卷进了另一场意见冲突之中，不作大量的解释，我已不敢再一如既往地说话。我所信奉的社会哲学，有时被称为反理性主义。至少在以下这种场合我是被如此称呼的：我本人同另一些人一样，在谈到我的思想先辈曼德维尔、休谟和门格尔时，偶尔也使用反理性主义一词。但是它引起了如此之多的误解，以致现在我觉得它成了一种必须避免的危险而错误的说法。

我们再次需要应付这样一种局面：一群思想家自以为是地宣布了好字眼唯一正确的用法，于是得到了理性主义者的称号。凡是在理性的正确用法上同他们意见相左者，难免会被扣上“反理性主义者”的帽子。这会让人觉得，后者对理性抬举得不够。其实，他们对如何使理性更好地发挥作用是十分关心的。他们主张有效地使用个人的理性，去调节诸多理性动物之间的关系。

在我看来，存在着这样一种理性主义，由于它不承认个人理性的能力有限，反而使人类理性没有发挥应有的作用。这种理性主义是比较晚近的现象,虽然其根源可以追溯至古希腊哲学。但只是到了16世纪、17世纪,特别是在法国哲学家笛卡尔为它构筑起基本信条之后,它的近代影响才开始出现。主要是由于笛卡尔的缘故,“理性”一词才改变了含义。对于中世纪的思想家来说,理性主要是一种认识真理特别是道德真理的能力[①],而不是根据明确的前提进行演绎推理的能力。他们十分清楚,文明中的许多制度,并不是理性的发明,而是同所有的发明相反,是他们称为“自然”之物的产物,即自然而然出现的事情。

这一更早的自然法学说认为,文明中的许多制度不是人类特意设计的产物。针对这一学说,培根、霍布斯尤其是笛卡尔等人的新理性主义认为,一切有用的人类制度都是,而且应当是自觉的理性特意设计的产物。这种理论被笛卡尔派理解为esprit geometrique(几何学精神)——一种从若干确定不移的前提,通过演绎过程达到真理的精神能力。

在我看来,这种幼稚的理性主义最恰当的称呼应是理性建构主义(rationalist constructivism)。自那时以来,姑且不论这种观念在技术领域取得了多么伟大的成就,却给社会领域造成了难以估量的灾害。把这种观点称为“建构主义”,我便又一次把一个好字眼拱手让给了敌人,不过我认为, 19世纪最伟大的自由主义者之一格拉德斯通,已经从这个明确的含义上使用该词了。他用这个词来称呼的那种态度,我过去无以名之,只好叫它“工程型头脑”(engineering type of mind)。现在我则认为,在理论界时常与我所说的“唯科学主义”有关的实际态度,最确切的称呼就是“建构主义”[②]。

---

① 参见John Locke, Essays on *the Laws of Nature*(1676), ed. W. von Leyden, Oxford, Clarendon Press, 1954, p. 111:“不过,所谓理性,我想它在这里并不是指形成思维训练和演绎证明的理解能力,而是指某些明确的行为原则,所有的优秀品质和养成正确的道德所需要的一切,都是由此而来。”

② 参见我的*The Counter-revolution of Science*, Glencoe, Ⅲ, 1952。

这种观点在17世纪的兴起,实际上意味着思想又回到了早期的幼稚方式,回到了这样一种观点,它习惯于假定人类的一切制度都有一个发明者,不管这些制度是语言或文法,法律或道德。笛卡尔的理性主义对历史演化的力量视而不见,这绝非偶然。它宣布,适用于历史的观念,也是适用于未来的纲领:对自己的行为了如指掌的人类,应当运用理性所赋予的设计能力,按部就班地创造一种文明。这种意义上的理性主义假定,使人类获益的一切制度,过去是因为清楚地知道它们的好处而被设立,今后也应当如此。只有当我们能够证明它们在特定条件下产生的具体效果优于其他制度产生的效果时,才可以对它们表示赞同和尊重;我们天生就有能力这样来建立我们的各种制度;我们认为这些制度可能的结果优于其他结果,而且会全部实现;既然自觉地思考一切因素会使结果比自发过群产生的其他结果更为可取,因此我们的理性决不应再诉诸自发的或机械的方案。正是从这种社会理性主义或建构主义中,产生出了现代社会主义、计划和极权主义。

三

现在我们的问题可以用一个提问来说明:人类的文明,是像笛卡尔派理性主义所设想的那样属于人类理性的产物呢,还是另有来源?我们是否应当把人类理性视为文明的产物,而这文明并非出自人类有意的设计,而是从一个进化过程中成长起来的?这大概是个"先有鸡还是先有蛋"的问题——谁也不会否认这两种现象在不停地相互作用。但是,笛卡尔派理性主义的典型看法却是,它顽固地坚持第一种解释,坚持事先就存在着设计各种制度的理性。从"社会契约论"到法律乃国家创制的观点,直至制度既由我们所建,我们也可随意变革的观点,我们现时代的全部思想,都受着这一传统的扩散所造成的影响。这种观点的另一个特点是，它没有给正确的社会理论留下一席之地，因为社会理论的问题是来自这样的事实：个人的努力的确经常产生着某种制度，它虽然既非出自人们的意图也出乎他们的预料，却是人们实现自己的追求不可缺少的。

值得一提的是，社会理论家，尤其是经济理论家，过去200年里在这方面的努力，今天已出人意料地得到了社会人类学这门新兴学科的验证。它的研究表明，在许多领域，原以为是由理性所创立的东西，其实都是进化与选择过程的产物，这一过程同我们在生物学领域的发现十分相似。我把社会人类学称为一门新兴学科，其实它不过是在继续着曼德维尔、休谟和他们的苏格兰哲学传人已经开始的工作，只是由于他们的后继者日益囿于狭隘的经济学领域，这一工作才被人们遗忘了大半。

从更普遍的表现形式看，这一发展主要是形成了这样一种见解，它认为，即使是人类的思维能力，也不是个人的天赋，而是一项文化遗产，它不是通过生物学的渠道，而是经由示范和教育的手段，主要是经由语言教育，才得以延续。我们幼年时学到的语言，决定着我们的思维方式和我们对世界的观察与解释，其程度远大于我们所能了解的范围。不仅先辈的知识经由语言媒介传递给我们，语言结构本身也包含着某些关于世界性质的观点。通过学习特定的语言，我们获得了一种世界观，一种我们进行思维的框架，我们与它相伴而行，但并没有察觉到它的存在。我们在儿时便学会了按照我们并不十分明白的规则运用语言，因此我们在学习语言时，不但学会了按照语法规则行事，而且学会了按照许多解释世界和适当处世的规则行事。这些规则指导着我们，但我们从未明确地表述过它们。这种隐蔽的学习现象，显然是文化传播最重要的组成部分，并且是我们至今仍不十分清楚的组成部分。

四

我刚才指出的这个事实可能意味着,我们的全部思维都受着不为我们所知的规则指导,因此我们自觉的理性只能解释决定着我们行为的一部分环境。理性思维只是指导我们的因素之一,这一点当然早已得到承认。它表现在这样的学术名言中:ratio non est judex, sed instrumentum——理性并非法官,而是工具。但是,只有在大卫·休谟(针对当时的建构论理性主义)论证了"道德原则并非我们的理性产物"之后,对这一点才有了清醒的认识。这当然适用于我们的所有价值观念,它们不受理性的支配,而是理性所服务的目的。这并不是说,理性在解决价值冲突上毫无用处,一切道德问题都是价值冲突造成的问题。可是,只要更为细致地分析一下我们如何解决这种冲突,便可再好不过地证明,理性的作用是有限的。理性只能帮助我们认清我们面对哪些选择,哪些价值之间存在着冲突,或它们中间的哪一个是真正的终极价值,以及像经常出现的情况那样,哪些价值仅仅是中介性价值,其重要性取决于它们是否服务于其他价值。不过,理性一旦完成了这项任务,便再也帮不上我们的忙了。它必须把它为之服务的价值视为天经地义。

但是,有些价值要服务于科学分析能够发现的功用或"目的",则属于另一种情况。如果我们更严密地考察一下在揭示我们为何信奉某些价值方面所作的这些努力,将有助于我们进一步区分出某些类型的理性主义。在这些有关道德原则的理论中,最著名者莫过于功利主义了。它以两种形式出现,再好不过地表明了讨论价值问题时合理地运用理性与无视理性力量之固有限制的错误的"建构论"理性主义之间的不同。

功利主义最初的合理形式,也就是出现在休谟著作中的形式。

他强调,“在创立道德原则上,理性本身是绝对无能为力的”。不过,他同时坚持认为,恪守那些并非由哪个人发明或设计出来的道德和法律原则,是人们在社会中有所成就的基本条件。他证明,某些抽象的行为规则占了上风,是因为采纳了这些规则的团体发现,如此做可以更有效地维持自己的生存。在这一点上,他尤其强调了一种制度的优越性,这种制度是因为大家都服从同样的抽象原则而产生的结果,即使他们并不理解这种原则。如果每个人都奉行权宜之计,都对特定的行为后果作周密的考虑,这种做法与上述秩序相比,就要逊色多了。休谟所关心的,不是从特定行为中可以看到的任何好处,他只关心普遍采用某些抽象原则带来的好处,至于遵守普遍原则而产生的眼前结果,并不一定都是可取的。他的理由是,人类的智力远不足以理解纷繁的人类社会的一切细节,细致入微地安排这种秩序,是我们的理性不堪胜任的,这使我们不得不满足于抽象原则。进而言之,仅凭一个人的智力,也无法创立最适当的抽象原则,因为随着社会的成长而逐渐形成的原则,体现着众多尝试与失败的经验,实非某个人的头脑所能获得。

笛卡尔传统的学者,如爱尔维修和贝卡里亚,或他们的英国传人边沁、奥斯丁以至摩尔(G.E.Moore),却把这种一般的功利主义(generic utilitarianism)变成了看重实效的功利主义(particularist utilitarianism),前者所探究的,是在世代相传中形成的抽象原则所体现出的优点,后者的最终结论则是提出这样的主张:对每一个行为,都应在充分了解其可见后果的情况下加以判断。这种观点到头来有可能使一切抽象原则遭到废除,人们会因此而宣布,人类在充分掌握了一切相关事实之后,能够建立起一种把一切细节都安排得当的理想的社会制度。休谟的生成论功利主义所依靠的,是承认我们理性的局限性,希望藉着严格遵守抽象原则,使理性发挥最大的作用,而建构论的、看重实效的功利主义,则相信理性能够直接操纵复杂社会的全部细节。

五

由于不同的理性主义对待抽象原则的态度一再成为混乱的根源,故需要给予较充分的讨论。说明它们的差别,最好的方式莫过于指出,承认理性力量有限的人,希望在复杂的人类事务中至少建立起一定程度的秩序,以此来发挥理性的作用,因为他们知道,要想掌握这些事务的全部细节是不可能的;而建构论理性主义者看重抽象能力,仅仅是因为可以把它当作决定细节的工具。在前者看来,正如托克维尔所言,“普遍性观念并没有证明人类智力的强大,恰恰相反,倒是证明了它的不足”。而在建构论理性主义者看来,它是使我们掌握无限力量以支配细节的工具。在科学哲学中,这一不同表现在持后一观点的人所持的信念中,他们认为,对理论的价值进行评判,必须根据其预测特定事件的能力,也就是说,要看我们是否有能力用足够多的具体事实,对理论所提出的普遍模式加以充实,以便使它的具体表现得到说明,尽管有关某种模式将会出现的预言也有可能是错误的。在道德哲学中,建构论理性主义有着对遵守抽象的死板原则的一切行为给予蔑视的倾向,以为只有建立在如下决定上的行为,才是真正理性的行为:对每个具体情况都“按其利弊得失”加以判断,在对不同可能性的已知结果做出具体的评价之后,再从各种选择中加以取舍。

显而易见,这种理性主义使人们认为,个人只应服从他对自己追求的特定目标做出的评价,因此它肯定会毁掉所有的道德价值;它也倾向于根据所追求的目标为一切手段进行辩护。晚期的凯恩斯爵士在一篇自传性文章中,很好地描述了这种理性主义造成的思想状态。在谈到他和他的朋友在20世纪初所信奉的观点(显然也是他本人在30年后仍然信奉的观点)时,他写道:

> 我们彻底摈弃了我们应遵守一般原则的个人义务。我们宣布，有权按照每种情况的利弊得失去评判它们，而且宣布，自己有智慧、有经验、有自控能力去做好这件事。这是我们偏激而充满进攻性的信念中十分重要的一部分，在外人看来，这是我们最为明确的危险标志。我们完全抛弃了道德上的陈规陋见和传统智慧。也就是说，从反道德论者这个词的严格含义上说，我们正是这种人。发现事物的结果，当然要考虑它们的价值。但我们不承认自己承担着道德义务或内心的约束去顺应或服从别人。我们在上帝面前宣布，我们就是自己事务的法官。①

应当看到，这段话不但意味着拒绝传统的道德准则，并且是拒绝服从一切有约束力的抽象行为原则，不管它是道德准则还是别的什么准则。这等于说，人类的智力足以安排好自己的生活，无须依靠普遍原则的帮助。换言之，人对一切可能的行为后果，都能做出翔实而可靠的评价，对整个环境都能做到充分的认识，因此有能力成功地调整自己的行为。显然，这一论点中包含着一个有关我们智力的异常大胆的假设，但也包含着对我们生活于其中的世界全盘错误的认识。它对待我们的实际问题的方式，看起来仿佛是我们对一切事实都了如指掌，掌握事实的任务可由智力一手包办。不少现代社会理论，恐怕都会因这种谬论而失去价值。我们生活中一个不争的事实是，我们并非全知全能，我们每时每刻都要根据自己过去不了解的新事实来调整自己。因此，预先就做出周密的计划，使其中的每一个行动都配合得当，如此来安排我们的生活，乃是不可能的。

---

① J. M. Keynes, *Two Memoir; Dr. Melchior: A Defeated Enemy and My Early Beliefs*. Intro, by D. Garnett, London, Rupert Hart-Dais, 1949, p. 97-98.

人事无常，前途难测，这是我们生活中恒常的事实。因此我们对于自己的事情，不可能全都做到未雨绸缪。我们要想使自己的生活多少有些条理，唯一的办法就是采用一些抽象的准则，并在面对新情况时严加遵守。我们的行为形成前后一致的合理模式，并非因为它们是一个周密计划中的一部分，而是因为我们在不断做出决定时，用这些抽象规则限制着我们的选择范围。

在使我们的生活条理化上恪守规则虽然十分重要，这些抽象规则与建立全面秩序之间的关系，却很少有人研究，这未免令人不解。我们当然清楚，只有照章办事，才能使相继产生的行为有一定的连贯性，我们在生活中采纳普遍规则，不仅是为了免除对经常遇到的问题一再加以思考的麻烦，主要还因为只有这样做，我们才能够产生出像是一个理性整体那样的事情。对于每个决定所遵行的抽象原则，由此产生的抽象的整体模式之间的关系，我在这里不打算作更为系统的讨论。不过我必须简短地指出十分重要的一点。我们若是想以此方式使我们的所有事务井然有序，我们就得要求自己在任何情况下都遵守这些普遍原则，一有具体理由便改弦易辙是不行的。这可能意味着，我们在遵守原则时，虽然有可能获得有关具体结果的全部知识，我们却不得不故意不予考虑。照章办事需要十分严格的服从，其程度远远超过建构论理性主义者所允许的范围，我以为，只有认识到这一点的意义，方可算是真正的远见卓识。建构论理性主义也接受抽象原则，但至多只把它当作在无法对全部具体环境做出充分评价时，因迟疑不决而采取的权宜之计，只要一有放弃原则的具体理由，他们总是认为以放弃为宜。

为了避免误解，我要简单说明一下，我所谓的恪守规则，不是指那些一条条的孤立规则，而是指规则构成的整体，在这个整体中，一条规则往往会使我们从另一条规则获得的结果发生变化。更确切地说，我应当把它称为由重要性不同的规则组成的一个等级结构。不过我在这里不想对这个重要问题详加阐述，只求人们不要误认为,任何孤立的规则对解决我们的问题总是行之有效的。

六

前面我已说过,面对变化无常的环境,人们需要用抽象原则来协调自己的前后行为。对于处在具体环境中的形形色色的个人行为来说,就更需要用这种原则加以协调,因为每个人对这些环境总是知之不多,而且只有当它出现时,才能有所了解。在我们的个人经历中,这是我们进行思考的起点。这也可以解释我这个一度专注于经济学狭小领域的人,为何从专业经济学转向了通常认为属于哲学领域的问题。回顾起来,这大概是始于30年前一篇题为《经济学与知识》的文章[①],我在文中考察了我们视为纯经济理论中的主要难题,我的结论是,经济学的主要任务在于解释经济活动的整个秩序是如何建立起来的,这一秩序利用了大量知识,但它们并不是集中在任何一个人的头脑之中,而是作为分散的知识,存在于千千万万个不同的个人中间。不过这同以下正确的见解还相去甚远:在个人行为所遵守的抽象规则与整个抽象秩序之间,存在着因果关系,个人在对当前的具体情况做出反应时,受到这些抽象规则施于他的限制,才使这种秩序得以形成。在对法治之下的自由观、传统自由主义的基本理论和由此产生的法哲学问题作了反复探索之后,我才为自由派经济学家长期讨论的自发秩序的性质,绘制出了一幅差强人意的清晰图画。

人世间的现象实在过于纷繁,使我们无法按部就班地建立秩序,在这种情况下,间接地建立秩序的一般方法,或可由以上所言来

---

① *Economica*, N. S., Ⅳ, 1937, 后收入*Individualism and Economic Order*, London and Chicago, 1949。

提供。这是一种支配着我们无法控制的具体现象的秩序,因为决定着这一秩序的规则只决定着它的一般特征,至于细节部分,则要取决于只有身临其境的个人才了解的具体情况。如果我们为了使其发生变化,对其中的任何一部分刻意做出安排,我们非但不能使它有所改进,反而会使它受到干扰。唯一的改进之道,是完善那些指导着个人的抽象原则。这肯定是一项缓慢而困难的任务,因为支配着现今社会的大部分规则,并不是我们特意创造的结果,因此对于受着它们制约的事情,我们的理解是十分不完善的。我刚才指出,它们是一个缓慢的进化过程的产物,这一过程积累了大量的经验和知识,绝非任何一个人能够完全掌握。这意味着在我们期望对规则进行成功的改进之前,我们必须学会比现在更好地理解人为的规则与社会自发力量之间相互作用的机制。这就要求不仅经济学、法学和社会哲学的专家们进行比目前更为密切的合作,甚至在能够做到这一点之后,我们还是只能期待一个缓慢的试验过程,循序渐进地从事完善的工作,不可期待事情会骤然改观。

建构论理性主义者对人类理性的威力,历来都是引以为傲的,因此,要人们服从那些他们并不充分理解、对由此产生的秩序也无法具体预测的规则,自然会使这些人勃然大怒。无论哪个时代都有这样一批人,他们相信,只要人类充分利用自己的理性,就可完全主宰自己的命运,我们在安排人类事务上不能事事如愿以偿的见解,同他们是格格不入的。然而,使一切事物都臣服于理性的控制这种思想,似乎并不能使理性发挥最大的效用,倒不如说,因为误解了理性的力量而滥用理性,到头来只会毁掉许多自由思想的自由交流,而这种交流正是理性得以繁荣成长的基础。对于自觉的理性所起的作用,如果真正具有理性的眼光,就应当指出,它最重要的作用之一,就是认清理性控制的适当限度。正像伟大的孟德斯鸠在“理性时代”的巅峰期明确指出的那样,“La raison meme a besoin de limites”(所谓理性,不过是指限制的必要罢了)。

七

最后我想简单解释一下，为什么我要为我在日本的这次主要演说（为热情地接纳我为成员的这所大学所作的演说）选择这样一个题目。对精确运用理性的崇拜，是过去300年间欧洲文明发展中一个十分重要的因素，我想大概我不会搞错的是，这种崇拜并没有在日本本土的进化过程中起到同样的作用。大概同样无可否认的是，在17世纪、18世纪和19世纪，人们自觉地把理性作为批判工具加以运用，可能是欧洲文明加速发展的主要原因。当日本的思想家们开始研究欧洲思想发展的不同脉络时，以最极端最明确的形式反映着这一理性主义传统的学派，自然会对他们产生最大的吸引力。对于探寻西方理性主义奥秘的人来说，研究它最为极端的形式，好像是发现这一奥秘最方便的途径。但是我把这种极端的形式称为建构论理性主义，并且我认为，在欧洲传统中，它是一个特性因素的不合理的、错误的夸张表现。

结果，日本人研究最多的，是欧洲哲学中这样一些传统，它们可以上溯至古希腊的柏拉图，后来又为17世纪的笛卡尔和霍布斯所吸收，经由卢梭、黑格尔以及此后的哲学和法律实证主义者，终于使这种理性崇拜达到顶峰。我这样说的主要目的是想告诫各位，把欧洲传统中似乎最具特色的东西推向极端的这一学派，可能完全走上了一个错误的方向，其错误程度绝不亚于那些对自觉的理性所包含的价值尚未给予充分评价的人。理性恰如危险的炸药，使用得当可使人获益甚大，若是粗心大意，它也足以毁掉一个文明。

值得庆幸的是，这种建构论理性主义并不是欧洲传统所贡献出来的唯一哲学，尽管必须承认，它侵蚀了欧洲某些最伟大的哲学家的思想，甚至包括伊曼努尔·康德。不过至少在极权主义世界（建构论理性主义在那里的确毁掉了一个文明)之外,你还会看到一种较为温和、较少野心的传统,它不太在乎建立显赫的哲学体系,但在创立欧洲近代文明,特别是自由主义的政治制度(建构论理性主义无时无处不是反自由主义的学说)方面,却卓有贡献。这一传统也可追溯到古典时代,如亚里士多德和西塞罗。主要是通过圣托马斯·阿奎那的著作,这一传统得以传至我们近代,在此后的几百年里使其发扬光大的,则多为政治哲学家。在18世纪,主要是笛卡尔理性主义的对手,像孟德斯鸠、大卫·休谟以及他的同道苏格兰哲学家,特别是亚当·斯密,建立起了有关社会和理性在文明成长中的作用的正确学说。我们也十分感谢德国伟大的古典自由主义者,不过他们也像边沁和英国功利主义者一样,没有完全摆脱卢梭和法国理性主义的诱惑。在亚历克西·德·托克维尔和阿克顿爵士那里,我们再次看到了这一派政治哲学更为纯正的形式。奥地利经济学派的奠基人卡尔·门格尔的著作,在休谟之后,第一次对他的社会理论的基础重新作了明确的阐述。在当代哲学家中,尤其应当提到卡尔·波普尔教授,他为这一思想流派提供了重要的哲学基础。他给这个流派所起的名称是"批判理性主义",以同天真的理性主义或建构论理性主义相区别,对此我甚感愉快。在我看来,这个名称最为恰当地说明了我认为最为合理的一般立场。

以上所言的主要目的之一,就是想请各位注意到这一传统。我相信,各位只要对它作一番考察就会发现,与上一代日本人在笛卡尔—黑格尔—马克思学派中的发现相比,你们不会产生太多的新奇与惊喜。最初你们会觉得它乏味单调,不能引发纯粹理性崇拜所产生的那种独特的兴奋甚至陶醉。我希望各位还能发现,它不但较为随和,在我看来,因为它不是一厢情愿的夸夸其谈(这种现象源自欧洲思想发展的一个特定阶段),而且提出了一种真实的人性论,从而为发展提供了基础,你们的经验也会使你们为这个发展做出重要的贡献。它是这样一种有关思想和社会的观点,它为传统和习俗在自身发展中发挥作用留有适当的余地。它使我们能够看到许多依靠粗劣的理性主义生活的人往往茫然无知的事情。它向我们展示,未经任何人发明而成长起来的各种制度,同那些矫揉造作的设计相比,常常可以为文化的发展提供更好的基础。

Matsushita校长[1]曾向我提出一个切中肯綮的问题,可惜我当时无法立刻回答。如果我没有听错的话,他所问的是,一个民族让自己的各种制度都依靠成规而不是发明,同那些试图精心建构所有制度,或根据理性原则去评估这些制度的民族相比,它所提供的个人自由和发展空间是不是会更小呢?我相信答案是肯定的。但是,如果我们在学会认识理性在安排社会事务上的适当局限之前,就试图把某种想当然的模式强加于社会,却会发生极大的危险:我们有可能断送那种自由,而那种自由正是逐步改进的主要前提。

① Masatoshi Matsushita博士,Rikkyo大学校长,他是本次演讲会的主席。

建构主义的错误[1]

一

我认为有必要把“建构主义”[2]一词看作一个专有名称，它指的是一种过去经常被错误地称为“理性主义”[3]的思想方式。这种建构主义的基本含义，大概可以用最简单的方式，以一种听起来十分天真的说法来表达：既然是人类自己创造了社会和文明中的各种制度，那么，他为了满足自己的欲望或需求，肯定也能够根据自己的意愿去改变它们。自从我最初听到这种说法并留下了深刻印象以来，已

① 这是哈耶克1970年1月27日就任萨尔茨堡巴黎—洛德龙大学客座教授时的就职演讲，最初以“Die Irrtümer des Konstrcktivismus und die Grundlagen legitimer Kritik gesellschaftlicher Gebilde”为题，于1970年在慕尼黑发表，1975年图宾根重印。前面两段仅与当时的情况有关的文字已从英译文中删除。

② 参见1964年我在东京的演讲：《理性主义的类型》（译按：已收入本书）。

③ 我偶尔听到有人说过这样的事实，格拉德斯通喜欢“建构主义的”这个形容词。但是在他已出版的作品中，我未能找到这个词。最近它也被用来描述一场艺术运动，其含义同这里所讨论的概念并非没有一点关系。见Stephen Bann, *The Tradition of Constructivism*, London, 1974。为了表明我们是从批判意义上使用该词，大概“constructivistic”比“constructivist”更为恰当。

经过去了50年。[1]

首先,人“创造”了自己的文明及其制度这种说法,好像是既没有什么害处,也是一种常识。不过,正如经常出现的情况那样,一旦它衍生出人能够这样做是因为他具有理性这层含义,它便很值得怀疑了。在文明存在之前,人并不具备理性。这两者是一起演化的。我们只要考虑一下语言即可,今天没有人还相信,语言是理性动物为了理解理性和文明在不断相互交流中的发展而“发明”出来的。其次,我们现在不再对语言提出某些疑问(尽管这是比较晚近的事情),并不意味着一般而言我们也不再针对道德、法律、工艺技术或各种社会制度提出这样的疑问。我们仍然倾向于假定,这些显然是由人类行为造成的现象,肯定也是在为了它们所服务的目的而创造出来的环境中,由人的头脑特意设计出来的,也就是说,它们是马克斯·韦伯所谓wertrationale(目的理性)的产物。[2]简言之,我们受到了误导,以为道德、法律、技巧和社会制度之合理与否,只能看它是否符合某种预先做出的设计。

重要之处在于,通常,我们只有在考虑我们自己文明中的现象时,才会犯这种错误。如果人种学家或社会人类学家试图理解别种文化,那么他并不怀疑,这些文化中的成员对遵守特定规则的理性,或这种理性决定着什么,根本就一无所知。但是,大多数现代社会理论家几乎都不愿承认,这件事情也适用于我们自己的文明。我们经常不知道我们从自己的社会成规中得到了什么好处,而这些社会

---

① 这事发生于1923年W. C. Mitchell在纽约哥伦比亚大学的一次演讲。如果说我当时就对这一说法有所保留,这主要应归功于Carl Menger在*Untersuchungen über die Methoden der Socialwissenscha ften und der politischen Oekonomie insbesondere* (Leipzig, 1883)一书中就“不假思索的行为”之后果所作的讨论。

② 参见Max Weber, *Wirtschaft und Gesellschaf*, Tübingen, 1921, Chapter I, Paragraph 2。不过我们从此书中得不到多少帮助,因为该书的讨论中所说的“价值”,其含义实际上很快就变成了自觉追求的具体目标。

理论家却仅仅把这视为一种令人遗憾的缺陷,应尽快加以克服。

二

在一次短暂的讲座上,不可能回顾近年来我一直在留心的有关这些问题的讨论史。[①]我只想指出,古希腊人已经很熟悉这些问题了。古希腊人对"自然"形态和"人为"形态("natural" and"artificial" formations)的区分,两千年来一直支配着这一讨论。不幸的是,古希腊人对自然和人为的划分,却成了进一步发展的最大障碍,因为这种被解释为二者必居其一的划分不仅含混不清,而且显然是错误的。直到18世纪,苏格兰社会哲学家才终于领悟到(不过后期的经院派学者也部分理解了这一点),大量的社会形态虽然是人类行为的结果,却不是人类设计的结果。由此得出的结论是,按照传统语言的解释,这些形态既可以说成"自然的",也可以说成"人为的"。

16世纪,对这些现象的真正理解有了一个起点,但17世纪兴起的一种强大的新哲学——即笛卡尔及其追随者的理性主义——却使它半途夭折了,所有近现代的建构主义形式都来自这种哲学。不通情理的"理性时代"从笛卡尔那儿接过这种哲学,完全受着笛卡尔主义精神的左右。伏尔泰,这位所谓"理性时代"最伟大的代表人物,用他的一句名言表达了笛卡尔精神的真髓:"欲求良律,焚旧而立新可矣。"[②]面对这种状况,理性主义伟大的批判者大卫·休谟只能缓慢地为一种社会形态的成长学说奠立基础,他的苏格兰同乡

① 参见我的论文《人类行为的结果,但不是人类设计的结果》,以及《大卫·休谟的法哲学和政治哲学》和《曼德维尔大夫》(译按:这三篇文章已收入本书)。

② Voltaire, *Dictionnaire philosophique*, s. v. 'Loi', reprinted in *Oeuvres philosophique de Voltaire*, ed. Hachette, Paris, n. d., XVIII, p. 432.

亚当·斯密和亚当·弗格森又进一步将这个基础发展成一种学说，以便说明属于“人类行为的结果但不是人类设计的结果”的现象。

笛卡尔曾教导说，我们只应当相信我们能够证明的事情。把他的学说普遍应用于道德和价值领域，意味着只有那些我们能够确定是为了明确目标而设计的事物，我们才能接受其可靠性。笛卡尔本人在多大程度上是因为把上帝深不可测的意志作为一切有目的的现象的创造者，才使自己躲过了困难[1]，对此我不想加以评判。但是在他的继承者那里，这种意志显然变成了人的意志，他们认为它是一切社会形态的来源，并且这些形态必须为其目的提供理由。在他们看来，社会是人类有意为某种目标而精心建构起来的，这最清楚地表现在笛卡尔的忠实门徒卢梭的著作中。[2]相信某个最高权威，尤其是代表机构，必须拥有不受限制的权力，从而相信民主必然意味着大多数有不受限制的权力，就是这种建构主义令人不安的后果。

三

最近，我在一份德文的大众科学杂志上，读到一段典型的文字，它出自瑞典一位著名的社会学家，这段话或许可以使各位最清楚地理解我所说的“建构主义”是什么意思。他写道：“社会学为自己设定的最重要的目标是预测未来的发展，塑造未来，或者——如果有

---

① 笛卡尔对于他本人在政治和道德问题上的观点多少有些暧昧不清，他也很少明确陈述他的哲学原理对这些问题的影响。关于笛卡尔哲学的道德后果，Alfred Espinas, *Descartes et la Morale*(Paris, 1925)一书有十分出色的说明。

② 参见R. Derathé, *Le Rationalisme de J. —J. Rousseur*, Paris, 1925。

人愿意那样说的话——创造未来。”[①]一门科学做出这样的声明，等于断言全部人类文明，以及我们所取得的一切事物，只能是作为一种有目的的构造而建立起来的。

此刻我只能满足于说明，这种对社会形态的建构主义解释，不仅是一种有害的哲学思辨，并且也是一种在解释社会过程和政治行动的机会时，据以得出结论的事实断言。在我看来，建构主义者据以得出一些重要结论和声明的这种有违事实的断言，等于是说我们现代社会中的复杂秩序，完全应归因于使人的行动必须受预测——对因果关系的认识——的支配这种条件，或至少可以通过设计使它产生。我想说明的是，支配着人类行为的，绝不仅仅是他们对已知手段同所要达到的目标之间的因果关系的认识，而且总是存在着一些行为规则，他们对这些规则知之甚少，并且肯定也不是他们主动发明的。辨识它的作用和意义，是科学努力的一项困难的、只能部分完成的任务。换句话说，这意味着理性的努力（马克斯·韦伯的“目的理性的行为”）所取得的成功，主要取决于对价值的服从，而这些价值在我们社会中的作用，应当与有意追求的目标做出明确的区分。

我只能简单地谈谈另外一个事实，即个人成功地达到自己的直接目标，不但取决于他对因果关系的自觉认识，而且很大程度上取决于他遵照某些他有可能说不清楚的规则采取行动的能力，对此我

---

① Torgny T. Segerstedt, “Wandel der Gesellschaft”, *Bild der Wissenschaft*, Vol. Ⅵ, No. 5, May 1969, p. 441。另见这位作者的*Gesellschaftliche Herrschaft als soziologisches Konzept*, Neuwied and Berlin, 1967。关于人类或理性自我决定这种不断出现的思想，更早的例子，尤其是霍布豪斯和曼海姆的思想，我过去就曾提到过，见*The Counter-Revolution of Science*, Chicago, 1952。不料我又发现了这种观点的代表人物、心理学家斯金纳的明确断言：“人拥有提着自己的鞋带上天这种史无前例的能力。”（“Freedom and the Control of Men”, *The American Scholars*, Vol. XXⅥ, No. I, 1955, p. 49）读者从下面我将引用的精神病学家奇肖尔姆(G. B. Chisholm)的一段话中，也会看到这种思想。

们只能用形成规则(formulating rules)加以描述。我们的一切技巧，从掌握语言到掌握手艺和游戏技巧——我们“知道”如何去做，但未必能说出来我们是如何做的——都属于这样的例子。我在这里提到它们，仅仅是因为同我直接关切的领域中的情况相比，在这些事例中，遵守规则——我们既不确切知道，也不是出自理性设计，而是因为成功者的行为方式得到模仿而形成的规则——的行为大概更易于辨认。

我们这里所讨论的规则，是指那些对服从它们的个人并不十分有用，但是(如果它们普遍得到遵守的话)能使一个群体的全体成员更有效率的规则，因为它们给予这些人在一种社会秩序中行动的机会。这些规则大多数也不是为特定目的精心选择手段的结果，而是建立起了一种更有效的秩序的群体用它取代了另一些秩序(或被另一些秩序模仿)的过程，但他们往往并不知道其优越性何在。这些规则包括法律规则、道德规则、习俗规则等——事实上是支配着一个社会的所有价值。“价值”一词——由于缺少更好的说法，我在这里继续使用它——事实上有点误导作用，因为我们倾向于把它解释成个人行为的具体目标，但是在我所谈论的领域里，它们大都是由这样一些规则构成的，它们并不明确地告诉我们应当去做什么，在大多数情况下，它仅仅告诉我们不应当做什么。

没有任何理性基础的社会禁忌，一直是建构主义者喜欢嘲讽的对象，他们希望看到这些禁忌为所有理性设计的社会秩序所禁止。在被他们成功破坏的禁忌中，有对私有财产和遵守私人契约的尊重，结果是，有人怀疑对它们的尊重是否还能恢复。[1]

对于任何有机体来说，更为重要的往往是知道为避免危险不能

---

① 例如参见Gunnar Myrdal, *Beyond the Welfare State*, London, 1969, 第17页：“重要的财产和契约禁忌这个稳定的自由社会的基础，由于允许货币的真实价值发生重大变化而受到了严重削弱。”又第19页：“根据思考和讨论而做出的决定，是绝对不可能建立起社会禁忌的。”

做什么,而不是知道为了达到具体目标必须做什么。前一类知识,通常不是有关被禁止的行为所产生的后果的知识,而是有关在某些情况下应避免某种行为的知识。我们有关因果关系的可靠知识,只能在我们对具体环境有充分了解的领域对我们有所帮助;重要的是,我们不要超出这种知识能给我们以可靠指导的范围之外。这是通过这样的规则做到的:它不管具体情况的结果,而是普遍禁止某种行为。[①]

最近的文献在不断强调,从这个意义上说,人不但是追求目标的动物,也是守规则的动物。[②]为了理解这种说法的含义,我们必须对这里赋予"规则"的含义有清楚的理解。这是必要的,因为那些可以形成社会秩序的、主要是否定性的(或禁止性的)行为规则,是由我列出的以下三种类型组成的。这些规则类型是:(1)仅仅在事实上得到服从,但从未明言的规则。如果我们说"公正意识"或"语感",我们指的就是这种我们能够运用但并不确切了解的规则。(2)虽然已形诸文字,但只是对很久以前就得到普遍服从的东西作了近似表达的规则。(3)特意制定的,从而也必然作为明文规定而存在的规则。

建构主义者很可能会拒绝前两种规则,仅仅把我提到的第三种规则认为是有效的。

四

那么,这种大多数人服从但几乎谁也说不出来的规则,它的来

① 我在"Rechtsordnung und Handelnsordnung"这篇演说中,对这个问题做过广泛的讨论。此文收在E. Streissler(ed.), *Zur Einheit der Rechts-und Staatswissenschaften*, Karlsruhe, 1967;重印于我的*Freiburger Studien*, Tübingen, 1969,和我的*Law, Legislation and Liberty*, Vol. Ⅰ, London and Chicago, 1973。

② R. S. Peters, *The Concept of Motivation*, London, 1958, p. 5.

源是什么呢？在达尔文之前很久，社会理论家，尤其是语言学家，已经做出过回答：在行为模式代代相传的文化传递过程中，出现了一个选择过程，占优势的行为模式在这个过程中导致了一种对整个群体更为有效的秩序的形成，因为这种群体会取得对其他群体的优势。[①]

因为，经常受到误解而需要特别予以强调的一点是，并非个人之间的所有行为常规都能为社会整体形成秩序。据此，常规性的个人行为不一定意味着秩序，只有某些特定类型的个人行为常规，才能导致整体的秩序。因此，社会秩序是一种必须同个人行为常规区分开的实际状态。必须把它定义为这样一种状态，个人在这种状态下能够根据他们各自的特殊知识，对别人的行为形成某些期待，通过这些个人行为成功的相互调整，可以证明它们是正确的。如果每个人认为别人不是想杀死他，就是想逃之夭夭，这当然也能构成某种个人的行为常规，却不能形成有秩序的群体。十分清楚的是，某些这样的个人行为规则结合在一起，可以产生一种优越的秩序，它使某些群体能够以别的群体为代价进行扩张。

这种结果并不预先要求群体中的成员，对这个群体该把它的优越地位归因于哪些规则有所了解；它仅仅要求这个群体只接受那些对它传统上已接受的规则加以遵守的个人作为它的成员。总会有些个人经验促成了这些规则，它们不为活着的成员所知，却在帮助他们更有效地追求自己的目的。

由此可知，这种世代相传的“有关世界的知识”，在很大程度上不是由因果关系的知识，而是由适应环境和行动的行为规则构成的，它们像是有关环境的信息，但是并没有对环境做出任何说明。同科学理论相似，它们因为证明自己有用而被保留，但又同科学理

---

① 关于社会科学中这些“达尔文之前的达尔文主义”，见我的《人类行为的结果，但不是人类设计的结果》以及《大卫·休谟的法哲学和政治哲学》。

论不同,这种证明无须任何人知道,因为它是在因它而变为可能的社会秩序的弹性和逐渐扩展中表现出来的。这就是在继承而来的制度中所蕴含的“我们祖先的智慧”这个颇受讥讽的观点的真正含义。它在保守主义思想中有着重要作用,而在建构主义者看来,它只是一句毫无意义的空话。

五

时间只允许我谈谈许多这类有趣的相互关系中的一种,这也可以说明经济学家为什么特别倾向于关心这样的问题:法律规则与自发形成的市场秩序之间的关系。[1]当然,这种秩序并不是某种奇迹或因不同利益天然和谐而形成的。它是自发形成的,因为在数千年的过程中人们发展出了行为规则,它们导致形成了这种来自个别的个人自发行为的秩序。有意思的是,人们发展出这种规则,但并不能真正理解它的作用。法哲学家甚至普遍地不去追问法律的“目的”(purpose),他们认为这是个无法回答的问题,因为他们对“目的”的解释是,它是指具体的可预见的结果,规则就是为取得这些结果而设计的。事实上,它的“目的”是形成一种抽象的秩序,一种抽象的关系体系,其具体表现取决于谁也无法完全掌握的形形色色的特殊条件。因此,那些公正行为的规则具有某种谁也没赋予它们,而社会理论必须努力加以揭示的“意义”或“功能”。

经济学理论的伟大成就是,它先于控制论200年便认识到了这种自我调节系统的本质。在这个系统里,其成员行为的某些常规(或最好称之为“限制”)导致某些广泛存在的秩序被不断应用于具体的事实,它最初只影响到个别成员。这种使超出个人所拥有的信息

① 参见我的演说“Rechtsordnung und Handelnsordnung”。

数量得以利用的秩序,是不可能被“发明”出来的,这是因为事实上谁也无法预测结果。我们的祖先谁也不可能知道保护财产和契约会导致广泛的劳动分工、专业化和市场的建立,或最初只适用于部落成员的规则在扩展到外人时,会导致一种世界经济的形成。

人所能够做到的,仅仅是通过一个相互调整个人行为的过程,通过修改某些继承下来的规则以减少冲突,一点一滴地加以改进。只有在一个并非由他发明的规则体系之内,抱着改进现存秩序的目的,他才能够进行有意的设计,并且能够实际地有所创造。[①]他试图改进他所处的社会所接受的所有其他规则的综合效果,为此,他总是仅仅想对这些规则加以调整。在改进现有秩序的努力中,他绝对不会随心所欲地制定任何他所喜欢的新规则,而总是只去解决因现有秩序的不完善而造成的有限的问题,他根本没有能力建立一种整体的秩序。人们所发现的,是在各种得到认可的价值之间的冲突,他只能部分地理解这些价值的含义,但是他的许多努力的结果,取决于这些价值的性质,他只能更加努力地使这些价值相互适应,却绝对没有能力重新创造。

六

近年来的发展中最让人诧异的是,我们对这些现象的理解虽然无可否认有所提高,却因此而导致了新的错误。我们相信,我们

---

① 关于这一点,参见K. R. Popper, *The Open Society and Its Enemies*, Princeton, N. J., 1963, Vol Ⅰ, p. 64:“(有关规范乃是由人设立这种说法的)几乎所有误解,都可追溯至一个根本错误的认识,即相信‘惯例’有着‘随意性’的含义。”另见David Hume, *A Treatise on Human Nature*, in *Works*, ed. T. H. Green and T. H. Grose, London, 1890, Vol. Ⅱ, p. 258:“虽然正义规则是人为的,它们却不是任意的。把它们称为自然法则也没有什么不当——如果我们把自然理解为所有物种共同具有的东西,或者我们也可以把它的含义定义为同物种不可分离的东西。”

已经获得了对复杂秩序——比如有机体、人类社会，甚至人的思维——的形成起支配作用的一般原理的理解能力，我认为这种信念没有什么不对。在现代科学已经取得最伟大成就的领域里，经验让我们期待着这种知识很快也能使我们主宰那些现象，能够精心设定其结果。然而，在生命、思维和社会等复杂现象领域，我们面对着新的困难。我们的理论和研究技巧不管多么有助于我们解释受到观察的事实，在使我们能够确定对复杂模式起决定作用的全部细节方面，它们却提供不了多少帮助，而我们要想做出全面的解释或准确的预测，却必须了解全部这些细节。

假如我们对这个世界的历史进程中的一切具体环境（假如它不涉及遗传变异现象）都了如指掌，我们就能够在现代遗传学的帮助下，对不同的有机体为何具有它们特殊的结构做出解释。然而，以为我们能够确定全部细节是荒谬的。处在某一特定时刻的人，如果能够对分散在当时活着的千百万人中间的全部具体事实了如指掌，那么他所处的这种位置，或许使他能够建立一种比市场更为有效的人类生产活动的秩序。科学可以帮助我们从理论上更好地理解各种相互关系，然而，我们要想确定所有那些分散在时空之中的、迅速变化着的具体环境——正是这种环境，决定着巨大而复杂的社会中的秩序——科学并不能为我们提供多少帮助。

不断进步的理论知识，无论在什么领域都使我们更接近这样一种位置，使我们能够把复杂的相互关系简化为明确的具体事实——这种幻想经常让我们犯下新的科学错误。它尤其会导致一些我们这里必须考虑——因为它会造成维系着我们的社会秩序和文明的那些不可取代的价值的毁灭——的错误。造成这种错误的，主要是一种可称为知识的僭妄态度，因为实际上没有任何人拥有这样的知识，无论科学如何进步，也不太可能为我们提供这样的知识。

就我们的现代经济系统而言，对它自发产生秩序的原理的理解向我们揭示出，产生这种秩序是因为没有任何人能够全部拥有的知识(和获取相关信息的技巧)得到了利用,以及由于个人在其行动中受某些一般规则的指导。我们显然不应陷入错误的信念或幻想,以为我们能用另一种秩序取代它,因为这样做的前提是,所有这些知识能够被集中到一个中央大脑或有任何现实可行性的一群大脑那里。

我们的知识无论有多大的进步,我们努力的结果仍然依靠我们所知不多甚至一无所知的环境,我们也无法控制形成秩序的力量——许多人将此视为不可容忍的事实。建构主义者认为,正是这种依赖性,使我们仍然允许自己受一些没有得到合理证明或确切理由的价值的支配。他们宣称,我们不必再把自己的命运交给一个我们事先无法断定其结果的制度,尽管它为个人努力提供了大量新的机会,但在某些方面它也类似于碰运气的游戏,因为没有人应该对最终结果负责。追求着自觉选择的目标的个性化的人,他们的个性本质要求所有那些逐渐发展起来的价值——它们对得到赞同的目标所起的作用虽然不易观察,却是形成抽象秩序的条件——要服从于这样一个目标:使每个人都有一个达到他们各自不同甚至经常相互冲突的目标的美好前景。我们的文明的生存有赖于服从一些价值,而这种科学主义的错误有可能使它们失去人们的信任。

七

这种科学主义错误对不可缺少的价值的破坏过程,在过去100年里开始大显神威。它尤其同各种不同的哲学观点结合在一起,持这些观点的作者喜欢把它称为"实证的"(positive),因为他们只想承认,唯有那些洞察到因果关系的认识,才是有用的知识。这个名称——Positus的意思是"set down"(落实)——表示一种要对没有经过理性设计的一切事物进行精心改造的嗜好。实证主义运动的奠基人奥古斯特·孔德曾明确表达过这一基本思想,他断言,和神启的道德相比，得到证实的道德有着无可怀疑的优越性。[①]这段话表明，他所承认的唯一选择，是在人类思维的精心创造同超越人的智慧的创造之间的选择，他从未考虑过还有可能存在着选择性进化过程的来源。这种建构主义后来在19世纪最重要的表现是功利主义，一般而言是认识论的实证主义、具体而言则是法律实证主义以及——最后，我相信也包括——整个社会主义对待一切规范的态度。

就功利主义而言，这一特点明确地表现在它最初那种单因论解释的(particularistic)形式之中，现在一般都把它作为"行动的功利主义"而与"规则的功利主义"相区别。这种最初的思想唯一相信的是，每个决定必须以事先想到的具体后果之社会功利性为根据，而一般的或规则的功利主义(generic or rule utilitarianism)，正像人们经常表明的那样，无法始终如一地得到贯彻。[②]在哲学实证主义中，我们发现这种建构主义的解释企图还伴随着一种倾向，认为一切价值都与事实无关(因而属于"形而上"范畴)，或认为它们纯属情感问题，因而并无理性的根据或意义。这种观点最幼稚的形式，大概是过去30年里广为人知的"情感主义"。"情感主义"[③]的解释者相信，通过有关道德或非道德行为、公正或不公正行为引起某些道德情感的陈述，他们已经对某些事情做出了说明——至于为什么某些行为引起某种感情、另一些行为则引起另一种感情这个问题，对于形成社会生活的秩序仿佛不是个重要问题一样。

从霍布斯和约翰·奥斯丁所解释的法律实证主义的最初形式中，

---

① Auguste Comte, *Systèm de la politique positive*, Paris, 1854, Vol. Ⅰ, p. 356："La supériorité de la moral démontrée sur la moral reveleé !"

② 近年来有关功利主义的讨论成果，见David Lyons, *Forms and Limits of Utilitarianism*, Oxford, 1965；D. H. Hodgson, *Consequences of Utilitarianism*, Oxford, 1967, 以及收在M. D. Bayles, (ed.), *Contemporary Utilitarianism*(New York, 1968)一书中的文章。

③ 参见Rudolf Carnap的作品，特别是A. J. Ayer, *Language, Truth and Logic*, London, 1936。

可以最清楚地看到这种建构主义态度。在他们看来,所有的法律规则,只能来自自觉的立法行为。每位历史学家都知道事实并非如此。即使在我下面还会简短谈到的它最现代的形式中,为了避免这一错误认识,也仅仅是将自觉的立法行为定义为让规则生效,对规则内容的起源则避而不谈。这使整个理论变成了一种无聊的重言式,对于如何找出法律当局必须采行的规则,它没有告诉我们任何东西。

社会主义在建构主义思想中的根源,显然不仅存在于它最初的形式之中。它打算通过一个有着具体目标的组织,将生产、分配和交换手段社会化,以便有可能用计划经济取代自发的市场秩序。[①]现代形式的社会主义试图让市场为所谓的"社会公正"服务,为此目的它要对人进行引导,但不是通过让他们服从个人公正行为的规则,而是承认权力部门的决定所产生的结果的重要性。这种社会主义同样是以建构主义为基础的。

八

在我们这个世纪,建构主义通过它对精神病学和心理学的作用,发挥着特别大的影响。在我所能利用的时间范围内,我只能从科学主义谬误破坏价值的许多例子中,举出两个在这些领域中起作

① 承认这些计划有各种缺陷,现在普遍而公正地认为这应归功于20年代由米塞斯的著作引起的重要讨论。然而我们不应忽略一些经济学家早就清楚地看到了许多重要问题。一个被遗忘的例子是Erwin Nasse, "Ueber die Verhütung der Produktionskrisen durch staatliche Fürsorge" (*Jahrbuch für Gesetzgebung, etc.*, N. S., 1879, p. 164)一文,姑引一段如下:"没有选择需求和职业的自由,有计划地进行生产管理,当然并非完全不可思议,但是它所做的一切事情,会始终与一种摧毁一切的力量联系在一起。把有计划地管理全部经济生活与选择需求和职业的自由结合起来,是一个社会无法解决的问题。因为,只要允许每个人可以自由决定自己的经济活动和消费的方向与方式,人类社会就会自动摒弃一切国民经济管理。"

用的例子。第一个例子是我从一位精神病学家那儿得到的,关于这个例子,我必须先就我打算引用的作者说几句话,以免有人怀疑我为了夸大其词,找了个没有代表性的人物。加拿大科学家、后期的奇肖尔姆(G.B.Chisholm)的国际声望,可由他受命组建世界卫生组织这一事实来说明,他担任该组织的秘书长5年,后又当选为世界心理健康联合会的主席。

就在奇肖尔姆开始从事国际活动之前,他写道①:

> 对作为儿童教育基础的有关正确和错误观念重新加以解释,从而最终消除这些观念,用理智和理性的思维代替老人们那些确定无疑的信仰,这是过去一切有实效的心理治疗的目标……建议我们应当停止教导儿童各种道德和有关正确与错

---

① George Brock Chisholm, "The Re-establishment of Peacetime Society", The William Alanson White Memorial Lectures, 2nd series, *Psychiatry*, Vol. Ⅸ, no. 3, February 1946, p. 9-11。可参见他的另外两本书: *Prescription for Survival*, New York, 1957; *Can People Learn to Learn*? New York, 1958, 以及他的论文, "*The Issues Concerning Man's Biological Future*", The Great Issues of Conscience in Modern Medicine, Hanover, N. H., 1960;他在该文中认为(p. 61):"就我所知, 我们从来没有建立过这样一个政府部门, 它专门负责'人类的生存'。如果存在着任何我们得不到政府部门负责的问题, 那么它显然是并不十分重要的问题。"

这里还可以提一下过去150年里一些与此相似的说法。俄国革命家赫尔岑(A. Herzen)曾经写道:"你们想要一部法典, 我却认为, 人们会进入一个应当对采用法典感到耻辱的时代""真正自由的人建立他自己的道德"。(Alexander Herzen, *From the Other Shore*, ed. I. Berlin, London, 1956, p. 28 , 141);这同当代逻辑实证主义者如Hans Reichenbach的观点并无不同, 他在*The Rise of Scientific Philosophy*(Berkeley, Calif., 1949, p. 141)中说, "若想寻找理性的力量, 肯定不能着眼于引导我们想象力的理性规则, 而应着眼于我们将自己从一切因经验和传统而制约着我们的规则中解放出来的能力。"我前面引用过的凯恩斯在*Two Memoirs*(London, 1949, p. 97)中的陈述, 我以为在这里已没有多大意义, 因为Michael Holroyd在*Lytton Strachey, a Critical Biography*(London, 1967 and 1968)一书中说, 凯恩斯所谈到的那群人中的大多数, 包括他本人在内, 都是同性恋者, 这大概足以解释他们反叛支配性道德观的态度。

> 误的观念，而是去保护他们原有理智的统一性，这当然会被人怒斥为异教徒或偶像破坏者，这同反对伽利略发现新行星、反对进化论真理、反对基督对希伯来神的解释，以及反对改变错误的旧方式旧观念的任何企图没有什么两样。就像针对任何真理的扩展提出的借口一样，现在的借口是，如果将正确与错误的观念弃之不顾，会培养出不文明的人，会造成道德沦丧、目无法纪和社会混乱。事实却是，大多数精神病学家和心理学家以及其他许多可敬的人，都已挣脱了这些道德枷锁，能够自由地进行观察和思考……若想让人类摆脱它的病态的道德负担，精神病学家必须首先承担起责任。这是一个必须面对的挑战……精神病学现在必须和其他人文科学一起，就人类有着什么样的近在眼前的未来做出决断。尚未有人能做到这一点。这是精神病学的首要责任。

奇肖尔姆好像根本不明白，道德规则并不直接服务于个人欲望的满足，它的必要性在于它能协助一种秩序发挥正常的功能，还在于它可以被用来驯化人类从度过了其大部分进化期的小群体那里继承下来的某些本能。我们中间一些不可救药的粗野之辈可能厌恶这类限制。但是精神病学家就真的有资格充当权威，教给我们新的道德吗？

奇肖尔姆最后表达的希望是，两三百万个训练有素的精神病学家，在一批称职的推销员的协助下，不久便会成功地把人们从“邪恶的”对错观中解放出来。人们有时似乎可以感到，他们在这个方向上已取得了不小的成功。

我的第二个科学主义谬误破坏价值的当代例子来自法理学。对于这个例子，没有必要确认我的引语作者也属于同一类人物。它的来源，正是我过去在维也纳大学的老师汉斯·凯尔森(Hans Kelsen)。他向我们保证，“公正是一个非理性概念”，然后又说：

> 从理性认识的角度看，只存在人类的利益，因此也只存在利益的冲突。解决这些冲突的方法，或是用满足一方而牺牲另一方，或是通过在现有利益之间达成妥协。证明哪一种解决方法公正是不可能的。[1]

因此在凯尔森看来,法律是一种特意的建构,它服务于已知的具体利益。如果我们对全部公正行为规则作了重建,那么有可能确实如此。我甚至会同意凯尔森,我们根本不能确切地证明什么是公正。然而这并不能妨碍我们说,在什么时候一条规则是公正的,或即使我们对其不公正性不断进行否定性检验,还是不能逐渐接近公正。

当然,这样的检验只适用于个人公正行为的规则,而不适用于凯尔森以及所有社会主义者所设想的事情,即为了实现所谓"社会公正"而由当权者蓄意采取的措施。然而,对于这种"社会公正",并不存在进行定义或检验的无论是肯定性还是否定性的客观标准,因为它是所有各种说法中最空洞无物的一种说法。

19世纪自由主义理想的基本信念是,存在着一些客观的、普遍有效的公正行为规则。而错误地主张公正永远不过是一个具体利益的问题,大大助长了这样一种信念:我们别无选择,只能赋予每个人以时下的掌权者认为正确的权利。

---

① Hans Kelsen, *What is Justice?* Berkeley, Calif., 1957, p. 12；几乎完全相同的文字也出现在*General Theory of Law and State,* Cambridge, Mass., 1949, p. 13。从法律中消除公正的概念，当然不是凯尔森的发明，而是法律实证主义的共性，尤其是两个世纪之交德国法律理论家的特点。关于他们，Alfred von Martin在*Mensch und Gesellschaft Heule*(Frankfurt, a. M., 1965, p. 265)中正确地说："正如克斯勒在回忆录中所指出的，在威廉时代，著名的德国法学家近乎恶作剧式地总是不失时机地极力强调，法律和公正毫不相干，结果就是那些有关法律的'决断'之决定性力量的说教，卡尔·施密特这位御用法学家裁决至上论的暗无天日的独裁说教。"

九

关于我刚才就社会形态的合理批判原则所说的话，请允许我明确宣布从中可以得出什么结论。在有了以上基础之后，用寥寥数语即可做到这一点。不过我要提醒各位，或许你们中间那些到目前为止一直心情愉快的保守主义者，现在有可能会感到失望。从我所作的思考中得出正确的结论，并不意味着我们可以信心十足地接受所有过去的传统价值。没有任何价值或道德原则不会经常受到科学的质疑。致力于理解社会功能、发现如何对它进行改进的社会科学家，必然宣称有权对我们社会的每一种价值进行批判性的评估甚至审判。从我以上所言只能得出这样的结论：我们绝不能对社会的全部价值同时加以质疑。这种绝对怀疑的态度，只能导致我们文明的毁灭和——在认为经济进步可以促进人类发展的许多人看来——极端贫困与饥饿。彻底抛弃一切传统价值当然是不可能的；它会使人根本无法行动。如果放弃人类在文明进化过程中形成的那些得到传播的传统价值，只能意味着退回到人类在千百万年的部落生活中形成、如今已几乎被视同天性的那些本能的价值。这种本能的价值常常同开放社会的基本原则——即在我们同所有其他人的关系中采用相同的公正行为规则——相冲突，这是我们的年轻革命者也承认的。建立一个大社会的可能性，肯定不是取决于本能，而是取决于习得的规则的统治。这就是理性的训导。[①]它依靠源自人类的

---

① 这里的理性一词，是在洛克于《自然法论文集》中解释过的含义上使用的："然而所谓理性，我并不认为它在这里指构成思维训练和推理证明的理解能力，而是指某些明确的行为原则，从这些原则中，产生出了一切美德和正确的道德涵养所必需的一切。"（John Locke, *Essays on the Law of Nature*, Ed. W. von Leyden, Oxford, 1954, p. 111.）

精神交往过程的行为规则,束缚住本能的冲动。作为这一过程的结果,随着时间的流逝,所有个别人所持有的价值体系,慢慢变得相互适应。

通过文化传播而进行的价值体系的进化过程,必然隐含着这样的条件:根据个人价值同社会的所有其他价值的一致性和相容性,对这些个人价值做出评估。为此目的,必须将后者视为既定的和无可怀疑的。我们对自己社会中的特定价值据以做出判断的唯一标准,就是这个社会其他价值的整体。更确切地说,由于服从这些价值而产生的真实但并不完美的行为秩序,提供了进行评价的试金石。由于现行的道德或价值体系并非总是为出现的问题提供明确的答案,而是经常表现出内在的矛盾,这促使我们不断发展和改善这些道德体系。有时,我们不得不牺牲某些道德价值,但这样做总是为了另一些我们认为更高一层的道德价值。我们无法回避这种选择,因为它是一个不可缺少的过程的一部分。在这个过程中,我们肯定会犯下不少错误。有时,整个群体甚至整个民族,都会因为选择了错误的价值而衰落。理性必须在这种既定价值的相互调整中进行自我检验,必须履行它的最为重要然而也是非常不受欢迎的职责,即指出我们的思想和感情的内在矛盾。

以为人类幸亏有了理性,使他可以超然于他的文明的价值之上,从外部对它加以评判——这纯属幻觉。简言之,必须认识到,理性本身就是文明的一部分。我们所能够做到的,仅仅是将一部分与另一部分加以对照。甚至这个过程也是一种会在十分漫长的时间里改变整体的不间断的运动。但是,在这个过程的任何阶段突然作全盘重建是不可能的,因为我们必须利用可供我们使用的材料,而它们本身就是这个进化过程中不可分割的产物。

我希望有一点已变得足够清楚:对我们的文明构成威胁的,并不是——像有时看上去的那样——科学的进步,而是科学主义的谬误,它通常是基于一种想象,以为我们具备事实上我们并不具备的知识。这就使科学要承担起责任，把它的代言人所造成的损害变成好事。因知识的增长而产生的认识，使我们现在可以设定一些科学现状是我们力所能及的目标，这要感谢价值的支配作用，然而我们并不是这些价值的创造者，对它们的意义我们也依然了解得很不充分。在一些关键问题上，譬如，假如不承认生产工具的私有产权，竞争性的市场秩序是否还有可能存在，我们至今无法取得一致。由此可见，对于作为现有秩序基础的基本原则，我们的理解仍然是十分不全面的。

如果说，科学家由于没看出价值对于维护社会秩序的作用，因而很少意识到他应当承担的责任，那么这主要应归咎于科学本身对价值的正确性无可奉告这种观念。一个正确的说法，即从我们对单纯的事实之间的因果关系的理解中得不出有关价值之正确性的结论，已经演化成了一个荒谬的信念：科学对价值无所作为。

这种态度应当立刻改变，因为科学的分析已经证明，实际存在的社会秩序之所以存在，仅仅是因为人们接受了某些价值。就这种社会秩序而言，如果我们不假设某些规范得到了普遍遵守，我们根本无法对具体事件的后果做出任何陈述。[①]从这些包含着价值的前提出发，完全能够就一项论证所预设的不同价值是否和谐一致得出结论。因此，从科学应当保持价值中立这个主张中，不应得出错误的结论，认为在既定的制度中，无法对价值问题做出合理的判断。

---

① 参见H.A. Hart, *The Concept of Law*(Oxford, 1961, p. 188)的论证："我们关心的是有利于继续生存的社会安排，不是自杀俱乐部的社会安排。我们希望了解，在这些社会安排之中，是否有一些被令人信服地纳入了可由理性发现的自然规律之列，以及它们同人类的法律和道德有什么关系。提出这个或任何其他有关人类应当如何生活在一起的问题，我们必须假定，一般而言，他们的目的是生存。由此产生的论证很简单。对人性以及人所生活的世界中的某些十分明显的共性——当然都是些老生常谈——的思考表明，只要他们生活得不错，那么必定存在着任何社会组织要想生存就必须保留的某些行为规则。"一位人类学家的类似论证见S. F. Nadel, *Anthropology and Modern Life*, Canberra, 1953, p. 16–22。

当我们必须处理的是某个社会——大多数支配性的价值在这个社会里都未受到怀疑——形成秩序的连续性过程时，对于特定的问题，往往只有一种回答与该系统内的其他价值相一致。[①]

我们有一种令人莫名其妙的景观：特别重视wertfrei（价值中立）这种科学品格的科学家，却经常把主流价值贬低为非理性的情绪或特殊物质利益的表现。这样的科学家经常使人觉得，科学上唯一值得尊重的价值判断，就是我们的价值毫无价值的观点。这种态度是由于误解了公认的价值与现存的实际秩序之间的关系而造成的。[②]我们能够做到，而且必须做的就是，对根据其他价值标准而对每一种价值（我们可以假定，我们的听众或读者和我们都持有这些价值）提出的怀疑进行检验。在我看来，当前那种我们应当避免任何价值判断的主张，似乎不过是为怯懦进行辩解，他们不想得罪任何人，因此不愿表露自己的好恶。更常见的情况是，他们试图让自己逃避对我们在面对各种可能性时必须做出的选择——这迫使我们牺牲某

---

① 我在这个问题上的立场，已经变得同Luigi Einaudi为C. Bresciani-Turronir的一本书所写的序言中所阐述的观点十分相似。该书我只知道德文译本：*Einführung in die Wirtschaftspolitik*, Bern, 1948, p. 13。他在这篇序言中提到，他习惯于相信经济学家默认了立法者所追求的目标，但是又对它产生了越来越大的怀疑，或许有一天他会得出结论，经济学家应当把他批评手段的任务同批评目的的任务结合起来，这一任务就像科学目前为自己划定研究手段的工作一样，也可以被证明是科学的一部分。他又说，对手段和目的的统一性，以及所设定的各种目的之间的一致性的研究，与有关各不相干的目的之可否接受和如何评价的思考相比，或许更为困难，而且肯定有着同样大的道德价值。

② Gunnar Myrdal有关“社会研究的客观性”的演讲，为本文提到的问题提供了一个很好的说明，1970年2月19日的《泰晤士报文学副刊》从中引用过一段“科学客观性”的定义：使学生摆脱“(1)他的研究领域中过去著作的巨大遗产，它们通常包含着从上一代人继承下来的各种规范性的和目的论的观念，其基础是一些形而上学的自然法和功利主义的道德哲学，我们的所有社会和经济理论都是由此衍生出来的；(2)他在其中生活、工作以及为生存和地位而挣钱的那个社会中的全部文化、社会、经济和政治风气对他的影响；以及(3)他本人的人格——塑造这一人格的不但有传统和环境，还有他的个人经历、气质和偏好——产生的影响”。

些我们同样希望实现的目标——给予理性的理解。

在我看来，社会科学最崇高的任务之一，就是明确地揭示这些价值冲突。

因此我们有可能证明，我们所有的个人努力，都要以实际秩序的存在为前提，作为这种秩序之基础的，正是某些价值被人们所接受，而这些价值看起来并不是个人或群体自觉追求的目的。

头脑的两种类型[①]

多年以前，由于一些偶然的机会，我注意到科学思维有两种不同的类型，此后我便怀着越来越大的好奇心，一再对它们进行观察。我总想说出它们的区别所在，但是由于这种说明可能有自我中心之嫌，使我一直迟疑不决。我对这件事的兴趣，主要来自这样一个事实：即我本人代表着不合常规的类型中一个极端的例子。因此要想谈论这件事，难免就要大谈自己，那看起来肯定像是在为不合认知标准的行为巧作辩解。不过现在我得出的结论是，承认这类研究者所能做出的贡献，有可能为高等教育政策带来重要的结果。由于这个缘故，就此作点说明，或许可以服务于一些有益的目的。

对于伟大的科学家，存在着一种有些夸张但并非完全错误的老生常谈：他首先被认为是他那门学科中完美的大师，他总是能够随时掌握自己学科的全部理论和所有重要的事实，随时可以回答他所属领域中的一切重要问题。这种完美的人可能并不存在，不过我确实遇到过一些十分接近于这种理想境界的科学家。我相信，许多人

① 原载*Encounter*, Vol. 45, September 1975。哈耶克注：本文发表后有人让我注意一个事实：文中所做的划分与伯林(Isaiah Berlin)先生在著名的《刺猬和狐狸》一文中的划分有一定相似之处。我并未看到这一点，但很可能事实就是如此。如果那时我就知道这种情况，我肯定不想和自称知道许多事的“狐狸”相比，我是“只知道一件大事的刺猬”。

都认为，这就是他们本人应当达到的目标，并且时常为没有入此境界而苦恼。这也是我们认为值得称颂的一类人，因为我们能够真切地看到他们发挥的作用。大多数杰出的解释者、最成功的科学教师、作家和演说家，以及才华横溢的论辩家，都属于这类人。他们对自己的学科了如指掌，不仅清楚自己的见解，而且熟谙古往今来别人的各种理论，故可做出明晰流畅的解释。无可怀疑，这些在知识现状方面公认的大师，也包括一些最具创见性的头脑，但我拿不准的是，这种特殊的才能是否真正有助于创新。

我的一些最亲密的同事和最要好的友人，都是属于这个类型的学者。他们的成就使他们获得了当之无愧的名望，对此我绝不敢望其项背。在关于我们科学现状的几乎所有问题上，我认为他们都比我这种人更具有提供信息的才能，在向外行人和年轻学子解释某个学科这件事上，他们的说明要比我所能做到的更易于理解，因此对未来的从业者会有更大的帮助。不过我打算加以辩解的是，在各研究机构中，也应为另一种类型的少数头脑古怪的人留出一席之地。①

我在私下的谈话中，习惯于把公认的标准型科学家称为记忆型。这多少有些不太公平，因为尽管他们的才能来自一种特殊类型的记忆力，但是还有其他类型的记忆力。因此我在这里将这种类型的人称为“自己专业中的大师”(master of his subject)。这种头脑能

① 这种对比的第一个令我惊奇的例子，是庞巴维克和维塞(Leopold von Wiese)。见到前者时我还是个孩子，他显然是位“自己专业中的大师”；而后者，即我的老师，在许多方面都像个困惑型的人。熊彼特——又一位“自己专业中的大师”——也曾用这样的话来描述他：“进入维塞的知识世界的经济学同僚，立刻会发现自己进入了一种新的氛围。他仿佛进入了这样一间房子，我们这个时代没有和它相似的房子，里面的摆设和家具也奇怪而不可思议。没有任何作者像维塞那样，几乎同别的作者无关，基本上只有门格尔是个例外，但那也仅限于他的一个建议。因此在相当长的时间里，许多经济学同僚不知如何看待他的著作。在他的知识大厦里，所有的东西，甚至他说过的那些前人已经说过的话，全是他的个人财产。”（引自维塞70岁生日时一份维也纳报纸上的文章，我为他去世而写的悼词中曾作了更长的引用，作为他的*Gesammelte Aufsatze*一书的序言重印。）

够储存他所谈到或听到的特定事物，那常常是表达某些观念的特定词语，而且他能够长期保存。根据我的亲身经历，至少是我十分年轻时的经历，我知道一个人有可能缺乏这种能力，尽管他对孤立的事实可能有很不错的短期记忆力。我这里主要是指在年终考试前的几周内，把一年所学但又从未写过作业的几门课程，突击式地复习一下全部要点，以便完成中学学业，得到进入大学的机会。但是，这些很快得到的知识，也会同样快地被我忘掉。对于一些复杂的论证，我从来不具备长期记住其前后步骤的本领。我也无法记住那些有用的知识，除非我能把它们纳入自己熟悉的观念框架之中。

我在同那些效率更高的学者在一起时没有产生强烈的自卑感，是因为我明白，我所想到的无论什么新见解，都要归功于我不具备他们的能力，也就是说，我常常记不住那些胜任愉快的专家们据说了如指掌的事情。我所得出的无论什么新见解，都是我付出痛苦努力重建论证的结果，而大多数称职的经济学家都可以毫不费力地立刻复述这种论证。

那么，既然我自称是个训练有素的经济学家，我个人的知识基础又是什么呢？显然，它不是建立在对具体的论述或证据有出色的记忆。一般而言，我对于自己读过的一本书，或听过的一次课，就算它们和我本人的专业有关，一般而言我也无法复述它们的内容。[1]不过，这些就算我刚刚读过或听完也无法复述其内容的著作或授课，确实经常让我获益匪浅。事实上，假如我试图记住这位作者或教师的话，那么它们所能带给我的好处就会丧失大半，至少就那些我已

---

① 一位40年来经常讲授经济史且以此为乐的大学教师说出这样的话，未免像奇谈怪论。我对于以往研究者的著作，当然总是有着浓厚的兴趣，并且从他们那里受益匪浅。我也喜欢去想象他们的生活和个性，尽管我并不幻想这会有助于解释他们的科学信念。我相信我在授课时，通过讨论他们对另一些人的作用，恰当地说明了他们对经济学发展的影响。不过我向学生讲授的内容，基本上都是我从这些作者那里学到的东西，而不是他们自己主要思考的东西——这两者往往十分不同。

经有所了解的题目而言,情况确实如此。还在做学生时,我很快就放弃了做课堂笔记的尝试——只要我一这样做,我的理解力便戛然而止。我从聆听或阅读别人的思想中获得的,是它们改变了我本人观点的色彩。我听到和读到的东西,并不能使我复述它们的思想,而是改变了我自己的思想。我不会记住它们的观点或概念,而是对我本人的见解和观念之间的关系做出修改。

这种汲取知识的方法的结果,或许可以将它比作一幅合成照片的模糊轮廓而得到最好的说明:把本来十分熟悉的面孔叠加在一起,以便找出一类人或一个种族的共同特征。在这种世界图像中,不存在十分精确的东西。但它提供了一张地图,或是一个框架,人们必须从中找出自己的路线,而无法遵循严格规定的既定路线。我的原料所给予我的,不是我可以整合到一起的一条条知识,而是使我能对现存的结构作些改进。我必须通过观察所有的警示信号,在这个框架内找出一条道路。

据说怀特海(A.N.Whitehead)曾言,"独立思考之前的状态就是头脑糊涂"[①]。这正是我本人的体验。我记不住在别人看来一目了然的答案,于是我经常不得不为某个在头脑更有条理的人看来并不存在的问题思考出一个答案。存在这种知识并非十分罕见,这可由一个半开玩笑的说法来证明:一个受过教育的人,就是把所学知识忘掉大半的人。这种低下的记忆力,可能正是判断力十分重要的引导者。

我倾向于把这种类型的头脑称为"困惑型",不过,假如将其称为糊涂型,我也不会介意,因为他们在没有经过苦苦思索而得出一定程度的明确知识之前,他们就某个题目的言论往往就给人留下这样的印象。

---

① 我同怀特海并无私交,但是根据我对罗素的印象,我时常猜想,这两位合作者(译按:指怀特海和罗素合著《数学原理》一事)是否也是这里所讨论的两种思想家类型的另一个例子。

他们常与困惑相伴,并且很少能得到发现新见解的补偿。他们的困惑来自这样一个事实:他们无法利用那些可以使别人轻而易举迅速得出结论的现成套话或论证。但是,对一种公认的观点不得不找出自己的表达方式,有时会使他们发现,习以为常的套话中包含着某些漏洞或隐蔽的错误前提。对于因为对潜在的不合理假设作了看似有理实则含混的措辞转换,因而长期不为人察觉的问题,他们不得不做出明确的回答。

以这种方式进行思考的人,在一定程度上似乎显然要依靠一个没有语言的思维过程,这种现象虽然不时受到驳斥,但我认为它至少在那些掌握两种语言的人中间经常出现。对于他们而言,“看到了”事物之间的某种关系,并不意味着他们也知道表达这种关系的词语。即使在做出寻求准确语言表达形式的长期努力之后,他们仍有可能强烈地感到词不达意。他们还表现出一种有点儿令人费解的特点,我相信它并不罕见,却从未听到有人对此有所说明:他们在不同领域的许多具体想法,可能都是来自某个更具普遍性的概念,他们最初对此并无察觉,只是由于后来他们在处理不同问题的方法上的相似性,才使他们恍然大悟。

自从写了以上内容之后,我又为进一步观察到的一种现象而诧异。我在我本人这个研究领域里的一些密友,一些我认为最出色的“自己专业中的大师”,我主要是通过对他们的观察才形成了这些想法。他们对自己周围的主流意见和当时普遍存在的知识时尚,似乎也格外敏感。凡是力求掌握自己那个时代的所有相关知识的人,以及那些通常认为如果一种意见被广为接受,那么它必定有点意义的人,这大概是难免的事情。而“糊涂型头脑”却更乐于执拗地自行其是。我不知道这其中有什么重大意义,这大概能使第二种类型的头脑免除了对不适合自己思维架构的观点详加探究的麻烦。但仅此而已吗?

假如确实存在着这样两种对知识增长都有所贡献的不同类型

的头脑，那么这有可能意味着我们目前实行的录取大学生的制度，也许会把可以做出重大贡献的人拒之门外。人们对只有通过了一定考试者方可要求得到大学教育的原则表示怀疑，当然还有一些别的理由。在学校里是坏学生甚至通不过这种考试的伟大科学家为数不少，而儿时在校时功课门门优秀，后来也在知识上表现优异的学生，却并不多见。我认为十分清楚的是，采用目前的原则，事实上使基于对自己的专业有强烈兴趣而治学的人数比例减少了。

我们是否应当进一步增加因为通过了一定考试而得以有权享受大学教育的学生的数量，对此我极为怀疑，同时我也强烈地感受到，应当采用另一种办法，把科学求知欲的强度作为决定性因素加以考虑。这意味着自己做出一些牺牲的人也应当获得这种权利。我随时愿意承认，这种愿望的强烈程度，与使这种愿望得到满足的支付能力没有多少关系。用于其他工作挣钱补贴这种学习，可能也不是恰当的办法——这当然不是指那些需要进行实验的学科。在法律或医学类的专科学院，可以用就业后挣钱偿还贷款的办法解决学费问题，但这对那些选择了从事理论研究的人来说，并没有多大帮助。

但是，每个人都有能力做出一定的牺牲；并且凭着这种牺牲，应当给予一个人在一段时间里把全副精力用于学习某个专业的机会。如果有人自愿发誓过几年半修道院式的简朴生活，放弃按我们目前的财富水平年轻人往往视为当然的许多娱乐和消遣，以此来回报他所获得的特殊机会，而且这的确是由于他本人的努力所得，并不是来自别人对其能力的鉴定，那么他的治学热情便应真正受到重视。这可以使那些只有在专心致力于自己的专业时才有可能一展才华的人获得一个机会。

我所设想的是这样一项安排：凡是选择过这种生活的人，可以得到住房、简单的食品以及丰富的书籍之类的必需品，但除此之外，他必须下决心过十分节俭的日子。在我看来，打算在几年的时间里放弃年轻人的一些正常享乐，这同在学校的各门功课上考试过关相比，更能说明一个人有可能从高等教育中获益。用做出这样的个人牺牲来换取学习权利的人，如果他们比因考试过关而入学的人更受同学们的尊重，我并不会感到奇怪。一个大概仍然得到公认的事实是，最伟大的成就和名望皆来自自律者，他们一心追求自己选定的目标，而将大部分其他娱乐弃之一旁——牺牲许多人类的其他价值，不少伟大的科学家在其一生最富创造力的阶段，皆不得不如此。

当然，即便是这种制度，一个人是否获得批准，还是需对他在所选专业上的能力有所证明，以及不断有证据表明他在学业上有所进步。我十分乐意看到，那些在4年左右的时间里一贯忠实地遵守特殊纪律并展示出非凡才能的人，成为享有充分自由的研究生。即使参与这项计划的人大多数都半途而废，不是没有完成学业，就是表现得能力平平，我仍然相信这种制度会使我们找到并培养出一些人才，而没有这样的制度，这样的人才便会流失。我认为，这样吸收进来的这些人，应是任何学术团体中一个重要的组成部分，这样做，也可以在擅长考试的人之外，建立起一条使所有的头脑各得其所的神圣原则。